Pseudo-Rabad
Commentary to Sifre Numbers

SOUTH FLORIDA STUDIES IN THE HISTORY OF JUDAISM

Edited by
Jacob Neusner
Bruce D. Chilton, Darrell J. Fasching, William Scott Green,
Sara Mandell, James F. Strange

Number 189
PSEUDO-RABAD
Commentary to Sifre Numbers

edited and annotated according to manuscripts and citations
by
Herbert W. Basser

PSEUDO-RABAD
Commentary to Sifre Numbers

edited and annotated according to manuscripts and citations

by

Herbert W. Basser

Scholars Press
Atlanta, Georgia

PSEUDO-RABAD
Commentary to Sifre Numbers

edited and annotated according to manuscripts and citations
by
Herbert W. Basser

Copyright ©1998 by the University of South Florida

All rights reserved. No part of this work may be reproduced or transmitted in any form or by any means, electronic or mechanical, including photocopying and recording, or by means of any information storage or retrieval system, except as may be expressly permitted by the 1976 Copyright Act or in writing from the publisher. Requests for permission should be addressed in writing to the Rights and Permissions Office, Scholars Press, P.O. Box 15399, Atlanta, GA 30333-0399, USA.

Publication of this book was made possible by a grant from the Tisch Family Foundation, New York City. The University of South Florida acknowledges with thanks this important support for its scholarly projects.

Library of Congress Cataloging in Publication Data

Pseudo-Rabad.
    Perush le-Sifre Ba-midbar / meyuḥas le-Raʾavad ; neʿerakh ʿa. p. kitve yad ʿa. y. Tsevi Baser.
    p.   cm. — (South Florida studies in the history of Judaism ; no. 189)
    Text of Sifre Numbers and the commentary of Pseudo-Rabad in Hebrew; introd. in English.
    Includes bibliographical references and index.
    Added title page title: Commentary to Sifre Numbers.
    ISBN 0-7885-0507-6 (alk. paper)
    1. Sifrei. Numbers—Commentaries—Early works to 1800. 2. Bible. O.T. Numbers—Commentaries—Early works to 1800. I. Basser, Herbert W. II. Sifrei. Numbers. III. Title. IV. Title: Commentary to Sifre Numbers V. Series.
BM517.S74P74 1998
296.1′4—dc21
                        98-31031

Printed in the United States of America
on acid-free paper

CONTENTS

English Side

Introduction xiii

Excursus 1 (Hebrew) xxix

Excursus 2 (Hebrew) xxxi

Index xxxiv

Correction to Sifre Deuteronomy Commentary xxxv

Afterword: Concerning the Date of the Commentary xxxvii

Hebrew Side

Abbreviations and Editor's Preface I

Sifre Bamidbar (text) II

Perush Le-Sifre Bamidbar (commentary) 1

DEDICATION

I dedicate this volume to the memory of my late wife

ELAINE BASSER

Nov. 6, 1943 - Nov. 6 1996.

She touched everyone profoundly with her graceful piety and utter sincerity. Hers was a noble life filled with grand vision and modest demeanor. Some of the work in this volume was done at her side in hospital waiting rooms as she prayed for strength to bear her suffering privately and spare her loved ones that they might continue their quests without consciousness of her pain. This volume is the result of her courage, her love, and her strong convictions. Life must continue productively. The past is worth resurrecting when it can revive the present. I hope this volume is a worthy tribute to her guidance.

יהא זכרונה ברוך

ACKNOWLEDGEMENTS

I would like to thank the administration of Hebrew University, in particular Professor Yosef Hacker (former director of the Institute of Jewish Studies) and Professor Moshe Idel who arranged a visiting professorship for me in Jerusalem to teach and do research during the period of the second semester of 1993-1994. At the time there was a general strike in the Universities which allowed me time to study the commentary presented here. I am indebted to them for the many kindnesses afforded me during my stay there.

I would like to thank the faculty connected to the Center for Jewish Studies at Harvard University in Cambridge MA for awarding me a Starr fellowship. Profs. J. Kugel, J. Harris and B. Septimus shared their learning and their friendship with me and I shall be forever grateful for the intellectual climate they provided during the fall semester at the end of 1997. I had the time and resources to investigate the nature of medieval and modern commentaries to midrash. I was able to analyze the literary characteristics of commentary but as of yet have not fully formulated the mass of information I collected. After all is said and done, it appears that what is more striking than the differences amongst these commentators is the sameness, not only in format but in specific questions and their answers.

I would also like to express my appreciation to my son Yaacov who read every page of this work and entered notations and corrections. His complete command of Scripture and Talmud allowed him to alert me to problems in the text that I had not sufficiently dealt with. His suggestions for alternate ways to mine of reading difficult passages in the commentary proved very enlightening.

Professor Jacob Neusner remains a very major influence on my work through our scholarly interchanges and his total support for my academic enterprises. In particular, I am grateful to Menahem Kahana of the Hebrew University in Jerusalem whose initial idea it was to publish this very commentary. I have relied on his advice to large extent. He provided me with a transcription of much of the commentary to *parashat Naso*. Other people who helped me were Esther Fuchs of Jerusalem and Yossi Bienenstock of Toronto. My friend, Professor Harry Fox of Toronto, made his library available to me.

I thank two libraries. MS. Boesky #5, Reel 56, formerly Sassoon 598/2, fols 83 to end (commentary to *Sifre Num.* and *Sifre Deut.*) *Perushim al ha-Sifre*, (pseudo) Hillel b. Eliakim, was employed courtesy of the Library of the Jewish Theological Seminary of America. The entire Oxford 425, labelled MS. Mich. 376, was used by permission of the Bodleian Library at Oxford.

INTRODUCTION

Sifre Numbers together with *Sifre Deuteronomy* comprise the work known as *Sifre*. According to tradition, the verdicts of Shimon bar Yochai (second century teacher and student of Rabbi Akiba) form its principal essence. Modern scholars sense that the editorial body responsible for *Sifre Numbers* is not the same as that of *Sifre Deuteronomy* and think either that the work before us is not the same as that which stood before the talmudic Rabbis or that this tradition is not completely reliable. As with the *Mekhilta* on Exodus and *Sifra* on Leviticus, *Sifre* deals mainly with legal materials of Numbers and Deuteronomy. In other words, the above named works comprise the *midreshei halakhah*. *Midreshei halakhah* are set traditions which were formulated (in a form close to, but not identical with, what he have today), in the land of Israel[1] sometime in the second century.

Here is how Rashi cites the tradition concerning Akiba's systemization of the vast mass of early tradition that preceded him. In Bavli Gittin 67a Rabbi Akiba is referred to as "otsar blum" an "occluded-chest" which is a strange sounding term. Rashi describes this as a kind of "filing cabinet" and, on the basis of *Avot deRabbi Natan* A, compares it to certain storage containers where various vegetables can be stored in separate compartments in order to be easily retrieved:

It is explained in Avot deRabbi Natan ch 18:

"To what matter could the venture of Rabbi Akiba be compared? It is like when a poor man takes his basket and goes out into the field. Variously he finds barley, cuts it, puts it in; wheat, puts it in; and so on with beans and lentils. When he returns to his house he separates the various species into their respective groups.

So it was that when Rabbi Akiba learned topics from his masters, he would hear a scriptural law from them, after this a pertinent oral law, then after this a relevant legal midrash, and then a homiletic insight. At first he set his mind to review everything exactly as he had learned it until he had thoroughly memorized it. He did not think to study scriptural law separately and legal

---

1. J. Lauterbach, *Midrash and Mishnah: A Study in the Early History of the Halakhah*, New York, 1916; considered *midreshei halakhah* to be the earliest form of extra-biblical teaching. This assertion is very uncertain.

midrash separately. Only after he had become a great sage he organized the genres of Torah disciplines according to their specific trademarks. He organized legal midrash: *Sifre* and *Sifra* by themselves and taught them as separate subjects to his students, oral laws by themselves, homiletic insights by themselves."

> *It seems to me that the expression of Gittin 67a "occluded chest" refers to confined compartments which were enclosed to form separate chambers. For example there are large crates constructed such that wheat can be put into one chamber while barley can be put into another and lentils still into another. The word "occluded" meaning "closed and restricted" is used in Talmud Bekhorot 40b to refer to mouth and feet which have been loculated by tumors. OF close.*

Apparently Rabbi Akiba had sifted through and then arranged material which had been taught to him all at once.[2] It seems that each topic he learned embodied the totality of applicable materials to that particular law such that biblical, midrashic and mishnaic genres were heaped on top of each other, We still find such topical arrangements in vogue in the Talmuds. Rabbi Akiba organized the entire corpus of Rabbinic learning by laying out the various distinct forms together to form discrete enterprises. The Amoraim traced the various compilations in their possession back to Rabbi Akiba. This paraphrased excerpt from Rashbam's commentary to Babba Batra 124b represents the accepted view of the traditional commentators but not necessarily those of modern scholars:

> *Sifra deVe Rav* is *Torat Kohanim* which is the *baraita* explaining Leviticus, *Sha'ar Sifre deVe Rav* refers to the midrash explaining Numbers and Deuteronomy [which together are termed "Sha'ar Sifre deVe Rav"]. *Mekhilta* is the midrash which explains Exodus (which together are termed "Sha'ar Sifre deVe Rav")[3]. The Talmud reports the ground opinion of *Mishnah* to be Rabbi Meir, of *Sifra*-- Rabbi Yehudah, of *Sifre*-- Rabbi Shimon (Sanhedrin 86a). That of *Seder Olam* is Rabbi Yossi (Yevamot 82b). That of *Tosefta* is Rabbi

---

2. Hagigah 10a posits this method of study requires a teacher or else the student will be hopelessly lost and recommends strongly against merging various genres of schooling. See further note 5.

3. Apparently the sentence was misplaced here.

INTRODUCTION

Nehemiah. All of these works were based on the teaching of Rabbi Akiba (Sanhedrin 86a).

There is some reason to believe *Sifra* and *Sifre* were taught and embellished in Babylonia[4] during the Amoraic period.[5] Some have disputed this finding and want to push off the final editing to the post-talmud period. However, no one denies that the Tannaim engaged in such midrashic activity.[6] There are fine examples in *Mishnah* itself. Solomon Schechter was one who saw the enterprise as having its sources in pre-Rabbinic periods[7] and describes the midrashic enterprise as follows:

> They indeed belong to the "second sense" of the Scriptures, the sense which is the heart and soul of all history and development. "God hath spoken once, twice I have heard this" (Ps. 62:12), which verse is interpreted by the Rabbis to mean that Scripture is capable of many interpretations or hearings (BT Sanhedrin 34a). But it is interesting to find that these interpretations of the Scriptures, tending to improve upon the "first sense" are sometimes introduced by the formula "I might hear so and so, therefore there is a teaching to say that," שומע אני...תלמוד לומר &c. Put into modern language the formula means this: The words of Scriptures might be at first glance (or first hearing) con-

---

4. See BT Berakhot 11b.

5. BT Yoma 74a makes mention of Rabba and Rav Yosef teaching certain modified versions of *midrashim* (i.e. *Sifra* Aharei Mot 8:3) when they taught *Sifre* in forms which we do not have in our present *Sifre*. The implications are that these Amoraim reconstructed tannaitic texts according to an assumed prerogative: either they possessed an alternate, ancient teaching of limited circulation or claimed a right to emend dicta which lacked logical rigor.

6. The Bavli Hagiga 3a records a story that Rabbi Judah, the Nasi, the editor of the Mishnah, had managed to teach two mutes who could hear: *hilchata* (statements of law such as *baraita*), *Sifre*, *Sifra*, (the order in other versions is *Sifra*, *Sifre*) *Tosefta* (absent in some versions) and all the (shas) **Talmud** (so R. Hannanel). I suspect **Talmud** here refers to midrash and likewise think the reading "talmud" can fit Hagigah 10a where the issue ("from talmud to talmud \l.v. *shas to shas*) concerns jumping from the explanation of *Sifra* to that of *Sifre*, or perhaps R. Hannanel reports a gaonic tradition referring to *talmud bavli* and *yerushalmi* which meant "merging babylonian and palestinian exegeses" in general. At any rate, the communicator of the story in Hagigah 3a believed that all of these subject areas were already in existence in the time of Rabbi Judah, the Nasi. See the *Hiddushim* of Rabbi Z.H. Chayes to Hag. 3a who already found this observation in gaonic works.

7. In fact, it might be argued that the written volumes of *midreshei halakhah* in our possession are in some ways reconstructions of earlier teachings and even contain commentaries to much older works within them.

ceived to have this or that meaning, but if we consider the context or the way in which the sentences are worded, we must arrive at a different conclusion.[8] There are times when these very methods would yield not only additional details to cover cases already dealt with in Scripture which might be said to improve upon the first sense; but also yield well known oral laws that were thoughtfully attached to some particular biblical verse. Once traditional regulations, not mentioned explicitly in Scripture, were firmly said to derive from a particular scriptural verse (by means of midrashic methods) the stated verse could then be analyzed again and again to provide more data about the old laws than was previously practiced. Thus, new information was gleaned from the methods of the *midrash halakhah*: the existing rules were broadened, and far reaching nuances were postulated. In like fashion, the Rabbis would, at times, attach a verse to some well known historical event. Then new information about the event was gleaned from an examination of the verse. While critical historians might not find such methods convincing, the halakhist accepts these methods as authoritative to explain fixed halakhic ruling. This is so, even if it is admitted that these methods are in and of themselves not absolute but arbitrary methods of making choices where some decision had to be made. Professor Jay Harris, of Harvard University, has examined modern controversies concerning these methods and the sophisticated reader of rabbinic literature will do well to consult his excellent work.[9]

The techniques of legal exegeses are specialized and require much special training and experience to penetrate.[10] They, generally, fell into disuse as a viable method

---

8. "Rabbinic Parallel's to the New Testament," *JQR* 12.

9. *How Do We Know This? Midrash and Fragmentization of Modern Judaism*, Albany, 1995.

10. It is sometimes claimed, as Harris points out, that the methods used by the midrash, primarily those introduced by the expression תלמוד לומר are only justifications of ancient laws and these methods are not serious sources for the laws. Rabbi Moses Maimonides and Rabbi Moses Nachmanides dealt with these issues substantially (see *Sefer ha-Mitzvot shoresh* 2) in the Middle Ages and the debate has continued to Modern Times. It cannot be denied that there are instances of midrash which support both points of view. More can be said. In recent years, the expression תלמוד לומר has been subjected to analysis with a variey of opinions available to explain its primary sense. See for example M. Guedemann, "Haggada und Midrasche-Haggada: eine Beitrag zur Sagengeschichte," *Jubelschrift zum neunzigsten Geburstage des L. Zunz*, Berlin, 1885 and E. Weisberg, "Towards a Clarification of the Expression 'talmud' and 'talmud lomar'," *Lesonenu* 39, 147ff. I have discussed these possibilities in *Midrashic Interpretations of the Song of Moses*, Berne and New York: Peter Lang, 1984, 292. I claimed תלמוד לומר = there is clarification to be interpreted (from the citation......). Moreover, "Midrash" and "Talmud" are sometimes interchangeable. Lexicographers seem to agree it refers to a citation of Scripture. For some reason the usage in Bavli Ta'anit 18a has been entirely overlooked: — ומה תלמוד לומר בהון which passages asks what clarification can be interpreted from the unecessary word **behon** in a phrase in MEGILLAH TA'ANIT. This work is

INTRODUCTION

of deducing law with the closure of the Babylonian Talmud in the sixth century. It is true that narrative exegesis of the Hebrew Bible still continues the ongoing tradition with contemporary sermons and books being composed using ancient procedures of that enterprise. However, the exegetical rules used by the ancient Sages to establish legal decisions are no longer employed. This is not only due to the conservative nature of legal rulings, it is also due to the ambiguous systems characteristic of ancient legal exegesis. No one is able to apply these rules anew. It is sufficient to study the ancient exegetes and understand the bases of their derivations. Apparently, much of *Mishnah* relies on these types of derivations,[11] and the need for moderns to understand these methods has been underscored in modern times by the greatest of modern rabbinic scholars who have themselves written commentaries to ancient legal works: Malbim,[12] Netziv,[13] Hafetz Hayyim.[14]

---

not Scripture at all but a written list of dates (written prior to the destruction of the Temple) when one is not supposed to fast or hold eulogies for the dead. The Talmud claims this list was interpreted according to the rules of scriptural interpretation by the mishnaic Rabbis. Since the Talmudic thinkers assert this method of clarification (by examining extra words) can be useful in reading any religious, written document, it is clear that these Rabbis were entrenched in a culture that allowed the midrashic method to be applied even beyond Scripture for serious derivations of laws.

11. See further *Excursus 1* for an intersting example, one of many.

12. Rabbi Meir Leibush ben Yechiel Michel (1809-1879): Possessed of wit and acumen his commentaries are based on the large numbers of rules this Russian Rabbi deduced for unraveling Scriptures. In the main he shows how rabbinic interpretation is part and parcel of written Scriptures and he maintains the futility of the ideas of the Reform movement which sought to discredit rabbinic interpretations. By concentrating on structures that seemed repetitive parallelisms, Malbim (his name based on his acronym) showed they, in fact, were not casual poetic redundancies but necessary constructions that when looked at closely revealed deep theological and ethical teachings. His commentaries to Mechilta, Sifra and Sifre are all but neglected by current scholars of midrash.

13. Rabbi Naftali Zvi Yehuda Berlin (1817-1893): This Lithuanian master talmudist and head of the great academy of Volozhin had an incisive mind and a mastery of rabbinic works. His learned commentaries to the Mechilta and Sifre were responsible for his rapid rise to prominence in Lithuania and remain masterpieces to this very day.

14. Rabbi Israel Meir ha-Kohen (Kagan) (1838-1933): HAFETZ HAYYIM was popularly named after the name of his first book whose subject is the importance of the laws prohibiting slander, talebearing and gossip. He wrote a commentary to *Sifra* and encouraged the study of the order *Kodashim* dealing with laws of the Temple. These laws had been neglected in the Lithuanian Yeshivot and forecasting the approach of the Messianic Era he revitalized them.

While there have been a number of modern, scholarly works which have attempted to investigate the nature of the *midreshei ha-halakhah* in Hebrew, none have been written in English. On the other hand, a number of translations of *midreshe halakhah* have appeared. Lauterbach's *Mekhilta*, Neusner's *Sifra*, Neusner's *Sifre Bamidbar*, and Hammer's *Sifre Deuteronomy*. Indeed, Neusner has produced translations of all of the *midreshei halakhah*. Nevertheless, when all is said and done, modern translations of midrash, over and over again, fail to convey sensible meanings for the legal exegesis of the biblical text. No modern language, including modern Hebrew, can incorporate the peculiar idiom of these legal works and render their thought patterns intelligible.

Medieval exegetes of the Talmud had to deal with these forms and their comments serve as the model for understanding the texts. The whole enterprise was illuminated by the early midrashic commentators and no serious student of midrash can ignore these important works. These commentaries themselves are very difficult and I have endeavored to provide the reader with as much assistance as I considered necessary to open the gateway to the commentary at hand. Rabbinic literature as a whole, and *midrash halakhah* in particular, does not proceed along the accepted norms of modern western discourse. It is not mere prejudice that lead many to the conclusion that "the Jews interpret crazily." The teacher assumes the student is familiar with the totality of principles governing rabbinic laws and lore. He imagines the student will read Bible unlike we would by scanning the literary context of the biblical passage but according to the strategies already dictated by rabbinic prior assumptions. Accordingly, the student is trusted to have processed the entire gamut of biblical and rabbinic teachings concerning each word in the biblical phrase being taught. Certain doubts arise as to how the verse at hand might be read to clarify some point or other which had hitherto been left ambiguous in the written or oral tradition. The teacher, assuming the student will have all the possibilities at reach, then proceeds to interpret the verse. It is expected the student will see how the master has read the text and how the interpretation fills in necessary information.

It is clear that these assumptions were once well-founded since the method of *midrash halakhah* was popular for many centuries. Examples abound in the Talmuds and compiled midrashim. But then these methods ceased to be taught. Most people could no longer handle the erudition necessary to engage in them. As a result, the old works of legal midrash were no longer appealed to. Medieval commentators, and then again only the most talented of them, utilized the old works productively by incorporating them, in an abbreviated and rather simplified form, into their own biblical and talmudic commentaries.

Up until the present time only a few early medieval commentaries are known to have existed. However, since we do have copies of manuscripts of the midrashim themselves that date to that early period, it is certain that the study of these works was in vogue amongst the scholars of France, Italy and Germany in the Middle Ages. In the

INTRODUCTION

later Renaissance period we find a renewed interest in these works. Renewal of interest is also evidenced by the printing of first editions of *midreshe halakhah* which in turn stimulated the writing of new commentaries in the latter part of the 16th century and later. Indeed, we find the two manuscripts of the present commentary were copied in the 16th century. In modern times, we can note that some scholars have once again turned their interest to these works although the readership is sparse and thin. It would seem that the study of *midrash halakhah*, based on Scriptures, complements the study of dry, legal codes by restoring the legal tradition to the voice of Sinai. Without commentary, the midrashic works appear to be haphazard jumbles of bits and pieces of rabbinic lore floating in space, with no beginning point and no end, with no perceivable analysis and no coherence. The commentator has had to search the entire oral and written tradition of the Rabbis to reconstruct the thinking of the teachers in order to determine what the point of every comment might be. Upon finding a viable point, the commentator may then have to justify the validity of that point.

In general, I have found that commentaries to *midreshei halakhah* have the following traits in common. None of them appears all the time and various commentators stress some of these features more than others. The commentary of Rabbi David Pardo usually deals with almost all of these items, those of Rabbenu Hillel with one or two of them.

1) The text of the lemma being commented upon.
2) Emendation of that text.
3) Explanation.
4) Justification of the explanation.
5) Harmonization of the comment with various matters involving the Talmuds or other rabbinic materials.
6) What others have said about such matters.

As far as the actual text of the midrashim goes, the truth of the matter is that the textual history of legal midrashic documents are shrouded in mystery. One thing is apparent. The texts we have before us now have undergone substantial editing such that their frame of reference is defined for us. It is entirely possible that some of these frames are later accretions and may have fallen into the texts in tannaitic times, amoraic times, gaonic times, medieval times. Some of our variants may be very early.[15] The

---

15. For example when discussing who must come to the Temple on festivals, we find a midrash towards the end of Mechilta *Mishpatim* and the version of it found in Midrash Ha-Gadol towards the end of *Re'eh*. Both mention that the *kol zekhurkha*, "everyone of your male population," of Exodus 23:17 and Deuteronomy 16:16 should be interpreted as an exclusion of *tumtum* (those with indeterminate sexual organs) or *androgynos* (those with both kinds of organs). This is the reading of the version in BT Hagigah 4a. However, the Bavli questions the value of mentioning *tumtum* since this is a statement that is obvious. Every case of doubt, especially in Temple law, is judged with severity since we deal with sacred foods in the Temple precincts and there is nothing, on the surface to be gained, by making a special exemption for a *tumtum* who is anyway exempt. That one is excluded on general grounds even without a

COMMENTARY TO SIFRE NUMBERS

talmudic expression "trei tannai aliba de Rabbi ploni (2 versions of the same lecture)" must be taken seriously. Teachings were always subject to the person who heard materials and passed them down with his own edited version of what he had heard.[16]

We note the evidence of the *rishonim* and also the *acharonim* who adjust various talmudic texts on every page of the Talmud by deleting, and adding. We deal with unstable contexts for set traditions and we are at the mercy of the educated intuition of those who pass down texts to us. The same is true for the very commentaries to midrash and Talmuds. The commentary tradition, while more stable than the the talmudic textual tradition, remains precarious as well. I have appended an *Excursus 2* written in Hebrew, at the end of this Introduction. This excursus will illustrate the fluid nature of commentary transmission, in regards to the present commentary, from one source to another involving interpolations and clarifications to the point where it is difficult to show any clear direction of influences. I give the texts and analysis in Hebrew because English is much too cumbersome to express the points here that must be considered. Since this work is designed for advanced students of legal midrash and its commentaries the presentation in Hebrew should be agreeable.

How is a classical rabbinic text to be studied by advanced students? The student reads the primary rabbinic text. There will be a variety of problems that strike the reader. The student attempts to solve as many problems as possible by employing the methods of the Rabbis themselves and forming theories based on solutions he knows concerning similar passages. He sits at a table upon which is piled a variety of commentaries from every time period and in a room which houses the entire rabbinic corpus and its basic commentaries and *novellae*. He then consults the commentaries and

---

specific biblical derivation. On the other hand *androgynos* is an abnormal male (as the author of *Turei Even* Hag. 4a explains it) or a kind of third sex and requires special exclusion. The doubt of whether or not this is a male stems from an ambiguity in the definition of "male" (having a penis vs not having a vagina) and not from lack of knowledge of the physical makeup as in the case of *tumtum*. The midrash in the Yerushalmi does not have the problem as it mentions only *androgynos*. Have our current readings of Midrash Mechilta and Midrash Ha-Gadol been afffected by the Bavli's reading or did teachers in the Land of Israel alter their wordings because of the difficulties in the received reading? In balance it seems to me that Bavli's reading is probably the more original one and required some explicit justification even if somewhat fantastic.

16. Rav Dimi was unable to do this. BT Moed Katan 3b reports that he reported a midrash which began "I might have thought one is to be lashed for *tosefet*...

"כי אתא רב דימי אמר יכול ילקה על התוספת ונסיב לה תלמודא לפטורא ולא ידענא מאי [better texts] היא]
(תלמודא ומאי תוספת).

Rav Dimi explains the midrash went on to provide a "talmud" or close-reading of verses to show one was exempted from lashes in the case of *tosefet*. By all accounts Rav Dimi says he has no idea about the details of the midrash and the Talmud proceeds to show various ways to reconstruct it.

INTRODUCTION

novellae, while checking every reference which he has the resources to check. He will invariably find that at least someone else has posed his problem and given a solution. He may at some point begin to find difficulties within the commentaries and start to deal with those problems, or he may discard one commentary in favor of another. As he breaks through to the heart of the matters through the guidance of the commentators, he finds the primary text begins to take on several possible shapes. Inevitably he will, in some cases, be led to legal codes and their commentaries and to various *responsa* which will help nail down some kind of consensus. This is normal procedure for the study of a rabbinic text. At the end of the process, the student has a variety of commentarial approaches at hand and sees the primary text according to A, B or C or according to some other theory he has tentatively advanced himself. This goes on hour after hour and day after day. Most often the student has a study partner who shares the enterprise by reading aloud, proposing solutions and propounding roe difficulties.

Each and every commentary by a reliable scholar is therefore welcome in the quest to read a classical rabbinic text. And therefore this very commentary is of immense value to the student along with all the others. Indeed some commentators quote liberally from our commentary in attempting to find answers to blatant problems. The style of commentary is quite standard. The format is simply this: some difficult passage is stated and clarified; and/or a segment of text is given; whatever is to be dealt with is queried and answered; a traditionally acceptable exegetical technique is summoned and appropriately phrased in formal language to prove the accuracy of the answer. The commentator knows a great deal from practical experience and naive intuition concerning the discipline he is engaged in. The enterprise is guarded by the boundaries of an inherited culture and a consensus as to what constitutes acceptable teaching. The teaching is both an intellectual feat and very serious play, through which the teacher and student meet in a common world (even if separated by 800 years).

We must now focus upon the very work at hand. Menahem Kahana (*Prolegomena to a New Edition of the Sifre on Numbers*, Faculty of the Humanities, Hebrew University, Jerusalem, 1982, 77ff.) has presented a well-documented presentation of the manuscripts used in this edition. MS 598/2 is now housed in the library of the Jewish Theological Seminary in New York (Boesky 5 reel 56). It is a commentary to *Sifre Numbers* and *Sifre Deuteronomy*. The text is written in a sephardic hand-style and according to the colophon it dates from 1587. An earlier version, MS Oxford 425, also written in a sephardic hand dates from 1559 and carries an erroneous title to the MS: *Rabbenu Hillel*. Actually MS 598/2 also is so titled. The commentary is not at all from the pen of Rabbenu Hillel whose commentary to *Sifre* is now widely available. On p. 79 n. 17 Kahana complains that David Sasson in his work *Ohel David* (Part 1, p. 111) says that the author of the commentary used Rabbenu Hillel's commentary. Kahana denies any relationship exists between the two commentaries. While Kahana is to be believed here, it should not go unnoticed that the manuscripts actually contain comments that appear in Rabbenu Hillel's commentary. On p. xl of my *Introduction* to *Pseudo-Rabad: Commentary to Sifre Deuteronomy* (Scholar's Press, 1994) I noted how piska 70 of the commentary to *Sifre Deuteronomy* preserves a comment by Rabbenu Hillel. However, it seems to have fallen into the text from a marginal gloss in an earlier manuscript which is no longer extant. It can be assumed that there is no relationship between the commentary of Rabbenu Hillel and the commentary under discussion here. Interpolations of all kinds appear to have found their way into the body of the text of the commentary of our anonymous author. Even a comment from RAN's commentary to tractate Nedarim has made its way into this commentary in the Pseudo-Rabad commentary to *Matot*. The point there is to explain that a student of a sage cannot absolve a vow without the permission of the sage and the *Sifre* is referring to a case where such permission is lacking.

אי נמי י״ל ״לא הותרו במקום מומחין אלא על פי מומחין״ כדאמרי׳ לאו אלו למשרא נדרה במקום רבה.

Now a glance at the RAN's comments, as printed in Nedarim 78b will show us that we have here a comment not from the Talmud but from RAN; a comment which has been truncated to fit the *Sifre*:

. ואי לא רשותא לא יאי לתלמידא למשרא נדרא במקום דרביה.

The words **ואי לא** are the only ones which make sense as **לאו אלו**is meaningless in this context and hence the restoration from the RAN is fully justified. I cannot recall our author using the words **אי נמי י״ל** and this makes me suspect the entire comment is an interpolation from some later hand.

To return to Kahana's description of our commentary he noted that MS Oxford 425 has later insertions placed in the margins which point the reader to the text of *Sifre* as found in the first printed edition (Venice). Kahana has also noted that major portions of the commentary are found within the writings of *Brit Avraham*, a 17th century commentary to the *midrash* compendium, *Yalkut Shimoni*. This work was composed by Avraham Gediliah (or Gedaliah) in the century after the writing of the extant manuscripts of our very commentary, MS Oxf. and MS JTS. On p. 78 of his presentation Kahana notes that a relatively good edition of the commentary could be prepared from the evidence of these three sources. Kahana neglects to note that this work is cited by Soliman Ohana in his commentary to *Sifre* and another commentator whom Kahana has written about and even published his commentaries after writing his chapter on these manuscripts. I refer to his edition of the commentary to *Sifre* of **רבינו אליעזר נחום** (Jerusalem, 1993) which uses our commentary from time to time. For instance the following pasage in Rabbi Eliezer's comentary was borrowed directly from our commentary to *Sifre Numbers* piska 31:

זאת...ביום מלאת [ימי נזרו] (במדבר ו:יג) כלו׳ סתם נזיר מביא קרבן ביום מלאת, אבל מי שאין הפסק לנזירתו אין תלוי קרבן טהרה שלו בימים אלא הכביד שערו מקל בתער ומביא

INTRODUCTION

ג׳ בהמות אבל קרבן טומאה אפילו לנזיר עולם תלוי בימים שאינו מביא אלא ביום השמיני לאחר שנטהר מטומאת המת בשביעי יגלח:

    Unfortunately the numbers recorded in Kahana's edition of Rabbi Eliezer Nahum's *Sifre* commentary were poorly copied into a mishmash of gibberish. Nevertheless, the wording is so precisely that of our commentator that it is clear here and elsewhere in Eliezer's copious comments that it is our author who is being quoted.

    Kahana found that the extant copies of the commentary manuscript were produced by sephardic scribes, but noted that the *Sifre* texts used by our author were generally ashkenazic readings from known Italian, German, French *Sifre* manuscripts (Kahana 79 n.17).[17] It is not unusual to find the commentator complaining about the poor preservation of readings in his text of *Sifre*. He often suggests emendations and also frequently provides strained explanations should the reader not care to emend a received reading. Kahana notes that the author has adopted methods similar to moderns for identifying later interpolations into the text of the *Sifre*.

    Our commentary, as Kahana repeatedly notes, is rooted in an appreciation of the complexities of *midreshei ha-halakhah*. To begin to understand the enterprise of commentaries on this corpus one has to reach back to the earliest citations of the material in the Talmuds which make extensive use of the genre. *Midrash Halakhah* is rooted in set forms and the teachings are usually attributed to Rabbis of the second century.

    I have opted to entitle the author "Pseudo-Rabad" rather than "Pseudo-Hillel" although library catalogues refer to the work as that of Rabbenu Hillel. The reason for this is that Menahem Kahana has dubbed our commentary by this term based on the references[18] of Rabbi Hayyim David Azulai, popularly called HIDA, to our commentary which he claims was authored by Rabad of Posquières. Kahana mentions that our commentary cites Rabad as well as scholars who lived after him but while it can be demonstrated that there are interpolations into our commentary from works of other scholars it remains an open question as to whether these citations should be set aside as possible glosses. I have made that argument in my *Introduction* to *Pseudo-Rabad: Commentary to Sifre Deuteronomy*. I must leave the authorship of the present work as a totally open question and note that the textual history of the this *Sifre* interpretation is very complicated. Kahana has noted that our author at times anticipates the findings of modern, critical scholars who have dealt with the unity of composition of the *Sifre* text.

---

17. In the Deuteronomy section there are some exceptions.

18. Eg. his talmudic comments to Kritot, Nazir; his legal comments to Yoreh De'ah cite our Sifre commentary in the name of Rabad. HIDA was not careless generally in his ascriptions although in this case he seems to have been wide of the mark.

Kahana (p. 80) tell us how momentous a work it is. It is just about impossible to exagerate its importance.

I am pleased to present here *Pseudo-Rabad: Commentary to Sifre Numbers* which represents the first section of the two volume work of Pseudo-Rabad's commentary to *Sifre*. *Pseudo-Rabad: Commentary to Sifre Deuteronomy* appeared, in the same South Florida series as the present work, in 1994. At that time I was optimistic that a detailed investigation of the commentary to *Sifre Numbers* would yield more information about the author and time of composition. Not only has this not been the case, there is some question in my mind if the Numbers unit was even authored by the same person as the *Sifre Deuteronomy* one. In the commentary to *Sifre Deuteronomy* the author does not skip large sections of difficult text as he proceeds to elucidate, with pithy explanation, the salient points of the text. This is not the case in the present work. Here the author explains much less and asks questions and poses problems much more frequently than in the other section. I discern likely interpolations into the text which break the unity and thought of some comments and which may have been inadvertently added from marginal glosses. It is also the case that the *Sifre* commentary of Rabbi Suleiman Ohana incorporated the work of *Pseudo-Rabad's commentary to Sifre Deuteronomy* frequently but of *Pseudo-Rabad*'s commentary to *Sifre Numbers* he cites virtually nothing. We might assume that if he knew this commentary at all he found its method too cumbersome for his own purposes.

This work is very important in showing us the way in which *Sifre* materials were used by medieval scholars. The author of this commentary argues against some readings of the text which seem corrupt and unintelligible to him but will, at times, justify the received text with rather forced interpretations. The commentator has a critical eye for style and structure of the texts he analyzes and quite often shows us most plausible understandings of the flow of the text before us. Not infrequently I have had to resort to textual emendations where the present readings of the commentary fail to satisfy the sense of coherence required in the commentary. The reader will find such emendations indicated by the use of brackets and notes. As it is not envisioned that this text will ever be printed again, the editor has done his utmost to ensure accuracy. Restorations were necessary to present the reader with a reasonable commentary. Mishaps are always a fact of life and the alert reader might detect some inadvertent problems. Sometimes, the editors of such works provide notes based on educated intuition but lacking solid proof. Here is a case in point taken from the Pseudo-Rabad commentary to Deuteronomy.

[פיסקא קלו]
גם מכאן דקדקו שספירת העומר בעמידה, קרי ביה בקומה:

The manuscripts of the commentary read the Sifre מהחל החרמש בקמה to take each word and interpret it "the first of all that which is harvested is the grain for the

INTRODUCTION

Omer offering" (And it must be done with a sickle). Also from here they inferred that the Omer must be counted while standing-- they prounced בקמה here "bekoma" (while standing).

I suggested in my comments that perhaps Sifre provides the source for the law that the rabbinic "counting the omer" should be recited while standing. Rabbi Isaac ibn Gayut had remarked that we have a tradition from the Rabbis to read Deut. "*kama*", "standing grain," to mean "*koma*," "count while standing"-- קרי ביה בקומה. This is the very expression used by our commentator. The commentator thereby obviates the complaint of Rabbi Baruch Epstein in his *Torah Temimah* commentary who believed that the Rosh, Rabbi Asher ben Yechiel, erred in thinking there was such an exegesis. The Rosh said at the end of tractate Pesachim.

וכי מברכים ספירת העומר מברכים מעומד דת"ר בקמה תחל לספר אל תקרא בקמה אלא בקומה.

The reason that when we bless the counting of the Omer we bless standing is because the Rabbis taught "with the *kama* grain one begins to count" -- do not read "with the *kama*" but "*koma*", "while standing". The commentator may well have uncovered the source of the perplexing words of legal decisors who cite a passage we cannot find. Perhaps this is the very passage alluded to by them.

Since that work appeared I have found that there is a citation to interpret "kama" as "koma" in midrash Leqah Tov *parashat Emor*. Moreover Rabbi M. Kasher in his *Torah Shelemah* commentary (*Lech Lecha* ch 17, note 66) to the Pentateuch tells us that a responsum attributed to Rav Hai Gaon mentions such a midrash. It is now clear to me that there was once a midrash to this effect and that it is no longer extant. It does not seem likely that medieval legal decisors themselves invented the midrash as Epstein concluded. In my 1994 volume of the Deuteronomy commentary I had posited in my comments that there there must have been a midrash equating *kama* with *koma*, just as Rosh said, but I was totally unaware then of the reference to the responsum in the *Responsa of the Geonim*. Here is a simple example of how troublesome it is to shed light on the sources for some expressions in the commentary. It is very difficult to uncover all sources known to the commentator as it is difficult to always know exactly what he is saying. I have done my best to unravel the knots in the commentary but I am well aware that sometimes an obvious reference can be missed.

Appended to this INTRODUCTION are pages of the text of the *Sifre* Deuteronomy commentary which were accidentally omitted in the assembling the pages of my earlier *Pseudo-Rabad: Commentary to Sifre Deuteronomy*, 1994. I include it here and regret the unfortunate error.

The commentary I present is based upon the Oxford Manuscript 425 of the Bodleian Library, Mich 376, which was copied in 1559 and JTSA manuscript Boesky 5, completed in 1587. I also relied upon the citations of the commentary found in the Commentary of Brit Avraham on Yalkut Shimoni.

COMMENTARY TO SIFRE NUMBERS

When we try to edit medieval texts, as I do here, we have to accept the fact the texts are in very corrupt shape. We have to reconstruct texts and also be on the lookout for interpolations into the commentaries. All in all, these decisions lie in the head of the editor who has to have a clear vision of the nature of the material he/she is editing and how the original author handled certain problems. The text editor in some way-- as scribes throughout the ages had done-- enters into the arena of sharing the commentary with its author. To refuse to edit a text in any way is to make a decision to enter into the partnership and allow what appear to be gross errors and interpolations to stand. There is no easy way out and the texts we read are those of an author as filtered through generations of scribal editors. Given that state of affairs of commentary and the fluidity of the texts they comment upon, we have to accept that if we are to clean texts from the dross that has accumulated upon them, eventually we have to reconstruct and undoubtedly alter them in accordance with some acceptable principle. The alternative is to consign beautiful texts to the waste lands of unintelligibility and irrelevancy. From the time of Rabbenu Tam until today the art of text editing had been subject to much discussion including codified laws in the Shulhan Arukh (Yoreh Deah 279:1). The reader will have to judge my emendations and understandings and accept my shortcomings in reconstructing many of the comments that are contained in this work. There is no other way I could have produced an intelligible work. I hope the author of the work will forgive my errors.

Here is one example, piska 127, of how I have filled things in. When I compared the wording of our commentary manuscripts with those of Tosafot in our current versions in Ketubot 4b, and Shabbat 152b I saw that our author had abbreviated the lengthy discussion of Rabbenu Tam. The wording of the manuscripts was unintelligible; the question really was how much had to be filled in. The best way to go about it was to fill in the least possible amount, being a minimalist is always recommended in reconstructions. I could then see that the omission in the manuscript had been caused by careless scribal copying. The scribe jumped from *dofek* to *dofek*, homoioteleuton. The principles for filling in the text are based on inner logic-- the flow of meaning and economy of expression. I have looked for parallels where available, even if only in other commentaries, to help restore the wording of our commentary. It became apparent that both manuscripts I used had been made directly from, or in succession from, the same copy of the commentary. There was no other way to explain the errors and omissions that both had in common. I signified such additions by placing them in brackets [ ], at other times I added a word here or there also within brackets simply to ease the cumbersome language. I also omitted expressions here or there which I took to be copyist errors and designated those by parentheses ( ). Such additions and deletions are common in the volumes I produced and I felt I had no choice but to proceed as I did. I am well aware that there those who will complain but I did not wish to present a text that seemed disjointed. That may be my lacking and if it is I would appreciate hearing from those who could make sense of the text as it is given in the manuscripts. Here then is a simple example of how I filled in what I saw to be gaps.

להביא גולל ודופק. פרש״י ז״ל (חולין עב עמ׳ א) ״גולל כיסוי הארון, **דופק דפין** שבצידי הארון״, אבל ר״ת הקשא מדאמרי׳ התם להביא דופק [וגולל דמיטמא מדכתיב על פני השדה ועוד דתנן במס׳ אהלות בפ״ב דופק] דופקין, ומפ׳ דגולל הוא אבן שעל פי הקבר מלמעלה ודופק אבן שבראשה ו[אבן] שברגל[ה] שהיא סמוכה עליהן; ופעמים שסומכין אותה על אבנים שבצדדין והנהו איקרו דופק דופקין ובפרק [בהמה] המקשה (חולין עב עמ׳ א) קאמר ור׳ ישמעאל גולל ודופק הלכתא גמירי לה:

And now I present a second example. The first underlined portion, in the passage below, I suggest is a misplaced comment which I have relocated with emendations as shown by the second underlined portion. The final section in parentheses seems to me totally extraneous as the commentator has gone to great lengths to explain things in a very different fashion using a very different textual reading. The author would not have given us a lengthy explanation only to retract it in a few words. It seems to me this remark was a marginal comment that simply got copied into the text of the commentary by an incompetent scribe. Piska 1.

[חמור הזב] שהוא מטמא תחת אבן מסמא. היינו דתנן במסכת זבין (משנה ה:ב) ״אצבעו של זב תחת הנדבך והטהור מלמעלה מטמא שנים ופוסל אחד״ וכן אם הטמא מלמעלה והטהור מלמטה (ומשום הכי נקט אבן משום לישנא דקרא והיתית אבן חדא) והוא הדין לכל מילי דמפסיק בינייהו כגון דף או נייר, ומיירי בלא הסט וכי האי גוונא מת לא מטמא זולת אם מסיט או מאהיל כדתנן התם (משנה זבים ה:ג) ״כל הנושא ונישא על גבי המת טהור חוץ מן המאהיל ואדם בזמן שהוא מסיט״ והאי דקאמר **חמור הזב** דווקא קאמר דחמיר מ[טמא] מת לענין זה, אבל ממצורע לא חמור בהאי, דמצורע נמי מטמא באבן מסמא כדתנן בסוף נדה (משנה י:ד) ״הזב והזבה הנדה והיולדת והמצורע שמתו מטמאין ״במשא״ עד שימוק הבשר״ ומוקמי׳ לה בגמ׳ (נדה סט עמ׳ ב) דמאי ״[ב]משא״ [ב]אבן מסמא [(ומשום) [ומשמע] הכי נקט אבן (משום) [משומא] לישנא דקרא [דכתיב] והיתית אבן חדא [ו״שומת״ על פום גובא] (דניאל ו:יח)] ונראה לי דטעמ׳ דמצורע מטמא תחת אבן מסמא משום דאיתרבי מדכתיב והזב את זובו לזכר ולנקבה (ויקרא טו:לג), ואמרי׳ בנדה (לד עמ׳ ב, לה עמ׳ א) לזכר לרבות מצורע למעיינותיו והוא הדין לאבן מסמא ומ״מ לא איתרבי מהאי קרא לטמא משכב [ומושב] לטמא אדם וכלים אלא לטמא (אדם וכלים) [אוכלין ומשקין] ואפילו טבול יום דזב [ו]גם טבול יום [דמצורע] אינו מטמא אפילו מעשר כדתנן (משנה נגעים יד:ג) (אכל) [כבס בגדיו] וטבל...אוכל במעשר ([ה״ג חמור הזב שהוא מטמא תחת אבן מסמא] ובספרי׳ כת׳ ״שהוא מטמא את האבן״ ואי גרסי׳ ליה צ״ל כדתנן בסוף כלאים (משנה ח:ה) אבני השדה מין חיה ור״ל חולין לפי שחיה אי אפשר להיות קדשים:)

I had thought I might be able to identify the author of this work or even his time period with some precision but I must confess I am at a loss to make any positive identification. But Jews have preferred to call their scholars by the title of their works rather than name the works after their authors. The work, and nothing else, is the object of our engagement. We now can turn to the work at hand to study *Sifre* in the superb tradition of the grand Rabbis.

This project has been on my desk for ten years. I have labored over the manuscripts and annotated it to the best of my ability, sometimes changing my mind entirely as to what the sense of passages might be. My thoughts, explanations and references, are embedded in the thousands of notes appended to the work. The medieval author's entire commentary to *Sifre*, given here in two volumes, deserves to be of use to all students of rabbinic literature.

Herbert W. Basser
Queen's University
Kingston, Ontario
July 1, 1998
Tammuz 7, 5758.

EXCURSUS 1:

Midrash Halakhah as a Foundation Source for the Oral Law

חשיבות מדרש ההלכה בהבנת המשנה אצל אמורי ארץ ישראל ובבל:

הכל חייבין בראייה חוץ מחש״ו (משנת חגיגה א:א)

המדרש הוא יסוד בסיסי של ההלכה והרבה משניות תלויות בו ואם יש ספק בהבנת המשנה פעמים רבות המדרש יקביע לנו מסמרות לפרש אותו על בוריו. לדוגמה, כתוב בדברים לא:יב שמצות הקהל היא ״למען ישמעו ולמען ילמדו״ ויש מדרש ״ישמעו״ פרט למדבר ואינו שומע; ״ילמדו״ (בא למעט עוד סוג חרש) פרט לשומע ואינו מדבר. הרי מדובר בשני סוגי חרש נפרדים ושניהם פטורים ממצות הקהל. ומדרש זה קובע יסוד להבנת ענין של חרש במשנה חגיגה א:א.

משנת ריש חגיגה אומרת: הכל חייבין בראייה חוץ מחרש שוטה וקטן.

ולא ידעו באיזה מין חרש מדובר כאן. האם הוא חרש כל דהוא דיכול לדבר או אפילו יכול לשמוע בלי יכולת לדבר או האם הוא חרש גמור דלא יכול לדבר ולא יכול לשמוע? ושני התלמודים דנו בשאילה זו. ושתי גישות לתרץ את הבעיה. נראה בעינינו שאם לא דנים מתוך מדרש הלכה ידוע הרי דינו לחומרא כלומר רק חרש גמור פטור, אבל אם דנים באור המדרש אז דינו לקולא כלומר אפילו חרש כל דהוא פטור.

לפי הירושלמי רבי אמר דבכל מקום דאמר חרש פטור ר״ל מי שאינו שומע ואינו מדבר אבל מי שעושה אחד הדברים האלו אינו בכלל חרש וחייב במצותו והוא דין חמור. והירושלמי אמר שיש כמה הלכות כמו מצות הקהל וכמו חליצה וכמו תרומה דכל הני דינים מיירי בחרש בחד צד ודינו לפטור וזה כנגד הכלל החמור. הלא סתירה בולטת כאן. לכן הסיק הירושלמי שכללו של רבי אינו כלל של ברזל ויש יוצאים מן הכלל. ולאו בפירוש איתא בירושלמי אם חרש במשנה ריש חגיגה כן בכללו של רבי או אינו בכללו. יש להניח דאינו בכללו דהרי הירושלמי אומר שענינו של משנת חגיגה לגבי חרש הוא קרבן ראייה ולא מצות ראית פנים בעזרה שדומה יותר למצות הקהל. והרי בהקהל הטף חייב. ומכיון שקטן, אפילו הצעירים ביותר, אפילו טף, חייב במצות ראית פנים לכן רואים אנו שמצותו חמורה מקרבן ראייה— דהרי קטן, אפילו אינו צעיר ביותר, פטור מן הקרבן. א״כ מצות ראית פנים חמור מקרבן ראייה. וממה שראינו בלימוד הירושלמי (וגם הבבלי) דחרש אפילו מצד אחד פטור מהקהל כמו כן יהיה פטור מקרבן ראייה דיש מקום לומר קו״ח לקרבן ראייה דקיל ממנו. מן הק״ו נראה דחרש המובא במשנת חגיגה דהוא פטור מקרבן ראייה הוא חרש כל דהו [כלומר או אינו שומע, או אינו מדבר ולא צריך תרוויהו] א״כ משנת חגיגה א:א אינו בתוך דברי הכלל החמור של רבי דהרי כללו [דחרש המדבר או השומע חייב] לאו דווקא דאפשר שלפעמים במשנה דינו לקולה ופטור. ונראה דגם לגבי המשנה של קרבן ראייה יש לדון בה כאילו היא מבין היוצאים מן הכלל דמיירי רק במצב דחרש כל דהוא ויש לפטורו מן הקרבן. כן הוא מסקנת הירושלמי.

אבל באמת מתחת דברי הירושלמי רואים אנו שהיו אלו שהבינו את המשנה באור כללו של רבי דחרש בכל מקום לפטור הוא חרש גמור ודברי הירושלמי להראות שהיו אלו שהבינו כללו של רבי להיות לאו דווקא ובזה סיים הענין.

בבבלי על משנת חגיגה א:א יש סוגיות מחולקות. לפי הדעה הראשונה צריך לדון טיב ההחרש במשנתינו מהרשימה של חשו״ק: מה שוטה וקטן אין להם דעת כלל כן ״חרש״ דמשנה ר״ל ״חרש גמור״ [אינו שומע וגם אינו מדבר], אבל מי שאינו שומע כלל אבל שפיר מדבר, או מי שאינו מדבר ושפיר שומע, חייב בראייה (וג׳ פירושים איכא לענין הבבלי: מיירי בראיית פנים לחוד, בקרבן ראייה לחוד, בתרוויהו כמו פרש״י לפי דעת ר״ת בתוספות לפירוש המשנה אבל לפי הירושלמי מיירי במצות קרבן ראייה לחוד). וזהו כמו הכלל שאמר רבי דמובא בבבלי בשם החכמים. לדעת בעל סוגיה זו לעולם המשנה בריש חגיגה מיירי אך ורק במי שהוא חרש גמור. ומסקנת הסוגיה נראה כהפך מסקנת סוגית הירושלמי.

ויש עוד סוגיה בבלית דבנויה על ברייתא דלפי ענינה משנת חגיגה ר״ל אפילו אינו חרש גמור והוא כמו במצות הקהל דחרש דשומע ואינו מדבר או מדבר ואינו שומע פטור מללכת לשמוע קריאת המלך. ואין להתעלם מדרשת דיוק הרשימה של חשו״ק במשנה, דקתני מה שוטה וקטן אין להם דעת כלל כמו כן חרש דמשנה ר״ל חרש גמור. והלימוד הזה הוא עיקר אפילו בלא הברייתא דתני ד״חרש״ במשנה בכל מקום הוא חרש גמור ופטור אבל אם לא חרש גמור חייב ולחומרא. מכיון שיש לדיק דרשימת חשו״ק מיירי במי שאין בו דעת, ראה בעל סוגיה זו בבבלי צורך בשם רבינא או רבא לפרט דינו של חרש לחילוקים ולתקן המשנה בהכניסת גדרים שונים בתוכה דרך חסורי מיחסרא: ״**הכל חייבין בשמחה ובראייה חוץ מחרש המדבר ואינו שומע, שומע ואינו מדבר שפטור מן הראייה** ואע״פ שפטור מן הראייה חייב בשמחה; ואת שלא שומע ולא מדבר ושוטה וקטן פטור אף מן השמחה הואיל ופטורים מכל מצות האמורות בתורה.״ הרי הוסיפו דברים בתוך המשנה עד שהיתה דומה ללשון ברייתא דמובאה אחר כך כמעט מלה במלה. בכל אופן דינו של חרש בבבלי כדינו בירושלמי דהיינו דחרש כל דהו פטור מלהביא קרבן ראייה ולקולא. הרי ישנה סוגיה מחולקת בבבלי שאינה כדעה הראשונה דלפיה חרש כל דהו חייב; ונראה דהסוגיה שניה בבבלי לא סבר כדעת הירושלמי דאמר שהכלל דשנו שבכל מקום דאמרינן ״חרש פטור״ הוא חרש גמור הוא כלל לאו דווקא. אלא לפי הבבלי בסוגיה זו הכלל [בשם חכמים] מיירי רק בסתם חרש ואם בפירוש אמרו דאינו כן אז אינו כן כמו דברי המילוי דחסורי מחסרא.

ומה הכריח רבינא לתקן כאן לפי חסורי מיחסרא שלו שחרש כל דהו פטור מקרבן ולא להראות פנים בכללו שהוא לאו דווקא? האם יש כח לדרשת רשימה של ״חרש שוטה וקטן״ כל כך חזק שצריך לתפוס חרש [בדין חייב אלא אם כן אין בו דעת כלל] דומיה לשוטה וקטן? האם בלתי אפשר לדון בכל אחד מהם לפי הגדרים המיוחדים שלו? ומנין לנו שלגבי חרש במשנה דין שמחה לחוד ודין ראייה לחוד? והתשובה ברורה. אין ספק כאן דרצו לעשות הברייתא עיקר דהרי יש ספק במשנה מהו חרש ואין ספק בברייתא, ועוד, והוא הסיבה העיקרית, יש לימוד

ממדרש ההלכה של הענין בפרשת והקהל, ולא סתם דרשו אלא בגזירה שווה דראייה–ראייה. וכמו כן דרשו בירושלמי [אולי שלא מתוך תורת ג״ש] מוהקהל לפטור חרש בחד צד. והמדרש ד״הקהל״ הוא הקו המשותף בירושלמי ובבלי.

רואים מיד שקטע מדרש ההלכה הוא הגורם של הברייתא בבבלי דהוי בסיסו של החסורי מחסרא והוא הגורם בירושלמי להשמיט כללו של רבי עד שאמרו בו כללו לאו דווקא. אלא שהירושלמי מחלק בין קרבן ראייה לראיית פנים והבבלי מחלק בין ראייה [קרבן וראיית פנים בעזרה] לקרבן שמחה. ברור לנו שהמדרש הוא היסוד של ההלכה. הדיוק של הרשימה של חשו״ק אינו עיקר אלא הקדמת דברים בעלמא. אמת ונכון דכלפי ספיקות במשנה יש לומר ״המדרש הוא העיקר״.

EXCURSUS 2:

Versions of a Commentary Tradition to Sifre Deuteronomy piska296

הבדלים בנוסח הפירוש לספרי דברים רצ״ו.

רצוני להביא כאן שינוים בפירושים שונים לספרי דברים פיסקא רצ״ו ולמצא פשר דבר לחילופיהם. אולי יש לתלות מקור השינוים לעיבודים לקטע מן חלק הפירוש הנאבד[1] של רבינו הלל לספרי פ׳ כי תצא או לפירוש אחר קדום. סימן לדבר הוא האותיות הרשומות בסוף הענין בפירוש מיוחס לראב״ד: עכ״ל [עד כאן לשונו] הרי סימן שהמאמר הוא ציטוט ממקום אחר. ונראה שהקטע שבפירוש ספרי לרבינו אליעזר נחום (המודפס על ידי ידידי הפרופ׳ מנחם כהנא שליט״א) הוא מאוסף פירושים שבו המלקט עיבד מקורותיו וגם כאן אמר עכ״מ [עד כאן מצאתי] סימן שהמאמר מובא מציטוט ממקום אחר.

נבדוק את הפירושים שהם דומים אחד לשני:

A כה״י מיוחס לראב״ד ופירוש ברית אברהם על ילקוט שמעוני:

שלא תאגוד עליך אגודה. פירוש, על כן איני[2] מצוך למחותו עד שיניח לך מכל אויבך כדי שלא יסייעוהו ויעשו עליך אגודה, אי נמי גרסינן תאגור ברי״ש מלשון **אגרה בקציר מאכלה** (משלי ו:ח) **שלא יקבץ עליך קבוצים:**[3]

---

1. ראה להלן לשיחזורו.
2. בברית אברהם: על כן אני...
3. קבוצים חיילות להלחם נגדך. בוסח C אמר שלא תקבץ קבוצים ופירושו לשכור חיילות להלחם יחד אתכם והוא עיבוד לשון נוסח A לפי פירוש אחר הנמצא בנוסח B. והדברים אומרים דרשוני.

ולהלן הוא אומר כי מחה אמחה את זכר עמלק (שמות יז:יד). כלומר אתה תמחה מלמטה ואני מלמעלה:

עכ"ל:[4]

B רב סולימן אחנא:

שלא תאגוד עליך אגודה. י"מ דלכן מצוה למחותו בהניח כו' כדי שלא יסייעוהו ויעשו עליך אגודה, אי נמי \\י"ל **בהניח ה"א לך מכל אויבך** שה"א הוא המניח לך ועליו תבטח ולא תסיר בטחונך ממנו **ותאגוד[5] אגודות**— לשכור חיילות להלחם עם אויביכם כדרך שאר הבבלים:[6]

ולהלן הוא אומר כי מחה אמחה (שמות יז:יד). פי' תמחה אתה מלמטה ואני אמחה מלמעלה:

C רבינו אליעזר נחום:

שלא תאגוד עליך אגודה. י"מ על כן איני מצוך למחותו עד שיניח לך מכל אויבך כדי שלא יסייעוהו ויעשו עליך אגודה, אי נמי\ יש לפרש כלומר **שלא תקבץ קבוצים** משאר אומות כדי להלחם עם[7] הכנענים כדרך ששוכרין המלכים חיילות משאר אומות להלחם עם אויביהם; ודייק לה מדכתיב **בהניח ה"א לך מכל אויבך** ה"א הוא המניח לך ועליו תבטח| שיניח לך מכל אויבך| ולא **תאגוד[8] אגודות**— משאר אומות ותסיר בטחונך ממנו: עכ"מ.[9]**תמחה את זכר עמלק ולהלן הוא אומר** וכו' (שמות יז:יד). פי' כאן כתיב תמחה ולהלן כתיב אמחה— אתה מלמטה ואני מלמעלה:

הנה ג' פירושים לספרי סוף פ' כי תצא. אין ספק שכולם פירוש אחד במאמר הראשון עד המילים "אי נמי". A נותן לנו שני פירושים לפי שני גירסאות של הספרי: אגר, אגד במובן אחד. גם B וC נותן שני פירושים לפי שני הגירסאות של הספרי אבל כאן יש שני מובנים נפרדים לפי שני הנוסחאות. ואולי הפירוש המקורי, אבי אבות הפירושים, היה בצורה כזאת בג' לשונות של "אי נמי":

> **שלא תאגוד עליך אגודה.** על כן איני מצוך למחותו עד שיניח לך מכל אויבך כדי שלא יסייעוהו ויעשו עליך אגודה אי נמי גרסינן תאגור ברי"ש מלשון **אגרה בקציר מאכלה** (משלי ו:ח) **שלא יקבץ עליך קבוצים**: אי נמי **בהניח ה"א לך מכל אויבך**

---

4. כן בשני כה"י.
5. צ"ל ותאגור.
6. שיבוש, וצריך להגיה: המלכים.
7. פירושו "נגד".
8. צ"ל תאגור.
9. נראה שמקומו למטה אחרי ואני מלמעלה.

ה״א הוא המניח לך ועליו תבטח שיניח לך מכל אויבך ולא תאגור אגודות משאר אומות להלחם עם אוביהם כדרך ששוכרין המלכים חיילות משאר אומות להלחם עם אויביהם ותסיר בטחונך ממנו:

תמחה את זכר עמלק ולהלן הוא אומר וכו׳ (שמות יז:יד). פי׳ כאן כתיב תמחה ולהלן כתיב אמחה— אתה מלמטה ואני מלמעלה:

וה״אי נמי״ האחרון נותן חידוש של איסור שכירת חיילי גוים. הרי יש הסבר לכל נוסח: A דילג ה״אי נמי״ האחרון לגמרי. B דילג פירוש ה״אי נמי״ האמצעי. C דילג **משלא תקבץ קבוצים** עד אחרי **תאגור אגודות** ותלמיד אחר עיבד את לשונו למלא את החסר. הרי אלו השלשה אחד הם אלא שזה קיצר בדרכו וזה בדרכו. שיחזורינו מסביר את תופעת ההבדלים בג׳ הפירושים ויש עוד אפשריות לדבר אבל אין כאן להאריך.

Index

Akiba, xiii, xiv, xv
Asher (ROSH), xxv, xxviii, xxix
Avot deRabbi Natan ch 18, xiii
Azulai (HIDA), xxiii

Bavli, Berakhot 11b, Hagigah 3a,
    Yoma 74a, xv
        Hagigah 4a, xix,
          Moed Katan 3a, xx
Brit Avraham, (to Yalkut Shimoni) xxii,

Eliezer Nahum, xxiii,

Hai Gaon, xxv
Hafetz Hayyim, xvii
Hammer R., xviii
Harris, J, xvi

Kahana, M., xxi, xxiii
Kasher M., xxv

Lauterbach, J., xiii, xviii

MALBIM, xvii
Manuscripts, xxiv, xxv
Mekhilta, xiii, xiv, xix
Midrash, xiii, xiv, xv, xvi, xx, xxi, xxii, xxiii,

NETZIV, xvii
Neusner, J., xvii

RABAD, xxiii
Rabbenu Hillel, xxi, xxii,
RAN to Nedarim 78b, xxii
Rashbam to Babba Batra, xiv
Rashi to Gittin 67a, xiii

Sasson, D., xxi
Schechter, S., xv

CORRECTION

תיקון לפירוש המיוחס לראב״ד, ספרי דברים, השייכת לעמ׳ 281

Omission from *Pseudo-Rabad: Commentary to Sifre Deuteronomy*, 1994, see p. 281.

פרשת האזינו השמים

[פיסקא שו]

הם היו מעידים בעצמם. כלומר היו מעידים על הקדוש ברוך הוא שהוא חי וקים ויכול ועושה עמהם נסים בכל עת ובכל שעה:

העיד בהם. התרה בהם,[1] פירוש מתרה עליהם שראויים לבא עליהם צרות:

העיד בהם הנביאים. שיחזרו בתשובה:

העיד בהם השמים. משום דכתיב יד העדים (דברים יז:ז), לומר שימנעו מליתן טל ומטר והוא הדין שהעיד בהם הארץ אלא משום דבעי למימר קלקלו בשמים כלומר שקלקלו על ידי צבא השמים לעובדם, וקימא לן (בראשית רבה צו:א) כשם שנפרעין מן העובד כך נפרעין מן הנעבד והיינו טעמא דכולהו:

וימירו את כבודם[2] (תהלים קו:כ). אע״ג דדרשי לה על מעשה העגל גם נאמר על עגלי ירבעם ואחאב:[3]

עלוב הוא אדם שצריך ללמוד מן הנמלה. כלומר אדם יש לו דעת כנגד כל הבריות ומן הדין שכל הבריות ילמדו ממנו ואם הוא צריך ללמוד מן הנמלה עלוב הוא, וכל שכן אם היה לו ללמוד ולא למד:

הרי עדי קיימין. כלומר, ואני מתביישת ומתיראה מהם:

פידגג. אומן, והיינו שמים וארץ:

קובל. צועק ומתרעם:

מרויחין. מגדילין:

ועצר (דברים יא:יז). שנעצרין ונעשים קטנים:

[**דוממין.** שותקין:][4]

בלשון מרובה. האזינו (דברים לב:א):

(**דוממין.** שותקין:)

שהיו השמים מרובין. כדאמרינן בחגיגה (יב עמ׳ ב) שבעה רקיעים ואע״ג דאמרינן במדרש שבעה ארצות (ויקרא רבה כט:ט, פדר״א יח, שו״ט צב), נראה דשמים הן זה למעלה מזה אבל הארצות אינן זה למעלה מזה אלא כולן אחת והמקומות גרועין זה מזה:

וחכמים אומרים אין הדבר כן. נראה לי דלא פליגי רבנן בהא דשמים מרובין אלא על מה דאמרו דעל כן שינה ישעיה הלשון כדי לסמוך לדבר על הא פליגי:

אלא. לכוין דברי העדים:

על שהתורה ניתנה מן השמים. לא בא אלא שלא לפרש דבור לשמים ואמירה לארץ:

---

1. עיין פירש״י על בראשית מג:ג. העד העיד. לשון התראה שסתם התראה מתרה בו בפני עדים וכן העידותי בכם [הים את השמים ואת הארץ] (דברים ל:יט).

2. לשון כבוד וזהו אחד מתקוני הסופרים: עיין ספרי במדבר פיסקא צד.

3. עיין מלכים א יב:כח וגם שם טז:לא (רד״ק ורש״י).

4. כאן מקומו ולא למטה.

CORRECTION

עבור שנים. תלוי בראיית הירח שהיא בשמים:

ואומר קחו מוסרי (משלי ח:י). לא גרסינן ואומר דאינו אלא ייפוי דרשא דברוב מקום דכתיב קיחה מיירי בתורה ולא שייך כאן מאי ואומר:

מה שעירים הללו יורדין על עשבים ומגדלין. השתא דריש שעירים (דברים לב:ב)—מטר, ושמא לפי שיורדת בסערה וגבי רביבים (שם שם) אומר מעדינים לפי שיורדין בנחת:

הוי כונס דברי תורה כללים. והא דריש מדכתיב בראש עלי דשא (שם שם) כלל מיני דשאים והדר עלי עשב (שם שם) דמשמע כל עשב ועשב דהיינו פרט:

Afterword: Concerning the Date of the Commentary

This commentary, of which there we know about two full copies and a small fragment, presents a number of problems for us at every turn. While it is not surprising to be unable to name the author of a rabbinic commentary, it is somewhat unusual that we cannot affix a definite time period for it's composition. Since it contains named references to the commentaries of Rabbi Samson of Sens, of Rabbi David Kimhi, of Rabad's glosses on Maimonides, one might reasonably surmise (together with Kahana) the commentary is that of a scholar of the 13th century. However, there are indications of a much later date which have not been discussed until the present time. Kimhi's work is cited as *Shorashim*, a title thought to be given his *Mikhlol: Helek ha-Inyan* lexicon in the 15th century. In this commentary there is, as mentioned in the INTRODUCTION, a citation from the Nedarim commentary of Rabbi Nissim Geronda, who lived in the late 14th century and is called the last of the *Rishonim*. Furthermore there are two citations that seem related to kabbalistic works of the 14th century. There is one which seems to be based on the kabbalistic system of Gikatelia and is introduced as "derkh emet" (commentary to Sifre Deuteronomy piska 353) and there is another in this very "Pseudo-Rabad: Commentary to Sifre Numbers" 134 which assumes we know something about the 14th century exegesis of Ex 15:6:

ואת ידך (דברים ג:כד) זו ימינך/ [הוה] מצי למימר איפכא את גדלך (שם שם) זו ימינך ואת ידך זו מדת טובך אלא להראות שהכל ימין למעלה והיינו ימינך ה' נאדרי בכח (שמות טו:ו) וכן ימינך וזרועך (תהלים מד:ד) שכל מדותיו כלולות זו בזו.

"And your hand" (Deut 3:24) refers to the right hand/

It could have has just as well said the opposite: "Your greatness" refers to your right hand while "Your hand" refers to his attribute of generosity. In any case the point is to show that in the supernal world all is "right." It is the same point as "Your right hand O Lord is enclosed with strength" (Ex 15:6) and likewise "Your right hand and your arm" (Ps 44:4)-- for all his atttributes are unified one with the other.

We find a similar note in the "Commentary of Rabbi Eliezer Nahum to Sifre Bamidbar" 134:

ימינך/...דלמעלה אין שם שמאל אלא הכל ימין.

"And your hand" (Deut 3:24) refers to the right hand/
...For in the supernal world there is no left but all is right.

We read in "Zohar Beshalah" 57b:

ימינך יי נאדרי בכח/ ...ולעולם הכי הוא בגין דשמאלא אשתכח בימינא ואתכליל ביה.

"Your right hand O Lord is enclosed with strength" (Ex 15:6)./
And indeed it is so for the left is found in the right and unified in it.

We hear in the "Commentary of Rabbenu Bachya to the Torah" Exodus 15:7:

ימינך יי/ ידוע כי כל מדה כלולה מחברתה וקרא למדת הדין ימין לפי שהיא כלולה ומעוטפת בכח רחמים.

COMMENTARY TO SIFRE NUMBERS

"Your right hand O Lord is enclosed in strength" (Ex 15:6)\
It is a fact that every attribute is unified with its counterpart and the attribute of severe justice is called "right" because it is unified and wrapped within the jurisdiction of mercy.

On the surface it would now appear that our commentary dates to the 15th century. However, it is possible that our commentary has been thoroughly glossed by a later hand (or later hands) that has, one way or an other, inserted numerous additions into the text that stands before us. It is not easy to decide in all cases exactly what constitutes the proper text and what the additions. It is only conjecture based on educated intuition of style and structure. Nor am I sure that this commentary is even unified, such that the Deuteronomy section is by the same author as the Numbers section. The author of the commentary tells us some biographical information in the Deuteronomy section including the information he wrote other commentaries and issued *responsa* but in the Numbers section he gives us no information about himself. Indeed, it may well be that the commentary before us dates to a period considerably later than that imagined either by Kahana or myself. But Kahana is silent on the question of significant interpolations in our text. He might wish to reconsider the dating of the commentary based on the above evidence much of which passed by unnoticed. As for myself, I indeed agree that the text as whole belongs to the period of the 13th century, where Kahana has put it (while he was unaware of later materials in some or both of the manuscripts), and conjecture that we have later additions in it. It is certain that there is at least one interpolation from the work of Rabbenu Hillel, which I discussed in the INTRODUCTION to the Commentary on Sifre Deuteronomy of Pseudo-Rabad, and there may be more that have crept in from the missing sections of the Hillel commentary. It is interesting that the attributions given to our Pseudo-Rabad commentary, *viz* Rabbenu Hillel or Rabad, are of scholars who were prominent in the golden age of the *Rishonim*. Kahana saw the origin of the text in France or Provence, based on the single foreign word in the text (either French or Spanish) and based on the kinds of Sifre texts the author used. However, without knowing the precise date of composition, these are rough guidelines and do not tell us anything definite. The true date of the author(s) and place(s) of origin remain a mystery. Perhaps, now that this work is in print, someone may be able to shed more light on the mystery than either Kahana or myself have been able to do.

Before we turn to the Sifre and its commentary, which are laden with legal concepts, I would like to close this introduction with my homiletic insight into the processes of rabbinic exegesis. The well known Mishnah (1:8) at the close of the first chapter of Hagigah states: "the laws of Sabbath, laws of festival offerings and laws of misappropriation of divine property are like mountains suspended by a hair for they have small scriptural sources which have to support many rules." One wonders why at all we might have such a Mishnah like this at the end of the first chapter which is dedicated to the obligations in bringing the Hagigah offering in the Temple on the first day of the pilgrimage festivals. True, the Mishnah mentions the Hagigah offering but it gives us no insight into its obligations. However, a previous Mishnah (1:5) in this chapter discusses the distribution of obligations when one has many eaters dependent on few resources. Here we have the trigger that brings us to the reflection of the textual resources of the legal tradition at the end of the chapter. The written law is like a com-

AFTERWORD

mon householder whose assets must suffice, in whatever textual economy is available, to support a vast array of institutional needs.

These needs are not only of a legal nature but of mystical, spiritual need as well. The second chapter of Mishnah Hagigah begins with the rules of mystical speculation for the pure of heart. It is the Hagigah and Re'iah sacrifices which are of major import in the expression of these visions. The Talmud of Hagigah (4b,6a) ch 1 discusses these offerings in connection with the sacrifices and vision of God at Mt Sinai mentioned in Exodus 24:5-10. We now understand that the Temple pilgrim offers these sacrifices because the point is for him to bring offerings when he "sees" the Lord and "is seen" by Him as well (Exodus 23:17). The Temple creates the same conditions of divine vision as at Sinai and requires the same rituals. The bridge between the Mishnah's discussion of divine visions (*Merkava*) in ch 2 and the rules of Hagigah and Re'iah offerings in ch 1 is this statement regarding the cases where scant biblical verses bear the burden of copious laws. This Mishnah, fittingly, fills the space between the two chapters, one which addresses rites in encountering God in his earthly, Temple abode, while the other chapter points to the doctrines of meeting God in his heavenly, residential palaces. Not only are the rites of chapter 1 based on limited biblical sources, our scriptural knowledge of the doctrines of chapter two is also based on very few sources. At best, the teacher is to provide the most minimal sources for the students to grasp elaborate guidelines. The use of Scripture as a basis for entry into the world of Torah study, legal and mystical, is an enterprise demanding formidable mastery of rabbinic exegetic operations.

In these final introductory thoughts I become deeply aware of my own inadequacies in the mastery of Torah study. I wish to acknowledge that without doubt I have injured the author's work by attempting to reconstruct the ideas of the commentator(s) where the manuscripts had blatantly impossible readings. I beg forgiveness for this brazen arrogance and justify myself only in this: the author's comments to Sifre creatively dislodge many mountainous obstacles which block our way to the pristine glory of Sinai. Should these comments be allowed to suffer the ravages of poor copyists so that the path is again cumbersome and the fire of Sinai hidden in smoke? I suggested emendations, based on exhaustive study of the materials used by the author(s), only for the glory of the Commentary, the Sifre, and the Torah. Together they proclaim the Unity of the One who Spoke and there was the World. Perhaps all will forgive me.

May I and my children be consoled together with all the mourners of Zion

פירוש לספרי פ' מסעי

בכל אדם. במס' מכות (יב עמ' א) פליגי איכא מאן דאמר מצוה בכל אדם ואיכא מ"ד מצוה ביד גואל הדם וכל אדם אין חייבין עליו:[84]

מכאן אתה אומר. [ד]**כי בעיר מקלטו ישב** (במדבר לה:כח) משמע בכל ענין אפי' חזר והרג:

ובן לוי [**גולה מעיר לעיר**]. משום דערי הלוים קולטין דכתי' **ועליהם תתנו ארבעים ושתים עיר** (במדבר לה:ו).

[**ארץ אחוזתו**] (במדבר לה:כח). ר' יהודה דרש **אל ארץ אחוזתו** (שם שם) אבל לא לשררתו,[85] ור' מאיר דריש אף לשררותו:[86]

[פיסקא קסא]

אלא בב"ד. לאחר שיתנו לה ב"ד רשות:

עונה הוא בו לזכות. מלמות (במדבר לה:ל) דריש ולא אעד קאי אלא אדיין כדאמרי' (סנהדרין ב עמ' א) לא כהטייתך לטובה הטייתך לרעה:[87]

[**ועד אחד**] **עונה הוא בו לשבועה.** השתא דריש ליה עד ממש:

למומתין בידי שמים. היינו בעל שור הנסקל:

ר' יאשיה [**אומר**]. דדריש לקרוא הכי **ולא תקחו כופר** [**לנפש רוצח**] (במדבר לה:לא) על חבלתו של נפש רוצח ודווקא בגופו[88] אבל בממונו ישלם ליורשיו[89] ודווקא עמד בדינו כדמפרש ואזיל אבל לא נגמר דינו הוה ליה כאדם אחר[90] והחובל בו חייב:

שתהא מחנפת לכם. מראה קמה[91] ולא תבואה:

שהיו שוין ורצין וכו'. משום דבראשונה לא פייס לתרומת הדשן אלא כל הקודם לחברו זכה ולאחר שאירע זה המעשה תקן פיוס כדמפרש ביומא (כג עמ' א, ועין משנה יומא ב:א) פרק בראשונה:

אני כפרתכם. כלומר מיתתי תכפר עליכם:

[**טומאת סכינים**] (**חמורה**) [**חביבה**] **להם.** שהיו זהירין בטומאתה ולא היו זהירין בשפיכות דמים:

מי זה בא מאדום (**ישיעהו סג:א**). **זה** דריש על הב"ה שנאמר בו **זה אלי ואנוהו** (שמות טו:ב); **זה ה' קוינו לו** (ישעיהו כה:ט):

[**אלא**] **ושב** [**ה'**] (**דברים ל:ג**). משמע הוא עצמו ישוב [**שבותך**]:

---

84. אלא רשות.
85. אחוזתו דווקא ומעוט הוה ולא דבר אחר.
86. אם היה נשיא.
87. דאפילו דיין אחד יכול להכריע לזכות אבל לחובה צריכם ב'.
88. חבלו בו אחרים פטורים דהרי נגמר דינו וכמת חשוב ובזה כתוב דאין כופר על נפשו.
89. דגרמו הפסד להם במה שהזיקו ממון של המוריש.
90. כלומר ככל אדם.
91. שיהיה בשדה הרבה קמה ולא יצא בגורן אלא מעט תבואה כדרך המתחנפים שמראים עצמם כצדיקים גדולים ואין בפירות מעשיהם אלא דבר מועט.

ספרי פיסקא קסא מסעי

(שמואל א׳ ב כז). גלו לבבל שכינה עמהם שנאמר למענכם שולחתי בבלה (ישעיה מג יד). גלו לעילם שכינה עמהם שנאמר ושמתי כסאי בעילם והאבדתי משם מלך ושרים (ירמיה מט לח). גלו לאדום שכינה עמהם שנאמר מי זה בא מאדום חמוץ בגדים מבצרה (ישעיה סג א). וכשהם חוזרים שכינה חוזרת עמהם שנאמר ושב ה׳ אלהיך את שבותך ורחמך (דברים ל ג) והשיב לא נאמר אלא ושב ה׳ אלהיך ואומר אתי מלבנון כלה אתי מלבנון תבואי תשוב מראש אמנה מראש שניר וחרמון ממעונות אריות ומהררי נמרים (שה״ש ד ז). רבי אומר משל למה הדבר דומה למלך שאמר לעבדו אם בקשתני הריני אצל בני כל זמן שאתה מבקשני הריני אצל בני וכן הוא אומר השוכן אתם בתוך טומאותם (ויקרא טז טז) ואומר בטמאם את משכני אשר בתוכם (שם טו לא) ואומר ולא יטמאו את מחניהם אשר אני שוכן בתוכם (במדבר ה ג) ואו׳ ולא תטמא את הארץ אשר אתם יושבים בה אשר אני שוכן בתוכה כי אני ה׳ שוכן בתוך בני ישראל.

סליק ספר במדבר סיני

(קסא) והיו אלה לכם לחקת משפט לדרתיכם, שינהוג הדבר לדורות: בכל מושבותיכם. בארץ ובחוץ לארץ: כל מכה נפש לפי עדים ירצח את הרוצח וגו׳ למה נאמר לפי שהוא אומר ורצח גואל הדם את הרוצח אין לו דם שומע אני יהרגנו בינו לבין עצמו ת״ל כל מכה נפש לפי עדים וגו׳ מגיד שאין הורגו אלא בעדים דברי ר׳ יאשיה. ר׳ יונתן אומר כל מכה נפש לפי עדים ירצח את הרוצח למה נאמר לפי שהוא אומר ולא ימות הרוצח עד עמדו לפני העדה למשפט שומע אני יהרגנו בבית דין שלא בעדים ת״ל כל מכה נפש לפי עדים ירצח את הרוצח מגיד שאין הורגו אלא בבית דין ובעדים: ועד אחד לא יענה בנפש למות עונה הוא בו לזכות: ועד אחד עונה הוא בו לשבועה: ועד אחד זה בנה אב כל מקום שנאמר עד הרי הוא בכלל שנים עד שיפרוט לך הכתוב אחד: ולא תקחו כופר לנפש רוצח למה נאמר לפי שהוא אומר אם כופר יושת עליו (שמות כא ל) או כשם שנותנים פדיון למומתים בידי שמים כך יהו נותנים פדיון למומתים בידי אדם ת״ל ולא תקחו כופר לנפש רוצח. ר׳ יאשיה אומר הרי שיצא ליהרג וחבל באחרים חייב. חבלו בו אחרים פטורים בנופו ולא בממונו או עד שלא ננמר דינו ת״ל אשר הוא רשע למות עד שלא ננמר דינו חייב משננמר דינו פטור. ר׳ יונתן אומר הרי שיצא ליהרג וקדם אחר והרגו פטור או עד שלא נגמר דינו ת״ל אשר הוא רשע למות עד שלא נגמר דינו חייב משנגמר דינו פטור: ולא תקחו כופר לנוס אל עיר מקלטו, הרי שהרג את הנפש במזיד שומע אני יתן ממון ויגלה ת״ל ולא תקחו כופר לנוס.

ולא תחניפו את הארץ, הרי זו אזהרה לחניפים. ד״א ולא תחניפו את הארץ אל תגרמו לארץ שתהא מחנפת לכם: כי הדם הוא יחניף את הארץ, ר׳ יאשיה היה אומר בו לשון נוטריקון כי הדם הוא יחן אף על הארץ: ולארץ לא יכופר לדם אשר שפך בה למה נאמר לפי שהוא אומר וערפו שם את העגלה (דברים כא ד) הרי שנתערפה עגלה ואח״כ נמצא ההורג שומע אני יתכפר להם ת״ל ולארץ לא יכופר.

ולא תטמא את הארץ אשר אתם יושבים בה, מגיד הכתוב ששפיכת דמים מטמא הארץ ומסלקת את השכינה ומפני שפיכות דמים חרב בית המקדש. מעשה בשני כהנים שהיו שוין ורצין ועולין בכבש וקדם אחד מהם לחבירו בתוך ארבע אמות נטל סכין ותקעה לו בלבו בא רבי צדוק ועמד על מעלות האולם ואמר שמעוני אחינו בית ישראל הרי הוא אומר כי ימצא חלל באדמה וגו׳ (שם א) בואו ונמדוד על מי ראוי להביא את העגלה על ההיכל או על העזרות געו כל ישראל בבכייה ואח״כ בא אביו של תינוק <ומצאו מפרפר> אמר להם אחינו הריני כפרתכם עדיין בני מפרפר וסכין לא נטמאת ללמדך שטומאת סכינים חביבה להם יותר משפיכות דמים. וכן הוא אומר וגם דם נקי שפך מנשה הרבה מאד עד אשר מלא את ירושלם פה לפה (מלכים ב׳ כא טז) מיכן אמרו בעון שפיכת דמים שכינה מסתלקת ומקדש מטמא: אשר אני שוכן בתוכה, חביבים ישראל שאף על פי שהם טמאים שכינה ביניהם שנא׳ השוכן אתם בתוך טומאתם <ואומר בטמאם את משכני אשר בתוכם> ואומר ולא יטמאו את מחניהם (במדבר ה ג) ואומר ולא תטמא את הארץ אשר אתם יושבים בה. ר׳ נתן אומר חביבים ישראל שבכל מקום שגלו שכינה עמהם גלו למצרים שכינה עמהם שנאמר הנגלה נגליתי אל בית אביך בהיותם במצרים לבית פרעה

והוא לא אויב לו [**ליפסול את השונאים מלישב בדין**. ובפרק זה בורר (סנהדרין כט עמ׳ א) אמרו בדעת רבי יהודה **והוא לא אויב לו** (במדבר לה:כג)] (ידיננו) [יעידנו] **ולא מבקש רעתו** (שם) (יעידנו) [ידיננו][65] מיהו לענין עדות אמרי [רבנן] התם (סנהדרין כז עמ׳ ב) דלא נחשדו ישראל על כך[66] (והוא) [והכא] דריש תרוייהו לדין[67] שהוא שונא[68]— ועד שונא דריש מבנין אב,[69] והאי[70] סתמא כר׳ יהודה, ורבנן פליגי עליה לענין עדות כדפירשית:

הרי עשרה. דילפי׳ ממרגלים דקרי עדה והוו עשרה בר מיהושוע וכלב:

אנשי[71] **אומרים שלש עדות וכו׳**. פי׳ שם מקום (חסר)[72] [המשוחות] חסר בספר ומדכתיב שלשה פעמים **עדה**[73] בפ׳[74] ילפי׳ דדיני נפשות בשלשים[75] ופליגי אכולי תלמודא, ורבנן— **ושפטו העדה** (במדבר לה:כד) **והצילו העדה** (שם כה) הרי תרי[76] כתיבי גבי דין, וגבי הצלה, דדריש (סנהדרין ב עמ׳ א) עדה שופטת ועדה מצלת[77] אבל **והשיבו אותו העדה אל עיר מקלטו** (במדבר לה:כה) לאו ממנינא ומתשלום ההצלה היא, וה״פ אם אינו חייב מיתה והצילו העדה את הרוצח שלא ימיתנו גואל הדם כיון שהרג בלא התראה (ואע״פ) שאינו חייב גלות[78] אלא הוא יבקש על עצמו [שלא למוסרו ביד גואל הדם]; ואם חייב גלות **והשיבו אותו** אותה העדה המצלת— לעיר מקלטו (שלא למוסרו ביד גואל הדם):

והצילו העדה וכו׳ (במדבר לה:כה). רבנן[79] קאמרי ליה ולפריש דתרי עדות[80] נכתבו [בדין ו]בהצלה כדפיר׳:

וישב בה עד מות הכהן הגדול (**במדבר לה:כה**) **ר׳ מאיר וגו׳**. ובפרק אלו הן הגולין (מכות י עמ׳ א) איכא תנא אחד[81] דמפרש דאימותיהן של כהנים מספקות להם מים ומזון[82]כדי שלא יתפללו (עליהם ו)על בניהן שימותו; ומפרש[83] דאי מצלי מייתי ולא הויא קללת חנם שהיה להם להתפלל על דורם [ולא התפלל]:

הפוסע פסיעה אחת. דכתי׳ **ואם יצא** [**יצא**] **הרוצח** (**אל מחוץ**) [**את גבול**] **עיר מקלטו** (במדבר לה:כ):

---

65. דעת דבי יהודה ורש״י אומר שיש ברייתא כזו בספרי זוטא (״ספרי לא שלנו״).
66. להעיד שקר משום אהבה או משום איבה.
67. לשון דיין.
68. הדיין שונא.
69. דילפינן עדים מדיינים דשונא פסול להעיד כמו לדון— לשון זרע אברהם.
70. בספרי.
71. הסופר של כ״י אקספורד השאיר מקום חלק כאן.
72. סופר כ״י אקספורד כתב חסר חסר ותקנתי הראשון לפי כה״י המדויקים של הספרי.
73. ועדה=עשרה.
74. במדבר לה:כד, כה פעמים.
75. בכ״י אקספורד: בשלשה.
76. תרי עדות כלומר עשרים.
77. ועד שלשה כדאמר שלשה מניין וכו׳.
78. דפטרוהו בבית דין.
79. ובמכות ט עמ׳ ב בשם רבי יוסי בר יהודה.
80. ולא שלשה.
81. רבי יהודה.
82. לפנינו מחיה וכסות.
83. התם בגמרא.

עיקריהן[54] (ו)לא אצטריכו אלא משום דמרבינן עשתות וגלמין, וקורות וכלונסאות, וסלעים ועמודים כדלעיל:

יהדפנו (במדבר לה:כ). היינו דחיה[55] ומדכתי' **או** (**הפיל**) [**השליך**] **עליו** (שם) משמע ממקום גבוה למקום נמוך דהא דחף ליה דרך ירידה:[56]

יכול אפילו דחפו לתוך האור. ומיירי בשיכול לעלות משם:[57]

שהן מחמת הממיתי'. כלומר שהן מכח הממיתין[58] אבל לתוך האור אינו אלא מכח האש והדוחה[59] גרמא בעלמא כיון שהיה יכול לעלות:

שצודה לו. היינו אורב:

ה"ג הוא ימיתנו (**במדבר לה:יט**) **מה ת"ל לפי שנאמר גואל הדם וכו'**(**שם**):

מי שאין לו גואל הדם מנין ת"ל הוא ימיתנו (**שם**). כלומר מ"מ שאם אין שם גואל הדם ימיתנו וכן הוא הענין מתחלה ב"ד חובשין אותו אם הרג בעדים והתראה נהרג על ידי גואל הדם ואם אין שם גואל הדם נהרג על ידי שליח ב"ד[60] דכתי' **ושלחו זקני עירו ולקחו אותו משם ונתנו אותו ביד גואל הדם** (דברים יט:יב) ואם הרג בעדים ולא בהתראה פטרוהו, ואם חייב גלות מגלין אותו:

להוציא את השוגג. שאינו בכלל **הוא ימיתנו** (במדבר לה:יט):[61]

להביא את הסומא. שאם הרג גולה; ובפרק אלו הן הגולין (מכות ט עמ' ב) מפרש פלוגתייהו, ות"ק היינו ר' מאיר והיינו טעמיה דר' מאיר— **בלא ראות** (במדבר לה:כג) למעט, **ובבלי דעת** (דברים יט:ד) למעט, הוי מיעוט אחר מיעוט ואין מיעוט אחר מיעוט אלא לרבות את הסומא; ור' יהודה סבר **בבלי דעת** פרט למתכוין הוא דאתא,[62] **ואשר יבוא את רעהו ביער** (דברים יט:ה) דאפילו סומא ואתא **בלא ראות** ומיעטיה:[63]

ואת הזורק בלילה. במס' מכות (ח עמ' א) נמי תנן הזורק את האבן לרשות הרבים [ה"ז] גולה; ופריך עלה לר"ה מזיד הוא, ומוקים לה בסותר את כותלו לאשפה, ופריך האי אשפה היכי דמי אי שכיחי בה רבים פושע הוא ואי לא שכיחי בה רבים אנוס הוא ומוקים לה באשפה העשויה ליפנות [בה] בלילה ואינה עשויה ליפנות [בה] ביום ואיכא דמקרי ויתיב[64] והכא נמי כך צריך לפרש דמאי דנקט בלילה לאו אזריקה קאי אלא לאשפה עשויה ליפנות:

והוא לא אויב לו (במדבר לה:כג). משמע שאם היה אויב לו אינו גולה נמצא חומרו קולו שאויב ראוי להחמיר עליו יותר משאינו אויב דהוי קרוב למזיד וחומרו מקל עליו לפטרו מן הגלוח כדמפרש ואזיל:

---

54. בכה"י עיקריהו.
55. וכן בתרגום.
56. עין מכות ז עמ' ב.
57. עין סנהדרין עו עמ' ב.
58. ר"ל הרוצחים.
59. בברית אברהם: וכדומה.
60. עין מכות י עמ' ב.
61. אינו באונס לכן אינו בר גלות ואינו במזיד להמיתנו בב"ד.
62. היה מתכוין לזרוק שתים וזרק ארבעה.
63. עין סדר הדברים במכות ט עמ' ב.
64. אינו פושע דאינה עשויה ליפנות ביום אבל אונס ליכא דהא איכא דמקרי ויתיב.

עשתות וגולמין. כגון גולמי כלי מתכות[37] שאינ׳ כלי׳:

ת״ל וכי יהיה איש שונא לרעהו (דברים יט:יא). מסיפיה יליף דכתי׳ **והכהו נפש ומת** (שם):

קורות וכלנסאות. מיני עצים— והשתא **רוצח הוא** [לרבות] דכתי׳ גבי **כלי ברזל** (במדבר לה:טז) לאתויי עשתות וגלמים,[38] ודגבי **אבן** (במדבר לה:יז) לאיתויי גלגל עליו סלעים ועמודים, ודגבי **כלי עץ** (במדבר לה:יח) לאיתויי קורות וכלנסאות:[39]

לא ראי אבן כראי עץ. כלומר אי כתב רחמנא אבן לא ילפינן עץ מינה דמצי[40] חומרא באבן דליתיה בעץ ואיכא למפרך לא אם אמרת באבן[41] שכן חייב בו ארבעה דברים[42] דכתי׳ **וכי יריבון אנשים והכה איש את רעהו באבן או באגרוף ולא ימות ונפל למשכב** (שמות כא:יח) **אם יקום והתהליך בחוץ על משענתו ונקה המכה רק שבתו יתן ורפא ירפא**[43] (שמות כא:יט):

ולא ראי עץ כראי אבן. דאיכא למיפרך[44] מה לעץ שכן ניתן לינקם[45] דכתי׳ **וכי יכה איש את עבדו או את אמתו בשבט ומת תחת ידו נקום ינקם** (שמות כא:כ):

ולא ראי זה וזה כראי ברזל. דאיכא למיפרך מה לעץ[46] ואבן[47] שכן כתובים שניהם אצל נזיקין כדפירש׳:

ולא ראי ברזל. שדרך לעשות ממנו חרבות ורמחים וכל כלי מלחמה[48] כראי שניהם שאין עושין מהן כלי מלחמה:[49]

הצד השוה שבהם וכו׳.[50] והשתא[51] דכתי׳ כולהו לענין מיתה[52] וה״ה דשוין הן לענין נזיקין[53] ובודאי מצי למיכתב אבן וברזל ואתי עץ מינייהו אי נמי עץ וברזל ואתי אבן מנייהו אלא דכל

---

37. עין למעלה ״גולמים״ ריש פיסקא קנח.
38. תימה ואם יש צד השוה ביניהם למה טרח וכתב הרבוי של רוצח הלא הכל בא מכח הצד השוה— וי״ל הייתי אומר דכלי גם כן הוא צד השוה שבהן. ועיין למטה.
39. ובלא לשון ברזל, אבן, עץ לא הוי ידעינן איזה דברים לרבוה.
40. בברית אברהם מצינו.
41. ונראה מן הפסוק דעץ אין בו משום ד׳ דברים.
42. דליכא בו נזק אבל איכא צער, בושת, שבת, וריפוי.
43. ורפואה במקום נזק לכן ד׳ איכא וה׳ ליכא.
44. ובברית אברהם דאית למימר.
45. בברית אברהם: להנקם. קולא בשבט של עץ במכה עבד כנעני שלו דפטור אחרי כ״ד שעות אם לא מת לפני כן ונראה לרמב״ם הלכות רוצח ב:יד דהקולא דשבט אינו אלא בעץ אבל בחומר אחר כמו ברזל או אבן חייב עליו אפילו אחר כ״ד שעות אפילו שנה ונראה שכן הוא סברא דמפרש דידן לפי פשטות הקרא.
46. שבט העץ שבו המית את עבדו ודינו בסייף ולא בחנק.
47. דחייב בד׳ דברים.
48. שעשוים להמית.
49. ואינם כלי נשק ואולי רק באלו שעשוים להרוג יש חיוב מיתה אבל בכלי אחר לא.
50. מכאן עד ״דרך ירידה״ חסר בברית אברהם ואולי הוספה מפירוש אחר נפלה מן הגליון ונראה שגם מה שאמר למעלה והשתא רוצח הוא וכו׳ הוספה היא.
51. יש בו צד השוה וממנו נלמד בנין אב אבל באמת יש ללמוד זה מזה והחידוש בשעורים כדי להמית ואין לומר לא ראי כראי זה דיש צד השוה הדק ביניהם.
52. דרוצח הוא ומות ימות ומה לי חידוש של עבד וכ״ד שעות או שנה הרי דינו במיתה אם הכה עבדו בשבט ולא שנא עץ ולא שנא דבר אחר ולא כמו דברי הרמב״ם רוצח ב:יד. וצריך לומר שסוף סוף דבר הכתובים בפ׳ משפטים בהוה ולא לאפוקי עץ או אבן.
53. גם בעץ איכא ד׳ דברים.

שאינו גולה דאין בכאן **נפש**[14] ואיצטריך (הכא) [קס"ד] כיון דבמזיד נהרג[15] **בשוגג יגלה** קמ"ל:

[פיסקא קס]

[והיו לכם הערים] למיקלט מגואל (במדבר לה:יב) **למה נאמר. משום עד עמדו**[16] (שם) בעי: ה"ג **לפי דרכינו למדנו שרוב שופכי דמים בארץ גלעד.** דכתיב[17] גלעד קרית פועלי און עקובה מדם (הושע ו:ח):

בחוצה לארץ מנין. כלומר למי שהרג חוצה לארץ:

או כשם שגולה על ידי ישראל. אגר תושב[18] קאי שקבל עליו שבעה מצות בני נח[19] וקס"ד השתא דמאי דרבייה לתושב בהרג ישראל[20] להכי קאמר כך יגלה ישראל אם הרג גר תושב:[21]

אמרתי אם כשהרגו ישראל פטור. כלומר ממיתה[22] דקסבר גר תושב הרי הוא כגוי:[23]

ק"ו שלא יגלה אם הרג[24] **ישראל.** פי' (כיון) [ק"ו] דישראל פטור[25] אם הרג גר תושב;[26] א"נ ליכא למימר גר תושב יהיה די לו בגלות[27] הא "אם הרג ישראל נהרג"[28] ומאי דאמר לעיל "גולה"[29] היינו בהרג גר תושב כמותו,[30] והכי תנן במס' [מכות][31] (ח עמ' ב) הכל גולה על ידי ישראל ואמרי' (שם ט עמ' א) לאיתוי עבד וכותי [תנינא להא דת"ר עבד וכותי גולי' ולוקי' ע"י ישראל] וישראל גולין [ולוקין] על ידיהם [ותנן] חוץ מעל ידי גר תושב[32] [אלמא גר תושב נכרי הוא] והא תאני גר תושב (ב)גולה על ידי גר תושב[33] ומשני לא קשיא כאן בגר תושב שהרג [גר תושב[34] כאן בגר תושב שהרג] ישראל:[35]

אלא אפילו במחט. כגון אם תקע לו בלבו:[36]

---

14. אבל אם איכא רציחה ומכה הרי גולה דיש בכאן נפש.
15. אפילו בלי רציחה.
16. סיפיה דקרא של "והיו לכם" ולפי גירסת רבינו הלל והגהות הגר"א הכי גרסינן בספרי עצמו.
17. וכן איתא מכות י עמ' א.
18. אם ישראל הורג דינו פטור וס"ד דר"ל משום דחייב גלות.
19. דג"ת שפיר הוי כמו "לכם" ואינו כמו נכרי דכתיב ולגר ותושב בתוכם.
20. דפשיטא דגולה על ידו ופליג על הסוגיה במכות ח עמ' ב, ט עמ' א ועיין דברי רבינו למטה על הסוגיה.
21. דגם זה פשיטא וסתם רבויה היא.
22. ר"ל פטור ואפילו במזיד דחמור.
23. ואינו פשוט כלל דהוה כמו לכם.
24. אם הרג ישראל את תושב.
25. בשוגג— מגלות הקל.
26. ק"ו הוא פטור מגלות דאין בגדר בר כפרה בכלל.
27. כדרך האפשרות הראשונה.
28. וזה מכח ק"ו.
29. וא"כ מה היה קסבר כדאמר גולה ע"י ישראל?
30. וצריך לתקן הענין שהרי א"א לומר דחייב גלות בדהרג ישראל ולשון אמרתי הוא סברא לתקן.
31. ובכה"י "סוכות".
32. דלא גר תושב גולה אם הרג ישראל ולא ישראל גולה אם הרג גר תושב.
33. הרי אינו כנכרי.
34. דגולה.
35. דלא די לו בגלות והספרי והמשנה במכות עולים יפה ביחד.
36. עין רש"י סנהדרין עו עמ' ב.

או באיבה הכהו בידו וימות למה נאמר לפי שהוא אומר ואם בכלי ברזל ואם באבן יד או בכלי עץ יד אין לי אלא שהרגו באלו שהוא חייב דחפו דחקו חנקו בעטו דעכו מנין ת״ל בידו מכל מקום: גואל הדם ימית את הרוצח למה נאמר והלא כבר נאמר גואל הדם <הוא ימית את הרוצח בפגעו בו> הוא ימיתנו ומה ת״ל גואל הדם ימית את הרוצח שיכול אין לי אלא מי שיש לו גואל מי שאין לו גואל מנין ת״ל גואל הדם מכל מקום: ואם בפתע בלא איבה הדפו, להוציא את השונא: או השליך עליו כל כלי בלא צדיה, שלא צידה לו ושלא מתכוין לו.

או בכל אבן אשר ימות בה בלא ראות, להביא את הסומא ואת הזורק בלילה. ר׳ יהודה אומר בלא ראות להוציא את הסומא: והוא לא אויב לו ולא מבקש רעתו, איסי בן עקביא אומר נמצא חומרו קולו וקולו חומרו לחייבו מיתה אי אתה יכול שמא שוגג הרגו לחייבו גלות אי אתה יכול שמא מזיד הרגו: והוא לא אויב לו ולא מבקש רעתו, לפסול את השונאים מלישב בדין אין לי אלא שונאים קרובים מנין ת״ל בין המכה ובין גואל הדם אין לי אלא דיינים שפוסל בהם שונאים וקרובים עדים מנין הרי אתה דן הואיל ואמרה תורה הרוג על פי דיינים הרוג על פי עדים מה דיינים פוסל בהם שונאים וקרובים אף העדים יפסול בהם שונאים וקרובים ועוד ק״ו ומה דיינים שאין הדברים נגמרים על פיהם פוסל בהם שונאים וקרובים עדים שהדברים נגמרים על פיהם אינו דין שיפסול בהם שונאים וקרובים אין לי אלא רוצח שאר חייבי מיתות מנין ת״ל על המשפטים האלה אין לי אלא לישראל לגרים מנין ת״ל על המשפטים האלה אין לי אלא דיני נפשות דיני ממונות מנין ת״ל על המשפטים האלה או כשם שדיני נפשות בעשרים ושלשה כך דיני ממונות בעשרים ושלשה ת״ל האלה אלה בעשרים ושלשה ואין דיני ממונות בעשרים ושלשה הרי הוא אומר עד

האלהים יבוא דבר שניהם (שמות כב ח). ומנין שדיני נפשות בעשרים ושלשה ת״ל ושפטו העדה הרי עשרה והצילו העדה הרי עשרה. שלשה מנין הרי אתה דן הואיל ואמרה תורה הרוג על פי עדים הרוג על פי מטי דיינים מה עדים שנים אף דיינים שנים אין בית דין שקול מוסיפים עליהם עוד אחד הרי שלשה. אנשי המשוחות אמרו שלש עדיות הכתובות בפרשה ללמדך שדיני נפשות בשלשים.

והצילו העדה את הרצח, מיכן אתה דן הרג נפש בין בשוגג בין במזיד הכל מקדימים לערי מקלט בית דין שולחים ומביאים אותו משם. מי שנתחייב מיתה הרגוהו ושלא נתחייב מיתה פטרוהו מי שנתחייב גלות מחזירים אותו למקומו שנאמר והשיבו אותו העדה: <וישב שם עד מות הכהן הגדול> ר׳ מאיר אומר רוצח מקצר ימיו של אדם וכהן גדול מאריך ימיו של אדם <אין בדין שיהא מי שמקצר ימיו של אדם לפני מי שמאריך ימיו של אדם.> רבי אומר רוצח מטמא את הארץ ומסלק את השכינה וכהן גדול גורם לשכינה שתשרה על האדם בארץ אין בדין שיהא מי שמטמא את הארץ <ומסלק את השכינה> לפני מי שגורם להשרות את השכינה על אדם בארץ.

ואם יצוא יצא הרוצח וגו׳, אמר ר׳ אלעזר בן עזריה ומה אם מדת פורענות מועטת הפוסע פסיעה אחת הרי הוא מתחייב בנפשו ק״ו למדת הטוב שמרובה: ומצא אותו גואל הדם ורצח אותו, בכל אדם: כי בעיר מקלטו ישב, מיכן אתה אומר הרג באותה העיר גולה משכונה לשכונה ובן לוי גולה מעיר לעיר: ואחרי מות הכהן הגדול ישוב <הרצח אל ארץ אחזתו> ולא לסררותו דברי ר׳ יהודה ר׳ מאיר אומר ישוב אף לסררותו (סליק פיסקא)

שמפרישים תהיה קולטת ת״ל תהיינה שש הערים האלה למקלט מגיד הכתוב שלא קלטה אחת מהם עד שהופרשו כולם.

ואם בכלי ברזל הכהו וימת רוצח הוא למה נאמר לפי שהוא אומר ואם באבן יד אשר ימות בה הכהו וימות או בכלי עץ יד אשר ימות בו הכהו וימות אין לי אלא שהרגו באלו שיהיה חייב בברזל מנין ת״ל ואם בכלי ברזל הכהו וימת רוצח הוא הא עד שלא יאמר יש לי בדין אם כשהרגו באבן או בעץ חייב ק״ו בברזל אלא אם אמרת כן ענשת מן הדין לכך נאמר ואם בכלי ברזל הכהו וימת רוצח הוא מות יומת הרוצח ללמדך שאין עונשים מן הדין או מה אבן מלוא יד אף ברזל מלוא יד <אמרת> גלוי היה לפני הקב״ה שהברזל ממית במשהוא לפיכך לא נאמר בו יד אלא אפילו במחט ואפילו בציטרא אין לי אלא שהרגו בכלי ברזל שיהא חייב השליך עליו עשתות ונולמים מנין ת״ל רוצח הוא מות יומת הרוצח מכל מקום.

ואם באבן יד אשר ימות בה הכהו וימות רוצח הוא מות יומת הרוצח למה נאמר לפי שהוא אומר וכי יריבון אנשים והכה איש את רעהו (שמות כא יח) שומע אני שאם יכנו בין בדבר שהוא כדי להמיתו ובין בדבר שאינו כדי להמיתו יהא חייב ת״ל ואם באבן יד אשר ימות בה הכהו מגיד הכתוב שאינו חייב עד שיכנו בדבר שהוא כדי להמיתו שומע אני אף על מקום שאינו כדי להמיתו ת״ל וכי יהיה איש שונא לרעהו <וארב לו וקם עליו> (דברים יט יא) מגיד הכתוב שאינו חייב עד שיכנו בדבר שיש בו כדי להמיתו ועל מקום שהוא כדי להמיתו אין לי אלא שהרגו באבן שיהא חייב גלגל עליו סלעים ועמודים מנין ת״ל רוצח הוא מות יומת הרוצח מ״מ.

או בכלי עץ יד אשר ימות בו הכהו וימות רוצח הוא למה נאמר לפי שהוא אומר וכי יכה איש את עבדו או את אמתו בשבט ומת תחת ידו נקום ינקם (שמות כא כ) שומע אני בין בדבר שיש בו כדי להמיתו ובין בדבר שאין בו כדי להמיתו ת״ל או בכלי עץ יד אשר ימות בו הכהו וימות רוצח הוא מגיד הכתוב שאינו חייב עד שיכנו בדבר שיש בו כדי להמית שומע אני אף על מקום שאינו כדי להמית ת״ל וכי יהיה איש שונא לרעהו וארב לו וקם עליו והכהו נפש (דברים יט יא) מגיד הכתוב שאינו חייב עד שיכנו בדבר שיש בו כדי להמית <ועל מקום שהוא כדי להמית> אין לי אלא שהרגו בעץ שהוא חייב השליך עליו קורות וכלונסות מנין ת״ל רוצח הוא מות יומת הרוצח מכל מקום.

גואל הדם הוא ימית את הרוצח למה נאמר לפי שהוא אומר ואם בכלי ברזל הכהו וימת ואם באבן יד אשר ימות בה הכהו וימת או בכלי עץ יד אשר ימות בו הכהו וימת אין לי אלא שהרגו באלו שהוא חייב מנין בשאר כל דבר הרי אתה דן בנין אב מבין שלשתם לא ראי אבן כראי העץ ולא ראי העץ כראי אבן ולא ראי זה וזה כראי כלי ברזל ולא ראי ברזל כראי שניהם הצד השוה שבשלשתן שהוא כדי להמית ואם המית מצוה ביד גואל הדם להמיתו אף כל שהוא כדי להמית והמית מצוה ביד גואל הדם להמית לכך נאמר גואל הדם הוא ימית.

ואם בשנאה יהדפנו למה נאמר לפי שהוא אומר ואם בכלי ברזל הכהו או באבן יד או בכלי עץ יד אין לי אלא שהרגו באלו שהוא חייב דחפו מראש הגג ונפל ומת מנין ת״ל ואם בשנאה יהדפנו מכל מקום או אפילו דחפו לתוך המים או לתוך האור או שיסה בו את הכלב או את הנחש הרי אתה דן בנין אב מבין שלשתם לא ראי אבן כראי עץ ולא ראי עץ כראי אבן ולא ראי זה וזה כראי ברזל ולא ראי ברזל כראי שניהן הצד השוה שבשלשתם שהוא מחמת הממיתים והמית <הרי הוא חייב אף כל שהוא מחמת הממיתין והמית> הרי זה חייב יצא את שדחפו לתוך המים או לתוך האור <ושיסה בו את הכלב> ושיסה בו את הנחש שדינו מסור לשמים: או השליך עליו בצדיה. שצידה לו שמתכוין לו.

פרשת אלה מסעי

[פיסקא קנט]

אין לי אלא שהפריש משה. פי׳ אין לי שקולטות:[1]

אחר ירושה וישיבה הכתוב מדבר. ארישא קאי, דלא תימא מיד שעברו את הירדן:[2]

ת״ל **כי אתם עוברים... ארצה כנען** (במדבר לה:י).[3] תי׳ מאי מייתי מהכא דמיירי לאחר ירושה וישיבה דבהאי קרא לא כתי׳ ירושה וישיבה? וי״ל דיליף מדכתי׳ **ארצה כנען** מיותר אי נמי יליף מג״ש **ארצה כנען** דכתי׳ הכא ולעיל כתי׳ [אל] **ארצ**(ה) **כנען** (במדבר לג:נא)— וכתי׳ ביה (**וירשתם אותה וישבתם בה וכו׳**) [**והורשתם את הארץ וישבתם בה**] (במדבר לג:נג)— ואלו שלש שהבדיל משה בארץ סיחון ועוג היו ואשמעי׳ שאין אותן שהבדיל משה קולטות עד שהובדלו אותן שבארץ כנען:

אין הירדן מארץ כנען. ונפקא מינה לענין [מעשר בהמה] (ביסכי):[4]

אלא הזמנה. היינו דקא מפרש ואזיל שיהיה שם מחיה:

כרכים. היינו עיר הגדולה ויש לחוש שיבואו שם לסחורה ולא ירגישו בגואל הדם:

ה״ג **שיהיו שם שווקים ובית המחיה.** והכי אמרי׳ במכות (מכות י עמ׳ א) אין עושין אותן לא כרכין גדולים ולא (עירים) [טירים] קטנים אלא בינונים:[5]

כל רוצח במשמע. ואפי׳ הרג בעדים והתראה:[6]

[**ת״ל רוצח**]. להביא (פוטרי) [רוצח] בשגגה הוא:

[**יצא**] **המכה אביו ואמו** (שמות כא:טו) **שאינו גולה.** כלומר שלא ניתנה שגגתו לכפרה על ידי גלות ובפרק אלו הן הגולין (משנה מכות ב:ג) שנינו במשנה הבן גולה על ידי האב ופרי׳ לה (מכות י עמ׳ ב) מהאי ברייתא[7] ומוקי לה כר׳ שמעון כדקיימא לן סתם ספרי ר׳ שמעון ורבי שמעון לטעמיה דאמר חנק[8] חמור מסייף **ומכה אביו ואמו** (שמות כא:טו) בחנק,[9] ושגגת סייף ניתנה לכפרה אבל שגגת חנק לא ניתנה לכפרה,[10] ומשני דהתם כרבנן דאמרי סייף חמור [מחנק] ואע״ג **דמכה אביו ואמו** (שם) מיתה סתם כתיב[11] ליכא למילף מינה בחנק דהשתא [אם] קטל אחר [במזיד היה נדון] בסייף, אביו לא כ״ש.[12] (א״כ) [אבל] ניתנה שגגתו לכפרה;[13] ורבא מוקי להא כרבנן; והאי דקאמר **פרט למכה אביו ואמו** כלומר חבורה באביו ואמו בשוגג

---

1. מדרש אליעזר פירש: אבל הקליטה לא ידענו מאיזה זמן יקלוט.
2. אלא י״ד שנים אחרי כן.
3. ולא גרס כי יכרית ה׳ וכו׳ (דברים ד:יט).
4. אולי צ״ל סיבכי שהוא הים במקור הירדן בצפון אבל הירדן אינו אלא מיריחו ולמטה. ועין בכורות נה עמ׳ א. ומה שבארץ כנען אינו מצטרף עם אלו שבעבר הירדן.
5. הגירסה לפנינו קצת שונה.
6. שהוא במזיד.
7. מכה נפש פרט למכה אביו.
8. במזיד.
9. דחייב שתי מיתות ובית דין מחייבו בחמורה.
10. לא ניתנה לכפרת גלות מפני ששגגת חנק היא דהיא החמורה.
11. וסתם מיתה חנק.
12. יש חבורת אביו ורציחה.
13. דשגגת סייף היא.

מסעי

(קנט) וידבר ה׳ אל משה לאמר דבר אל בני ישראל ואמרת אליהם כי אתם עוברים את הירדן ארצה כנען. למה נאמרה פרשה זו לפי שהוא אומר או יבדיל משה שלש ערים בעבר הירדן מזרחה שמש (דברים ד מא) אין לי אלא שהפריש משה בעבר הירדן מנין שצוה משה את יהושע להפריש להם ערי מקלט ת״ל והקריתם לכם ערים. אחר ירושה וישיבה הכתוב מדבר אתה אומר אחר ירושה וישיבה הכתוב מדבר או אינו מדבר אלא בכניסתן לארץ מיד ת״ל כי יכרית ה׳ אלהיך את הגוים וגו׳ (שם יט א) אחר ירושה וישיבה הכתוב מדבר.

כי אתם עוברים את הירדן ארצה כנען, מיכן היה ר׳ יהודה אומר אין הירדן מארץ כנען ר׳ שמעון בן יוחי אומר אשר על ירדן יריחו מה יריחו מארץ כנען אף הירדן מארץ כנען.

והקריתם, אין הקרייה אלא הזמנה: ערים, שומע אני אף כרכים ת״ל ערי אי ערי שומע אני אפילו כפרים ת״ל ערים הא כיצד מגיד שלא היו שם אלא שווקים ובית המחיה.

ונס שמה רוצח, שומע אני כל רוצח במשמע ת״ל מכה נפש בשגגה אי מכה נפש שומע אני אף מכה אביו ואמו במשמע ת״ל רוצח מכה נפש לא אמרתי אלא רוצח מכה נפש יצא המכה אביו ואמו שאינו גולה (סליק פיסקא)

(קס) והיו לכם הערים למקלט מגאל למה נאמר לפי שהוא אומר ורצח גואל הדם את הרוצח אין לו דם שומע אני יהרגנו בינו לבין עצמו ת״ל ולא ימות הרוצח עד עמדו לפני העדה למשפט.

והערים אשר תתנו שש ערי מקלט תהיינה עם הראשונות אתה אומר עם הראשונות או אינו אלא חוץ מן הראשונות כשהוא אומר את שלש הערים תתנו מעבר לירדן ואת שלש הערים תתנו בארץ כנען <הא מה תלמוד לומר והערים אשר תתנו וגו׳ עם הראשונות.>

את שלש הערים תתנו מעבר לירדן, אילו הם את בצר במדבר בארץ המישור לראובני ואת ראמות בגלעד לגדי ואת גולן בבשן למנשי וכנגדן שלש בארץ כנען שנ׳ ויקדישו את קדש בגליל בהר נפתלי ואת שכם בהר אפרים ואת קרית ארבע היא חברון בהר יהודה (יהושע כ ז) נמצינו למדים ששוו שני שבטים ומחצה שבעבר הירדן לתשעת השבטים ומחצה שבארץ כנען לפי דרכנו למדנו שרוב שופכי דמים בארץ גלעד: ערי מקלט תהיינה לכם, אין לי אלא שקולטות בארץ בח״ל מנין תלמוד לומר תהיינה.

לבני ישראל, אין לי אלא לבני ישראל לגרים מנין ת״ל ולגר <לתושב מנין ת״ל> ולתושב בתוכם או כשם שהגר הוא גולה על ידי ישראל כך ישראל גולה על ידו של גר אמרת אם כשהרגו ישראל פטור ק״ו שלא יגלה אלא אם הרגו ישראל <אינו> הרוג ואם הוא הרג את ישראל נהרג: תהיינה שש הערים האלה למקלט למה נאמר לפי שהוא אומר את שלש הערים תתנו מעבר לירדן שומע אני הראשונה

מה להלן עד הערב. דכתיב ורחץ במים [**וטהר בערב**][153] (**וטמא עד הערב**) (במדבר יט:יט) וצ״ל דהוראת שעה היתה גבי פ׳ מדין שלא יכנסו למחנה טבול יום דלא מצינו טמא מת שישתלח חוץ למחנה ישראל אלא הוראת שעה:[154]

אותה אל מחוץ למחנה (במדבר יט:ג) משמע מצות עשה אם כן [**ואחר יבא**] **יבוא** (במדבר יט:ו) [אחרי כן] משמע ולא קודם ומשמע איסור:

153. כך כתוב לפנינו בתורה ועיין פירוש רבינו הלל.

154. וכן בברית אברהם ואחרי זה כתוב בברית אברהם: כן מצאתי (ועיין ברש״י בחומש ודו״ק).

גלמים. כמו גולמי[140] כלי מתכות (משנה כלים יב:ו, חולין כה עמ׳ א):

מה מתי ישראל כלים. דכתיב **והזה על האהל ועל כל הכלים** (במדבר יט:יח):

או אינו אלא גולמין. דזהב (במדבר לא:כב) כתיב משמע כל זהב:

ת״ל אך. אך את הזהב (במדבר לא:כב), וכל אכין מיעוטין:

כגון הלבוסין.[141] במס׳ כלים (יד:א) תנן הלביס—ור״ל כעין יורה גדולה[142] אבל בכאן ר״ל שדולין בגופו או משתמשין בו בגופו באור דומיה בשפוד וסכין:

מפני גוזית הגוים. כמו גיעולי גוים[143] (עבודה זרה סז עמ׳ ב; עו עמ׳ א) ור״ל גוף האיסור הבלוע בכלי:

וכל אשר לא יבא באש (במדבר לא:כג). כלומר שאין דרך להשתמש בו אלא על ידי מים:

כר[נ]כואות.[144] מין כלי ממיני נחושת שמחמין בו חמין וטעון הגעלה בכלי ראשון כעין שמשתמשין בו דכבולעו כך פולטו:

אם מי שאין טעון טבילה טעון הזיה.[145] נראה שחסר בספרי׳ [והיורות] **יכול יעבירם במים ודיו ק״ו אם מי וכו׳.** משום דכתיב **כל דבר אשר יבא באש תעבירו באש וטהר אך במי נדה יתחטא** (במדבר לא:כג) משמע דדבר שנטהר על ידי האש בעי חיטוי[146] וסיפא דכתיב **וכל אשר לא יבא באש תעבירו במים** (שם שם) ובהני לא כתיב חיטוי[147] ומשום הכי יליף מק״ו מרישיה דקרא, אבל קצת קשה דאמרי׳ בסוף ע״ז (עה עמ׳ ב) **וטהר** מלמד שטעונין[148] טבילה במ׳ סאה דהוסיף לו הכתוב טהרה אחרת וכו׳ ושמא היינו דקא מהדר בסיפא **והלא דברים ק״ו וכו׳**[149] אבל קשה **אך במי נדה** (במדבר לא:כג) למעוטי מאי:

לכלים ואדם. פי׳ כלי מתכות במת ואדם בכלי מתכות; כלים במת ואדם בכלים וכלים באדם דשלשתן טמאין טומאת ז׳[150] וכדפי׳ בפ׳ פרה:[151]

מה כאן אסור לבוא. דהא כתיב **ואחר** (במדבר לא:כד) ולא קודם:

אף להלן. גבי מצורע דכתיב ביה **ואחר יבא אל המחנה** (ויקרא יד:ח) ובפ׳ פרה הארכתי:[152]

---

140. דחסר צורת כלי מפני שאינו נגמר כל צורכו.
141. וכן בפירוש רבינו הלל.
142. וכן פירש בעל מוסף הערוך בהגה ל״לבס״ בערוך.
143. ויש גורסים כן בנוסח הספרי במקום גוזית גוים וכן מובא לשון רבינו הלל בתוס׳ רי״ד לעבודה זרה כפי ההערה בענף הלל על פירוש הספרי של ר״ה של הרב קולידיצקי.
144. עיין בערוך.
145. חיטוי במי נדה.
146. יתחטא בהזאת מי נדה.
147. לא אמר בפירוש דיתחטא במי נדה.
148. הלוקח כלי תשמיש מן הנכרים.
149. ותיבה וטהר אינה מיותרת לדרוש דבעי טבילה אחרת ואין לומדים ממנו אלא ענין דבעי מ׳ סאה.
150. דכתיב **ביום השביעי** (במדבר לא:כד).
151. עיין פיסקא קכז.
152. עיין פיסקא קכד:

נאמר כאן ואחר יבוא אל המחנה (במדבר יט:ו) **ונאמר להלן.** גבי מצורע (ויקרא יד:ח), וא״ת אמאי איצטריך ג״ש הא בהדיא כתיב **ואחר יבוא** (במדבר יט:ו)! וי״ל דמילף התר לאחר טבילה איצטריך דהכא כתיב **ואחר יבא אל המחנה וטמא הכהן עד הערב** (שם שם) אבל התם **ורחץ** (בשרו) **במים** [וטהר] **ואחר יבא אל המחנה וישב מחוץ לאהלו** (ויקרא יד:ח) והוה אמינא דבעי הערב שמש להכי איצטריך ג״ש ומיהו קשה דהוה ליה למימר מכאן מותר כיון דהתירא בעי למילף לכך נראה דסד״א דהאי דאמרה תורה התם מחוץ למחנה מושבו (ויקרא יג:מו) אינו משמע מצוה אלא אם ירצה כדי שלא יטמא אחרים קמ״ל ג״ש דכל זמן שלא טיהר איסורא איכא, דהכא מדאמר **והוציא**

(קנח) אך את הזהב ואת הכסף <כלים> אתה אומר כלים או אינו אלא גלומים הרי אתה דן הואיל ומתי ישראל מטמאין והרוגי מדין מטמאין מה מתי ישראל כלים ולא גלומים אף הרוגי מדין כלים ולא גלומים. ר' יוסי הגלילי אומר כלים אתה אומר כלים או אינו אלא גלומים ת"ל אך חלק: כל דבר אשר יבוא באש תעבירו באש כגון הלבוסין והסכינים והקדירות והשפודים והאסכלות מפני גיעות גוים: וכל אשר לא יבוא באש תעבירו במים, כגון הכרנבאות והכוסות והקיתונות והקומקמסים והיורות מפני גויות גוים והרי דברים ק"ו ומה אם מי שאין טעון טבילה טעון הוייה מי שטעון טבילה דין הוא שיטעון הוייה והרי דברים ק"ו ומה אם מי שאין טעון הוייה<טעון טבילה מי שטעון הזייה> דין הוא שיטעון טבילה: וכבסתם בגדיכם ביום השבעי וטהרתם למה נאמר לפי שהוא אומר בחלל חרב (במדבר יט טז) בא הכתוב ולימד על החרב שהיא טמאה טומאת שבעה והנוגע בה טמא טומאת שבעה הא למדנו לכלים ואדם. כלים ואדם וכלים מנין ת"ל וכבסתם בגדיכם הא למדנו לכלים ואדם וכלים: ואחר תבאו אל המחנה, מה כאן אסור לבא אל המחנה אף להלן אסור לבוא אל המחנה ומה להלן עד הערב אף כאן עד הערב

(סליק פיסקא)

אם אמרת כן ענשת מן הדין. כלומר דאי לא כתיב **הרוגו** (שם שם) הוה מדריש קרא הכי— **ועתה הרגו כל זכר בטף וכל אשה יודעת איש** (שם שם) דהיינו ראויה להבעל ולא נבעלה וק״ו נבעלה והיינו מענישין לנבעלה מן הדין; מיהו קצת קשה דהוראת שעה היתה ולא היתה נוהגת לדורות א״כ מה שייך בכאן ״ענשת מן הדין״ בשלמא אם היינו לומדים מכאן לכבוש הארץ הוה ניחא אבל התם כתיב **לא תחיה כל נשמה** (דברים כ:טז):

כשרה לכהונה. דדריש **החיו לכם** (במדבר לא:יח) לעצמכם ופנחס היה עמהם, ורבנן [פליגי וסברי] **לכם** לעבדים ולשפחות:[129]

לפי שהוא אומר כל אשר באהל (במדבר יט:יד). בפר׳ פרה כתיב:

שומע אני אף הקש ו[ה]חרין.[130] דהא **כל אשר באהל** (שם שם) כתיב, והם המספרים שחותכין בהן ברזל, אבל קשה דמנא לן דלא באו לכלל חיטוי? לכן נראה דגרסי׳ **שומע אני אף הקש והתבן ת״ל [הוא יתחטא בו...** (במדבר יט:יב)] **תתחטאו [ביום הג׳]** (במדבר לא:יט)[131] **(וכו׳)** **[את שבא לכלל חטוי בא לכלל טומאה]**— והשתא אתי שפיר דהני[132] לית להו טהרה ולהני לית להו טומאה וא״ת הרי כלי חרס דלית להו חיטוי ואית להו טומאה? וי״ל דכלי חרס בהדיא כתיב **וכל כלי פתוח אשר וכו׳** (במדבר יט:טו):

אף שביכם (במדבר לא:יט) **בני ברית.** אבל גוי אינו מקבל טומאה דהוה ליה כמו בהמה:

או שק (ויקרא יא:לב). גבי [שרץ][133] כתיב:

ה״ג אמרת (וכו׳) דנין קל מחומר להחמיר עליו. כלומר דאיכא למפרך מה לי עשה כל מעשה עזים כשק במת[134] שכן טמא טומאת שבעה נעשה כל מעשה עזים כשק בשרץ[135] שכן אינו טמא אלא טומאת ערב:

אין ת״ל בגד (במדבר לא:כ) **במת וכו׳.** ובבא קמא (כה עמ׳ ב) לענין מפץ[136] במת ומפץ בשרץ יליף לה מדאיתקש מת ושרץ לשכבת זרע דכתיב **והנוגע בכל טמא נפש או איש אשר תצא ממנו שכבת זרע; או איש אשר יגע בכל שרץ וגו׳** (ויקרא כב:ד–כב:ה) וכתיב בשכבת זרע **וכל בגד וכל עור אשר יהיה עליו שכבת זרע** (ויקרא טו:יז) **בגד ועור** הכתובים במת (במדבר לא:כ) ושרץ (ויקרא יא:לב) מופנין[137] ושמא הכא נמי כך ר״ל אלא שקיצר דבריו[138] דאם לא כן אכתי איכא למפרך למ״ד מופנה מצד אחד למדין ומשיבין:[139]

מה כאן טווי וארוג. פי׳ שק היה טווי וארוג כמו מעשה עזים בעי טווי וארוג:

[פיסקא קנח]

---

129. וכמעט מלה מלה כזה בפירוש הנצי״ב.
130. או אולי צ״ל חרין.
131. כן הגירסא בספרי פ׳ פרה.
132. קש ותבן.
133. בסמינר: גבי בית כתיב. באקספורד: גבי כתיב. ונ״ל להגיה גבי שרץ כתיב.
134. דהוא חמור.
135. דהוא קל.
136. מחצלת ארוגה קנים שעשויה לישיבה או שכיבה.
137. והוי מופנה משני צדדים.
138. אבל הכוונה לשני צדדים.
139. עין שבת קלא עמ׳ א.

אין בידו (במדבר לא:ו) **אלא רשותו.** כלומר שלא תאמר דווקא בעצמו היה תוקע בחצוצרות אלא מצוה לאחרים לתקוע:

[נ]**תן להם רביעית שיברחו.** פרוש קא מפרש[119] דלהכי לא הקיפם רוח רביעית כדי שיהיו יכולים לברוח דתחלת נפילה ניסה, אי נמי לפליג(י) אתא וה"פ גם רוח רביעות הקיפם דאם לא כן יברחו:[120]

למה נאמר. (פלו') [פרו'] דמדכתיב **את אוי ואת רקם וגו'** (במדבר לא:ח) ידענא דאינון חמשה:

שבא ליתן להם עצה. לפנחס ולי"ב אלף שעמו:

אם כשהייתם ששים רבוא. היינו בשיטים:

בב"ד הרגוהו. דכתיב **הקוסם**[121] (יהושע יג:כב) דנוהו על קסימותו:

מקום שנוטרין. דרך לעשות בבתי ע"ז כעין חדר ולשם משימין ע"ז[122] ומשמשיה:

בטירוין. כעין מגדלים[123] שעושין בבתי ע"ז;[124] קרי להו בטירון על שם שהם גבוהין והעומד על גביהם נראה כאילו פורח באויר[125] וכדאמרי' ערומין בטייר (למי) [לפי][126]שיודע בצפצוף העופות:[127]

לפי שיצאו נערי ישראל לחטוף מהביזה. שמביאים אנשי החיל על כן הוצרך משה ואלעזר לצאת כדי למנעם:

ויקצוף משה (במדבר לא:יד). **משום החייתם** (במדבר לא:טו) כדמפרש ואזיל:

כשם שפקדתנו עשינו. היינו דקאמר לא נפקד ממנו איש לעברה:

אפילו אתם מכנסים. בלעם קאמר להו למואב:

או שאינה ראויה להבעל. והכי פירושו כל אשה שעתידה להיות יודעת איש הרוגו:

[הרוגו] **למה נאמר.** דכיון ברישא **"הרגו כל זכר"** (במדבר לא:יז) מצי שתוק **מהרוגו** (שם שם) דסיפיה:

להפסיק הענין. כדמפרש ואזיל דלא תימא **דהחיו לכם** (במדבר לא:יח) קאי אכוליה ענינא זולתי **אכל זכר** (במדבר לא:יז),[128] **דהרגו** (שם שם) לא קאי אלא אזכר:

---

119. נראה רבינו גרס בת"ק דלא הקיפם רוח רביעית.
120. ולפי גירסתו "שיברחו" ר"ל הקיפו בכל הרוחות בשביל אלה שמבקשים לברוח כדי שלא יברחו.
121. ואת בלעם בן בעור הקוסם הרגו בני ישראל בחרב...
122. עין בבראשית רבה סוף וישלח.
123. בבראשית רבה פג:ד איתא שהיו מעמידין טוריות לע"ז לשון מגדלים ובלשון יונית טיריס הוא לשון מגדל. ונראה שההמשך התמוה כאן הוא הוספה ולא מעיקר הפירוש.
124. ומפרש הנצי"ב: וטריון הוא לשון שמירה בארמית וזהו מגדל סמוך לע"ז לשמירה ולכבוד. עכ"ל. ואית דמפרש לשון פלטירין ואית דמפרש לשון חצר אבל עדיין לא מצאתי ענין עוף כמו כאן.
125. כמו עוף.
126. כן בכ"י סמינר.
127. עיין פירוש עץ יוסף ומתנות כהונה לבמדבר רבה פר' חוקת ס' ג: **חכמתן של בני קדם שהיו יודעים וערומים בטייר.** בלשון ישמעאל קורין לעוף טייר (ערוך) ור"ל שהיו מבינים בצפצוף העופות וכו'. עכ"ל. וממש כדברים הללו. ומקורו של פירושו הוא במתנות כהונה שם שהביא ענין צפצוף. הנוסח דבעל מ"כ מגומגם שם וחסר בדפוס שהרי צפצוף לא נמצא בספר הערוך כמו בלשון הדפוס של מתנות כהונה לפנינו והובא הערוך לנכון בפירושו לויקרא רבה לב פר' ב' ואין שם זכר לצפצוף כלל אלא הוא פירוש של בעל מ"כ. והרד"ק למלכים א ה:י אמר שהוא לשון העופות בלשון הערבים ואפשר שבעל ההוספה ידע לשון ערבית או ענינו. ואפשר שהרב יששכר בער מחבר מתנות כהונה לקח דבריו מפירוש זה אבל אי אפשר להפך שהרי תאריך כתיבת כה"י של פירושינו היה בימיו.
128. דהוה אמינא אשה שלא יודעת איש החיו אי לא כתיב הרוגו.

[**ונשא את עונה** (במדבר ל:טז)...] (שעון) [בעון] **מוכנס תחתיה.** פי׳ הבעל נכנס ליענש במקומה[102] אם הוא אמר לה מופר ליכי[103] לאחר שעבר יום[104] והוא שומעו[105] והיא אינה יודעת בדבר, או אינה בקיאה בהלכה; אבל אם היא יודעת שאין הבעל יכול להפר אין לה לסמוך על הפרתו, אי נמי **ונשא** הבעל **את עונה** אם היה יכול להפר ולא רצה להפר שהיה לו לוותר שלא תכשל:[106]

[פיסקא קנז]

והרי המואבים הם היו תחלה. כלומר הם בקשו[107] לגרשם מן הארץ:

לא עשו שלום. דכתיב **המכה את מדין בשדה מואב** (בראשית לו:לה):[108]

צהובין.[109] אהובין להלחם זה עם זה:

מדינין. מכניסין מריבה כמו (שולח)[110] [**ומשלח**] **מדנים בין אחים** (משלי ו:יט):

מיעצים ומצירין. נמי מהאי קרא (**דשולח**) [**דמשלח**] **מדנים**— מיעץ[111] כדי שיריבו ויהיו מצירין[112] זה לזה:

להביא שבטו של לוי. תי׳ א״כ הוו להו י״ג אלף,[113] וליכא למימר מנשה ואפרים חשוב להו כחד, וי״ל דבמקום שבט שמעון נכנס שבט לוי כיון דנפלו כ״ד אלף משבט שמעון:[114]

מתחבין. כמו מתחבאין[115] שלא ללכת כדי שלא יפטר משה:[116]

שהיו שקולים כפנחס. מאותם...ואת פנחס (במדבר לא:ו) דריש:

[**נקמת**] **אבי אמו.** יוסף דכתיב **ואלעזר בן אהרן לקח לו מבנות פוטיאל** (שמות ו:כה) היינו מבני יוסף שפטפט ביצרו:[117]

שנאמר ולא יבאו לראות וגו׳ (במדבר ד:כ). ולא יבאו לראות כשמכניסין הכלים לנרתק שלהם:[118]

---

102. באיסור נדריה.
103. שלא כהלכה.
104. והוא כבר קבל ושתק.
105. ר״ל שומעו ביום שנדרה. וכמו דברים הללו יש בפירוש הרמב״ן על התורה פ׳ מטות.
106. וברור לכל שהיא אינה תוכל לעמוד בנדרה.
107. כלומר שזקני מואב היו הראשונים שרצו לגרש ב״י מן הארץ.
108. ולמה כתיב פסוק זה אלא ללמדך שלא עשו שלום אלא להלחם נגד ב״י.
109. השוה סנהדרין קה עמ׳ א.
110. כן בכה״י ובברית אברהם אבל הנוסח במשלי ״משלח״.
111. המואבים מצאו להם עצות איך לגרום קנאה בין מדין וב״י.
112. גירוי איבה.
113. דמסתמא גם הם שלחו אלף לשמור הכלים והמזון.
114. עין מדרש לקח טוב סוף פרשת בלק ״עמד וכנס כ״ד אלף משבטו של שמעון״ והוא פירוש ל״ויהיו המתים במגפה כ״ד אלף״ (במדבר כה:ט).
115. כאן מתחיל הדבור בברית אברהם.
116. שפטירת משה היתה תלוי בנצחון ב״י על מדין.
117. עין סוטה מג ובבא בתרא קט עמ׳ ב: ולמה נקרא שמו פוטיאל שפטפט ביצרו.
118. עין פירוש רש״י לבמדבר ד:כ.

ספרי פיסקא קנז מטות

אף על פי שלא נבעלה או שאינה ראויה ליבעל כשהוא אומר וכל הטף בנשים וגו׳ הרי שאינה ראויה ליבעל אמור הא מה אני מקיים ועתה הרגו כל זכר בטף וכל איש יודעת איש למשכב זכר זו בעולה והראויה ליבעל אף על פי שלא נבעלה: הרוגו למה נאמר להפסיק את הענין דברי ר׳ ישמעאל <שאם קורא אני ועתה הרגו כל זכר בטף וכל הטף בנשים איני יודע באיזה ענין הכתוב מדבר לכך נאמר הרוגו להפסיק הענין דברי ר׳ ישמעאל> ד״א הרוגו למה נאמר שיכול הראויה ליבעל אמרת ליהרג בעולה עאכ״ו אם אמרת כן ענשת מן הדין לכך נאמר הרוגו ללמדך שאין עונשים מן הדין: וכל הטף בנשים אשר לא ידעו משכב זכר החיו לכם, מיכן היה רבי שמעון בן יוחי אומר גיורת עצמה שנתגיירה פחותה מבת שלש שנים ויום אחד כשרה לכהונה.

ואתם חנו מחוץ למחנה שבעת ימים למה נאמר לפי שהוא אומר וכל אשר באהל יטמא שבעת ימים (במדבר יט יד) שומעני אף הקש והחריות והעצים והאבנים והאדמה במשמע ת״ל ולקח אזוב וטבל במים איש טהור והזה על האהל ועל כל הכלים ועל הנפשות אשר היו שם וגו׳ (שם יח) כלי גללים וכלי אבנים וכלי אדמה ונפש בהמה במשמע ת״ל וכל בגד וכל כלי עור וכל מעשה עזים וכל כלי עץ הא למדנו לארבעה כלים ולכלי מתכות. לכלי חרס מנין ת״ל וכל כלי פתוח. אדם מנין ת״ל ואתם חנו מחוץ למחנה שבעת ימים או אלו לכלל חטוי ולכלל טומאה ת״ל הוא יטמא והוא יתחטא את שבא לכלל חטוי בא לכלל טומאה שלא בא לכלל חטוי לא בא לכלל טומאה: אתם ושביכם, מה אתם בני ברית אף שביכם בני ברית.

וכל בגד וכל כלי עור וכל מעשה עזים וכל כלי עץ תתחטאו למה נאמר לפי שהוא אומר או עור או שק (ויקרא יא לב) אין לי אלא שק מנין לעשות כל מעשה עזים כשק אמרת ק״ו הוא ומה אם המת חמור עשה בו כל מעשה עזים כשק שרץ הקל אינו דין שנעשה בו כל מעשה עזים כשק אמרת כד דנין מן החמור להקל ולהחמיר עליו אלא אין ת״ל בגד במת שכבר ק״ו הוא מה שרץ הקל עשה בו את הבגד כשק המת חמור דין הוא שנעשה בו את הבגד כשק מה ת״ל בגד במת אלא מופנה להקיש ולדון גוירה שוה נאמר כאן בגד ונאמר להלן בגד מה בגד האמור להלן עשה בו כל מעשה עזים כשק אף בגד האמור כאן נעשה בו כל מעשה עזים כשק ומה כאן טווי וארוג אף להלן טווי וארוג להביא את פסיקיא ופונדא וחבק של חמור שהם טווי וארוג יצאו פתילות וחבלים שאינן טווי וארוג.

ויאמר אלעזר הכהן אל אנשי הצבא הבאים למלחמה זאת חקת התורה משה רבינו לפי שבא לכלל כעס בא לכלל טעות. ר׳ אלעזר בן עזריה אומר בשלשה מקומות בא משה לכלל כעס ובא לכלל טעות. כיוצא בו אתה אומר ויקצוף על אלעזר ועל איתמר בני אהרן הנותרים לאמר מהו אומר מדוע לא אכלתם את החטאת וגו׳ (שם י יז). כיוצא בו אתה אומר ויאמר להם שמעו נא המורים המן הסלע הזה נוציא לכם מים מהו אומר וירם משה את ידו ויך את הסלע במטהו פעמים (במדבר כ יא) אף כאן אתה אומר ויקצוף משה על פקודי החיל שרי האלפים ושרי המאות הבאים מצבא המלחמה מהו אומר ויאמר אלעזר הכהן אל אנשי הצבא הבאים למלחמה זאת חקת התורה אשר צוה ה׳ את משה. משה רבינו לפי שבא לכלל כעס בא לכלל טעות ויש אומרים משה נתן לו רשות לאלעזר הכהן לדבר שכשיפטר משה מן העולם לא יהיו אומרים לו בחיי משה רבך לא הייתה מדבר עכשיו מה אתה מדבר. ר׳ יאשיה אומר שהיה אומר דבר בשם אומרו כענין שנאמר ותאמר אסתר למלך בשם מרדכי (אסתר ב כב) (סליק פיסקא)

מגיד הכתוב שהיו בני אדם כשרים וצדיקים ומסרו נפשם על הדבר. ר׳ נתן אומר אחרים מסרום איש פלוני כשר יצא למלחמה איש פלוני צדיק יצא למלחמה. ר׳ אלעזר המודעי אומר בוא וראה כמה חיבתן של רועי ישראל <על ישראל> שעד שלא שמעו שמיתתו של משה מעכבת למלחמת מדין מה כתיב בהן מה אעשה לעם הזה עוד מעט וסקלוני (שמות יז ד) משמשמעו שמיתתו של משה מעכבת למלחמת מדין התחילו מתחבאים אעפ״כ נמסרו על כורחם שנאמר וימסרו מאלפי ישראל.

וישלח אותם משה אלף למטה לצבא אותם ואת פנחס, מגיד שהם שקילים כפנחס ופנחס היה שקול כנגד כולם. מפני מה הלך פנחס ולא הלך אלעזר לפי שהלך פנחס לנקום נקמת אבי אמו שנאמר והמדנים מכרו אותו אל מצרים (בראשית לז לו): וכלי הקודש, זה ארון שנאמ׳ ולא יבואו לראות כבלע את הקודש ומתו (במדבר ד כ): וחצוצרות התרועה בידו, אין ידו אלא רשותו שנאמר ויקח את כל ארצו מידו (שם כא כ) ואומר ויקח העבד עשרה גמלים מגמלי אדוניו וילך וכל טוב אדוניו בידו (בראשית כד י): ויצבאו על מדין, הקיפוה מארבעה רוחותיה. ר׳ נתן אומר נתן להם רוח רביעית כדי שיברחו.

ואת מלכי מדין <הרגו על חלליהם וגו׳ חמשת מלכי מדין> למה נאמר והלא כבר נאמר את אוי ואת רקם ואת צור ואת חור ואת רבע ומה ת״ל חמשת מלכי מדין מגיד הכתוב שכשם ששוו כולם בעצה אחת כך שוו כולם בפורענות: ואת בלעם בן בעור הרגו בחרב, נתנו לו ישראל שכרו משלם ולא קפחוהו לפי שבא ליתן להם עצה אמר להם לכשהייתם ששים רבוא לא יכלתם להם ועכשיו אתם יכולים להם לכך נתנו לו שכרו משלם ולא קפחוהו. ר׳ נתן אומר בבית דין הרגוהו שנאמר ואת בלעם בן בעור הקוסם הרגו בני ישראל (יהושע יג כב).

וישבו בני ישראל את נשי מדין וגו׳ ואת כל עריהם במושבותם, זה בית עבודה זרה שלהם: ואת כל טירותם, מקום שהיו נוטרין בית עבודה זרה שלהן. ד״א ואת כל טירותם מקום שהיו בטירזין.

ויקחו את כל השלל ואת כל המלקוח באדם ובבהמה ויביאו אל משה ואל אלעזר הכהן, מגיד הכתוב שהיו בני אדם כשרים וצדיקים ולא נחשדו על הגזל לא כענין שנאמר וימעלו בני ישראל מעל בחרם (שם ז א) אבל כאן ויקחו את כל השלל ויביאו אל משה.

ויצאו משה ואלעזר הכהן, אבא חנין אומר משום רבי אליעזר לפי שיצאו נערי ישראל לחטוף מן הבזה: ויקצוף משה על פקודי החיל, מגיד שאין הסרחון תלוי אלא בגדולים: ויאמר אליהם משה החייתם כל נקבה, אמר לו פינחס רבינו כשם שפקדתנו כך עשינו.

הן הנה היו לבני ישראל בדבר בלעם, מה היה דבר בלעם אמר להם אפילו אתם מכניסים כל המונות שבעולם אין אתם יכולים להם. שמא מרובים אתם מן המצריים שנאמר בהם ויקח שש מאות רכב בחור (שמות יד ז) אלא בואו ואני נותן לכם עצה מה תעשו אלהיהם של אלו שונא זימה הוא העמידו להם נשיכם ובנותיכם לזימה והם שטופים בזימה ואלהיהם שולט בהם שזה כלל שכל זמן שישראל עושים רצונו הוא נלחם להם שנאמר ה׳ ילחם לכם (שם יד) ובזמן שאין עושים רצונו כביכול הוא נלחם בם שנאמר ויהפך להם לאויב <והוא נלחם בם> (ישעיה סג י) ולא עוד אלא שעושין את הרחמן אכזרי שנא׳ היה ה׳ כאויב בלע ישראל (איכה ב ה).

ועתה הרגו כל זכר בטף וכל אשה ידעת איש, זו בעולה והראויה ליבעל

לעצמו[89] אבל אם נתגרשה ממנו אסורה;[90] והתם פליג ר' יוסי[91] שלא ארחץ ושלא אתקשט אי הו[ו] דברים שבינו לבינה[92] אם לאו:

[פיסקא קנה]

ה"ג שומע אני בין נדרים וכו':

נדרים שיש בהם עינוי נפש. כגון פירות העולם עלי:

בין נדרים שאין בהם עינוי נפש. כגון שאיני עושה לפי אחיך, לפי אביך:

ה"ג מה עינוי נפש שאין מתחלל על ידי אחרים [הוא מפר]. דהא בבעל תלינהו רחמנא:

אף כל נדר. כגון דברים שבינו לבינה:

ר' יונתן [אומר] מצינו נדר שאין מתחלל על ידי אחרים ואינו מופר.[93] (ה"ג) [ה"פ] ור' יונתן לא אתי לאיפלוגי אלא לאשמועינן דאין זה כלל דאיכא עינוי נפש שאינו יכול להפר כגון פירות מדינה זו [עלי] או פירות חנוני זה:[94]

קיים (תנאים) [לתאנים] כולו קיים. מיירי [אפילו] בשני נדרים[95] דדריש [ר"י] **[אישה] יקימנו** (במדבר ל:יד) אפי' לאחד מהם[96] ומחמיר בהקם מבהפר[97]; ור' עקיבא משוה מדותיו[98] במינו כלומר במקצתו[99] והכא מיירי [דווקא] בנדר אחד [כגון] דאמרה **קונם תאנים וענבים עלי:**[100]

[פיסקא קנו]

הרי חרישה לקיום. הכא ניחא טפי מלעיל:[101]

שומעני מעת לעת. דהכי משמע קרא **מיום אל יום...[ביום] שמעו** (במדבר ל:טו) **ומיום אל יום** דרש ליה ת"ק דאפי' בלילה, דלא תימא **ביום שמעו** (שם שם) ביום ולא בלילה; ור' שמעון דדריש מעת לעת איצטריך **ביום שמעו** דאי מיום אל יום הוה אמינא מן חד בשבא לחד בשבא:

---

89. אבל לא לאחרים.
90. דחיילא עלה הנדר.
91. במשנה שם.
92. במשנה: אין אלו נדרי ענוי נפש.
93. אפילו הכי צריך להפרו.
94. עין נדרים פב עמ' א.
95. א' בתאנים וא' בענבים. ועין נדרים פז עמ' ב.
96. בהקמה דווקא דמיירי בהקמה לחוד דכתיב יקימנו ולא יקימם וגם יקימנו דרשינן כאילו אמר "יקים ממנו" אבל הפר דמסיים באות רי"ש א"א לדרוש כן.
97. ולרבי עקיבה אין הפרש בין הקמה והפרה דבשניהם סגי אם בטל או קיים אחד מהם בנדר אחד אבל בשני נדרים מאי דהופר הופר מאי דהוקם הוקם.
98. הכל שוה בין אם הופר בין אם הוקם כלומר אם ייחד הבעל רק מין א' דהוה מקצת המינים קאי על כל מין ומין בנדרה.
99. אם הופר מקצתו הופר כולו.
100. שהסיפא דמיירי בשני נדרים כולו ר' עקיבא היא— מאי דהופר הופר ומאי דהוקם הוקם.
101. דבפיסקא קנד הלשון מגומגם והכא ברור.

ולא לענבים, לענבים ולא לתאנים כולו אסור. הפר לה בעלה לתאנים ולא לענבים לענבים ולא לתאנים כולו מופר. קיים לה לתאנים ולא לענבים, לענבים ולא לתאנים כולו קיים. אימתי בזמן שהוא נדר אחד אבל אם אמרה תאנים שאני טועמת ועוד ענבים שאני טועמת ונשאלה לחכם והתיר לה לתאנים ולא לענבים, לענבים ולא לתאנים. הפר לה בעלה לתאנים ולא לענבים, לענבים ולא לתאנים. קיים לה לתאנים ולא לענבים, לענבים ולא לתאנים הקיום בקיומו וההפר בהיפרו (סליק פיסקא)

(קנו) ואם החרש יחריש לה אישה מיום אל יום, זו חרישה למקט אתה אומר זו חרישה למקט או אינו אלא חרישה לקיום כשהוא אומר והחריש לה הרי חרישה לקיום אמור ומה ת״ל ואם החרש יחריש לה זו חרישה למקט: מיום אל יום, שומע אני מעת לעת ת״ל כל אסריה אשר עליה הקים אותם כי החריש לה ביום שומעו. ר׳ שמעון בן יוחי אומר מעת לעת שהרי אמרה תורה מיום אל יום: ואם הפר יפר אותם אחרי שמעו, אחרי קיום הנדר. אתה אומר אחרי קיום הנדר או אחרי שמעו כמשמעו כשהוא אומר כי החריש לה ביום שומעו הרי שומעו אמור ומה ת״ל ואם הפר יפר אותם אישה אחרי שמעו אחרי קיום הנדר: ונשא את עונה מגיד הכתוב שהוא מוכנס תחתיה לעון והרי דברים ק״ו ומה אם מדת פורענות מועטת הגורם תקלה לחבירו הרי הוא מוכנס תחתיו ק״ו למדת הטובה שהיא מרובה: אלה החקים אשר צוה ה׳ את משה בין איש לאשתו בין אב לבתו, על כורחיך אתה מקיש את האב לבעל ואת הבעל לאב בכל מדות שאמרנו: בנעוריה בית אביה נעוריה בבית אביה אמרתי ולא נעוריה בבית הבעל. ר׳ ישמעאל אומר בנעוריה בבית אביה בנערה המאורסה הכתוב מדבר שיהיו אביה ובעלה מפירים נדריה

(סליק פיסקא)

(קנז) וידבר ה׳ אל משה נקום נקמת בני ישראל מאת המדינים, להודיע שבחן של צדיקים שאין נפטרים מן העולם עד שהם מנקמים נקמת ישראל שהיא נקמת מי שאמר והיה העולם: מאת המדינים, והרי מואבים הם היו תחילה לדבר שנאמר וילכו זקני מואב וזקני מדין (במדבר כב ז) מימיהם לא עשו שלום זה עם זה וכשבאו להלחם עם ישראל עשו שלום זה עם זה ונלחמו עם ישראל. משל למה הדבר דומה לשני כלבים שהיו בעדר והיו צהובין זה עם זה בא זאב לטול טלה מן העדר והיה אחד מהם מתגרה כנגדו אמר חבירו אם איני הולך ומסייעו עכשיו הורגו ועוקף עלי והורגני עשו שלום זה עם זה ונלחמו עם הזאב כך מואב ומדין מימיהם לא עשו שלום זה עם זה שנאמ׳ המכה את מדין בשדה מואב (בראשית לו לה) וכשבאו להלחם עם ישראל עשו שלום זה עם זה ונלחמו עם ישראל: מאת המדינים, שהיו מדיינים עם ישראל. מאת המדינים שהיו מתיעצים על ישראל. <מאת המדינים שהיו מציירין על ישראל:> אחר תאסף אל עמיך, מגיד שמיתתו של משה מעכבת למלחמת מדין ואף על פי כן הלך משה ועשה בשמחה שנאמר וידבר משה אל העם לאמר החלצו מאתכם אין החלצו אלא איזדריזו שנאמר חלוצים תעברו לפני אחיכם בני ישראל כל בני חיל (דברים ג יח).

ויהיו על מדין וגו׳, אמר להם לא נקמת בשר ודם אתם נוקמים אלא נקמת מי שאמר והיה העולם שנאמ׳ אל קנא ונוקם ה׳ (נחום א ב): אלף למטה אלף למטה לכל מטות ישראל תשלחו לצבא, ארבעה ועשרים אלף דברי ר׳ ישמעאל. ר׳ עקיבא אומר אלף למטה אלף למטה שנים עשר אלף מה ת״ל לכל מטות ישראל תשלחו לצבא להביא את שבטו של לוי: וימסרו מאלפי ישראל אלף למטה,

אומר מצינו בכל מקום ששלוחו של אדם כמותו: וה׳ יסלח לה, הרי שנדרה ובטלה בלבה והלכה ועשתה מודה מנין שצריכה סליחה ת״ל וה׳ יסלח לה והרי דברים ק״ו אם הנדרים המופרים צריכין סליחה ק״ו לנדרים שאין מופרין. משלו משל למה הדבר למתכוין לאכול בשר חזיר ואכל בשר טלה צריך סליחה ק״ו למתכוין לאכול ואכל. והרי דברים ק״ו אם נדרין המופרין צריכין סליחה ק״ו לנדרים שאין מופרין

(סליק פיסקא)

(קנה) כל נדר וכל שבועת איסר לענות נפש למה נאמר לפי שהוא אומר והפר את נדרה אשר עליה. שומע אני בין נדרים שיש בהן עינוי נפש בין נדרים שאין בהם עינוי נפש ת״ל כל נדר וכל שבועת איסר לענות נפש אישה יקימנו ואישה יפירנו. לא אמרתי אלא נדרים שיש בהם עינוי נפש אין לי אלא נדרים שיש בהן עינוי נפש נדרים שהם בינו לבינה מנין ת״ל אלה החקים אשר צוה ה׳ את משה בין איש לאשתו בין אב לבתו. שומע אני בין שיש בהן עינוי נפש ובין שאין בהן עינוי נפש ת״ל כל נדר וכל שבועת איסר לענות נפש. ומה זה נדר שאינו מתחלל אלא על פי אחרים הוא מפר כך כל נדר שאינו מתחלל אלא על פי אחרים הוא מיפר דברי ר׳ יאשיה. ר׳ יונתן אומר מצינו נדר שאינו מתחלל על ידי אחרים אלא בו הרי הוא מפר כאיזה צד אמרה קונם פירות העולם עלי הרי זה יפר. קונם פירות מדינה זו עלי יביא לה מן מדינה אחרת. פירות חנוני זה עלי אין יכול להפר אלא מה זה נדר שאין מתחלל ע״י אחרים אלא בו הוא מפר. אין לי אלא בעל שאינו מפר אלא נדרים שיש בינו לבינה ונדרים שיש בהם עינוי נפש. האב מנין הרי אתה דן הואיל והבעל מפר והאב מפר מה הבעל אין מפר אלא נדרים שבינו לבינה ונדרים שיש בהם עינוי נפש אף האב לא יפר אלא נדרים שבינו לבינה ונדרים שיש בהם עינוי נפש. או חלוף הואיל והאב מפר והבעל מפר מה האב מפר כל נדר אף הבעל מפר כל נדר. הא מה אני מקיים כל נדר וכל שבועת איסר לענות נפש בימי הבגר אבל בימי הנעורים יפר כל נדריה ת״ל בנעוריה בית אביה. נעורים בבית אביה אמרתי ולא נעורים בבית הבעל דנתי וחלפתי בטל החילוף וזכיתי לדין כבתחילה הואיל והבעל מפר והאב מפר. מה הבעל אין מפר אלא נדרים שבינו לבינה ונדרים שיש בהם עינוי נפש אף האב לא יפר אלא נדרים שבינו לבינה ונדרים שיש בהם עינוי נפש. ועוד ק״ו מה הבעל שמפר בבגר אין מפר אלא נדרים שבינו לבינה ונדרים שיש בהם עינוי נפש האב שאין מפר בבגר אינו דין <שלא יפר אלא נדרים שבינו לבינה ונדרים שיש בהם עינוי נפש> לא אם אמרת בבעל שאין הרשות מתרוקנת לו לפיכך אין מפר אלא נדרים שבינו לבינה ונדרים שיש בהם עינוי נפש. תאמר באב שהרשות מתרוקנת לו לפיכך יפר כל נדר לא זכיתי לדין ת״ל אלה החקים אשר צוה ה׳ את משה בין איש לאשתו בין אב לבתו על כורחיך אתה מקיש את האב לבעל מה הבעל אין מפר אלא נדרים <שבינו לבינה ונדרים> שיש בהם עינוי נפש אף האב אין מפר אלא נדרים שבינו לבינה ונדרים שיש בהן עינוי נפש.

אישה יקימנו ואישה יפרנו. נדרה מן התאנים ומן הענבים קיים בתאנים כולו קיים. היפר לתאנים אין מופר עד שיפר אף לענבים דברי ר׳ ישמעאל. ר׳ עקיבא אומר קיים לתאנים ולא קיים לענבים <או קיים לענבים ולא קיים לתאנים הפר לענבים ולא הפר לתאנים או הפר לתאנים ולא הפר לענבים יכול כולו מופר> ת״ל אישה יקימנו במינו ואישה יפירנו במינו. נדרה מן התאנים ומן הענבים ונשאלה לחכם והתיר לה לתאנים ולא לענבים, לענבים ולא לתאנים כולו מותר. אסר לה לתאנים

מיירי (ודווקא) ודקא אמרת ״אף אלמנה שיצאת מרשות אביה״,[73] אין הכי נמי דלא נפקא מרשות אב אלא באלמנה [או גרושה] מן האירוסין,[74] אבל קרא[75] אתא לאשמועי׳ דאם נתארמלה מן האירוסין ונשאת לאחר בו ביום, אי נמי ״נתגרשה מזה ונשאת לזה״— שלא יהיה לה הפרה כלל;[76] והיינו דקאמר **לפי שמצינו באלמנה לכהן גדול**— פי׳ דאין הפרש בין מן הנשואין ובין מן הארוסין והכא נמי נימא כיון שיש עליה שם אלמנה אין חילוק בין מן הארוסין לנישואין:

ת״ל ואם בית אישה נדרה (במדבר ל:יא) [מכל מקום]. נראה לי דלאו דווקא אלא אקרא (דבתריה) [דכותיה] סמיך דכתיב **ואם היו תהיה לאיש ונדריה עליה** (במדבר ל:ז) דמשמע דנדרים שהיו עליה קודם לכן יכול להפר[77] דהיינו בשנתגרשה מזה ונתארסה לזה בו ביום:[78]

ואם בית אישה נדרה (במדבר ל:יא) **זו נשואה [דברי ר׳ ישמעאל]**. כלומר שבעלה מפר נדריה לבדו, וסיפיה דקרא **[והחריש לה לא הניא אתה] וקמו כל נדריה, ור׳ עקיבא דריש**[79] ליתומה[80] בחיי האב[81] שנשאת ונתגרשה[82] ועדיין היא נערה ואביה קיים[83] ואשמועי׳ דנדריה קיימין:

למיקט. כלומר להכעיסה[84] אבל כוונתו שלא יתקיים:

[ומה ת״ל והחריש לה (במדבר ל:יב) **זו חרישה לקיים]**. וא״ת כיון דחרישה למיקט (תניא חרישה) [הויא הקמה],[85] כ״ש חרישה לקיים![86] וי״ל דאי לא כתיב אלא חד קרא הוה מוקימנא ליה בחרישה לקיים:

ה״ג אשה הפרם (במדבר ל:יג) **להוציא את האפטרופוס:**

לפי שהוא אומר והפר את נדרה (במדבר ל:ט). פי׳ משמע שהוא מיפר לגמרי אפי׳ יגרשנה בעלה לאחר הפרה יהיה מופר לעולם:

בין נדרים שאין בהם עינוי נפש. פי׳ אלא בינו לבינה:

לא אמרתי וכו׳...נדר שבינו לבינה מנין. [פי׳] שהוא מופר לעצמו[87] והכי נמי אמרינן בנדרים (עט עמ׳ ב) בנדרי עינוי נפש מפר בין לעצמו בין לאחרים, ושבינו לבינה[88] אינו מופר אלא

---

73. ולא מיירי כלל בנשואה שלא היתה ברשות אביה.
74. ולכן יכול להפר.
75. ונדר אלמנה וגרושה וכו׳.
76. לא האב ולא הבעל.
77. דאמר והחריש לה וקמו נדריה ולכן אם לא החריש לא יקומו.
78. נתארסה לו, כן אבל נשואה לו, לא.
79. דריש וא״ו דואם.
80. דיצא מרשות האב בנשואיה ונתגרשה או נתאלמנה.
81. ואינה יתומה ממש.
82. דהוא״ו מוסיף לענין ונדר אלמנה וגרושה
83. דחזרה לרשותו וזהו חידוש דדריש מן הוא״ו דהאב יפר מה שנדר בבית הבעל.
84. שאינו מדברת אתה.
85. דאע״פ שכן כוונתו לא יפר הנדר מפני דהחריש לה למעשה.
86. ולמה לי עוד פסוק דהרי נזכר חרישתו בי״ב ובט״ו; ואם החריש בכוונה שלא יתקיים ואעפ״כ הנדרים נתקיימים כ״ש אם החריש לקיים שהנדרים נתקיימים ודי להזכיר את הענין דהחריש בכוונה שלא יתקיים ונדע ענין ע״מ לקיים ותרתי ל״ל.
87. ואין בהן עינוי נפש.
88. דאין בהן עינוי נפש.

ספרי פיסקא קנג-קנד מטות

הבעל אין מיפר אלא נדרים שלא הוקמו ושלא הופרו: או מבטא שפתיה, אין ביטוי אלא שבועה כענין שנאמר או נפש כי תשבע לבטא בשפתים (ויקרא ה ד).

ושמע אישה, להוציא את החרש: ושמע אישה, אין לי אלא ששמע הוא השמיעוהו אחרים מנין ת״ל וקמו כל נדריה <וכל אסר אשר אסרה על נפשה יקומו מ״מ:> והחריש לה, עד שיהיה מתכוין לה שאם נדרה אשתו ואמר סבור הייתי שהיא בתי הרי זה יחזור ויפר שנאמר והחריש לה עד שיהא מתכוין לה: וקמו כל נדריה <למה נאמר לפי שהוא אומר והפר את נדרה> שאם נדרה וקיים וחזר והפר שומע אני יהיה מופר ומה אני מקיים וקמו כל נדריה עד שלא יפר או אף משיפר ומה אני מקיים והפר את נדרה עד שלא קיים או אף משקיים ת״ל יקומו מגיד הכתוב שכל נדר שקיים שעה אחת אין יכול להפר.

ואם ביום שמוע אישה יניא אותה, לימד בבעל שהנאה היא הפרה ולימד בבעל שעשה חרישה ושמיעה כיום נדר: והפר את נדרה <אשר עליה> נדריה שעליה מיפר ולא נדרים שאין עליה שר׳ אליעזר אומר יפר והדין נותן ומה אם במקום שאין מיפר נדרי עצמו משנדר הרי הוא מיפר נדרי עצמו עד שלא ידור מקום שמיפר נדרי אשתו משנדרה אינו דין שיפר נדרי אשתו עד שלא תדור. אמרו לו לא אמרה תורה אלא והפר את נדרה אשר עליה נדרים שעליה מיפר ולא נדרים שאין עליה. ד״א אישה יקימנו ואשה יפירנו את שבא לכלל הקם בא לכלל הפר לא בא לכלל הקם לא בא לכלל הפר: וה׳ יסלח לה, הרי שנדרה ובטלו בלבו והלכה ועשתה מוידה מנין שצריכה סליחה ת״ל וה׳ יסלח לה. והרי דברים ק״ו מה נדרים המופרין צריכין סליחה ק״ו לנדרים שאין מופרין. משלו משל למה הדבר למתכוין לאכול בשר חזיר ואכל בשר טלה והרי דברים ק״ו אם המתכוין לאכול בשר חזיר ואכל בשר טלה צריך כפרה וסליחה ק״ו למתכוין לאכיל ואכל. והרי דברים ק״ו אם נדרים המופרין צרכין סליחה ק״ו לנדרים שאין מופרים (סליק פיסקא)

(קנד) ונדר אלמנה וגרושה מן הנישואין אתה אומר מן הנישואין או אינו אלא מן האירוסין הרי אתה דן הואיל ובעולה אין אביה מיפר נדריה ואלמנה וגרושה אין אביה מיפר נדריה. מה בעולה שיצאת מרשות אביה אף אלמנה וגרושה שיצאת מרשות אביה או אפילו נתארמלה מזה וניסת לזה נתגרשה מזה וניסת לזה קורא אני עליה ונדר אלמנה וגרושה לפי שמצינו באלמנה לכהן גדול גרושה וחלוצה לכהן הדיוט ת״ל ואם בית אשה נדרה מכל מקום.

ואם בית אישה נדרה זו נשואה או אינו אלא ארוסה כשהוא אומר ואם היו תהיה לאיש הרי ארוסה אמורה ומה ת״ל ואם בית אשה נדרה זו נשואה דברי ר׳ ישמעאל ר״ע אומר זו יתומה בחיי האב.

ושמע אישה, להוציא את החרש: ושמע אישה אין לי אלא ששמע הוא השמיעוהו אחרים מנין ת״ל וקמו כל נדריה: והחריש לה זו חרישה לקיים. אתה אומר זו חרישה לקיים או אינו אלא חרישה למקט כשהוא אומר ואם החרש יחריש לה אישה הרי חרישה למקט אמורה ומה ת״ל והחריש לה זו חרישה לקיים: וקמו כל נדריה, שאם נדרה וקיים וחזר והפר שומע אני יהיה מופר ומה אני מקיים וקמו כל נדריה עד שלא יפר או אף משיפר ומה אני מקיים והפר את נדרה עד שלא קיים או אינו אלא אף משקיים ת״ל יקום מגיד הכתוב <שכל נדר שקיים שעה אחת אין רשאי להפר.

ואם הפר יפר אתם אישה ביום שמעו מגיד> שנתנה תורה רשות להפר כל היום: כל מוצא שפתיה לנדריה ולאיסר נפשה לא יקום אישה הפרם להוציא את אפוטרופוס אישה הפרם אם הפר הבעל מופר ואם לאו אינו מופר אמרה יודעת אני שכל נדרים שהיה בעלי שומע היה מפר שומע אני יהיה מופר ת״ל אישה הפרם אם הפר הבעל מופר ואם לאו אינו מופר. אמר לאפוטרופוס כל נדרים שתהא אשתי נודרת מיכן עד שאבוא ממקום פלוני הפר לה והפר לה שומע אני יהיה מופר ת״ל אישה הפרם אם הפר הבעל מופר ואם לאו אינו מופר דברי ר׳ יאשיה. ר׳ יונתן

הופרו,[58] ונראה דהכי פירושו[59] שלא הוקמו ושלא **נראו** להפרה[60] כלומר שלא שמע אביה ושתק דהוה ליה בהקמה:[61]

אין ביטוי אלא שבועה. ואשמועינן כמו שמפר נדרים כך מפר שבועות:

שיהא מתכוון לה. לאפוקי נדרה בתו וקסבר שנדרה אשתו:

ולא נדרים שאין עליה. כגון כל נדרים שתדורי מכאן ועד יום פלוני, דכיון שלא באו לכלל הקם לא באו לכלל הפר,[62] ור' אלעזר פליג כמדמפרש ואזיל:

מפר נדרי עצמו עד שלא ידור. על ידי תנאי כדאמרי' בנדרים (כג עמ' א) הרוצה שלא יתקיימו נדריו [כל השנה כלה][63] יעמוד בראש השנה ויאמר וכו':[64]

[פיסקא קנד]

מן הנישואין. **דמשמע נדר אלמנה וגרושה** (במדבר ל:י) אפי' עודה נערה יקום עליה ואין האב יכול להפר, להכי צ"ל דר"ל מן הנשואין:[65]

[66]**או אפי' נתארמלה [או נתגרשה] מזה ונשאת לזה.**[67] פי' ביום הנדר עצמו;[68] ואשמועי' דנדרים שלא נראו לארוס ראשון אין ארוס שני מפר[ם] (מפרת) ומסיים ת"ל **ואם בית אישה נדרה** (במדבר ל:יא) מ"מ— דיכול להפר א"כ אין לומר דמיירי ונדריה עליה (במדבר ל:ז) ב"שנתארמלה מזה ונשאת לזה"[69] וקצת קשה דדווקא אמרינן הכי [בנדרים] (משנה, עא עמ' א) "נתגרשה בו ביום ונתארסה בו ביום[70] אביה ובעלה האחרון מפירין נדריה" בארוסה[71] אבל בנשואה אמרי התם (נדרים עב עמ' א) "נדרה בו ביום ונתגרשה בו ביום והחזירה בו ביום אין יכול להפר",[72] ושמא הכי פירושו "או אפי' נתארמלה וכו'"— כלומר לעולם אמר לך דבאלמנה מן האירוסין

---

58. ואין חידוש לומר שלא הופרו.
59. והכי קאמר.
60. דהכל ענין אחד שלא הוקמו עבור שהנדר לא נראה להפרה "ושלא הופרו" ר"ל דלא היה ראוי להפרה מפני דלא שמע.
61. ובכה"י: בהוקמה. ופירוש הדבר שהספרי לא אמר דינו כמשמעו ב"שלא קיימו ושלא הופרו" אלא ר"ל דמיירי בדלא שמע אביה את נדרה כדי שישתוק להקימו אם ירצה או שיפרו אם ירצה דלא ידע כלום עליו.
62. מפני ההקש ועין נדרים עה עמ' ב.
63. אינו בשום כ"י או בברית אברהם אבל הוא לשון תלמוד והוספתי רק להקל את הקריאה.
64. כל הנדר שאני עתיד לידור כל השנה הרי הוא בטל.
65. ועין למטה למסקנה "והיינו דקאמר "לפי שמצינו באלמנה לכהן גדול"— פי' דאין הפרש בין מן הנשואין ובין מן הארוסין והכא נמי נימא כיון שיש עליה שם אלמנה אין חילוק בין מן הארוסין לנישואין."
66. כאן מתחיל ענין קשה ונראה דחסרות מילים מן הפירוש וטרחתי לפרש את הדברים כמו שהן לפי מיטב יכולתי אבל עדיין קשה לפרש ענינו כל צורכו. ומכפל הדבר ת"ל **ואם בית אישה נדרה** (במדבר ל:יא) מ"מ כאן ובמאמר הבא נראה לי דדברים שכאן או דברים הבאים הוספה הן ולא מפירוש רבינו.
67. בעל השני לא יכול להפר.
68. קטע זה עוסק בשאלת בעל השני— מה כחו להפר.
69. ואין לומר דלא מצי מיפר לחודיה אלא כשבאה מבית אביה.
70. אפילו למאה.
71. בשותפות.
72. בגירושין יוצאת לרשות עצמה ונעשו נדריה קודמין והתם בגמרא נקט דבנשואה עסקינן משום דאין הבעל מיפר בקודמין תחת בעל הראשון אבל לפי הספרי קס"ד דבעל השני אם נתגרשה מן הנשואין יפר דלא אמרינן דלא יפר כ"מ שלא היתה ברשות האב ומה לי אחר ומה לי המחזיר עצמו.

זו ארוסה דברי ר' יאשיה.[49] מדכתיב **כי הניא אביה אותה** (במדבר ל:ו) וסמיך ליה **ואם היו תהיה לאיש** (במדבר ל:ז) פי' אפי' היו תהיה צריכה להנאת האב:

ר' יונתן אומר אחת זו ואחת זו וכו'. נראה דר' יונתן לא פליג אדרשא דקרא דודאי בארוסה משתעי אלא בא להוסיף דבא הכתוב לחלוק רשותו של אב שכל זמן שהיא בבית אביה מצי מיפר בשותפות אבל כשנכנסה לרשות הבעל אינו יכול להפר והאי דקאמר "אחד זה ואחד זה" הכי פי'— לענין רשותו של הבעל אין חילוק בין שני הפסוקים אלא לענין רשות האב יש חילוק; אבל קשה דברשותו של בעל איכא חילוק דאם נכנסה לרשותו שוב אינו יכול להפר חלקו משום דאין הבעל מיפר בקודמין[50] כדתנן פרק נערה בנדרים (משנה עב עמ' ב) דרך ת"ח עד שלא היתה בתו יוצאה מאצלו אומר לה כל נדרים שנדרת בתוך ביתי הרי הן מופרין וכן הבעל וכו' [משתכנס לרשותו אינו יכול להפר]? וי"ל דאין הכי נמי והכי קאמר דחילוק רשותו של אב נפקא לן מהאי קרא אבל חילוק רשותו של בעל לא נפקא לן מהאי קרא אלא מקרא **דואם בית אישה נדרה וכו'** (במדבר ל:יא) ומ"מ קשיא לי דמאי איכא בין ר' יאשיה לר' יונתן? לכן נראה בהא פליגי, דר' יאשיה סבר אין הבעל מפר בקודמין כלל ואפילו מה שנדרה בעודה ארוסה ור' יונתן סבר דווקא בנדרה קודם שנתארסה אבל לאחר שנתארסה מצי מפר והיינו דקא מסיים

ונדריה עליה (במדבר ל:ז) **נדרים שבאו עמה מבית אביה לבית בעלה**— פי' נדרים שנדרה בבית אביה בעודה ארוסה;[51]

או אינו אלא נדרים שנדרה ברשותו— פי' לאחר נישואין:[52]

ק"ו הוא— וא"ת מנא ליה האי ק"ו דהוא גופא קא מיבעיא ליה דדלמא **ונדריה** בנדרים[53]שנדרה ברשותו דווקא הוא דמצי מפר אבל נדרים שנדרה עד שלא תכנס לרשותו לא, וי"ל דהכי פירושו אם נדרים שנדרה שלא ברשותו לבד אלא ברשותו וברשות האב יכול להפר, פי' בשותפות דבהא כולי עלמא מודים, ק"ו לנדרים שנדרה ברשותו[54] לגמרי שיוכל להפר א"כ **ונדריה עליה** (במדבר ל:ז) לא איצטריך אלא לנדרים שהיו עליה קודם לכן:[55]

נדרים שלא הוקמו [ושלא הופרו]. כלומר[56] שלא קיים האב אבל קיים האב שוב אינו יכול [הבעל] להפר אפי' חלקו;[57] וקשה לי "[ו]שלא הופרו" (וכ"ש) [ופשיטא שלא הוקמו] אם

49. כאן מתחיל בעל ברית אברהם לצטט מפירוש רבינו פרשת מטות.
50. אפילו חלקו.
51. וזהו דעת רבי יונתן.
52. דעת רבי יאשיה.
53. בברית אברהם: דכל נדריה שנדרה...
54. בבית הבעל אחר נשואין.
55. שבאו עמה מבית האב לבית הבעל.
56. דלכאורה דינו דהשותפות בהא דווקא כשלא קיים וגם לא הפר האב אז הנדר ביד הבעל להפר אם ירצה.
57. בארוסתו. וההמשך "כלומר..." חסר בברית אברהם.

לא זכיתי אדוננו מן הבעל. דלגבי בעל אין חילוק בין הקם להפר שאין הרשות מתרוקנת לו דאם היתה ארוסה ומת האב לא נתרוקנה רשות לבעל ואינו יכול להפר אלא חלקו, וחלק האב תצטרך להשאל לחכם; אבל אם מת הארוס נתרוקנה רשות לאב דכתיב **בנעוריה בית אביה** (במדבר ל:יז) [ואמרינן (כתובות מז עמ׳ ב)] כל שבח נעורים[33] לאביה:

ת״ל אלה החוקים (במדבר ל:יז). מסיפיה דקרא דריש דכתיב **בין איש לאשתו בין אב לבתו:**

ה״ג וביטל בלבו והלכה ועשתה מזידה וכו׳. בנדרים (ע״ט עמ׳ א) אמרי׳ בטל[34] בלבו אינו מבוטל ושמא מדאורייתא הוא מבוטל ומדרבנן בעי׳ שיוצא בשפתיו דהא תנן[35] סתם לא יאמר אדם לאשתו מופר ליכי [בטיל ליכי] בשבת כדרך שאומר לה בחול אלא אומר לה טלי ואכלי טלי ושתי והנדר בטל מאיליו ואמר עלה[36] בגמרא וצריך שיבטל בלבו משמע דבשבת די כשיבטל בלבו א״כ ה״ה ההוא דאמרי בנדרים (עח עמ׳ ב, עט עמ׳ א) חומר בהפר...שאם בטל בלבו אינו מבוטל[37] לאו מדאורייתא קאמר אי נמי ל״ג הכא בלבו אלא כדאית׳ בקידושין (פא עמ׳ ב) הרי שנדרה אשתו בנזיר ובטל לה בעלה והיא לא ידעה שבטל לה בעלה והלכה והיתה שותה יין ומטמאה למתים[38] מנין שצריכה סליחה וכו׳:[39]

ואם הפר יפר (במדבר ל:יג)— **האב וכו׳.**[40] [בפרק נערה (נדרים עב עמ׳ ב) דריש רבי יאשיה מקרא בתריה] למעוטי אפוטרפוס כדמפרש ואזיל דקא סבר ר׳ יאשיה דגזירת הכתוב הוא[41] אע״ג דבכל התורה כולה שלוחו של אדם כמותו,[42] ור׳ יונתן סבר דאביה[43] לאו דווקא אלא הוא הדין שלוחו;[44] מיהו[45] פרק נערה (עג עמ׳ א) מוקי׳ לה דאמר לו[46] לכשאשמע אפר לה דכל זמן שלא שמע האב לא בא לכלל הפרה ופריך התם למה לי למימרא לאפוטרופוס [שיפר לה] לכשישמע הוא[47] ליפר לה, ומשני סבר דילמא מטרידנא:[48]

---

33. כל שיש לקטנה או לנערה ברשות האב דדרשינן בית האב— רשות האב.
34. אולי גרס ככה אבל יותר נראה דלא דק.
35. ברייתא נדרים ע״ז עמ׳ ב.
36. בשם רבי יוחנן.
37. לפנינו בגמרא הפר בלבו אינו מופר ואמר הר״ן ד׳ עז עמ׳ ב דהני מילי דלא אמר לה טלי ואכלי עיין שם ועיין פירוש הרא״ש שם.
38. וכן פירש בעל זרע אברהם למאמר הספרי.
39. לפנינו הגירסא קצת שונה.
40. הפסוק מיירי באישה ונראה דה״ה אב אבל שלוחם לא דכתיב הניא אביה פעמים למעט שלוחו.
41. עיין נדרים עב עמ׳ ב: ״אישה יקימנו ואישה יפרנו אבל דכ״ע שלוחו של אדם כמותו״. אישה פעמים למעט שלוחו. ונראה דלשון אב של רבינו כמו בעל דאביה כתיב פעמים אצל הנאת האב כמו שאישה כתוב פעמים אצל הבעל. ורבינו תפס לשון אב מפני דהספרי מיירי באב ועצם המחלוקת בנדרים בבעל ובספרי באב ולפי רבינו היינו הך.
42. עיין קידושין מא עמ׳ ב.
43. או בעלה.
44. דשלוחו של אדם כמותו.
45. ולרווחא דמילתא בעלמא אמר זה.
46. לשליח.
47. כלומר כשישמע הבעל או האב יפר לה מפני שאין הפרה מ״מ עד שישמע הבעל או האב.
48. שמא הבעל או האב יהיה טרוד בשעת שמיעה וישכח ליפר לה.

מה האיש עובר על בל יחל. ולפי שכתוב הענין בלשון זכר איצטריך:

ה"ג הכא כמו לעיל גבי איש, **את שתסמוך את נדרה לדבר שאיפשר הרי זה נדר אתה אומר כן או אפי' תסמוך נדרה לדבר שאיפשר אין זה נדר עד שתדור לשם:**

ברשות אביה. פי' שעדיין לא נתקדשה אי נמי נתקדשה וחזרה ונתגרשה:

או בית אביה (במדבר ל:ד) **כשומעו.** פי' שלא נתקדשה כלל:

[שכל] **נעוריה בבית אביה.** פי' שעדיין ברשות האב כגון נתגרשה מן האירוסין ולאפוקי נתגרשה מן הנשואים כדמפרש ואזיל:

אלא ששמע הוא. כגון שהיה[25] מצוי בשעה שנדרה:

השמיעוהו אחרים מנין? [ת"ל] **את נדרה** (במדבר ל:ה) **מ"מ.** כלומר דלא בעי שישמע מפיה ממש:

וקיים. שאמר לה קיים ליכי:[26]

וחזר והפר. פי' באותו היום:

עד שלא יפר. כלומר אם לא חזר והפר ביומו:

או אפילו מיפר. פי' כיון שכבר קיים אפי' יחזור ויפר קרי' ביה **וקמו** (במדבר ל:ה):

עד שלא יקיים. אבל אם קיים שוב אינו יכול להפר:

או אף משקיים. דכיון דכתיב **ביום שומעו** (במדבר ל:ח) משמע [כל היום וכן משמע][27] **והפר [את נדרה]** ((במדבר ל:ט)) **מ"מ:**[28]

ת"ל יקום. מדכתיב ברישיה דקרא **וקמו** (במדבר ל:ח) ובסיפיה כתיב **יקום** (שם שם) משמע דנלך אחרי הקמה:[29]

איני יודע הנאה זו מה היא. כלומר מה מועיל, משום דהנאה הוא לשון הסרה ועידוי כתרג'[30] ואינו לשון הפרה ויליף (מיניה) מ[יניא]...**והפר** (במדבר ל:ט) דהנאה כהפרה בין יאמר בלשון הנאה או ביטול[31] כאילו אמר בלשון הפרה:

שעשה חרישה ושמיעה כיום נדר. מדכתיב **והחריש לה** ובתר כן כתיב **ואם הניא אביה אותה ביום שמעו** (במדבר ל:ט) והדר כתיב **ואם החריש יחריש לה אישה מיום אל יום** (במדבר ל:טו) למדנו שיום שמיעה אעפ"י שהחריש מיד ששמע[32] יכול לחזור ולהפר כל אותו היום כאילו היה יום נדר:

להקים מנין. פי' שביום שמיעה יכול להקים כל היום כאלו הוא יום נדר:

לא אם אמרת בהפר שחילק מכללו. שיכול להפר [בנערות אבל אינו יכול להפר] בבגר[ות], אבל בהקם אין חילק בידו דיכול לקיים בנערות ובבגרות אין תלוי בקיומו דמקוים ועומד הוא:

---

25. שאביה היה מצוי.
26. הקמה בפירוש ולא רק בלב והפרה בפירוש שיאמר מופר ליכי.
27. נראה לי שחסר כאן ומלאתי לפי הנראה שחסר מפני הדומות משמע...משמע.
28. ויוכל להפר כל זמן שירצה באותו יום ששמע אפילו קיים מקודם כמו דכתיב ואם ביום שמע אישה יניא אותה והפר את נדרה ולא אמר ואת נדרה הפר אלא שכתב הפועל בתחילה אז אמרינן מכל מקום ועיין נדרים עו עמ' ב דהפרת נדרים כל היום.
29. אומר בעל תורה תמימה כפירוש רבינו שמכפל הלשון דדריש המיותר כן יקום לעולם ולא יחזור.
30. ואם אעדי.
31. ולא כמו פסק הרמב"ם הלכות נדרים יג:ה שביטול בידים והפרה בדבור.
32. ובזה גלה דעתו להקים נדרה.

בעי מה הפרש וכו׳ ומפרש טעמא דנודר כנודר **בחיי המלך** וכו׳ ואע״ג[11] דכלפי המקום ב״ה הוא[12] וחייו[13] הכל אחד, כלפי בשר ודם גדול הוא חיי המלך[14] מהמלך עצמו,[15] עוד יש טעם אחר דבנדרים אסר חפצא עילויה ובשבועות אסר נפשיה אחפצא ונפשיה הוי מושבע מסיני;[16] עי״ל דמשום שאמר **מנין אף בשבועות** להכי בעי מה הפרש וכו׳:

חי ה׳ וחי נפשך (מלכים ב ד:). מדלא קאמר ונפשך:[17]

אין אוסר על אחרים. כגון קונם אם ילך פלוני או אם אכל פלוני, מיהו ממונו יכול לאסור על אחרים:

ה״ג ומה מקום שאין מפר עצמו מפר נדרי אחרים מקום שאוסר על עצמו אינו דין שיאסור על אחרים:

קבל עליו בנדבה ובשבועה. כלומר קבלה בעלמא בלבו ולא הוציא בשפתיו ובשבועות (כו עמ׳ ב) אמר שמואל גמר בלבו צריך להוציא בשפתיו ואיתבוה מכמה ברייתות ומשני להו לכלהו וכן צריך לתרץ זה שלא יקשה כגון שקבל בלבו פת חטים והוציא בפיו פת סתם:

שלא יעשה דבריו חולין. היינו שלא יתיר עצמו כדמפרש ואזיל:

שעובר על בל [יחל][18] **ועל בל תאחר.** מסיפיה דקרא דריש [בל] תאחר דכתיב **ככל היוצא מפיו יעשה** (במדבר ל:ג):

לעשות הבטאה כשבועה. פי׳ הבטאה דיבור[19] וכגון בדבר מצוה כדאמרינן בנדרים (ח עמ׳ א)[20] האומר [אשכים ו]אשנה[21] פרק זה [אשנה מס׳ זו] נדר גדול נדר[22] לה׳ אלהי ישראל;[23] ואמרינן (שבועות לו עמ׳ א) ומיהו [הן] שבועה לאו שבועה וה[ו]א דאמר הן הן וה[ו]א דאמר לאו לאו:[24]

---

11. ומשל הוא לבשר ודם.
12. עצמותו ומציאתו.
13. מעשי כח חיותו.
14. שכל עמו תולין בכחיו ומעשיו.
15. שחשיבת מציאת גופו מצד עצמותו אינו הרבה יותר מכל אדם פרטי דאינו מלך דרוב כבודו תלוי במעשיו ולא במציאותו לבד.
16. נראה דהוא הטעם העיקר אע״פ דאינו מפורש בספרי.
17. יש בלשון חי נפשך חשיבות יותר מנפשך סתם.
18. בכ״י של הפירוש: בל יאחר. והגירסא בספרי היא בל יחל.
19. ולא לשון שבועה או נדר.
20. ועין פירושי הנמוקי יוסף והריטב״א על הלכות נדרים של הרי״ף ושל הרמב״ן.
21. אין זה תיקון ממש אלא הוספה למלא את הקיצור. עיין פירוש אליעזר נחום לענין ״והר״ם נאגארא פי׳ בדבר מצוה כדאמרינן בנדרים דאומר אשנה פרק זה נדר גדול לאלהי ישראל.״ ונראה דהיינו דברי רבינו דמקצר דברי הש״ס.
22. אמר הבטאה דומה לשבועה או נדר ולא ממש אבל אמר הדבור לש״ש לזרז תלמידו ללמוד אתו ולשון ״נדר גדול״ הוא לשון גוזמא כמו לשון ״קידוש רבא״ דאינו עיקר הקידוש אלא קידוש דרבנן ושל מנהג. וא״כ מה שאמר בדבורו כאילו נדר לקיים מצווה דנדר חל על מצוה ולא נדר נדר משובח ואם יד שבועה היה בו הרי לא יחל על המצוה ממש אלא חל קצת לשם זריזות. ואינו לא שבועה מעליא ולא נדר מעליא ואעפ״כ הוא קבלת דברים וקצת עונש יש בדבר.
23. וכפירש בעלי התוס׳ שבועות לו עמ׳ א באמר הן הן דאינה שבועה ממש אלא יש לזהר וקצת יש עונש בדבר.
24. תרי זימני להחזיק דבריו וא״כ לא כל הבטאה כשבועה דמי אלא אם כן יש סימן של רצינות בדבר כגון בדבר מצוה שמסתמא דבור רציני אבל לפי פירוש התוספות לשון הן הן או לאו לאו אינו לשון שבועה של ממש.

ספרי פיסקא קנג מטות

שמוע אישה יניא אותה <והפר> בבעל הוי אומר הנאה זו הפרה לימד בבעל שהנאה היא הפרה ולימד <באב> שעשה בו חרישה ושמיעה כיום נדר <להפר> להקם מנין הרי אתה דן הואיל ורשאי להקם ורשאי להפר אם למדתי לענין הפרה שעשה הנאה כהפרה וחרישה ושמיעה כיום נדר אף להקם נעשה הנאה כהפרה וחרישה ושמיעה כיום נדר לא אם אמרת בהפר שחלק מכללו לפיכך עשה בו חרישה ושמיעה כיום נדר תאמר בהקם שלא חלק מכללו לפיכך לא נעשה בו חרישה ושמיעה כיום נדר. לא זכיתי אדוננו מן הבעל הואיל ובבעל מיפר והאב מיפר מה הבעל עשה בו חרישה ושמיעה כיום נדר להקם אף האב נעשה בו חרישה ושמיעה כיום נדר להקם ועוד ק״ו הוא ומה הבעל שאין הרשות מתרוקנת לו עשה בו חרישה ושמיעה כיום נדר האב שהרשות מתרוקנת לו אינו דין שנעשה בו חרישה ושמיעה כיום נדר. לא אם אמרת בבעל שמפר בבגר לפיכך עשה בו חרישה ושמיעה כיום נדר <תאמר באב שאין מפר בבגר לפיכך לא נעשה בו חרישה ושמיעה כיום נדר.> לא זכיתי מן הדין ת״ל אלה החקים אשר צוה ה׳ את משה וגו׳ על כורחיך אתה מקיש את האב לבעל מה בעל עשה בו חרישה ושמיעה כיום נדר <להקם> אף האב נעשה בו חרישה ושמיעה כיום נדר <להקם> וה׳ יסלח לה, הרי שנדרה ובטלו בלבו והלכה ועשתה מוידה מנין שצריכה סליחה ת״ל וה׳ יסלח לה והרי דברים ק״ו ומה אם נדרים המופרים צריכין סליחה ק״ו לנדרים שאינן מופרין. משל למה הדבר דומה למתכוין לאכול בשר חזיר ואכל בשר טלה והרי דברים ק״ו ומה אם המתכוין לאכול בשר חזיר ואכל בשר טלה צריך סליחה ק״ו למתכוין לאכול ואכל <והרי דברים ק״ו אם נדרים המופרין צריכין סליחה ק״ו לנדרים שאין מופרין:> כי הניא אביה אותה. ואם הפר האב מופר ואם לאו אין ת״ל כי הניא אביה אותה ואם הפר האב מופר ואם לאו אין מופר. אמר לאפוטרופוס כל נדרים שתהא בתי נודרת מיכן ועד שאביא ממקום פלוני הפר לה והפר לה שומע אני יהיה מופר ת״ל ואם הניא אביה אותה ואם היפר אביה מופר ואם לאו אינו מופר דברי ר׳ יאשיה, ר׳ יונתן אומר מצינו בכל מקום ששלוחו של אדם כמותו.

ואם היו תהיה לאיש ונדריה עליה זו ארוסה אתה אומר זו ארוסה או אינו מדבר אלא בנשואה כשהוא אומר ואם בית אישה נדרה הרי נשואה אמורה הא מה ת״ל ואם היו תהיה לאיש ונדריה עליה זו ארוסה דברי ר׳ יאשיה, ר׳ יונתן אומר אחת זו ואחת זו לא בא הכתוב לחלוק אלא רשותו שכל זמן שהיא בבית אביה אביה ובעלה מפירין נדריה ניסת אין האב מיפר את נדריה: ונדריה עליה, נדריה שבאו עמה מבית אביה לבית בעלה. אתה אומר נדריה שבאו עמה מבית אביה לבית בעלה או אינו אלא נדריה שנדרה ברשותו אמרת ק״ו היא אם נדר שנדרה שלא ברשותו הרי הוא מיפר ק״ו לנדר שנדרה ברשותו. ד״א ונדריה עליה נדרים שלא הוקמו ושלא הופרו או אינו אלא נדרים שהוקמו ושהופרו הרי אתה דן הואיל והבעל מיפר והאב מיפר מה האב אין מיפר אלא נדרים שלא הוקמו ושלא הופרו כך הבעל ועוד ק״ו ומה האב שהרשות מתרוקנת לו אין מיפר אלא נדרים שלא הוקמו ושלא הופרו הבעל שאין הרשות מתרוקנת לו אינו דין שלא יפר אלא נדרים שלא הוקמו ושלא הופרו לא אם אמרת באב שאין מיפר אלא בבגר לפיכך אין מיפר אלא נדרים שלא הוקמו ושלא הופרו תאמר בבעל שמיפר בבגר לפיכך יפר כל נדר לא זכיתי מן הדין ת״ל אלה החקים אשר צוה ה׳ את משה בין איש לאשתו בין אב לבתו על כורחיך אתה מקיש את הבעל לאב מה האב אינו מיפר אלא נדרים שלא הוקמו ושלא הופרו אף

על נפשו למה נאמר לפי שהוא אומר ככל היוצא מפיו יעשה אין לי אלא שהוציא בפיו קיבל עליו בנדר ובשבועה מנין ת״ל לאסור אסר על נפשו. יכול אפילו נשבע לאכול נבלות וטרפות ושקצים ורמשים קורא אני עליו ככל היוצא מפיו יעשה ת״ל לאסור אסר על נפשו לאסור את המותר ולא להתיר את האסור: לא יחל דברו, שלא יעשה דברו חולין הרי שהיה חכם לא יפר לו לעצמו והדין נותן אם מיפר לאחרים לא יפר לעצמו ת״ל לא יחל דברו שלא יעשה דבריו חולין: לא יחל דברו, מגיד שעובר על בל יחל ועל בל תאחר מנין ת״ל כי תדור נדר לה׳ אלהיך לא תאחר לשלמו (דברים כג כב) מגיד שעובר על בל יחל ועל בל תאחר: לא יחל דברו, ר׳ אליעזר אומר לעשות הבטאה כשבועה ר׳ עקיבא אומר ככל היוצא מפיו יעשה <לעשות הבטאה כשבועה>

ואשה, מקיש אשה לאיש מה איש עובר על בל יחל ועל בל תאחר אף אשה עוברת על בל יחל ועל בל תאחר: ואשה, שומע אני משתבגור ת״ל בנעוריה אי בנעוריה שומע אני אפילו קטנה ת״ל ואשה הא כיצד יצתה מכלל קטנה ולכלל בגרות לא באת מיכן אמרו חכמים בת שתים עשרה שנה ויום אחד נדריה קיימים: כי תדר נדר לה׳, את שתסמוך את נדריה לדבר שאיפשר לה להינדר הרי זה נדר ואם לאו אינו נדר אתה אומר את שתסמוך נדריה לדבר שאיפשר לה להינדר הרי זה נדר ואם לאו אין זה נדר או עד שתדור לשם ת״ל ואסרה אסר מכל מקום הא אין עליך לומר כלשון אחרון אלא כלשון ראשון את שתסמוך נדריה לדבר שאיפשר לה הרי זה נדר ואם לאו אינו נדר: ואסרה אסר, אין אסר אלא שבועה וכן הוא אומר או אסרה אסר על נפשה בשבועה: בבית אביה, ברשות אביה אתה אומר בית אביה ברשות אביה או בית אביה כמשמעו ת״ל בנעוריה בית אביה נעוריה בבית אביה אמרתי ולא נעוריה בבית הבעל להביא את שנתארמלה או נתגרשה מן האירוסין אתה אומר מן האירוסין או אינו אלא מן הנשואין ת״ל בנעוריה בית אביה שכל נעוריה בבית אביה יצאתה שנתארמלה או שנתגרשה מן הנשואין שאין כל נעוריה בבית אביה.

ושמע אביה להוציא את החרש: ושמע אביה אין לי אלא ששמע אביה השמיעוהו אחרים מנין ת״ל וקמו כל נדריה: והחריש לה אביה עד שיהא מתכוין לה שאם נדרה בתו ואמר סבור הייתי שאשתי הרי זה יחזור ויפר שנאמר והחריש לה עד שיהא מתכוין לה: וקמו כל נדריה וכל אסר אשר אסרה על נפשה יקום שאם נדרה וקיים וחזר והפר שומע אני יהיה מופר ומה אני מקיים וקמו כל נדריה עד שלא יפר או אף משיפר ומה אני מקיים ואם הניא אביה אותה עד שלא קיים או אף משקיים ת״ל יקום מגיד הכתוב שכל נדר אם קיים שעה אחת אין רשאי להפר.

ואם הניא אביה אותה, איני יודע הנאה זו מה היא כשהוא אומר ואם ביום

פרשת ראשי המטות

[פיסקא קנג]

אבל לא שמענו להיכן. דלא נתפרש בנשיאים **פתח אהל מועד** (במדבר י:ג) כמו בעדה:
או כל הקודם במקרא [קודם במעשה]. ועדה קדמו לנשיאים; ור' יאשיה יליף לה דנשיאים קודמין[1] מקרא אחרי[נא] [**וישובו אליו אהרון וכל הנשיאים בעדה**] (שמות לד:לא); **ואל ראשי המטות** (במדבר ל:ב)[2] לאשמועינן "שלא הותרו נדרים אלא על פי מומחין" היינו דווקא ביחיד אבל בג' אפי' הדיוטות מתירין את הנדר ובלבד שיודעין לבקש; אי נמי י"ל "לא הותרו במקום מומחין אלא על פי מומחין"[3] (כדאמרי' לאו אלו למשרא נדרה במקום רבה) [כדמפורש בר"ן (לנדרים עח עמ' ב) לא יאי למשרא נדרא במקום רביה]:[4]
נתנבא משה בכה אמר. דכתיב **כה אמר ה' כחצות הלילה** (שמות יא:ד) **כה אמר ה' בזאת תדע** (שמות ז:יז) ויליף לה מדכתיב **אשר צוה ה'** (במדבר ל:ב) משמע לדורות, אבל תימ' אמאי נקט טפי **כה אמר** משאר לשונות? וי"ל דמשום דהכא כתיב **וידבר משה אל ראשי המטות זה הדבר וגו'** (במדבר ל:ב) ולא כתיב ברישא דבר אל בני ישראל משמע שמשה רבינו **נאמן** לומר כך ציוני המקום ב"ה; אי נמי **זה הדבר** (במדבר ל:ב) מיעוטא כדמפרש דשאר נביאים אין אומרין **זה הדבר** אבל שארא אמרי כמו משה והשתא לא קשה מידי (האמ'):
הבעל מפר וכו'. גבי בעל כתיב **אישה יפירנו** (במדבר ל:יד), **ואם הפר יפר** (במדבר ל:יג) וגבי חכם כתיב **לא יחל דברו** (במדבר ל:ג) אבל אחרים[5] מוחלין לו והיינו[6] לשון מחילה והתרה:
ונאמר להלן נדר. דכתיב **כי יפליא לנדור** [**נדר**] **נזיר** (במדבר ו:ב):[7]
מה נדר האמור להלן נדר ונדבה. לאו משום דכתיב בההוא קרא **נדבה** אלא משום דיליף מדכתיב **לפלא נדר או בנדבה** (במדבר טו:ג):
מכאן אמרו וכו'. בן י"ג מדכתיב [**איש**] **כי יפליא** (במדבר ו:ב) יליף לה, דבמופלא[8] סמוך לאיש בעי':
שיודע לפרש לדבר שאיפשר לו. פי' שהיה איפשר לו לאוכלו בהתר אי לא בעבור נדרו דכתיב **כי ידור** (במדבר ל:ג) משמע ליה שנאסר עכשו על ידי נדרו:
מה הפרש וכו'. תימ' ומי אמר שהוה הפרש וכו'?[9] וי"ל דסמיך אהאי דקאמר בנדרים (יג עמ' ב) שהנדרים חלין על דבר מצוה כדבר הרשות והשבועות אין חלין אלא על דבר הרשות[10] ולהכי

---

1. לכל דברות שבתורה.
2. עין דברי רש"י ריש פרשת מטות.
3. אין זו סיגנון רבינו לומר אי נמי י"ל שלא לישב "ואי תימא" ונראה לי דאולי הוספה היא ולא מעיקר הפירוש.
4. וכאן השיבוש בולט בכה"י וצריך להגיה כמו לפנינו בדפוס הבבלי בפירוש הר"ן: ואי לא רשותא לא יאי לתלמידא למשרא נדרא במקום דרביה.
5. כגון חכם.
6. לשון יחל היינו לשון מחילה.
7. והנציב מפרש בפ' הערכין איש כי יפליא נדר.
8. שיודע לפרש נדר.
9. בין נדר לשבועה.
10. לשון הש"ס לפנינו: מה שאין כן בשבועות.

מטות

(קנג) וידבר משה אל ראשי המטות למה נאמר לפי שהוא אומר ותקעו בהם ונועדו אליך כל העדה אל פתח אהל מועד ואם באחת יתקעו ונועדו אליך הנשיאים (במדבר י ב–ג) אבל לא שמענו להיכן הריני דן נאמר כאן תקיעה בעדה ונאמרה תקיעה בנשיאים מה תקיעה האמורה בעדה פתח אהל מועד אף תקיעה האמורה בנשיאים פתח אהל מועד או כל הקודם במקרא קודם במעשה ת״ל אל ראשי המטות הואיל ונאמרו דברות בתורה סתם ופרט באחד מהם שהנשיאים קודמים לעדה אף פורטני בכל הדברות שיהו הנשיאים קודמים לעדה <ר׳ יונהן אומר אין צריך שהרי כבר נאמר ויקרא אליהם משה וישובו אליו אהרן וכל הנשיאים בעדה וידבר משה אליהם ואחרי כן נגשו כל בני ישראל (שמות לד לא–לב) הואיל ונאמרו דברות בתורה סתם ופרט באחת מהם שהנשיאים קודמים אף פורטני בכל דברות שבתורה שיהיו הנשיאים קודמים> ומה ת״ל אל ראשי המטות מגיד שאין היתר נדרים אלא מפי מומחים.

זה הדבר, מגיד שכשם שנתנבא משה בכה אמר (שם יא ד) כך נתנבאו הנביאים בכה אמר ומוסיף עליהם משה שנאמר בו זה הדבר. ד״א זה הדבר אשר צוה ה׳ הבעל מפר ואין חכם מפר. חכם מתיר ואין בעל מתיר והרי דברים ק״ו ומה אם מי שאינו מפר מתיר מי שהוא מפר אינו דין שיהא מתיר והרי דברים ק״ו אם מי שאין מתיר מפר מי שהיא מתיר אינו דין שיפר ת״ל זה הדבר אשר צוה ה׳ הבעל מיפר ואין חכם מיפר חכם מתיר ואין הבעל מתיר.

איש, להוציא את הקטן משמע מוציא את הקטן ואת בן שלש עשרה שנה ויום אחד הרי אתה דן נאמר כאן ונאמר להלן נדר מה נדר האמור להלן נדר ונדבה אף נדר האמור כאן נדר ונדבה. מיכן אמרו בן שלש עשרה שנה ויום אחד דבריו קיימים: כי ידור נדר לה׳, את שהסמיך נדרו לדבר שאיפשר לו הרי זה נדר ואם לאו אינו נדר. אתה אומר את שהסמיך את נדרו לדבר שאיפשר לו הרי זה נדר ואם לאו אינו נדר או אינו אלא עד שיזכיר לשם ת״ל לאסור אסר על נפשו מכל מקום הא אין עליך לומר כלשון אחרון אלא כלשון ראשון את שהסמיך את נדרו לדבר שאיפשר לו הרי זה נדר ואם לאו אינו נדר או כשם שבנדרים את שהסמיך נדרו לדבר שאיפשר לו הרי זה נדר ואם לאו אינו נדר כך אף בשבועות ת״ל לאסור אסר מכל מקום מה הפרש בין נדרים לשבועות בנדרים כנודר בחיי המלך בשבועות כנשבע במלך עצמו אעפ״י שאין ראיה לדבר זכר לדבר חי ה׳ וחי נפשך אם אעזבך (מלכים ב׳ ד ל): לאסור אסר על נפשו, על נפשו הוא אוסר ואינו אוסר על אחרים שהיה בדין ומה אם במקום שאין מפר נדרי עצמו משנודר הרי הוא מפר נדרי עצמו עד שלא ידור מקום שמפר נדרי אשתו משנדרה אינו דין שיפר נדרי אשתו עד שלא תדור ת״ל לאסור אסר על נפשו על נפשו הוא אוסר ואינו אוסר על אחרים. ד״א לאסור אסר

קיני זבים וכו׳ תימא היכי קרי להו **נדריכם ונדבותיכם**[167] הרי חובה הם? וי״ל דמיירי דאלו שנדר לפטור זבים וזבות מקרבנותיהם והיינו דקרי להו **נדריכם** דמשמע שנודר בעבור כל ישראל והיינו דקאמר ״שנתנה תורה רשות שיביאם ברגל״ אבל לא קאמר שיקריבם ברגל דהני חובות שאין קבוע להם זמן הוא א״נ איפשר דאפילו למאן דאמר (ביצה יט עמ׳ א) נדרים ונדבות אין קריבין בי״ט הני כיון דהוכשרו ליה לאכול בקדשים קריבין וברגל ימצא זבין וזבות עניים שצריכים לקורבנות:

להפסיק הענין. (דפיר׳ לעיל ליתן ריוח למשה כדי להתבונן[168] בכל דבר ודבר ומזה הטעם יש הפסק— פרקים ומשניות בכל מסכתא ומסכתא:

---

167. לשון רשות.

168. לחזור על כל ענין וענין בפני עצמו באמירתו לבני ישראל במקום ללמד הכל ביחד.

ספרי פיסקא קנ–קנא פנחס

(קנ) ובחמשה עשר יום לחודש השביעי הזה מקרא קודש יהיה לכם כל מלאכת עבודה לא תעשו וחגותם חג לה׳ שבעת ימים, קבעו הכתוב חובה: והקרבתם עולה אשה ריח ניחוח לה׳, הרי שמצא פרים ולא מצא אילים ולא מצא כבשים שומע אני <לא> יקריב עד שימצא את כולם ת״ל שבעת ימים תקריבו אשה לה׳ (שם לו) אפילו אחד מהם או אפילו כולם מצוים ת״ל פרים בני בקר שלשה עשר אילים שנים כבשים בני שנה ארבעה עשר תמימים יהיו. מנין לנסוך המים בחג היה ר׳ עקיבא אומר נאמר הביאו עומר בפסח שתתברך לכם תבואה שבשדות ונאמר הביאו ביכורים בעצרת כדי שיתברכו לכם פירות האילן אף נסוך המים בחג כדי שיתברכו לכם גשמי שנה. ר׳ יהודה בן בתירה אומר נאמר בשני ונסכיהם ונאמר בששי ונסכיה ונאמר בשביעי כמשפטם מ״ם יו״ד מ״ם הרי מים נמצינו למדים לנסוך המים מן התורה. ר׳ נתן אומר בקודש הסך נסך שכר לה׳ למה נאמר להביא את המים (סליק פיסקא)

(קנא) ביום השמיני עצרת תהיה לכם, עצרו הכתוב מלצאת הרי שהביא קדשיו מבית פני לירושלם שומע אני יאכלם בירושלם וילך וילן בבית פאני ת״ל ביום השמיני עצרת תהיה לכם עצרו הכתוב מלצאת אין עצירה אלא כניסה שנאמר אני עצור לא אוכל לבוא בית ה׳ (ירמיה לו מ). ויהי דבר ה׳ אל ירמיהו שנית והוא עודנו עצור בחצר המטרה (שם לג א) אין לי אלא יום טוב האחרון <שעצור> מלצאת יום טוב הראשון מנין דין הוא הואיל וזה קרוי מקרא קודש וזה קרוי מקרא קודש מה זה עצור מלצאת אף זה עצור מלצאת: והקרבתם עולה אשה ריח ניחוח לה׳ פר אחד איל אחד, הרי שמצא פרים ולא מצא אילים אילים ולא מצא כבשים שומע אני שלא יקריב עד שימצא את כולם ת״ל שבעת ימים תקריבו אשה לה׳ (ויקרא כג לו) אפילו אחד מהן או אפילו כולם מצוים ת״ל פר אחד איל אחד כבשים בני שנה שבעה תמימים (סליק פיסקא)

(קנב) אלה תעשו לה׳ במועדיכם, אלו נדרים ונדבות שנודר ברגל שיביאם ברגל אתה אומר אלו נדרים ונדבות שנודר ברגל שיביאם ברגל <או אינו אלא נדרים ונדבות שנידר קודם הרגל שיביאם ברגל> כשהוא אומר כי תדור נדר לה׳ אלהיך וגו׳ (דברים כג כב) הרי נדרים ונדבות שנדורו קודם לרגל אמורין הא מה ת״ל אלה תעשו לה׳ במועדיכם אלו נדרים ונדבות שנדר ברגל שמביאם ברגל: לבד מנדריכם אלו קיני זבים וזבות שנתנה תורה רשות שיביאם ברגל: לבד מנדריכם <ונדבותיכם לעולותיכם ולמנחותיכם ולנסכיכם ולשלמיכם> ויאמר משה אל בני ישראל להפסיק הענין דברי ר׳ ישמעאל שאם קורא אני לבד מנדריכם <ונדבותיכם וידבר משה אל ראשי המטות> איני יודע במה ענין הכתוב מדבר כשהוא אומר לבד מנדריכם הפסיק הענין דברי ר׳ ישמעאל (סליק סידרא)

פירוש לספרי פ׳ פנחס

[פרק קמט]
אלו אתה מקריב חוץ מן האמורים וכו׳. פי׳ דאלו קריבין למוסף היום ואותם קריבין בגלל הלחם כדכתיב התם **והקרבתם על הלחם וגו׳** (ויקרא כג:יח):
וכי שוין הן. כלומר דהתם כתיב **והקרבתם על הלחם שבעת כבשים תמימים** [**בני שנה**] **ופר בן בקר** [**אחד**] **ואלים שנים** (ויקרא כג:יח) ואלו הכא כתיב **והקרבתם עולה לריח ניחוח לה׳ פרים בני בקר שנים ואיל אחד ושבעה כבשים בני שנה** (במדבר כח:כז):
ת״ל שבעת ימים תקריבו אשה (ויקרא כג:לו). בפר׳ אמור כתיב גבי סוכות ומשמע שבעת ימים תקריבו אשה אחד:

[פיסקא קנ]
נאמר הביאו עומר בפסח וכו׳...אף בחג.[157] על כרחן צריכין להביא דבר כדי שיתברכו גשמי שנה דהיינו דבר הנוהג בחג:[158]

[פיסקא קנא]
מלצאת. כלומר חוץ לירושלים:
הרי שהביא קדשיו. ופי׳ קרבנות הבאין ביום השמיני א״נ שלמי שמחה כדאמר בסוכה (מח עמ׳ ב) שאדם חייב בשמחה בשמיני כשאר כל ימות החג:
שומע אני וכו׳. וצריך לפרש דבית פאגי הוי בתוך תחום[159] ירושלים ויכול להביאם ביום טוב א״נ בית פאגי חוץ לתחום[160] ״והביא קדשיו״ ר״ל מערב י״ט:
וילך וילין. פי׳ לאחר צאת הככבים:[161]
ת״ל ביום השמיני עצרת (במדבר כט:לה). פי׳ אשמעינן דטעון לינה:[162]

[פיסקא קנב]
שנדר ברגל. פי׳ בשעה שנדר קבעם להביאם ברגלים:[163]
אלו קני זבים[164] **וכו׳.** וה״פ דקרא **אלה תעשו לה׳** — קרבנות האמורים בפר׳;[165] **במועדיכם**— נדרים שנדרתם [ברגל;[166] **לבד מנדריכם ונדבותיכם**— נדרים שנדרתם] קודם הרגל דהיינו

---

157. דנדונין על המים.
158. דהוה זמן גשמים.
159. עין רש״י למנחות עח עמ׳ ב דמשמע בית פאגי הוא הר הבית.
160. כן מפרש התוס׳ סנהדרין יד עמ׳ ב.
161. היינו חוץ מירושלים.
162. ועצור מלצאת.
163. ולפי המסקנה אינו פירושו דכבר אמר בפסוק כי תדור נדר.
164. תורין ובני יונה.
165. עולת ראיה, חגיגה, מוספין נסכים.
166. אלו מצוה להביאם ברגל.

ספרי פיסקא קמו–קמח פנחס

(קמז) ביום הראשון מקרא קודש, אירעו במאכל ובמשתה ובכסות נקיה: כל מלאכת עבודה לא תעשו, מגיד שאסור בעשיית מלאכה ומנין להתיר בו אוכל נפש נאמר כאן מקרא קודש ונאמר להלן מקרא קודש מה מקרא קודש האמור להלן להתיר בו אוכל נפש אף מקרא קודש האמור כאן להתיר בו אוכל נפש: והקרבתם אשה עולה לה׳ פרים בני בקר שנים וגו׳, הרי שמצא פרים ולא מצא אילים אילים ולא מצא כבשים שומע אני לא יקריב עד שימצא כולם ת״ל שבעת ימים תקריבו אשה (ויקרא כג לו) אפילו אחד מהם או אפילו כולם מצויים ת״ל פרים בני בקר שנים ואיל אחד כבשים בני שנה שבעה תמימים יהיו לכם מלבד עולת הבקר אשר לעולת התמיד תעשו את אלה: כאלה תעשו ליום שבעת ימים למה נאמר שהיה בדין הואיל וחג טעון חגיגה והפסח טעון חגיגה מה החג פוחת והולך אף פסח פוחת והולך ת״ל כאלה תעשו ליום שבעת ימים לחם אשה שלא להוסיף ושלא לגרוע: על עולת התמיד יעשה ונסכו מגיד שאין מוספים קרבים אלא בינתיים (סליק פיסקא)

(קמח) וביום הביכורים בהקריבכם מנחה חדשה לה׳ למה נאמר לפי שהוא אומר עד ממחרת השבת השביעית תספרו חמשים יום (שם טז) <מנה חמשים והקריב מנחה בחמשים אתה אומר מנה חמשים והקריב מנחה בחמשים או> מנה חמשים והקריב מנחה בחמשים ואחד ת״ל וביום הביכורים בהקריבכם מנחה חדשה לה׳ ועדיין אני אומר עשה יום טוב בחמשים ואחד והקריב מנחה בחמשים תלמוד לומר בשבועותיכם מקרא קודש הא אין עליך לומר כלשון אחרון אלא כלשון ראשון מנה חמשים והקריב מנחה בחמשים: מנחה חדשה לה׳ שתהא חדשה לכל המנחות שלא תקדמנה מנחה אחרת מיכן אמרו אין מביאין מנחות וביכורים ומנחת בהמה קודם לעומר ואם הביא פסול קודם לשתי הלחם לא יביא ואם הביא כשר מה הפרש בין עומר לשתי הלחם הקודם לעומר אסור לגבוה ואסור להדיוט לפיכך אם קרבו לא יצלו. הקודם לשתי הלחם אסור לגבוה ומותר להדיוט לפיכך אם קרבו יצלו. ר׳ טרפון אומר הואיל ועומר מתיר ושתי הלחם מתירות אם למדתי למנחות הבאות קודם לעומר שהם פסולות אף מנחות הבאות קודם לשתי הלחם יהיו פסולות. אמר לו ר׳ יהודה בן נחמן לא אם אמרת במנחות הבאות קודם לעומר שלא כשרו לא לגבוה ולא להדיוט תאמר במנחות הבאות קודם לשתי הלחם שהם פסולות שאף על פי שלא הוכשרו לגבוה הוכשרו להדיוט. נסתכל בו ר׳ עקיבא וצהבו פניו אמר לו יהודה בן נחמן צהבו פניך שהשבת את הזקן תמיה אני עליך אם תאריך ימים בעולם. אמר ר׳ יהודה בר׳ אלעאי בפסח היה הדבר וכשבאתי לעצרת אמרתי היכן יהודה בן נחמן אמרו לי הלך לו (סליק פיסקא)

(קמט) והקרבתם עולה לריח ניחוח לה׳, אלו אתה מקריב חוץ מן האמור בתורת כהנים אתה אומר אלו אתה מקריב חוץ מן האמור בתורת כהנים <או הן הן האמורים בתורת כהנים> וכי שוים הן הא אין עליך לומר כלשון אחרון אלא כלשון ראשון אלו אתה מקריב חוץ מן האמור בתורת כהנים: פרים בני בקר שנים ואיל אחד, הרי שמצא פרים ולא מצא אילים אילים ולא מצא כבשים שומע אני לא יקריב עד שימצא כולן ת״ל שבעת ימים תקריבו אשה לה׳ (שם לו) אפילו אחד מהם או אפילו כולם מצויים ת״ל פרים בני בקר שנים ואיל אחד שבעה כבשים בני שנה: מלבד עולת התמיד ומנחתו תעשו תמימים יהיו לכם ונסכיהם, מקיש נסכים לבהמה מה בהמה נפסלת במומים בחסר וביתר אף נסכים נפסלים במומים בחסר וביתר (סליק פיסקא)

ה״ג שאין באין לידי חמץ אלא לידי סירחון. וה״ה (כל כלי) [כלכלי] אחרין דלאו חמשת המינין הנזכרין למעלה:

[פיסקא קמז]

אירעו. תרגום של **מקרא קדש** (במדבר כח:יח) מערע קדיש:[149]

מה מקרא האמור להלן. בפרש׳ בא אל פרעה— **וביום השביעי מקרא קדש יהיה לכם [כל מלאכה לא יעשה בהם] אך אשר יאכל לכל נפש וגו׳** (שמות יב:טז):[150]

תקריבו אשה (ויקרא כג:לו). משמע מ״מ:

הואיל וחג טעון חגיגה. לאו דווקא חגיגה דהיינו שלמי חגיגה, דשלמי חגיגה אינו פוחת והולך, אלא ר״ל קרבן [הד]קריב בחג דהיינו מוספי החג:

[פיסקא קמח]

ת״ל וביום הבכורים [בהקריבכם מנחה חדשה] וגו׳ (במדבר כח:כו). משמע דיום הקרבת מנחה חדשה הוא יום מקרא קדש:

ועדיין אני אומר וכו׳ ת״ל בשבועתיכם (במדבר כח:כו). משמע שאחר מנין השבועות הוא מקרא קדש דהיינו יום חמשים:

אין מביאין מנחות. פי׳ מתבואה חדשה:[151]

ולא מנחת בהמה. היינו מנחת נסכים הבאה עם הבהמה:

קודם לעומר ואם הביא פסול. משום דבעי מן המותר לישראל:[152]

קודם לשתי הלחם לא יביא. לכתחלה דבעי שתהא חדשה לכל המנחות:[153]

ואם הביא כשר. דלא שינה עליו הכתוב לעכב, וא״ת תרי זימני כתיב **מנחה חדשה** וי״ל דוהקרבתם מנחה חדשה (ויקרא כג:טז) האי הוי למצוה דכתיב ביה צוואה, אבל **בהקריבכם מנחה חדשה** (במדבר כח:כו) אינו ציווי אלא ספור דברים בעלמא ועיקר קרא משום **מקרא קודש יהיה לכם:**[154]

ר׳ טרפון אומר הואיל וכו׳. משמע דיש ללמוד זה מזה במה מצינו:[155]

ה״ג **לא אם אמרת במנחות הבאות קודם שהם פסולות שכשם שלא כשרו לגבוה כך לא כשרו וכו׳:**

וצהבו פניו. מחמת שמחה:

שהשבתה. כמו נשחתה:[156]

---

149. מקרא קודש ע״י מאכל ומשתה וכו׳.
150. להתיר בשול אוכל.
151. עיין מנחות סח עמ׳ ב.
152. וחדש אינו מותר עד אחר העומר.
153. עין מנחות פג עמ׳ ב.
154. לצורך מקרא קדש ולא לצורך עיכוב של סדר המנחות אם באות קודם לשתי הלחם.
155. לעיכוב מנחות הבאות קודם ב׳ הלחם.
156. נוסח אחר: נרחתה.

בענין אחר. גרסינן,[133] פי׳ דאינו דומה לקרבן שבת:

וכמין שנתות. לסימן:[134]

לא היה שם הין. פרק שתי מידות (מנחות פח עמ׳ א) מפר׳ דלת״ק שהוצרך הין בימי משה למדוד בו שמן המשחה[135] אע״ג דלדורות לא צריך כיון דהוה הוה,[136] ור׳ שמעון סבר הוה לשעה ואיגניז:

אלא מדה יתירה וכו׳. האי דקארי לה יתירה קאי אמתניתין דפרק שתי מדות (מנחות פז עמ׳ ב) דחשיב שבע מדות בהדי הין וקאמר ר׳ שמעון לא היה [שם] הין, ובברייתא אמר התם אלא את מי אביא במקומו [ומשני מדה יתירה וכו׳]:[137]

מדה [יתירה] **של לוג ומחצה היה שם שבו היה חולק למנחות כהן גדול.** היינו חביתי כהן גדול[138] חצי עשרון[139] בבקר וחצי בין הערבים והיה צריך[140] שמן ויין לוג ומחצה[141] ופריך התם (מנחות פח עמ׳ א) לא סגיא דלא מביא במקומו?[142] ומשני גמירי שבע מדות בקדש ולרבנן דחשבו הין משבע [ה]מידות לא היה צריך של לוג ומחצה שהרי היה לשם מדה של לוג ואחרת של חצי לוג:

מיעוט חדשים שנים. ולא יקריבו מוסף ראש חדש אלא בשני חדשים בשנה,[143] וא״ת היכי הוה ס״ד ליחד שני חדשים יותר מכל החדשים [וי״ל ניסן ותשרי][144] דבאלו תלויים כל תיקון המועדים כולן:

ת״ל ***לחדשי השנה*** (במדבר כח:יד). [משמע כל חדשי השנה]:[145]

לכפר על קבר התהום. לאו דוקא[146] אלא על ספק טומאת מקדש וקדשיו[147] כגון שאין בה ידיעה לא בתחלה ולא בסוף:[148]

[פיסקא קמו]

---

133. ולא גרסינן במנין אחר.
134. בצורה שן.
135. דכתיב ושמן זית הין (שמות ל).
136. וסימנו בו שעורים אחרים בתוכו כיון שהיה להם אותו מדה של הין.
137. להשלים מנין שבע מדות.
138. הנזכר בברייתא במנחות עין שם.
139. דומה לגירסת ריש פרק שתי מדות ועין מנחות פז עמ׳ ב ועשרון הוא שעור של יבש (סולת) והין הוא י״ב לוגין של לח.
140. היה צריך כלי של לוג וחצי.
141. למנחה ונסכה.
142. ולמה לפי ר׳ שמעון לא היה די בשש בלא השביעי.
143. כן הייתי חושב אם לא כתוב לחדשי השנה.
144. אינו בכל כה״י ואינו בברית אברהם והוספתי לשם פירוש.
145. כן נראה למלא וחסר מטעם הדומות של ״השנה״.
146. עיין נזיר סג עמ׳ ב והוא דאין אף אחד מכיר שיש שם מת בתהום.
147. ודומה לזה בפירוש רבינו הלל על אתר.
148. וספק בעלמא הוא והשעיר מכפר עליו אם יש.

ספרי פיסקא קמג—קמה פנחס

בשביל לעשות רצונך וכן הוא אומר וכי תזבחו זבח תודה לה׳ לרצונכם תזבחו (ויקרא כב כט) (סליק פיסקא)

(קמד) וביום השבת שני כבשים בני שנה תמימים למה נאמר לפי שהוא אומר את הכבש אחד תעשה בבוקר <אף שבת היתה בו> בכלל שנאמר את הכבש האחד והרי הכתוב מוציאה מכללה להחמיר <עליה> ולדון בקבועה. <דבר אחר> וביום השבת שני כבשים למה נאמר לפי שהוא אומר את שבתותי תשמורו ומקדשי תיראו (שם כו ב) שתהא עבודת מקדש דוחה את השבת אתה אומר שתהא עבודת מקדש דוחה את השבת או שתהא שבת דוחה את העבודה ת״ל וביום השבת שני כבשים הא מה ת״ל את שבתותי תשמורו ומקדשי תיראו שתהא עבודת מקדש דוחה את השבת או אחת של יחיד ואחת של צבור אמרת במה ענין מדבר בשל צבור: עולת שבת בשבתו ולא <עולת ערב שבת בשבת> עולת שבת בשבתו ולא עולת שבת זו <בשבת> אחרת הרי שלא הקריב לשבת זו שומע אני יקריב לשבת הבאה ת״ל עולת שבת בשבתו מגיד שאם עבר היום בטל קרבנו: על עולת התמיד ונסכה מגיד שאין מקריבים מוספים אלא בינתים (סליק פיסקא)

(קמה) ובראשי חדשיכם תקריבו עולה לה׳ למה נאמר לפי שהוא אומר <את הכבש אחד תעשה> ואת הכבש השני שומע אני אף ראשי חדשים היו בכלל שנאמר את הכבש אחד תעשה בבקר והרי הכתוב מוציאן מכללם להחמיר עליהם ולידון במוספים וילמדו משבת והדין נותן או מה שבת שני כבשים אף בראשי חדשים שני כבשים ת״ל ובראשי חדשיכם תקריבו עולה לה׳ במנין אחר הכתוב מדבר: ונסכיהם חצי ההין יהיה לפר, ר׳ אלעזר ברבי צדוק אומר הין היה במקדש וכמין שנתות היו בו עד כאן לפר ועד כאן לאיל ועד כאן לכבש. ר׳ ישמעאל אומר לא היה שם הין אלא מדה יתירה של לוג ומחצה היה שם שבו היה חולק מנחת כהן גדול לוג ומחצה בבוקר ולוג ומחצה בין הערבים.

זאת עולת חודש בחדשו ולא עולת חודש זה בחודש אחר הרי שלא הקריב בחודש זה שומעני יקריב בחודש אחר ת״ל זאת עולת חודש בחדשו מגיד שאם עבר היום בטל קרבנו: לחדשי השנה למה נאמר לפי שהוא אומר ובראשי חדשיכם תקריבו עולה לה׳ שומעני מיעוט חדשים שנים ת״ל לחדשי השנה: ושעיר עזים אחד לחטאת לה׳ לכפר על קבר התהום: על עולת התמיד יעשה ונסכו מגיד שאין מוספים קרבים אלא בינתיים (סליק פיסקא)

(קמו) ובחדש הראשון בארבעה עשר יום <אין לי אלא לשעה לדורות מנין ת״ל פסח לה׳. ובחמשה עשר יום לחדש הזה חג> קבעו הכתוב חובה: שבעת ימים מצות יאכל למה נאמר לפי שהוא אומר שבעת ימים מצות תאכלו (שם כג ו) שומעני כל מצה במשמע ת״ל לא תאכל עליו חמץ <שבעת ימים תאכל עליו מצות לחם עוני> (דברים טז ג) לא אמרתי אלא <בדבר> הבא לידי מצה וחמץ <אי זה הוא דבר הבא לידי מצה וחמץ הוי אומר> אילו חמשת המינים ואילו הם החיטים והשעורים והכוסמים ושבולת שועל ושיפון יצאו אורז ודוחן והשומשמים והפרגים שאינן באים לידי מצה וחמץ אלא לידי סרחון (סליק פיסקא)

אשה אעפ״י שאתה נותן וכו׳. ודווקא בדיעבד אבל לכתחילה לא[125] ומצי למימר ״אישה[126] (במדבר כח:ח) לשם אישים״[127] כדאיתא בזבחים (מו עמ׳ ב) לשם ששה דברים הזבח נזבח [לשם זבח לשם זובח...לשם אשים לשם ריח לשם ניחוח]:

אלא יו״ד ה״א. ריח ניחוח לה׳ (במדבר כח:ח), **זבח שלמים לה׳** (במדבר ו:יז) וכן בכולן:

ה״ג ריח ניחוח[128] **ניתנו ולא לאכילה ללמדך שאין אכילה לפניו**[129] (ת״ל)[130] **וכן הוא אומר אם ארעב לא אומר לך** (תהלים נ:יב) והדר גרסינן **נאמר בשור ריח ניחוח** (ויקרא א:ט) **ונאמר בבן צאן ריח ניחוח** (ויקרא א:יג) **ונאמר בבן עוף ריח ניחוח** (ויקרא א:יז) **ללמדך שאחד המרבה** [ואחד הממעיט] וכו׳ ובספרים הוא כתוב בשבוש:

לעשות לך רצונך. שעל יד הקרבן אתרצה[131] לך:

[פיסקא קמד]

ולידון בקבועה. פי׳ לקבוע לו מוסף:

ה״ג **וביום השבת** [שני כבשים] ((במדבר כט:ט) **למה נאמר לפי שהוא אומר את שבתותי תשמורו ומקדשי תיראו** (ויקרא יט:ל) **שתהא** [עבודה דוחה את השבת אתה אומר שתהא עבודה דוחה את השבת או שתהא] **שבת דוחה את העבודה ת״ל וביום השבת.** פי׳ מדכתיב **את שבתותי תשמרו** (ויקרא יט:ג) מ״מ אעפ״י[132]**שמקדשי תיראו** (שם שם)— [והוי] משמע כמו ששבת (אין נאמר) דוחה בנין בית המקדש כך (אין נאמר) דוחה את העבודה לכך כתיב **וביום השבת** (במדבר כט:ט):

ולא עולת ערב שבת [בשבת]. שדווקא תחלת הקרבה [לא] אבל אמורים ואיברים [של] תמיד ערב שבת קריבין בשבת:

אלא בנתים. בין תמיד של שחר לתמיד של בין הערבים:

[פיסקא קמה]

ילמדו משבת. כלומר אי לא כתיב אלא **ובראשי חדשיכם תקריבו עולה לה׳** (במדבר כח:יא) הוה אמינא דילמדו ממוספי שבת:

והדין נותן ומה שבת. שאסור ממלאכה קרבה מוסף, ראש חדש לא כ״ש— אלא שהייתי אומר ומה בשבת שני כבשים:

---

125. דלא ירצה בלא לשמה.
126. כאן ומקומות רבים כתוב אישה כתיב מלא ואינו ר״ל שכן היה לפני המחבר בחומש שלו אלא שכן כתב להראות את הניקוד.
127. להקטירם ולא לעשותם צלי ולכתחילה צריך לכוון על ההקטרה בשעת שחיטה.
128. ר״ל נחוח— לנחת רוח שאמר ונעשה רצונו כדמפרש ואזיל בספרי.
129. שהקב״ה לא אוכל שום דבר.
130. ליתא בברית אברהם.
131. בברית אברהם: אתראה.
132. הייתי אומר.

ובמלאכתן. היינו עולת התמיד[110] והאי אמר רבי שמעון לאשמועינן דבחינוך מודה ר' שמעון; וא"ת היכי משכחת לה "נגמרו כלים שלא בזמנן," וי"ל דמשכחת לה בנפגם קרן המזבח שלאחר שתקנוהו צריך חלק[111] חינוך כמתחלה:

מהו אומר וירא משה את כל המלאכה וגו' (**שמות לט:מג**). תי' מאי מייתי? וי"ל דהכי מייתי דאעפ"י שנגמרה כל המלאכה לא חינכה, אלא בקש רחמים שתשרה שכינה ותחנך בזמנה:

אין שני לפסח. אלא הפסח יהיה אחר תמיד של בין הערבים, ובפרק תמיד נשחט (נט עמ' א) מפרש טעמא "יאוחר דבר שנאמר בו **בערב בין הערבים** (דברים טז)— דהיינו פסח[112]— לדבר שלא נאמר בו אלא בין הערבים (במדבר כח):[113]

ומחוסרי כפרה בשביל להביא כפרתן. דווקא בערב הפסח דאע"ג דכתיב **והקריב עליה חלבי השלמים** (ויקרא ו:ה) ודרשי'[114] (פסחים נט עמ' א) עליה השלם כל הקרבנות כולם— ואעולה של שחר קאי[115] שקודם שיקריב תמיד של בין הערבים יקריב כל מה שיש לו להקריב[116] אמרינן[117] בתמיד נשחט (נט עמ' א) דאתי עשה דפסח שיש בו כרת ודחי עשה דהשלמה שאין בו כרת, שאם לא יקריב כפרתו לא יוכל לעשות פסח משום דמחוסר כפרה[118] אסור בקדשים, ואיכא מאן דאמר התם דמחוסר כפרה אפי' בשאר ימות השנה [טובל ואוכל בקדשים בערב]:[119]

נסכיו קרובין עמו. היינו[120] בבא עם הזבח, אבל בא בפני עצמו[121] אמרי' (מנחות מד עמ' ב)[122] **מנחתם ונסכיהם**[123] (במדבר כט:יז) אפילו בלילה אפילו למחר:[124]

---

110. היינו שימושן.
111. בכ"י אקספורד ליתא.
112. תזבח את הפסח.
113. דהיינו את הכבש השני שהוא קרבן התמיד.
114. בברית אברהם חסר.
115. דכתיב העולה שהיא החשובה ואין להקדים דבר מקודם.
116. עליה השלים כלומר תשלים אחר תמיד של בקר כל חלבי השלמים וקודם תמיד של בין הערבים.
117. למרות כל זאת אמרו דאינו כן בקרבן הפסח.
118. פירש" ז"ל: כגון מצורע או זב ששכח ולא הביא כפרתו קודם לתמיד ואם לא יביאנו לא יאכל פסח דמחוסר כפרים אסור בקדשים וענוש כרת.
119. ויביא כפרתו אפילו אחר תמיד של בין הערבים דסבר דעשה דוחה עשה. ואין טובל ואוכל מדברי כת"י או פירוש ברית אברהם אלא הוספתי לגמור את הענין בקלות.
120. בברית אברהם: תלמוד לומר וכו'. כמנחת הבקר וכנסכו משמע דהקריב נסכיו של שחר מ[י]ד והיינו בבא אבל בא בפני עצמו....
121. כגון שהביא זבח בלא נסכים ולאחר זמן הביא הנסכין בפני עצמן יכול להביאן בלילה ואם הביא זבח היום יכול נסכיו למחר ורש"י הוסיף התנאי ובלבד שלא יקדשו בכלי מאתמול עיין דבריו מנחות מד עמ' ב.
122. עין דברי בעל תורה תמימה במדבר כט:יח להסבר הדרשה.
123. עיין דברי התוס' מנחות מד עמ' ב על איזה פסוק קאי אי במדבר כט:יח אי ויקרא כג:יח.
124. גירסת התוס' שם מנחתם ונסכיהם אפילו בלילה מנחתם ונסכיהם אפילו למחר.

לא הקריבו [כבש] בבקר לא יקריבו בין הערבים...[מנא הני מילי][96] דכתיב[97] **השני**[98] **[תעשה בין הערבים]** (במדבר כח:ד)— השני בין הערבים ולא ראשון [בין הערבים] בד"א בשלא נתחנך המזבח אבל אם נתחנך המזבח אפי' ראשון בין הערבים:[99]

אמר ר' שמעון וכו'. התם (מנחות נ עמ' א) פריך [וכי] כהנים חטאו, מזבח בטל! ומשני[100] לא יקריבו הם אבל יקריבו אחרים:

ה"ג לה בפרק התכלת (מנחות נ עמ' א) **לא הקטירו קטרות בבקר יקטירו בין הערבים**— ומפרש טעמא דכיון דלא שכיחא[101] ומעתרא[102] [חביבא להו ו]לא פשעי בה:

וא"ר שמעון וכו' היתה קרובה בין הערבים. פי' כל המנה, לפי שהיו מקריבין בכל יום מנה קטרת פרס[103] שחרית ופרס בין הערבים וקאמר ר' שמעון דאם לא הקריבו פרס שחרית יקריבו מנה שלם בין הערבים:

שאין מחנכים. ת"ק קאמר להו— ר' שמעון נמי מודה שאין מחנכין את מזבח הזהב אלא בקטרת, השתא לא פי' אי של שחר אי של בין הערבים[104] מיהו מדפרשי' גבי מנורה בשבעה נירותיה בין הערבים משמע דקטורת נמי בין הערבים דהא כתיב **ובהעלות אהרן את הנרות וגו'** (שמות ל:ח) ובמנחות (נ עמ' א) פרי' מברייתא דתני בה בקטרת של שחרית ומוקים להו כתנאי— טעמא[105] דמאן דאמר "בקטורת של בין הערבים" דכתיב **בבקר בבקר בהטיבו [את הנרות יקטירנה]** (שמות ל:ז) ואי לאו דעבוד הדלקה מרמשא הטבה בצפרא מנא להו,[106] ומאן דאמר בקטורת [הסמים של] שחרית יליף ממזבח העולה וגבי מזבח העולה (מד)כתיב **שני** בין הערבים ולא ראשון כדפרי':[107]

א"ר שמעון אעפ"י שנגמרו כלים שלא בזמנן. כגון מזבח העולה לאחר תמיד של שחר:[108] **אין מחנכין אות[ן].** עד יום אחר בשחרית:[109]

---

96. המשך מובא כברייתא "ת"ר".
97. כאן רבינו מקצר לשון התלמוד ומלאתי להקל על הקורא.
98. לאו מן התלמוד אלא פירוש הוא ועיין דברי רש"י למנחות נ המצטט את הספרי.
99. וא"כ המאמר כאן מקצר כל הענין וצריך להבין עיקר הדרשה כמו פירש"י שם דעיקר חסר מן הספר בספרי וחסורא מחסרא.
100. דברי רבא.
101. הלכך לא קינסו.
102. הקטורת מעשרת לפי שאחר שאמר הפסוק ישימו קטורה (דברים לג:י) כתיב ברך ה' חילו.
103. שהוא חצי מנה.
104. כתבי היד משובשים: איש לשחר איש לבין הערבים.
105. דברי אביי.
106. לפנינו בגמרא: מהיכא.
107. בשלא נתחנך המזבח.
108. לאחר זמנו של התמיד.
109. דהיינו בזמנם.

שלא יביא אלא מן השמור. אכל קרבנות קאי— אנסכים וקמצין, ור״ל ״מן השמור מטומאה״ כדאמרי׳ בחגיגה (כה עמ׳ א) חברייא מדכן בגלילא;[91] פי׳ אחר, שמור משום עבירה ואיסור כדאמרי׳ (פסחים מח עמ׳ ב–מט עמ׳ א) **שה אח[ת] מן הצאן מן המאתים ממשקה ישראל** (יחזקאל מה:טו)— מן[92] המותר לישראל:[93]

תשמרו (במדבר כח:ב). משמע ליה כולכם:

ונאמר להלן שמרה. והיה לכם למשמרת עד [ארבעה עשר יום] (שמות יב:ו):

יד מבקרו מן המומין. בשאר כל המלאכות חוץ משחיטת הפסח אבל פסח דחי שבת מק״ו מתמיד שאין בו כרת:

או אף בשחיטת הפסח. דק״ו פריכא הוא דמה לתמיד שכן כליל ותדיר:

במשמע הזה עדין לא שמענו. לפי שסובר שאין הג״ש מופנה והיינו דקא מהדר ליה דמופנה היא:

כנגד היום. כנגד השמש כדמפרש ואזיל:

על טבעת שניה. טבעות היו קבועות ברצפה במקום בית המטבחים שמכניסין בהם ראש הבהמה ורגליה כדי שלא תבעט ובבקר שהשמש למזרח, למערבית צפונית[94] הוי כנגד השמש, וא״ת למה על טבעת שנייה ולא על הראשונה? וי״ל משום דבעי **על ירך המזבח צפונה** (ויקרא א:יא) ובראשונה ירך איכא צפונה ליכא:

יקריב ארבעה. דזו הפרשה מוספת על הראשונה:

אחד מעשרה. וא״ת פשיטא, וי״ל דהכי פי׳ אי כתיב ועשירית סולת למנחה לא ידענא עשירית דמאי, להכי כתיב **האיפה** (במדבר כח:ה):

אף כל אינו אלא מן החטים. דילמוד סתום מן המפורש:

להוציא את השלוק. לפסול השמן ששולקין אותו דהכי משמע שיין היוצא על ידי כתישה ולא היוצא על ידי שליקה:

[פיסקא קמג]

[ו]לא הקשיתיה לנסכים. קסבר לא קרבו נסכים במדבר:[95]

אי אתה מנסך את המזוג. מונסכו (במדבר כח:ז) דריש:

ובקדש יבלעו. היינו בשיתין:

להביא את המים. ר״ל בחג:

שומע אני לא יקריבו בין הערבים ת״ל ואת הכבש השני (במדבר כח:ד). תי׳ מאי מייתי אדרבה משמע דשני בין הערבים ולא ראשון? וי״ל כמו שמפרש בסוף התכלת (מנחות נ עמ׳ א) דאמר

---

91. חכמים שבגליל אפילו אחר החורבן היו עושין יין בטהרה שמא יבנה בית המקדש ויצטרך לו.

92. גירסת רבינו חננאל: מן היין המותר לישראל.

93. המשך הגמרא: מכאן אמרו אין מביאין נסכין מן הטבל. ושם בגמרא דרשו את הפסוק בדיוקים לענינים על מה לא להביא לקרבן.

94. דומה לזה נמצא במשנה תמיד ד:א אבל לפנינו בספרי אינו כן ובגירסת פירוש המזרחי על אתר בדיוק כמו של רבינו.

95. עיין חגיגה ו עמ׳ ב.

ספרי פיסקא קמג פנחס

התמיד תטעון נסכים. רבי יוסי הגלילי אומר לריח ניחוח, לריח ניחוח הקשתיה ולא הקשתיה לנסכים: ונסכו רביעית ההין לכבש האחד, הי אתה מנסך ואי אתה מנסך את המזוג: בקדש הסך נסך שכר לה׳, שיתנכסו בקודש ובקודש יבלעו. ר׳ נתן אומר הסך נסך שכר למה נאמר להביא נסוך המים.

ואת הכבש השני תעשה בין הערבים למה נאמר לפי שהוא אומר את הכבש אחד תעשה בבקר הרי שלא הקריב של שחר שומע אני לא יקריב בין הערבים ת״ל ואת הכבש השני תעשה בין הערבים מגיד שאם לא הקריב בתמיד של שחר מקריב בתמיד של בין הערבים. ר׳ שמעון אומר אימתי בזמן שבית דין שוגגים או אנוסים אבל אם היו מוידים לא הקריבו כבש בבקר לא יקריבו בין הערבים לא הקטירו קטורת בבקר יקטירו בין הערבים וכן בחנוכת הבית לא יביא שאין מחנכים את מזבח הזהב אלא בקטורת הסמים ולא את מזבח העולה אלא בתמיד של שחר ולא את השלחן אלא בלחם הפנים בשבת ולא את המנורה אלא בשבעה נרותיה בין הערבים. אמר רבי שמעון אף על פי שנגמרו כלים שלא בזמנם אין מחנכים אותם אלא בזמנם <ובמלאכתן מה הוא אומר> וירא משה את כל המלאכה והנה עשו אותה כאשר צוה ה׳ כן עשו ויברך אותם משה (שמות לט מג) מה ברכה ברכם אמר להם יהי רצון שתשרה שכינה במעשה ידיכם והם אומרים ויהי נועם ה׳ אלהינו עלינו ומעשה ידינו כוננה עלינו ומעשה ידינו כוננהו (תהלים צ יז). ואע״פ שאין כתיב בתורה מפורש בכתובים שנאמר יראה אל עבדיך פעליך והדרך על בניהם (שם טז): ואת הכבש השני למה נאמר לפי שהוא אומר ושחטו אותו כל קהל עדת ישראל בין הערבים (שמות יב ו). איני יודע אי זה יקדים אם תמיד אם פסחים ת״ל שני, שני לתמיד ולא שני לפסחים. מיכן אמרו אין מוקדם לתמיד של שחר אלא קטורת ואין מאוחר אחר תמיד של בין הערבים אלא קטורת ופסח בערבי פסחים ומחוסרי כפרה בשביל להביא כפרתם.

כמנחת הבקר וכנסכו תעשה למה נאמר לפי שהוא אומר ואת הכבש השני שומע אני יקריב תמידים ואח״כ יקריב נסכיהם ת״ל כמנחת הבקר וכנסכו תעשה מגיד כשהזבח קרב נסכים קרבים עמו: אשה, אע״פ שאתה נותן לאישים לא ירצה עד שיהו כאישים: אשה ריח ניחוח לה׳, נחת רוח לפני שאמרתי ונעשה רצוני. שמעון בן עזאי אומר בוא וראה בכל הקרבנות שבתורה לא נאמר בהם לא אלהים ולא אלהיך ולא שדי ולא צבאות אלא יו״ד ה״י שם המיוחד שלא ליתן פתחון פה למינים לרדות ללמדך שאחד מרבה ואחד ממעיט לפני הקב״ה <שכשם> שנא׳ ריח ניחוח בשור כך נאמר בבן הצאן וכך נאמר בבן העוף ללמדך שאין לפניו אכילה ושתיה אלא שאמר ונעשה רצונו. וכה״א אם ארעב לא אומר לך כי לי תבל ומלאה (תהלים נ יב) ידעתי כל עוף הרים וזיז שדי עמדי (שם יא) שומע אני <שיש> לפניו אכילה ושתיה ת״ל האוכל בשר אבירים ודם עתודים אשתה (שם יג) אלא מפני מה אמרתי לך זבח לי

[קח לך] **מה שבלבך**. כדאמר לעיל **איש** (במדבר כז:טז) זה יהושוע:[80]

העמידו מן הארץ. מוסמכת (במדבר כז:יח) דריש:

פני משה כפני חמה וכו׳. וא״ת דלמא פני יהושוע פחות מעט מחמה[81] ויותר הרבה מלבנה? וי״ל דכיון דכתיב **והיה אור הלבנה כאור החמה** (ישעיהו ל:כו) אין לתת ביניהם גבול אחר:[82]

[פיסקא קמא]

ולא הֵרע בעיניו בין בנו לבין [בני][83] **אחיו**. וא״ת אמאי לא אמר לא הֵרע בעיניו בין בנו לתלמידו שתלמידו יורש מקומו ולא בנו, ואעפ״י שתלמידו חשוב כבנו בבנו איכא תרתי בנו ותלמידו? וי״ל דזה ודאי היה יודע שאי איפשר כיון שבניו לא שמשו כל צרכן[84] אבל על מה שאמר לו ״אין הכבוד זז מבית אביך״[85] קא מהדר:[86]

[כ]**כלי מלא**.[87] **מן ידיו** (במדבר כז:כג)[88] דריש:[89]

לא כהתה עינו (**דברים לד:ז**). לא ימנע מליתן טעם בכל דבר:[90]

[פיסקא קמב]

למה נאמר. דאי לאשמועינן דין שני תמידין בלבד הרי כבר כתיב בפר׳ ואתה תצוה **וזה אשר תעשה על המזבח וגו׳** (שמות כט:לח):

לחמי (במדבר כח:ב) **זה הדם**. ונפקא מינה שהדם ינתן על האש דהא כתי׳ **לחמי לאשי** (במדבר כח:ב) והשתא מייתי **מותקטירם וגו׳** (ויקרא ג:טז) דמזכיר **אשה** גבי **חלב** דהיינו אמורים ומצי למימר לאיתויי **מוהקריבו בני אהרן** [**הכהנים**] **את הדם וגו׳** (ויקרא א:ה) אלא חדא מינייהו נקט:

[**לאשי** (במדבר כח:ב)] **אלו קמצין ולבונה**. קומץ ולבונה של מנחת נדבה וקומץ מנחת חוטא:

אלא [**ריח ניחוחי** (במדבר כח:ב)] **אלו בזיכי לבונה של לחם הפנים**. דכתיב **ונתת על המערכת לבונה זכה וכו׳** (ויקרא כד:ז), ומניחוחי (במדבר כח:ב) דריש דגבי לחם הפנים כתיב **לפני תמיד** (שמות כה:ל):

---

80. ולא אמר שמה בפירוש אבל כאן בפירוש.
81. ו״מהודו״ ר״ל כמעט כל הודו.
82. דכל מה שפחות מחמה שפיר קרינן ביה לבנה.
83. חסר בכל עדי הנוסח של הפירוש כולל ברית אברהם אבל כן צריך להגיה.
84. ואין צורך לשאול על למה לא נבחרו בניו של משה למלא מקומו.
85. ומקור הדבר בתנחומא יא ונוסח רבינו קרוב לדברי רש״י לבמדבר כז:כא—דיהושע יעמוד לפני אלעזר בן אהרן וישאל לו וז״ל: הרי שאלתך ששאלת שאין הכבוד הזה זז מבית אביך שאף יהושע יהא צריך לאלעזר.
86. וקבל רצון ה׳ עליו בשמחה דהרי לא הבחין בין בנו לבין בן אחיו דגם אלעזר מבית אביו כמו בניו מבית אביו ושמע שיהושע יזקק לו.
87. בכה״י ״בכלי״ ומן הפירוש נראה דמפרש ״ככלי״.
88. לשון רבים.
89. פירש״י לבמדבר כח:כג— שהקב״ה אמר לו וסמכת את ידך והוא עשה בשתי ידיו ועשאו ככלי מלא וגדוש ומלאו חכמתו בעין יפה.
90. אלא דבריו בעיון נאמרו.

על בני פקוד את בני עלי שלא ימרדו בי ושלא ימירו את כבודי באלהי הנכר מהו אומר כי אביאנו אל האדמה אשר נשבעתי לאבותם זבת חלב ודבש ואכל ושבע ודשן (שם לא כ) עד שאתה מפקדני על בני פקוד את בני עלי לכך נאמר צו את בני ישראל.

צו, צווי מיד בשעת מעשה ולדורות כדאיתא בריש וידבר: קרבני, זה הדם. לחמי אלו אימורים. אתה אומר קרבני זה הדם לחמי אלו אימורים או אינו אלא קרבני <אלו אימורים> לחמי זה הדם תלמוד לומר והקטירם הכהן המזבחה לחם אשה לריח ניחוח כל חלב לה׳ (ויקרא ג טז). הא אין עליך לומר כלשון אחרון אלא כלשון ראשון קרבני זה הדם לחמי אלו אימורים: לאשי אלו קמצים ולבונה: ריח ניחוחי אלו בזיכי לחם הפנים: תשמרו <שלא יביא אלא מן השמור. תשמרו> שלא יביא אלא מתרומת הלשכה. תשמרו שיהו כהנים ולוים וישראלים עומדים על גביו. תשמרו נאמרה כאן שמירה ונאמרה להלן שמירה מה שמירה האמורה להלן מבקרו ארבעה ימים קודם שחיטתו אף שמירה האמורה כאן מבקרו ארבעה ימים קודם שחיטתו: תשמרו להקריב לי במועדו למה נאמר לפי שהוא אומר ושחטו אותו כל קהל עדת ישראל (שמות יב ו) שומע אני בין בחול בין בשבת ומה אני מקיים מחלליה מות יומת (שם לא יד) בשאר מלאכות חוץ משחיטת הפסח או אף בשחיטת הפסח ומה אני מקיים ושחטו אותו בשאר כל הימים חוץ מן השבת או אף בשבת תלמוד לומר ויעשו בני ישראל את הפסח במועדו (במדבר ט ב) במועדו ואפילו בשבת דברי ר׳ יאשיה. גם לו ר׳ יונתן ממשמע הזה עדיין לא שמענו. גם לו ר׳ יאשיה לפי שהוא אומר צו את בני ישראל ואמרת אליהם את קרבני לחמי לאשי ריח ניחחי תשמרו להקריב לי במועדו למה נאמר אם ללמד על התמיד שהוא דוחה את השבת אין צריך שהרי כבר נאמר וביום השבת שני כבשים בני שנה תמימים (שם כח ט) ומה תלמוד לומר במועדו מופנה להקיש לדון הימנו גזירה שוה נאמר כאן במועדו ונאמר להלן במועדו מה במועדו האמור להלן דוחה את השבת אף במועדו האמור כאן דוחה את השבת.

ואמרת אליהם הרי זו אזהרה לבית דין: זה האשה אשר תקריבו לה׳ שנים ליום כנגד יום. שמעון בן עזאי אומר שנים ליום כנגד יום אתה אומר שנים ליום כנגד יום או שנים ליום כמשמעו ת״ל את הכבש אחד תעשה בבקר ומה ת״ל שנים ליום כנגד יום מיכן אמרו של שחר היה נשחט על קרן צפונית מזרחית ונתון על טבעת שנייה ושל בין הערבים היה נשחט על קרן מערבית דרומית ונתון על טבעת שנייה שאמרה הורה שנים ליום כנגד יום.

את הכבש אחד למה נאמר לפי שהוא אומר ואמרת להם זה האשה אשר תקריבו לה׳ וזה אשר תעשה על המזבח (שמות כט לח) שומע אני יקריב ארבעה תלמוד לומר את הכבש אחד שלא להוסיף ושלא לגרוע.

ועשירית האיפה, אחד מעשרה באיפה: סולת מן ההיטים אתה אומר סולת מן החיטים או אינו אלא מן השעורים וכוסמים ושבולת שועל ושיפון תלמוד לומר סולת חטים תעשה אותם (שם ב) הואיל ונאמרו .סלתות בתורה סתם ופרט לך הכתוב באחת מהן שאינה אלא מן החיטים אף פורטני בכל סלתות שבתורה שלא יהו אלא מן החיטים: למנחה בלולה בשמן <כתית> להוציא את השלוק אין לי אלא למנחות למנורה מנין תלמוד לומר צו את בני ישראל ויקחו אליך שמן זית כתית למאור (ויקרא כד ב) להוציא את השלוק (סליק פיסקא)

(קמג) עולת תמיד העשויה בהר סיני, מקיש עולת תמיד לעולת הר סיני <מה עולת הר סיני לגבי מזבח אף עולת תמיד לגבי מזבח דברי ר׳ ישמעאל ר״ע אומר מקיש עולת תמיד לעולת הר סיני> מה עולת הר סיני טעונה נסכים אף עולת

אין יוצאות אלא מלפניו. והוא למעלה ממלאכי השרת;[64] ושמא "כל הרוחות"[65] לאו דווקא אלא של "ישראל"[66] דווקא דכתיב **רוח ה' אלהים עלי** (ישיעהו סא:א):[67]

ור' אלעזר בנו של ר' יוסי הגלילי לאו לאיפלוגי אתא אלא לפרש בעודן בחיים ולאחר מיתה[68] אבל קודם הלידה[69] מודה שאין באין אלא מלפניו:[70]

איש (במדבר כז:טז) זה יהושע. דכתיב **איש אשר רוח ה' בו** (במדבר כז:יח) והאי דמייתי **מלחם אבירים אכל איש** (תהלים עה:כה) אסיפיה דקרא סמיך דכתיב **צדה נתן להם לשובע** (שם שם) וביהושע כתיב **הכינו לכם צדה** (יהושע א:יא):

שאחרים עושים. אומות העולם:

[ו]**אשר יביאם במנין.** היינו בזכיותיו:

[**אשר אין להם רועה** (במדבר כז:יז)] **ועליו מפורש [בקבלה].** פי' על[71] משה נאמר זה הפסוק **שאהבה נפשי** (שה"ש א:ז);[72] כלפי המקום ב"ה קאמר:[73]

איכה תרעה (שה"ש א:ז). ישראל:

בצהרים (שם שם). בגליות:[74]

שלמה אהיה (שם שם). כמו "תהיה":[75]

כעוטיה (שם שם). "כמכוסה":[76]

על עדרי[77] אברהם וכו'. כלומר בזכות אברהם יצחק ויעקב גלה ישועתם בקרוב:

ורעי את גדיותיך (שה"ש א:ח). היינו תלמידי חכמים שיתעסקו[78] **במשכנות הרועים** (שם שם):[79]

[פיסקא קמ]

---

64. ואין השגחת הנשמות בידם.
65. של כל בשר.
66. בכת"י סמינר: של כל ישראל.
67. אולי המובן דנשמתו כבר מסוגלת לתפקידו מקודם הלידה וזהו רוח ה' אבל פירוש זה דוחק ולא ירדתי לסוף דעתו במובן הפסוק.
68. דאינו ענינו של הת"ק ובא להוסיף דעתו גם באלו.
69. בזה לא פירש שום דבר דכבר פירשו הת"ק ובטח מודה בו מדלא דבר בו ומן הסתם הת"ק מודה לר"א בהוספות שלו דלא בא אלא לפרש מה שלא אמר הת"ק.
70. והת"ק אמר חדא והוא אמר חדא ואין ביניהם מחלוקת.
71. בקשר הטענה של משה אמר הפסוק הזה ענינו.
72. עיין שיר השירים רבה א:מד— אומה שנתתי נפשי עליה וטען נגד הקב"ה.
73. הטיל דברים כלפי מעלה שלא יעזב עם ישראל בשעבוד מלכיות זמן רב.
74. במדרש שה"ש רבה: בשעיבוד מלכיות.
75. אבל משה השתמש בלשון כבוד ולא רצה לשום דבר רע בפי הקב"ה.
76. פירש עץ יוסף לשה"ש רבה א:מד— ויהי' נדרש כעוטיה כמכוסה מעיני השגחת הרחמים.
77. בברית אברהם: על עדת.
78. שיתעסקו חסר בברית אברהם.
79. שילמדו וירביצו תורה באהלי מנהיגי הדור.

ולא תהיה עדת ה׳ כצאן אשר אין להם רועה ועליו מפורש בקבלה הגידה לי שאהבה נפשי איכה תרעה איכה תרביץ בצהרים שלמה אהיה כעוטיה (שה״ש א ז) כענין שנאמר ועטה את ארץ מצרים כאשר יעטה הרועה את בגדו (ירמיה מג יב). שלמה אהיה כעוטיה על עדרי חבריך על עדרי אברהם יצחק ויעקב. צא וראה מה הקב״ה השיבו אם לא תדעי לך היפה בנשים. מעולה שבנביאים צאי לך בעקבי הצאן בעקבים אני עושה עמהם. ורעי את גדיותיך מנין אתה אומר שהראהו המקום למשה כל הפרנסים העתידים לשמש את ישראל מיום שיצאו מן המדבר עד שיחיו המתים שנאמר צאי לך בעקבי הצאן (סליק פיסקא)

(קמ) ויאמר ה׳ אל משה קח לך את יהושע בן נון קח לך את שבלבך קח לך מה שבדוק לך ועליו מפורש נוצר תאנה יאכל פריה <ושומר אדניו יכבד (משלי כז יח)> איש אשר רוח בו שיכול להלוך כנגד רוחו של כל אחד ואחד: וסמכת את ידך עליו אמר לו משה תן לו תורגמן ליהושע להיות שואל ודורש ומורה הוראות בחייך כשתפטר מן העולם לא יהו ישראל אומרים בחיי רבו לא הורה ועכשיו הוא מורה מיד העמידו מן הארץ והושיבו אצלו על הספסל. רבי נתן אומר כיון שהיה יהושע נכנס היה משה משתיק את התורגמן עד שנכנס וישב במקומו: ונתת מהודך עליו <מהודך> ולא כל הודך נמצינו למדים פני משה כפני חמה ופני יהושע כפני לבנה

(סליק פיסקא)

(קמא) ולפני אלעזר הכהן יעמוד, שהיה יהושע צריך לאלעזר ואלעזר צריך ליהושע: ושאל לו, שומע אני בינו לבין עצמו תלמוד לומר במשפט האורים שומע אני בקול גדול תלמוד לומר ושאל לו הא כיצד עומד ומדבר בשפתותיו וכהן גדול משיבו על שאלותיו.

ויעש משה כאשר צוה ה׳ אותו, הלך ועשה בשמחה ולא הורע בעיניו בין בניו לבין בני אחיו: ויקח את יהושע, לקחו בדברים והודיעו מתן שכר פרנסי ישראל לעולם הבא.

ויסמוך את ידיו עליו ככלי מלא ונדוש וכן הוא אומר ומשרתו יהושע בן נון נער <לא ימוש מתוך האהל (שמות לג יא)> כיוצא בו אתה אומר לא ימוש ספר התורה הזה מפיך (יהושע א ח) והלא דברים קל וחומר מה יהושע בן נון שנאמר בו ויהושע בן נון מלא רוח חכמה (דברים לד ט) נאמר בו לא ימוש שאר בני אדם עאכ״ו: ויצוהו כאשר צוה ה׳ את משה, מה צוה הקב״ה את משה בשמחה כך צוה משה ליהושע בשמחה שומע אני שחסר משה ת״ל ומשה בן מאה ועשרים שנה במותו לא כהתה עינו (שם ז) בין טמא לטהור בין איסור להיתר ולא נס ליחה בעומלו בתורה

(סליק פיסקא)

(קמב) וידבר ה׳ אל משה לאמר צו את בני ישראל ואמרת אליהם את קרבני לחמי לאשי ריח ניחחי תשמרו להקריב לי במועדו למה נאמר לפי שהוא אומר אשר יצא לפניהם ואשר יבוא לפניהם. משל למה הדבר דומה למלך שהיתה אשתו נפטרת מן העולם היתה מפקדתו על בניה אמרה לו בבקשה ממך הזהר לי בבניי אמר לה עד שאת מפקדתני על בני פקדי את בניי עלי שלא ימרדו בי ושלא ינהגו בי מנהג בזיון. כך אמר לו הקדוש ברוך הוא למשה עד שאתה מפקדני

אדם צדיק כמוך אעפ״י שלאדם אחר לא היה חשוב לכלום, והיינו לפום גמלא שיחנא— לפי חוזק הגודל [שלו] נותנין עליו משאו:[55]

[פיסקא קלו]

מלך ביופיו וכו׳ (**ישעיהו לג:יז**). אם תזכה להיות צדיק כדי שתראה מלך ביופיו סיפיה דקרא **תראינה ארץ מרחקים:**

[**שתי ראיות**]. של אברהם [היתה] של נחת משום דכתיב ביה **כי את כל הארץ** וגו׳ (בראשית יג:טו) ושל משה של צער דכתיב **וראה בעיניך ושמה לא תעבור** (דברים לד:ד):

שתי קריבות. גרסינן, אגב דאייתי שתי ראיות אייתי נמי שתי קריבות:

צוהו על הגבעונים. קסבר ר׳ נתן[56] שבמוסרה[57] קבלם יהושע על המסורת להיות נושא משאם וטרחם:

ועל הדברות.[58] פרשת משיח מלחמה דכתיב (ועמד) [**ונגש**] **הכהן ודבר אל העם** (דברים כ:ב); **ודברו השוטרים** (דברים כ:ה):

ראו עבירה שעברתם. דכתיב **ויצמד ישראל לבעל פעור** (במדבר כה:ג) והיינו **מול בית פעור** (דברים ג:כט):

[פיסקא קלז]

בהֵכרת מתו. לאו דווקא אלא בעון מתו ולא בעטיו של נחש:[59]

גנבה פגי שביעית. לאו דווקא גניבה, דפירות שביעות אין להם בעלים אלא אכלה אותם במחבוא (וכו׳)[60] ובגניבה;[61] ודווקא נקט פגי שביעית, אבל אם היו פירות גמורין היינו[62] מותרין דכתיב **תהיה כל תבואתה לאכל** (ויקרא כה:ז) תבואה אין, פגין לא:[63]

[פיסקא קלט]

שכל הרוחות. היינו הנשמות:

---

55. עין כתובות קד עמ׳ א
56. כן השם בגרסות הספרי ויש גירסה ״רבי יהודה״
57. שמשה צוהו עליהם ועל פרטיהם ורבינו לא גרס ד״א צוהו על המשאות אלא הכל מאמר אחד שצוהו על האפשרות לקבלם בתנאים מסוימים אבל ועל הדברות הוא ענין חדש.
58. כלומר וגם משה צוהו על הדברות והוא ענין אחר שאין לו קשר לגבעונים.
59. עין בבא בתרא יז עמ׳ א ארבעה מתו בעטיו של נחש כלומר שלא בעון.
60. ״וכו״ נמצא בשני כה״י אבל בברית אברהם ליתא.
61. דרך אכילה באופן גנוב וסתר שלא יראו אותה.
62. בברית אברהם: היו.
63. דפגין אינן מבושלין כל צורכן ואינן בגדר אוכל ואין רשות לאכלן בקדושת שביעית.

סורחני שלא יהיו הצומדים סבורים לומר כשם שזו קלקלה אף זו קלקלה. תלו לה הפנים בצוארה והיה הכרוז מכריז לפניה על הפנים זו לוקה. ר׳ אלעזר המודעי אומר בוא וראה כמה צדיקים חביבים לפני הקב״ה שבכל מקום שמזכיר מיתתם שם מזכיר סורחונם וכל כך למה כדי שלא יהיה להם פתחון פה לבאי עולם לומר מעשים מקולקלים היו בהם בסתר לפיכך מתו. כך בארבעה מקומות מזכיר מיתתן של בני אהרן ובכל מקום שהוא מזכיר מיתתן שם מזכיר סרחונם להודיעך שלא היתה בהם אלא זו בלבד. והרי דברים קל וחומר ומה אם כך חס המקום על הצדיקים בשעת הכעס קל וחומר בשעת רצון שנאמר כה אמר ה׳ בעת רצון עניתיך וביום ישועה עזרתיך (ישעיה מט ח) (סליק פיסקא)

(קלח) וידבר משה אל ה׳ לאמר, להודיע שבחן של צדיקים שכשהם נפטרים מן העולם מניחים צורך עצמן ועוסקין בצורך צבור. לאמר אין תלמוד לומר לאמר מה תלמוד לומר לאמר אלא אמר לו הודיעני נא אם אתה ממנה עליהם פרנסים אם לאו עד שהשיבו הקדוש ברוך הוא ואמר לו קח לך את יהושע בן נון איש אשר רוח אלהים בו וסמכת את ידך עליו. ר׳ אלעזר בן עזריה אומר בארבעה מקומות בקש משה לפני הקדוש ברוך הוא והשיבו על שאלותיו. כיוצא בו אתה אומר וידבר משה לפני ה׳ לאמר הן בני ישראל לא שמעו אלי ואיך ישמעני פרעה ואני ערל שפתים (שמות ו יב) שאין תלמוד לומר לאמ׳ מה תלמוד לומר לאמר אלא אמר לפניו הודיעני נא אם אתה גואלם ואם לאו עד שהשיבו המקום על שאלותיו שנאמר ויאמר ה׳ אל משה עתה תראה אשר אעשה לפרעה כי ביד חזקה ישלחם וביד חזקה יגרשם מארצו (שם א). כיוצא בו אתה אומר ויצעק משה אל ה׳ לאמר אל נא רפא נא לה (במדבר יב יג) שאין תלמוד לומר לאמר ומה תלמוד לומר לאמר אלא אמר לפניו הודיעני נא אם אתה רופא אותה אם לאו עד שהשיבו הקדוש ברוך הוא על שאלתו שנאמר ויאמר ה׳ אל משה ואביה ירוק ירק בפניה הלא תכלם שבעת ימים (שם יד). כיוצא בו אתה אומר ואתחנן אל ה׳ בעת ההיא לאמר (דברים ג כג) אין תלמוד לומר לאמר אלא אמר לו הודיעני אם אכנס לארץ אם לאו עד שהשיבו המקום ויאמר ה׳ אליו רב לך (שם כו) אף כאן אין תלמוד לומר לאמר אלא אמר לו הודיעני נא אם ממנה אתה עליהם פרנסים ואם לאו עד שהשיבו המקום קח לך את יהושע בן נון (סליק פיסקא)

(קלט) יפקוד ה׳ אלהי הרוחות לכל בשר מגיד הכתוב שכל הרוחות אין יוצאות אלא מלפניו. ר׳ אליעזר בנו של ר׳ יוסי הגלילי אומר סימן זה יהיה בידך שכל זמן שאדם נתון בחיים נפשו פקודה ביד קונה שנאמר אשר בידו נפש כל חי <ורוח כל בשר איש (איוב יב י) ואומר בידך אפקיד רוחי (תהלים לא ו)> מת נתונה באוצר שנאמר והיתה נפש אדוני צרורה בצרור החיים (שמואל א׳ כה כט) שומע אני בין צדיקים בין רשעים תלמוד לומר ואת נפש אויביך יקלענה בכף הקלע (שם): איש על העדה זה יהושע שנאמר לחם אבירים אכל איש (תהלים עח כה) ולמה <לא> פירשו הכתוב שלא להטיל מחלוקת בין בניו ובין <בני> אחיו.

אשר יצא לפניהם ואשר יבא לפניהם. אשר יצא לפניהם במלחמה ואשר יבא לפניהם במלחמה. לא כדרך שאחרים עושים שהם משלחים חיילות והם באים לבסוף אלא כשם שעשה משה שנאמר ויאמר ה׳ אל משה אל תירא אותו (במדבר כא לד) וכשם שעשה יהושע שנאמ׳ וילך יהושע אליו ויאמר לו הלנו אתה אם לצרינו (יהושע ה יג) וכשם שעשה פנחס שנאמר וישלח אותם משה אלף למטה לצבא <אותם ואת פנחס> (במדבר לא ו). אשר יצא לפניהם בראש ואשר יבוא לפניהם בראש שנא׳ ויעל בראשנה יואב בן צרויה ויהי לראש (דה״י א׳ יא ו). אשר יצא לפניהם בנדוד ואשר יבוא לפניהם בנדוד. אשר יצא לפניהם בכרך ואשר יבא לפניהם בכרך. ואשר יוציאם בזכיותיו ואשר יביאם בזכיותיו אשר יוציאם במנין ואשר יביאם במנין שנאמר ויאמרו אל משה עבדיך נשאו את ראש אנשי המלחמה אשר בידינו ולא נפקד ממנו איש (במדבר לא מט) ולמה הוצרכו כפרה לפי שזנו עיניהם מן הערוה.

החלת (דברים ג:כד) [אתה החלתה את השבועה]. לשון **לא יחל דברו** (במדבר ל:ג) אבל אחרים מוחלין לו:[46]

ואת ידך (דברים ג:כד) **זו ימינך**. [הוה] מצי למימר איפכא **את גדלך** (שם שם) **זו ימינך ואת ידך זו מדת טובך** אלא להראות שהכל ימין למעלה[47] והיינו **ימינך ה׳ נאדרי בכח** (שמות טו:ו) וכן **ימינך וזרועך** (תהלים מד:ד) שכל מדותיו כלולות זו בזו ומשום שהזכיר בההוא קרא **ואור פניך כי רציתם** (שם שם) מייתי **בי נשבעתי** (ישעיהו מה:כג):

[ו]**כן הוא אומר והוא באחד** [ומי ישיבנו] (איוב כג:עג). דן יחידי לכל באי עולם[48] ואין מי ישיבנו:

בק[ו]נא(נ)טרסין.[49] במקום ששומרין למחוביי מיתת ב״ד שכבר נחתך דינם להריגה:

מחיתי (ישיעה מד:כב). סיפיה דקרא כי גאלתיך— מן המיתה:

ה״ג חוץ מכן יש. בתמיה דקאמר בשמים ובארץ[50]— ת״ל **וידעת היום וכו׳** (דברים ד:לט):[51]

[**יעשה כמעשיך וכגבורתך** (דברים ג:כד) **על הים ד״א**] **כמעשיך— במצרים, וכגבורותיך— על נחלי ארנון**. והים בכלל מצרים הוא:[52]

ולא נחלת בני ראובן. (דבה) [ר״י על לשון קרא] קאי וקרי לארץ כנען טובה (דברים ג:כה) ונפקא מינה לענין בכורים:[53]

זו ירושלים. דכתיב בה **לכו ונעלה אל הר ה׳** (ישעיהו ב:ג):

[**והלבנון**] **זו בית המקדש**. על שם שמלבין עונותיהם של ישראל:[54]

ה״ג והלבנון מנה עליהם מלכים. והינו מכלל בקשת ביאת הארץ שאין ממנין מלך עד שיכנסו לארץ דכתיב **והיה בהניח ה׳ אלוהיך לך וגו׳** (דברים כה:יט):

[פיסקא קלה]

נתעבר בי [פלוני]. כלומר לשון עברה:

---

46. עיין חגיגה י עמ׳ א.
47. עיין פירוש רבינו אליעזר נחום (ע׳ רלא) על אתר ״דלמעלה אין שם שמאל אלא הכל ימין״ ונראה לי שהוא רמז לעניני קבלה כמו שמצינו בפירוש רבינו ״על דרך האמת״ לספרי דברים לג:טו.
48. השווה הפיוט למוסף ראש השנה הנקרא וכל מאמינים: ״הדן יחידי לבאי עולם״ (דמבוסס על אבות ד— שאין דן יחידי אלא אחד) וכן ״הכל יכול וכוללם יחד״ ולמעלה רבינו אמר ״מדותיו כלולות זו בזו״.
49. בכ״י אקספורד ״בקרנא נטרסין״ במקום ״בקונאטרסין״ וצריך להגיה לפי לשון של הספרי בפירוש רבינו הלל. ובילקוט תהלים ראש סי׳ תרלה ״קוסטנרין״ והם ההורגים לפושעי המלכות ובלשון הרומיים: **quaestionarius**.
50. האפשר חוץ מן השמים והארץ יש?
51. סיום דקרא ״אין עוד״.
52. לכן פירוש זה הוא דבר אחר.
53. דמדאורייתא פטור מבכורים בעבר הירדן ועוד עיין פירוש רבינו לספרי דברים ע׳ 271 סוף פיסקא רצט.
54. והוא גירסת הילקוט גופא.

לאו אכנם כהדיוט אמר לו אין המלך נכנס כהדיוט אמר לו אם לאו אעשה תלמיד ליהושע אמר לו רב לך אין הרב נעשה תלמיד לתלמידו אמר לו אם לאו אכנס דרך אויר או דרך חלל אמר לו ושמה לא תבוא (דברים לב נב) אמר לו אם לאו עצמותי יעברו את הירדן אמר לו כי לא תעבור את הירדן הזה (שם ג כז) וכי המת יכול לעבור אלא אמר לו משה אף עצמותיך לא יעברו את הירדן. אל תוסף דבר אלי עוד בדבר הזה אמר לו משה בדבר הזה אל תבקש ממני אבל בדבר אחר גוזר עלי ואני אעשה. משל למה הדבר דומה למלך שגזר על בנו גזרה קשה והיה הבן ההוא מבקש מאביו אמר לו בדבר הזה אל תבקש ממני אבל בדבר אחר גזור עלי ואני אעשה <כך אמר לו הקב״ה למשה משה בדבר זה אל תבקש ממני אבל בדבר אחר גזור עלי ואני אעשה> ותגזר אומר ויקם לך אמר לו אם לאו הראני נא אמר לו בדבר הזה אני עושה. עלה ראש הפסגה. מגיד הכתוב שהראהו המקום למשה את הרחוק בקרוב את שאין נלוי כגלוי את כל הקרוי ארץ ישראל שנאמר ויראהו ה׳ את כל הארץ וגו׳ ואת כל נפתלי וגו׳ ואת הנגב ואת הככר וגו׳ (שם לד א—ג) (סליק פיסקא)

(קלו) ויאמר ה׳ אליו זאת הארץ וגו׳ (שם לד ד). ר׳ עקיבא אומר מגיד הכתוב שהראהו המקום למשה את כל חדרי ארץ ישראל כשלחן ערוך שנאמ׳ ויראהו ה׳ את כל הארץ. ר׳ אליעזר אומר נתן כח בעיניו של משה וראה מסוף העולם ועד סופו. וכן אתה מוצא בצדיקים שרואים מסוף העולם ועד סופו שנאמר מלך ביופיו תחזינה עיניך נמצאת אתה אומר שתי ראיות הם אחת ראייה של נחת ואחת ראייה של צער. באברהם הוא אומר שא נא עיניך וראה מן המקום אשר אתה שם (בראשית יג יד) זו היא ראייה של נחת. במשה הוא אומר עלה אל הר העברים (דברים לב מט) עלה ראש הפסגה (שם ג כז) זו היא ראייה של צער נמצאת אתה אומר שתי קריבות הם אחת קריבה שהיא לשום שמים ואחת קריבה שאינה לשום שמים. ותקרבון ותעמדון תחת ההר (שם ד יא) זו קריבה לשום שמים ותקרבון אלי כלכם (שם א כב) זו קריבה שאינה לשום שמים. וצו את יהושע וחזקהו ואמצהו צַוֵהו על דברי תלמוד ר׳ יהודה אומר צוהו על הגבעונים ד״א צוהו על המשאות ועל הטרחות ועל הריבות. כי הוא יעבור לפני העם הזה <מגיד שאין ממנין שני פרנסין לדור> והוא ינחיל אותם מגיד שאין יהושע נפטר מן העולם עד שינחיל לישראל את הארץ. את הארץ אשר תראה מגיד שראה משה בעיניו מה שלא הלך יהושע ברגליו. ונשב בגיא מול בית פעור אמר להם ראו איזו עבירה עברתי וכמה בקשות ביקשתי ולא נסלח לי וראו כמה עבירות עברתם ואמר לכם המקום עשו תשובה ואני אקבל. רבי יהודה בן בבא אומר משלשה מקומות שבאו ישראל לידי עבירה חמורה ואמר להם המקום עשו תשובה ואני מקבל. כיוצא בו אתה אומר ויקרא שם המקום מסה ומריבה על ריב בני ישראל (שמות יז ז) מהו אומר ויאמר אם שמוע תשמע לקול ה׳ אלהיך והישר בעיניו תעשה (שם טו כו). כיוצא בו ובתבערה ובמסה ובקברות התאוה (דברים ט כב) <מהו אומר> ועתה ישראל מה ה׳ אלהיך שואל מעמך (שם י יב) אף כאן אתה אומר ונשב בגיא מול בית פעור ועתה ישראל שמע אל החקים ואל המשפטים: וראיתה אותה ונאספת אל עמיך גם אתה מגיד שנתאוה משה למיתתו של אהרן שנאמר כאשר נאסף אהרן אחיך (סליק פיסקא)

(קלז) על אשר מריתם פי במדבר מריבה במדבר סין, ר׳ שמעון בן אלעזר אומר אף משה ואהרן בהֵיכרת מתו שנא׳ על אשר לא קדשתם אותי (דברים לב נא) הא אם קדשתם אותי עדיין לא הגיע זמנכם ליפטר שני פרנסים עמדו לישראל אחד אמר אל יכתב סורחני ואחד אומר יכתב סורחני. דוד אמר אל יכתב סורחני שנאמר לדוד משכיל אשרי נשוי פשע כסוי חטאה (תהלים לב א). משה אמר יכתב סורחני שנאמר על אשר מריתם פי במדבר סין במריבת העדה להקדישני. משל למה הדבר דומה לשתי נשים שהיו לוקות בבית דין אחת לוקה על שקלקלה ואחת לוקה על שגנבה פגי שביעית זו שגנבה פגי שביעית אומרת בבקשה מכם הודיעו

שהאב קודם לאחיו.[29] כגון אחד מבני עשו שמת בחייו[30] ולא הניח בן, עשו יורשו קודם[31] ולא אחיו:[32]

[לשעה] עשה את [בת] הבן כבן. שנטלו חלק בנכסי חפר, וא״ת ומאי גריעותיהן דבנות צלפחד שלא היו אלא לשעה?[33] וי״ל דה״פ ומה בנות צלפחד שהיו סבורות שלא יטלו אפי׳ חלק אביהן, והוי להן [זכות] בחלק אביהן כהוראת שעה [וכש]נטלו חלק אבי אביהן[34] [עשו] קל וחומר לדורות[35] דבנכסי אביהן אינה הוראת שעה:[36]

ומנין לעשות נקבות כזכרים. ואם אין לו בת ונתתם את נחלתו לאחיו[37] (במדבר כז:ט) קאי, [כלומר] מנין לעשות אחיותיו דאחיו ובן אחות אביו כאחי אביו:

מה בגואלין [עשה בנים כאבות]. דכתיב **או דודו או בן דודו יגאלנו** וכו׳ (ויקרא כה:מט):

בת הבן [מניין].[38] היינו במקום הבת:

[ת״ל] ממשפחתו וירש אותה (במדבר כז:יא) **דברי ר׳ עקיבא.** וכתיב רישיה דקרא **ונתתם את נחלתו לשארו** (שם שם) וליכא למימר דיהיב לשארו דהיינו אשתו ירושה דיליה דהא כתיב **ממשפחתו**[39] אלא הכי פירושו ״ונתתם את נחלתו לקרוב אליו ממשפחתו, ושארו[40] שהוא אשתו— וירש אותה הבעל״:

לענין שאמרנו. פי׳ שהאיש יורש את אשתו:

והיתה לבני ישראל (במדבר כז:יא). היינו לחכמים:[41]

לקיטון. לחדר:

[אדוני (דברים ג:כד)**] אדון אתה.** מדכתיב באד׳ דריש:[42]

בדין[43] **בראת את העולם.** מדכתיב[44] ביו״ד ה״א דריש[45] והיינו בריאת עולם מדכתיב **וייצר ה׳ אלוהים** (בראשית ב:ז):

---

29. וירש אבי אביהן.
30. דוגמה בבני עשו שלא רצה לומר דבר רע על בן ישראל אפילו כמשל דמיתת הבן בחיי אביו קללה היא.
31. בברית אברהם: עשו יורשו ולא אחיו.
32. ובסוף בנות צלפחד ירשו את חלקו מזכותן בחלק של אבי אביהן כולל זה מאחי אביהן.
33. וגם יש לשאול מה טיבו של ק״ו זה דלומד מהוראת שעה להוראת דורות! ומתרץ.
34. מן הדין.
35. לחלק אביהן.
36. שלא בקשו אלא נכסי אביהן ומן הדין קבלו חלק אבי אביהן.
37. דרק אחים כתוב בפירוש.
38. כן נוסח הגירסה שעמדה לפני רבינו הלל.
39. והיא אינה נקראת ממשפחתו.
40. כאילו אמר ונתתם נחלת שארו לו וכל הפסוק גורעין ומוסיפין ודורשין, ועין בבא בתרא קיא עמ׳ ב.
41. רשות לדרוש הלכות נחלה.
42. לשון ארנות.
43. כלומר אף בשם אלהים דהוא דין ובלשון פירוש אלעזר נחום שיתוף מדת הדין עם מדת רחמים ובראו...שיתוף הקריאה עם הכתיב ועין הערה הבאה.
44. והקרי אלהים עין פירוש רש״י לדברים ג:כד דאמר ב׳ השמות ביחד.
45. עיין בפירוש מיוחס לראב״ד ספרי דברים ע׳ 26 סוף פיסקא כ״ו וצרף לדרשה דכאן דסמיך הכא משום **דאלהים** הוא כתוב יו״ד ה״א דר״ל לפי המסורה כאלו היה כתוב אלהים שהרי הנקוד דה׳ הויה בנקוד אלהים אם כן הכא הוי שם ה׳ ושם אלהים וכאילו כתוב ה׳ אלהים כמו בבריאת העולם.

בשנה שמת [בה] אהרן. מ[ו]לפני אלעזר הכהן[17] (במדבר כז:ב) דריש:[18]
זו עדת מלינים. [דכתיב וילונו] **כל עדת בני ישראל [ממחרת] על משה ועל אהרן**[19] (במדבר יז:ו):[20]

[**למה יגרע שם אבינו** (במדבר כז:ד). ולא תתייבם אמנו אם אנו במקום בן לירושה[21]:][22]
(אם היה לו בת בן לא היו תובעות. לאפוקי מהצדוקין שאומרי תירש הבת עם בת הבן:)[23]
ונאמר להלן שם. יקום על שם אחיו המת (דברים כה:ו) ואמרינן (יבמות כד עמ׳ א) לנחלה:
מגיד שהיו חכמות. וא״ת ומה יש יותר במה שאמרו **אין לו בן** (במדבר כז:ד) ממה שאמרו כבר **ובנים לא היו לו** (במדבר כז:ג) (דאפי׳ בת הבן כדפיר׳)[24]? וי״ל דה״ק **ובנים לא היו לו אפי׳** בת הבן:
[**אם היה לו בת בן לא היו תובעות. לאפוקי מהצדוקין שאומרים תירש הבת עם בת הבן:**][25]
(למה יגרע שם אבינו. ולא תתייבם אמנו אם אנו במקום בן לירושה:)
בראוי כ[ב]מוחזק. וא״ת מאי ניהו ראוי, ומאי ניהו מוחזק? ונראה דאתיא כמאן דאמר ליוצאי מצרים נתחלקה וחלקו שהיה מיוצאי מצרים היה מוחזק וחלקו עם אחיו בנכסי חפר אביו חשוב ראוי:

[פיסקא קלד]
כדבריך (במדבר יד:כ) **עתידין אומות העולם לומר [אשרי אדם שהמקום מודה לדבריו].** דכתיב התם (פן יאמרו הארץ אשר הוצאתנו משם מבלי יכולת ה׳ (דברים ט:כח)[26] [**ואמרו הגוים אשר שמעו את שמעך לאמור מבלתי יכלת ה׳** (במדבר יד:טו-טז)]:[27]
אף חלק אחי אביהן [נטלו]. שהיה[28] מיוצאי מצרים ומת בלא בנים:

---

17. הכתוב כינהו כהן.
18. ולא כתיב לפני אהרון.
19. ר״ל אע״פ שהיה כלם מתלוננים אבינו לא היה בתוכם.
20. שהתלוננו על מיתת קרח ועדתו.
21. ומכיון שאין לה דין יבמה תן לנו נחלה כבן ודרך ג״ש רואים דשם ר״ל או דין ירושה או דין יבום.
22. שייך כאן ולא למטה בספרי שלנו אבל בכה״י שעמד לפני ברית אברהם היה לו סדר כמו בכה״י של הפירוש וכנגד סדר הספרי שלפנינו בכל הנוסחות שבידינו— בת בן לא היו תובעות; ונאמר להלן שם; מגיד שהיו חכמות; למה יגרע; בראוי כמוחזק. וסדרתי בסוגריים [] לפי הספרי שלנו להקל על קורא.
23. שייך למטה ולא כאן לפי ספרי שלנו אבל לפי ברית אברהם כאן מקומו גם בכ״י של פירוש רבינו.
24. הוא תירוץ בהוספה ובלא צורך דרבינו מתרץ ככה בעצמו אבל כן הוא הגירסה של פירוש שלנו שעמד לפני ברית אברהם.
25. עיין בבא בתרא קטו ב והוא מן הפירוש למגילה תענית. ולפי דברי החכמים בת הבן קודמת בנחלה לבת.
26. כך הגירסה בשני כתבי היד ובברית אברהם אבל טעות דמיירי על העגל ולא על המרגלים וצריך להגיה.
27. שמשה טען דהכל תלוי באמירת הגוים והקב״ה הסכים להביא אמירתם לטובה א״כ כשאמר **כדבריך** ידע שעתידין האומות ישבחו אותם על ידי זה גופו.
28. אח צלפחד.

ספרי פיסקא קלד פנחס

שנזר על בנו שלא יכנס לפתח פלטרין שלו נכנס לשער והוא אחריו לחצר והוא אחריו לטריקלין והוא אחריו כיון שבא ליכנס לקיטון אמר לו בני מיכן ואילך אתה אסור כך בשעה שנכנס משה לנחלת בני גד ובני ראובן שמח ואמר דומה אני שהתיר לי נדרי התחיל שופך תחנונים לפני המקום והלא דברים קל וחומר ומה אם משה חכם חכמים גדול גדולים אבי הנביאים אע"פ שידע שנגזרה עליו גזירה לא מנע עצמו מן הרחמים קל וחומר לשאר בני אדם שנאמר ואתחנן אל ה׳ (דברים ג כג) במיני תחנונים. בעת ההיא לאמר שאין תלמוד לומר לאמר אלא אמר לו הודיעני אם אני נכנס לארץ ואם איני נכנס אדוני אדון אתה לכל באי העולם. אלהים בדין בראת את העולם. אתה החילות אתה החילות לפחוח פתח לעבדך בשעה שהכנסתני לנחלת בני ראובן ובני גד. ד"א אתה החלות אתה התחלת להראות לעבדך נסין וגבורות שנאמר ויאמר משה אסורה נא ואראה (שמות ג ג) ד"א אתה החלות אתה החלתה את השבועה כתבת בתורה זובח לאלהים יחרם וגו׳ (שם כב יט) ובניך עבדו עבודה זרה ובקשתי עליהן רחמים וסלחת אתה החלת את השבועה. את גדלך זו מדת טובך שנאמר ועתה יגדל נא כח ה׳ (במדבר יד יז). ואת ידך זו ימינך שפשוטה לכל באי העולם שנאמר ימינך ה׳ נאדרי בכח (שמות טו ו) ואומר כי ימינך וזרועך ואור פניך (תהלים מד ד) ואומר בי נשבעתי יצא מפי צדקה דבר ולא ישוב (ישעיה מה כג). החזקה שאתה כובש ברחמים את מדת הדין שנאמר מי אל כמוך נושא עון ועובר על פשע ואומר ישוב ירחמנו יכבוש עונתינו תתן אמת ליעקב (מיכה ז יח—כ) אשר מי אל בשמים ובארץ שלא כמדת בשר ודם מדת המקום מדת בשר ודם הגדול מחבירו מבטל גזירת חבירו אבל אתה מי יכול למחות על ידך וכן הוא אומר והוא באחד ומי ישיבנו וגו׳ (איוב כג יג). רבי יהודה בן בבא אומר משל לאדם שנתון בקונטרסים של מלכות אפילו נותן ממון הרבה אי אפשר ליעקר אבל אתה אומר עשו תשובה ואני מקבל שנאמר מחיתי כעב פשעיך וכענן חטאתיך (ישעיה מד כב) ד"א אשר מי אל בשמים ובארץ <הא חוץ מכאן יש ת"ל> וידעת היום והשבות אל לבבך כי ה׳ הוא האלהים אין עוד (דברים ד לט) אף לא באויר העולם. אשר יעשה כמעשיך וכגבורותיך כמעשיך במצרים וכגבורותיך על הים. ד"א כמעשיך וכגבורותיך על נחלי ארנון. אעברה נא ואראה אין נא אלא לשון בקשה. ואראה את הארץ הטובה אשר בעבר הירדן זו היא שרבי יהודה אומר ארץ כנען היא טובה ולא נחלת בני ראובן ובני גד. ההר הטוב זו ירושלם. והלבנון זה בית המקדש וכן הוא אומר פתח לבנון דלתיך (זכריה יא א) ואומר והלבנון באדיר יפול (ישעיה י לד) ויש אומרים לבנון מינה עליהם את מלכיהם (סליק פיסקא)

(קלה) ויתעבר ה׳ בי. כאדם שאומר נתעבר בי פלוני ונתמלא עלי חימה למענכם שאתם גרמתם וכן הוא אומר ויקציפו על מי מריבה וירע למשה בעבורם (תהלים קו לב) ולא שמע אלי ולא קיבל תפילתי. ר׳ נתן אומר הרי הוא אומר הן אל כביר ולא ימאס תם (איוב לו ה) אין הקב"ה מואס תפלתם של רבים אבל כאן ולא שמע אלי ולא קיבל תפלתי. ויאמר ה׳ אלי רב לך אמר לו משה בדבר הזה רב לך שאין מניחים את הצדיקים לבוא לידי עבירה חמורה. מיכן היה ר׳ ישמעאל אומר משל הדיוט אומר לפום גמלא שיחנא. ד"א אם משה חכם חכמים גדול גדולים אבי נביאים לא נשא לו פנים קל וחומר לשאר כל אדם המענים את הדין והמעותין את הדין עאכ"ו. רב לך, אמר לו הרבה שמור לך הרבה צפון לך שנאמר מה רב טובך אשר צפנת ליראיך (תהלים לא כ) ואומר ומעולם לא שמעו ולא האזינו עין לא ראתה אלהים זולתך יעשה למחכה לו (ישעיה סד ג). ד"א רב לך אמר לו הרבה יגעת הרבה עמלת צא משה ונח שנאמר לך לקץ ותנוח וגו׳ (דניאל יב יג) אמר לו אם

כיוצא בו אתה אומר כן מטה בני יוסף דוברים (שם לו ה) כיוצא בו אתה אומר ויאמר ה׳ סלחתי כדבריך (שם יד כ) עתידות אומות העולם לומר אשרי אדם שהמקום מודה לדבריו.

נתון תתן להם אחוזת נחלה זו נחלת אביהם. בתוך אחי אביהם זו נחלת אחי אביהם. והעברת את נחלת אביהן להן מגיד שבנות צלפחד נטלו שלשה חלקים בנחלה חלק אביהם וחלק אבי אביהם וחלק אביהם שהיה בכור ר״א בן יעקב אומר אף חלק אחי אביהם נטלו.

ואל בני ישראל תדבר לאמר איש אין לי אלא לשעה לדורות מנין תלמוד לומר ואל בני ישראל תדבר לאמר. בכולם היא אומר ונתתם וכאן הוא אומר והעברתם רבי אומר אין לך מעביר בנחלה אלא בת מפני שבנה ובעלה יורשים אותה. מנין שהאב קודם את האחין בנחלה היה ר׳ ישמעאל בר׳ יוסי אומר הרי הוא אומר והעברתם את נחלתו לבתו מפני הבת מעביר אתה את האב ואי אתה מעביר מפני האחים ומנין שהאב יורש אמרת קל וחומר הוא ומה אחים שאין בנים אלא מכח האב הרי הם יורשים האב שאין האחים באים אלא מכחו דין הוא שיירש ומנין לעשות את בת הבן כבן אמרת קל וחומר הוא ומה בנות צלפחד שלא היו אלא לשעה עשה את בת הבן כבן קל וחומר לדורות. מנין לעשות נקבות כזכרים הרי אתה דן הואיל והבנים יורשים והאחין ואחי האב יורשים מה בנים עשה נקבות כזכרים אף בכל היורשים נעשה נקבות כזכרים ומה בנים הקדים זכרים לנקבות אף בכל היורשים נקדים זכרים לנקבות ומה בגואלים עשה בנים כאבותם אף בכל היורשים נעשה בנים כאבותם. ומנין שהבת יורשת הרי הוא אומר וכל בת יורשת נחלה ממטות בני ישראל אין לי אלא בת הבן מנין אמרת קל וחומר הוא ומה הבת שהורע כחה במקום הבן הרי היא יורשת בן שיפה כחו במקום הבת דין היא שיירש. ומנין שהאיש יורש את אשתו תלמוד לומר ממשפחתו וירש אותה דברי ר׳ עקיבא. ר׳ ישמעאל אומר אינו צריך שהרי כבר נאמר וכל בת יורשת נחלה ממטות בני ישראל (שם לו ח) ואומר ולא תסוב נחלה לבני ישראל ממטה <אל מטה (שם ז) ואומר ולא תסב נחלה ממטה> למטה אחר (שם ט) ואומר ואלעזר בן אהרן מת וגו׳ (יהושע כד לג) וכי מנין היה לפנחס בהר אפרים מה שלא היה לאלעזר אלא מלמד שנשא אשה מבנות אפרים ומתה וירשה. כיוצא בו ושגוב הוליד את יאיר ויהי לו עשרים ושלש ערים בארץ הגלעד (דה״י א׳ ב כב) <וכי מנין היה ליהודה בארץ הגלעד אלא> שנשא אשה מבנות מנשה ומתה וירשה.

ואם אין אחים לאביו ונתתם את נחלתו לשארו הקרוב אליו ממשפחתו ממשפחת אביו או אינו אלא ממשפחת אמו תלמוד לומר למשפחותם לבית אבותם (במדבר א ב) מגיד שהמשפחות הולכות אחרי אבות: וירש אותה. לענין שאמרנו: והיתה לבני ישראל לחקת משפט. נתנה תורה דעת לחכמים לדרוש ולומר כל הקרוב בשאר בשר הוא קודם בנחלה.

ויאמר ה׳ אל משה עלה אל הר העברים הזה הר נבו. זו נחלת בני ראובן ובני גד בשעה שנכנס משה לנחלת בני ראובן ובני גד שמח ואמר דומה אני שהתיר לי נדרי התחיל שופך תחנונים לפני המקום. משל למה הדבר דומה למלך בשר ודם

[ה"ג] הנה כי כשיצאו עמו עשרה בנים [ממצרים] ובכניסתן לארץ נמצאו חמשה יכול קורא עליו ולמעט תמעיט נחלתו (במדבר כו:נד) ת"ל לרב תרבה נחלתו (במדבר כו:נד).5 והרי היו רבים ביוצאי מצרים, ואתיא האי סיפא כר' יאשיה דאמר ליוצא מצרים נתחלקה הארץ— והכי אמרי ביש נוחלין (בבא בתרא קיז עמ' ב) בשלמא למ"ד ליוצאי מצרים נתחלקה היינו דכתיב לרב תרבה נחלתו (במדבר כו:נד) אלא למ"ד לבאי הארץ מאי נפקא ליה מינה, וגרסת הספרים אי איפשר להעמידה:

לכל שבט לפי מטהו.6 פי' דמעיקרא נתחלק לי"ב חלקים שוים וכל שבט ושבט נטל חלקו בגורל, ואח"כ כל שבט חלקם לפי פקודיו7 והיינו דקא מייתי מבני יוסף דאי מעיקרא נתחלקה לקרקף דגברי8 מאי קא מיירי [וידברו] בני יוסף (יהושע יז:יד):

יצאו יהושע וכלב. שנטלו שלא בגורל כדמפרש ואזיל ומדכתיב אך (במדבר כו:נה) יליף, דכל אכין ורקין למיעוטין:

בישימון בית כור עפר וכו'. כלו' שווי דמים, שהיו שמין בית כור ביהודה כנגד בית סאה בגליל9 כלו' מקרקע זיבורית ועידית היו שמין בית10 זריעת כור11 כנגד בית זריעת סאה בעידית והיינו קרקע עידית מועט שהיה שוה בכך כמו קרקע מרובה:12

[פיסקא קלג]

ותקרבנה בנות צלפחד (במדבר כז:א) **וכו'.** למאן דאמר ליוצאי מצרים נתחלקה שפיר13 ולמאן דאמר לבאי הארץ [נתחלקה] יהיו מתרעמות לחזרה שיחזירו הירושה לאבי אביהן וירשו הן את אביהן:

כך כולן היו בכורות. פי' חפר וגלעד ומכיר ומנשה:

ור' נתן אומר בא הכתוב ללמדך וכו'. אמאי דקאמר "והכתוב מייחסו לגנאי" קאי,14 ומוסיף שהרשע15 אין מייחס אותו אחר אביו ללמד כמה עונשו גדול [שגדל] אצל הצדיק ולא למד מעשיו כדמפרש ואזיל:

ונתנבא על עשו.16 דכתיב חזון עובדיה כה אמר ה' אלקים לאדום (עובדיה א:א):

כשם שחיבב יוסף [את א"י]. דכתיב וישבע יוסף את בני ישראל וגו' (בראשית נ:כה):

---

5. עין גירסת רשב"ם בפירושו לבבא בתרא קיח עמ' א.
6. לפנינו: לפי מה שהוא.
7. לפי מספר אנשים שבו.
8. עין בבא בתרא קכא עמ' ב.
9. שקרקע בגליל עידית הוה. ובברית אברהם: בית כור במדה כנגד בית סאה.
10. רוצה לומר מקום הכור.
11. בזיבורית.
12. בזיבורית.
13. שפיר דלא ירשו.
14. שהוא מפרש דברי הת"ק.
15. מיירי ברשע בן צדיק.
16. אולי הפסוק לא היה מפורש בנוסח הספרי שלו.

ספרי פיסקא קלג פנחס

(קלג) ותקרבנה בנות צלפחד, כיון ששמעו בנות צלפחד שהארץ מתחלקת לשבטים לזכרים ולא לנקבות נתקבצו כולן זו על זו ליטול עצה אמרו לא כרחמי בשר ודם רחמי המקום בשר ודם רחמיו על הזכרים יותר מן הנקבות אבל מי שאמר והיה העולם אינו כן אלא רחמיו על הזכרים ועל הנקבות רחמיו על הכל שנאמר <נותן לחם לכל בשר ונו' (תהלים קלו כה) נותן לבהמה לחמה ונו' (שם קמז ט) ואומר> טוב ה' לכל ורחמיו על כל מעשיו (שם קמה ט).

בן חפר בן גלעד בן מכיר בן מנשה, מגיד הכתוב שכשם שהיה צלפחד בכור כך היו כולן בכורות וללמדך שהיו כולן זכאות בנות זכאי שכל מי שמעשיו סתומים ומעשה אבותיו סתומים והכתוב מייחסו לשבח הרי זה צדיק בן צדיק וכל מי שמעשיו סתומים ומעשה אבותיו סתומים והכתוב מייחסו לגנאי הרי זה רשע בן רשע. ר' נתן אומר בא הכתוב ללמדך שכל צדיק שגדל בחיק רשע ולא עשה כמעשיו להודיעך כמה צדקו גדול שגדל בחיק רשע ולא עשה כמעשיו. וכל רשע שגדל בחיק צדיק ולא עשה כמעשיו להודיעך כמה רשעו גדול שגדל בחיק צדיק ולא עשה כמעשיו. עשו גדל בין שני צדיקים בין יצחק ובין רבקה ולא עשה כמעשיהם עובדיה גדל בין שני רשעים בין אחאב לאיזבל ולא עשה כמעשיהם ונתנבא על עשו הרשע שגדל בין שני צדיקים בין יצחק לרבקה ולא עשה כמעשיהם שנאמר חזון עובדיה כה אמר ה' אלהים לאדום (עובדיה א א).

למשפחות מנשה בן יוסף, כשם שחיבב יוסף את ארץ ישראל כך יוצאי חלציו חיבבו את ארץ ישראל.

ואלה שמות בנותיו מחלה נועה וחגלה ומלכה ותרצה, או כל הקודם במקרא קודם במעשה ת"ל ותהיינה מחלה תרצה וחגלה ומלכה ונועה בנות צלפחד (במדבר לו יא) מלמד שכולם שקולות זו כזו.

ותעמודנה לפני משה ולפני אלעזר הכהן, מגיד הכתוב שלא עמדו אלא בשנת הארבעים בשנה שמת בה אהרן שנאמר ויעל אהרן הכהן אל הר ההר על פי ה' וימת שם בשנת הארבעים (שם לג לח).

לפני משה ולפני אלעזר הכהן, אם משה לא היה יודע אלעזר היה יודע אלא סרס את המקרא ודרשהו דברי ר' יאשיה אבא חנין אומר משום ר"א בבית המדרש היו יושבין ובאו ועמדו לפניהם.

אבינו מת במדבר, ר' עקיבא אומר נאמר כאן מדבר ונאמר להלן מדבר מה מדבר האמור כאן צלפחד אף מדבר האמור להלן צלפחד.

והוא לא היה בתוך העדה זו עדת מלינים. הנועדים על ה' זו עדת מרגלים. בעדת קרח זו עדה של קרח. כי בחטאו מת שלא החטיא אחרים עמו. ובנים לא היו לו שאלו היה לו בן לא היינו תובעות.

למה יגרע שם אבינו מתוך משפחתו, ר' יהודה אומר נאמר כאן שם ונאמר להלן שם מה שם האמור להלן נחלה אף שם האמור כאן נחלה ומה שם האמור להלן זרע אף שם האמור כאן זרע.

כי אין לו בן למה נאמר והלא כבר נאמר ובנים לא היו לו מה ת"ל כי אין לו בן מגיד שהיו חכמות ודורשות הא אם היה לו בת בן לא היינו תובעות.

תנה לנו אחוזה בתוך אחי אבינו, ר' נתן אומר יפה כח נשים מכח אנשים אנשים אומרים נתנה ראש ונשובה מצרימה (במדבר יד ד) ונשים אומרות תנה לנו אחוזה בתוך אחי אבינו.

ויקרב משה את משפטן לפני ה', אמר ר' חדקא שמעון השקמוני היה לי חבר מתלמידי ר' עקיבא ואמר יודע היה משה שהבנות נוחלות על מה נחלקו אם יירשו בראוי כבמוחזק ואם לאו ראויה היתה פרשת נחלות שתאמר על ידי משה אלא שזכו בנות צלפחד שנאמרה על ידיהן לכך מגלגלים זכות על ידי זכאי וחובה על ידי חייב (סליק פיסקא)

(קלד) ויאמר ה' אל משה לאמר כן בנות צלפחד דוברות, יפה תבע בנות צלפחד שכך כתובה פרשה לפני במרום אשרי אדם שהמקום מודה לדבריו

פרשת פנחס

[פיסקא קלב]

הכל במשמע. מלאלה (במדבר כו:נג) דריש דמשמע דקאי א"כל מחנה ישראל":

[איש לפי פקודיו]. **מאיש** (במדבר כו:נד) ממעט נשים וטומטום ואנדרוגינוס:

ה"ג בדברי ר' יאשיה **ומה ת"ל לאלה** (במדבר כו:נג)— **כאלה**[1]**...מפני הטפלים.**[2] פי' שלא תאמר לכל יוצאי מצרים אפי' קטנים להכי אצטריך "כאלה" לאשמועינן דדווקא שהיו בני עשרים ומעלה, ואיפשר לישב נמי מפני נשים ומשום דשמעיה לת"ק דאמר "**לאלה** הכל במשמע" א"ל ר' יאשיה **דלאלה תחלק** קאי **אאלה פקודי** [**בני ישראל שש מאות אלף**] וכו' (במדבר כו:נא) כמו שפי' ר' יונתן נמי ובא למעט נשים וקטנים:

ר' יונתן אומר וכו'. מפרש ואזיל **דלאלה** לא משמע כולהו כדפרשי' ונראה דר' יאשיה לית ליה שינוי דמתחלה לא נעשו החלקים אלא לפי מנין יוצאי מצרים ולר' יונתן נעשו החלקים לפי מנין באי הארץ ואח"כ היו מחזירין הירושה לאב[ות]יהם כדמפרש רבי שאם היו שני אחים ביוצאי מצרים והיה לזה בן אחד בבאי הארץ ולזה שלשה בנים [בבאי הארץ] נטלו זה חלק אחד ואלו השלשה שלשה וחזרו[3] הארבעה חלקים אצל אב[ות]יהם וחלקו בשוה כל אחד שני חלקים,[4] [ד]חזרו הבנים וירשו מאבותם— נמצא ביד האחד שני חלקים, וביד האחד שני חלקים, וביד השלישי שני חלקים:

ה"ג בפרק יש נותלין (בבא בתרא קיז עמ' א) **ר' שמעון בן אלעזר אומר לאלה ולאלה נתחלקה הארץ, הא כיצד? היה מיוצאי מצרים נוטל חלקו עם יוצאי מצרים, היה מבאי הארץ נוטל חלקו עם באי הארץ היה מכאן ומכאן נוטל חלקו מכאן ומכאן.** נראה דהכא כמו כן ר"ל אלא שמקצר הברייתא וה"פ ר' שמעון בן אלעזר רוצה לקיים תרי קראי; **לאלה תחלק הארץ** (במדבר כו:נג)— דמשמע לבאי הארץ, **ולשמות מטות אבותם ינחלו** (במדבר כו:נה) דמשמע ליוצאי מצרים, ואית ליה דחשבי' כמה היו יוצאי מצרים וכמה היו באי הארץ ועשו אותם כל כך חלקים וזה שהיה מבאי הארץ נוטל חלקו המגיעו וחלק אביו שהיה מיוצאי מצרים והיינו דקאמר "זה נוטל חלקו וחלק אביו" וזה פי', ואלו הג' דאיירי בהו רבי לעיל נוטלים חלקם וחלק אביהם, ואם היה מיוצאי מצרים ומבאי הארץ נוטל שני חלקים; וא"ת היכי משכחת לה דהא כולהו מת במדבר? וי"ל דמשכחת ליה שהיה בן ששים ומעלה בשעת יציאתן ממצרים דלא נגזרה על יותר מששים כמו שלא נגזרה גזירה על פחות מעשרים תדע דגבי ערכין לא נאמר ערך ביותר מששים:

---

1. לאלה ר"ל כאלה לשון מראה באצבע ומורה על הפקודים.
2. דומה לגירסת הברייתא בבא בתרא קיז עמ' א. ומפרש הרשב"ם דר"ל פחות מבן כ' שנה.
3. כשנכנסו לארץ.
4. חלקו וחלק אחיו.

פנחס

(קלב) וידבר ה׳ אל משה לאמר לאלה תחלק הארץ בנחלה במספר שמות, הכל במשמע כהנים לוים וישראלים גרים נשים ועבדים טומטום ואנדרוגינוס במשמע. כשאמר ויאמר ה׳ אל אהרן בארצם לא תנחל (במדבר יח כ) יצאו כהנים. בתוך בני ישראל לא ינחלו נחלה (שם כד) יצאו לוים. לשמות מטות אבותם ינחלו יצאו גרים ועבדים. איש לפי פקודיו יותן נחלתו יצאו נשים טומטום ואנדרוגינוס. רבי יאשיה אומר ליוצאי מצרים נתחלקה הארץ שנאמר לשמות מטות אבותם ינחלו הא מה ת״ל לאלה תחלק הארץ מפני נשים מפני קטנים. רבי יונתן אומר לבאי הארץ נתחלקה הארץ שנאמר <אלה פקודי בני ישראל שש מאות אלף ואלף וכתיב> לאלה תחלק הארץ ומה תלמוד לומר לשמות מטות אבותם ינחלו שינה הכתוב נחלה זו מכל נחלות שבתורה שבכל נחלות שבתורה חיים יורשים את המתים וכאן מתים יורשים את החיים. רבי אומר משל למה הדבר דומה לשני אחים כהנים שהיו בעיר לזה בן אחד ולזה שלשה בנים יצאו לגורן זה נטל סאה ואלו נטלו שלשה סאים והוליכו אצל אבותיהם וחזרו וחלקו בשוה <כיוצא בו אתה אומר בבאי הארץ זה נטל בית סאה ואלו נטלו ג׳ בית סאין והורישו את אבותיהם> וירשו מתים את החיים וחזרו וחלקו בשוה. רבי שמעון בן אלעזר אומר זה נטל חלקו וחלק אביו וזה נטל חלקו וחלק אביו נמצאת מקיים לאלה תחלק הארץ בנחלה ונמצאת מקיים לשמות מטות אבותם ינחלו.

לרב תרבה נחלתו ולמעט תמעיט נחלתו, הרי שיצאו עמו עשרה בנים ממצרים ובכניסתן לארץ נמצאו חמשה קורא אני עליו לרב תרבה נחלתו הרי שיצאו עמו חמשה בנים ממצרים ובכניסתם לארץ נמצאו עשרה קורא אני עליו ולמעט תמעיט נחלתו: איש, יצאו נשים טומטום ואנדרוגינוס: לפי פקודיו, מלמד שלא נתחלקה ארץ ישראל אלא לכל שבט ושבט לפי מה שהוא וכן הוא אומר וידברו בני יוסף את יהושע וגו׳ אני עם רב עד אשר כה ברכני ה׳ מהו אומר ויאמר אליהם יהושע אם עם רב אתה עלה לך היערה ובראת לך שם בארץ הפריזי והרפאים כי אץ לך הר אפרים (יהושע יז יד—טו).

יותן נחלתו, שומע אני מעורבבים ת״ל אך בגורל אי בגורל שומע אני בינו לבין עצמו ת״ל על פי הגורל תחלק נחלתו שומע אני בינו לבין עצמם ת״ל על פי ה׳ (שם יט נ) מגיד שלא נתחלקה ארץ ישראל אלא ברוח הקודש ועל פי המקום.

אך בגורל, יצאו כלב ויהושע וכן הוא אומר ויתנו לכלב את חברון כאשר דבר משה (שופטים א כ) ואומר ויתנו בני ישראל נחלה ליהושע בן נון בתוכם על פי ה׳ נתנו לו את העיר אשר שאל את תמנת סרח (יהושע יט מט—נ): לשמות מטות אבותם, יצאו גרים ועבדים:

על פי הגורל תחלק נחלתו בין רב למעט, מגיד שלא נתחלקה ארץ ישראל אלא בשמיון בית כור כנגד בית סאה ובית סאה כנגד בית כור (סליק פיסקא)

פירוש לספרי פ' בלק

(וחוקיהן)[14] [ו]מחקיהן. עץ שמוחקין בו את המדה:[15]

כפה סייח את המנורה. גרסי' והוא[16] מעשה במס' שבת (קטז עמ' ב) באחד ששלח לדיין מנורה שוחד [ופסק] ושלח לו [אחר] שכנגדו חמרא לובא והפך את הדין, א"ל אותו ששלח לו מנורה נהור נהוריך כמנורה, אמר ליה אתא סייח וכפה את המנורה [כ"כ] בא של זהב וכפה של כסף:[17]

אלו כ"ד מתנות. מדכתי' כהנת עולם (במדבר כה:יג) יליף:

עד שיחיו מתים. ויכפר (במדבר כה:יג) שהוא עתיד[18] דורש:

---

14. הוסיפו מן הגליון שהוא חילוף למחקיהן בכה"י של הספרי.
15. עין פירש"י לבבא בתרא פט עמ' ב ועין פירוש הרד"ק שופטים ה:כו וז"ל כלי שמעבירין על המדה שמעביר כל מה שעליה. ע"כ. וממין עץ או של זית וכו' עין ב"ב שם. ועוד עין פירוש מתנות כהונה לויקרא רבה כא:ט "ומחוקיהון— כמין עץ שבו מוחקין את המדות".
16. בכ"י סמינר: אלא.
17. מין משל הוא.
18. ר"ל לשון עתיד.

ספרי פיסקא קלא בלק

ועוד ששה נסים אחרים נעשו לו. נס שביעי שנארך חנית של רומח עד שנכנס בשני גולמים ויצא למעלה. נס שמיני שנתחזק זרועו של פינחס. נס תשיעי שלא נשבר הרומח. נס עשירי שלא ירד מדמם על פנחס שלא יטמא. נס אחד עשר <שלא מתו והן בידו שלא יטמא. נס שנים עשר> שדרך העליון להיות תחתון על הרומח ונעשה נס ונהפך זמרי על כובי בשעת מעשה וראום כל ישראל וחייבום מיתה בא לו שבטו של שמעון אצל שבטו של לוי אמר לו וכי בן בתו של פוטי הזה מבקש לעקור שבט אחד מישראל וכי אין אנו יודעים בן מי הוא כיון שראה המקום שהכל מזלזלים בו התחיל מייחסו לשבח שנא׳ פינחס בן אלעזר בן אהרן הכהן השיב את חמתי מעל בני ישראל כהן בן כהן קנאי בן קנאי משיב חימה בן משיב חימה השיב את חמתי מעל בני ישראל.

לכן אמור הנני נותן לו את בריתי שלום. מלמד שעמדו ממנו בבנין ראשון שמונה עשר כהנים גדולים <אבל בבנין אחרון עמדו ממנו שמנים כהנים> ובשביל שהיו שוכרין אותה בדמים התחילו שנותיהם מתקצרות. מעשה באחד ששלח ביד בנו שתי מדות של כסף מלאות כסף ומחוקיהם כסף שוב מעשה באחד ששילח ביד בנו שתי מדות של זהב מלאות זהב ומחוקיהם זהב אמרו כפה סייח את המנורה.

והיתה לו ולזרעו אחריו ברית כהונת עולם. אלו עשרים וארבע מתנות כהונה שניתנו להם לכהנים: תחת אשר קנא לאלהיו. תחת אשר הערה למות נפשו (ישעיה נג יב): ויכפר על בני ישראל. לכפר לא נאמר כאן אלא ויכפר על בני ישראל שעד עכשיו לא זז אלא עומד ומכפר עד שיחיו המתים (סליק פיסקא)

ספרי פיסקא קלא בלק

היכנם לפנים וברור לך לעצמך אי אתה בן בית והוא נכנס אצלה והצרצור מלא יין אצלה מיין העמוני ועדיין לא נאסר יינן של גוים לישראל אמרה לו רצונך שתשתה יין והוא היה שותה והיה היין בוער בו ואומר לה השמיעי לי והיא מוציאה דפוס של פעור מתחת פסיקיא שלה ואומרת לו רבי רצונך שאשמע לך השתחוה לזה והוא אומר לה וכי לעבודה זרה אני משתחוה אמרה לו וכי מה איכפת לך אינו אלא שתגלה עצמך לו והוא מתגלה לו מיכן אמרו המפעיר עצמו לבעל פעור זו היא עבודתו <והזורק אבן למרקולים זו היא עבודתו> והיה היין בוער בו ואומר לה השמיעי לי ואומרת לו רצונך שאשמע לך הגזר מתורתו של משה והוא ניזור שנאמר והמה באו בעל פעור וינזרו לבושת ויהיו שקוצים כאהבם (הושע ט י) באחרונה חזרו לעשות להם מרזיחים והיו קוראות להם ואוכלים שנאמר ותקראן לעם לזבחי אלהיהם. רבי אלעזר בן שמוע אומר כשם שאי אפשר לו למסמר לפרוש מן הדלת בלא עץ כך אי אפשר להם לישראל לפרוש מן הפעור בלא נפשות. מעשה במנחם בן גובתא דאריח שהיה מגניל בחביות ובא עליו שרו של פעור שמט עליו את השפוד וברח והלך לו ובא עליו בלילה שני אמר לו מנחם אף אתה מקללני נתיירא ממנו ואמר לו שוב איני מקללך מעתה. שוב מעשה בסבטיא מאולם שהשכיר את חמורו לאשה נויה כיון שיצתה לפתחה של מדינה אמרה לו המתן עד שתכנס לבית עבודה זרה שלה לאחר שיצתה אמר לה המתיני לי עד שאכנס ואעשה גם אני כדרך שעשיתה אמרה לו אפשר אי אתה יהודי אמר לה ומה איכפת לך נכנס וקינח עצמו בחוטמו של פעור והיו כל הגוים משחקים לו ואומרים מעולם לא עשה אדם אחד כיוצא בזה. שוב מעשה בשלטון אחד שבא ממדינת הים להשתחוות לפעור אמר להם לעבדיו של פעור הביאו לי פר אחד שאנו מקריבים לו או איל אחד שאנו מקריבים לו אמרו לו אין אנו נזקקים לו בכך אלא שתגלה עצמך לו נירה בהם סנגדודים והיו מפצעים את ראשיהם אמר להם אוי לכם ולטעותכם באותה שעה ויחר אף ה׳ בישראל: ויאמר ה׳ אל משה קח את כל ראשי העם והוקע אותם לה׳ נגד השמש <אמר לו הושב ראשי העם> דיינים ויהיו צולבים את החטאים נגד השמש.

ויאמר משה אל שופטי ישראל הרגו איש אנשיו הנצמדים לבעל פעור בא לו שבטו של שמעון אצל זמרי אמר לו הרי אתה יושב שליוה ואנו נדונים בהריגה עמד וכינס עשרים וארבעה אלף משבטו ובא לו אצל כזבי אמר לה השמיעי לי אמרה לו איני נשמעת אלא לגדול שבכם שהוא כיוצא במשה רבך אמר לה אף אני רב השבט ולא עוד אלא ששבטי גדול משבטו שאני לשני והוא לשלישי. אחזה בידו והעבירה באמצע כל ישראל שנאמר והנה איש מבני ישראל בא ויקרב אל אחיו את המדינית לעיני משה ולעיני כל עדת בני ישראל והמה בוכים פתח אהל מועד נענה פנחס באותה שעה ואמר אין אדם כאן שיהרוג ויהרג היכן הם אריות גור אריה יהודה (בראשית מט ט) דן גור אריה (דברים לג כב) התחיל צווח כיון שראה שהיו הכל שותקים עמד מתוך סנהדרי שלו ושמט את הרומח והניחה בפונדתו והיה מסתמך במקלו והולך אמרו לו פינחס להיכן אתה הולך אמר להם אין לוי גדול משמעון בכל מקום <מצינו ששמעון גדול מלוי> אמרו הניחו לו ויכנס התירו פרושים את הדבר כיון שנכנס עשה לו המקום ששה נסים. נס ראשון שדרכן לפרוש זה מזה ודבקן המלאך זה בזה. נס שני שסתם המלאך את פיהם ולא היו יכולים לדבר. נס שלישי שכיון הרומח לתוך זכרות שלו ולתוך נקבות שלה והיו הכל רואים את זכרות שלו בקיבה שלה בשביל הנוקרנין שלא יהו אומרים <לא היתה שם טומאה> אף הוא נכנס לעשות צרכיו. נס רביעי שלא נשמטו מן הרומח אלא עמדו במקומם. נס חמישי שהגביה המלאך פתח שקוף כדי שיראו על כתיפו. נס ששי שהיה המלאך מחבל לפניו ויוצא כיון שיצא וראה פנחס את המלאך שהיה מחבל בעם יותר מדאי השליכן לארץ ועמד ופלל שנא׳ ויעמוד פנחס ויפלל ותעצר המגפה ותחשב לו לצדקה (תילים קו ל).

כסנין. כמו פת הבאה בכיסנין (ברכות מא עמ׳ ב):

והצרצור. שם הכלי:

והוא מתגלה לו. שחושב שאין זו עבודה חשובה; ואסורה-- מדכתיב **איכה יעבדו** (דברים יב:יא):

הנזר. התפרש:

מרזיחין. מאכלין[4] על שם **אל תבא בית מרזח** (ירמיהו טז:ה) על שם שאוכלין בבית האבל[5] אי נמי על שם שנהפך להם לאבל ומתו:[6]

מעשה במנחם בן גובתא דאריא.[7] שם מקום:

שהיה מעגל בחביות. פי׳ מתקן סדקי החביות:

שמע שרו של פעור. שר הממונה על אותו ע״ז ויראה שהיה בא להזיקו שמנחם היה מקללו:

שמט עליו את השפוד. ממה שמביא עלה ההוא דסבטיא משמע דהאי מעשה דמנחם הוי דכוותיה א״כ ר״ל גילה לו את האבר, אי נמי התחיל להתריז קלוח של מי רגלים עד שהיה מגיע בשר ועל זה ברח השר והלך לו, וברח לאו דווקא אלא הלך לו שלא הזיקו:

ובא עליו בלילה שני. גם פעם ראשונה לא היה אלא בלילה:

אף אתה מקללני. פי׳ והרי כבר עבדתני ומה מועיל לך הקללה והשיב מנחם שמכאן ואילך לא יקללנו והיינו ״שאי אפשר לפרוש מהפעור בלא נפשות״[8] דמעיקרא לא שמט עליו את השפוד אלא להנצל ממנו, לבסוף קבלו לאלוה:

נכנס וקינח וכו׳. והוא לא נתכוון לעובדו אלא לגנותו.

והיו משחקין. שהרי עבד ע״ז:

סנגדורין. מיני פצעים וחבורות אי נמי כשיל[ין][9] (וכלפות) [וכלנסות]:[10]

שיהרוג ויהרג. משום דקנאין פוגעין בו:

דרכן לפרוש. שכבר היה סוף ביאה:

ולא היו יכולים לדבר. שאם היו מדברים לא היה יכול להורגם:

הנוקרנין. בני אדם שמגנין הדברים ומבקשין דבה ועלילה:[11]

שלא יהיו אומרין וכו׳. שלא מעלילין לומר לא הרגן בשעת מעשה אלא שלא רצתה להיות נשמעת[12] לו:

ששלח ביד בנו למלך. כדי שיעמדהו כהן גדול:[13]

---

4. עין פירוש רש״י לעמוס ו:ז. והכוונה כאן שבנות מדין הזמינו ישראלים לאכילה לשתיה ולזנות.
5. דמרזח לשון בכי ואבל במקורו והרד״ק בשרשים אמר בית מרזח פי׳ בית אבל.
6. לפי הפירוש הזה לשון מרזח מורה רק על ענין אבילות. ומה שאמר ״באחרונה״ הוא על אנשי ישראל שסוף סוף השמחה והשחוק ממעשה הזנות נהפכו להם לאבל ולמות דכתיב בסוף והמה בוכים וכו׳ והיו המתים במגפה וכו׳.
7. ברית אברהם גורס: אריא. בכה״י אריה. ברוב נוסחת של הספרי: אריח.
8. שא״א להמלט בלא שנפשו יהיה דבוק לאותו ע״ז במדה מה.
9. כמו גרזן.
10. עץ ארוך.
11. נגד המנהיג.
12. להזנות עם פנחס.
13. בפסיקתא דרב כהנה פ׳ כז איתא ועמד אחד כלומר שלח זהב כשוחד נגד הכסף.

פרשת בלק

[פיסקא קלא]

אין ישיבה בכל מקום אלא לשון קלקול. היינו קלקול מעשים וטעמא דמילתא דישראל מוזהרין שלא ישבו להם שעה אחת מן המצות דכתיב **השמר לך וגו'** (דברים ו:יב) **זכור אל תשכח וכו'** (דברים ט:ז) ולשון ישיבה ר"ל ישבו להם מן המצות:

ר' עקיבא אומר כל פרשה הסמוכה לחברתה למידה הימנה. לאו לאפלוגי אתא אלא לאוסופי דפרשת שטים משום הכי סמוכה לפ' פנחס ללמוד ממנה שאם היו זוכין ישראל ופורשין מן הערוה היו זוכין לגדולה כפנחס וכמו שמביא **מובת איש כהן** (ויקרא כא:ט), וא"ת והרי במקומה נכתבה ואיצטריך למסמכה כדאמרי' בזבחים (קא עמ' ב) פרק טבול יום דלא נתכהן פנחס עד שהרגו לזמרי דכתיב **והיתה לו וגו' תחת אשר קנא** (במדבר כה:יג), וי"ל דמ"מ [מד]מצי למיכתב בה שלא במקומו כדאשכחן בהרבה פרשיות יש ללמוד מהסמיכות:

ר' אומר וכו'. שמא סבירא ליה כר' יהודה דלא דריש סמוכין אלא במשנה תורה א"נ פליג אמאי דכליל ר' עקיבא ואמר כל פרשה [וכו'] ואמר דאין זה כלל אבל אין הכי נמי דאיכא מיניהו דאתי לדרשא:

כיוצא בו אתה אומר. ר' עקיבה קאמר ליה:

אמר לו [המקום] **ושמעו לקולך** (שמות ג:יח). האי קרא כתיב בפרשה דלעיל [מיניה] ולא סמיך לקרא **דלא שמעו אלי**[1] (שמות ו:יב) אלא מדסמיך ליה **ויצום אל בני ישראל ואל פרעה מלך מצרים** (שמות ו:יג) הוי כאלו אמר לו **ושמעו לקולך** (שמות ג:יח):

קטרון. שם שררה:

פלומופילון. שם התשמיש שהיה לו לשמש את המלך, בהגדה (בראשית רבה מח:ב) פילון של אברהם אבינו מפולש [היה],[2] כלו' מקומו, הכא נמי שררותו ומקום תשמישו:

[**והיה מספר בני ישראל...**] **יאמר להם בני אל חי** (הושע ב:א). היינו כפל הכתובה:

פולמר[כ]וס. שר החיל:

טלו לכם ימים. פי' במה שתפייסו את המלך:

תאשם שמרון (הושע יד:א) [**ואומר**] **שובה ישראל** (הושע יד:ב). שלא אעשה לך כמו לשומרון:

מלכות זו. רומי הרשעה:

שמשתחצת. לשון גאוה:

ונטלו כל מה שלהם. דכתיב **וכל הבהמה ושלל הערים בזונו** (דברים ג:ז):

אבל משנתמלאו וכו'. לא מייתי לה מהאי קרא אלא מסברא:

במקום השטות. פי' מתוך שהיה בידם ממון הרבה וכתיב **וישמן ישורון ויבעט וגו'** (דברים לב:טו):

(קוין) [קולין]. חנוית מאהלים:[3]

---

1. בכה"י: **לא ישמע אליכם פרעה**, בטעות.
2. עין ערוך ע' פלן: פלונו של אברהם אבינו מפולש היה ופי' מקום.
3. עין תרגום מיוחס ליונתן לבמדבר כד:כה המתרגם קלעים.

בלק

(קלא) וישב ישראל בשטים ויחל העם לזנות. אין ישיבה בכל מקום כי אם קלקלה שנאמר וישב העם לאכל ושתו ויקומו לצחק (שמות לב ו) ואומר וישבו לאכל לחם וגו׳ (בראשית לז כה). ר׳ עקיבא אומר כל פרשה שהיא סמוכה לחברתה למידה הימנה. רבי אומר הרבה פרשיות סמוכות זו לזו ורחוקות זו מזו כרחוק מזרח ממערב. כיוצא בו אתה אומר הן בני ישראל לא שמעו אלי (שמות ו יב) אמר לו המקום ושמעו לקולך (שם ג יח). כיוצא בו אתה אומר ובת איש כהן כי תחל לזנות וגו׳ (ויקרא כא ט) והכהן הגדול מאחיו וגו׳ (שם י) וכי מה ענין זה לזה אף הוא נשרף משל למה הדבר דומה לקוסרון שהשלים שניו ולא שימש פלומופילן שלו אלא ברח והלך לו שלח המלך והביאו וחייבו לקטוע את ראשו עד שלא יצא ליהרג אמר המלך מלאו לו מדה של דינרי זהב והוציאו לפניו ואמרו לו אלו עשית כדרך שעשו חביריך היית נוטל מדה של דינרי זהב ונפשך שלך עכשיו אבדת את נפשך ואבדת את ממונך כן בת כהן שזינתה יוצא כהן גדול לפניה ואומר לה אלו עשית כדרך שעשו אמותיך זכית שיוצא ממך כהן גדול כיוצא בזה ועכשיו אבדת את עצמך ואבדת את כבודך לכך נאמר ובת איש כהן וגו׳ והכהן הגדול מאחיו וגו׳ כיוצא בו אתה אומר כי אתם לא עמי (הושע א ט) ואומר והיה מספר בני ישראל כחול הים אשר לא ימד ולא יספר והיה במקום אשר יאמר להם לא עמי אתם (שם ב א) וכי מה ענין זה לזה משל למלך שכעס על אשתו שלח אחר סופר לבוא ולכתוב לה גט עד שלא בא הסופר נתרצה המלך לאשתו אמר המלך אפשר שיצא סופר זה מיכן חלוק אלא אומר לו בוא כתוב שאני כופל לה כתובתה לכך נאמ׳ כי אתם לא עמי ואו׳ והיה מספר בני ישראל כחול הים. כיוצא בו אתה אומר תאשם שומרון כי מרתה באלהיה (שם יד א) ואומר שובה ישראל עד ה׳ אלהיך (שם ב) וכי מה ענין זה לזה משל למה הדבר דומה למדינה שמרדה על המלך שלח המלך פולימרכוס אחד להחריבה היה אותו פולימרכוס בקי ומיושב אמר להם טלו לכם ימים ואם לאו הריני עושה לכם כדרך שעשיתי למדינה פלונית ולחברותיה ולהפרכיא פלונית ולחברותיה לכך נאמר תאשם שומרון כי מרתה באלהיה ואומר שובה ישראל. דבר אחר וישב ישראל בשטים במקום השטות לפי שהיו ישראל במדבר ארבעים שנה לא מקום זרע ותאנה וגפן ורמון באו ועשו מלחמה עם סיחון ועוג ונפלו בידן ונטלו כל מה שלהם. מלכות זו מתגאה ומשתחצת אין לה אלא ארבע מדינות שראויות למלכות ואלו הם אביא ואלכסנדריא וקרטיגני ואנטוכיא ואלו היו להם ששים עיר וכולם ראויות למלכות שנאמר ששים עיר כל חבל ארגוב ממלכת עוג בבשן (דברים ג ד) <ובאו ישראל ועשו מלחמה עמהם ונפלו בידם ונטלו כל מה שלהם אבל> משנתמלאו ישראל בבזה התחילו מבזבזין את הבזה מקרעים כסות ומשליכים <מעקרין> בהמה ומשליכים לפי שלא היו מבקשים אלא כלי כסף וכלי זהב שנאמר וכל הבהמה ושלל הערים בזונו לנו (שם ז) באו וישבו להם בשיטים במקום השטות באותה שעה עמדו עמונים ומואבים ובנו להם קילין מבית הישימות ועד הר השלג והושיבו שם נשים מוכרות כל מיני כסנין והיו ישראל אוכלים ושותים באותה שעה אדם יוצא לטייל בשוק ומבקש ליקח לו חפץ מן הזקנה והיתה מוכרת לו בשוויו וקטנה קוראה לו ואומרה לו מבפנים בוא וקח לך בפחות והיה הוא לוקח הימנה ביום הראשון וביום השני. וביום השלישי אמרה לו

[305] **אדם וכלים** [מנין].[306] כלומר כלי מתכות שנגעו באדם שנגע במת מנין שיהו טמאין טומאת ז׳ ומייתי לה מק״ו:[307]

[או יהיה אדם...לטמא את חבירו טומאת ז׳ אמרת ק״ו][308] **ומה כלים שאין מטמאין על גבי משכב ומושב.** [פי׳ כלים][309] אין מטמאין אדם בעבור שנגעו או היו על גבי המשכב אלא כדין הנוגע במשכב שהוא ראשון ולא אב:[310]

אדם שמטמא לו על גבי משכב ומושב. פי׳ שאדם עושה משכב ומושב[311] כדקים לן הזב עושה [משכב ו]מושב (זבים ד:ו) ואין מושב עושה מושב:[312]

ת״ל והנפש הנוגעת (במדבר יט:כב). [גזירת הכתוב היא] דטמא מת אינו מטמא אדם אלא [להיות] ראשון:

ה״ג [ק״ו הוא ומה] נבילה קלה מטמאה בהסט טמא מת חמור אינו דין (שיטהר) [שיטמא] בהסט ת״ל וכל אשר יגע בו (במדבר יט:כב) הטמא במגע הוא מטמא טומאת שבעה ואינו מטמא בהסט. ול״ג ״מת חמור״,[313] דמת גופה קא מרבי׳ לעיל דמטמא בהסט;[314] וא״ת ומאי חומריה דטמא מת מנבילה? וי״ל משום דמטמא טומאת שבעה לנוגע בו בחיבורין כדילפינן מהאי קרא בע״ז (לז עמ׳ ב) [פרק] אין מעמידין דאמרי׳ דיקרב בדיקרב בחיבורין[315] טומאת שבעה, שלא בחיבורין טומאת ערב; ודווקא טמא מת הוא דאיכא למדרש דבמגע מטמא ולא בהסט כדמשמע בריש כלים (א:א):

---

305. רבינו פירש אותו פיסקא קכ״ז.
306. לפנינו בספרי: כלים באדם.
307. אם למדנו מן הפסוק לכלים ואדם וכלים ק״ו כלים ואדם.
308. הלא דין הוא שהטמא מת יטמא אחר לטומאת ז׳.
309. כלים אינם עושים משכב ומושב.
310. וכלים המנוגעים אין מטמאים משכב טומאת ז׳ אבל מטמאין אדם טומאת ז׳.
311. להיות אב.
312. הלא דין הוא מכלים מנוגעים שהטמא מת יטמא אדם אחר טומאת ז׳.
313. אלא טמא מת חמור.
314. עין פיסקא קכז.
315. כגון ראובן שנגע במת ובא שמעון ונגע בו בעודו נוגע במת. עיין דברי התוספות ע״ז לז עמ׳ ב.

ספרי פיסקא קכט חקת

ביום השלישי וביום השביעי, בא הכתוב ולימד על טמא מת שטעון הזייה שלישי ושביעי אתה אומר לכך בא או אם הזה בשלישי יטהר בשביעי ואם לא הזה בשלישי לא יטהר בשביעי ת"ל וחטאו ביום השביעי שנה עליו לפסול אין לי אלא שביעי שמיני תשיעי עשירי מנין ת"ל <וחטאו מכל מקום: וכבס בגדיו ורחץ במים וטהר בערב מה ת"ל מפני שהייתי אומר אם קדמה טבילה להזאה יצא ת"ל> וחטאו ביום השביעי ואח"כ וכבס בגדיו ורחץ במים וטהר בערב.

ואיש אשר יטמא ולא יתחטא ונכרתה על טומאת מקדש הכתוב ענש כרת או לא ענש כרת אלא על ההזיה ת"ל ואם לא יתחטא ביום השלישי וביום השביעי לא יטהר עונשו לא יטהר ואין עונשו כרת: והיתה לכם לחקת עולם שינהוג הדבר לדורות. ומזה מי הנדה יכבס בגדיו והנוגע במי הנדה יטמא בין מים למים הכתוב חולק בין מים שיש בהם כדי הזייה ובין מים שאין בהם כדי הזייה שהמים שיש בהם כדי הזייה מטמא אדם לטמא בגדים ומים שאין בהם כדי הזייה מטמא אדם לטמא אוכלים ומשקים אתה אומר לכך בא או לא בא אלא לחלוק בין מזה לנוגע שהמזה שלא נגע מטמא בגדים והמזה נוגע אין מטמא בגדים והרי דברים קל וחומר ומה אם המזה שאין נוגע מטמא בגדים המזה נוגע דין הוא שיטמא בגדים אין לי אלא טהורים טמאים מנין אמרת קל וחומר הוא אם טהורים מטמאים קל וחומר לטמאים אין לי אלא כשרים פסולים מנין אמרת קל וחומר הוא אם כשרים מטמאים קל וחומר לפסולים הא אין עליך לומר כלשון האחרון אלא כלשון הראשון בין מים למים הכתוב חולק

בין מים שיש בהם כדי הזייה ובין מים שאין בהם כדי הזייה שהמים שיש בהם כדי הזייה מטמא אדם לטמא בגדים ומים שאין בהם כדי הזייה מטמא אדם לטמא אוכלים ומשקים (סליק פיסקא)

(קל) וכל אשר יגע בו הטמא יטמא למה נאמר לפי שהוא אומר בחלל חרב בא הכתוב ולימד על החרב שהיא טמאה טומאת שבעה והנוגע בה טמא טומאת שבעה הא למדנו לכלים ואדם. כלים ואדם וכלים מנין ת"ל וכבסתם בגדיכם (במדבר לא כד) הא למדנו לכלים ואדם וכלים כלים וכלים מנין אמרת ק"ו הוא ומה כלים הנוגעים באדם הנוגע בכלים הנוגעים במת הרי הן טמאים כלים הנוגעים בכלים הנוגעים במת דין הוא שיהיו טמאים. כלים באדם מנין אמרת ק"ו הוא ומה אם כלים הנוגעים באדם הנוגע בכלים הנוגעים במת הרי הן טמאים כלים הנוגעים באדם הנוגע במת דין הוא שיהו טמאים או יהיה אדם מקבל טומאה מן המת לטמא את חבירו טומאת שבעה אמרת ק"ו הוא ומה כלים שאין מטמאין על גבי משכב ומושב הרי הם מקבלים טומאה מן המת לטמא אדם טומאת שבעה אדם שמטמא על גבי משכב ומושב אינו דין שיהא מקבל טומאה מן המת לטמא את חבירו טומאת שבעה ת"ל והנפש הנוגעת תטמא עד הערב טומאת ערב הוא מטמא ואין מקבל טומאה מן המת לטמא את חבירו טומאת שבעה. או שמטמא בהיסט אמרת ק"ו הוא ומה נבילה קלה הרי היא מטמאה בהיסט טמא מת חמור אינו דין שיטמא בהיסט ת"ל וכל אשר יגע בו הטמא יטמא במגע הוא מטמא ואין מטמא בהיסט (סליק פיסקא)

מי הנדה בקרא,[279] וגבי **נוגע**[280] (שם יח) לא כתיב טומאת בגדים, וגבי **מזה** (שם יט) כתיב טומאת בגדים,[281] ואמרינן ביומא (יד עמ׳ א) דמאי מזה נושא[282] ואפיקינהו רחמנא בלשון מזה לומר דבעי שיעור הזאה:[283]

או לא בא אלא לחלוק בין מזה לנוגע. פי׳ כפשטי[ה] דקרא דמזה (במדבר יט:כא) מטמא בגדים: ה״ג **המזה ונוגע**[284] **לא יטמא בגדים.**[285] ולא בא לחלוק בין מים למים,[286] ומשני **אמרת! ק״ו** [**אם המזה שאין נוגע מטמא בגדים המזה ונוגע דין הוא שיטמא בגדים**] וכו׳ כלומר[287]— אי איפשר לומר[288] כן![289] דאי איפשר ליגע אם יש בהם כדי הזייה[290] שלא יסיט,[291] דמזה ממש[292] אי אפשר לומר דהא כתיב **והזה הטהור על הטמא** (במדבר יט:יט)[293]א״נ ילפינן מק״ו[294] דנוגע נמי מטמא בגדים[295] אם אתה אומר דלא בא לחלוק בין מים למים:[296]

אין לי (טהרן) **אלא טהור.** גרסינן,[297] פי׳ נימא דהאי דכתב **מזה, ונוגע** (במדבר יט:כא) לאשמועינן דטהור המזה[298] (מליטמא) מיטמא בגדים ולא טמא:[299]

אין לי אלא כשרים. פי׳ מי חטאת כשרין שעדין לא נפסלו:

פסולין מנין. כגון הזה על הבהמה דאמרי׳ (יומא יד עמ׳ א) אם יש באזוב לא ישנה[300]ויליף מק״ו דטמא מטמא[301] ומים פסולין כמו כן,[302] וא״כ[303] צריך לומר כדאמרי׳ ברישא דבין מים למים חילק הכתוב כדמפרש ואזיל— ואי גרסינן טהורין קאי אמים:[304]

[פיסקא קל]

---

279. חד אצל המזה וחד אצל הנוגע ללמד על מים בשעור ומים שלא בשעור.
280. ר״ל הנוגע במי נדה וטומאת ערב כתיב.
281. כלומר ב׳ דברים הם נגיעה לחוד והזאה לחוד.
282. אפשר לומר דמזה בפסוק הוא כינוי לשעור מי נדה שיזה המזה ור״ל דיש לדיק דאם המזה לא נשא בכלי בכדי שעור מי החטאת הוא גופו נטמא בטומאה לטמא בגדים שלו ו״הנוגע״ דלא נשא כשעור אינו מטמא אלא טומאת ערב ומטמא אוכלין ומשקין ולא בגדים.
283. וחילק הפסוק בין מים בכדי שעור למים שאינו בכדי שעור.
284. לפנינו בספרי ומזה הנוגע והיינו הך.
285. ולשון הנוגע ר״ל שנגע במים מקודם ההזאה ואחרי כן יזה ואינו מטמא טומאה חמורה דכתיב רק שיטמא עד הערב ולא כתיב יכבס בגדיו.
286. והכל בכדי שעור.
287. ״אמרת״ ברצינות?? הא אי אפשר אלא בתמיה!
288. להבחין בין נוגע ומזה.
289. וצריך לקרא בתמיה המזה ונוגע **לא יטמא בגדים** אי אפשר לומר כן!!
290. שעור מלא.
291. ואיך אפשר מגע בלא משא?
292. אלא ר״ל נושא ולאפקנהו ממשמעותיה דמזה ממש.
293. ולהלן אמר דטמא א״כ א״א להעמיד ״מזה״ מזה ממש אלא מורה על מי ההזאה.
294. מזה דאינו נוגע מטמא בגדים, המזה שהוא נוגע לא כ״ש.
295. אפילו אינו מפורש בפסוק דין הוא.
296. לא בין שעורי המים אלא בין מזה בלי לינגוע ובין מזה שנגע במים והרי א״א לומר כן דמן הדין רואים שאין ביניהם כלום דשניהם מטמא טומאת בגדים.
297. הנוסח בספרים: אין לי אלא טהורים ועין למטה הערה 304.
298. בתחילת עבודתו צריך להיות טהור.
299. דבסוף יהיו במצבים אלו.
300. לא ישתמש שוב מאותו מים הנשארים באזוב על אדם או כלים.
301. דהרי טהור מטמא. כלומר טמאים מנין דמטמאים?
302. אם כשרים מטמאים ק״ו פסולים.
303. אין בין טהור לטמא ואין בין מזה ומזה הנגע ולא כלום אבל יש בין כדי שעור ולא כדי שעור.
304. במקום אין לי אלא טהורה גורס אין לי אלא טהורין.

זרק בו החץ והרגו ת״ל כל הורג נפש וכל נוגע בחלל תתחטאו (במדבר לא יט) מקיש הורג לנוגע מה נוגע על ידי חיבורו אף הורג על ידי חיבורו.

או בעצם אדם זה אבר מן החי או אינו אלא עצם כשעורה כשהוא אומר וכל הנוגע בעצם הרי עצם כשעורה אמור הא מה ת״ל או בעצם אדם זה אבר מן החי ושני עצמות נאמרו בענין או בעצם אדם זה אבר מן החי וכל הנוגע בעצם זה עצם כשעורה ד״א מה המת כברייתו בשר ונידים ועצמות אף אבר מן החי כברייתו בשר ונידים ועצמות.

או בקבר, זה קבר סתום אתה אומר זה קבר סתום או אינו אלא קבר פתוח אמרת קל וחומר הוא ומה אהל שהוא מקבל טומאה אין מטמא מכל צדדיו כשהוא פתוח קבר שאין מקבל טומאה אינו דין שלא יטמא מכל צדדיו כשהוא פתוח או מה להלן טמא טומאת ערב אף כאן טמא טומאת ערב אמרת וכי אהל מהיכן למדנו לא מן הדין ודבר הלמד ממקום אחר אתה בא ללמד הימנו הלמד מן הלמד (סליק פיסקא)

(קכח) ולקחו לטמא מעפר שריפת החטאת, וכי עפר הוא והלא אפר הוא מפני מה שינה הכתוב במשמעו מפני שמקישו לדבר אחר נאמר כאן עפר ונאמר להלן עפר מה עפר האמור להלן עפר על פני המים אף עפר האמור כאן עפר על פני המים ומה להלן אם הקדים עפר למים יצא אף כאן אם הקדים עפר למים יצא דבר אחר שאם נשתנו מראיו כשר.

ונתן עליו מים חיים אל כלי, במי מעיין הכתוב מדבר אתה אומר במי מעיין הכתוב מדבר או אינו מדבר אלא במים שהם חיים לעולם אעפ״י שאין ראיה לדבר זכר לדבר שנא׳ ויחפרו עבדי יצחק בנחל וימצאו שם באר מים חיים (בראשית כו יט) הא מה תלמוד לומר ונתן עליו מים חיים <במי מציין הכתוב מדבר>

אל כלי, מגיד שעשה בה כל הכלים ככלי חרש שהיה בדין הואיל ומים ועפר מקדשים בסוטה ומים ועפר מקדשים בפרה אם למדתי לסוטה שלא עשה בה כל הכלים ככלי חרס אף פרה לא נעשה בה כל הכלים ככלי חרס תלמוד לומר אל כלי מגיד שעשה בה כל הכלים ככלי חרס (סליק פיסקא)

(קכט) ולקח, נאמרה כאן לקיחה ונאמרה להלן לקיחה מה לקיחה האמורה להלן שלשה אף לקיחה האמורה כאן שלשה.

אזוב ולא אזוב יון אזוב ולא אזוב כוחלית אזוב ולא אזוב רומית אזוב ולא אזוב מדברית ולא כל אזוב שיש לו שם לווי: וטבל במים, שיהא במים כדי טבילה.

איש להוציא את הקטן משמע מוציא את הקטן ומוציא את האשה ת״ל טהור להביא את האשה דברי ר׳ ישמעאל ר׳ עקיבא אומר טהור למה נאמר הא עד שלא יאמר יש לי בדין אם האוסף טהור המזה לא יהא טהור הא מה ת״ל טהור טהור מכל טומאה ואיזה זה זה טבול יום. רבי אומר נאמר כאן טהור ונאמר להלן טהור מה טהור האמור להלן טמא לתרומה וטהור לחטאת אף טהור האמור כאן טמא לתרומה וטהור לחטאת.

והזה על האהל, בא הכתוב ולימד על האהל שהוא מקבל טומאה: והזה על האהל ועל כל הכלים בשעת קיבול טומאה.

ועל הנוגע בעצם, זו עצם כשעורה אתה אומר זו עצם כשעורה או אינו אלא אבר מן החי כשהוא אומר או בעצם אדם הרי אבר מן החי אמור הא מה ת״ל ועל הנוגע בעצם זו עצם כשעורה: ועל הנוגע בעצם, מגיד הכתוב שכשם שהביא כולן לענין טומאה כך הביא כולן לענין הזאה

והזה הטהור על הטמא, טהור על הטמא טהור על הטהור טמא דברי ר׳ עקיבא.

זה עצם כשעורה. משמע הכא דעצם כשעורה מטמא טומאת ז'[262] מדבעי הזאה והוא הדין לכל הנזכרין בפסוק ולא מיעטינהו קרא אלא מטומאת אהל:

ה"ג [**טהור על**] **הטמא טהור דברי ר' עקיבא.** והכי איתא בפרק קמא דיומא (יד עמ' א)[263]ומפרש התם טעמיה דר' עקיבא[264] דאם איתא דלא בא לזו הדרשא לכתוב רחמנא והזה הטהור "עליו", מדכתיב **על הטמא** (במדבר יט:יט) להאי דרשא אתא,[265] ורבנן פליגי עליה ואמרי ק"ו [אם טהור] על הטמא טהור, על הטהור לכ"ש! וקרא לא אתא אלא לדברים המקבלים טומאה שאם הזה על הבהמה[266] נפסל מה שבאזוב[267] אבל אם הזה על דבר המקבל טומאה[268]מה שנשאר באזוב טהור כדמפרש פלוגותיהו התם:[269]

או אם הזה בשלישי יטהר בשביעי. פי' אפי' בלא הזאה בשביעי:[270]

ת"ל וחטאו מכל מקום. משמע אפי' איחר הזאה שנייה יום או יומים אבל אם הזה ראשונה בחמישי אינו יכול להזות שנייה בשביעי[271] אלא חשבינן לחמישי כאלו הוא שלישי ויזה הזאה שניה בתשיעי דאי איפשר להיות בין חיטוי ראשון לחיטוי שני פחות מארבעה ימים:

אם קדמה טבילה וכו' ת"ל וחטאו וכו' (**במדבר יט:יט**). משמע מהכא דבעי טבילה אחר הזאה[272] מיהו ר"ת ז"ל הוכיח במס' מגילה (תוספות לכ עמ' א) דבעי' ביום הז' שתי טבילות אחת קודם חיטוי[273] כדי לקבל הזאה[274] ואחת לאחר הזאה[275] **וההיא דקודם חיטוי אינו מוזכר[ה] כלל בפסוק:**[276]

[**והנוגע**[277] **במי הנדה יטמא** (**במדבר יט:כא**)] **בין מים למים הכתוב חולק.**[278] מדכתיב שני פעמים

---

262. בנגיעה.
263. עין דברי בעל תורה תמימה לבמדבר יט:יט.
264. טהור שנפלה עליו הזאה טמאתו ובדרך זו מפרשים בריתא דידן בספרי אם הזה טהור על הטמא נעשה טהור אבל אם הזה על הטהור נעשה טמא.
265. דיתירא הוה.
266. בהמה אינה מקבלת טומאה.
267. השיריים שיש באזוב פסולים ואינם חוזרים שוב להזאה ובזה בא הדרשא דנפסלו המים שבאיזוב במלאכה כדאיתא פרה ד:ד וזהו לפי גירסת רש"י ועיין קושית תוספות ישנים יומא שם דתמה איך נפסלו המים במלאכה אחרי תערובת האפר ומביא גירסת הר"ח דכשרות המים אינם תלויים במלאכה אלא במחשבה.
268. כגון על אדם או כלים.
269. עין דברי התורה תמימה לבמדבר יט:כא.
270. והפסוק ר"ל יתחטא בג' ויטהר בז'.
271. דצריך ד' ימים בין ההזאות.
272. דחטאו ר"ל הזאה ורחץ ר"ל טבילה.
273. כלומר הזאה.
274. ואותה הוייא בעוד לילה שקודם אור היום של שביעי.
275. ההיא דנזכר בקרא "וחטאו" דהויא ביום אחר זה של הלילה ואחרי הזאה ביום. דכתיב והזה...ביום (במדבר יט:יט) ואתקש טבילה להזאה כדאמרינן מגילה כ עמ' א.
276. כדאמרינן בכריתות ט עמ' א— מה אבותיכם לא נכנסו לברית אלא במילה וטבילה והרצאת דמים וטבילה נפקא לן משום דגמירי דאין הזאה בלא טבילה לפניה כדי לקבל ההזאה ובספרי קתני על הטבילה השנית לאחר הזאה שהיא הטבילה המוזכרה בפסוק.
277. לשון הרמב"ם הלכות פרה אדומה טו:א— מי הנדה אב מאבות הטומאה של תורה וטומאת מגען בכל שהוא ואם היה בהן כדי הזאה מטמאין במגע ובמשא והנוגע בהן או שנושאן שלא לצורך מטמא בגדים...מפי השמועה למדו שזה שנאמר בתורה ומזה מי הנדה לא נאמר אלא לשיעור; שהנוגע או הנושא מי נדה שיש בהן כדי הזייה שלא לצורך הזאה טמא ומטמא בגדים דין תורה. ע"כ, ונראה מדבריו שהנוגע במי חטאת שיש בהם כדי הזאה מטמא בגדים ואין הבדל בין נוגע לנושא ואפשר לומר דכן דעת הספרי במסקנה אבל רבינו טרח לפרש את הספרי בדרך הר"ש למשנה זבים ה:ח דהנוגע אינו מטמא בגדים אלא רק הנושא ועיין פירושי כסף משנה ומשנה למלך לפסק הרמב"ם המובא לעיל.
278. בין שיש בהם כדי הזייה ובין אין בהם כדי הזייה והענין ככה: בפסוק במדבר יט:יט והזה הטהור ובפסוק כא כתוב ומזה מי הנדה יכבס בגדיו אם כן אינו טהור ואחרי כן כתוב והנוגע במי נדה יטמא עד הערב. ויש לשאול מה בין והזה דטהור והמזה דטמא והנוגע דאינו טהור הרי אי אפשר להזות בלא לינגוע. ור"ל שבתחילה צריך להיות טהור אבל כשנוגע במים שיש בהם כדי הזאה נטמא, והמזה במים שאין בהם כדי הזאה נטמא באופן חמור.

[פיסקא קכח]

ונאמר להלן עפר (במדבר ה:יז). גבי סוטה וכתיב התם **יקח הכהן ונתן אל המים** (שם שם):

ה״ג **מה כאן הקדים עפר למים יצא אף להלן וכו׳**. והיינו [ר״ש] וסתם ספרי ר׳ שמעון, ורבנן פליגי עליה בפרק היה מביא בסוטה (טז עמ׳ ב) דתניא התם אם הקדים עפר למים פסול ור׳ שמעון מכשיר ומייתי טעמא דר׳ שמעון מהאי ברייתא דהכא ובעי התם דהכא מנא ליה? ומשני תרי קראי כתיבי, כתיב **ונתן עליו** (במדבר יט:יז) אלמא (מים) [אפר] ברישא, וכתיב **מים חיים אל כלי** (במדבר יט:יז) [אלמא מים ברישא] הא כיצד? רצה זה נותן רצה זה נותן:

ד״א שאם נשתנו מראיו [כשר]. פי׳ גבי סוטה, דגבי פרה מתוך שהוא אפר שרוף פשיטא דמשתנה:

[**או**] **אינו מדבר אלא במים שהם חיים לעולם**. כלומר שיתן האפר במקום חיותו דהיינו בתוך המעין ויליף מדכתיב **ונתן עליו** (במדבר יט:יז) ומשמע שאינו רוצה לומר בתוך המעיין אלא שכבר אינו במקום חיותו אם כן לא מילוי בעי שיהו חיים דהיינו מי מעין:

שעשה בה כל הכלים וכו׳. מדכתיב **אל כלי** (במדבר יט:יז) יליף, משמע כל כלי והכי תנן בפרה (ה:ה) בכל הכלים מקדשין וכו׳:

[פיסקא קכט]

ונאמר להלן ולקח.[252] היינו **ולקחתם אגדת אזוב** (שמות יב:כב) ומדכתיב ״אגודה״[253] **יליף דבעי׳** שלשה קלחין ובהן ג׳ ג׳ גבעולין כמו שפי׳ למעלה:

כדי טבילה. היינו כדי שיטבול ראשי גבעולין ויזה [חוץ מזה שהאזוב בולע]:[254]

טהור מ״מ.[255] גרסינן בדברי ר׳ עקיבא ואיכא בין ר׳ ישמעאל לר׳ עקיבא אשה דלר׳ ישמעאל איהו[256] לרבות אשה ולר׳ עקיבא לא אייתר,[257] ובין ר׳ עקיבא ורבי[258] משמעות דורשין:[259]

מה טהור (במדבר יט:ט) **האמור להלן**. גבי [ה]אוסף:

ולימד על האוהל. מיירי באהל [דהוה] כלי העשוי מבגדים[260] אבל בית דקרקע[261] לא מיטמאה וכדתנן בפרק במה מדליקין (משנה שבת ב:ג) כל היוצא מן העץ אינו מטמא טומאת אוהלים אלא פשתן:

---

252. לפנינו לקיחה ונראה דכן גרס רבינו.
253. עין פיסקא קכד דפירש אין אגודה פחותה משלושה כדברי רש״י בפירושו לשמות יב:כב. וכמו סוכה יג עמ׳ א דאין ב׳ נקרא אגודה אלא לפחות ג׳.
254. לשון תוספתא פרה פרק יב.
255. לפנינו מכל טומאה אבל נראה דכתב מ״מ.
256. לשון טהור אייתר.
257. אלא מורה על טבול יום.
258. כשר בחטאת.
259. חד דינא אבל ר׳ עקיבא אמר בלשון של טבול יום ורבי בלשון של חטאת.
260. דמקבל טומאה.
261. בית עץ וקרקע שלו עפר.

ולכלי מתכות ולכלי חרס לאדם מנין ת״ל ואתם חנו מחוץ למחנה (שם יט) או אלו לכלל חטוי ואלו לכלל טומאה ת״ל הוא יתחטא בו את שבא לכלל חטוי בא לכלל טומאה לא בא לכלל חטוי לא בא לכלל טומאה.

וכל כלי פתוח אשר אין צמיד פתיל עליו בכלי חרס הכתוב מדבר או אינו מדבר אלא בכל הכלים הרי אתה דן נאמרו ארבעה כלים בשרץ והוציא כלי אחד להקל ולהחמיר עליו ונאמרו ארבעה כלים במת והוציא כלי אחד להקל ולהחמיר עליו מה להלן בכלי חרס הכתיב מדבר אף כאן בכלי חרס הכתוב מדבר <דברי ר׳ יאשיה ר׳ יונתן אומר בכלי חרס הכתוב מדבר> או אינו מדבר אלא בכל הכלים ת״ל וכל כלי פתוח וגו׳ כלי שאם נטמא אין לו טהרה מטומאתו ואיזה זה זה כלי חרס מה ת״ל פתוח ואפילו כל שהוא רבי אליעזר אומר בכלי חרס הכתוב מדבר או אינו מדבר אלא בכל הכלים ת״ל וכל כלי פתוח כלי שמקבל טומאה דרך פתחו ואיזה זה זה כלי חרס מה ת״ל טמא טמא לעולם. אבא חנין אומר משום רבי אליעזר כל כלי פתוח שומע אני אפילו כולו ת״ל פתוח על פתחו אמרתי ולא על כולו.

וכל כלי פתוח וגו׳, פתיל זה העודף צמיד זה הדופק ואע״פ שאין ראיה לדבר זכר לדבר שנא׳ ויצמד ישראל לבעל פעור (במדבר כה ג).

וכל כלי פתוח וגו׳, טמא הוא, מיכן אמרו כלים מצילים צמיד פתיל באהל המת אוהלים בכסוי.

וכל כלי פתוח, מיכן אמרו חבית שכפאה על פיה מירחה בטיט מן הצדדים טמאה שנא׳ צמיד פתיל עליו ולא צמיד פתיל על גביו.

וכל כלי פתוח, אין לי אלא כלי חרס כלי גללים כלי אבנים וכלי אדמה מנין ודין הוא ומה כלי חרש שהם עלולים לקבל טומאה הרי הם מצילים צמיד פתיל באהל המת כלי גללים כלי אבנים כלי אדמה שאין עלולים לקבל טומאה אינו דין שיצילו צמיד פתיל באהל המת ת״ל וכל כלי פתוח:

טמא הוא <אין ת״ל טמא הוא> מה ת״ל טמא הוא אלא הוא שיציל על עצמו צמיד פתיל באהל המת יציל על עצמו צמיד פתיל באהל השרץ (סליק פיסקא)

(קכו) וכל אשר יגע על פני השדה, להוציא את העובר שבמעי אשה דברי ר׳ ישמעאל, ר׳ עקיבא אומר להביא את גולל ודופק.

בחלל חרב, בא הכתוב ולימד על החרב שטמאה טומאת שבעה והנוגע בה טמא טומאת שבעה הא למדנו לכלים ואדם כלים ואדם וכלים מנין ת״ל וכבסתם בגדיכם ביום השביעי וטהרתם (במדבר לא כד) הא למדנו לכלים ואדם וכלים.

בחלל חרב או במת, אף המת בכלל חלל והרי הכתוב מוציאו מכללו לעשות את הפורש הימנו כמוהו דברי רבי יאשיה רבי יונתן אומר אין המת בכלל חלל לפי שמצינו שלימד על המת בפני עצמו ועל החלל בפני עצמו מנין לעשות אף את הפורש ממנו כמוהו אמרת ק״ו הוא ומה נבילה קלה עשה בה את הפורש ממנה כמוה המת חמור דין הוא שנעשה בו את הפורש ממנו כמוהו לא אם אמרת בנבילה שמטמא טומאת ערב מרובה תאמר במת שמטמא טומאת שבעה מועטת אמרת וכי היכן ריבה והלא במת ריבה שהמת כטמא טומאת שבעה ונבילה מטמא טומאת ערב מנין שמטמא בהיסט אמרת ק״ו הוא מה נבילה קלה הרי היא מטמאה בהיסט המת חמור דין הוא שיטמא בהיסט אי מה להלן טומאת ערב אף כאן טומאת ערב אמרת מקום שמגעו טומאת שבעה היסטו טומאת שבעה מקום שמגעו טומאת ערב היסטו טומאת ערב ר׳ מאיר אומר בהרגו בדבר שמקבל טומאה הכתוב מדבר שמטמא בהיסט או אפילו

בכל התורה כולה למידין למד מלמד זולתי בקדשים דאין למדין![225] ושמא י״ל (טמאו בקדשים) [טומאה כקדשים] דמי[226] [ודוחק] משום דאפושי טומאה לא מפשי[נן]:)

—מיהו צ״ל דקבר סתום[227] מטמא למאהיל עליו טומאת ז׳ מדאורייתא דההוא קרא דוכל **אשר יגע על פני השדה** (במדבר יט:טז) דדריש ליה[228] בנזיר פרק כהן גדול ונזיר (נג עמ׳ ב) **על פני**[229] **השדה** זה המאהיל על [פני] המת, **בחלל** זה אבר מן החי[230] ויש בו להעלות (אותה) [ארוכה], **חרב**, הרי הוא כחלל,[231] **או במת** (או מן החלל) [זה אבר הנחלל מן המת], **או בעצם אדם** זה רובע עצמות,[232] ״**או בקבר** זה קבר[233] התהום[234] סתום דאמר מר טומאה בוקעת ועולה, (ו)בוקעת ויורדת— כלומר והוה ליה כאלו מאהיל על המת עצמו[235] ובההוא קרא כתיב **שבעת ימים** (במדבר יט:יז)״[236] וקרא **דעל הנוגע בעצם או בחלל**[237] (במדבר יט:יח) דריש ליה [לרבי יהודה] [**ב**]**עצם** זה עצם כשעורה, **או בחלל** זה אבר הנחלל מן החי ואין בו כדי להעלות ארוכה, **או במת** זה אבר הנחלל מן המת, **או בקבר** [אמר ר״ל] זה קבר שלפני הדיבור[238] — כלומר דלא מיטמא[239] באהל אלא במגע— ומה שכתוב בספרים או מה להלן טומאת ערב וכו׳ אי אפשר להעמידה;[240]

[וא״ג] (וא״כ)[241] קשה מהכא[242] דמשמע[243] דלא מטמא אלא טומאת ערב! וי״ל[244] דהכא מיירי בשיש בו חלל טפח או בקבר או בארון ומ״מ מטמא מכל סביביו אפילו במקום הריקן שבו וההוא לא מטמא מדאורייתא אלא מדרבנן[245] אי נמי מדאורייתא משום דאיקרי[246] קבר[247] מידי דהוה אקבר דלפני הדבור ובההוא קבר קאמר הכא דלא מטמא אלא טומאת ערב:[248]

דבר הלמד ממקום אחר וכו׳. דיחויא בעלמא הוא[249] ואין זה עיקר הטעם אלא משום אטומאה מן הצדדין[250] אינה אלא מדרבנן:[251]

---

225. זבחים מט עמ׳ ב. א״כ למה אתה שואל. ורבינו הלל מקשה ואינו מתרץ.
226. עיין פירוש אהלי יהודה דאמר ודוחק לומר דחשיב כקדשים לפי שהטומאה אוסרתו בקדשים.
227. ובכה״י ״קסבר סתום״ בטעות.
228. בברייתא.
229. משמע דמוטל בשדה כדפירש המפרש בנזיר ז״ל.
230. שנפל מגופו.
231. נעשה אבי אבות.
232. עיין דברי התוס׳ דקרא אסמכתא והדין הלכה משה מסיני.
233. וזה עיקר ראיתו.
234. ליתא בגמרא דלפנינו אמר קבר סתום.
235. וטמא טומאת ז׳.
236. הרי טומאת ז׳ מדאורייתא.
237. בכה״י: וכל הנוגע בעצם ובחלל.
238. קבר בן נח ואחרי הדיבור קבר גוי הוא כקבר בן נח.
239. קבר גוי לא מטמא באהל.
240. בסתום והרי אמרי ז׳ ימים בגמרא דנזיר.
241. נראה דמה שאמר כאן בא להצדיק את הגירסה אי גרסינן לה ואיני יודע אם זה מעיקר הפירוש של רבינו או מן הגליון.
242. מגירסה זו.
243. מן הגירסה דאפשר קבר סתום בטומאת ערב נגד דברי הגמרא.
244. אם יש לקיים הגירסה בדוחק.
245. טומאת ערב ומדאוריתא טהור לגמרי.
246. אהל סתום איקרי קבר.
247. כריש לקיש.
248. באהל.
249. והפסוק מיירי בקבר סתום וטומאתו בנגיעה או טומאת ז׳ בקבר של יהודי או טומאת ערב בקבר של גוי.
250. בפתוח.
251. עין לעיל הערה 119.

דמיירי[206] בכל ענין בין נוגע בחרב בין כרך ידו בסודרו ואחז את החרב והרגו[207] אי נמי[208] י״ל[209] דאין נזכר בכאן[210] משא כלל[211] אלא הסט ממש שמסיטו ומזיזו ממקומו; והשתא אתיא כולה שמעתא (כפשטוה) [בפשטות] אלא שקשה לי קצת [ב]שהרגו בדבר המקבל טומאה, [דהוה ליה לומר] אפילו בדבר שאינו מקבל טומאה[212] הרי הוא מסיטו[213] ושמא י״ל דאדם ההורג אינו טמא אלא משום נוגע בחרב, וחרב אע״ג דנגעת ביה בשעה שהרגו בה כל זמן שאינו נגמר מיתתו אינו מטמא לחרב ובשעת שהוציאה מגופו היא מסיטתו ואז נגמר מיתתו, ודוחק;[214] ור״ש ז״ל פי׳ בסוף זבים (ה) ובריש כלים (א:ג) דמת אינו מטמא במשא בלא זז[215] אותו ממקומו[216] זולתי אם יהיה הנושא מאהילו אבל נושא בלא מאהיל ובלא זז אינו מטמא ולפי׳[217] זה אתי שפיר מאי דפריך ״או אפי׳ זרק בו חץ והרג״ דהיינו הסט על ידי החץ שלא על ידי חיבור:[218]

זה אבר מן החי. פי׳ שמטמא כמו מת ודווקא שיש בו בשר וגידין ועצמות:

ד״א. אפי׳ דהאי **או בעצם אדם** (במדבר יט:טז) מיירי באבר מן החי ולא בעצם כשעורה דקתני לה בהדי מת לומר ״מה מת וכו׳״:

דין הוא שלא יטמא מכל צדדין. כשהוא פתוח אבל כשהוא סתום מטמא מכל צדדין:[219]

ה״ג אי מה להלן טומאת שבעה[220] **אף כאן טמא טומאת שבעה אמרת [וכי] אהל מאין למד לא מן הדין.**[221] פי׳ לעיל גבי אהל אמרנו יכול לא יטמא אלא טומאת ערב אמרת ק״ו ומה אם שלישי במת טמא, שני במת דין הוא שיהא טמא[222]— נמצא שלמדנו לאהל שמטמא דרך פתחו טומאת ז׳ מן הדין דהיינו ר״ש, וקשיא לי דהא סיפיה דקרא כתיב **כל הבא אל האהל וכל אשר באהל יטמא ז׳ ימים** (במדבר יט:יד) ולמה לי למילף מדינא? וי״ל דהוה אמינא דלא קאי שבעת ימים אלא אכל **אשר באהל** מדכתיב **יטמא** ולא כתיב יטמאו[223]—

(ודבר הלמד ממקום אחר אתה בא ללמד ממנו הלמד מן הלמד. תי׳ ומה בכך הק״ל[224]

---

206. טומאת הסט.
207. אפילו הכי הסודר אינו חוצץ דלא מיטמא בנגיעה פשוטה אלא בהסט והרי אב אבל צריך להיות חיבור בין ההורג והחרב והמת שהטומאה לא באה אלא דרך חיבור.
208. או מאידך גיסא.
209. ר״ל יש לפרש.
210. בפסוק.
211. אינו מדבר על טומאה מטעם טלטול חרב דפשיטא דמיטמא דהרי הכל מחובר.
212. גרסת כ״י סמינר ונראה דכן יש לגרוס דמה לי הסט אם נגע בכלי המקבל טומאה אפילו בלא הסט יהיה טמא.
213. בזה יהיה חידוש דהסט ור״ל דהזיז החץ.
214. שהסט מורה על הוצאת החרב מן הגוף.
215. לא כמו זב היושב על אבן דאינו זז.
216. ר״ל הזיז המת.
217. והקושיא בניגוד להסט החרב או הסט הגוף. דאם יטמא בחרב הנטול היה צריך דבר המקבל טומאה וזה חידושו שדרך חיבור באה או אם בחץ שחידושו דאינו נטול רק צריך כוח להזיז את המת, הרי אין לו ענין כלל לדבר המקבל טומאה דהטומאה אינו באה בטומאת חיבור אלא בכוח הסט.
218. ואינו שייך אם מקבל טומאה או לא. ובמסקנה לפנינו נראה דאינו מטמא אלא על ידי חיבורו ולא בהסט בלי חיבור וצ״ל דהר״ש מפרש שמיטמא אם מזיז בחיבור ודברי רבינו תמוהים.
219. דהנוגע בצד טמא טומאת ז׳.
220. לפנינו טומאת ערב ולמטה רבינו מוחק גירסה זו דהרי ר״ל בסתום.
221. ומיירי בסתום.
222. למעלה פירש: אם אדם שנוגע בנגע, שהוא שלישי למת, טמא טומאת שבעה, דין הוי [ד]אדם שנוגע באהל דהוה ליה כאלו נוגע במת כרפי׳ והוה ליה ״שני למת״ שיהא טמא טומאת שבעה. ע״כ. והוא הוא הדין דנזכר כאן.
223. אינו לשון רבים אלא יחיד וסד״א דמורה על הקרוב לו לבד דהוא כל אשר באהל קמ״ל דקאי גם על כל הבא אל האהל. לכן צריך קו״ח.
224. הוספה מן הגליון ולא מעיקר הפירוש.

ומה כלים שאין מטמאין על גבי משכב ומושב. אין מטמאין אדם בעבור שנגעו או היו על גבי המשכב אלא כדין הנוגע במשכב שהוא ראשון ולא אב:

אדם שמטמא לו על גבי משכב ומושב. פי׳ שאדם עושה משכב ומושב כדקים לן (משנה כלים א:ג) הזב עושה מושב ואין מושב עושה מושב:

ת״ל והנפש הנוגעת (במדבר יט:כב). דטמא מת אינו מטמא אדם אלא ראשון:)

ה״ג **אף המת בכלל חלל־חרב.** פי׳ דלכתוב **בחלל־חרב** (במדבר יט:טז) ולא ליכתוב **או במת** (שם שם) ואנא ידענא דמת הרי הוא כחלל־חרב אלא[194] הוציאו מכללו כשכתב אותו לעשות כזית הפורש ממנו כמוהו כגון כזית בשר הפורש מן המת כמת לכל טומאותיו ואין זה הדין בחרב[195] שאם פורש ממנו חתיכה טהור כולו מפני שבטל ממנו שם כלי; ומחלל[196] לא מצי למילף דהוה אמינא דומיא דחרב:[197]

אין המת בכלל חלל־חרב. דסבר דאי לא כתיב **או במת** (במדבר יט:טז) לא הוו ילפי׳ לה מחלל (שם שם) דהוה אמינא החלל הוא מטמא אבל המת לא ואין ללמוד דבר הפורש ממנו [כמהו] אלא מק״ו דנבלה כדמפרש ואזיל:

נבלה...הפורש ממנה [כמוה]. כגון כזית [ממנה] מטמא כנבילה שלימה דכתי׳ **וכי ימות מן הבהמה** (ויקרא יא:לט) מקצת בהמה מטמאה ואע״ג דההוא דרשינן ליה (חולין קכח עמ׳ ב) להביא אבר הפורש מן החי כתיב **מנבלתה** (ויקרא יא:מ) ואפי׳ מקצת:

[**אם אמרת בנבילה שמטמא**] **טומאת ערב מרובה.** לפי שנוהגת[198] בכל הטומאות ואלו טומאת ז׳ אינו נוהג אלא במת; ופי׳ היכן ריבה פי׳ מ״מ טומאת ז׳ היא מרובה מטומאת ערב:[199]

מנין שמטמא בהסט. היינו במשא ממש:[200]

אמרת מקום וכו׳. בניחותא, והיינו כמאן דאמר דון מינה ואוקי באתרא[201] (בבא קמא כה עמ׳ ב) אבל למאן דאמר דון מינה ומינה[202] (שם) או סבירא ליה כר׳ מאיר[203] או סבירא ליה דמשא ילפי׳ מהלכה:[204]

ר׳ מאיר אומר בהרגו בדבר וכו׳. כלומר ומהפסוק למדנו הסט דהאי [ו]**כל אשר יגע** (במדבר יט:טז) בנגיעה מחמת הסט— שהרגו בחרב ונטמאת החרב ונעשה אבי אבות משום ״חרב הרי הוא כחלל״[205] ומשום נגיעה ואדם נעשה אב דהיינו כטמא מת על ידי שנושא את החרב

---

194. תשובה היא.
195. ר״ל חלל־חרב.
196. שהרי הוא כמת.
197. דכתיב ביחד.
198. טומאת ערב.
199. אבות הטומאה במת יותר מאבות בנבילה.
200. בנדנוד ולא בנגע בו ולהלן יסביר ש רבי מאיר סבר דבעי הסט ממש שמסיטו ומזיזו ממקומו ולא סתם נשא במקומו.
201. כלומר שהלימוד מג״ש או ק״ו אינו יכול לשנות הגדרים בענין שמוסיפים בו פרטים מן הג״ש או הק״ו. כלומר הפרט המפורש יקיים אבל אין לחדש גדרים והגדרים יהיו בלא חידוש. א״כ למ״ד זה אין לשנות הגדרים של טומאת היסט או משא במת הנלמד בק״ו אלא הם כמו המצבים הרגילים אם ראשון בטומאת ערב אם אב בטומאת ז׳. ולפי פירוש הנציב א״א לומר דון מינה ואוקי באתרא אלא בג״ש ובדוחק תירץ שכאן בספרי ק״ו הוא ג״ש.
202. גם הגדרים מוסיפים על הענין הנלמד וטומאת הסט מטמא טומאת ערב.
203. דטמא ז׳.
204. מהלכה משה מסיני ולא מסברא או פסוק.
205. נזיר נג עמ׳ ב.

מלמעלה[177] ודופק אבן שבראשה ו[אבן] שברגל[ה] שהיא[178] סמוכה עליהן;[179] ופעמים שסומכין אותה[180] על אבנים שבצדדין והנהו איקרו דופק דופקין[181] ובפרק [בהמה] המקשה (חולין עב עמ' א) קאמר ור' ישמעאל גולל ודופק הלכתא גמירי לה:

בא הכתוב ולימד על החרב שטמאה טומאת שבע. מדטמאה חרב לנוגע בה טומאת שבעה:

הא למדנו לכלים ולאדם. כלומר כלי מתכות שנגעו במת, ואדם בכלים,[182] ששניהם טמאים טומאת שבעה מדכתיב **בחלל־חרב** (במדבר יט:טו) משמע "חרב[183] הרי הוא כחלל"[184] לטמא לנוגע בו טומאת שבעה:

כלים ואדם וכלים מנין. [פי'] כלי מתכות במת[185] ואדם בכלים[186] וכלי מתכות באדם,[187] מנין שכולן טמאין טומאת שבעה:

ת"ל וכבסתם [בגדיכם] (במדבר לא:כד). מסיפיה דקרא ילפי' דכתי' **ביום השביעי** (במדבר לא:כד) משמע בגדים שנגעו באדם ואדם בחרב וחרב במת שמטמאין טומאת שבעה והכי תנן בריש אהלות (א:א) שנים טמאים במת— אחד טמא [טומאת ז'] ואחד [טמא] טומאת ערב, שלשה טמאים במת— שנים טמאין טומאת שבעה ואחד [טמא] טומאת ערב, ארבעה טמאים במת ג' טמאין טומאת ז' ואחד [טמא] טומאת ערב; וזה פירושו— כל כלי[188] או אדם הנוגע במת נעשה אב שהמת הוא אבי אבות והנוגע בו נעשה אב הטומאה [ו]טמא טומאת שבעה, וכל כלי או אדם הנוגע בנוגע[189] שלא בחיבור נעשה ראשון ואינו טמא אלא טומאת ערב זולתי כלי מתכות שהוא גזירת הכתוב שאם נגעו במת נעשו אבי אבות כמת ואם נגעו באדם חוזרין אב כמו האדם וכן פי' ר"ת[190] ההיא בארבעה טמאין במת, כלי מתכות שנגעו במת ונעשו אבי אבות, נגע אדם בהם נעשה אב כאלו נגע במת, [נגע] כלי מתכות באדם נעשו אב כמותו— ואלו השלשה טמאין טומאת שבעה, הרביעי בין אדם בין כלים אינו טמא אלא טומאת ערב, שמעתי נמי[191] בהכי מיירי[192] חרב במת אבי אבות, אדם בחרב אב, כלים באדם אב [ו]מיירי בכלי מתכות ואע"ג דמייתי לה מוכבסתם בגדיכם (שם שם) אשכחן בגדי כהונה דאיקרו בגדים דכתי' **ואלה הבגדים** (שמות כח:ד) ואיכא ציץ שהוא טס של זהב:

[193](אדם וכלים. כלומר כלי מתכות שנגעו באדם שנגע במת מנין שיהו טמאין טומאת ז' ומייתי לה מק"ו:

---

177. שגולל מורה על אבן שמגללים על הפתח ועין שיטה מקובצת נזיר נד עמ' א המביא ענין ההמשך על דופק דפקים מדברי הערוך.
178. אבן הגולל.
179. הכל בלשון אחר בתוס' שלנו שבת קנב עמ' ב...והא דקאמר דופק דופקים וכו'. וכדברי הר"ש משנץ לאהלות ב:ד.
180. מחזיקים אבן הדופק באבנים אחרות מן הצדדים שלא תזוז.
181. ומובא באהלות ב:ד שדופק דופקין טהור ועין ספרי זוטא חוקת סוף פ' יז.
182. אדם נוגע בכלי מתכת שנגע במת.
183. וה"ה כלי מתכת שהרי דומה לחרב שהוא כלי מתכת.
184. עין נזיר נג עמ' ב.
185. הרי הכלי אבי אבות.
186. הרי האדם אב.
187. גם הוא אב עין ריש אהלות.
188. ובגד נקרא כלי.
189. שהוא אב.
190. פירושו נמצא בפירוש הר"ש לאהלות א:א.
191. כפירוש ר"ת ומובא בר"ש לריש אהלות.
192. פירוש על כלים ואדם וכלים.
193. כל זה שייך למטה פיסקא ק"ל ונראה שפירש רבינו כאן הנוסח דשם. וראה בסוף הפרשה לפירושו.

אחרים על מה שבתוכו, אבל כלי גללים כיון דאין מועיל צמיד פתיל להציל על עצמן[162] לא יצילו על אחרים להכי איצטריך **וכל כלי** (שם שם) מריבויא דוא״ו דריש, **וכל** דרשינן לכלי נתר[163] שיהא דינו ככלי חרס לכל דבר בין לקבל טומאה מתוכו בין להציל בצמיד פתיל:

יציל על עצמו צמיד פתיל באהל השרץ. כגון אוכלין ומשקין בתנור[164] בצד אחד ומוקף צמיד פתיל, ובצד השני השרץ, והקרץ[165] בנתים כלומר כותל מפסיק בין שני המקומות לא קרי ביה **כל אשר בתוכו** (ויקרא יא:לג) והרי זה מציל כיון שבמקום האוכלין מוקף צמיד פתיל אבל אם היה מקום האוכלין בלא צמיד פתיל ומקום השרץ מוקף לא היה מציל דאין לטומאה צמיד פתיל:

[פיסקא קכז]

להוציא את העובר. שאם פשטה החיה ונגעה בו[166] בפנים טהורה משום דהויא טומאת בית הסתרים דהכי משמע קרא **וכל אשר יגע** [**על פני השדה**] (במדבר יט:טז)— כדבר שיצא לשדה א״נ[167] כשדה— מה שדה בגלוי וגו׳[168] והא דתנן פרק בהמה המקשה (חולין עא עמ׳ א, משנה) האשה שמת עוברה בתוך מעיה ופשטה החיה את ידה ונגעה בו, החיה טמאה טומאת שבעה[169] והאשה טהורה עד שיצא הולד, התם (בגמרא שם עב עמ׳ א) (מקשי׳) [מפרשי׳] דההוא טומאת חיה אינה מדאורייתא אלא מדברי סופרים גזירה שמא י[ו]ציא הולד ראשו חוץ לפרוזדור ודווקא על חיה הוא דגזור אבל אשה מרגשת בעצמה ומשמע התם דאפי׳ לר׳ ישמעאל דאמר עובר במעי אשה טהור גזרו מהאי טעמא אבל לר׳ עקיבא עובר במעי אשה טמא ומטמא לחיה מן התורה ואע״ג דבעלמא טומאה בלועה לא מטמאה גזרת הכתוב היא גבי עובר כדאמרי׳ התם (חולין עב עמ׳ א) מדכתיב **כל הנוגע במת בנפש האדם** (במדבר יט:יג) איזהו מת שהוא בנפש האדם הוי אומר זה עובר [במעי אשה][170] וא״כ ההיא דהאשה שמת עוברה לר׳ עקיבא מדאורייתא היא ואפי׳ לא הוציא העובר ראשו חוץ לפרוזדור ומ״מ האשה טהורה משום דאינה נוגעת בו בדבר גלוי שבה:[171]

להביא גולל ודופק.[172] פרש״י ז״ל (חולין עב עמ׳ א) ״גולל כיסוי הארון, **דופק** דפין שבצידי הארון״,[173] אבל ר״ת הקשא מדאמרי׳ התם להביא דופק [וגולל דמיטמא מדכתיב **על פני השדה**[174] ועוד דתנן במס׳ אהלות בפ״ב דופק] דופקין,[175] ומפ׳ דגולל הוא אבן[176] שעל פי הקבר

---

162. דאינן מקבלים טומאה.
163 עיין פירוש תוספות יום טוב לכלים ב:א ולפי דעתו הוא כלי מאבן רכה מאד.
164. סתם תנור כלי חרס.
165. המחיצה המפסקת בין בית קבול לחבירו נקרא קרץ לשון מחומר קורצתי גם אני (איוב לג:ו) והוא לשון הרע״ב כלים ח:ו.
166. בעובר מת.
167. בכ״י סמינר ״אי נמי״, ובכ״י אקספורד— א״כ.
168. כדברי רש״י.
169. ואמאי הא טומאת בית הסתרים היא ואינה מטמאה!
170. עיין פירוש התוספות יום טוב לאהלות ד:ז.
171. כמו ידה אלא נוגעת במסתרים.
172. ששדה מורה על פתח הקבר וכל אשר יגע בא לרבות גולל ודופק.
173. עיין נוסח רש״י מובא בתוס׳ כתובות ד עמ׳ ב אבל העיקר תוס׳ שבת קנב עמ׳ ב ונראה שכדברים אלו היו לפני רבינו וקיצרם.
174. ולפי רש״י הארון מונח בתוך הקרקע ולא על השדה.
175. ואי כפי׳ הקונטרס וכי דרך להניח שני קרשים מימין המת בצידי הארון.
176. מצבה.

ספרי פיסקא קכה–קכו חקת

לא יתחטא במים כשהוא אומר מי נדה לא זורק עליו הרי מים אמורים הא מה ת״ל ולא יתחטא לא יתחטא בדמים להביא את מחוסר כפרה.

את משכן ה׳ טמא למה נאמר לפי שהוא אומר את מקדש ה׳ טמא אין לי אלא מקדש משכן מנין ת״ל את משכן ה׳ טמא: ונכרתה, מפני מה ענש להלן מיתה וכאן כרת ללמדך שמיתה היא כרת וכרת היא מיתה.

טמא יהיה <אין לי אלא טמא מת שאר טמאים מנין ת״ל טמא יהיה> לרבות שאר טמאים דברי רבי יאשיה, רבי יונתן אומר אינו צריך שהרי כבר נאמר והזרתם את בני ישראל מטומאתם ולא ימותו בטומאתם בטמאם את משכני אשר בתוכם (ויקרא טו לא) טמא מת היה בכלל והוציאו הכתוב מכללו וענש עליו מיתה וחייב עליו קרבן אין לי אלא טמא מת שאר טמאים מנין אמרת אם טמא מת היה בכלל והוציאו הכתוב מכללו וענש עליו מיתה וחייב עליו קרבן אף שאר הטמאים דין הוא שנעניש עליהם מיתה ונחייב עליהם קרבן מה ת״ל טמא לפי שהוא אומר כי מי נדה לא זורק עליו אין לי אלא שלא הזה כל עיקר הזה ולא שנה מנין ת״ל טמא יהיה הזה ושנה ולא טבל מנין ת״ל טומאתו בו הזה ושנה וטבל ולא העריב שמשו מנין ת״ל עוד טומאתו בו (סליק פיסקא)

(קכו) וזאת התורה אדם כי ימות באהל כל הבא אל האהל וכל אשר באהל יטמא שבעת ימים, בא הכתוב ולימד על המת טומאה חדשה שמטמא באהל <אין לי אלא באהל> חוץ לאהל מנין ת״ל וזאת התורה אדם כי ימות באהל דברי איסי בן עקיבא ר׳ ישמעאל אומר אינו צריך אם עד שלא נוקק לטומאה הרי הוא מטמא משנזקק לטומאה דין הוא שיטמא מנין לעשות כל המאהילים כאהל היה רבי יצחק אומר מה מצורע הקל עשו בו כל המאהילים כאהל מת חמור אינו דין שנעשה בו כל המאהילים כאהל.

כל הבא אל האהל זה הבא מקצתו וכל אשר באהל זה הבא כולו הא עד שלא יאמר יש לי בדין אם הבא מקצתו טמא הבא כולו לא יהיה טמא אלא אם אמרת כן ענשת מן הדין לכך נאמר כל הבא אל האהל <וכל אשר באהל> ללמדך שאין עונשים מן הדין ר׳ אחי ברבי יאשיה אומר כל הבא אל האהל למה נאמר לפי שהוא אומר וכל אשר באהל הא עד שלא יאמר יש לי בדין אם הבא לאהל טמא אשר באהל לא יהיה טמא מה ת״ל כל הבא אל האהל לעשות קרקעו של בית עד התהום כמוהו.

כל הבא אל האהל דרך פתחו הוא מטמא ואין מטמא מכל צדדיו כשהוא פתוח מיכן אתה דן לקבר מה אהל שהוא מקבל טומאה אין מטמא מכל צדדיו כשהוא פתוח קבר שאין מקבל טומאה אינו דין שלא יטמא מכל צדדיו כשהוא פתוח או חילוף מה קבר שאינו מקבל טומאה <הרי הוא מטמא מכל צדדיו כשהוא פתוח אהל שהוא מקבל טומאה> אינו דין שיטמא מכל צדדיו כשהוא פתוח ת״ל כל הבא אל האהל דרך פתחו הוא מטמא ואין מטמא מכל צדדיו כשהוא פתוח דנתי וחילפתי בטל או חילוף וכיתי לדון כבתחילה מה אהל שהוא מקבל טומאה אין מטמא מכל צדדיו כשהוא פתוח קבר שאין מקבל טומאה דין הוא שלא יטמא מכל צדדיו כשהוא פתוח או לא יטמא טומאת ערב אמרת ק״ו הוא אם שלישי במת טמא השני דין הוא שיהא טמא.

וכל אשר באהל שומע אני אף הקש והחריות והעצים והאבנים והאדמה במשמע ת״ל ולקח אזוב וטבל במים איש טהור והזה על האהל ועל כל הכלים ועל הנפשות וגו׳ ועדיין כלי גללים וכלי אבנים וכלי אדמה ונפשות בהמה במשמע ת״ל וכל בגד וכל כלי עור וכל מעשה עזים וכל כלי עץ (במדבר לא כ) הא למדנו לארבעה כלים לכלי מתכות מנין ת״ל אך את הזהב ואת הכסף את הנחשת את הברזל את הבדיל ואת העפרת (שם כב) הא למדנו לארבעה כלים ולכלי מתכות לכלי חרס מנין ת״ל וכל כלי פתוח אשר אין צמיד פתיל עליו וגו׳ הא למדנו לארבעה כלים

ובארבעה כלים ליכא למימר[147] דהא כתי׳ בהו חיטוי:

ואפי׳ כל שהוא. כלומר אפי׳ פתח קטן כגון פכין קטנים אע״ג דלא מטמא בהסט הזב[148] [הוא][149] משום דלא אתי לכלל מגע בשר;[150] **ור׳ אליעזר**— יליף מדכתיב **פתוח** (במדבר יט:טו) דמשמע שמקבל טומאה דרך פתחו אע״פ שלא נגע, **ואתוכו** (ויקרא יא:לג), **תוכו** (ויקרא יא:לג) דכתי׳ גבי טומאת שרץ סמיך:[151]

מה ת״ל טמא (במדבר יט:טו). האי דרשא לר׳ יונתן נמי אתיא:

אפי׳ כולו. כלומר כולו בעינן שיהא מוקף[152] צמיד פתיל אפי׳ מקום שלם שבו:

זה העודף. כלומר שמכסה כל עובי שפת[153] הכלי שאם אינו מכוסה אלא מקום האויר והיתה שפה מגולה היה טמא לפי (שת) [שכ]שהוא משתמש בו יכול למלאו משקין כל עובי השפה[154] א״כ כל עובי השפה שפיר אקרי **תוכו** (ויקרא יא:לג):

זה הדופק. היינו מחובר עמו יפה ודופק עליו והיינו דמייתי מויצמד (במדבר כה:ג):

מכאן אמרו . מן **הוא** (במדבר יט:טו) דריש:

כלים מצילין בצמיד פתיל. פי׳ ואינו מועיל כיסוי בלא צמיד:

ואהלין בכסוי. ולא בעי צמיד פתיל **דהוא** (במדבר יט:טו) משמע הוא ולא אחר כדתנן בפ׳ ה׳ [משנה ו׳] מאהלות ״הבור והדות[155] שבבית[156] וכפישה[157] נתונה עליו טהור״ וה״ה לכלים גדולים הבאים במדה שמחזיקין מ׳ סאה בלח שהם כוריים ביבש כיון דאין מקבלין [טומאה][158] — שמצילין על ידי כיסוי ולא בעי צמיד פתיל:

חבית שכפאה וכו׳. מעליו (במדבר יט:טו) דריש, ודווקא להציל על מה שבתוכה [אם אינה כפויה]; אבל על שתחתיה כגון ביב שיש בפתחו פותח טפח או בור או דות[159] וכפה עליו[160] לכסותו חבית על פיה מצלת על מה שתחתיה כדמשמע בהדיא בפרק י׳ (משנה א) מכלים:

ת״ל וכל כלי פתוח (במדבר יט:טו). וא״ת למה לי קרא הא אתי להו מדינא?[161] וי״ל משום דאיכא למיפרך מה לכלי חרס דאיכא מגו— מתוך שמציל על עצמו בצמיד פתיל מציל על

---

147. דכלי חרס כמוהם.
148. הזב חסר בברית אברהם.
149. גירסת ברית אברהם.
150. דהפתח צר ואין הזב יכול להכניס אצבעו בתוכו ליגע בתוך תוכו. והתוס׳ בבא קמא כה עמ׳ ב מפרשין דאע״פ שראוי לנגיעת שער הזב לא מטמא [כדפירוש בקונטרס] משום דבעינן ראוי לנגיעת בשר דטומאת שער נפקא לן מבשר הזב. והענין כאן שפכים קטנים הם כפכים גדולים לגבי כלי חרס בטומאת המת.
151. עין חולין כד עמ׳ ב נאמר תוכו לטמא ונאמר תוכו ליטמא מה תוכו האמור לטמא שלא נגע אף תוכו האמור ליטמא אע״פ שלא נגע. ע״כ. ופי׳ דהשרץ לא נגע לא בכלי ולא במה שיש בתוכו אלא היה באויר הכלי (אל תוכו) וגזירת הכתוב היא דכל דבר בכלי טמא.
152. ר״ל ס״ד כולו בעינן שיהא מוקף.
153. ר״ל שפת העליון.
154. ואם היה כל פתחו מכוסה עד עובי השפה ולא עובי השפה עד הצדדים לא יציל צמיד פתיל וכל מה שתחת הכיסוי גם הוא טמא.
155. חור עם מחיצות בתוך הבנין.
156. בבית שיש בו מת והכלים בבור בתוך הבית ויש סל מחזיק מ׳ סאה על חומות הבור כל מה בתוך מחיצות הבור טהור.
157. סל גדול.
158. דבעינן דומיה דשק שמטלטל מלא וריקן וכיון שהן גדולים כל כך אין מטלטלים מלאים. ועין פירוש הרע״ב כלים י:א.
159. שהן טפח בגובה.
160. על אחד מהני.
161. כמו שמפורש ואזיל בספרי דאינן מקבלים טומאה ניצל בצמיד פתיל בק״ו.

אלו לחיטוי. כלומר אדם; וכלי מתכות[130] משום דכתי׳ בהו קרא **תתחטאו** (במדבר לא:כ):

ואלו לטומאת. כלי עץ ובגד ועור;[131] וא״ת היכי מצי למימר, הא כתיבה הזאה גבייהו **והזה על האהל וגו׳** (במדבר יט:יח) וגבי בגד ועור כתיב בסיפיה דקרא **תתחטאו** (במדבר לא:כ)! וי״ל דמדלא כתיב בהו חיטוי בשלישי ושביעי [כדקאמר] באדם (דקאמר) [ס״ד] דכיון דלא כתיב בהו אלא חיטוי אחד או הזאה אחת גזירת הכתוב הוא שיזו עליהם פעם אחת אבל לעולם אין להם טהרה כיון דלא כתיב בהו שלישי ושביעי:

ת״ל הוא יתחטא בו (במדבר יט:יב). משמע אותו שנטמא יתחטא:

אינו בא לכלל טומאה. וא״ת והרי כלי חרס שאינו בא לכלל חיטוי [כדמסיים ואזיל][132] ובא לכלל טומאה, וי״ל דבהנהו דכתי׳ בהו חיטוי או הזאה פעם אחת קאמר, ולהכי קא מהדר[133] לפרושיה כלי חרס:[134]

בכלי חרס הכתוב מדבר. כלו׳ שיציל בצמיד פתיל באהל המת דהכי משמע קראי **וכל כלי פתוח אשר אין צמיד פתיל עליו טמא [הוא]** (במדבר יט:טו) הא יש צמיד פתיל עליו טהור:

אלא בכל הכלים. פי׳ ואפי׳ כלי שטף[135] יהיו מצילין בצמיד פתיל:

נאמרו ארבעה כלים בשרץ וכו׳. (לכל) [וכל] **אשר יפול** (מנבלתם) **עליו מהם במותם יטמא מכל כלי עץ או בגד או עור או שק...במים יובא וטמא עד הערב וטהר** (ויקרא יא:לב):

והוציא [כלי] **אחד.** היינו כלי חרס:[136]

להקל. דכתי׳ ו[כל] **כלי חרס אשר יפול מהם אל תוכו** (ויקרא יא:לג) דמשמע דלא מיטמא מגבו:

ולהחמיר. דדרשינן **תוכו** אע״פ שלא נגע אלא שנתלה השרץ באוירו, אי נמי **ואותו תשבורו** (ויקרא יא:לג):

[ונאמרו] ארבעה כלים במת. כדלעיל:[137]

והוציא כלי אחד. דכתי׳ **וכל כלי פתוח** (במדבר יט:טו), וא״ת עלה[138] גופא דיינינן, מ״ל[139] דמיירי בכלי חרס דווקא?[140] וי״ל דהכי פי׳, כיון שלא הזכיר כלי חרס בהדי כלים[141] א״כ למצוא בו קולא וחומרא כמו גבי [שרץ][142] (חרס)[143] [והיינו חרס]; והיינו קולא— דאם יש צמיד פתיל עליו טהור, וחומרא— דלא איתקש לחיטוי;[144] **ור׳ [יו]נתן**— יליף לה מגופיה דקרא דכתי׳ ביה **טמא הוא** (במדבר יט:טו) יהא בטומאתו לעולם[145] ואסיפיה דקרא סמיך,[146]

---

130. מנין נזכרה דרך טהרתו בהזאת מי נדה?
131. ואין להם תיקון בהזאה.
132. בברית אברהם ליתא והכוונה לקטע הבא: ת״ל **טמא טמא לעולם**.
133. בקטע הבא.
134. ״ולהכי...חרס״ ליתא בברית אברהם.
135. עין חולין כה עמ׳ א. כלי שטף הוא כלי שאפשר לטהר אותו בטבילה.
136. ויקרא יא:לג.
137. בגד, עור, מעשה עזים, עץ (במדבר לא:כ-כב).
138. ד׳ מפורש בקרא ובאים להוציא אחרים ולפי הספרי בא להוציא רק כלי אחד.
139. מנא לן.
140. ולא כמה אחרים.
141. כמו בשרץ.
142. נוסח כתבי היד.
143. כן גירסת ברית אברהם.
144. ואין לו תקנה כלל ליטהר.
145. הוא בהויתו יהא.
146. והוא כלי חרס שאין לו תקון.

כל סביביו פרץ את פצימיו][113] מטמא כל סביביו״[114] והיינו דמייתי מקבר— שאינו מקבל טומאה דקרקע בעלמא הוא:[115]

מטמא לנוגע באחד מצדדיו כשהוא פתוח. פי׳ אפי׳ כשהוא פתוח דקס״ד השתא דכיון דפתח הקבר אינו עשוי להוציא ממנו המת אינו קרוי פתח להציל על הצדדין[116] ובמסקנא אינו עומד אלא דווקא קבר סתום מטמא כל סביביו אבל פתוח לא:[117]

ה״ג או לא יטמא אלא טומאת ערב. וקאי אנכנס באהל שלא יטמא האהל אלא טומאת ערב:

שלישי במת טמא. פי׳ טומאת שבעה דילפי׳ לה פרק אין מעמידין (עבודה זרה לז עמ׳ ב) מדכתי׳ **וכל אשר יגע בו הטמא יטמא** (במדבר יט:כב) ודווקא בחיבורין,[118] והשתא מייתי הכי אם אדם שנוגע בנגע, שהוא שלישי[119] למת,[120] טמא טומאת שבעה, דין הוי [ד]אדם שנוגע באהל דהוה ליה כאלו נוגע במת כדפי׳[121] והוה ליה ״שני למת״[122] שיהא טמא טומאת שבעה:

ת״ל ולקח אזוב וגו׳ (במדבר יט:יח). מסיפיה דקרא מייתי[123] מדכתיב **ועל כל הכלים** (שם שם) אין קש ועצים ואבנים לא:

כלי גללים וכו׳. פי׳ ונימא דכולהו מקבלי טומאה מהמתים:

ת״ל כל בגד וכו׳ (במדבר לא:כ). הני אין מידי אתרינא לא והיינו דקא מסיים למדנו לד׳ כלים— פי׳ דווקא ד׳ כלים דהיינו בגד ועור ומעשה עזים[124] והם כלים העשויים מן העזים— מן הקרנים ומן הטלפים ה״ה לכלי עצם (וה״ה לשון)[125] דכולהו נפקי מוכל **[מעשה עזים]**:

וכלי עץ (במדבר לא:כ). הא ארבעה; ומתמעטי כלי גללים וכלי אבנים וכלי אדמה ומתמעטי נמי נפש בהמה וה״ה לכל בעלי חיים זולתי אדם דפריש קרא בהדיא:

אך את הזהב (במדבר לא כב). בפרשה מדין כתיב:

כלי אחר.[126] היינו כלי חרס וכדדריש[127] בחולין (כה עמ׳ א) איזהו כלי שהטומאה קודמת לפתחו[128] הוי אומר זה כלי חרס:[129]

---

113. סתרו צורת הפתח ובנה חומתו בשלימות.
114. עין פירוש התוספות ב״ב יב עמ׳ א: איכא למיחש שמא יגע בכתלי׳ [שבצדדיו], דקבר מטמא במגע מן הצד כדמוכח בספרי בפרשת פרה אדומה ״או בקבר זה קבר סתום או אינו אלא פתוח אמרת ק״ו...הקבר שאינו מקבל טומאה אינו דין שלא יטמא מכל הצדדין כשהוא פתוח״; משמע דכשהוא סתום מטמא אף בנוגע בו מן הצד.
115. וקיל מבית או אהל ודינו שוה במיטמא ועין דברי התוס׳ נזיר נג.
116. שאם יודעים דרך איזה פתח יוציאו את המת רק פתח זה טמא ושאר הפתחים טהורים והייתי אומר אין סברא לומר הכי בקבר.
117. קבר פתוח אינו מטמא בצדדין.
118. אותו שנגע במת קרי טמא וקאמר הפסוק דכל מי שיגע בטמא זה בעודו נוגע במת יטמא ז׳ מטעם חיבורו. ונראה שרבינו מפרש שדינו מן התורה ולא כמו הרמב״ם דסבר דמדרבנן גזרו ז׳ על חיבורין.
119. בלשון חז״ל שלישי תמיד מורה על הג׳ לבד מן המת אבל לא נראה לפרש כאן לפי תיאורו.
120. המת א׳ (אבי אבות), הנגע (נקרא אב), הנוגע בנגע (נקרא ראשון) לכן השלישי למת הוא ראשון לטומאה ושלא בחיבורין טמא עד הערב דאורייתא וז׳ דרבנן. אבל נראה דר״ל דברי הספרי בשלישי במת בחיבורין ודאורייתא וכשאמר דווקא בחיבורין בתחילה אמר גם בזה בסוף.
121. איני יודע מקום הפירוש ואולי כוון למה שאמר דנוגע בבית סתום כאלו נגע בקבר סתום. אבל תמוה היא וראיתי בפירוש רבינו אליעזר נחום לספרי,עמ׳ רז דאמר שהאהל א׳ או ב׳ אבל לא כמת. ואולי רבינו ר״ל דנגע באהל כשיש בו במת כאילו נגע במת מטעם חיבורין שאויר האהל נוגע במת ונוגע באהל ולהכי יש בו דין של מת בנגעו.
122. א״כ דינו כנגע באב הטומאה וטמא ז׳ מן התורה.
123. בכ״י סמינר: מיירי.
124. לשון חולין כה עמ׳ ב: להביא דבר הבא מן העזים מן הקרנים ומן הטפלים. וכל זה כלי מסוג העזים. הרי ג׳ בגד ועור ועזים.
125. בברית אברהם ליתא.
126. כן הוא הגירסה במדרש חכמים ובכ״י וטיקן של הספרי וברוב נוסחות יש כלי חרס בפירוש.
127. דכל כלי פתוח אינו אלא כלי חרס.
128. ולא מטמא בנגעו אלא באוירו.
129. דהתורה מורה על כלי חרס לבד דהטומאה נכנסה בתוכו במהירות דרך פיתחו.

חוץ לאהל מנין. כלומר מנין מטמא באהל כגון שהיה המת באויר והאהיל עליו או המת האהיל עליו:

ת"ל אדם כי ימות (במדבר יט:יד). פי' מ"מ:

אם עד שלא נזקק לטומאה. פי' כלים שהיו באהל קודם שימות ונשתהו שם עד שעת מיתה אפי' הוציאום מהבית מיד אחר יציאת נשמה הרי הם טמאים דכתי' **וכל אשר באהל** (במדבר יט:יד) היינו "לא נזקק לטומאה" דאין המת קרוי טמא ואינו מטמא אלא עד שימות כדלעיל:[102]

משנזקק לטומאה. שכבר מת והאהיל עליו באויר דין הוא שיטמא:

מה מצורע הקל וכו'. היינו חומרא דמת יותר ממצורע דאלו גבי מת שנים בתים זו בצד זו וטומאה באחד מהם אפי' אין בארובה שביניהן יותר מפותח טפח אף השני טמא ואלו גבי מצורע תנן בסוף נגעים (יג:יב) דנכנס[103] לבית הכנסת ראשון ויוצא אחרון;[104] ודי במחיצה עשרה טפחים [על רוחב ד' אמות] שהפסיק ביניהם לבינו— אע"פ שמפולש למעלה עד הגג וכתיב ביה **מחוץ למחנה מושבו טמא** (יקרא יג:מז) וקתני עלה[105] מכאן אמרו הטמא עומד תחת האילן[106] [והטהור עובר טמא][107] וכו' דמרבי אפילו אילן:

שבא מקצתו. דמשמע **הבא** (במדבר יט:יד) שמתחיל לבא ואפי' למ"ד (חולין י עמ' ב) ביאה במקצת לא שמיה ביאה הכא כיון שהמת מטמא באהל חשבי' כל אויר הבית כאלו כולו מלא טומאה ומיד שמכניס אצבעו או חוטמו לאויר הבית נמצא נוגע בטומאה:

זה שבא כולו. כגון שנכנס דרך אחוריו:

ענשת מן הדין. אם נכנס למקדש כדפי' לעיל והיינו יכולים לומר דאי לא כתיב אלא חד הוה אמינא דביאה במקצת לא שמיה ביאה:

לעשות קרקעו של בית כמוהו עד התהום. כדתנן בפרק ג' (משנה ז) דאהלות ביב שהוא קמור[108] תחת הבית... שאם אין בו פותח טפח ואין ביציאתו פותח טפח— טומאה בבית, מה שבתוכו טמא; טומאה בתוכו, הבית טמא:[109]

דרך פתחו הוא מטמא וכו'. פירוש הנכנס באהל בפתח הוא טמא אבל הנכנס באהל הצדדין טהור כגון הזיזין היוצאין סביב לכותלים והאהיל תחתיהם ודווקא שבמקום הפתח לא היו זיזין יוצאין אבל אם במקום הפתח יש זיזין יוצאין, וכן כל סביבותיו,[110] דרך הטומאה לצאת דרך פתחו ומתפשט בכל האהל שבצדדין, פי' אחר "אינו מטמא כל צדדיו כשהוא פתוח" כלומר הנוגע דרך פתחו מטמא אבל הנוגע בכותלים שבצדדיו בעודו פתוח אינו טמא ודווקא שיש פתח לצד אחד אבל אין פתח (תנן) [תנו] (בבא בתרא יב עמ' א)[111]"בית סתום[112] [אינו מטמא

---

102. בפיסקא קכה.
103. מצורע הנכנס.
104. דאם יעמוד מעט בלי מחיצה יטמא אחרים.
105. בתורת כהנים לויקרא יג:מז.
106. מקום מושבו.
107. ולכן צריך להכנס ולצאת ביחידות מבית הכנסת.
108. שהביב מקורה ושמור ומכוסה מכל צד סביב.
109. הש' סדר הגירסא לפנינו במשניות.
110. ודומה לפירוש זה בדברי התוס' בבא בתרא יב עמ' א.
111. עין פירוש רש"י שבת קמו עמ' ב.
112. מלאו את הפתח הפותח לחצר אבל לא סתרו מזוזות ומשקוף.

להביא את מחוסר כפרה. ולא קאי אטומאת מת אלא [א]טומאת מקדש דכתי' לעיל[90] **ואיש אשר יטמא ולא יתחטא** (במדבר יט:כ) ור"ל מחוסר כפורים דשאר טומאות אעפ"י שטבל והעריב שמשו חייב כרת על טומאת מקדש לפי שלא נטחטא בדם:

אין לי אלא מקדש (במדבר יט:כ). וא"ת מאי טעמא דמקדש טפי ממשכן[91] (במדבר יט:יג) ותו ליכתוב רחמנא משכן[92] ולא בעי מקדש?[93] וי"ל דבפרק [קמא] דשבועות (שבועות טז עמ' ב) עביד צריכותא דאם נאמר מקדש ולא משכן הייתי אומר על מקדש יהא חייב שקדושתו קדושת עולם ואי כתב משכן הוה אמינא על משכן יהא חייב שנמשח בשמן המשחה, ומיהו אע"ג דאיכא התם ברייתא דאמר בה הכי, אמורא איכא דאמר דמקדש איקרי משכן ומשכן איקרי מקדש ואם אינו ענין לטומאה (שבפנים) [שבחוץ] תנהו ענין לטומאה (שבחוץ) [שבפנים]:[94]

מפני מה ענש להלן מיתה ובכאן כרת. אטומאת מקדש קאי ואקרא דוהזרתם[95] **את בני ישראל מטומאתם ולא ימותו**[96] **בטומאתם בטמאם את משכני** (ויקרא טו:לא) דאילו אתרומה טובא אצטריך[97] לפטור שגגתו מן הקרבן ואלו[98] טומאת מקדש שגגתו חטאת:[99]

שכרת הוא מיתה. כלומר בידי שמים ולאפוקי מדר' עקיבא [דסבר] אין הכרתה אלא לשון הפסקה:

טמא מת היה בכלל. היינו בכלל (**והזהרתם**) [**והזרתם**] **את בני ישראל וגו'** (ויקרא טו:לא):

ת"ל מטומאתם (שם שם). משמע כל טומאות:

הוציא וכו'. דכתי' **ואיש אשר יטמא וגו'** (במדבר יט:כ) דמיירי בטמא מת מדכתי' **כי מי נדה לא זורק עליו** (במדבר יט:יג):

וחייב עליו מיתה. ר"ל כרת אלא משום דאמר דכרת היינו מיתה:

אף שאר הטמאים דין הוא שנעניש עליהם מיתה. ליכא למימר דמייתי להו במה מצינו דאיכא למפרך מה לטמא מת שטומאתו טומאת שבעה אלא מדבר שהיה בכלל ויצא מן הכלל ללמד, לא ללמד על עצמו יצא אלא ללמד על הכלל כולו יצא (יליף להו)[100]:

הזה וטבל ולא העריב שמשו מנין. (בשבועות) [במכות (ח עמ' ב)] אין הדרשא כך אלא **טמא יהיה** (במדבר יט:יג) לרבות טבול יום **עוד טומא[תו] בו** (במדבר יט:יג). לרבות מחוסר כפורים:[101]

[פיסקא קכו]

---

90. כלומר פסוק המובא לעיל בספרי בקטע זה.
91. דתרוויהו כתיבי.
92. לחוד.
93. דאתי בק"ו.
94. תקנתי לפי הגרסא לפנינו בשבועות טז עמ' ב ולפירושו עיין דברי התורה תמימה לבמדבר יט:יג.
95. ובכה"י והזהרתם בטעות.
96. בכרת.
97. עונשו חמור.
98. ר"ל אבל.
99. עיין שבועות ו עמ' ב דמביא מברייתא דאם אכל תרומה בטומאה יש בו מיתה במזיד ובשוגג פטור מקרבן דאין חטאת באה בשוגג אלא בשגגת כרת כמו בטומאת מקדש.
100. חסר בברית אברהם.
101. עיין נזיר מה עמ' א.

ספרי פיסקא קכד–קכה חקת

פני כל הארץ ואין נוגע בארץ והצפיר קרן חזות בין עיניו ויבא עד האיל בעל הקרנים אשר ראיתי עומד לפני האובל וירץ אליו בחמת כחו וראיתיו מגיע אצל האיל ויתמרמר אליו ויך את האיל וישבר את שתי קרניו ולא היה כח באיל לעמוד לפניו וישליכהו ארצה וירמסהו ולא היה מציל מידו זה יוסי הגלילי.

חטאת היא מגיד שמועלים בה <היא בה מועלין באפרה אין מועלין:> חטאת היא מגיד שאם שינה באחד מכל מעשיה פסולה: חטאת היא מגיד שאם נשחטה שלא לשמה פסולה: חטאת היא מגיד שנשרפת בלילה כביום אי חטאת היא יכול תהא נפסלת בלינה ת״ל והיתה לעדת בני ישראל למשמרת <מגיד שמשתמרת> ימים על ימים ושנים על שנים.

וכבס האוסף את אפר הפרה בא הכתוב ולימד על האוסף את אפר הפרה שמטמא בגדים הא עד שלא יאמר יש לי בדין אם המשליך את האזוב מטמא בגדים האוסף את אפר הפרה לא יטמא בגדים אלא אם אמרת כן ענשת מן הדין לכך נאמר וכבס האוסף את אפר הפרה ללמדך שאין עונשים מן הדין ד״א בא הכתוב ולימד על האוסף את האפר שמטמא בהיסט.

והיתה לבני ישראל ולגר הגר בתוכם, לפי שמעשה בישראל צריך להביא את הגרים <שכל מקום שמעשה בישראל צריך להביא את הגרים:> לחקת עולם שינהוג הדבר לדורות (סליק פיסקא)

(קכה) הנוגע במת לכל נפש אדם וטמא שבעת ימים, בא הכתוב ולימד על המת שמטמא במגע הא עד שלא יאמר יש לי בדין אם מטמא באהל לא יטמא במגע אלא אם אמרת כן ענשת מן הדין לכך נאמר הנוגע במת ללמדך שאין עונשים מן הדין.

לכל נפש אדם להביא את בן שמונה משמע מביא את בן שמנה ומביא את דמו ת״ל בנפש האדם להוציא את דמו דברי רבי ישמעאל, רבי עקיבא אומר לכל נפש אדם להביא את דמו.

וטמא שבעת ימים, בא הכתוב ולימד על המת שמטמא טומאת שבעה: הוא יתחטא בו אין ת״ל בו אלא בו באפר שנעשה כתיקנו.

ביום השלישי וביום השביעי, בא הכתוב ולימד על המטמא במת שטעון הזייה שלישי ושביעי אתה אומר לכך הוא בא או לא בא אלא אם הזה בשלישי יטהר ביום השביעי ואם לא הזה בשלישי לא יטהר בשביעי ת״ל ואם לא יתחטא וגו׳ ועדיין אני אומר מפני מה לא טהר בשביעי מפני שלא הזה בשלישי אבל אם הזה בשלישי יטהר בשביעי ת״ל וחטאו ביום השביעי שנה עליו הכתוב לפסול.

ואם לא יתחטא ביום השלישי למה נאמר לפי שהוא אומר ואיש אשר יטמא ולא יתחטא ונכרתה על טומאת מקדש וקדשיו הכתוב ענש כרת או לא ענש כרת אלא על הזייה ת״ל ואם לא יתחטא ביום השלישי וביום השביעי לא יטהר עונשו לא יטהר ואין עונשו כרת.

כל הנוגע במת בנפש האדם זהו שאמרנו להביא את בן שמונה: אשר ימות מגיד הכתוב שאין מטמא עד שעה שימות מיכן אתה דן לשרץ מה מת חמור אינו מטמא עד שעה שימות שרץ הקל אינו דין שלא יטמא עד שעה שימות או חלוף מה שרץ הקל הרי הוא מטמא כשהוא מפרפר מת החמור אינו דין שיטמא אפילו מפרפר ת״ל כל הנוגע במת בנפש האדם אשר ימות שאין ת״ל אשר ימות ומה ת״ל אשר ימות מגיד שאין מטמא עד שעה שימות דנתי וחילפתי בטל או חלוף זכיתי לדין כבתחילה מה מת חמור אין מטמא עד שעה שימות שרץ הקל אינו דין שלא יטמא עד שעה שימות.

ולא יתחטא, רבי אומר לא יתחטא בדמים אתה אומר לא יתחטא בדמים או

לא ומיהו מדקאמר "זה אחד מן הדברים" משמע דבדברים אחרים פליגי כי האי גוונא (וסליקו) [וסילקו] ואחר כך מצא תשובה ולא ידענא היכא:

[חטאת] היא (במדבר יט:ט) **מגיד שמועלין בה.** מדקרייא **חטאת** קא יליף **והיא**[83] דרשי' מיניה במס' מנחות (נא עמ' ב)— [היא בה מועלין] ואין מועלין באפרה:[84]

שאם (אינה) **[שינה] וכו'.** דדרשי' הכי אם נעשית כמו שאמור בענין היא חטאת[85] ואם לאו אינה חטאת:

שאם נשחטה שלא לשמה פסולה. כדקיימא לן בכל חטאת וסתמא כרבנן דמס' פרה פרק ד' (משנה א') דמסיים התם ר' אליעזר מכשיר ושמא טעמא דר' אליעזר דלא קרייה חטאת אלא לאחר שנעשית אפר, ושחיטה דנקט לאו דווקא וה"ה קבלה והילוך והזא[ת] דמה אלא חדא מנייהו נקט:

שנשרפת בלילה כיום. דווקא ששריפה כשרה בלילה כדאשכחן בהקטר אמורים של חטאת שהקטירן בלילה אבל שחיטה והזאה אינן כשרין אלא ביום מהאי טעמא **דחטאת** קרייה רחמנא:

למשמרת (במדבר יט:ט) **ימים על ימים וכו'.** דהא עד עזרא בשל משה היו מטהרין:

[פיסקא קכה]

אם אמרת כן ענשת מן הדין. שאם נכנס למקדש או אכל קדשים קודם הזאה נמצא מתחייב כרת:

שמטמא בהסט. היינו בגדים שהוא מסיט על ידי דבר אחר:[86]

להביא את בן שמונה. משמע לכל נפש הבאה מאדם אע"ג דאיהו גופיה אינו אדם וה"ה לכל נפל לאחר מ' יום דלהכי איצטריך לרבויי בן שמנה אע"ג דלא איקרי ביה **האדם אשר ימות** (במדבר יט:יג),[87] דהא מת ועומד הוא איתרבי **מלכל נפש** (במדבר יט:יא) אפי' נפלים במשמע ובנזיר (משנה ז:ב) תנן על אלו טומאות הנזיר מגלח על המת ועל כזית מן המת ופרי' השתא על כזית מגלח על כולו לכ"ש, ומשני לא נצרכה אלא לנפל שלא נקשרו איבריו בגידיהן:

להוציא את דמו. נראה לי דפלוגתייהו הוי בשאין בכל דמו רביעית, דר' ישמעאל סבר בעינן שיעור נפש ור' עקיבא סבר כיון שהוא כל דמו **נפש** (ה)**אדם** (במדבר יט:ט) קרינא ביה:

בו (במדבר יט:יב). משמע ליה בכשר ולא בפסול:

או לא ענש כרת אלא על הזיה. כלו' על שלא היזה:

ת"ל ואם לא יתחטא וגו'(במדבר יט:יב) . וסיפיה דקרא **לא יטהר** (שם שם):

ואין עונשו כרת. לא קאי אלא אטומאת מקדש:

ואפי' הוא מפרפר. דתנן (אהלות א:ו) הותזו ראשיהן, אעפ"י שמפרכסין— כזנב הלטאה שמפרכסת,[88] טמאין:[89]

[אינו מטמא] עד שימות. וההוא דזנב הלטאה לא חשיב (חיוב) [חי]:

---

83. מיעוט.
84. כלומר אינו חייב להביא קרבן מעילה.
85. דכתיב חטאת היא דהיינו מיעוט והכל לעיכוב כמו שדרשו חכמים ר"ה ט' עמ' ב יובל היא ושלשתן לעיכוב.
86. ולא נגע בעצמו.
87. לפי חז"ל אם נולד בח' חדשים אינו בר קיימא מן הרוב.
88. כלומר מת הוה בלא שום ספק.
89. הגירסא אינה כמו לפנינו אלא דומה לגירסת חולין כא עמ' א.

השורף את הפרה לא יטמא בגדים אם זכיתי מן הדין מה ת"ל והשורף אותה יכבס בגדיו בא הכתוב ולימד על העוסקין בפרה מתחילה ועד סוף שיהיו טעונים תכבוסת בגדים ורחיצת הגוף והערב שמש.

והשורף אותה יכבס בגדיו ולא השורף בגדים המנוגעים שהיה בדין ומה פרה שאינה מטמאה במגע השורפה מטמא בגדים בגדים המנוגעים שמטמאים במגע אינו דין שהשורפן מטמא בגדים ת"ל והשורף אותה יכבס בגדיו ולא השורף בגדים המנוגעים: יכבס בגדיו במים ולא בשרו במים במים שני פעמים מה ת"ל שהיה בדין הואיל ואדם טעון טבילה וכלים טעונים טבילה מה אדם טובל בראוי לו אף כלים טובלים בראוי להם ת"ל במים במים שני פעמים מקום שאדם טובל שם ידים וכלים טובלין <בד"א במקוה אבל במעין אדם טובל בראוי לו וכלים טובלין> בראוי להן.

ואסף איש טהור, לפי שמצינו שכל מעשה פרה בכהן שומע אני אף אסיפת האפר תהיה בכהן ת"ל ואסף איש טהור מגיד שאסיפת האפר כשרה בכל אדם: ואסף איש להוציא את הקטן. משמע מוציא את הקטן ומוציא את האשה ת"ל טהור להביא את האשה דברי ר' ישמעאל, ר' עקיבא אומר ואסף איש להוציא את האשה <משמע מוציא את האשה> ומביא את הקטן ת"ל והניח מחוץ למחנה לא אמרתי אלא במי שיש בו דעת להניח טהור שר' ישמעאל אומר טהור למה נאמר הא עד שלא יאמר יש לי בדין אם המזה טהור האוסף לא יהא טהור הא מה ת"ל טהור טהור מכל טומאה ואי זה זה זה טבול יום. ר' נתן אומר נאמר כאן טהור ונאמר להלן טהור מה טהור האמור להלן טמא לתרומה וטהור לחטאת אף טהור האמור כאן טמא לתרומה וטהור לחטאת.

את אפר הפרה ולא את האודים מיכן אמרו חולקים אותו לשלשה חלקים אחד נותן בחיל ואחד נותן בהר המשחה ואחד מתחלק לכל המשמרות: אל מחוץ למחנה, להר המשחה.

אל מקום טהור שיהא מקומו טהור מיכן היה ר' אלעזר הקפר ברבי אומר קלל של חטאת שמוקף צמיד פתיל ונתון באהל המת טמא שנאמר אל מקום טהור ואין זה מקום טהור.

והיתה לעדת בני ישראל למשמרת למי נדה למה נאמר שיכול אין לי אלא שמלאכה פוסלת בפרה במים מנין ת"ל והיתה לעדת בני ישראל למשמרת למי נדה או אפילו קידשו ת"ל למי נדה <כבר הם למי נדה.>

והיתה לעדת בני ישראל מיכן אמרו פרה ששתה מי חטאת בשרה טמא מעת לעת. ר' יהודה אומר בטלו במעיה שנאמר והיתה לעדת בני ישראל וגו' וכבר הלכה זו נשאלה לפני שלשים ושמונה זקנים בכרם ביבנה וטיהרו את בשרה. והיתה לעדת בני ישראל זה אחד מן הדברים שהיה רבי יוסי בן הגלילי דן לפני רבי עקיבא וסילקו רבי עקיבא ואחר כך מצא לו תשובה אמר לו מה אני לחזור אמר לו לא לכל אדם אלא לך שאתה יוסי הגלילי. אמר לו הרי הוא אומר והיתה לעדת בני ישראל למשמרת למי נדה כשהם שמורים הרי הם מי נדה. אמר רבי טרפון ראיתי את האיל מנגח ימה וצפונה ונגבה וכל חיות לא יעמדו לפניו ואין מציל מידו ועשה כרצונו והגדיל (דניאל ח ד) זה עקיבא, ואני הייתי מבין והנה צפיר העזים בא מן המערב על

והניח (במדבר יט:ט) **מכאן אמרו וכו׳.** נר׳ דהאי **מחוץ למחנה** היינו חוץ למחנה שכינה:

ושלשה חלקים. יליף מוהניח (במדבר יט:ט) הרי אחד, **מחוץ למחנה** (שם שם) הרי שנים, **במקום טהור** (שם שם) הרי שלשה— ומיהו מדדריש הר המשחה ממחוץ **למחנה** משמע שר״ל חוץ לג׳ מחנות ודווקא החלק האחד:

קלל של חטאת. הוא כלי חרס, אי נמי כלי אדמה וכלי גללים וקורא לו קלל שהוא ״קל״ שאינו מקבל טומאה:

שמוקף צמיד פתיל (במדבר יט:טו). אע״ג דלשאר טהרות מציל בצמיד פתיל, גבי חטאת[76] גזרת הכתוב הוא[77] ובפרק י׳ [משנה ג׳] בפרה מטמאה רבנן בהניח קלל של חטאת על גבי השרץ מהאי טעמא, ור׳ אליעזר מטהר התם דכיון דהקלל אינו מטמא מגבו[78] ״**מקום טהור**״ (במדבר יט:ט) קרינא ביה ושמא בהא דהכא[79] נמי הוה פליג ר׳ אליעזר:

במים מנין.[80] מ״**למשמרת**״ (במדבר יט:ט) יליף דמשמע דבעי שמירה מדכתיב **למי נדה** (שם שם) משמע כל זמן ששומרן לצורך מי נדה:

מכאן אמרו וכו׳. נר׳ דיליף לה **מחטאת היא** (במדבר יט:ט) דמשמע **חטאת היא** מכל מקום אפי׳ שתת[81] אותן הפרה:

מעת לעת. כלו׳ אם שחטה בתוך מעת לעת, ונר׳ דהיינו שיעור עיכול ור׳ יהודה סבר דמיד בטלי להו:

זה אחד מן הדברים. [נ]ראה שהרבה דברים היו חולקין ר׳ עקיבא ורבנן, ור׳ יוסי הגלילי היה דן לפניו ודוחה אותו ובענין פרה כמו כן היה דוחה כל ראיותיו שהיה מביא להעמיד דברי חכמים, ואשכחן פלוגתא דר׳ עקיבא ורבנן בפרק י [משנה ד׳] בפרה דתנן התם ״היה עומד על גבי התנור ופשט ידו חוץ לתנור והלגין בתוכה...ר׳ עקיבא מטהר וחכמים מטמאין״ ומיירי בתנור טהור לתרומה וטמא לחטאת כדקיימא לן בחגיגה[82] דטהרתה של תרומה טמאה היא אצל הקדש ואם היה מניח הלגין על התנור פשיטא שהיה טמא לדברי הכל או אם היה נוגע הוא עצמו בתנור יהיה טמא ומטמא לגין אבל ברגלו אין התנור מטמאו כדמפ׳ לשם דאיכא חילוק בין נגיעת רגלו לידו והשתא פליגי ר׳ עקיבא ורבנן דר׳ עקיבא סבר כיון דידו והלגין חוץ לתנור אם כן מקום טהור קרינא ביה ורבנן סברי כיון דרגלו עומדת על גבי התנור וידו מחברא בהדי גופו לאו מקום טהור והשתא אפשר לפרש דר׳ יוסי הגלילי סבירא ליה כרבנן דמטמאי׳ וכל מה שהיה מקשה ר׳ יוסי הגלילי לר׳ עקיבא והיה מביא ראיה מדמיון משניות או ברייתות, היה דוחה ר׳ עקיבא עד שמצא לו ר׳ יוסי הגלילי זו הדרשא ושמא היינו דקתני התם בההוא [ד]פרה בהדיא (י:ה) היה עומד חוץ לתנור ופשט ידו לחלון [ו]נטל את הלגין והעבירו על גבי התנור ר׳ עקיבא מטמא וחכמים מטהרין, וצריך לפרש דההוא דמטמא אפי׳ בהעבירו כל שכן שהיה עומד על גבי התנור וא״כ קשיא ההיא אלא כאן קודם חזרה כאן לאחר ומשנה לא זזה ממקומה ורבנן דווקא מטמאי׳ בהיה עומד על גבי התנור אבל חוץ לתנור (פרה י:ה)

---

76. כלי שיש בו אפר פרה.
77. דכתיב מחוץ למחנה במקום טהור והרי מקומו טמא.
78. כלומר מגבו הוא טהור.
79. אם נתנו באהל המת.
80. כלומר שמלאכה פוסלת במים.
81. פרק ט׳ משנה פרה: פרה ששתת מי חטאת בשרה טמא מעת לעת והענין אם לא המתין מי חטאת לא נתעכלו במעיים ובשרה טמא מן המגע במי נדה וזה דעת ר׳ עקיבא, ולר׳ יהודה ולר׳ יוסי הגלילי הכל בטל במעיים וכן איתא סוף משנה מקואות.
82. עיין פרק ג׳ משנה א׳.

משיצית האור ברובה. הוי קודם ביקוע ר' ישמעאל דריש שריפת ור' עקיבא דריש הפרה:)[65]

נאמר כאן ואחר יבוא אל המחנה (במדבר יט:ו) **ונאמר להלן.**[66] גבי מצורע (ויקרא יד:ח), וא"ת אמאי איצטריך ג"ש הא בהדיא[67] כתיב **ואחר יבוא** (במדבר יט:ו)! וי"ל דמילף התר[68] לאחר טבילה איצטריך דהכא כתיב **ואחר יבא אל המחנה וטמא הכהן עד הערב** (שם שם) אבל התם **ורחץ** (בשרו) **במים** [וטהר] **ואחר יבא אל המחנה וישב מחוץ לאהלו** (ויקרא יד:ח) והוה אמינא דבעי הערב שמש להכי איצטריך ג"ש ומיהו קשה דהוה ליה למימר מכאן מותר כיון דהתירא בעי למילף לכך נראה דסד"א דהאי דאמר[ה] תורה התם **מחוץ למחנה מושבו** (ויקרא יג:מו) אינו משמע מצוה אלא אם ירצה כדי שלא יטמא אחרים קמ"ל ג"ש דכל זמן שלא טיהר איסורא איכא, דהכא[69] מדאמר **והוציא אותה אל מחוץ למחנה** (במדבר יט:ג) משמע מצות עשה אם כן [**ואחר יבא**] **יבוא** (במדבר יט:ו) [אחרי כן][70]משמע ולא קודם ומשמע איסור:

ה"ג מה [כאן] עד הערב (במדבר יט:ז) **אף להלן.** דהכא כתיב בהדיא **עד הערב** (שם שם) אבל התם לא כתיב אלא **ורחץ במים וטהר ואחר יבא אל המחנה** (ויקרא יד:ח) וס"ד דכיון שכבר טבל לא בעי הערב שמש, אי נמי אתגלחת שניה קאי מדכתי' **ביום השביעי**[71] **יגלח... וכבס את בגדיו ורחץ את בשרו** (ויקרא יד:ט) וסד"א כיון דטבילה שניה היא לא בעי הערב שמש לתרומה קמ"ל:

ולא השורף בגדים המנוגעים. דכתי' ושרף [**את הבגד**] (ויקרא יג:נ)...[**ואם ראה...וקרע**] **אותו מן הבגד או מן העור** (ויקרא יג:נג):

פרה אינה מטמאה לנוגע בה.[72] שאינו מתעסק, ואע"ג דמי נדה מטמאין גזרת הכתוב במים דלאחר קידושי':

בגד המנוגע מטמא. דאיתקש לבית דכתי' **ולצרעת הבגד ולבית** (ויקרא יד:נה) ותנן (נגעים יג:ד) בית המוסגר מטמא מתוכו והמוחלט אפי' מאחוריו:

בראוי לו. היינו מ' סאה:

ואסף איש טהור וכו'. ביומא (מג עמ' א–ב) פליגי נמי תנאי בדרשת הני קראי משום דמשמע מוציא מיד משמע, ומשמע ממילא:

ה"ג בדברי ר' ישמעאל "טהור מכל טומאה"-- למעוטי טבול יום. והשתא אשמעו' דכל מעשה פרה לא מכשרי טבול יום אלא דווקא בהזאה דכתי' **והזה הטהור** (במדבר יט:יט) טהור[73] כל דהוא; [וקשה] אי גרסינן "טהור מכל טומאה"[74] ונראה דגרסינן "**טהור מכל מקום**", וא"ת מאי בין ר' ישמעאל ור' נתן?[75] וי"ל דליכא אלא משמעות דורשין:

ונאמר להלן טהור גבי הזאה. דכתי' **והזה הטהור על הטמא** (במדבר יט:יט) והשתא איכא ביניהו דלר' ישמעאל כל מעשה פרה בטהור גמור זולתי הזאה ולר' נתן הכל בטבול יום:

---

65. שייך למעלה.
66. ולפנינו בספרי הג"ש לענין איסור לבא למחנה מקודם טבילתו.
67. בכה"י "בדידיה".
68. "התר" ליתא בברית אברהם.
69. חסר בברית אברהם.
70. הנוסח בכה"י קצת מגומגם.
71. בכה"י ביום השני ובברית אברהם השביעי לנכון.
72. ואעפ"כ השורפה מטמא בגד, לכן הייתי אומר בגד המנוגע בנגעים שכן מטמא לנוגע בו ק"ו השורפו יטמא בגד.
73. עיין דברי רבינו הלל שמביא ממס' יומא דטהור משמע כל דהו לימד על טבול יום שכשר בפרה.
74. דטבול יום אינו טהור לגמרי.
75. דאמר טהור לתרומה והרי טבול יום אינו אוכל תרומה אלא אוכל מעשר.

להביא את הפוקעין. היינו חתיכות שפקעו וקפצו מכח האש ובתוספ׳ (תוספתא פרה ג:יא) משמע דאם פקעו חוץ לגיתה יחזיר ואם פקעו חוץ למערכתה ועדין הם בתוך גתה מרבה עליהם עצים ושורפן במקומן, וגיתה כל מקום הבדוק לה מפני קבר התהום ובאמצע אותו גת היו עושין מערכתה:

ואם לא החזיר לא פסל. משום דבשרה (במדבר יט:ה) כתיב:[54] **בכזית יחזיר ואם לא החזיר פסל.** אעצם קאי דאם[55] אבשר קתני אפי׳ בכל שהוא— **אם לא החזיר פסל** יליף מריבוי:[56]

[ה״ג **ישרוף** (במדבר יט:ה) **ריבוי] אחר ריבוי וכו׳.** ול״ג למעט; וה״פ **ושרף את הפרה את עורה ואת בשרה ואת דמה** (שם שם) — ריבה פוקעין דבשר ודם שאם לא החזיר פסל אבל אכתי פוקעין דעצם לא ריבה, **ישרוף**— מ״מ, לרבות פוקעין בעצם בכזית, ובספר כתיב **ישרוף** (במדבר יט:ה) **ריבוי אחר ריבוי למעט** ואי גר׳ ליה ה״פ **ושרף את הפרה** (במדבר יט:ה) משמע הכל אפי׳ עצמות; **את עורה ואת בשרה ואת דמה**— ריבה דם דלא הוי בכלל **פרה** (שם שם) ומיעט עצם, **ישרוף**-- (שם שם) מ״מ. רביה לעצם; והשתא דרשי׳ מיעוט לפוקעין דעצם דפחות מכזית, וריבוייא לפוקעין לעצם בכזית:

[משיצית האור ברובה. הוי קודם ביקוע, ר׳ ישמעאל דריש **שריפת**[57] (במדבר יט:ו) ור׳ עקיבא[58] דריש **הפרה** (שם שם):[59]][60]

ר׳ יהודה אומר [ושרף...ישרוף] (במדבר יט:ה) **שלא ימעיט לה עצם.** שמא ר׳ יהודה אתא לאפליגי אפוקעין דעצם[61] דאפי׳ בכזית לא פסל, ו״**ישרוף**״ (שם שם) אתא לאשמועינן שלא ימעיט לה עצם ובמס׳ יומא (מג עמ׳ א–ב) אשכח נמי דפליג ר׳ יהודה בהדי(א) רבנן כדדריש (דקרא) [בקראי] דפרה משום דמש׳ מוציא מיד משמע:[62]

נאמר כאן לקיחה. נראה דקאי אולקחתם **אגודת אזוב** (שמות יב:כב) אין אגודה פחותה משלושה:[63]

אף כאן שלשה. מהאזוב (במדבר יט:ו), ושמא גם מעץ **ארז** (שם שם) בעי שלשה, והכי תנן במס׳ פרה (יא:ט) מצות אזוב שלשה קלחים ובהן שלשה גבעולין, ושמא לענין אזוב בלחוד הוא דבעי שלשה אבל לגבי ארז כיון דכתי׳ ביה **עץ** לא בעי אלא אחד והיינו דקא מסיים [הא כיצד זו] בקעת[64] של ארז:

ולא כל אזוב שיש לו שם לווי. אלא שנקרא אזוב סתם ומפ׳ טעמא במס׳ (שבת) [חולין] (סב עמ׳ ב) שכל דבר שנשתנה שמו קודם מתן תורה ובאתה תורה והקפידה עליו בידוע שיש לו שם לווי, וזה נשתנה שמו קודם מתן תורה:

---

54. עור בשר ודם כתיבי ולא עצם.
55. הגירסה בכ״י אקספורד: דאם לא.
56. דכתיב במדבר יט:ה— ושרף את הפרה....את עורה וכו׳ ישרוף משמע בעינן אלו בשריפה ממש בכל שהוא.
57. ואין לפנינו פרה אלא אפר.
58. הנוסח בספרי להפך ר״ע סבר משתיעשה אפר ור״י משיצת אור לרובה.
59. ואין לפנינו שריפה בכולה.
60. כאן מקומו ולא למטה.
61. ולא על מספר העצים כמו בגירסה שלנו בספרי.
62. שכל פסוק בענין פרה יש בו דינים מיוחדים שבא או לרבות או למעט ממה שכתוב בפסוקים אחרים וממילא ר״י פליג ארבנן דאינם סוברים כמהו.
63. עין דברי רש״י בפירושו לשמות יב:כב. ועין סוכה יג עמ׳ א ופשוט דאין ב׳ נקרא אגודה אלא לפחות ג׳.
64. לשון חתיכה.

ספרי פיסקא קכג—קכד חקת

מעכבות זו את זו לא אם אמרת בפנימיות שהם מכפרות לפיכך מעכבות זו את זו תאמר בחיצונות שאין מכפרות לפיכך לא יעכבו זו את זו ת״ל שבע פעמים שיהו מעכבות זו את זו (סליק פיסקא)

(קכד) ושרף את הפרה לעיניו את עורה ואת בשרה ואת דמה על פרשה ישרף, בא הכתוב ולימד על הפרה שתהא מלאכה פוסלת בשריפתה הא עד שלא יאמר יש לי בדין אם פוסלת בשחיטתה לא תפסול בשריפתה אם זכיתי מן הדין מה ת״ל ושרף את הפרה לעיניו אלא בא הכתוב ולימד על הפרה שתהא מלאכה פוסלת בה משעת שחיטתה עד שתיעשה אפר.

ושרף את הפרה לעיניו, לא פרים הנשרפים שהיה בדין ומה אם פרה שאין נעשית בפנים מלאכה פוסלת בשריפתה פרים הנשרפים שנעשים בפנים אינו דין שתהא מלאכה פוסלת בשריפתם לא אם אמרת בפרה שהמלאכה פוסלת בשחיטתה לפיכך פוסלת בשריפתה תאמר בפרים הנשרפים שאין מלאכה פוסלת בשחיטתן לפיכך לא תפסול בשריפתם ותפסול בשחיטתן והדין נותן ומה פרה שאין נעשית בפנים מלאכה פוסלת בשחיטתה פרים הנשרפים שנעשים בפנים אינו דין שתהא מלאכה פוסלת בשחיטתם ת״ל ושחט את הפרה ושרף את הפרה ולא פרים הנשרפים.

ושרף את הפרה לעיניו שיהא אחר שורף ואלעזר רואה: את עורה ואת בשרה ואת דמה על פרשה מה פרשה במקומו אף כולם במקומו מיכן אמרו הדם כל שהוא יחזיר ואם לא החזיר לא פסל ור׳ נתן אומר מקנח ידיו בגופה של פרה.

ושרף את הפרה להביא את הפקיעין מיכן אמרו הבשר כל שהוא יחזיר ואם לא החזיר פסל עצם כל שהוא יחזיר ואם לא החזיר לא פסל בכוית יחזיר ואם לא החזיר פסל.

ישרוף, רבוי אחר רבוי ואין רבוי אחר רבוי אלא למעט דברי ר׳ ישמעאל ר׳ עקיבא אומר משיצת האור ברובה ור׳ יהודה אומר ושרף ישרוף שלא ימעיט לה עצים מרבה הוא לה חבילי אזוב וחבילי אזוב יון בשביל לרבית את העפר.

ולקח הכהן, נאמרה כאן לקיחה ונאמרה להלן לקיחה מה לקיחה האמורה להלן שלשה אף לקיחה האמורה כאן שלשה.

עץ, שומע אני כל עץ במשמע תלמוד לומר ארז אי ארז שומע אני אפילו ענף תלמוד לומר עץ הא כיצד זו בקעת של ארז.

אזוב ולא אזוב יון ולא אזוב כוחלית ולא אזוב מדברית ולא אזוב רומית ולא כל אזוב שיש לו שם לווי: ושני תולעת, ששינתו תולעת ולא ששינתו דבר אחר.

והשליך אל תוך שריפת, שומע אני משתיעשה אפר ת״ל הפרה <אי הפרה שומע אני אף על פי שלא נשרפה ת״ל והשליך אל תוך שריפת הפרה הא כיצד משיצת האור ברובה דברי רבי ישמצאל, רבי עקיבא אומר והשליך אל תוך שרפת שומע אני משתיעשה אפר ת״ל הפרה> אי הפרה יכול יקרענה ויתנם לתוכה ת״ל והשליך אל תוך שריפת הפרה הא כיצד משתיבקע.

וכבס בגדיו הכהן ורחץ בשרו במים, בא הכתיב ולימד על המשליך את האזוב שמטמא בגדים: ואחר יבוא אל המחנה, מה כאן אסור לבוא אל המחנה אף להלן אסור לבוא אל המחנה: וטמא הכהן עד הערב, מה כאן עד הערב אף להלן עד הערב.

והשורף אותה יכבס בגדיו, בא הכתוב ולימד על השורף את הפרה שמטמא בגדים הא עד שלא יאמר יש לי בדין אם המשליך את האזוב מטמא בגדים

ואני אדון מדם האשם. אינו ר״ל דהכא יהיה כדין דם האשם בכלי או ביד[49] [כ]דפרק איזהו מקומן (מז עמ׳ ב) אמרי׳ אשם מצורע[50] שני כהנים מקבלים את דמו אחד ביד ואחד בכלי, זה שקבל בכלי בא לו אצל המזבח זה שקבל ביד בא לו אצל מצורע, אלא הכי פירושו אני אדון מדם האשם ויצטרך שני כהנים:

לוג שמן כשר ומוכשר להכשיר. פי׳ הוא עצמו כשר ומתוקן להכשיר את המצורע משנא׳ בדם דשמן ניתן על מקום דם האשם ואין אחריו מתנה אחרת אבל דם אינו מוכשר להכשיר שהרי יש אחריו מתנה אחרת היינו מתן שמן, ודם פרה נמי לא בעי מתנה אחרת אחרי ז׳ הזאות אי נמי שמן אין ממנו במקום אחר אבל דם אשם יש ממנו במקום אחר דהיינו מתן מזבח כדין כל אשם שטעון שתי מתנות שהן ד׳:

ת״ל וטבל הכהן את אצבעו הימנית (ויקרא יד:טז). גבי מצורע כתיב דגבי פרה לא כתיב והיינו דאמר הואיל ונאמרו וכו׳ דילמוד הסתום מן המפורש:

הרגילה שבאצבעות. אותה שאדם רגיל להשתמש בה יותר היינו שאצל הגודל:

שיהא מתכוון ורואה פתחו של היכל. בריש יומא (ב עמ׳ א) מפרש דאמה העליונה של גובה פתח ההיכל היה נראה מעל גבי חומת העזרה:

שאם לא הקים וכו׳. דבעי׳ **פני [אהל] מועד** (במדבר יט:ד):

שחוזר לדם שבע פעמים. היינו על כל הזאה טבילה:

אף החיצונות. היינו הזאות של פרה שנעשית בחוץ:

שאין מכפרות. אלא מכשירין את הפרה כדי שיטהר באפר עם מי קידוש את הטמאים:

[פיסקא קכד]

אם פוסלת בשחיטתה. וא״ת ומאי אולמיה דשריפה משחיטה? וי״ל דה״פ אם פוסלת בשחיטה דבעלמא אינה עבודת כהונה לא תפסול בשריפה דבעלמא היא עבודת כהונה דפרים הנשרפים ושעירים הנשרפים כהנים מוציאים אותם לשריפה אע״ג דאין שריפתן מעכבת כפרה, אי נמי הכי פי׳ אם פוסלת בשחיטה[51] שאינה עיקר עשייתה דעיקר עשייתה הוא בעבור האפר דהיינו שריפה:

ולא פרים הנשרפים. ממלאכה ממעט להו דלא פסלה בשריפתן:

פרים הנשרפים שנעשים בפנים.[52] היינו שחיטתן והזאתן והקטרת אימוריהן אבל שריפתן אינה לעולם[53] נעשית אלא חוץ לג׳ מחנות:

שיהא אחד שורף. היינו כהן דליכא למימר זר:

מה פרשה במקומה שהרי אינו מוציאו מתוך הקרב אף כולן במקומן. היינו שלא בהפשט וניתוח:

מכאן אמרו הדם כל שהוא יחזיר. אקרא קאי דקאמר **את עורה ואת בשרה ואת דמה** (במדבר יט:ה) אלא דצריך לשרוף את כל דמה, מכאן אמרו הדם כל שהוא אם נשאר באצבעו יחזירנו כלומר לשאר הדם כדי לשורפו, וקאמר ר׳ נתן דאינו צריך להחזירו אלא מקנח ידו בגופה של פרה ולשם ישרף עמה:

---

49. לאפוקי מפירוש הראב״ד הלכות פרה ג:ב ולפי רבינו בכלי דווקא אפילו בדיעבד.
50. זורקין דמו על המזבח.
51. כן בברית אברהם לנכון ובכה״י ״בשרה״.
52. פרים הנשרפים בהעלם דבר ויקרא פרק ד או ביה״כ ויקרא פרק טז.
53. כלומר לעולם אינה נעשית אלא.

אשר לא עלה עליה עול. בעול שלא לעבודה הכתוב מדבר ואם תאמר בעול של עבודה אמרת קל וחומר הוא ומה עגלה שאין המום פוסל בה עול פוסל בה פרה שהמום פוסל בה אינו דין שיהא העול פוסל בה. הרי מוקדשים יוכיחו שהמום פוסל בהם ואין עול פוסל בהם והן יוכיחו לפרה שאע״פ שהמום פוסל בה לא יהיה עול פוסל בה לא אם אמרת במוקדשים שאין נפסלים בשחור ובלבן לפיכך אין העול פוסל בהם תאמר בפרה שנפסלת בשחור ובלבן לפיכך יהי עול פוסל בה ת״ל אשר לא עלה עליה עול בעול שאינו של עבודה הכתוב מדבר ומנין לעשות שאר מלאכה כעול אמרת קל וחומר הוא ומה עגלה שאין המום פוסל בה עשה בה שאר מלאכה כעול פרה שהמום פוסל בה אינו דין שנעשה בה שאר מלאכה כעול או חילוף הן הדברים ומה פרה שהמום פוסל בה לא עשה בה שאר מלאכה כעול עגלה שאין המום פוסל בה אינו דין שלא נעשה בה שאר מלאכה כעול ת״ל אשר לא עובד בה (דברים כא ג) דנתי וחלפתי בטל או חילוף וזכיתי לדון כבתחלה ומה עגלה שאין המום פוסל בה עשה בה שאר מלאכה כעול פרה שהמום פוסל בה דין הוא שנעשה בה שאר מלאכה כעול.

ונתתם אותה אל אלעזר הכהן, בא הכתוב ולימד על הפרה שתהא נעשית בסגן תדע שכן הוא שהרי אהרן קיים ואלעזר שורף את הפרה. ונתתם אותה אל אלעזר הכהן זו נעשית באלעזר ושאר כל הפרות בכהן גדול דברי ר׳ מאיר ר׳ יוסי בר׳ יהודה ור׳ שמעון ור׳ אליעזר בן יעקב אומר זו נעשית באלעזר ושאר כל הפרות בין בכהן גדול ובין בכהן הדיוט.

והוציא אותה, שלא יוציא אחרת עמה מיכן אמרו שאם לא היתה פרה רוצה לצאת אין מוציאין עמה שחורה שלא יאמרו שחורה שחטו ולא אדומה שלא יאמרו שתים שחטו רבי אומר לא מן השם הוא זה אלא משום שנאמר והוציא אותה לבדה. אל מחוץ למחנה, להר המשחה.

ושחט אותה, בא הכתוב ולימד על הפרה שתהא מלאכה פוסלת בשחיטתה. ושחט אותה מגיד שאם נתנבלה בשחיטתה פסולה. ושחט אותה מיכן אמרו אין עושים שתי פרות כאחת: ושחט אותה לפניו, שיהיה אחר שוחט ואלעזר רואה.

ולקח אלעזר הכהן עוד למה נאמר והלא כבר נאמר ונתתם אותה אל אלעזר הכהן ומה ת״ל הכהן בכיהונו.

מדמה באצבעו מצותה מצות יד ולא מצות כלי שהיה בדין הואיל ולוג שמן מכשיר ודם פרה מכשיר אם למדתי ללוג שמן שאין כשר אלא ביד אף דם פרה לא יהיה כשר אלא ביד אתה דן מלוג שמן ואני ארון מדם האשם אמרת הפרש לוג שמן כשר ומוכשר להכשיר <ודם פרה כשר ומוכשר להכשיר> אם למדתי ללוג שמן שאין כשר אלא ביד אף דם פרה לא יהא כשר אלא ביד וממקום שבאת אי מה להלן מכלי ליד אף כאן מכלי ליד ת״ל מדמה באצבעו מצותה מצות יד ולא מצות כלי.

אצבעו, ימנית שבידו ימנית אתה אומר אצבעו שבידו ימנית או כל אצבעות במשמע ת״ל וטבל הכהן את אצבעו הימנית (ויקרא יד טז) הואיל ונאמרו אצבעות בתורה סתם ופרט לך הכתוב באחת מהם שאינה אלא ביד הימנית אף פורטני בכל אצבעות שבתורה שלא יהו אלא ביד הימנית המיומנת שבימין הרגילה שבאצבעות.

והזה אל נכח פני אהל מועד שיהא מתכוון ורואה פתחו של היכל בשעת הזאת הדם: והזה אל נכח פני אהל מועד שאם לא הוקם המשכן או אם קיפלה הרוח את היריעה לא היתה פרה נעשית חטאת: והזה אל נכח פני אהל מועד מדמה עוד למה נאמר והלא כבר נאמר מדמה באצבעו ומה ת״ל מדמה לפי שהוא אומר שבע פעמים שומע אני שבע הזיות וטבילה אחת ת״ל מדמה שבע פעמים מגיד שחוזר לדם שבע פעמים.

שבע פעמים שיהו מעכבות זו את זו שהיה בדין הואיל ונאמרו הזיות בפנים ונאמרו הזיות בחוץ אם למדתי לפנימיות שהם מעכבות זו את זו אף החיצונות יהיו

בעול שלא לעבודה. אלא בעליה גרידתא:

[ומה] **עגלה** לא כתוב פיסול מומין[35] וכתיב בה **אשר לא עובד בה אשר לא משכה בעול**[36](דברים כא:ג) ואם אינו ענין לעול של עבודה[37] תנהו ענין לעול שלא לעבודה:[38]

לפיכך[39] [יהא] **העול פוסל בה.** והיינו דווקא בעול של עבודה[40] וכי כתיב **אשר לא עלה עליה עול** (במדבר יט:ב) להביא עול שאינו לעבודה:

[ומה עגלה] **עשה בה שאר מלאכה כעול** [וכו׳]. דהא כתיב **אשר לא עובד בה** (דברים כא:ג) מ״מ:

דנתי וחלפתי— בטל החילוף.[41] כלומר הדין שהייתי מחליף נמצא בטל והדין הראשון עומד:

[ונתתם] **אותה.** הוי מיעוטא ונראה דבהכי הוי פלוגתיהו דרבי [מאיר] סבר משום מעשה העגל לא נעשית זו על ידי אהרן, א״כ לדורות דליכא האי טעמא— בכהן גדול; ור׳ יוסי סבר דמעלה בעלמא הוא באותו של משה להצריכה סגן:

בא הכתוב ולימד על הפרה וכו׳. דהכי משמע **ושחט אותה** (במדבר יט:ג) לענין שלא יתעסק בדבר אחר עם שחיטה דאי שלא ישחוט אחרת עמה פשיטא דהא מיעט אותה:

אפי׳ מהוצאה בכיהונו. היינו בבגדי כהונה:

מצותה מצות יד. ולא מצות כלי דלא היה צריך לקבל דמה בכלי אלא ביד, וכן משמע בפרק ג׳ דפרה דקתני שחטה בימינו ומקבל בשמאלו ר׳ יהודה אומר בימינו היה מקבל ונותן לשמאלו ומזה בימינו, מיהו אין ראיה כל כך משום דאימא דהמזרק היה בימנו אבל ממאי דמייתי לה מלוג השמן משמע בהדיא דביד ממש היה מקבל, וא״ת והרי במנחות (ז עמ׳ ב) ובפרק דם חטאת בזבחים (צג עמ׳ ב) אמר על ההיא דתנן במס׳ פרה (ג:ט) גמר מלהזות מקנח ידו בגופה של פרה[42]— [ו]אמר עלה גמר מקנח ידו, לא גמר מקנח אצבעו[43] וקאמר במאי מקנח[44] בשפת המזרק— משמע שבמזרק היה מקבל! וי״ל דלעולם לא היה מקבל אלא ביד מ״מ היה לו מזרק לקנח בו אצבעו בין הזיה להזיה משום דשירים שבאצבע פסולין[45]כדמפרש התם ולכן אי איפשר בלא קינוח, אי נמי י״ל דלצורך הזאות היה מקבל ביד ושאר כל הדברים היה מקבל במזרק כדי שלא יהיה נבלע בקרקע:

(וצריך לקיים בו[46] מצות שריפה דכתי׳ **ושרף את הפרה לעיניו את עורה ואת בשרה ואת דמה:**[47] **הרגילה שבאצבעות.** היינו שאצל הגודל:)[48]

---

35. דהיינו קולה.
36. דהיינו חומרה.
37. דעבודה בהדיא כתוב.
38. ולכן הלימוד לחומרות דפרה לא פחות מדעגלה מענין דעול אלא לא מריבוי של אינו ענין.
39. בפרה.
40. מכח ק״ו אבל אין בדין כח ללמוד החידוש של ״אם אינו ענין״.
41. עיין פירושו לפרשת קרח לעיל הערה 88.
42. דגם הדם טעון שריפה כשאר גוף הפרה וע״ע פירוש הרע״ב לפרה ג:ט. ויש הערה שכתב תלמיד ונפל בתוך הפירוש למטה והיא שייך לענין למה מקנחים בגופה של פרה ״וצריך לקים בו מצות שריפה דכתי׳ ושרף את הפרה לעיניו את עורה ואת בשרה ואת דמה (במדבר יט:ה):
43. בין הזאה והזאה.
44. עיין ענינו בתוס׳ מנחות ז עמ׳ ב.
45. דעת רבי אלעזר.
46. ר״ל שריפת הדם.
47. עיין הערה 41.
48. מקומו אינו כאן ועיין למטה.

אותה (במדבר יט:ח) **והשורף אותה** (במדבר יט:ח) וכדתנן פרק ד׳ מפרה (ד:ג) והמלאכה פוסלת בה עד שתעשה אפר והמלאכה פוסלת במים עד (שיתילו)[25] [שיטילו] את האפר:

תאמר בפרה שעשייתה בטומאה. לאו בטומאה ממש אלא בדבר הטמא לתרומה דהיינו טבול יום כדילפי׳ לה ביומא (מג עמ׳ ב):

[הרי] פסח יוכיח וכו׳. מיירי דווקא ברוב צבור טמאים דכתי׳ **איש איש כי יהיה טמא** (במדבר ט:י) ודרשינן איש נדחה ואין צבור נדחין[26] אלא עושין בטומאה:

עגלה שמלאכה פוסלת בה. הכא ר״ל עבודה ממש דכתיב **אשר לא עובד בה** (דברים כא:ג) ואיסי [ב״ע] סבירא ליה דשפיר ילפינן מדינא שיהא המום פוסל בה ולא אצטריך למיכתב אלא למעוטי עגלה ממומין כדמפרש ואזיל:

ומה חטאת העוף שמקריביה טהורין. שהרי טבול יום אסור ליכנס למקדש כדאמ׳ (בשבועות [במכות] (ח עמ׳ ב) **טמא יהיה** (במדבר יט:יג) לרבות טבול יום:

אין מום פוסל בה. דאמר מר (קידושין כד עמ׳ ב) תמות[27] וזכרות בבהמה ואין תמות וזכרות בעופות:

פרה שמקריביה טמאין. היינו טבול יום:

ה״ג **ת״ל אשר אין בה מום** (במדבר יט:ב) **הא יש בעגלה כשרה.** ור׳ יהודה בן בתירא בשיטת איסי בן עקביא אמר לה אלא דמייתי לה מ״מקריביה״[28] דמשחור ולבן ליכא למידן משום דלא שייך בשאר קרבנות אבל טומאה שייכא בשאר קרבנות:[29]

(**היאך**) [**כיצד**] **המום פוסל בעגלה והראיני בין שתי אצבעותיו יוצא לו שתי זנבות.** דסבר בה (במדבר יט:ב) למעוטי עגלה ממום שהיא נעשית בחוץ כמותה, [ו]**כיצד המום**— פי׳ איזה מום פוסל בעגלה דליכא למימר שכל המומין כשרין בה דאע״ג דנעשית בחוץ ״גנאי הוא לצבור״ להביא עורת או שבורה גם שהוא מבת שנה עד בת שתים אינו מצוי שתהיה בעלת מום אלא במום שנולד עמה, ועל כן **הראה** לו בין שתי אצבעותיו והיינו שתי זנבות ושנינו במס׳ בכורות (לט עמ׳ ב) פרק על אלו מומין שוחטין את הבכור— או שהיה ראש הזנב מפוצל לשנים;[30] אי נמי שמעיה ר׳ יאשיה לר׳ יהודה שראה מעשה שהיתה בעלת מום ושאלו כיצד היה אותו מום וזה שהראהו בין שתי אצבעותיו לפי שזנב הבהמה יוצא מבין שתי הירכים כך הראה לו את האצבעות כעין הירכים וכאלו זנב יוצא בין שניהם וראשו התחתון מפוצל לשני זנבות, וא״ת ולימא ליה מימר? שמא קריאת שמע היה קורא![31]

(אבל מה שכתוב בספר ״[הא] יש מום (בעבודה) [בעבורה כשרה]״ אי איפשר להעמידה דלרבנן משום מעוברת מפסלא[32] ולר׳ אליעזר דמכשר מעוברת היכי הוא ס״ד דפסול מום שבעוברה דאיצטריך קרא למעוטיה וגם אי איפשר לומר כן דמום לא פסיל בעוברה של פרה:)[33]

(דהא פלוגתא היא אי בעיא כהן גדול או הדיוט אבל כ״ע כהן בעיא ומשמע בכיהונו:)[34]

---

25. בכה״י: שיתנו.
26. עין פסחים סו עמ׳ ב.
27. לשון תמימות.
28. מכל המאמר של חטאת העוף עד סופו.
29. אבל...קרבנות חסר בכ״י סמינר מפני הדומות.
30. לגירסה זו עין דברי הרא״ש פרק ו׳ בכורות סימן ב׳ ודברי התוס׳ שם לט עמ׳ ב.
31. לשון יומא יט עמ׳ ב עיין שם לענינו.
32. בעגלה ערופה.
33. נראה דדברי תלמיד נפל בתוך גוף הפירוש מן הגליון וליתא בברית אברהם.
34. גם זה חסר בברית אברהם ונראה שאינו מעיקר הפירוש ושייך למעלה בתחילת פירוש הפרשה.

חוטא[11] אלא שהכהנים דורשים המקרא הזה לעצמן״[12] משמע שלא[13] היה כהן, לכן פירשו דלעולם לא היה כהן ומה שאמר הכא מה ״ששרתו ידי וכו׳״ לפי שנעשית בהוראתו, ודוחק— דא״כ הלל שהיה רבו, אותה שנעשית בימיו אמאי לא נעשית בהוראתו?[14] ושמא נעשית בעודו לומד לפני שמעיה ואבטליון![15] ויותר נראה לי דכהן היה ומההיא דשקלים ליכא ראיה דלהכי קאמר ״אלא שהכהנים דורשים״ לפי שהוא לא היה דורשו כמותם:

שתהא גזבר לדבר. דליכא למימר לענין עשייתה דהא לאלעזר ניתנה:

עגלה בת שנתה. יליף מדכתיב **ועגל וכבש בני שנה** (ויקרא ט:ג); מדעגלה[16] בת שנתה פרה[17] בת שתים ואילך ולא למיפסל בת שלש דהא תנן פרק ב׳ מפרה (ב:א) ר׳ אליעזר אומר פרת חטאת המעוברת כשרה[18]— ובבכורות (בי״ב) [משנה ג:א] אמר הלוקח בהמה מן הגוי ואינו יודע אם ביכרה אם לא ביכרה...פרה וחמורה בת[19] שלש שנים ודאי לכהן:[20]

וחכמים אומרים עגלה ערופה בת שתים. ואע״ג דכתיב [ש]עגל בן שנה (ויקרא ט:ג) שאני הכא דכתיב **עגלת בקר** (דברים כא:יג) משמע שהיא קרובה לבקר ופרה בת שלש, דמעגלה בת שתים פרה בת שלש, וגם לרבנן אינה[21] כשרה יותר מבת שלש:

ור׳ מאיר מכשיר אף בת ארבע ובת חמש. ואע״ג דשמעי׳ ליה לר׳ מאיר בפרקא קמא דראש השנה (י עמ׳ ב) פר— בן שלש שנים,[22] שמא משום דכתי׳ **פר בן בקר**[23] (ויקרא ד:יד) אבל הכא דלא כתיב אלא פרה (במדבר יט:ב) סתמא ולא כתיב ״בת״ בא לרבות אף בת ארבע ובת חמש אבל רש״י ז״ל פי׳ במס׳ (פרה) [ר״ה] בענין אחר:[24]

שומע אני שחורה ולבנה. כלו׳ או לבנה שומע אני שחור [או] לבן ואע״ג דכתי׳ **אדומה** (במדבר יט:ב) הוה אמינא שהאדמימות רוב ואפי׳ יהיו בה שתי שערות שחורות או שתי שערות לבנות ת״ל **תמימה** (במדבר יט:ב) לאדמימות:

מוקדשין שאין המלאכה פוסלת בהם. אע״ג דכתי׳ **לא תעבוד בבכור שורך** (דברים טו:יט) וכ״ש בקדשי קדשים אם עבד במוקדשין איהו לקי משום דעבר בלאו אבל הקרבן אינו נפסל, אבל פרה נפסלת בעבודה דהא כתיב גבי עגלה **אשר לא עובד בה** (דברים כא:ג) וילפי׳ פרה מעגלה ב״**עול** (במדבר יט:ב) **עול** (דברים כא:ג)״; אי נמי יש לפרש דהאי מלאכה אינו ר״ל עבודה אלא אם עשה מלאכה אחרת בעודו עסוק באחת מעבודותיה משום דכתיב (והשוחט) [**ושחט**]

---

11. דגם הם עברו בים סוף ולכן חייב בתרומת הקרבנות.
12. טועים בדבר לטובת עצמן שלא כהלכה.
13. שדבורו לא היה דבור של כהן.
14. ולא על פי התלמיד.
15. היינו הלל.
16. ר״ל נפקא מינה לעגלה ערופה.
17. פרה אדומה.
18. זהו סוף המאמר בברית אברהם. והענין בבכורות כמו דברי התוס׳ דאם פרה וחמור בנות ג׳ ודאי לכהן ש״מ תוך ב׳ לא ילדה כלל. א״כ פרה חטאת מעוברת בת ג׳ היא וכשרה ומכאן דלא ליפסל בת שלש. ובלי הראיה ממשנה בכורות אין הוכחה לדבריו והם הם דברי רבינו.
19. לפנינו בש״ס: בנות.
20. אותו הוולד הוה וודאי בכור.
21. בברית אברהם: היא כשרה יותר מבת שלש.
22. ר״ל דווקא ולא יותר.
23. בן משמע קטן אבל עין דברי התוס׳ ר״ה י עמ׳ א שדברי ת״כ נגד דעת רבינו.
24. ״אפילו כתב פר בן בקר לא נקרא פר בפחות מג׳ שנים״ משמע דיותר מג׳ שנים שפיר נקרא דלשון פר מורה על ג׳ ויותר וכן בהדיא בתורת כהנים.

[פ' חוקת][1]
פרשת פרה

[פיסקא קכג]
ה"ג **וזו כללה בתחלה ופרטה בסוף.** כדמסיים ואזיל:
ואתם תהיו לי ממלכת כהנים וכו' (שמות יט:ו) **פרט**— דמשמע דקאי אמשה ואהרן ונדב ואביהוא ושבעים מזקני ישראל; כשאמר **אלה הדברים אשר תדבר אל בני ישראל** (שם שם) [כלל]— הביא כל ישראל לכלל שכולם נקראין[2] כהנים:
ה"ג **כל עדת ישראל יעשו אותו** (שמות יב:מז) **כלל.** דמשמע אפי' ערל אפי' משומד:[3]
כל בן נכר לא יאכל בו (שמות יב:מג) **פרט.** [משמע לא משומדים]:
זאת חקת התורה (במדבר יט:ב) **כלל.** משמע דקאי חוקה דהיינו עיכובא אכל התורה כולה:[4]
ויקחו אליך פרה (במדבר יט:ב) **פרט.** לומר דהאא בלחוד קאי חוקה:
ונאמר להלן (ויקרא טז:לד) **חוקה.** גבי יום הכיפורים:
מה להלן בבגדי לבן. דכתי' **כתנת בד קדש ילבש וכו'** (ויקרא טז:ד):
באלו כלים פרה נעשית. פשיטא להו דבעיא בגדי כהונה דהא **כהן** (במדבר יט:ד,ו) כתי' בה שר"ל בכיהונו,[5] אלא בעי אי בבגדי זהב דהיינו ח' בגדים בכהן גדול או בד', דהדיוט לית ליה בגדי זהב שהם חשן ואפוד ומעיל וציץ, ונראה דהאי דבעיא אתיא כמאן דאמר בכהן גדול היתה נעשית ובעי אי בכל[6] ח' כלים אי בד' בגדי לבן כמו ביום הכפורים, אבל למאן דאמר בכהן הדיוט פשיטא שלא היתה נעשית אלא בד' בגדים:
אם מה שראו עיני וכו'. ריב"ז כהן הוה ובימי הבית היה והיה יודע שבבגדי לבן ולא נתכוון אלא לזרז לתלמידיו שיזהרו מן השכחה:
ויש אומרים את הלל הזקן שאלו. אבל לא השיב מה ששרתו [ידי] לפי שלא היה כהן אבל ריב"ז היה כהן; וקשה דבמס' פרה (ג:ה) חשיב שבע פרות שנעשו מעזרא ואילך ולא חשיב ריב"ז[7] ואע"ג דחשיב יוחנן כהן גדול אותו יוחנן היה אביו של מתתיה מדחשיב ליה בתר שמעון הצדיק מיד, וי"ל דהנהו[8] דחשיב התם[9] היו ידועות לכל ומפורסמות שנעשו בכנופיא רבא דומיא דשל משה אבל אחריני טובא נעשו אלא שלא נעשו בכנופיא אבל במנחות (כא עמ' ב) הקשו בתוספות[10] מדתנן בשקלים (א:ד) "ריב"ז אמר לא! כי אלא שכל כהן שאינו שוקל

1. בלשון הראשונים הפרשה נקראה פרשת פרה אדומה, עיין תוספות לבבא בתרא יב עמ' א.
2. בברית אברהם: נקראו.
3. אינו בברית אברהם ואיני יודע מניין בא שאין כמו זו בשום נוסח הספרי שלפנינו.
4. לשון בעל זרע אברהם דומה ושמה הוסיף הסבר שאם לא עשאה כהלכתה מעכבת. ובוודאי יש מצות כמו תכלת שאינן מעכבות.
5. כתוב למטה: "דהא פלוגתא היא אי בעיא כהן גדול או הדיוט אבל כ"ע כהן בעיא [דכתיב כהן] ומשמע בכיהונו"— ההוספה שלמטה שייך כאן לפרש ענינו אבל אינו נראה דבא מידו של רבינו.
6. ברית אברהם: בכלל.
7. והרי משמע מדבריו שפעם עשה.
8. בכה"י הנה ודחשיב.
9. במס' פרה.
10. חסר בברית אברהם וטעות דלהלן אמר איך פירשו הקושיא.

חקת

(קכג) וידבר ה׳ אל משה ואל אהרן לאמר זאת חקת התורה אשר צוה ה׳ לאמר דבר אל בני ישראל ויקחו אליך פרה אדומה תמימה אשר אין בה מום אשר לא עלה עליה עול יש פרשיות שכולל בתחלה ופורט בסוף פורט בתחלה וכולל בסוף וזו כללה בתחלה וכללה בסוף. ואתם תהיו לי ממלכת כהנים וגוי קדוש (שמות יט ו) פרט אלה הדברים אשר תדבר אל בנ״י (שם) כלל זאת חקת הפסח (שם יב מג). כלל כל בן נכר לא יאכל בו (שם) פרט זאת חקת התורה כלל ויקחו אליך פרה אדומה תמימה פרט כלל ופרט אין בכלל אלא מה שבפרט.

ואת חקת התורה, רבי אליעזר אומר נאמר כאן חקה ונאמר להלן חקה מה חקה האמורה להלן בבגדי לבן הכתוב מדבר אף חקה האמורה כאן בבגדי לבן הכתוב מדבר. שאלו תלמידיו את רבן יוחנן בן זכאי באילו כלים פרה נעשית אמר להם בבגדי זהב אמרו לו והלא למדתנו רבינו בבגדי לבן אמר להם אם מה שראו עיני ומה ששרתו ידי שכחתי ק״ו למה שלמדתי וכל כך למה כדי לחזק את התלמידים. ויש אומרים הלל הזקן היה אלא שלא היה יכול לומר מה ששרתו ידי.

ויקחו, מתרומת הלשכה. אליך, שתהא ניזבר לדבר וכשם שהיה משה ניזבר לדבר כך היה אהרן ניזבר לדבר כיוצא בו אתה אומר בשמן המשחה.

פרה, ר׳ אליעזר אומר עגלה בת שנתה ופרה בת שתים וחכמים אומרים עגלה בת שתים ופרה בת שלש ובת ארבע ר׳ מאיר אף בת חמש כשרה וזקנה כשרה אלא שאין ממתינים לה שמא תשחיר שלא תיפסל.

פרה, שומע אני שחורה או לבנה ת״ל תמימה תמימה לאדמימות או תמימה למומים כשהוא אומר אשר אין בה מום הרי מומים אמורים הא מה ת״ל תמימה תמימה לאדמימות.

אשר אין בה מום למה נאמר הא עד שלא יאמר יש לי בדין מה מוקדשים שאין מלאכה פוסלת בהם מום פוסל בהם פרה שמלאכה פוסלת בה אינו דין שיהא מום פוסל בה. לא אם אמרת במוקדשים שעשייתן בטהרה לפיכך מום פוסל בהם תאמר בפרה שעשייתה בטומאה לפיכך לא יהיה מום פוסל בה הרי פסח יוכיח שעשייתו בטומאה ומום פוסל בו והוא יוכיח לפרה שאע״פ שעשייתה בטומאה שיהא מום פוסל בה. לא אם אמרת בפסח שיש לו זמן קבוע לפיכך מום פוסל בו תאמר בפרה שאין לה זמן קבועה לפיכך לא יהיה מום פוסל בה ת״ל אשר אין בה מום. איסי בן עקביא אומר אשר אין בה מום למה נאמר הא עד שלא יאמר יש לי בדין ומה מוקדשים שאין נפסלים בשחור ולבן מום פוסל בהם פרה שנפסלת בשחור ובלבן אינו דין שיהיה מום פוסל בה אם זכיתי מן הדין מה ת״ל אשר אין בה מום שהיה בדין לעגלה ערופה שתיפסל במומים ומה מוקדשים שאין מלאכה פוסלת בהם מום פוסל בהם עגלה שמלאכה פוסלת בה אינו דין שיהיה מום פוסל בה ת״ל אשר אין בה מום בה אין מום הא אם יש מום בעגלה הרי זו כשרה. ור׳ יהודה בן בתירה אומר ומה חטאת העוף שמקריביה טהורים אין מום פוסל בה פרה שמקריביה טמאים אינו דין שלא יהא מום פוסל בה ת״ל אשר אין בה מום בה אין מום הא אם יש בעבודה הרי זו כשרה. אמר רבי יאשיה נמתי לפני ר׳ יהודה בן בתירה כיצד המום בעבודה והראני בין שתי אצבעותיו יוצא לו שני זנבות.

פירוש לספרי פ' קרח

תרומת מעשר, ור' עקיבא[153] סבר מואת קדשי בני ישראל (במדבר יח:לב) נפקא והאי לא תשאו עליו חטא (שם שם) לדרשא דפי' דלעיל ממנו (יח:כו) ממנו (יח:לב) לומר שאם הפרשתם אותו שלא מן המחובר[154] כדפי'[155] ודרשא דלעיל סתמא כר' עקיבא:[156]

---

153. וכן גרס רבי עקיבא.
154. מן המוקף.
155. עיין למעלה דברי רבינו לפיסקא קכ.
156. דלפי גרסא בכמה כה"י גורסין ר"ע אומר ואת קדשי וכו' דר"ל דאינו דורש פסוק במדבר יח:לב לענין שלא יטמאו תרומת מעשר אלא דורש אותו לדרשה אחרת בפיסקא קכ.

בתוספת זרוע מעיקרו בהשרשה,[137] ושמא אסמכתא בעלמא הוא ומדרבנן, דמדאוריתא כל מילי בטלים ברובה:

כפל את האיסור. דערלה וכלאי הכרם אסורין בהנאה, כלאי הכרם דכתיב **פן תקדש** (דברים כב:ט),[138] וערלה דכתיב **וערלתם ערלתו** (ויקרא יט:כג), **וערלתם** לרבות את כולם:[139]

[פיסקא קכב]

אלא מן המחובר. היינו מוקף,[140] וגרסינן "מן המחובר לו" **וממנו**[141] (במדבר יח:ל) דריש לה:

יהא בקדושתו. אפילו לאחר הפרש תרומת מעשר:

שתהא נותנת רשות. [משמע שישראלית מאורסת[142] ללוי תהא נותנת רשות] לישראלית אחרת לאכול [מעשר של בעלה], ותימא אמאי אצטריך דהא מעשר לאחר שהורם ממנו תרומת מעשר חולין גמורים! לכן נראה שתהא נותנת רשות לתרום תרומת מעשר ואע"ג דגבי אכילה[143] כתיב— אם אינו ענין לאכילה[144] תנהו ענין ליתן רשות לתרום;[145] וא"ת מנא לן דאתא לרבות מאורסת דלמא דווקא נשואה?[146] וי"ל כיון דגבי כהן לא שנא ארוסה ולא שנא נשואה[147] ה"ה ללוי, אי נמי[148] **ובתיכם**[149] (במדבר יח:לא) שני בתים[150] משמע אחת ארוסה ואחת נשואה:

ה"ג **או אינו אלא שתאכל במעשר אמרת ק"ו וכו'.**

אין לי אלא תרומה טהורה. דבעיא מוקף:

טמאה מנין. דבעיא מוקף:

הרי זו אסורה[151] **לכהנים וללוים.** ארישיה דקרא **ולא תשאו עליו חטא** (במדבר יח:לב): [**בהרימכם את חלבו ממנו** (שם שם)]. קא מהדר ר' יאשיה דשמעיה לת"ק דדריש ליה לתורם מן הרע על היפה שתרומתו תרומה,[152] דה"פ **ולא תשאו עליו**, אם תרימו **חלבו** דהיינו יפה, הא אם לא תרימו יפה **תשאו חטא** מ"מ תרומה הוי, ואמר איהו **הרי זה אזהרה וכו'**— פי' שלא יטמאו

---

137. עין פירושו לספרי דברים עמ' 210.
138. ודרשנו תוקד אש.
139. איסורי הנאה.
140. מה דסמיך לעיקר מקומו שלא יפריש מכמה מקומות.
141. כאילו ממקום אחד.
142. ואיתא פרק יש מותרת (יבמות פו עמ' א) תרומה חמורה אוכלת מעשר הקל לא כ"ש אלא לימד על נשואה בת ישראל שנותנת רשות לתרום— נשואה דווקא וכן לפי המשנה יבמות ט:ד אלא זה מדין דרבנן והספרי דין דאורייתא.
143. דכתיב ואכלתם אותו.
144. לפי הגמרא יבמות פו עמ' א ישראלית אשת כהן מותרת לאכול בתרומה עאכו"כ אשת לוי תאכל במעשר שאינו קודש כמו כן. אבל רבינו לומד פשוט— חולין הוא המעשר אחרי הפרשת תרומת מעשר ואין לדמותו לתרומה. ואין להקשות על הגמרא ביבמות שם העוסקת בדין דרבנן.
145. שהנשואה ללוי תתן רשות לשליח לתרום מעשר תרומה ונקרא מדעת.
146. והמשנה והברייתא הן דברי דאורייתא!
147. מן התורה דשתיהן נקראו אשת כהן ועין פירוש רבינו הלל הלומד מק"ו ולא ממה מצינו.
148. אפילו דאורייתא יש הבדל בין נשואה לארוסה וגזרת הכתוב היא ולא לימוד.
149. בכה"י בתיכם לשון רבים וכמו כן בכ"י רומי של הספרי. ונראה דהכא ר"ל שגירסת הספרי היתה במקורה כמו כמה כה"י שגורסים נסוח זה. ולכן "אי נמי" ר"ל "אי גרסינן" ואולי רבינו סבר שיש מקום לחשוב שכן היו גורסין במקצת ספרי תורה בימי התנאים ולא רק דרך דרשה.
150. ואין בית אלא אשה.
151. לפנינו בספרי "אזהרה".
152. עיין תמורה ה עמ' א דדריש מכל חלבו.

ספרי פיסקא קכא קרח

שבלים של חטים וענבים מן היין וזתים מן השמן ת״ל כדגן מן הגרן מן הגמור מיכן אמרו התבואה משתמרח והיין משיקפה והשמן משירד לעוקה.

כן תרימו גם אתם תרומת ה׳ למה נאמר לפי שהוא אומר ואל הלוים תדבר ואמרת אליהם כי תקחו מאת בני ישראל. ישראל נותנים מעשר ללוים אבל כהנים אין נותנים מעשר ללוים הואיל ואין נותנים מעשר ללוים שומע אני יהיו אוכלים אותו בטיבולו ת״ל כן תרימו גם אתם תרומת ה׳. ר׳ שמעון אומר אין צריך מה חלה שאינה נוהגת בכל הפירות נוהגת בפירות כהנים מעשר ראשון שנוהג בכל הפירות אינו דין שינהוג בפירות כהנים ומה ת״ל כן תרימו גם אתם <אין לי אלא מעשר של ישראל מעשר של עצמן מניין ת״ל כן תרימו גם אתם תרומת ה׳>

מכל מעשרותיכם בא הכתוב ולימד על תרומת מעשר שהוא נוהג בכל. איסי בן עקביא אומר אב מעשר הקל הרי הוא נוהג בכל תרומה חמורה דין הוא שתהא נוהגת בכל ד״א אם מעשר שאינו נוהג בראשית הגז הרי הוא נוהג בכל תרומה חמורה אינו דין שתהא נוהגת בכל. איסי בן מנחם אומר אם מעשר שאינו בא אלא מכח יראה ומכח תלמוד הרי הוא נוהג בכל תרומה חמורה דין הוא שתהא נוהגת בכל: ונתתם ממנו את תרומת ה׳ לאהרן הכהן, מה אהרן חבר אף בניו חברים מיכן אמרו אין נותנים מהנות אלא לחבר.

מכל מתנותיכם תרימו את כל תרומת ה׳ מכל חלבו את מקדשו ממנו בתרומה גדולה הכתוב מדבר או אינו מדבר אלא בתרומת מעשר כשהוא אומר מכל מעשרותיכם הרי תרומת מעשר אמור הא מה ת״ל מכל מתנותיכם תרימו את כל תרומת ה׳ בתרומה גדולה הכתוב מדבר דברי ר׳ יאשיה. ר׳ יונתן אומר לפי שהוא אומר ראשית דגנך תירושך ויצהריך (דברים יח ד) חובה אתה אומר חובה או אינו אלא רשות ת״ל תרימו את כל תרומת ה׳ חובה ולא רשות.

מכל חלבו את מקדשו ממנו. שאם נפל לתוכו הרי הוא מקדשו מיכן אמרו תרומה עולה באחד ומאה אין לי אלא תרומה טהורה תרומה טמאה מנין אמרת ק״ו הוא אם יעלה איסור מן האיסור להיתר ק״ו לאיסור מן המותר להיתר. רבי אומר אין צריך ק״ו הוא אם יעלה איסור מן המותר להיתר ק״ו למותר מן המותר להיתר אין לי אלא תרומה שהיא עולה ערלה וכלאי הכרם מנין נאמר כאן מלאה ונאמר להלן מלאה מה מלאה האמורה להלן שהיא עולה אף מלאה האמורה כאן שהיא עולה אי מה להלן במאה ואחד אף כאן במאה ואחד אמרת מקום שכפל את האיסור כפל את העלאה מקום שלא כפל את האיסור לא כפל העלאה מיכן אמרו תרומה עולה באחד ומאה ערלה וכלאי הכרם באחד ומאתים (סליק פיסקא)

(קכב) ואמרת אליהם בהרימכם את חלבו ממנו ונחשב ללוים כתבואת גורן וכתבואת יקב הרי זו אזהרה לב״ד של לוים שלא יהו תורמים אותו אלא מן המובחר: ונחשב ללוים וגו׳ למה נאמר לפי שהוא אומר והרמותם ממנו תרומת ה׳ שומע אני הואיל וקראו הכתוב תרומה יהא בקדושתו עולמית ת״ל ונחשב ללוים וגו׳ מה תרומת גורן מפריש תרומה והשאר חולין אף מעשר ראשון מפריש תרומה והשאר חולין.

ואכלתם אותו בכל מקום אפילו בקבר שהיה בדין הואיל ותרומה קרויה תרומה ומעשר ראשון קרוי תרומה אם למדתי לתרומה שאינה נאכלת אלא במקום טהור אף מעשר ראשון לא יהיה נאכל אלא במקום טהור ת״ל ואכלתם אותו בכל מקום אפילו בקבר: אתם וביתכם, להביא את בת ישראל המאורסת ללוי שתהא נותנת רשות <או תאכל במעשר אמרת אם אוכלת בתרומה לא תאכל במעשר ת״ל אתם וביתכם להביא את בת ישראל המאורסת ללוי שתהא נותנת רשות:> כי שכר הוא לכם חלף עבודתכם. אם עבד יטול אם לא עבד לא יטול מיכן אמרו בן לוי שקבל עליו כל עבודת לויה חוץ מדבר אחד אין לו חלק בלויה.

ולא תשאו עליו חטא. מנין אתה אומר שאם הפרשתם אותו שלא מן המובחר שאתם בנשיאות עון ת״ל ולא תשאו עליו חטא וגו׳. אין לי אלא בן לוי ישראל שנטל רשות מלוי מנין ת״ל ולא תשאו עליו חטא: בהרימכם את חלבו ממנו למה נאמר לפי שהוא אומר והרמותם ממנו תרומת ה׳ מעשר מן המעשר אין לי אלא תרומה טהורה תרומה טמאה מנין ת״ל בהרימכם את חלבו ממנו הרי זו אזהרה לכהנים וללוים דברי ר׳ יונתן ר׳ יאשיה אומר ואת קדשי בני ישראל לא תחללו ולא תמותו

(סליק פיסקא)

ת״ל כן תרימו גם אתם (במדבר יח:כח). תימא הא אתיא ליה [בק״ו]?[126] וי״ל משום דאיכא למיפרך מה לחלה שכן אינה תלויה בחילוק הארץ תאמר בתרומה שהיא תלויה בחילוק הארץ דהא שבע שכבשו ושבע שחלקו נתחייבו בחלה ולא נתחייבו בתרומה להכי איצטריך קראי:

שאם נפל לתוכו הרי הוא מקדשו. ובתרומת מעשר משתעי קרא שהיא אחד ממאה:[127]

אם יעלה איסורה. היינו תרומה שהיא אסורה לזרים:

מן האיסור. היינו טבל שהוא אסור לכל:

להתר. ובעליה זו מתיר את הטבל לזרים[128] ואת התרומה לכהנים:[129]

ק״ו לאיסור (מן המותר). היינו תרומה טמאה שהיא אסורה לכהנים:[130]

מן המותר. היינו תרומה טהורה שהיא מותרת לכהנים;[131] [ובזה השיב על] דהאי קא בעי ״**תרומה טמאה מנין**״— בתרומה טמאה שנפלה לתוך הטהורה [כדי בטלו מנין דיגביר הטהורה] דאם נפלה [תרומה] לתוך החולין [כדי בטלו] **פשיטא שעולה**;[132] **דמה לי טמאה מה לי טהורה?**[133] ובפרק ה׳ דתרומות (משנה ד) פליגי נמי ב״ש וב״ה בטמאה [שנפלה] לתוך הטהורה אבל בטמאה לתוך החולין כ״ע מודו דעולה (שם ה:א); ור׳ נקיט ליה דרך אחרת וה״פ—

אם יעלה איסור (מן המותר). היינו תרומה טהורה, שהיא אסורה לזרים:

[**מן המותר**]. מן החולין, שהן מותרין לזרים:

ק״ו. [למותר היינו] שתעלה תרומה טמאה שהיא מותרת לכהן להסיק תחת תבשילו [מן המותר היינו] מן הטהורה[134] שהיא מותרת באכילה ובטלה ט(ו)מאה במיעוטה [להתיר היינו] **ונעשית הכל מותר**, דהכא לא שייך עליה[135] כיון שהכל תרומה:

נאמר כאן מליאה. כלומר תרומה איקרי מלאה דכתיב **מליאתך ודמעך לא תאחר** (שמות כב:כח) וגבי כלאי הכרם כתיב **פן תקדש המלאה וגו׳** (דברים כב:ט), וא״ת תינח כלאי הכרם, ערלה מאי איכא למימר? י״ל דהאי המליאה גבי ערלה נמי דהא קימא לן (בבלי קידושין לט עמ׳ א) אין לוקה משום כלאים עד שיזרע חטה ושעורה וחרצן במפולת יד[136] ואפילו למאן דמחייב בחטה וחרצן מיהו חרצן בעי והיינו ערלה, אבל קשה דהא המליאה איצטריך לזרוע ובא

מ״מלחם הארץ״.

126. מתרומה לחלה ולמה מייתי קרא!

127. שהפריש מעשר למעשר ראשון ומזה יפריש הלוי מעשר לתרומת מעשר הרי ״א״ מ״ק״. ואחרי כן נפל תרומת מעשר לתוך הפירות שכבר פטר בהפרישתו ודרשינן דאסור הכל ומזה רואים שתרומה אחד ממאה ומבטלין במאה ואחד דאם נפל תרומה בתוך חולין כדי בטלו שוב טבל הכל ויכול להפריש תרומות ממנו ונראה דהוא דין דרבנן שמדאוריתא כל בטול הוא ברוב.

128. דאחרי הפרשה חולין הוא.

129. דאחרי הפרשה מותר לכהנים לאוכלה.

130. אסור לאכלה.

131. והמסקנה דאחר שבטלו הכל תרומה טהורה. ר״ל מה זר ירים ״איסור לזר״ (תרומה) מ״איסור לזר ולכהן״ (טבל) ודרך זה ״יתיר״ דבר לזר (החולין) וכל דבר לכהן (חולין ותרומה) ק״ו דין בטול ירים ״איסור לכהן״ (טמאה) מ״מותר לכהן״ (טהורה) ״להתיר״ כל דבר לכהן. ואיני יודע למה איסור לזר חמור מאיסור לכהן ואולי יש פירכא ולכן רבי בא לדון ק״ו אחר.

132. ויקח אחד ממאה ויתן לכהן.

133. עכשיו הכל חולין אבל תרומה בתרומה איני יודע.

134. מן העירוב בתוך הטהורה.

135. ואין כאן פירכא מזר לכהן אלא חזרה לטהרתה.

להזהיר בית דין על כך. פירוש על מלחמת הקיני וקדמוני וקניזי שהרי ניתנו לאברהם אבינו ע"ה:

[פי"א][114] **אבל הקיני וקניזי והקדמוני לא שמענו.** שלא יטלו בהם לוים להכי איצטריך **בתוך בני ישראל לא ינחלו נחלה** (במדבר יח:כד) כלל אפילו בארץ קיני וקניזי וכו' ורישיה דקרא **דעל כן אמרתי להם**[115] (שם שם) דרשינן "להזהיר ב"ד" על כך שלא יתנו ללוים נחלה לא בארץ שבעה עממים ולא בארץ שלשה הנוספים ועיקר:[116]

[פיסקא קכ]

באחד מעשרה בארץ. אי משום דכתיב **כל** (במדבר יח:כא) אי משום דכתיב **לנחלה** (שם שם):[117] ת"ל **ואל הלוים תדבר וגו'** (במדבר יח:כו). מסיפיה יליף[118] מדכתיב **והרימותם ממנו** (שם שם) מופנה לדון ג"ש היינו ג"ש דיליף לקמן נאמר כאן **ממנו** (שם שם) ונאמר להלן **ולא תשאו עליו חטא בהרימכם את חלבו ממנו** (במדבר יח:לב):

מה תרומת מעשר חובה. דהיא טובלת את הכרי:

אף מעשר ראשון חובה. ואע"ג דאינו טבול לתרומת מעשר עד שיקרא לו שם מעשר, ובעלמא (מכות טז עמ' ב) ילפינן דאפי' מעשר עני טובל:

[פיסקא קכא]

כך עולה באומד[119] **ובמחשבה.**[120] היינו דווקא תרומה גדולה לרבנן[121] ואע"ג דבתרומת מעשר כתיב אמרינן בירושלמי[122] כל התורה כולה למדה ומלמדת חוץ מתרומת מעשר שמלמדת ואינה למדה ואבא אלעזר[123] סבר **דתרומתכם** (במדבר יח:כז) כתיב, בשתי תרומות הכתוב מדבר אחת תרומה גדולה ואחת תרומת מעשר:

כן תרימו גם אתם (במדבר יח:כח). שאף הכהנים חייבין להפרישו ואחר כך יאכלו זה בפני עצמו וזה בפני עצמו:[124]

חלה (במדבר טו:כ). **לחם** (במדבר טו:יט) כתיב בה ולהכי אינה נוהגת אלא בחמישה מיני דגן:[125]

ונוהגת בפירות כהנים. דראשית עריסותיכם (במדבר טו:כ) כתיב, והכהנים בכלל:

שנו.

114. בכתבי היד "פא"י" או "פא"י על".
115. להם=לב"ד.
116. "ועיקר" חסר בברית אברהם.
117. ובכן הוה אמינא בארץ אין, בפירות לא.
118. עיין מנחות ע"ז.
119. הסופר של כ"י אקספורד היה רשלן וכתב "אומרת" בטעות בלי הבנה.
120. שם עיניו בצד אחד וכוון לתרומה ואכל מצד שני. והמלה חסר בכ"י סמינר.
121. עיין מנחות נד עמ' ב ודברי התוספות שם ועוד עיין ירושלמי תרומות א:ד בסוף.
122. מקומו בירושלמי תרומות ב:א בראש הפרק ודומה לו לענין קדשים נמצא בכמה מקומות בבבלי כמו בתמורה (כא עמ' ב). נראה לי שרבינו לא ראה את הירושלמי אלא אולי לקח דבריו מפירוש הר"ש משנץ תרומות ב:א.
123. עיין מנחות נד עמ' ב בשם אלעזר בן גומל ובירושלמי תרומות א:ד בשם אליעזר בן גימל ומובא בפירוש הר"ש משאנץ לסדר זרעים.
124. דגם טבל אסור להם.
125. עיין מנחות ע עמ' ב. דתניא אין חייבים בחלה אלא חטין ושעורין וכוסמין ושבולת שועל ושיפון והלימוד

ספרי פיסקא קיט–קכ קרח

כאן שכשרו לוים אינו דין שיכשרו כהנים ת״ל ועבד הלוי הוא: והם ישאו את עונם אמרת ישראל לא ישאו עון לוים אבל כהנים ישאו עון לוים ת״ל והם ישאו עונם.

חקת עולם לדורותיכם, שינהוג הדבר לדורות: ובתוך בני ישראל לא ינחלו נחלה למה נאמר לפי שהוא אומר לאלה תחלק הארץ שומע אני אף הלוים במשמע ת״ל ובתוך בני ישראל לא ינחלו נחלה.

כי את מעשר בני ישראל אשר ירימו לה׳ תרומה, קראו הכתוב תרומה עד שיוציא ממנו תרומת מעשר ד״א בא הכתוב ללמדך שאם רצה לעשותו תרומה על מקום אחר רשאי מיכן אתה דן לתרומה מה אם מעשר הקל הרי הוא נוהג בכל תרומה חמורה דין הוא שתהא נוהגת בכל. ד״א ומה אם מעשר שאינו נוהג בראשית הגז הרי הוא נוהג בכל תרומה חמורה דין הוא שתהא נוהגת בכל. איסי בן מנחם אומר אם מעשר שאינו בא אלא מכח תלמוד ומכח יראה הרי הוא נוהג בכל תרומה חמורה דין הוא שתהא נוהגת בכל: נתתי ללוים לנחלה למה נאמר לפי שהוא אומר ולבני לוי הנה נתתי וגו׳ אין לי אלא בפני הבית שלא בפני הבית מנין ת״ל לנחלה מה נחלה נוהגת בפני הבית ושלא בפני הבית אף מעשר ראשון נוהג בפני הבית ושלא בפני הבית: על כן אמרתי להם בתוך בני ישראל לא ינחלו נחלה למה נאמר והלא כבר נאמר ובתוך בני ישראל לא ינחלו נחלה מה ת״ל על כן אמרתי להם שיכול אין לי אלא בשעת חלוק הארץ אבל משיחלקו שומע אני יקצה לו כל שבט ושבט בפני עצמו ת״ל על כן אמרתי להם. ד״א על כן אמרתי למה נאמר לפי שנאמר ונשל גוים רבים מפניך וגו׳ (דברים ז א) אבל קיני וקניזי וקדמוני לא שמענו ת״ל על כן להזהיר ב״ד על כך (סליק פיסקא)

(קכ) ואל הלוים תדבר ואמרת אליהם כי תקחו מאת בני ישראל את המעשר אשר נתתי לכם למה נאמר לפי שהוא אומר ולבני לוי הנה נתתי את כל מעשר, בפירות הארץ הכתוב מדבר אתה אומר בפירות הכתוב מדבר או אינו אלא באחד מעשרה בארץ ת״ל ואל הלוים תדבר ואמרת אליהם מגיד שבפירות הארץ הכתוב מדבר לפי שלא ניתן להם חלק בארץ ניתן להם אחד מעשרה בפירות.

והרמותם ממנו ממין על מינו ולא ממין על שאינו מינו: והרמותם ממנו מופנה להקיש ולדון ממנו גזירה שוה: והרמותם ממנו שלא יתרום מן המחובר על התלוש ולא מן התלוש על המחובר ולא מן החדש על הישן ולא מן הישן על החדש: והרמותם ממנו שלא יתרום מפירות הארץ על פירות ח״ל ולא מפירות ח״ל על פירות הארץ <ומנין שלא יתרום מפירות הארץ על פירות ח״ל ולא מפירות ח״ל על פירות הארץ> ת״ל וכל מעשר הארץ מזרע הארץ (ויקרא כז ל) שלא יתרום מפירות הארץ על פירות ח״ל ולא מפירות ח״ל על פירות הארץ: והרמותם ממנו תרומת ה׳ וכי מה למדנו לתרומת מעשר מעתה אלא הרי זה בא ללמד ונמצא למד מה תרומת מעשר חובה אף מעשר ראשון חובה (סליק פיסקא)

(קכא) ונחשב לכם תרומתכם כדגן מן הגרן וכמלאה מן היקב, רבי ישמעאל אומר אימתי נחשבת לכם תרומה כשהפרשתם אותה כראוי לא הפרשתם אותה כראוי לא נחשב לכם תרומה. אבא אלעזר בן גמליאל אומר בא הכתוב ללמדך שכשם שהתרומה עולה במדה כך עולה באומד ובמחשבה: כדגן מן הגורן וכמלאה מן היקב למה נאמר לפי שהוא אומר והרמותם ממנו תרומת ה׳ שומע אני יתרום

לעיניהם וכן הוא אומר ואדברה בעדותיך נגד מלכים ולא אבוש (שם מו) ואומר זמירות היו לי חקיך (שם נד) שומע אני<נפשי שליוה> ת״ל בבית מגורי (שם) במערות ובמצדות וכן הוא אומר בברחו מפני שאול במערה (שם נז א) וכן הוא אומר נפשי בכפי תמיד ותורתך לא שכחתי (שם קיט קיט) אבל משלמד דוד תורה ונתרגל בה מהו אומר, טוב לי תורת פיך מאלפי זהב וכסף (שם עב) שזהב וכסף מוציאים את האדם מן העולם הזה ומן העולם הבא אבל תורה מביאה את האדם לחיי העולם הזה ולחיי העולם הבא וכה״א ולי מה יקרו רעיך אל מה עצמו ראשיהם (שם קלט יז) ואומר זאת תורת האדם ה׳ אלהים (שמואל ב׳ ז יט). נמצאת אומר שלשה כתרים הם כתר תורה וכתר כהונה וכתר מלכות. כתר כהונה זכה בו אהרן ונטלו כתר מלכות זכה בו דוד ונטלו הרי כתר תורה מונח כדי שלא ליתן פתחון פה לבאי העולם לומר אלו היה כתר כהונה וכתר מלכות מונחים הייתי זוכה בהן ונוטלן הרי כתר תורה <תוכחה> לכל באי העולם שכל מי שזוכה בו מעלה אני עליו כאלו שלשתם מונחים וזכה בכולם וכל מי שאין זוכה בו מעלה אני עליו כאלו שלשתם מונחים ולא זכה באחד מהם ואם תאמר מי גדול משניהם היה ר׳ שמעון בן אלעזר או׳<מי> גדול הממליך או המולך הוי אומר הממליך העושה שרים או העושה שררה הוי אומר העושה שרים כל עצמן של שני כתרים הללו אין באים אלא מכחה של תורה וכה״א בי מלכים ימלוכו וגו׳ בי שרים ישורו וגו׳ (משלי ח טו–טז) גדולה ברית שנכרתה לו לאהרן מברית שנכרתה לו לדוד. אהרן זיכה לבנים צדיקים ורשעים והוד זיכה לצדיקים ולא לרשעים וכן הוא אומר אם ישמרו בניך בריתי ועדותי זו אלמדם גם בניהם עדי עד ישבו לכסא לך (תהלים קלב יב) ואומר סוף דבר הכל נשמע את האלהים ירא ואת מצותיו שמור כי זה כל האדם (קהלת יב יג): ברית מלח עולם היא לפני ה׳ לך ולזרעך אתך ולבני לוי הנה נתתי את כל מעשר בישראל, מגיד הכתוב שכשם שהברית כרותה לכהונה כך ברית כרותה ללויה. כל מצות כהונה נאמרה בשמחה מהר סיני וזו בתחלה נאמרה דברי ר׳ יאשיה. ר׳ יונתן אומר אף זו בשמחה נאמרה שנאמר ולבני לוי הנה נתתי אין הנה אלא שמחה שנאמר וגם הנה הוא יוצא לקראתך וראך ושמח בלבו (שמות ד יד). כל מצות כהונה קנאן השם ונתן לכהונה חוץ חלף עבודתם דברי ר׳ יאשיה. ר׳ יונתן אומר אף זו קנאה השם ונתנה ללוים שנאמ׳ וכל מעשר הארץ וגו׳ לה׳ הוא (ויקרא כז ל) ואומר ולבני לוי הנה נתתי את כל מעשר בישראל לנחלה מה נחלה אין משתנה ממקומה אף מעשר ראשון אין משתנה ממקומו: חלף עבודתם אשר הם עובדים, אם עבד יטול ואם לא עבד לא יטול: ולא יקרבו עוד בני ישראל, אזהרה לשאת חטאת למות עונש.

ועבד הלוי הוא למה נאמר לפי שהוא אומר חלף עבודתם אשר הם עובדים שומע אני רצה יעבוד לא רצה לא יעבוד ת״ל ועבד הלוי הוא בעל כורחו. ועבד הלוי למה נאמר לפי שהוא אומר ולבני לוי הנה נתתי וגו׳ אין לי אלא שנים שהמעשרות נוהגין בהם שמיטין ויובלות מנין ת״ל ועבד הלוי הוא ר׳ נתן אומר הרי שלא היה שם לוי שומע אני יעבוד כהן והדין נותן ומה אם במקום שלא כשרו לוים כשרו כהנים

לוים לדורות ולהכי יליף לה הכא מוא״ו **ולבני לוי** שמוסף על ענין ראשון דכתיב **ברית מלח עולם** [**הוא**] **לפני ה׳ לך ולזרעך וכו׳** (במדבר יח:יט) אף לוייה כן:

כל מצות כהונה נאמרה וכו׳. מילתא באנפי נפשא היא ואהא בלחוד קאי דברי רבי יאשיה [ולא א]כך הברית כרותה ללויה דסבר דלא ניתנה לויה[106] אלא מתוך הכעס והיינו מתוך מעשה העגל דכתיב **ויעשו בני לוי כדבר משה** (שמות לב:כח) והיינו דקאמר ״וזו בתחלה נאמרה״ כלומר דבסיני הזכיר **וגם הכהנים הנגשים אל ה׳** (שמות יט:כב) ולא הזכיר לויה אלא כשהתחילו ישראל לטעות אחר ע״ז נאמרה לויה והיינו אחר סיני, וא״ת ואם לא חטאו ישראל לא ניתנה לויה ואם כן מעשר למי ינתן דהא יעקב אבינו ע״ה תקן מעשרות דכתיב **וכל אשר תתן לי עשר אעשרנו לך וגו׳** (בראשית כח:כב)? וי״ל שהיו ניתנים לכהנים ושמא היינו דקנסינהו עזרא; וא״ת ולר׳ יאשיה מנא ליה לויה בזמן הזה? וי״ל דדריש **והיו לי הלוים** (במדבר ג:יב) בעולם הזה ובעולם הבא:[107]

אף זו אף לויה. ואומר וזו חלף עבודתם מייתי ראיה למילתיה דלא ניתנה בשמחה[108] אלא [ב]שכר **ויעשו בני לוי כדבר משה** (שמות לב:כח):

אף זו קנאת השם. יליף לה מדכתיב **לה׳ הוא** (ויקרא כז:ל) גבי מעשר, ואע״ג דבמעשר שני כתיב מ״מ שם מעשר אחת הוא, והיינו דמייתי דנתנו ללוים:

מה נחלה אין משתנות וכו׳. דלא תימא כמו שמעשר שני משתנה בשנה שלישית[109] וניתן לעניים להכי אצטריך **לנחלה** (במדבר יח:כד):

אם עבד יטול. רבי נתן דריש ״לזה״ לאו דווקא אם עבד אלא אם מודה בעבודות:

ה״ג ד״א ועבד הלוי (במדבר יח:כג) **למה נאמר.**

שמיטין ויובלות מנין. שצריך לעבוד, דסלקא דעתין אמינא בזמן שנתתי לו [מעשרות] יעבוד:

שינהג הדבר לדורות. משום מעשר ראשון איצטריך דלא תימא בזמן שיש עבודה:[110]

ה״ג על שיוצא ממנה תרומת מעשר:

אם מעשר הקל. היינו שמותר לזרים ואין בו אלא[111] גזל השבט[112] אבל תרומה אסורה לזרים במיתה:

הרי הוא נוהג בכל. מדכתיב **וכל מעשר הארץ וגו׳** (ויקרא לז:ל) סמיך ואסמכתא בעלמא היא:

שאינו בא אלא מכח למוד. דכתיב גבי מעשר **למען תלמוד ליראה וגו׳** (דברים יד:כג):

(יקנה)[113] [**יקצה**] **לו כל שבט ושבט בפני עצמו.** כלומר יתן ללוים ערים בקצה תחומו:

ת״ל על כן אמרתי להם. אסיפיה סמיך דכתיב **ובתוך בני ישראל לא ינחלו** (במדבר יח:כד) אעפ״י דכתיב **איש כפי נחלתו אשר ינחלו יתן מעריו ללוים** (במדבר לה:ח) הנהו לאו בתורת נחלה אלא ערים לשבת בלבד ומגרש לבהמתם:

---

106. לא ניתנה לגדולה לקבל מעשרות.
107. והיו, בלשון עתידות דווקא.
108. לשון מתנה.
109. בשנה שלישית חסר בברית אברהם.
110. חסר בברית אברהם ואיני יודע אם דברי רבינו הם או לאו.
111. בכ״י סמינר חסר ״אלא״ ונראה שנפל בטעות.
112. עיין ירושלמי תרומות ה:א.
113. בספרי שלנו ״יקצה״ וברבינו הלל ״יקנה״ ומדברי רבינו ״בקצה״ משמע שהוא גרס כספרי שלנו והסופרים

וגזל הגר. היינו מי שגזל את הגר ומת הגר ואח״כ הודה וכתיב **ואם אין לאיש גואל להשיב האשם אליו האשם המושב לה׳ לכהן** (במדבר ה:ח):

חוץ מדבר שיש עליו זיקת תרומה. היינו מדומע שיש לו בו זכות לקנותו בזול חוץ מדמי תרומה שיש בו אי נמי האוכל תרומה שוגג שמשלם חומש:

ר׳ אלעזר הקפר אומר מנין וכו׳. ואי תימא מה ענין זה לכאן? וי״ל דשמעיה ר׳ אלעזר לת״ק דדריש סיפיה דקרא **ולא יהיה כקרח וכעדתו** (במדבר יז:ה) מלמד שהיה קרח וכו׳[96] ואתא איהו למידרש רישיה דקרא [**דזכרון לבני ישראל וכו׳** (שם שם)] והכי פי׳ זכרו בני ישראל מה שהראה לאביהם לפי שבתחלה היתה העבודה בבכורים[97] והראה לו הקב״ה שעתידה להנתן לאהרן:[98]

ושכינה ממתנת לו. גרסינן, ולא גרסינן מסתלקת:

אין מכנאן אלא במלאכים. ליכא למימר דטעי דמפרש קרא מכנן לישראל כמלאכים דהא כהן (מלאכי ב:ז) כתיב בקרא אלא לאחר שקראן כהנים נמצא שמכנאן מלאכים:

ואם לאו הרי הן כחיה וכבהמה. וא״ת המ״ל דילמא הרי הן כבני אדם? וי״ל דיליף **מישמרו דעת** (שם שם) ואם אינו שומר דעת הרי הוא כבהמה:

ה״ג [**אבל**] **ומשלמד דוד תורה ונתגדל.**[99] (אבל) אי נמי הכי גרסינן **אין לי אלא עד שלא למד תורה משלמד תורה מנין ת״ל טוב לי וגו׳:**

ונמצאת אומר וגו׳. מקרא **דשפתי כהן** (מלאכי ב:ז) ומקרא דדוד קא דריש, **משפתי כהן** (מלאכי ב:ז) יליף כתר כהונה **ומנגד מלכים** (תהלים קיט:מו) כתר מלכות **ומטוב לי תורת פיך** (תהלים קיט:עב) יליף כתר תורה:

אהרן זכה לבניו וכו׳. שאפילו רשעים כהנים נקראים ואוכלים בקדשים, מיהו לאו כל רשעים, דערל ובן נכר[100] אין אוכלין בקדשים ומחללי עבודה מ״מ כהנים איקרי; ובן נכר[101] אוכל בתרומה וערל[102] נמי לרבנן דפליגי עליה דר׳ עקיבא דמרבי ליה לערל (מ)[כ]טמא,[103] ונושא נשים בעבירה נמי אע״ג דתנן (משנה בכורות ז:ז) פסול עד שידירים הנאה ההוא מדרבנן, אבל דוד לא זכה אלא על תנאי[104] דכתיב **אם ישמרו בניך** (**את**) **בריתי וגו׳** (תהלים קלב:יב):[105]

ברית מלח עולם (במדבר יח:יט) **ולבני לוי וכו׳** (במדבר יח:כא). פירוש דגבי כהונה קאמר **לך ולזרעך אתך** (במדבר יח:יט) ובמקום אחר (**ולזרעך אחריך**) [ולזרעו אחריו] (במדבר כה:יג) אבל גבי לוייה לא כתיב (**ולזרעך אחריך**) [**ולזרעו אחריו**] והוה סלקא דעתין דלא נתקדשו

---

96. בפיסקא קיז איתא: זכרון לבני ישראל הא למדנו שהיה קרח מן הבלועים וכו׳ ועל זה אמר רבינו ״מסיפיה דקרא דריש בלועים דכתיב ולא יהיה כקרח וכעדתו (במדבר יז:ה) משמע שהיה קרח כעדתו״ וכאן חוזר על הברייתא ״שהיה קרח מן הבלועים ומן השרופים״ ומוסיף דברי ר״א הקפר לכן רבינו צירף מה שאמר למעלה לכאן וממילא עולה לו דר״א דורש רישיה דקרא.
97. עין במדבר רבה ג:ג.
98. כדאמר ״כהנים המשרתים״ ולכן ענינו בפרשה זו.
99. כן הגירסה בילקוט מכירי ולפנינו ״ונתרגל״.
100. עיין זבחים כב עמ׳ ב.
101. כהן דהמר דתו. ועיין תוס׳ יבמות עא עמ׳ א ״ואין״.
102. כהן ערל דמתו אחיו מחמת מילה.
103. עין יבמות עב עמ׳ ב, עד עמ׳ א.
104. ואין תנאי לכהני בני אהרון כמו שיש למלכי בית דוד.
105. אולי הוספה היא מן הגליון ד״מיהו....בריתי״ אינו נמצא בברית אברהם.

ליום ולילה ת״ל לפני ה׳ אלהיך תאכלנו שנה בשנה (דברים טו כ) מלמד שנאכל לשני ימים ולילה אחד.

כל תרומת הקדשים אשר ירימו בני ישראל, יש פרשיות שכולל בתחלה ופורט בסוף פורט בתחלה וכולל בסוף וזו כוללה בתחלה וכוללה בסוף ופורט באמצעו: נתתי לך ולבניך ולבנותיך אתך לחק עולם שינהוג הדבר לדורות: ברית מלח עולם היא לפני ה׳, כרת הכתוב ברית עם אהרן כדבר הבריא ולא עוד אלא שמבריא את אחרים (סליק פיסקא)

(קיט) ויאמר ה׳ אל אהרן בארצם לא תנחל וחלק לא יהיה לך בתוכם אני חלקך ונחלתך בתוך בני ישראל למה נאמר לפי שהוא אומר לאלה תחלק הארץ (במדבר כו נג) הכל במשמע כהנים לוים וישראלים וגרים ונשים ועבדים וטומטום ואנדרוגינוס במשמע. ויאמר ה׳ אל אהרן בארצם לא תנחל יצאו כהנים. ובתוך בני ישראל לא ינחלו נחלה יצאו לוים. לשמות מטות אבותם ינחלו (שם נה) יצאו גרים ועבדים. איש לפי פקודיו (שם נד) יצאו נשים טומטום ואנדרוגינוס.

ויאמר ה׳ אל אהרן בארצם לא תנחל בשעת חילוק הארץ וחלק לא יהיה לך בתוכם בביזה. אני חלקך ונחלתך על שולחני אתה אוכל ועל שולחני אתה שותה משל למה הדבר דומה למלך בשר ודם שנתן לבניו מתנות ולבנו אחד לא נתן שום מתנה אמר לו בני אע״פ שלא נתתי לך מתנה על שולחני אתה אוכל ועל שולחני אתה שותה וכן הוא אומר חלקם נתתי אותה מאשי (ויקרא ו י) אשי ה׳ ונחלתו יאכלון (דברים יח א).

אני חלקך ונחלתך, עשרים וארבע מתנות כהונה נתנו להם לכהנים שתים עשרה במקדש ושתים עשרה בגבולים. ומה אלו שתים עשרה במקדש חטאת ואשם וזבחי שלמי צבור ועור העולה ומותר לוג שמן של מצורע ומותר העומר ושתי הלחם ולחם הפנים ושירי מנחות ותרומת תודה ותרומת חזה ושוק וזרוע איל נזיר ומה אלו שתים עשרה שבגבולים תרומה ותרומת מעשר וחלה וביכורים וראשית הגז והמתנות בכור אדם ובכור בהמה טהורה ופטר חמור והחרמים ושדה אחוזה וגזל הגר כל אלו עשרים וארבע מתנות כהונה נתנו לכהנים חוץ מדבר שיש לו זיקת תרומה שמחה גדולה היתה לו לאהרן ביום שנכרתה לו ברית במתנות. ר׳ ישמעאל אומר משל הדיוט אומר לטובתי נשברה רגל פרתי לטובתו של אהרן בא קרח וערער על הכהונה כנגדו משל למה הדבר דומה למלך בשר ודם שהיה לו בן בית ונתן לו שדה אחת במתנה ולא כתב ולא חתם ולא העלה בערכים כתיבה לעיל לכך נאמרה פרשה זו סמוך לקרח זכרון לבני ישראל הא למדנו שהיה קרח מן הבלועים ומן השרופים. ר׳ אלעזר הקפר אומר מנין אתה אומר שהראה הקב״ה ליעקב אבינו בית המקדש בנוי וקרבנות מוקרבים וכהנים משרתים ושכינה מסתלקת שנאמר ויחלום והנה סולם מוצב ארצה וראשו מגיע השמימה והנה מלאכי אלהים עולים ויורדים בו (בראשית כח יב) אין חלום אלא שיש לו פתרון. ויחלום והנה סולם מוצב ארצה זה בית המקדש וראשו מגיע השמימה אלו הקרבנות קריבים שריחם עולה לשמים והנה מלאכי אלהים עולים ויורדים בו אלו כהנים המשרתים שעולים ויורדים בכבש והנה ה׳ נצב עליו ראיתי את ה׳ נצב על המזבח (עמוס ט א). חביבים ישראל כשהוא מכנן אין מכנן אלא בכהנים שנאמר ואתם כהני ה׳ תקראו משרתי אלהינו יאמר לכם חיל גוים תאכלו ובכבודם תתימרו (ישעיה סא ו). <חביבין כהנים> כשהוא מכנן אין מכנן אלא במלאכי השרת שנא׳ כי שפתי כהן ישמרו דעת ותורה יבקשו מפיהו כי מלאך ה׳ צבאות הוא (מלאכי ב ז) בזמן שהתורה יוצאה מפיו הרי הוא כמלאכי השרת ואם לאו הרי הוא כחיה וכבהמה שאינה מכרת את קונה. חביבה תורה שכששאל דוד מלך ישראל לא שאל אלא תורה שנא׳ טוב אתה ומטיב למדני חקיך (תהלים קיט סח) טובך עדיף עלי ועל כל באי העולם יעדיף טובך עלי ולמדני חקיך ואומר סעדני ואושעה ואשעה בחקיך תמיד (שם קיז) שלא אהא לומד תורה ושוכח שלא אהא לומד ויצר הרע אינו מניח לי לשנות או שמא אטמא את הטהור ואטהר את הטמא ונמצאתי בוש לעולם הבא או שמא ישאלוני מגויי הארץ וממשפחות האדמה ואיני יודע להשיבם ונמצאתי בוש

הבכור בעל מום וכו׳ משום דר׳ עקיבא יליף מיניה אצטריך למדרשיה להכי ור׳ אלעזר הקפר יליף דנאכל לשני ימים [ולילה אחד] משנה בשנה (דברים טו:כ) דלא משכחת דנאכל בשתי שנים אלא כגון שנולד בראש חדש ניסן שהוא משנה הבאה שחטו ביום אחרון של אדר שהוא סוף שנתו ונאכל אותו יום ויום ראש חדש ניסן שהוא משנה הבאה.

יש פרשיות שכוללות בתחלה וכו׳. פי׳ וזו כוללת בתחלה ובסוף דכתיב ברישא **ואני הנה נתתי לך את משמרת תרומתי לכל קדשי בני ישראל** (במדבר יח:ח) הרי כלל בתחלה, **כל תרומת הקדשים** (במדבר יח:יט) הרי כלל בסוף:

בדבר הבריא. כלומר בדבר המתקים דהיינו מלח:

שמבריא את אחרים. את הבשר שלא יסריח:

[פיסקא קיט]

לאלה תחלק הארץ (במדבר כו:נג) **הכל במשמע.** לאו דווקא כהנים ולוים וישראלים במשמע דהא אחר הפקודים כתיב והלוים נמי התפקדו אע״פ שלא התפקדו עם ישראל אלא משום כך נקט נשים ועבדים גרים טומטום ואנדרוגינוס משום דאית להו קרא למעוט כלהו:

ארבעה ועשרים מתנות ניתנו להם לכהנים י״ב במקדש וכו׳. וקשה דבפרק הזרוע (חולין קלג עמ׳ ב) תאני עשר(ה) במקדש ועשר(ה) בגבולין וארבע(ה) בירושלים והכי נמי איתא בסוף תוספתא דחלה (ב:ז), וי״ל דהכא לא מיירי באכילתן אלא בתחלת זכייתן— ועור העולה, וחזה ושוק של תודה, וזרוע בשילה מן האיל נזיר, וכן חזה ושוק ממנו, אע״ג שנאכלין בירושלים מהמקדש זוכה בהם לאחר מתן דמים ואמורים לגבי מזבח, להכי חשיב להו ממתנות מקדש; ובכור בהמה טהורה וביכורים אע״ג דבעי׳ הבאת מקום ואין נאכלין חוץ לירושלים מהגבולין זוכה בהם, ומיהו קצת קשה מביכורים דאין הכהנים זוכין בהם אלא לאחר תנופה והבעלים חייבין באחריותן עד שיביאם לבית ולמה מנאן ממתנות של גבולין? ושמא י״ל דאגב דחשיב תרומה ותרומת מעשר וביכורים נמי איקרו תרומה דאמר מר (מכות יז עמ׳ א) **ותרומת ידיך** (דברים יב:יז) אלו הביכורים חשיב להו בהדי תרומות שלא לחלק בתרומות:

חטאת ואשם וכו׳. תימא קתני י״ב וחשיב חדסר? וי״ל דאיכא תרתי אחריני חטאת העוף ואשם תלוי והכי תני להו התם (חולין קלג עמ׳ ב) חטאת וחטאת העוף ואשם תלוי וא״ת י״ג הוו י״ל דמורם מתודה ומורם מאיל נזיר חדא חשיב להו:

זבחי שלמי צבור. היינו כבשי עצרת:

ותרומת תודה. המורם מתודה גרסינן התם (חולין קלג עמ׳ ב) והיינו חזה ושוק[94], והמורם מאיל נזיר היינו זרוע בשילה וחזה ושוק נמי:[95]

המתנות. היינו זרוע ולחיים וקיבה:

והחרמים. התם (חולין שם) גרסינן ושדה החרם דמפרש ביה בהדיא **לכהן תהיה אחוזתו** (ויקרא כז:כא) אבל ליכא למימר סתם חרמים דא״כ תקשה למ״ד סתם חרמים לבדק הבית מיהו אי אמרינן דהאי סתמא ר׳ שמעון משום סתם ספרי ר״ש אשכחן לר׳ שמעון במס׳ ערכין(כח עמ׳ א) דאמר סתם חרמים לכהנים:

94. ור׳ חלות.
95. וגם חלה ורקיק עיין פירש״י שם.

כולה. אבא חנין אומר משום ר"א למה נאמר לפי שהיה כדין ומה שאר קדשים שלא שוו מתן דמם שוו הקטר חלבם מעשר ופסח ששוו מתן דמן אינו דין שישוו הקטר חלבם הא מה ת"ל קודש הם לענין שאמרנו.

את דמם תזרוק על המזבח, מתנה אחת אתה אומר מתנה אחת או שתי מתנות של ארבע אמרת ק"ו ומה אם במקום שרבה בחלבים מיעט בדמים כאן שמיעט בחלבים אינו דין שנמעט בדמים או חלוף ומה אם במקום שמיעט בחלבים ריבה בדמים כאן שרבה בחלבים אינו דין שנרבה בדמים ת"ל וזרקו בני אהרן הכהנים (ויקרא א יא) שתי מתנות שהן ארבע <דנתי וחלפתי בטל או חילוף וזכיתי לדון כבתחילה ומה אם במקום שריבה בחלבים מיעט בדמים כאן שמיעט בחלבים אינו דין שנמעט בדמים ומה ת"ל את דמם תזרוק על המזבח מתנה אחת.>

ואת חלבם תקטיר, בחלב תותב קרום ונקלף הכתוב מדבר <אתה אומר בחלב תותב וקרום נקלף הכתוב מדבר או אינו מדבר אלא בשומן שבו אמרת ק"ו ומה אם במקום שריבה בדמים מיעט בחלבים כאן שמיעט בדמים אינו דין שנמעט בחלבים ת"ל ואת חלבם תקטיר בחלב תותב קרום ונקלף הכתיב מדבר>

אשה, אע"פ שאתה נותן לאשים אינו נרצה עד שישרף באש: ריח ניחוח לה', נחת רוח לפני שאמרתי ונעשה רצוני.

ובשרם יהיה לך כחזה התנופה וכשוק הימין לך יהיה, בא הכתוב והקיש את הבכור לחזה ושוק של שלמים מה חזה ושוק של שלמים נאכלים לשני ימים ולילה אחד אף הבכור יהיה נאכל לשני ימים ולילה אחד <וזו שאלה נשאלה לחכמים בכרם ביבנה בכור לכמה נאכל דרש ר' טרפון לשני ימים ולילה אחד> אמרו לו תלמידיו רבינו למדנו אמר להם בכור קדשים קלים ושלמים קדשים קלים מה שלמים נאכלים לשני ימים ולילה אחד אף הבכור יהא נאכל לשני ימים ולילה אחד. היה ר' יוסי הגלילי שם כשבא תחילה לשמש את חכמים אמר לו רבי חטאת מתנה לכהן ובכור מתנה לכהן מה חטאת נאכלת ליום ולילה אף בכור יהא נאכל ליום ולילה אמר לו בני אלמוד דבר מדבר ואדון דבר מדבר אלמוד דבר שהוא קדשים קלים מדבר שהוא קדשים קלים ואל אלמוד דבר שהוא קדשים קלים מדבר שהוא קדשי קדשים. אמר לו רבי אלמוד דבר מדבר ואדון דבר מדבר אלמוד דבר שמתנה לכהן מדבר שמתנה לכהן ואל אלמוד דבר שמתנה לכהן מדבר שמתנה לכל אדם. נסתלק ר' טרפון וקפץ ר' עקיבא אמר לו בני כך אני דורש. ובשרם יהיה לך כחזה ההנופה בא הכתוב והקיש בכור לחזה ושוק של שלמים מה חזה ושוק של שלמים נאכלים לשני ימים ולילה אחד אף בכור יהא נאכל לשני ימים ולילה אחד אמר לו רבי אהה מקישו לחזה ושוק של שלמים ואני מקישו לחזה ושוק של תודה מה חזה ושוק של תודה נאכל ליום ולילה כך דבכור יהא נאכל ליום ולילה אמר לו בני כך אני דורש ובשרם יהיה לך כחזה התנופה אין ת"ל לך יהיה אלא ריבה בו הכתוב הוייה אחת שיהא נאכל לשני ימים ולילה אחד. ר' ישמעאל אומר וכי תודה מאין למידה לא משלמים ודבר הלמד ממקום אחר אתה בא ללמד הימנו למד מן הלמד הא אין עליך לומר כלשון אחרון אלא כלשון ראשון ובשרם יהיה לך בא הכתוב והקיש את הבכור לחזה ושוק של שלמים מה חזה ושוק של שלמים נאכלים לשני ימים ולילה אהד אף הבכור יהא נאכל לשני ימים ולילה אחד. ד"א אין ת"ל לך יהיה אלא להביא את הבכור בעל מום שמתנה לכהן שלא שמענו לו בכל התורה כולה. ר' אלעזר אומר לשני ימים ולילה אחד אתה אומר לשני ימים ולילה אחד או אינו אלא

(דכתי׳) [דנתי] **וחלפתי [בטל]**. כלומר הייתי יכול ללמוד מן הדין אי לאו משום דאיכא למימר חילוף ולהכי בטל הדין וא״כ צריך קרא והאי ״זכיתי״ בתחלה אינו דווקא אלא לאיתויי קרא להעמיד הגרסה ופירושו כך ת״ל גבי עולה **וזרקו בני אהרן הכהנים את דמו וגו׳**(ויקרא א:יא)— גבי עולה דמשמע דמו של עולה ולא של חטאת הפנימית;

וגרסינן[87] **[דנתי וחלפתי]; בטל ״[ה]חילוף״**.[88] כלומר החילוף לבדו בטל אבל הדין במקומו עומד וגו׳; [וגרסינן] בסיפא ״הא מה ת״ל (ו)**את דמם תזרוק** (במדבר יח:יז) מתנה אחת״ והכי עיקר והכי פי׳ מעתה[89] כיון שלמדנו מן הדין דיש לנו למעט בדמים על כרחו האי **תזרוק** אינו אלא מתנה אחת:

[או אינו מדבר אלא] בשומן שבו. [י״א] היינו אליה, ול״נ[90] דחלבים אכולהו דכתיבי בקרא קאי ושור ועז לית להו אליה אלא נראה דהיינו שומן ממש כגון שומן הדפנות אבל [צ״ל] לעולם חלבים לאו [דווקא] דחלב איקרי שומן[91] דכתיב **כל חלב יצהר וגו׳** (במדבר יח:יב) אי נמי הכי פי׳ ״אלא אינו מדבר אלא בשומן שבו״ וכ״ש החלב, ומשני דליכא למימר הכי דהא ק״ו ילפינן דלית לן מעט בחלבים:

ה״ג (**האומר**) ת״ל (**חלב**) [**ואת חלבם תקטיר**] (במדבר יח:יז) **בחלב תותב קרום ונקלף**[92] **הכתוב מדבר**:

ה״ג אשה (שם שם) [**אע״פ שאתה נותן לאשים**]. לשם אישים אתה נותן ואי אתה נותן לאיבוד: רבינו [למדנו]. פי׳ מנין לך? משום דקשייא להו דר׳ יוסי הגלילי שלמים הם נאכלים לכל אדם:[93]

לחזה ושוק של תודה. והשתא לא מצי פריך ממתנה לכהן דחזה ושוק נמי מתנה לכהן:

ר׳ **ישמעאל אומר וכי תודה מנין למדה**. כלומר חזה ושוק לא כתיבי בתודה אלא בת״כ (פ׳ צו ה:ד לויקרא יא,יב) נפקא לן מדאיתקש לשלמים דתניא לפי שיצאה תודה לידון בדבר החדש שטעונה לחם יכול אין לך בה אלא חידושה ת״ל **וזאת תורת זבח השלמים...אם על תודה** (ויקרא ז:יא,יב) מה שלמים טעונים סמיכה ונסכים ותנופה חזה ושוק אף תודה וכו׳, וקימא לן פרק איזהו מקומן (זבחים מט עמ׳ ב) דדבר הלמד בהקיש אינו חוזר ומלמד בהקש בקדשים:

כלשון האחרון. דאמר אני אקישנו לחזה ושוק של תודה:

אלא כלשון הראשון. דלחזה ושוק של שלמים ולר׳ עקיבא קא מהדר אמאי אצטריך למיליף **מלך יהיה** (במדבר יח:יח) דבכור ילפת לה משלמים כדפרשית והכי איתא בסוף איזהו מקומן (זבחים נז עמ׳ א) וכשנאמרו דברים לפני ר׳ ישמעאל אמר להם צאו ואמרו [לו] לר׳ עקיבא טעית [תודה מהיכן למדה משלמים] וכי (תודה) [דבר הלמד] וכו׳ [אלא בלשון ראשון]:

ה״ג אין ״לך יהיה״ (שם שם) **אלא להביא את בכור בעל מום שמתנה לכהן**. ולא גרסינן ד״א והכי איתא התם (זבחים נז עמ׳ א) ור׳ ישמעאל האי **לך יהיה** מאי עביד ליה ומשני להביא את

87. ר״ל ויש ספרים דגרסי.
88. . בכה״י: או חילוף. ויש ללמוד מפיסקא קכב ששמה יש אותו ענין ממש וגם בכה״י או חילוף ובברית אברהם בטל ״החילוף״ ובפירושינו בשני המקומות אין לגרוס אלא ״החילוף״.
89. האותיות אינן ברורות בשני כה״י אבל נראה ״מעתה״.
90. . . . ר״ל ולא נראה.
91. עיין פירוש הנצי״ב כאן דסתם חלב משמע כל שומן ומייתי דברי הרמב״ן דסתם שומן אינו נקרא חלב כלל.
92. עיין חולין מט עמ׳ ב.
93. ואינו מתנה לכהן כמו בכור.

ר׳ יאשיה. דריש קדש הם (במדבר יח:יז) דהוה ליה למימר קדש הוא והוה קאי אכל חד וחד ובזבחים (לז עמ׳ א) דריש **מואת דמם תזרוק** (במדבר יח:יז) דמו לא נאמר אלא דמם[75] ושמא הכא נמי אההוא דרשא סמיך:

שהרי כבר נאמר ודם זבחיך (דברים יב:כז). ור׳ יאשיה דריש ליה לכל הקרבנות— נתנן[76] במתנה אחת כיפר:

שאר קדשים שלא שוו מתן דמם. כגון חטאת (ויקרא ד:כה) שמתן דמו[77] לקרנות[78] [מזבח העולה],[79] ואשם שמתן דמו[80] שתי מתנות שהן ארבע:[81]

לענין שאמרנו. שאם פדאו אינו פדוי:

אם במקום שריבה בחלבים. היינו בחטאות הפנימיות דכתיב בפר כהן משוח **ואת כל** (**חלבו יסיר**) [**חלב פר החטאת ירים**] **ממנו את החלב המכסה** (**את**) [**על**] **הקרב; ואת כל החלב אשר על הקרב ואת שתי הכליות ואת החלב אשר עליהן** (ויקרא ד:ח,ט) הרי לך שריבה לכתוב חלבים:

מיעט בדמים. דאין (ממנו) [מזין] על מזבח החיצון אלא שפיכת השיריים[82] ושאר הזאותיו על מזבח הפנימי:

כאן[83] **שמיעט בחלבים.** דלא כתיב אלא **חלבם** (במדבר יח:יז) סתמ׳ ולא אמר כל, גם לא פי׳ חלב שעל הקרב והמכסה ושעל הכליות:[84]

או חילוף. פי׳ אחליפת הדין וילפינן לחטאת הפנימיות:

שנרבה בדמים. ויצטרכו שתי מתנות שהן ארבע בחוץ זולתי הזאות שבפנים:

אם במקום שמיעט בחלבים. היינו עולה שכולה כליל ואין נקטר החלב לבדו אלא עם האיברים, גם לא כתיב בה חלב כלל:

ריבה בדמים. דכתיב ביה **וזרקו בני אהרן הכהנים את דמו על המזבח סביב** (ויקרא א:יא):

ה״ג דנתי[85] **וחלפתי בטל ת״ל ואת דמם תזרוק על המזבח** (במדבר יח:יז)— **מתנה אחת.** מדלא כתיב סביב, ול״ג ת״ל **וזרקו בני אהרן** (ויקרא א:יא) שתי מתנות שהן ארבע דההוא קרא בעולה כתיב ולא בבכור דאינו אלא מתנה אחת ולא בחטאת הפנימיות נמי[86] דהנהו לא בעו אלא מתן שיריים, ואולי משום (דכתי׳) ״[דנתי] וחלפתי״ הייתי מעמידה גרס׳ והכי מייתי ת״ל **וזרקו בני אהרן הכהנים את דמו**(ויקרא א:יא) של זה טעון שתי מתנות שהן ארבע ולא דמו של אחר; והייתי מפרש כאן שריבה בחלבים אינו דין שמרבה בדמים, א״כ ליכא למילף לבכור שנמעט בדמים ת״ל וכו׳! אבל אי אפשר לפרש כן דהא מהדר אדינא ובמסקנא יליף לה **מדמם תזרוק** (במדבר יח:יז):

---

75. ברייתא שם ובשם רבי יוסי הגלילי.
76. בכ״י סמינר ״שנתנן״ ור״ל שאם נתנן במתנה אחת יוצא בדיעבד.
77. עיין זבחים לז עמ׳ ב.
78. כל ד׳ קרנות וביסוד.
79. באצבע ולמעלה.
80. ע״י הכלי ולא באצבע.
81. זריקה ממש.
82. שפיכה אחת מן הדם הנשאר בכלי ששופכים ביסוד.
83. בבכור.
84. כמו בחטאת.
85. בכ״י אקספורד ״דכתי״ וליתא בכ״י סמינר.
86. בכ״י סמינר ״נינהו״.

ופדויו מבן חדש [**תפדה**] (**במדבר יח:טז**) **כלל. תפדה** (שם שם) הוי כללא דמשמע תפדה בכל דבר:

פרט. משמע בכסף[67] ולא בדבר אחר:

או כלל בכלל ראשון. פי׳ נא׳ דכללא בתרא יהיה כמו כלל ראשון שהיה מרבה כל דבר ולא יועיל פרטא אלא למעט דבר שאין דומה לפרט כלל אבל אם דומה לו בצד אחד נרביה משום דכללא בתרא דווקא:

אמרת לא. כלומר כללא בתרא לאו דוקא אלא קמא הלכך לא אהני כללא בתרא אלא לאיתוי דבר הדומה לפרט בשני צדדיו לפחות והיינו דבר המטלטל וגופו ממון:

שאין להם אחריות. המלוה סומך עליהם משום שעבודו לפי שהלוה יכול למוכרם ולא יטרוף אותם המלוה:

בכל פודין וכו׳. קרקעות לאו מטלטלי נינהו, שטרות אין גופן ממון, עבדים הוקשו לקרקעות דכתיב **והתנחלתם** וגו׳ (ויקרא כה:מו):[68]

ה״ג **בכל פודין בכור אדם חוץ מן השטרות.** והכי איתא בפרק יש בכור לנחלה (בכורות נא עמ׳ א) ומפרש דר׳ דריש ריבוי ומיעוט ומאי רבי כל מילי ומאי מיעט מיעט שטרות:

שוה כסף מנין וכו׳. תימא כיון דאית לן בכלל ופרט וכלל למה לי **עשרים גרה הוא** (במדבר יח:טז)? וי״ל דאי לאו קרא דילפינן מיניה שוה כסף ככסף הוה אמינא כסף דווקא ואי משום ריבוייא ד(ת)**פדה תפדה** (במדבר יח:טו) לא הוה דריש ליה לכלל ופרט וכלל אלא שאם לא פדאו אביו שחייב הוא לפדות את עצמו,[69] אי נמי שאם לא פדאו ביום שלושים פודה והולך לעולם אבל השתא דאית לן קרא לרבות שוה כסף ככסף דרשי כלל ופרט וכלל; וא״ת היכי משמע **מעשרים גרה** (במדבר יח:טז) רבותא אדרבא משמע הוא בשוייתו יהא? וי״ל דיליף מדכתיב **חמשת שקלים** (שם שם) משמע ולא דבר אחר, **הוא** (שם שם) משמע ולא דבר אחר הוי מיעוט אחר מיעוט לרבות, אי נמי אם איתא דשקלים דווקא לשתוק **מעשרים גרה** (שם שם) אלא ה״פ אותם שקלים אינם ממש סלעים אלא אפילו מעות כסף וכיון דלאו דווקא ילפינן מכלל ופרט וכלל דאפילו כל מטלטלי נמי אע״ג דלא מעו׳:

שור גמור. גמור משום דכתיב בכל חד **בכור** (במדבר יח:יז) ובפרק קמא דבכורות (בכורות ו עמ׳ ב ז עמ׳ א) דריש שיהא הוא שור ובכורו שור:[70]

יכול אפילו ראשו ורובו דומה לאמו ת״ל אך[71] (שם שם)[72] [**להוציא את הכלאים**].[73] לא מצי דריש כדדריש בעלמא (חולין לח עמ׳ ב) **שור או כשב** (ויקרא כב:כז) פרט לכלאים[74]— וטעם משום דסבירא לן אין בהמה גסה מתעברת מן הדקה ולא הדקה מן הגסה:

---

67. דכתיב: כסף חמשת שקלים.
68. עיין בכורות נא עמ׳ א.
69. הש׳ קידושין כט עמ׳ א.
70. כלומר שגם אביו שור.
71. נראה שכן גרס בספרי. שהבכור אך ורק ממין אחד.
72. ואביו אינו שור.
73. משתי גסות או משתי דקות משני מינים.
74. שור עם כבש.

(קיח) כל פטר רחם לכל בשר, שומע אני אף חיה במשמע ת״ל אשר יקריבו לה׳ להוציא את החיה משמע מוציא את החיה ומוציא את בעל מום ת״ל באדם ובבהמה להביא את בעל מום.

באדם ובבהמה, את שיש לך בו באדם יש לך בו בבהמה יצאו לוים שאין לך בהם באדם לא יהיה לך בהם בבהמה <באדם ובבהמה> מקיש בכור אדם לבכור בהמה מה בכור בהמה נפלים פוטרים מן הבכורה אף בכור אדם נפלים פוטרים מן הבכורה מה בכור אדם רשאי נותנו לכהן בכל מקום שירצה אף בכור בהמה רשאי נותנו לכהן בכל מקום שירצה לפי שהוא אומר והבאתם שמה עולותיכם וזבחיכם וגו׳ ובכורות בקרכם (דברים יב ו) שומע אני אף ברחוק מקום יהיה חובה עליו ליטפל בו ולהביאו לבית הבחירה ת״ל באדם ובבהמה מה בכור אדם רשאי נותנו לכהן בכל מקום שירצה אף בכור בהמה רשאי נותנו לכהן בכל מקום שירצה ומה בכור אדם מיטפל בו שלשים יום אף בכור בהמה מיטפל בו שלשים יום.

אך פדה תפדה, זו היא שאלה שנשאלה לפני חכמים בכרם ביבנה בכור שמת מהן בעלים לפדותו ולהאכילו לכלבים. דרש ר׳ טרפון אך פדה תפדה פודה אתה את החיה ואי אתה פודה את המתה פודה אתה את הטמאה ואי אתה פודה את הטהורה.

אך פדה תפדה, שומע אני אף שאר בהמה טמאה במשמע ת״ל ופטר חמור תפדה בשה (שמות יג יג) פטר חמור אתה פודה ואי אתה פודה בכור כל שאר בהמה טמאה או פטר חמור תפדה בשה ושאר כל בהמה טמאה בכסות וכלים ת״ל עוד במקום אחר ופטר חמור תפדה בשה בשה אתה פודה ואי אתה פודה בכסות וכלים א״כ מה ת״ל אך פדה תפדה אם אינו ענין שפודים בהמה טמאה תניהו ענין שמקדישים בהמה טמאה לבדק הבית וחוזרים ופודים אותה מהקדש בדק הבית.

תפדה מיד אתה אומר תפדה מיד או אינו אלא לאחר זמן ת״ל ופדויו מבן חדש תפדה בערכך המשת שקלים הנפדה בחמש סלעים נפדה לאחר זמן הא מה ת״ל תפדה תפדה מיד.

ופדויו מבן חדש תפדה, כלל בערכך כסף חמשת שקלים פרט כלל ופרט אין בכלל אלא מה שבפרט וכל בכור אדם בבניך תפדה (שם יג) חזר וכלל או כלל בכלל ראשון אמרת לאו אלא כלל ופרט וכלל אין אתה דן אלא כעין הפרט לומר לך מה הפרט מפורש נכסין המטלטלים שאין להם אחריות אף הכלל אין לי אלא נכסים המטלטלין שאין להם אחריות מיכן אמרו בכל פודים בכור אדם חוץ מעבדים ומשטרות ומקרקעות. רבי אומר אף בכל פודים בכור אדם <חוץ מן השטרות>

עשרים גרה הוא למה נאמר לפי שהוא אומר ופדויו מבן חדש תפדה בערכך כסף אין לי אלא כסף שוה כסף מנין ת״ל עשרים גרה הוא: אך בכור שור, שור שור נמור, או בכור כשב כשב נמור, או בכור עז עז נמור להוציא את הכלאים.

לא תפדה, יכול אם פדאו יהיה פדוי ת״ל קודש הם. ר׳ יאשיה אומר קודש הם למה נאמר להביא את המעשר ואת הפסח שיטעון שפיכה אחת שלא שמענו להם בכל התורה כולה. ר׳ יצחק אומר אינו צריך שהרי כבר נאמר ודם זבחך ישפך על מזבח ה׳ אלהיך (דברים יב כז) להביא את המעשר ואת הפסח שיטענו שפיכה אחת ומה ת״ל קודש הם להביא את המעשר שיטעון הקטר חלבים שלא שמענו בכל התורה

אפילו פי'. שאמר בפירוש הריני מחרים לבדק הבית:

לשמים. תימא מאי קאמר סתם חרמים לשמים, דליכא למימר דלמזבח קאמר דא"כ הוה ליה למימר דלמזבח ותו דלא אשכחן תנא דלימא למזבח? לכן נראה דלר' יהודה בן בתירא קא מהדר דאמר לבדק הבית[58] והכי קאמר והלא לשלמים מתכוין מדכתיב [**כל חרם**] **קדש קדשים הוא לה'** (ויקרא כז:כח) אם כן צריך לומר דכהנים זוכין בו[59] משולחן שמים כמו שזוכין בשאר קדשים[60] וכן מצינו בערכין (כח עמ' א) לר' שמעון דסבר סתם חרמים לכהנים דתנן התם [ר"ש אומר] הכהנים אין מחרימים שהחרמים שלהם[61] ומאי דמסיים "או אפילו פירש" ר' יהודה בן בתירא קאמר לה, ודכוותה בפסחים (לו עמ' א) (את[62] שלשין בו מקטפין[63] בו)[64] [ואע"פ שאין לשין בהן מקטפין בהן] אתאן נמי לת"ק:[65]

[פיסקא קיח]

אף חיה במשמע. **דכל פטר** (במדבר יח:טו) משמע בין חיה בין בהמה:

ומוציא את בעל מום. **דאשר יקריבו** (שם שם) משמע דראוי להקרבה וממעט בעל מום:

ה"ג **ת"ל באדם ובבהמה** (שם שם). וגבי אדם אפילו בעל מום חייב בחמש סלעים:

יצאו לוים. דכתיב **פטר רחם** (שם שם) בישראל:

נפל פטור מן הבכור. דהא בכור בהמה קרב לגבי מזבח, עי"ל נפל פוטר את הבא אחריו ועיקר:

מי טפל בו שלשים יום. דכתיב **ופדויו מבן חדש תפדה** (במדבר יח:טז):

את הטמאה. פטר חמור אבל בכור טהורה כיון שהקדיש למזבח אין לו פדיון:

שומע אני שאר בהמה טמאה במשמע. דהא כתיב **ואת בכור הבהמה הטמאה** (במדבר יח:טו) משמע כל בהמה טמאה:

ה"ג **תפדה** (במדבר יח:טז) **יכול אפילו בכסות וכלים.** דתפדה משמע תפדה מ"מ:

תפדה מיד. סיפיה דקרא דריש דכתיב **ואת בכור הבהמה הטמאה תפדה** (במדבר יח:טו) ודריש מינה דבכור בהמה טמאה נפדה מיד:[66]

או אינו אלא לאחר זמן. פי' לאחר שלשים יום דהא איתקש בכור בהמה טמאה לבכור אדם:

הקדש שנפדה בחמשה סלעים. היינו בכור אדם:

נפדה לאחר זמן. פי' ואם אות' דבכור בהמה איתי' טמאה נמי נפדה לאחר זמן לשתוק **מתפדה** דסוף קרא ומרישיה ילפינן דכתיב **אך פדה תפדה את בכור האדם, ואת בכור הבהמה הטמאה תפדה** (במדבר יח:טו) למה לי:

---

58. ויש להם פדיון מה שאין כן בחרמי כהנים דהן ככמו חולין ביד הכהנים ויכלו למוכרם לכל מי שירצו.
59. ומודה שבאמת יש לכהנים זכות בו כמו בכל קדשים.
60. בכור, מעשר בקדשי מזבח.
61. ואם עשה אינו עשה כלום אבל בספרי כאן אמר רבי שמעון "לשמים".
62. ר"ל אם במים אם בשמן.
63. לשון טחין פניהן.
64. דברי חכמים לפנינו ואיני יודע אם טעות סופר הוא או טעות רבינו או נוסח אחרינא.
65. דאוסר ללוש במי פירות אבל מותר לקטף בהם והיינו מה שאמר בתחילה אין לשין את העיסה ביין שמן ודבש וסיים הברייתא ואע"פ שאין לשין בהן מקטפין בהן והן הן דבריו אלא שחוזר ומוסיף דמקטפין בהם ולאפוקי מן החכמים האומרים במה דלש בו מקטף בו. ודבקו את שיטת התנא קמא בסוף להסבר ואינה המשך המ"ד האחרון שהוא ר"ע אלא חוזר לשיטה בראש הברייתא.
66. מיד כשנולד ורבויא דתפדה דריש.

לאכילה שיתנהג בקדושה שאין ראוי לאכילה מניין ת״ל קודש יהיה לך מכל מקום. וזה לך תרומת מתנם וגו׳, מגיד הכתוב שכשם שכלל הכתוב את קדשי קדשים לגזור דין ולכרות להם ברית כך כלל את קדשים קלים לגזור דין ולכרות להם ברית: לכל תנופות בני ישראל, להביא את הדבר הטעון תנופה: לך נתתים ולבניך ולבנותיך אתך לחק עולם, שינהוג הדבר לדורות: כל טהור בביתך יאכל אותו, כרת הכתוב ברית עם אהרן על קדשים קלים שלא יהיו נאכלים אלא לטהורים: כל חלב יצהר וכל חלב תירוש ודגן, מגיד הכתוב שכשם שכלל הכתוב את קדשי מקדש לגזור דין ולכרות להם ברית כך כלל הכתוב את קדשי הגבול לגזור דין ולכרות להם ברית: כל חלב יצהר וכל חלב תירוש ודגן זו תרומה ותרומת מעשר. ראשיתם זו ראשית הגז. אשר יתנו זה הזרוע והלחיים והקיבה. לה׳ זו חלה.

ביכורי כל אשר בארצם. בא הכתוב ולימד על הביכורים שתהא קדושה חלה עליהם במחובר לקרקע שהיה בדין הואיל וקדושה חלה על התרומה וקדושה חלה על הביכורים אם למדתי על התרומה שאין קדושה חלה עליה במחובר לקרקע אף הביכורים לא תהא קדושה חלה עליהם במחובר לקרקע ת״ל ביכורי כל אשר בארצם בא הכתוב ולימד על הביכורים שתהא קדושה חלה עליהם במחובר לקרקע: אשר יביאו לה׳ לך יהיה, בא הכתוב ולימד על הביכורים שיהו נתונים לכהן: כל טהור בביתך יאכלנו למה נאמר והלא כבר נאמר כל טהור בביתך יאכל אותו ומה ת״ל כל טהור בביתך יאכלנו להביא את בת ישראל המאורסת לכהן שתהא אוכלת בתרומה או אינו מדבר אלא בנשואה כשהוא אומר כל טהור בביתך יאכל אותו הרי נשואה אמורה הא מה ת״ל כל טהור בביתך יאכלנו להביא את בת ישראל המאורסת לכהן שתהא אוכלת בתרומה משמע מביא את הארוסה ומביא את תושב ושכיר ומה אני מקיים מקרא תושב ושכיר לא יאכל בו (שמות יב מה) תושב <ושכיר> שאינו ברשותך אבל <תושב ו>שכיר שהוא ברשותך יאכל בו <או משמע מוציא את תושב ושכיר ומביא את ארוסה> ומה אני מקיים כל טהור בביתך יאכל אותו חוץ מתושב ושכיר או אף תושב ושכיר ת״ל עוד במקום אחר תושב כהן ושכיר לא יאכל קודש (ויקרא כב יב) בין ברשותך בין שאינו ברשותך וכבר שלח יוחנן בן בג בג אצל ר׳ יהודה בנציבים אמר לו שמעתי עליך שהייתה אומר על בת ישראל המאורסת לכהן שהיא אוכלת בתרומה שלח לו ואתה <אין אתה אומר כך> מוחזקני בך שאתה בקי בחדרי תורה ולידון בק״ו אי אתה יודע ומה שפחה כנענית שאין ביאתה קונה אותה לאכול בתרומה כסף קונה אותה לאכול בתרומה בת ישראל שביאתה קונה אותה לאכול בתרומה אינו דין שיהא כסף קונה אותה לאכול בתרומה אבל מה אעשה שהרי אמרו חכמים אין ארוסה בת ישראל אוכלת בתרומה עד שתיכנס לחופה נכנסה לחופה אע״פ שלא נבעלה אוכלת בתרומה ואם מתה בעלה יורשה:

כל חרם בישראל לך יהיה, אין לי אלא חרמי ישראל חרמי גרים נשים ועבדים מנין ת״ל כל חרם בישראל. ר׳ יוסי הגלילי אומר סתם חרמים לכהנים שנאמר כשדה החרם לכהן תהיה אחוזתו (ויקרא כז כב) או אפילו פירש לבדק הבית ת״ל אך כל חרם (שם כח) אך חלק. ר׳ יהודה בן בתירה אומר סתם חרמים לבדק הבית שנא׳ כל חרם קודש קדשים הוא לה׳ (שם כט) או אפילו פירש לכהן ת״ל כשדה החרם לכהן (שם כב). ר׳ יהודה בן בבא אומר סתם חרמים לכהנים שנאמר כשדה החרם לכהן תהיה אחוזתו (שם) או אפילו פירש לשם ת״ל כל חרם קודש קדשים הוא לה׳ (שם). ר״ש אומר סתם חרמים לשמים שנא׳ כל חרם קודש קדשים הוא לה׳ (שם) או אפילו פירש לכהן ת״ל כל חרם בישראל לך יהיה (סליק פיסקא)

שלא יהו נאכלין אלא לטהורין. תימא ישראל נמי לא אכלי קדשים קלים אלא טהורין דוקא? ושמא שיעבור הכהן בשנים, עשה ולא תעשה, **כל טהור בביתך וגו׳** (במדבר יח:יג) משמע ולא טמא ולאו הבא מכלל עשה עשה ולאו **והבשר אשר יגע בכל טמא לא יאכל** (ויקרא ז:יט):

כל חלב יצהר [וכל חלב תירוש ודגן] (במדבר יח:יב). היינו תרומת דגן, תירוש, ויצהר; ודרשינן מיניה בבכורות (נג עמ׳ ב) תן חלב לזה וחלב לזה לומר שאין תורמין מזה על זה:

אשר יתנו (במדבר יח:יב) **[זה] זרוע.** דכתיב **ונתן לכהן הזרוע** (דברים יח:ג):

שתהא קדושה חלה עליהם במחובר [לקרקע]. מכל אשר בארצם (במדבר יח:יג) דריש:

אין קדושה חלה על התרומה[51] במחובר. דכתיב **ראשית דגנך** (דברים יח:ד):

בביתך (במדבר יח:יג). האי דכתיב **כל טהור בביתך** (במדבר יח:יג) משמע נשואה וכיון דכתיבי תרי קראי אם אינו ענין לנשואה תנהו [ענין] לארוסה ואע״ג דבעלמא (יבמות סז עמ׳ ב) יליף לה מ[ו]**כהן כי יקנה נפש קנין כספו** (ויקרא כב:יא) ההוא לאו עיקר דרשה דמהתם לא ילפינן אלא עבד דגופו קנוי לרבו אבל אשה אין גופה קנויה לבעלה אלא איסורא הוא דרביעא עלה ואי משום מעשה ידיה יכולה היא שתאמר איני ניזונת ואיני עושה (כתובות נח עמ׳ א):

ומביא תושב ושכיר. דבביתך (במדבר יח:יג) משמע כל מי שבביתך אבל מצי לאיתויי מכהן **כי יקנה נפש קנין כספו** (ויקרא כב:יא) דתושב ושכיר אין גופן קנוי:

שאינו ברשותך. שאינו עושה מלאכה בביתו של כהן ואע״ג שמזונותיו עליו גזרת הכתוב הוא דכתיב **בביתך** (במדבר יח:יג) וא״ת והא ארוסה דאינה בביתו ומרבינן לה ומשני דמיירי בהגיע זמן ולא נישאו דאוכלות משלו[52] ואע״ג שאינה בביתו ממש כיון שחייב ליטפל בה כאלו היא בביתו דמייא יותר מתושב ושכיר דהא עתידה לבא לביתו:

או אף תושב ושכיר. יאכל דהא סתם כתיב **תושב ושכיר לא יאכל בו** (שמות יב:מה) לא שנא ברשותך ולא שנא שלא ברשותך:

או אף שכיר ותושב. פי׳ אוכל מק״ו ארוסה שלא נכנסה לחופה עדיין ויכולה לומר איני ניזונית ואיני עושה— אוכלת, תושב ושכיר (וכו׳) [דאינם יכולים לומר אין אנו ניזונים ואין אנו עושים לכ״ש]:

ת״ל עוד [במקום אחר]. כלומר בפרשת אמור גבי תרומה:[53]

וכבר שלח וכו׳. בפ״ק דקידושין (י עמ׳ ב) מפרש לה שפיר ומשמע התם דמדאוריתא פשיטא לבן בג בג דאכלה[54] ומדרבנן קא מבעיא ומשום (סנפון) [סימפון][55] ור׳ יהודה מייתי מק״ו דאכלה ולא חיישינן (לסנפון) [לסימפון] וכו׳ [ומה שפחה כנענית] שאין ביאתה קונה אותה אפילו על ידי חופה, כספה מאכ[י]לת[ה] בלא חופה [ולא חיישינן לסימפון];[56] [זו שביאתה קונה אותה על ידי חופה אינו דין שכספה מאכילתה בלא חופה] ולא חיישינן (לסנפון) [לסימפון]:

אבל מה אעשה וכו׳. דמ״מ איכא למיחש שמא תשקה לאחיה ולאחיותיה:[57]

חרמי גוים וכו׳. מכל (במדבר יח:יד) דריש:

---

51. לפנינו: עליה.
52. עיין כתובות פה.
53. הכוונה לויקרא כב:י.
54. שלא חיישינן דימזגו לה כוס של תרומה בבית חמיה ויתנו לאחותה לשתות ממנה.
55. דבר המבטל את הקידושין כמו מום שיביא לטענת מקח טעות.
56. אפילו יש חשש על מקח טעות יכול להאכיל את השפחה תרומה.
57. זהו קיצור לשון הגמרא קידושין י עמ׳ ב.

ספרי פיסקא קטז–קיז קרח

התורה!: והזר הקרב יומת לעבודה אתה אומר לעבודה או לעבודה ושלא לעבודה אמרת ומה בעל מום שלא ענש בו מיתה לא ענש בו אלא לעבודה זר שענש בו מיתה אינו דין שלא יענש בו אלא לעבודה הא מה ת"ל והזר הקרב יומת לעבודה: והזר הקרב יומת אפילו עובד בטהרה<או אינו אלא כשעבד בטומאה>אמרת אם הנכנס בטומאה שלא לעבודה חייב קל וחומר לעבודה הא מה ת"ל והזר הקרב יומת אפילו עובד בטהרה: יומת, ר' ישמעאל אומר נאמר כאן יומת ונאמר להלן יומת מה יומת האמור להלן סקילה אף יומת האמור כאן סקילה. ר' יוחנן בן נורי אומר נאמר כאן יומת ונאמר להלן יומת מה יומת האמור להלן בחנק אף יומת האמור כאן בחנק: והזר הקרב יומת, עונש שמענו אזהרה לא שמענו ת"ל וזר לא יקרב אליכם

(סליק פיסקא)

(קיז) וידבר ה' אל אהרן, שומע אני שהיה הדבור לאהרן ת"ל זכרון לבני ישראל למען אשר לא יקרב איש זר וגו' (במדבר יז ה) הא למדנו שהדיבור למשה שיאמר לאהרן: ואני ברצון הנה בשמחה דברי ר' ישמעאל אמרו לו תלמידיו רבינו לפי שהוא אומר ואני הנני מביא את המבול מים על הארץ (בראשית ו יז) שומע אני שיש שמחה לפני המקום אמר להם יש שמחה לפני המקום כשיאבדו מכעיסיו מן העולם וכה"א בטוב צדיקים תעלוץ קריה ובאבוד רשעים רנה (משלי יא י) ואומר שני רשעים שברת ואומר לה' הישועה על עמך ברכתך סלה (תהלים ג ט) ואומר ה' מלך עולם ועד אבדו גוים מארצו (שם י טז) ואומר יתמו חטאים מן הארץ ורשעים עוד אינם ברכי נפשי את ה' הללויה (שם קד לה). ר' נתן אומר ואני מוסיף על עבודתם הנה בשמחה וכן הוא אומר וגם הנה הוא יוצא לקראתך וראך ושמח בלבו (שמות ד יד): לכל קדשי בני ישראל, כרת הכתוב ברית עם אהרן על כל קדשי הקדשים לגוור דין ולכרות להם ברית לפי שבא קרח כנגד אהרן וערער על הכהונה משל למה הדבר דומה למלך בשר ודם שהיה לו בן בית ונתן לו שדה אחת במתנה ולא כתב ולא חתם ולא העלה לו בערכיים בא אחד וערער כנגדו על השדה אמר לו המלך כל מי שירצה יבוא ויערער כנגדך על השדה בוא ואני כותב ואני חותם ואני מעלה לך בערכיים כך בא קרח וערער על הכהונה כנגדו אמר לו המקום כל מי שירצה יבא ויערער כנגדך על הכהונה בוא ואני כותב ואני חותם ואני מעלה לך בערכיים לכך נאמרה פרשה זו סמוך לקרח. זכרון לבני ישראל הא למדנו שהיה קרח מן הבלועים ומן השרופים: לך נתתים בזכותך: למשחה, אין משחה אלא גדולה שנא' ואת משחת אהרן ומשחת בניו (ויקרא ז לה). ר' יצחק אומר אין משחה אלא שמן המשחה שנאמר כשמן הטוב על הראש יורד על הזקן זקן אהרן (תהלים קלג ב): ולבניך, בזכות בניך: לחק עולם, שינהוג הדבר לדורות.

זה יהיה לך מקדש הקדשים מן האש, אמרת צא וראה איזהו מקודש הקדשים שכולו עולה לאישים ויש לך הימנו היתר אין אתה מוצא אלא עולת בהמה:

כל קרבנם אלו שתי הלחם ולחם הפנים. לכל מנחתם זו מנחת חוטא ומנחת נדבה. ולכל חטאתם זו חטאת יחיד וחטאת צבור וחטאת העוף וחטאת בהמה. ולכל אשמם זה אשם ודאי ואשם תלוי ואשם נזיר ואשם מצורע. אשר ישיבו לי זה גזל הגר. קדש קדשים זה לוג שמן של מצורע. לך הוא ולבניך בזכותך ובזכות בניך: בקדש הקדשים תאכלנו, כרת הכתוב ברית עם אהרן על קדשי הקדשים שלא יהיו נאכלים אלא במקום קדוש. ר' יהודה בן בתירה אומר הרי הגוים שהקיפו את העזרה מנין לקדשי הקדשים שנאכלים אפילו בהיכל ת"ל בקדש הקדשים תאכלנו: כל זכר יאכל אותו, כרת הכתוב ברית עם אהרן על קדשי הקדשים שלא יהיו נאכלין אלא לזכרי כהונה: קודש יהיה לך, מה ת"ל שיכול אין לי אלא דבר הראוי

ומצינו למדין נטילת ידים [מן התורה]. דווקא לתרומה:
לא ענש בו אלא לעבודה. דכתיב **אך אל הפרכת לא יבא ואל המזבח לא יקרב כי מום בו** (ויקרא כא:כג):
מה יומת האמור להלן בסקילה.[46] **ואיש אשר יתן שכבתו בבהמה מות יומת** (ויקרא כ:טו):
מה יומת האמור להלן בחנק.[47] **מות יומת הנואף והנואפת וגו׳** (ויקרא כ:י); תימה, בסנהדרין (משנה ט:ו) ואלו שבמיתה וכו׳ [זר ששמש במקדש ר״ע אומר בחנק] (ור״ל) [וחכמים אומרים] במיתה בידי שמים, מיהו בסנהדרין (פד עמ׳ א) אמר חד תנא אליבא דר׳ עקיבא דבסקילה הוי; [וי״ל] א״כ הך [דאר״י] אליבא דר׳ עקיבא[48] וההיא ברייתא רבנן היא:[49]

[פיסקא קיז]
שהיה דיבור לאהרן. פי׳ אזהרה האמורה בענין מיהו ומאי דמסיים הא למדנו שהדיבור למשה שיאמר לאהרן (ו)צ״ל דדיבור ממש, וה״פ (אין) ממה שאמר **זכרון לבני ישראל** (במדבר יז:ה) משמע זכרון מה שהזכיר כבר לבני ישראל והיינו על ידי משה:[50]
״[ו]אני״ ברצון [״הנה״ בשמחה]. ואני הנה נתתי לך (במדבר יח:ח):
אמרו לו תלמידיו וכו׳. נראה שהיה קשה להם על מה שדרש ״הנה בשמחה״ **דואני הנני מביא וכו׳** (בראשית ו:יז) דריש במדרש (בראשית רבה לא:יז) הנני מסכים עם אותם שאמרו **לפני מה אנוש וגו׳** (תהלים ח:ה):
ה״ג **אמר להם** (אין) **כן [יש שמחה לפני המקום כשיאבדו מכעיסיו מן העולם וכן] הוא אומר ובאבוד רשעים [רנה] וכו׳** (משלי יא:י) **ואומר** (ו)**שני רשעים שברת...לה׳ הישועה** (תהלים ג:ט). דמתרויהו כחדא יליף; ולא ידענא אמאי אצטריך כל הני קראי, מיהו בספר[י] לא כתיב ״ואומר״ כי היכי דנימא ״מאי ואומר״.
״ואני״ מוסיף על עבודתם. משום דדריש ליה ר״[י] **[ואני]** משמע ברצון, דריש ליה ר׳ נתן **[הנה** משמע שמחה, ו]מוס[י]ף פי׳ נתתי להם מתנות כהונה כדי לקרבם אלי תוספת על מה שהקרבתים בעבודתם דכתיב **וזר לא יקרב** (במדבר יח:ה):
כרת הכתוב ברית. דבסוף הפרשה כתיב **ברית מלח עולם לפני ה׳** (במדבר יח:יט):
שהיה קרח מן הבלועים וכו׳. מסיפיה דקרא דריש בלועים דכתיב **ולא יהיה כקרח וכעדתו** (במדבר יז:ה) משמע שהיה קרח כעדתו:
ויש לך היתר. היינו עור העולה:
כל קרבנם (במדבר יח:ט) **אלו שתי הלחם.** דכתיב בהם **והקרבתם על הלחם** (ויקרא כג:יח) אי נמי משום דשתי הלחם ולחם הפנים אין מהם לאישים:
אלא במקום קדוש. היינו לפנים מן הקלעים דהיינו בתוך העזרה:
שאין ראוי לאכילה. כגון העצמות והגידין:
תרומת מתנם (במדבר יח:יא). היינו מורם מתודה ואיל נזיר:

---

46. בשם רבי ישמעאל.
47. בשם רבי יוחנן בן נורי.
48. ורבי יב״ן סובר בחנק גם בספרי גם בסנהדרין.
49. מיתה בידי שמים כדאיתא במשנה ט:יא.
50. דכתיב שם ביד משה.

דקודם קרח הוזהרו על כך והאי דהדר וכתב **גם הם גם אתם** (במדבר יח:ג) **לפי שבא קרח לערער וכו'**— ומ"מ לרבי כהנים בעבודת לוים ליכא אלא עשה:

ה"ג ת"ל אהרן ובניו [יבאו] ושמו אותם [איש איש על עבודתו...] (במדבר ג:יט). משמע כל מי שעבודתו על ידי אהרן [יגרום חטא][37]— וגבי בני גרשון ובני מררי כתיב **ביד איתמר בן אהרן הכהן**[38] (במדבר ד:כח) וכתיב **על פי אהרן ובניו יהיה כל עבודת וכו'** (במדבר ד:כז)— שמוזהרין ועונשין, אזהרה **מאל תכריתו**[39] (במדבר ד:יח) ועונשו **ולא ימותו** (במדבר ד:יט):

הזהיר עליו הכתוב את כל הענין. כלומר להזהיר ולהחזיר האזהרה והעונש פעם אחרת (אחת) מידי דהיה אכ"ד מתנות כהונה שנכתבה כל אחת במקומה והחזירם בכאן אזהרה על ישראל מדכתיב בסיפיה דקרא **ולא יהיה עוד קצף על בני ישראל** (במדבר יח:ה) דריש שכבר היה היינו **בויקהל עליהם קרח את כל העדה** (במדבר יח:יט):

ולא יהיה עוד[40] **מים [למבול]** (בראשית ט:יא). נראה דאמבול דבימי אנוש קאי דכתיב **אז הוחל וגו'** (בראשית ד:כו) ואמרי במדרש[41] שאוקיינוס שטף שלישו של עולם (בראשית רבה כג:ז) והיינו דכתיב תרי קראי[42] וא"ת מאי שנא בימי אנוש דלא שטף אלא שליש? וי"ל דבימי אנוש לא טעו אלא בע"ז בלבד והדר [בימי נח] טעו בע"ז ובגלוי עריות ובשפיכות דמים דהא כתיב **כי מלאה הארץ חמס** (בראשית ו:יג) דהיינו גזל וגזל הוי על ידי שפיכות דמים:

שכבר קרבו. בימי קרח, דכתיב **כל הקרב הקרב אל משכן ה' ימות וגו'** (במדבר יח:כח):

ואומר[43] **ואני [הנה] לקחתי** (במדבר יח:ו). אמאי דאמ' אזהרה לב"ד של ישראל להזהיר את הכהנים קאי, ואמ' דב"ד של ישראל שיזהרו את הלוים כמו כן **מתשמרו את כהונתכם** (במדבר יח:ז) דריש בדיוקא דכתיב **מתוך בני ישראל** (במדבר יח:ו):

מקום היה אחורי [בית] הכפורת וכו'. דמשמע ולמבית לפרוכת "ועבדתם" והיינו שלא נמצא בו פסול, וקשה דבסוף מדות (ה:ד) תנן לשכת הגזית היתה בצפון[44]...שם היתה סנהדרין יושבת ודנה את הכהונה" ומשמע התם דלשכת הגזית היתה בצפון העזרה, ושמא י"ל משום דחציה בחול[45] והיו מיחסין בחול קרי לה אחורי אי נמי משום שהיתה נמשכת עם י"א אמה שהיו אחורי הכפורת לצפון העזרה:

מה מתנה בפייס. אע"ג דדרשינן מיניה עבודת מתנה ולא עבודת סילוק אין מקרא יוצא מידי פשוטו ומשמע אכילת מתנות כהונה ואכילה הוי בגורל דכתיב **חלק כחלק יאכלו** (דברים יח:יח):

אכילת קדשים בגבולים. היינו אכילת תרומה הנאכלת בגבולין:

ר' אומר וכו'. לא לאיתפלוגי אתא אלא לפרש דלא בעי קידוש ידים ורגלים:

מקום שצריך ידיו ורגליו. היינו במקדש דבעי עמידה והילוך:

---

37. וכל אחר זר אצלם.
38. שאינן מקדש הקדשים.
39. בני קהת שנשאו כלי קדש הקדשים.
40. עוד=פעם שנית.
41. עיין סיפרי דברים פיסקא מג.
42. ראה שבועות לו עמ' א: והוא דאמר לאו לאו תרי זימני דכתיב ולא יכרת...ולא יהיה עוד מבול לשחת הארץ (בראשית ט:יא), ולא יהיה עוד המים למבול (בראשית ט:טו).
43. גירסת הספרי בכ"י לונדון.
44. כן הוא לפי נוסח אחד ולפי נוסח שני היה בדרום. ולשון המשנה אינה מדויקת.
45. עיין שם פירוש הרע"ב.

לראות כבלע את הקודש (במדבר ד כ). ר׳ נתן אומר מיכן רמז לשיר מן התורה אלא שנתפרש ע״י עזרא. ר׳ חנניה בן אחי ר׳ יהושע אומר אין צריך שהרי כבר נאמר משה ידבר והאלהים יעננו בקול (שמות יט יט) מיכן רמז לשיר מן התורה: אך אל כלי הקדש ואל המזבח לא יקרבו אזהרה, ולא ימותו עונש. אין לי אלא לוים שענושים ומוזהרים על עבודת כהנים. כהנים על עבודת לוים מנין ת״ל גם הם גם אתם. מעבודה לחברתה מנין ת״ל גם אתם. וכבר בקש ר׳ יהושע בן חנניה לסייע את ר׳ יוחנן בן גודגדה אמר לו חזור לאחוריך שכבר אתה מתחייב בנפשך שאני מן השוערים ואתה מן המשוררים. רבי אומר אין צריך שהרי כבר נאמר אל תכריתו את שבט משפחת ,הקהתי מתוך הלוים וזאת עשו להם וחיו (במדבר ד יח—יט) אין לי אלא בני קהת בני גרשון ובני מררי מנין ת״ל <את אהרן ואת בניו ושמרו את כהונתם והזר הקרב יומת (שם ג י) ושמרו את כהונתם אין לי אלא> לוים שענושים ומוזהרים על עבודת כהנים. כהנים על עבודת לוים מנין ת״ל ;ובנסוע המשכן יורידו אותו הלוים ובחנות המשכן יקימו אותו הלוים (שם א נא). מעבודה לחברתה מנין ת״ל והחונים לפני המשכן קדמה לפני אהל מועד מזרחה משה ואהרן ובניו שומרים משמרת המקדש למשמרת בני ישראל והזר הקרב יומת (שם ג לח) ומה ת״ל גם הם גם אתם לפי שבא קרח וערער כנגד אהרן הזהיר עליו הכתוב את כל הענין.

ונלוו עליך, זה שאמרנו הכהנים מבפנים והלוים מבחוץ: וזר לא יקרב אליכם למה נאמר לפי שהוא אומר והזר הקרב יומת עונש שמענו אזהרה מנין ת״ל וזר לא יקרב אליכם.

ושמרתם את משמרת הקודש ואת משמרת המזבח הרי זו אזהרה לב״ד של ישראל להזהיר את הכהנים שתהא העבודה נעשית כתקנה שכשעבודה נעשית כתיקנה הם כלים את הפורענות מלבא לעולם: ולא יהיה עוד קצף על בני ישראל שאין ת״ל עוד אלא שכבר קצף כיוצא בו אתה אומ־ ולא יהיה עוד מבול (בראשית ט יא) שאין ת״ל עוד ומה ת״ל עוד אלא שכבר היה. כיוצא בו אתה אומר ולא יזבחו עוד את זבחיהם לשעירים (ויקרא יז ז) שאין ת״ל עוד ומה ת״ל עוד אלא שכבר זבחו. כיוצא בו אתה אומר ולא יקרבו עוד בני ישראל אל אהל מועד (במדבר יא כב) שאין ת״ל עוד אלא שכבר קרבו אף כאן אתה אומר ולא יהיה עוד קצף שאין ת״ל עוד אלא שכבר קצף שנאמר כי יצא הקצף (שם יז יא): ואני הנה לקחתי את אחיכם הלוים מתוך בני ישראל לכם מתנה נתונים לה׳, לשם הם מסורים ואין מסורים לכהנים.

ואתה ובניך אתך תשמרו את כהונתכם לכל דבר המזבח מיכן היה ר׳ אלעזר הקפר ברבי אומר כל דבר המזבח אל יהיה אלא בך ובבניך: ולמבית לפרוכת, מיכן אמרו מקום היה אחורי בית לפרוכת ששם בודקים יחוסי כהונה: ועבדתם, שומע אני מעורבבים ת״ל עבודת מתנה אתן את כהונתכם מה מתנה בפיים אף עבודה בפיים: עבודת מתנה אתן את כהונתכם לעשות אכילת קדשים בגבולים כעבודת מקדש במקדש מה עבודת מקדש במקדש מקדש ידיו ואחר כך עובד אף אכילת קדשים בגבולים מקדש ידיו ואחר כך אוכל. וכבר נשתהא ר׳ טרפון מלבא לבית המדרש אמר לו רבן גמליאל מה ראית להשתהות אמר לו שהייתי עובד אמר לו הלא כל דבריך תימה וכי יש עבודה עכשיו אמר לו הרי הוא אומר עבודת מתנה אתן את כהונתכם לעשות אכילת קדשים בגבולים כעבודת מקדש במקדש. ר׳ אומר לעשות אכילת קדשים בגבולים כעבודת מקדש במקדש מה עבודת מקדש במקדש מקדש ידיו ואח״כ עובד כך אכילת קדשים בגבולים מקדש ידיו ואח״כ אוכל אי מה להלן ידיו ורגליו אף כאן ידיו ורגליו אמרת מקום שצריך ידיו ורגליו מקדש ידיו ורגליו מקום שאין צריך אלא ידיו אינו מקדש אלא ידיו נמצינו למדים נטילת ידים מן

משמע[27] דעד ר' נתן לא הוו דרשי מוישרתוך (במדבר יח:ב) שיר אלא **בעבודתם** ר"ל משא בכתף כך צריך לפרש למעלה:[28]

יעננו[29] בקול (שמות יט:יט) **מכאן רמז לשיר וכו'**. תי' מאי משמע? וי"ל משמע דקבלת התורה אקרי עבודה דכתיב **תעבדון את האלהים** (שמות ג:יב) א"כ איכא רמז דבעבודה בעינן קול:

כהנים[30] [על] עבודת לוים מניין ת"ל גם הם (במדבר יח:ג). אסיפיה דקרא סמך **גם [הם] (אתם) גם אתם[31]** מוזהרין על שלהם וגם מעבודה לעבודה דריש[32] אבל קשיא לי מאי "מעבודה לחברתה"? ושמא הפירש— אין לי שהוא מוזהר מ**אל כלי הקדש ואל המזבח לא יקרבו** (במדבר יח:ג) אלא בשעה שהוא צריך להתעסק בעבודתו דהיינו בשעת קבלת הדם דהיינו **אל כלי הקדש** ובשעת זריקה דהיינו **ואל המזבח** דבאותה שעה צריך להשמיע קול השיר אבל נגמרה אותה עבודה ובאו להתעסק בחברתה כגון בהטבת שתי נרות ובההיא שעתה לית ליה עסק שיר מנין שיהא מוזהר ובמיתה ת"ל גם מיהו זה אינו דאין אומרים שירה אלא בשעת ניסוך היין כדאמרינן במס' ערכין (יב עמ' א) אם כן מה לי עבודה זה מה לי חברתה? ונראה דאינו אלא דרשא בעלמא לסיומינהו ל"גמ"ים אי נמי אפשר לפרש "מעבודה לחברתה"— כגון אם היה מחליף עבודת בני קהת לבני גרשון אי בכתף ואי בעגלות ודכוותה גבי כהנים כהן שזכה על ידי הפייס באחד מן העבודות שלא יגזלנה ממנו כהן אחר והשת' מייתי שפיר:

וכבר בקש וכו'. ר' יהושע [בן חנניה][33] היה לוי ור' יוחנן [בן גודגדה] היה כהן,[34]וקשה לי דמשמע מכאן דכהנים מחסרים ונענשים על עבודת לוים ואמאי לא תני גבי אלו שבמיתות (תוספתא כריתות א) כהן שהשמיע שיר על הדוכן? וי"ל דבכלל זר ששימש אתיה, תדע דלא קתני התם בן לוי שקרב אל כלי הקדש ואל המזבח אלא ודאי אתיה בכלל זר ששימש, הכא נמי אתיה בכלל [זר ששימש] דה"פ כל מי ששימש [בדבר] שהוא זר אצלה, אבל ק[שיא] דגבי שירות לא שייך עבודת מתנה והתם דרשינן דאין זר חייב אלא על עבודת מתנה ולא עבודת סילוק ואפשר דכיון דכתיב **עבודת מתנה אתן את כהונתכם [והזר הקרב יומת]** (במדבר יח:ז) גבי זרות כהונה הוא דבעי עבודת מתנה אבל גבי זרות לויה לא, ואם היינו מפרשים דדרשא בעלמא לאיסור אבל כהנים אין נענשים מיתה על שירות לוים ניחא,[35] מיהו נראה דר' יוחנן בן גודגודא נמי לו[י] (לא) הוה אלא שקודם שנפסל בקול הוי משורר ולאחר שנפסל חוזר להיות שוער והוזהרו שלא להתעסק זה בעבודתו של זה:[36]

ר' אומר וכו'. צ"ל דמשום דדריש ת"ק כהנים על עבודת לוים מ**גם הם גם אתם** (במדבר יח:ג), פליג רבי ואמר דהוה אמינא הם בעבודת[כ]ם [נענשין] ואתם כמו כן נענשין אם יקרבו הם אבל אינו מזכיר כהנים על עבודת לוים [נענשים] ולהכי מייתי מ[**ובנסוע המשכן] יורידו אותו הלוים...[והזר הקרב יומת]** (במדבר א:נא) דמשמע לוים ולא כהנים אי נמי אתא לאשמועינן

27. חסר בברית אברהם עד סוף המאמר.
28. חסר בברית אברהם.
29. ענה לשון שיר.
30. "כהננים" טעות סופר וכן חסר בברית אברהם.
31. הכהנים. וע"ע בבלי ערכין י"א עמ' א.
32. משובש בכה"י.
33. משורר היה.
34. שוער בפנים היה.
35. וכן בהדיא ערכין יא עמ' א.
36. עין שם. ועיין דברי הרמב"ם הלכות בה"מ ג:י ומה שאמר הכסף משנה.

וגם את אחיך[12] (במדבר יח:ב). תחלת דבור הוא[13] וקאי **אהקרב אתך וגו׳** (במדבר יח:ב) ולהכי אמר שאם היה אומר ״וגם את אחיך[14] הקרב אתך״ היה משמע דאף ישראל מתקרבין לשירות דהיינו לשיר על הקרבן:

אף נשים. שהן לויות תכשרנה לשיר:

ת״ל שבט (במדבר יח:ב).[15] ואין שבט נמנה אלא לזכרים:[16]

זכה עמרם. אביך (במדבר יח:ב) דריש.

[**רבי אומר**].[17] ור׳ סבר דמשבט (במדבר יח:ב) לא ממעט נשים אלא **מאחיך** (במדבר יח:ב) ואכתי[18] מהאי קרא **דוגם את אחיך** (במדבר יח:ב) לא ילפינן דאיכא עון על הכהנים הלוים בדבר המסור לב״ד דהיינו פסול לויה:

ה״ג—מה אתך (במדבר יח:ב) **האמורה כאן בלוים וכו׳.** דהא כתיב בהדיא **מטה לוי** (במדבר יח:ב):

אף אתך האמור להלן. היינו בריש דכתיב **ואתה ובניך אתך תשאו את עון המקדש** (במדבר יח:א) והיינו דמפרש ואזיל להזהיר הלוים בדוכנם על השיר ואם לא היו נזהרין ישאו עון:

וישרתוך (במדבר יח:ב) **בעבודתם.** היינו שיר ואשמעינן דשיר מעכב את הקרבן:

ומנה מהם וכו׳. מילתא אחריתי היא ור״ל **וישרתוך** השירות שלהם יהיה **עם שלך**[19] דהיינו בשעת הקרבן, גם לשון **וישרתוך** משמע כל שירות אף אינו בשעת עבודה והיינו **בעבודתם** והאי דתלייה באהרן לפי שב״ד של כהנים יהיו ממנים הגזברין ואמרכלין ולהכי פריך אוישרתוך— בעבודתם בלבד:

עדיין אני אומר וכו׳. כלומר בין שירות דשיר[20] בין שירות דשמירת האוהל[21] יהיה מעכב אם לא יהיו לוים אי[22] נמי[23] יהא [שמירת האוהל] קרוי על שמך:

ת״ל ואני הנה לקחתי (במדבר יח:ו). אלא דשירות דאהל אינו קרוי על שמך:[24]

הכהנים מבפנים. מלפני (במדבר יח:ב) דריש ליה:

ר׳ נתן אומר מכאן[25] **לשיר מן התורה. וישרתוך** רומז שיר ובעזרא[26] נתפרש בהדיא והלוים על השיר דכתיב **ויהי כאחד למחצצרים ולמשוררים להשמיע קול אחד** (דברי הימים ב ה:יג)

---

12. ענין הלויים: ״מטה לוי שבט אביך״.
13. ענין חדש ולא עוד ראיה שלא ישאו עון כהנים.
14. ואם לא אמר מטה לוי ולא שבט אביך.
15. חסר בדפוס של הספרי.
16. בברית אברהם: גברים.
17. חסר בדפוס של הספרי.
18. ואכתי וכו׳ ליתא בברית אברהם.
19. עם הכהנים.
20. אינו מפורש דהיא עבודת לויים עד שבא ר׳ נתן ודרשה.
21. שמירת השערים.
22. אינו בברית אברהם. ומכאן ראיה שהלויים יכולים לעבוד בעבודת כהנים.
23. אי נמי= אפילו אם.
24. אינו בברית אברהם. הפסוק מינה הלוים דווקא לעבודת האוהל מועד. ואינו עבודת כהנים כל עיקר לכן ללויים אין רשות לעבוד בעבודת כהנים.
25. לפנינו בספרי הגירסא ״מכאן רמז״ ונראה לנכון שרבינו אומר ״רומז״ אבל חסר בכל עדי הפירוש במקום הזה.
26. ר״ל ספר דה״י שלפי הברייתא בבבא בתרא טז עמ׳ א היה כתוב ע״י עזרא.

פרשת ויקח קרח

[פיסקא קטז]

למי הדבר מסור לאהרון.[1] **מאתה ומאתך** (במדבר יח:א) דריש[2] כלומר אתה מוזהר על שלך ועל שלהן:

ר׳ יאשיה וכו׳. ר׳ יאשיה סבר **דאתך** (במדבר יח:א) משמע שוין לך באזהרה ואם אחד מהם עושה שלא כדין כולם נענשין:[3]

ר׳ יוחנן[4] בן נורי כו׳. מוסיף הוא על דברי ר׳ יאשיה ומר אמר חדא[5] ומר חדא[6] ולא פליגי; אי נמי ר׳ יוחנן מודה לר׳ יאשיה[7] אבל ר׳ יאשיה לא מודה לר׳ יוחנן דדווקא בזריקת דמים ובהקטר חלבים שהוא גוף הקרבן קאמר דנושאים הכהנים עון על כך אבל באכילת בשר קודם זריקת דמים איהו[8] בלחודיה נענש:

עון כהונתכם (במדבר יח:א). משמע עון הבא מחמת הכהונה:

וכן מצינו. ר׳ יוחנן קאמר לה:

ה״ג **ד״א אתה ובניך אתך** (במדבר יח:א) **וגו׳.** אי נמי לא גרסינן **ד״א** אלא פרושי קא מפרש דנושאין עון בין על אינן יודעין לשם מי מקטיר בין אכילת בשר קודם זריקת דמים מדכתיב בקרא עון שני פעמים ומשמע ליה **עון** עון דבר המחסר מקדושתו— ומאי דקאמר **עון דבר המסור לב״ד** ר״ל לב״ד של כהנים:

[עון] דבר המסור לכהונה. היינו אכילת בשר; ואי גרסינן **ד״א** יהיה פי׳ עון המקדש:

עון (במדבר יח:א) **דבר המסור לב״ד.**[9] כגון הנך דפרק אלו [הן] הנשרפין (סנהדרין פג עמ׳ א)— ואלו (הן) שבמיתה טמא ששמש וטבול יום וכו׳ ואיכא מלקות דנמסר לב״ד:[10]**עון** (במדבר יח:א) **[דבר] המסור לכהונה.** כגון הגונב את הקסוה דאמרינן התם (משנה סנהדרין פרק ט, בבלי פא עמ׳ ב) קנאין פוגעין בו אי נמי כהן ששימש בטומאה דאמרינן התם (סנהדרין פב עמ׳ ב) פרחי כהונה פוצעין את מוחו ואין מביאין אותו לב״ד אי נמי **[עון] דבר המסור [לב״ד]**— פיסול חלל ובעל מום, **עון דבר המסור לכהונה**— היינו שינוי מחשבה שתלוי בכהנים עצמן:

[ה״ג] **אבל לוים ישאו עון כהונה ת״ל והם ישאו עונם**[11] (במדבר יח:ב):

---

1. והוא דעת רבי ישמעאל.
2. אתה הכהן הגדול ואתך הכהנים הפשוטים והכהן הגדול מוזהר על כושר מעשיהם של הכהנים והוא ישאו עון הכהנים.
3. כל הכהנים מוזהרים על עונם.
4. בכה״י של הפירוש רבי יוחנן ובברית אברהם רבי יונתן כמו לפנינו בספרי.
5. רישא דקרא.
6. סיפא דקרא.
7. שכל הכהנים נושאים את עונם.
8. הכהן העובד שלא כדין.
9. בית דין של זקנים.
10. כגון ערל שמתו אחיו מחמת מילה וכן אונן ששימש וכן מי ששימש מיושב.
11. דישראל ולא של כהן.

קרח

(קטז) ויאמר ה׳ אל אהרן אתה ובניך ובית אביך אתך תשאו את עון המקדש <ואתה ובניך אתך תשאו את עון כהונתכם> ר׳ ישמעאל אומר למי הדבר מסור לאותו שמזהירים. ר׳ יאשיה אומר מנין אתה אומר שאם זרק את הדם כראוי ואינו ידוע לשם מי זרקו והקטיר את החלב כראוי ואינו יודע לשם מי הקטירו שהכהנים נושאים עון על כך ת״ל ואתה ובניך ובית אביך אתך תשאו את עון המקדש. ר׳ יונתן אומ׳ מנין אתה אומ׳ שאם זכה בבשר קודם זריקת דמים בחזה ושוק קודם הקטר חלבים שהכהנים נושאים עון על כך ת״ל ואתה ובניך אתך תשאו את עון כהונתכם וכן מצינו שלא נתחתם גזר דינן של בני עלי אלא על שנהגו בזיון בקדשים וכן הוא אומר גם בטרם יקטירון את החלב ויאמר אליו האיש קטר יקטירון כיום החלב ותהי חטאת הנערים גדולה מאד (שמואל א׳ ב טו—יז). וכן מצינו שלא נתחתם גזר דינן של אנשי ירושלם אלא על שנהגו מנהג בזיון בקדשים שנאמ׳ קדשי בזית (יחזקאל כב ח): ואתה ובניך אתך תשאו את עון כהונתכם זה עון דבר המסור לכהונה אתה אומר זה עון דבר המסור לכהונה או זה עון דבר המסור לבית דין כשהוא אומר ואתה ובניך אתך תשמרו את כהונתכם לכל דבר המזבח הרי עון דבר המסור לבית דין אמור הא מה ת״ל תשאו את עון כהונתכם זה עון דבר המסור לכהונה. אמרת ישראל לא ישאו עון כהנים אבל לוים ישאו עון כהנים ת״ל ועבד הלוי הוא את עבדת אהל מועד והם ישאו עונם (במדבר יח כג).

וגם את אחיך, שומע אני אף ישראל במשמע ת״ל מטה לוי שומע אני אף הנשים במשמע ת״ל <שבט אביך זכה עמרם שיקרא שבט על שמו. רבי אומר מטה לוי שומע אני אף הנשים במשמע ת״ל> את אחיך להוציא את הנשים: הקרב אתך רבי עקיבא אומר נאמר כאן אתך ונאמר להלן אתך מה אתך האמור להלן בלוים הכתוב מדבר אף אתך האמור כאן בלוים הכתוב מדבר להזהיר את הלוים בשיר על דוכנם: וילוו עליך וישרתוך, בעבודתם ומנה מהם גוברים ואמרכלים אתה אומר ישרתוך בעבודתם ומנה מהם גוברים ואמרכלים או ישרתוך בעבודתך ת״ל ושמרו משמרתך ומשמרת כל האהל. עדיין אני אומר ישרתוך בעבודתך ישרתוך בעבודתם ת״ל ואני הנה לקחתי את אחיכם הלוים מתוך בני ישראל לכם מתנה נתונים לה׳ לשם הם מסורים ולא לכהנים הא אין עליך לומר כלשון אחרון אלא כלשון ראשון ישרתוך בעבודתם ומנה מהם גוברים ואמרכלים: ואתה ובניך אתך לפני אהל העדות, הכהנים מבפנים והלוים מבחוץ אתה אומר הכהנים מבפנים והלוים מבחוץ או אלו ואלו מבפנים ת״ל ונלוו עליך ושמרו את משמרת אהל מועד הא מה ת״ל ואתה ובניך אתך לפני אהל העדות הכהנים מבפנים והלוים מבחוץ.

ושמרו משמרתך ומשמרת כל האהל, זו היא שאמרנו ישרתוך בעבודתם ומנה מהם גוברים ואמרכלים: אך אל כלי הקדש, זה הארון וכה״א ולא יבאו

זו פרשת שמע. ששקולה כנגד כל המצות כדמפר׳ ומיעט בה ע״ז— דכתיב **ה׳ אלהינו** (דברים ו:ד) ולא אחר:

תקדום פ׳ והיה אם שמע וכו׳ (דברים יא:יג). תימא מה סברא היא זו, דפרשת שמע קודמת לה בתורה שזו בפרשת ואתחנן וזו בפרשת והיה עקב? ובשלמא מאי דקאמר תקדום פרשת [ציצית] וכו׳ משום דקדמה לה! וי״ל דה״ק תיקדום פר׳ והיה אם שמוע שיש אזהרה ועונש:[185]

ת״ל וראיתם אותו (במדבר טו:לט) **[ביום]**. בזמן ראיה, (ואפשר דדריש **וראיתם אותו וזכרתם**:)[186]

ק״ו לכל המצות שבתורה. וא״ת מאי ק״ו הוא זה וכי גרעה[187] משאר מצות? וי״ל דה״פ ומה המקיים מצות ציצית שאין בה חסרון כיס שהוא צריך לקנות טלית ללבוש ואין צריך אלא להטיל בה שני חוטין של תכלת ק״ו לשאר מצות דאית בהו חסרון כיס טפי:

זו מינות דכתיב ומוצא אני מר ממות [את האשה] וגו׳. אשה ((קהלת ז:כו) דריש לשון מינות, וכדדריש בע״ז (יז עמ׳ א) מ[**הרחק מעליה דרכך** ו]**אל תקריב אל פתח ביתה** (משלי ה:ח) זו מינות; ונראה שיותר היה לומר דכתיב **אמר נבל בליבו אין אלהים** (תהלים יד:א):

ר׳ נתן אומר שלא יהא שותה בכוסו וכו׳. היא זונים אחריהם (במדבר טו:לט) [ו]לא קאמר עמהם והיינו שמשמש עם אשתו וחושב באשתו של חברו:

או הלב אחר עינים. שרואה וחומד ואח״כ עובר עבירה להכי מייתי מסומא שאין לו עינים:[188]

לפי שהוא אומר שמח בחור (קהלת יא:ט). וא״ת הרי התורה קדמה לכל? וי״ל דה״פ לפי שעתיד קהלת לומר כך הזהיר עליו קודם:

לעשות זכרון כמעשה. פי׳ ליתן שכר על זכרון בשעת זכרון כמו על מעשה בשעת מעשה:

בקדושת כל המצות. דכתיב **ועשיתם את כל מצותי** (במדבר טו:מ):

וקלא אילן. מין צבע:

ספל. צ״ל ספסל[189]— כדי לעלות ממטה למטה:

באו ד׳ ציציותיו. כלומר בשעת פשיטת בגדים:

גפה. שם ע״ז:

שליש למלכות. שיתנו לה רשות להתגייר:

ושמא עיניך נתת. ואמרו ביבמות (כד עמ׳ ב) אחד איש שנתגייר לש[ו]ם אשה (או) [ואחד] אשה שנתגיירה לש[ו]ם איש...(אינו גר) [אינן גרים]:

כתב שבידה. להראות שבעבור אות עדות של ציצית שראתה שהיתה מתגיירת והיינו לשם שמיים.

---

185. עין תוס׳ ברכות יד עמ׳ ב.
186. להזכיר אותם ביום בלבד. נראה כהוספה וליתא בברית אברהם.
187. שהוא ה״קל״.
188. שהתועבות בלב.
189. כן הוא הנוסח לפנינו.

ספרי פיסקא קטו שלח

למדבר התחיל לגוור עליהם מקצת מצוות קלות ומקצת מצוות חמורות כגון שבת ועריות ציצית ותפילין התחילו ישראל להיות מנתקים אמר להם עבדיי אתם על מנת כן פדיתי אתכם על מנת שאהיה גוזר ואתם מקיימים: אני ה׳ אלהיכם עוד למה נאמר והלא כבר נאמר אני ה׳ אלהיכם אשר הוצאתי אתכם מארץ מצרים ומה ת״ל אני ה׳ אלהיכם עוד כדי שלא יהו ישראל אומרים מפני מה צונו המקום לא שנעשה וניטול שכר לא עושים ולא נוטלים שכר כענין שאמרו ישראל ליחזקאל שנאמר יצאו אלי אנשים מזקני ישראל וישבו לפני (יחזקאל כ א) אמרו לו יחזקאל עבד שמכרו רבו לא יצא מרשותו אמר להם הין אמרו לו הואיל ומכרנו המקום לאומות העולם יצאנו מרשותו אמר להם הרי עבד שמכרו רבו על מנת לחזור שמא יצא חוץ לרשותו. והעולה על רוחכם היה לא תהיה אשר אתם אומרים נהיה כגוים אשר סביבותינו וכמשפחות האדמה לשרת עץ ואבן חי אני נאם ה׳ אם לא ביד חזקה ובזרוע נטויה ובחימה שפוכה אמלוך עליכם (שם לב–לג). ביד חזקה זו הדבר כמה שנא׳ הנה יד ה׳ הויה במקנך אשר בשדה (שמות ט ג). ובזרוע נטויה זו החרב כמה שנא׳ וחרבו שלופה בידו נטויה על ירושלם (דה״י א׳ כא טז). ובחימה שפוכה זו רעב אחר שאני מביא עליכם שלש פורעניות הללו זו אחר זו ואחר כך אמלוך עליכם על כרחכם <לכך נאמר עוד אני ה׳ אלהיכם>. ר׳ נתן אומר אין לך כל מצוה ומצוה שבתורה שאין מתן שכרה בצדה צא ולמד ממצות ציצית. מעשה באדם אחד שהיה זהיר במצות ציצית שמע שיש זונה בכרכי הים והיתה נוטלת ארבע מאות זהובים בשכרה שיגר לה ארבע מאות זהובים וקבעה לו זמן כיון שהגיע זמנו בא וישב לו על פתח ביתה נכנסה שפחתה ואמרה לה אותו האיש שקבעתה לו זמן הרי הוא יושב על פתח הבית אמרה לה יכנס כיון שנכנס הציעה לו שבע מטות של כסף ואחת של זהב והיא היתה בעליונה ובין כל אחת ואחת ספסלין של כסף ועליון של זהב כיון שהגיעו לאותו מעשה באו ארבע ציציותיו ונדמו לו כארבעה עדים וטפחו לו על פניו מיד נשמט וישב לו על גבי קרקע אף היא נשמטה וישבה על גבי קרקע אמרה לו גפה של רומי איני מניחתך עד שתאמר מה מום ראית בי אמר לה העבודה לא ראיתי בך מום שאין כיפיך בכל העולם אלא מצוה קלה צונו ה׳ אלהינו וכתב בה אני ה׳ אלהיכם אני ה׳ אלהיכם שתי פעמים. אני ה׳ אלהיכם אני עתיד לשלם שכר, אני ה׳ אלהיכם עתיד ליפרע. אמרה לו העבודה איני מניחתך עד שתכתוב לי שמך ושם עירך ושם מדרשך שאתה למד בו תורה וכתב לה שמו ושם עירו ושם רבו ושם מדרשו שלמד בו תורה עמדה ובזבזה את כל ממונה שליש למלכות שליש לעניים ושליש נטלה עמה ובאתה ועמדה בבית מדרשו של ר׳ חייא. אמרה לו רבי גיירני אמר לה שמא עיניך נתת באחד מן התלמידים הוציאה לו כתב שבידה אמר לו עמוד זכה במקחך אותן המצעות שהציעה לך באיסור תציע לך בהיתר זה מתן שכרה בעולם הזה ובעולם הבא איני יודע כמה

(סליק פיסקא)

אזלא הא דאמר רב גידל אמר רב ציצית צריכ[ה] שתהא נוטפת[171] על הקרן שנא׳ **על כנפי בגדיהם** (במדבר טו:לח) כמאן? כר׳ אליעזר בן יעקב, אמר ר׳ יעקב אמר רבי יוחנן וצריך שירחיק[172] מלא קשר גודל״ והיינו כדפי׳ שצריך להטיל לרוחב הבגד כדי שתהא נוטפת על חודה של קרן וצריך להרחיק מלא קשר שלא יטיל על השפה:

ה״ג שומע [אני] יארגנה עמה ת״ל ונתנו (במדבר טו:לח) **הא כיצד תופרה עמה. פי׳** תופר את הבגד והציצית בתוכה והכי איתא בפ[רק] התכלת (מא עמ׳ ב) טלית שנקרעה חוץ לשלש יתפור; תוך שלש ר׳ מאיר אומר אל[173] יתפור וחכמים אומרים יתפור, משמע ש״חוץ לשלש״ דהיינו שנקרע חוץ לשלש למקום הציצית[174] יתפור לדברי הכל, אבל תוך שלש פליגי— אי איכא משום תעשה ולא מן העשוי אי לא, מיהו רש״י ז״ל (מנחות מא עמ׳ ב) פי׳ חוץ לשלש יתפור דליכא למיחש שמא ישייר החוט וישלים עליו לשם ציצית דהא ליכא ציצית חוץ לשלש אבל תוך שלש איכא למיחש;

ואם היינו גורסים **הא כיצד** ״**אינו**״ **תופרה עמה** היה ניחא, וה״פ **ועשו** (במדבר טו:לח) [הוי] משמע בשעת עשייה דהיינו אריגה יעשה הציצית כל שכן בשעת התפירה [לכן] אתא **ונתנו** ((במדבר טו:לח) לומר שלאחר שהבגד עשוי תן הציצית, ומיעט נמי בשעת תפירה[175] ואי גרסי ״תופרה עמה״ ר״ל קושרה[176] עמה והיינו הגדיל:

ארבעתן מצוה אחת (ור׳ שמעון) [רבי ישמעאל][177] **אומר ארבע מצות.** במנחות (לז עמ׳ ב) בעי ״מאי בנייהו״ ——כלומר בין למר ובין למר בעינן ציצית בת ארבעה ושיתן על ארבע כנפות דהא כתיב **על ארבע כנפות כסותך** (דברים כב:יב)[178]— ומשני ״סדין בציצית איכא בינייהו״— כלומר סדין של פשתן שהוטל בו תכלת של צמר וחסר אחת מן הכנפים שלא הטיל לה,[179] לר׳ (שמעון) [ישמעאל] מותר לכסותה וליכא משום לובש כלאים שלא במקום מצוה,[180] ולת״ק הוי כלאים[181] שלא במקום מצוה:

[על שם] שהציץ.[182] הביט, דכתיב **וירא אלהים את בני ישראל** (שמות ה:כה):

כל המקים וכו׳. ומדה כנגד מדה דכתיב ביה בכנף[183] **איש יהודי** (זכריה ח:כג), ולפי (שבת לב עמ׳ ב) החשבון משמשין אותו שני אלפים ושמנה מאות עבדים:[184]

אותו (במדבר טו:לט). משמע מי שכתוב בו **ואותו תעבד** (דברים ו:יג):

שהתכלת דומה לים. רישא אמרי במנחות (מג עמ׳ ב) מה נשתנה תכלת וכו׳ שהתכלת דומה לים למראית העין ורקיע לכסא הכבוד דכתיב **כמעשה לבנת הספיר וכעצם השמים** (שמות כד:י):

---

171. שתהא תולות מאוזנות בצד הכנף כשיגביהנה למעלה מן השפה יתלו הציציות על הקרן ויכו הכנף.
172. החור בתוך הכנף מרחק קשר גדול מן השפה.
173. לפנינו: לא יתפור.
174. נקרע למעלה מן החור שלא בכנף.
175. עאכו״כ.
176. הגר״א גורס הא כיצד קושרו עמו.
177. כן הוא בברית אברהם.
178. הש׳ רש״י מנחות לז:
179. ואינה אלא על שלש כנפות.
180. הרי מצוה בשלש שנשארו.
181. הרי בשלש אינה מצוה.
182. ומניין לנו שמציץ מן החרכים קאי על בתי אבותינו במצרים?
183. בשכר כל כנף.
184. ז׳ מאות מע׳ האומות החזיקו בכל כנף=[10 x 70 x 4=2800].

רשעים ממנה (איוב לח יג). ר׳ מאיר אומר וראיתם אותם לא נאמר כאן אלא וראיתם אותו מגיד הכתוב שכל המקיים מצות ציצית מעלים עליו כאלו הקביל פני שכינה שהתכלת דומה לים וים דומה לרקיע והרקיע דומה לכסא הכבוד כענין שנא׳ וממעל לרקיע אשר על ראשם כמראה אבן ספיר דמות כסא (יחזקאל א כו).

וראיתם אותו וזכרתם את כל מצות ה׳ ועשיתם אותם, זו פרשת שמע אתה אומר זו פרשת שמע או אינו אלא פרשת והיה אם שמוע אמרת צא וראה איזוהי פרשה שיש בה קיבול מלכות שמים ומיעט בה ע״ז אין אתה מיצא אלא פרשת שמע. <תקדם פרשת שמע לפרשת והיה אם שמוע או> תקדם פרשת והיה אם שמוע לפרשת שמע אמרת תקדום פרשה שיש בה קיבול מלכות שמים ומיעט בה ע״ז לפרשת והיה אם שמוע שאינה אלא ללמד תקדום פרשת ציצית לפרשת והיה אם שמוע אמרת תקדום פרשה שהיא נוהגת ביום ובלילה לפרשת ציצית שאינה נוהגת אלא ביום או יהא קורא שלש בערב כדרך שקורא שלש בשחר ת״ל וראיתם אותו ביום ולא בלילה. רשב״י אומר תקדום פרשת שמע שהיא ללמוד לפרשת והיה אם שמוע שאינה אלא ללמד ותקדום <פרשת והיה אם שמוע שהיא> ללמד לפרשת ציצית שאינה אלא לעשות שעל כך ניתנה תורה ללמוד וללמד ולשמור ולעשות: וראיתם אותו וזכרתם את כל מצות ה׳ ועשיתם אותם, מגיד הכתוב שכל המקיים מצות ציצית מעלים עליו כאלו קיים כל המצות כולן והרי דברים ק״ו ומה אם המקיים מצות ציצית מעלים עליו כאלו קיים כל המצות ק״ו לכל מצות שבתורה.

ולא תתורו אחרי לבבכם, זו מינות כענין שנאמר ומוצא אני מר ממות את האשה אשר היא מצודים וחרמים לבה אסורים ידיה (קהלת ז כו) ואומר והמלך ישמח באלהים וגו׳ (תהלים סג יב): ואחרי עיניכם, זו זנות כענין שנאמר ויאמר שמשון אותה קח לי כי היא ישרה בעיני (שופטים יד ג): אשר אתם זונים אחריהם, זו ע״ז כענין שנאמר ויזנו אחרי הבעלים (שם ח לג). ר׳ נתן אומר שלא יהא שותה בכוסו ומשתמש בכוסו של חבירו ד״א ולא תתורו אחרי לבבכם ואחרי עיניכם מגיד שהעינים הולכות אחר הלב או הלב אחר העינים. אמרת והלא יש סומא שעושה כל תועבות שבעולם הא מה ת״ל ולא תתורו אחרי לבבכם מגיד שהעינים הולכות אחר הלב. ר׳ ישמעאל אומר ולא תתורו אחרי לבבכם ואחרי עיניכם למה נאמר לפי שהוא אומר שמח בחור בילדותך והלך בדרכי לבך (קהלת יא ט) בדרך ישרה או בדרך שתרצה ת״ל ולא תתורו אחרי לבבכם.

למען תזכרו ועשיתם, לעשות זכרון כמעשה: והייתם קדושים לאלהיכם זו קדושת כל המצות אתה אומר זו קדושת כל המצות או אינו אלא קדושת ציצית אמרת במה ענין מדבר בקדושת כל המצות. רבי אומר זו קדושת ציצית אתה אומר זו קדושת ציצית או אינו אלא קדושת כל המצות כשהוא אומר קדושים תהיו (ויקרא יט ב) הרי קדושת כל המצות אמורה הא מה ת״ל והייתם קדושים לאלהיכם זו קדושת ציצית מגיד שהציצית מוספת קדושה לישראל: אני ה׳ אלהיכם אשר הוצאתי אתכם מארץ מצרים, וכי מה ענין יציאת מצרים לכאן אלא שלא יאמר הרי אני נותן צבעונים וקלא אילן והם דומים לתכלת ומי מודיע עלי בגלוי אני ה׳ אלהיכם דעו מה עשיתי להם למצריים שהיו מעשיהם בסתר ופרסמתים בגלוי והרי דברים ק״ו ומה אם מדת פורענות ממועטת העושה בסתר המקום מפרסמו בגלוי ק״ו למדת הטוב מרובה. ד״א למה מזכירים יציאת מצרים על כל מצוה ומצוה משל למה הדבר דומה למלך שנשבה בן אוהבו וכשפדאו לא פדאו לשום בן חורין אלא לשום עבד שאם יגזור ולא יהיה מקבל עליו יאמר לו עבדי אתה כיון שנכנס למדינה אמר לו נעול לי סנדליי וטול לפני כלים להוליך לבית המרחץ התחיל הבן ההוא מנתק הוציא עליו שטר ואמר לו עבדי אתה כך כשפדה הקב״ה את זרע אברהם אוהבו לא פדאם לשום בנים אלא לשום עבדים כשיגזור ולא יהיו מקבלים עליהם יאמר להם עבדיי אתם כיון שיצאו

כשיצא מן הבגד שלש אצבעות נמצא יוצא מן הבגד כל שהוא,[157] וב״ש סברי דבעי ארבע כדי שתהא יוצאה יותר מאצבע;[158] והיינו שיש לו שיעור למטה שאינו יכול לפחות מזה השיעור אבל יכול להוסיף כל מה שירצה;

עי״ל תהא משולשת. פי׳ [כמה תהא] הגדיל של חוליות והקשרים;[159] לב״ה שלש אצבעות בגודל (וקלב״ו) [וק״ל נויי] תכלת[160]— שליש גדיל[161] ושני שלישי ענף[162]— נמצא כולה ט׳ אצבעות,[163] ובש״א נמצא כולה י״ב אצבעות:[164]

אבל שייריה וגרדומיה. פי׳ שייריה גרדומיה:

כל שהוא. לאו דוקא[165] דהתם (מנחות לט עמ׳ א) משמע שישאר מן החוט כדי שיוכל לענבו:

[**גדילה יוצאה מן הכנף וציצית מן הגדילה**]. גדילה קורא לחוליות ולקשרים, וציצית קורא לענף— והכי אמרינן התם (מנחות מג עמ׳ א) נויי תכלת שליש גדיל, ושני שלישי ענף:

בגדיהם (במדבר טו:לח). משמע כל בגד:

יצאו בעלי וכו׳. התם (מנחות מג עמ׳ ב) איכא מאן דבעי (מ״מ) [למימר] דבעלי חמש חייבין דיש בכלל חמש ארבע:

ולא כרים וכסתות. פי׳ לפי שהם מרובעים:

ת״ל והיה לכם לציצית (במדבר טו:לט). מכל מקום, והתם (מנחות מג עמ׳ א) פריך ומה ראית להוציא כסות לילה ולרבות כסות סומא, ומשני מרבה אני כסות סומא שישנה בראייה אצל אחרים ומוציא אני כסות לילה שאינה בראייה אצל אחרים:

טווי ושזור. פתיל (במדבר טו:לח) משמע שפותלו בשעת טויה וגם בשעה שזורו[166] א״נ מדקרי ליה **תכלת** ואשכחן **תכלת** גבי בגדי כהונה דכתיב בהו **משזר** (שמות כח:ח):

על מקום האריג. פי׳ שירחק מעט מן השפה[167] ודריש מדכתיב **על כנפי בגדיהם** (במדבר טו:לח) כנף שהוא ראוי להיות בגד:

ולא על מקום הפתיל. היינו לאורך הבגד כלומר מקום השפה של הרוחב הם ארוגין אבל מקום שכלה האורך יש לשם ראשי החוטים והיינו **פתיל** וטעם משום דכתיב **על כנפי בגדיהם** (במדבר טו:לח) כנף שהוא בגד, אבל כנף האורך אינו בגד כיון שראשי החוטים שם וגם האריגה נסתרת:

ועל הקרן [**ועל הגדיל**]. לחודו[168] של קרן, ותרוייהו הני פירושי איתנהו,[169] דבפרק התכלת (מב עמ׳ א) ״ת״ר הטיל על הקרן או על הגדיל[170] כשרה **ור׳ אליעזר בן יעקב פוסל** בשתיהן, כמאן

---

157. שהחור בתוך ג׳ מן שפת הבגד וחידוש נפלא אמר רבינו שלא כמו דברי הפוסקים והמפרשים ודרך זו לא רחק לפרש ענין הכל שהוא שיוצא כמו רש״י שפירש אותו על גרדמי בדוחק.
158. שהוא אגודל.
159. למטה מן הכנף מקשר העליון עד הקשר התחתון.
160. שם כללי לציצית למטה מן הכנף.
161. חוטים המקושרים ורוח ביניהם=3 אצבעות.
162. חוטים פשוטים= ו׳ אצבעות.
163. 3+6.
164. 4+8.
165. פירש״י לט עמ׳ ב ״והאי כל שהוא כדי עניבה״.
166. בברית אברהם: שסוד׳.
167. לכיון הנקב.
168. על שפת חודו של קרן.
169. ר״ל דין הרחקת החור מן הקרן ודין מקום הציצית על הרוחב.
170. חוטין שבשתי.

אין פחות משלשה דברי ב"ה.[140] נר' דב"ה דרשי **גדילים** (דברים כב עמ' יב) **שנים ופתיל תכלת** (במדבר טו:לט) אחד הרי שלשה,[141] מיהו מודו ב"ה דאי בעי למעבד ארבעה, **שנים של לבן** ושנים של תכלת שפיר דמי והיינו דקאמר אין פחות משלשה משמע הא יותר שפיר דמי ובזה ניחא דעבדי כב"ש והא תנינא בברכות (יא עמ' א) העושה כב"ש לא עשה [ולא] כלום ואי משום דתני בבריתא[142] "והלכה כב"ש" הא ק"ל אין למדין הלכה לא מפי משנה ולא מפי ברייתא[143] אלא ודאי משום דב"ה מודו להו כדפירשית, מיהו במנחות (מא עמ' ב) ליכא במילתייהו דב"ה אין פחות ופי' ר"ת לשם (מנחות מא עמ' ב) דב"ה מלשון **גדילים** נפקא להו דגדילים מש' [ש]לשה כמו **עבות** (ויקרא כג:מ) דאמ' בסוכה (לב עמ' ב) דהוי שלש, **מעשה עבות** (שמות כח:יד) מתורגם "עובד גדילו" ופי' ז"ל[144] **דארבעה דב"ש** לא הוו כמו שלשה דב"ה דארבעה דב"ש הוו כפולים ושלשה דב"ה בלא כפולים:

בש"א ארבע[145] של צמר. היינו לבן, וארבע לאו דוקא אלא שנים שנכפלים לארבע וארבע של תכלת גם הוא צמר צבוע תכלת[146] והשתא לב"ש הוו ארבעה[147] שהם שמנה, **גדילים** משמע שני[148] חוטין, **גדילים** לפחות [ארבעה חוטין][149] וכתיב **ונתנו על ציצית הכנף פתיל תכלת** (במדבר טו:לח) ודרש **הכנף** מין כנף[150] והיינו לבן, **תכלת ד'** משמע ואקשינן קרא[151]לומר שיתן מן התכלת כל כך שיעור כמו כן מן הלבן, אם כן **פתיל** דכתב רחמנא לדרשא, לומר עשה גדיל ופותליהו מתוכו כלומר כפלהו[152] ובמנחות (לט עמ' ב) דריש **גדיל שנים גדילים** ארבעה, עשה גדיל ופותליהו[153] מתוכו:

ה"ג וכמה תהא משולשת[154] בה"א שלש וב"ש אומ' ארבע.[155] וה"פ אמרי' לעיל אין ציצית אלא יוצא להכי בעי כמה תהא וכו' ב"ה סברי שלש אצבעות דאמרי' התם (מנחות מב עמ' א) דלא יתן בסוף הבגד אלא בתוך ג' אצבעות כלומר שלא ירחק משפת הבגד קשר גודל[156] והשתא

---

140. גירסת ילקוט שמעוני.
141. ראה תוס' מנחות מא עמ' ב דאמר שסברא זו דוחק.
142. ברייתא בספרי כאן.
143. וזה כפירוש רש"י נדה ז עמ' ב. קמ"ל שאין למדין הלכה מפי תלמוד. ...שמע מינה דאין למדין הלכה מפי תלמוד מתוך המשנה ובריתא ששנויה הלכה כפלוני.
144. תוס' בכורות לט עמ' ב.
145. בכה"י ג' אבל בגמרא ד'.
146. גם התכלת שנים שנכפלים לארבע.
147. שנים לבן ושנים תכלת.
148. גדיל=חוט מכופל.
149. בלא כפילא.
150. עין מנחות לח עמ' א ופירש"י: היינו לבן דרוב טליתות של פשתים הן ולבנות ע"כ. ר"ל אותו צבע של הכנף.
151. ר"ל מילי דקרא.
152. כלומר ארבעה כשהם נכפלים וכמו כן של תכלת.
153. שיכפלו כעין פתילה בתוך החור.
154. בכה"י: משומשת. ועין דברי בעל תורה תמימה לבמדבר טו אות קיג שיתלו הציצית בצד הכנף שלרוחב גוף האדם...שאז כשהם תלוים הם נוטפים ומכים על קרן הכנף.
155. שיעור של הגדיל המתחיל ממש על כנף הבגד כנגד החור (שהקשר סמוך לטלית ברחבו כדברי המרדכי בהלכות קטנות סי' תתקמא ולא כמו המנהג שהגדיל יתחיל אצבע מן הבגד) התלוי למטה מן שפת התחתון של הבגד ופירושו למנחות מא עמ' ב עולה יפה עם הסוגיה ועין דברי רש"י בכורות לט עמ' ב. וכן פירש רבינו הלל אבל אמר דלא כאנו נוהגין השתא.
156. צ"ל קשר (כלומר הפרק דהוי כמו חצי אינצ') אגודל כמו גירסת השאילתות קכז.

ספרי פיסקא קטו שלח

(קטו) ויאמר ה׳ אל משה לאמר דבר אל בני ישראל ואמרת אליהם ועשו להם ציצית, אף הנשים במשמע. רבי שמעון פוטר את הנשים מן הציצית מפני שמצות עשה שהזמן גרמה נשים פטורות שזה הכלל אמר ר׳ שמעון כל מצות עשה שהזמן גרמה נוהגת באנשים ואינה נוהגת בנשים בכשרים ולא בפסולים. ר׳ יהודה בן בבא אומר בייחוד בטלו חכמים את הרדיד של אשה מן הציצית ולא חייבו בטלית אלא מפני שפעמים שבעלה מתכסה בה: ועשו להם ציצית, אין ציצית אלא דבר היוצא ודבר כל שהוא וכבר נכנסו זקני בית שמאי וזקני בית הלל לעליית יונתן בן בתירה ואמרו ציצית אין לה שיעור כיוצא בו אמרו לולב אין לו שיעור: ועשו להם ציצית, שומע אני יעשה חוט אחד בפני עצמו ת״ל גדילים (דברים כב יב) מכמה גדילים אתה עושה אין פחות משלשה דברי בית הלל, בית שמאי אומרים שלשה של צמר ורביעית של תכלת והלכה כבית שמאי. במה דברים אמורים בתחלתה אבל שיריה וגרדומיה כל שהוא: ועשו להם ציצית, <שומע אני יעשה כולה ציצית ת״ל גדילים> שומע אני יעשה כולה גדילים ת״ל ציצית. הא כיצד שתהא גדילה יוצאה מן הכנף וציצית מן הגדילה: על כנפי בגדיהם, שומע אני אף בעלי שלש ובעלי חמש ובעלי שש ובעלי שבע ובעלי שמנה במשמע ת״ל על ארבע כנפות כסותך (שם) יצאו בעלי שלש ובעלי חמש ובעלי שש ובעלי שבע ובעלי שמנה מן המשמע משמע מוציא את אלו ומביא כרים וכסתות ת״ל אשר תכסה בה (שם) <פרט לכרים וכסתות או אשר תכסה בה> שומע אני אף כסות לילה במשמע ת״ל וראיתם אותו ביום ולא בלילה ואם היתה מיוחדת ליום ולילה תהא חייבת בציצית משמע מוציא את כסות לילה ומוציא את כסות סומא ת״ל והיה לכם לציצית מכל מקום.

ונתנו על ציצית הכנף פתיל תכלת<למה נאמר לפי שהוא אומר ועשו להם ציצית שומע אני יעשה צמר כמות שהוא ת״ל ונתנו על ציצית הכנף פתיל תכלת> טווי ושזור אין לי אלא תכלת טווי ושזור לבן כנין הרי אתה דן הואיל ואמרה תורה תן תכלת ותן לבן כה תכלת טווי ושזור אף לבן טווי ושזור: ונתנו, על מקום האריג ולא על מקום הפתיל נתנה על מקום הפתיל כשרה. ר׳ יהודה פוסל על קרן כשרה ר׳ אליעזר בן יעקב פוסל לפי שאמרה תורה על ארבע כנפות כסותך ולא על שמנה: ונתנו על ציצית הכנף למה נאמר לפי שהוא אומר ועשו להם ציצית שומע אני יארגנה עמה תלמוד לומר ונתנו הא כיצד תופרה עמה. ארבעה ציציות מעכבות זו את זו שארבעתן מצוה אחת הן. ר׳ ישמעאל אומר ארבעתן ארבע מצות הם ר׳ שמעון בן אלעזר אומר למה נקרא שמה תכלת על שם שנתכלו המצריים בבכוריהם שנ׳ ויהי בחצי הלילה וה׳ הכה כל בכור (שמות יב כט) ד״א על שם שכלו המצריים בים ד״א למה נקרא שמה ציצית על שם שהציץ המקום על בתי אבותינו במצרים שנ׳ קול דודי הנה זה בא ואו׳ דומה דודי לצבי ואו׳ הנה זה עומד אחר כתלינו משגיח מן החלונות מציץ מן החרכים (שה״ש ב ח—ט). ר׳ חנינא בן אנטיגנוס אומר כל המקיים מצות ציצית מהו אומר בימים ההמה אשר יחזיקו עשרה אנשים מכל לשונות הגוים והחזיקו בכנף איש יהודי (זכריה ח כג) וכל המבטל מצות כנף מהו אומר לאחוז בכנפות הארץ וינערו

נראה לי דה״ג **מות יומת האיש** (במדבר טו:לח) **לשעה**,[125] **רגום אותו באבנים** (שם שם) **לדורות**.[126] **ושמא אותו** (שם שם) ר״ל בלא כסותו:[127]

היה גבוה שתי קומות. לאו מהכא יליף לה אלא מדכתיב **כי סקול יסקל או ירה יירה** (שמות יט:יג) וילפינן בסנהדרין (מה עמ׳ ב) דכל מקום שיש סקילה בעינן דחייה בהדה ולהכי צריך גבוה [ב׳ קומות] לקיים מצות דחייה:

מגלגלים זכות על ידי זכאי. כגון בנות צלפחד:[128]

[פיסקא קטו]

פרשת ציצית

(להכי נסמכה [פרשת ציצית] לפרשת שבת וע״ז משום (דשקולין) [דשקולה] כנגד כל המצות:)[129]

אף הנשים במשמע. נראה דסבר ליה לת״ק דלילה זמן ציצית[130]— **וראיתם אותו** (במדבר טו:לט) פרט לכסות סומא[131] אי נמי כדאמרינן בפרק התכלת (מנחות מג עמ׳ ב) **דוראיתם אותו** (במדבר טו:לט) ראה מצוה זו וזכור מצוה אחרת התלויה בה, [ואיזו זו] זו מצות ק״ש [דתנן מאימתי קורין את השמע בשחרית משיכיר בין תכלת ללבן] דנפקא להו **מואמרת אליהם** (במדבר טו:לח),[132] ור׳ שמעון פליג דסבר[133] מצות עשה שהזמן גרמא היא כדדריש התם (מנחות מג עמ׳) **וראיתם אותו** (במדבר טו:לט) פרט לכסות לילה, ור׳ יהודה בן בבא לא אתא לאיפלוגי עליה דר׳ שמעון אלא לומר שכל מלבוש האשה שאין רגילות הבעל ללובשו אפילו ב[א]קראי פטור לגמרי[134] אבל בטלית[135] של אשה יש לחייב בציצית לפי שפעמים שהבעל לובשו:

דבר היוצא. שיוצא חוץ לכנף:

ודבר כל שהוא. כלומר יכול לעשותו גדול[136] כל מה שירצה כדמפר׳ ואזיל, ומייתי לה כיוצא בו לולב ואמרי׳ התם (מנחות מא עמ׳ ב) אין [לה] שעור למעלה אבל יש [לה] שיעור למטה דהא בעי שלשה טפחים וכדי לנענע הכא נמי בעי ארבע[ה][137] בתוך שלש[138] ומשולשת[139] שלש כדמסיים ואזיל:

---

125. לפנינו לדורות. אבל מותו בכל העדה ואין כמוהו לדורות.
126. לפנינו לשעה. והענין שחילול שבת עונשו סקילה לדורות.
127. וכן בתורת כהנים פרשה יט.
128. להעמיד כמה מצות חשובות ממעשיהן הכשרות ומפיהן ולא שנשמע אותן סתם.
129. הקדמה זו אינה מן הפירוש אלא הוספה בעלמא מיסודו של רבי משה הדרשן על הפסוק ועשיתם את כל מצוותי (במדבר טו:מ) ודומה לו מובא בפירוש רש״י על התורה סוף פ׳ שלח.
130. ואין הזמן גרמא.
131. ואינו פרט לכסות יום.
132. ומניין שזהו זמן קריאת שמע? הוי אומר משום דכתיב בפרשת ציצת: ואמרת אליהם— ודרשו לשון עליהם, כלמור על ראית התכלת והלבן יאמרו הדברים האלה שאומרים כל בקר. וזהו דרשתו, ואיני יודע מקורו. ולא בא למעט בגד יום.
133. בברית אברהם ״קסבר״.
134. דבגד אשה הוא ואינו חזי לגבר.
135. העליון שנוהג גם אנשים ללובשו.
136. אחרי שיש לו שמשהו למטה מן שפת הבגד.
137. פי׳ ד׳ חוטין.
138. פי׳ בחור הכנף שהוא בתוך ג׳ אצבעות (אפילו משהו פחות) משפת הבגד.
139. שיטתו מובא לקמן שהגדיל (הכרוכים והקשרים) תולה בין הנקב ושפת רחבו הבגד למטה על שפת התחתון של הבגד בתוך ג׳ האצבעות דהיינו השעור שהחור רחוק מן השפה ולכן רק משהו תולה מלמטה משפת הבגד.

ספרי פיסקא קיב–קיג שלח

שנפרעים ממנו לאחר מיתתו מת לא נספד ולא נקבר אכלתו חיה או שירדו עליו גשמים הרי זה סימן טוב שנפרעים ממנו לאחר מיתתו ואע״פ שאין ראיה לדבר זכר לדבר שנא׳ בעת ההיא נאם ה׳ יוציאו את עצמות מלכי יהודה ואת עצמות שריו ושטחום לשמש ולירח (ירמיה ח א). אמר ר׳ שמעון בן אלעזר מיכן זייפתי ספרי כותיים שהיו אומרים אין מתים חיים אמרתי להם הרי הוא אומר הכרת תכרת הנפש ההיא עונה בה שאין ת״ל עונה בה אלא שעתידה ליתן את החשבון ליום הדין (סליק פיסקא)

(קיג) ויהיו בני ישראל במדבר, בגנות ישראל הכתוב מדבר שלא שמרו אלא שבת ראשונה ושניה חללו: וימצאו איש מקושש עצים, תולש מן הקרקע אתה אומר תולש מן הקרקע או אינו אלא איש ושמו מקושש ת״ל ויקריבו אותו המוצאים אותו מקושש עצים הא מה ת״ל וימצאו איש מקושש עצים תולש מן הקרקע ומי היה זה צלפחד דברי ר׳ עקיבא נאמר כאן מדבר ונאמר להלן מדבר מה מדבר האמור להלן צלפחד אף מדבר האמור כאן צלפחד. ר׳ יהודה בן בתירה אומר עתיד ליתן את הדין כל האומר צלפחד מקושש היה אם מי שאמר והיה העולם כיסה עליו ואתה מגלה עליו אלא מאין היה מן המעפילים היה שנאמר ויעפילו לעלות אל ראש ההר (במדבר יד מד): וימצאו איש מקושש עצים, מגיד שמינה משה שומרים ומצאו אותו מקושש: ויקריבו אותו המוצאים אותו מקושש עצים עוד למה נאמר והלא כבר נאמר וימצאו איש ומה ת״ל ויקריבו אותו המוצאים אותו מגיד שהתרו בו מעין מלאכתו מיכן לכל אבות מלאכות שבתורה שמתרים בהם מעין מלאכתן ר׳ יצחק אומר אינו צריך מה עץ חמורה אינו חייב עד שיתרו בו קץ לכל מצות שבתורה ומה ת״ל ויקריבו אותו מלמד שהתרו בו ואחר כך הביאוהו אצל משה: אל משה ואל אהרן ואל כל העדה, אם משה לא היה יודע אהרן היאך היה יודע אלא סרס את המקרא ודרשהו דברי ר׳ יאשיה. אבא חנין אומר משום ר׳ אליעזר בבית המדרש היו יושבין ובאו ועמדו לפניהם (סליק פיסקא)

(קיד) ויניחו אותו במשמר, מגיד שכל חייבי מיתות נחבשים: כי לא פורש מה יעשה לו, והלא כתוב מחלליה מות יומת (שמות לא יד) ומה ת״ל כי לא פורש אלא לא היה יודע באיזו מיתה ימות עד שנאמר לו מפי הקודש: ויאמר ה׳ אל משה מות יומת האיש לדורות: רגום אותו באבנים לשעה: כל העדה במעמד כל העדה אתה אומר במעמד כל העדה או כל העדה כשמועו תלמוד לומר יד העדים תהיה בו בראשונה להמיתו הא מה ת״ל כל העדה במעמד כל העדה: ויוציאו אותו כל העדה, מלמד שכל חייבי מיתות נהרגים חוץ לבית דין: וירגמו אותו באבנים, כתוב אחד אומ׳ באבנים וכתוב אחד אומ׳ וירגמו אותו אבן (ויקרא כד כג) כיצד יתקיימו שני כתובים הללו בית הסקילה היה גבוה שתי קומות אחד מן העדים דוחפו על מתניו נהפך על לבו הופכו על מתניו אם מת בה יצא ואם לאו העד השני נוטל את האבן ונותנה על לבו אם מת בה יצא ואם לאו רגימתו בכל ישראל שנאמר יד העדים תהיה בו בראשונה להמיתו ויד כל העם באחרונה (דברים יז ז) נמצית מקיים רגום אותו באבנים ונמצית מקיים וירגמו אותו אבן: כאשר צוה ה׳ את משה, אמר להם סקלוהו וסקלו תלוהו ותלו אבל לא שמענו שיתלו עד שנ׳ וכי יהיה באיש חטא משפט מות והומת ותלית אותו על עץ (שם כא כב) דברי ר׳ אליעזר. אמר ר׳ חידקא שמעון השקמוני היה לי חבר מתלמידי ר׳ עקיבא ואמר יודע היה משה שמקושש במיתה אבל לא היה יודע באיזו מיתה יומת ראויה היתה פרשת מקושש שתכתב <על ידי משה> אלא שנתחייב מקושש שתיכתב על ידיו לכך מגלגלים זכות על ידי זכאי וחובה על ידי חייב (סליק פיסקא)

ה"ג אמר לו ר' ישמעאל. הרי הוא אמר את ה' הוא מגדף ונכרתה (במדבר טו:ל) פי' ואם כן הרי ג' כריתות כתובין בענין וליכא שלשה עולמות:

ר' נתן אמר סימן טוב לאדם וכו'. תי' מאי אריא הכא? וי"ל דדריש לה **מעונה בה** (במדבר טו:לא) דהיא נענשת אחר הכרת והיינו "מת ולא נספד":

את ספרי כותיים. גרסינן:

[פיסקא קיג]

בגנות ישראל וכו'. ר"ל דאין מוקדם ומאוחר בתורה והוה ליה למכתב פרשה זו אצל פרשת המן דכתיב התם **ראו כי ה' נתן לכם השבת** (שמות טז:כט) ולא נכתבה בכאן אלא להקיש שבת לע"ז לומר שמחלל שבת כעובד ע"ז:

מקושש. משמע לשון תולש:[114]

ונאמ' להלן מדבר. אבינו מת במדבר (במדבר כז:ג):

מן המעפילים היה. ולית ליה לר' יהודה בן בתירא סתמא דלעיל דקאמר שלא שמרו אלא שבת אחת— דהא מעפילים[115] היו בשנה שנייה לא[חר] שבאו מרגלים ואע"ג דכתיב בו **ויכום ויכתום עד החרמה** (במדבר יד:מה) מהם נשארו ולא נפקא ליה מקרא דהוה מן המעפילים אלא משום דעבירה גוררת עבירה,[116] ואי נמי באותו יום דכתיב ביה **וישכימו בבקר ויעלו אל ראש ההר** (במדבר יד:מ), **ויעפילו וגו'** (במדבר יד:מד) היה שבת והם היו סבורים דמלחמת מצוה דוחה שבת וכיון שאמר להם משה **אל תעלו** (במדבר יד:מב) נמצאו מחללין שבת שלא במקום מצוה, ויותר נראה לי דהאי דקאמר "מן המעפילים היה" לא קאי אמקושש אלא לצלפחד וליכא בהא משום ד"עתיד ליתן את הדין"[117] שהרי הרבה אחרים טעו עמו משום חיבת הארץ; ועיקר,[118] וכן משמע במס' שבת (צז עמ' א) דל"ג [פעם ב'] "מי היה" אלא ה"ג "מהיכן היה, מן המעפילים":[119]

[המוצאים] **אותו** (במדבר טו:לג). משמע שהודיעוהו טעמו של דבר:[120]

[פיסקא קיד]

שכל חייבי מיתות נחבשין. כלומר מיד שאומרין עליו שעבר עבירה שחייבין עליה מיתה נחבשין[121] עד שיתברר[122] הדבר:

לא היה יודע באיזו מיתה. משום דסתם מיתה האמורה בתורה חנק[123] או שמא יש ללמוד ק"ו ממכשף הקל[124] שהוא בסקילה שבת חמורה לכ"ש:

ענין עולם הבא. אבל פסוק דהכרת תכרת אין בו רמז לעולם הבא חוץ מן הכפל בלשונו.

114. עיין ירושלמי סנהדרין ה:א.
115. לשון אומץ.
116. חטא המעפילים וחטא המקושש.
117. משום שגלה סודות או הוציא לעז על צדיק.
118. דלא כרבי עקיבא.
119. ובשבת איתא מהיכא הוה? מויעפילו.
120. שהוציאו לו אותו עון בפירוט דהיינו מקושש עצים.
121. במשמר.
122. בברית אברהם: שיוברר.
123. ראה סנהדרין נב עמ' ב ופד עמ' ב.
124. דעת רבי עקיבא וגם בו עזאי בסנהדרין סז עמ' א.

דין שיהא המשיח מביא פר ת"ל תורה אחת יהיה לכם ליחיד ולנשיא ולמשיח: לעושה בשגגה, ר׳ יהודה בן בתירה אומר הרי כל העושה מעשה בשגגה כע"ז מה ע"ז מיוחדת מעשה שחייבים על זדונה כרת ועל שגגתה חטאת אף כל העושה מעשה בשגגה מעשה שחייבים על זדונה כרת ועל שגגתה חטאת.

והנפש אשר תעשה ביד רמה, זה המגלה פנים בתורה כמנשה בן חזקיה את ה׳ הוא מגדף שהיה יושב ודורש בהגדה של דופי לפני המקום אמר לא היה לו לכתוב בתורה אלא וילך ראובן בימי קציר חטים (בראשית ל יד) ולא היה לו לכתוב בתורה אלא ואחות לוטן תמנע (שם לו כב) עליו מפורש בקבלה תשב באחיך תדבר בבן אמך תתן דופי אלה עשית והחרשתי דמית היות אהיה כמוך (תהלים נ כא) כסבור אתה שמא כדרכי בשר ודם דרכי המקום אוכיחך ואערכה לעיניך (שם). בא ישעיה ופירש בקבלה הוי מושכי העון בחבלי השוא וכעבותות העגלה חטאה (ישעיה ה יח). תחילתו של חטא הוא דומה לחוט של כוכיא אבל סופו היות כעבות העגלה חטאה. רבי אומר העושה מצוה אחת לשמה אל ישמח לאותה מצוה לסוף שגוררת מצות הרבה והעובר עבירה אחת אל ידאג לאותה עבירה לסוף שגוררת עבירות הרבה שמצוה גוררת מצוה ועבירה גוררת עבירה: את ה׳ הוא מגדף, ר׳ אלעזר בן עזריה אומר כאדם שאומר לחבירו גרפת את הקערה וחיסרתה. איסי בן עקביא אומר כאדם שאומר לחבירו גרפת את כל הקערה כולה ולא שיירתה ממנה כלום: ונכרתה, אין הכרתה אלא הפסקה: הנפש ההיא, מודה דברי ר׳ עקיבא: מעמיה, ועמה שלום.

כי דבר ה׳ בזה זה צדוקי ואת מצותו הפר זה אפיקורוס. ד"א כי דבר ה׳ בזה זה המגלה פנים בתורה ואת מצותו הפר זה המפר ברית בשר. מיכן אמר רבי אלעזר המודעי המחלל את הקדשים והמבזה את המועדות והמפר בריתו של אברהם אבינו אע"פ שיש בידו מצות הרבה כדיי הוא לדחותו מן העולם אמר כל התורה כולה אני מקבל עלי חוץ מדבר זה זהו כי דבר ה׳ בזה אמר כל התורה אמר מפי הקודש ודבר זה משה מפי עצמו אמרו <זהו כי דבר ה׳ בזה>. ד"א כי דבר ה׳ בזה ר׳ מאיר אומר זה הלמד ואינו שונה לאחרים ר׳ נתן אומר זה היכול ללמוד ואינו לומד ר׳ נהוראי אמר זה שלא השגיח על ד"ת כל עיקר. ר׳ ישמעאל אומר בע"ז הכתוב מדבר שנאמר כי דבר ה׳ בזה שביזה על דבור הראשון שנאמר למשה מפי הגבורה אנכי ה׳ אלהיך לא יהיה לך אלהים אחרים על פני (שמות כ ב—ג): הכרת תכרת הנפש ההיא, הכרת בעוה"ז תכרת לעוה"ב דברי ר׳ עקיבא אמר לו ר׳ ישמעאל לפי שהוא אומר <ונכרתה הנפש ההיא שומע אני שלש כריתות בשלשה עולמות מה ת"ל> הכרת תכרת הנפש ההיא דברה תורה כלשון בני אדם: עונה בה, כל המתים במיתה מתכפרים אבל זו עונה בה כענין שנאמר ותהי עונותם על עצמותם (יחזקאל לב כז) או אפילו עשה תשובה ת"ל עונה בה ולא כל זמן שעשה תשובה וכן הוא אומר שחת לו לא בניו מומם (דברים לב ה) כשמומם בם אינם בניו וכשאין מומם בם בניו הם ר׳ ישמעאל אומר עונה בה למה נאמר לפי שהוא אומר פוקד עון אבות על בנים (שמות כ ה) יכול אף ע"ז תהא נפקדת על בנים על שלשים ועל רבעים ת"ל עונה בה. בה עון תלוי ואין נפקדת לא על בנים ולא על שלשים ולא על רבעים. ר׳ נתן אומר סימן טוב הוא לאדם

סליחה גמורה. דלא תימ׳ משום חומרא דע״ז לא יתכפר לו לגמרי אלא לתלות קמ״ל ככל התורה כולה:

ה״ג[100] **האזרח** (במדבר טו:כט) **למה נאמר לפי שהוא אומר בבני ישראל** (שם שם) **שומע אני אין**[101] **הנשים במשמע.** דהא ב״בני״ משמע ״ולא בנות״ להכי **איצטריך האזרח:**[102] ([103]ולהלן[104] הוא אומר כל האזרח (ויקרא כג:מא) ודרשי׳ [בסוכה (כח עמ׳ א) לפטור את הנשים מחיוב סוכה[105] ולגבי עינוי דיוה״כ הוא אומר האזרח (ויקרא טז:כט) כדהכא ודרשי׳] התם ״להביא את הנשים האזרחיות״:[106])[107]

[ד״א] **בבני ישראל** (במדבר טו:כט) **למה נאמר.** כלומר לא לכתוב לא מיעוט ולא ריבוייא:

ליחיד לנשיא ולמשיח. לאו דוקא דמהיכא יליף לה כדלעיל אלא חריפות בעלמא או שמא אי לאו דרשה דתורת **אחת** (במדבר טז:כט) הוה אמינא ד[ה]**נפש** (במדבר טו:כח) משמע מי ששנה בשאר מצות לכל נפש:

שחייבין על זדונה כרת. דכתיב ביה **ונכרתה** (במדבר טו:ל):

ביד רמה (במדבר טו:ל). היינו בעזות פנים כתרג׳ בריש גלי:

תשב באחיך. דכתיב **מי יתנך כאח לי** (שה״ש ח:א):

בבן אמך. דכתיב **אביאך אל בית אמי תלמדני וגו׳** (שה״ש ח:ב):

חוט שלו בה.[108] היינו חוט של עכביש שהיה יכול לכבוש את יצרו [בתחילה] וכיון שהרגיל את עצמו להשתעבד ליצרו הרע כעבות העגלה:

גידפתה. היינו שפושט ידו בעיקר ולהכי חשיב ליה איסי בן יהודה דמחסר כל התורה:

אלא לשון הפסקה. שנפסקת מן המקום שהיה לו להיות נהנית מזיו שכינתו ית׳ ועל האי קאי דברי ר׳ עקיבא ורבנן פליגי עליה דכרת הוי שנכרת מבין עמיו אבל לעולם הבא לא יפסק, **ומהַהִיא** (במדבר טו:ל) דורש מזידה דלא כתיב שגגת ע״ז תחשב כזדון קמ״ל:

כי דבר ה׳ בזה (במדבר טו:לא) **זה צדוקי.** בסנהדרין (צט עמ׳ א) ל״ג זה צדוקי אלא זה האומר אין תורה מן השמים ושמא צדוקי נמי הכי הוו אמרי, ואפיקורס משמע התם דהוא המבזה ת״ח וכולה ברייתא איתא התם:

ואינו (שונא) [שונה] **לאחרים.** דכתיב **ולמדתם אותם את בניכם** (דברים יא:יט):

תכרת (במדבר טו:לא) **לעולם הבא.**[109] משמע דוקא משום דכתיב **הכרת תכרת** (שם שם) הא לאו הכי אמרי׳ בעולם הזה, והא אמר ר׳ עקיבא[110] אין הכרתה[111] אלא לשון הפסקה?[112] וי״ל שאני התם דכתיב **מעמיה** (במדבר ט:יג):[113]

---

100. כנראה שלא גרס כמו הנוסח הרגיל והמקובל והשמיט כל הענין של בנין אב..
101. ולא כמו לפנינו: אף הנשים במשמע.
102. לרבות נשים.
103. כל זה נראה כמו הוספה מן הגליון ולא מעיקר הפירוש.
104. ר״ל בספר ויקרא.
105ד״כל״ ריבוי ו״האזרח״ ריבוי ואין ריבוי אחר ריבוי אלא למעט ואין ללמוד בנין אב של האזרח בבמדבר טו.
106וכן כאן האזרח מרבה נשים.
107. הלשון מגומגם ונראה דרבינו ראה אמיתו של דבר שפירוש ״האזרח״ מורה גם על נשים ואולי הדרשה של סוכה אסמכתא בעלמא והלמ״מ דנשים פטורות מסוכה ולא אמר כלום עליו והשמיט את הגירסא מן הספרי.
108. היינו חוט של כוכיא.
109. הש׳ שבועות יג עמ׳ א.
110. איך זה דגם הכרת תכרת וגם ונכרתה בלי ריבוי מורים על הפסקת עולם הבא.
111. עיין ספרי במדבר סוף פיסקא יב (פר׳ בהעלותך). מקור דבריו שמה אבל שייך גם לבמדבר טו:ל.
112. אמר על המלה ונכרתה לחוד שמורה על הפסקת חיי עולם הבא אפילו לא נכפל לדרשה.
113. דהתם מעמיה מיירי בחטא היחיד אבל לאחרים יש שלום. הכא מקרב עמה כתיב ומיירי גם כאן שיש שלום לאחרים. ועמה ר״ל עולם הבא מקום כל העם כדאמרינן בסנהדרין צ עמ׳ א על הפסוק ״ועמך כולם צדיקים״ שהוא

[פיסקא קיב]

[**לידון בקבועה.** בשאר מצות נמי קרבן קבוע הוא שוה לעני ולעשיר מ"מ אינו קבוע לגמרי שאם לא ימצא שעירה יתכפר בכבשה והכא אינו מתכפר כלל אלא בשעירה:][94]

שיהא [יחיד] וכו'. יחיד איכא חומר שאינו יכול להתכפר בכשבה אלא בשעירה דוקא, משיח נמי אע"ג דאינו מביא פר איכא חומרא דבע"ז מביא כבשה[95] בשגגת מעשה, אלא נשיא מאי חומרא איכא? י"ל דאיכא חומרא דלגבי ע"ז חשיב הדיוט כאלו אינו מלך דכשהוא מביא שעיר ניכרת גדולתו לכל:

(**לידון בקבועה.** בשאר מצות נמי קרבן קבוע הוא שוה לעני ולעשיר מ"מ אינו קבוע לגמרי שאם לא ימצא שעירה יתכפר בכבשה והכא אינו מתכפר כלל אלא בשעירה:)

נשיא ומשיח מביאין עליה עז בת שנתה. בהוריות (ז עמ' ב) יליף מ**ואם נפש אחת** (במדבר טו:כז) אחד יחיד ואחד משיח ואחד נשיא במשמע:

בע"ז הכתוב מדבר. ואשמועי' דאע"ג דבשאר מצות[96] מביא כשבה או שעירה הכא לא מייתי אלא [שעירה] דוקא:

או אינו אלא אחת וכו'. וא"ת היכי מצי למימר "באחת מכל המצות" הא כתיב בפרשת ויקרא גבי כבשה או שעירה, וי"ל דהוה אמינא דזו מוסף על קרבן דויקרא:

במה ענין מדבר בע"ז. דכתיב **כי דבר ה' בזה** (במדבר טו:לב) ודריש בסנהדרין (צט עמ' א) זה המבזה דיבור ראשון שנאמר למשה רבינו בסיני:

צבור היה בכלל. והיה[97] אם מעיני העדה וגו' (במדבר טו:כד):

ויחיד היה בכלל. ואם נפש אחת (ויקרא ד:כז) דכתיב התם [קרבן] כבשה (עיין ויקרא ד:לב) או שעירה (שם ד:כח):

להוציא את המזידה. תי' למה לי קרא? הא לא אשכחן קרבן במזיד, וי"ל דסד"א שאני ע"ז דחמורא ואע"ג דנהרג יביא קרבן כי היכי דלכפר, קמ"ל:

חטאים שבידו וגו'. בחטאה (במדבר טו:כח) דריש:

[**הם גרמו וכו'**]. ונראה דה"ג הן גרמו לו שיביא חטאת לביתו:

דקדוקי ע"ז. נראה דהיינו כגון מגפף ומנשק ומרביץ ומכבד[98] אי נמי מאהבה ומיראה למאן דפטר ליה[99] ודריש לה מדכתיב **בחטאה** (במדבר טו:כח) משמע חטא שלם:

מצות קלות חייב על דיקדוקם. כגון הערלה בעריות אע"ג דליכא גמר ביאה, ותופר שתי תפירות בשבת אע"ג דלא תפיר כולה:

להוציא את הספק. שלא יתחייב בקבועה אבל חייב אשם תלוי ונפקא ליה **מעליו** (במדבר טו:כח) דמשמע מבוררת עליו:

---

94. לפי סדר הספרי והילקוט רק כאן מקומו ולא למטה אבל בכה"י ובברית אברהם מקומו למטה.
95. כבשה חסר בברית אברהם.
96. עבירות יחידך עיין רש"י על התורה במדבר טו:כז.
97. לפי כ"י: **נפש כי תחטא ועשתה אחת מכל מצות ה'** (ויקרא ה:יז). וטעות היא.
98. דלאו בפירוש כתוב אלא מכלל עבודה נינהו ודקדוקי חטא בעלמא חייב חטאת בשוגג ולא כן בחטא ע"ז דאינו בכלל סתם "חטאה". ועיין דברי רש"י למשנה בסנהדרין ס עמ' ב.
99. עיין דברי רבא סנהדרין סא עמ' ב. ופטריה משום יראת או אהבת אדם אינו כלום בלא מחשבת הלב על הע"ז.

ספרי פיסקא קיא–קיב שלח

לחטאת לכך נאמרה פרשה זו, רוב השבט ככל השבט רוב הצבור ככל הצבור: והם הביאו את קרבנם אשה לה׳ זו עולה, וחטאתם זו חטאת, על שגגתם זה <פר העלם דבר של צבור על שגגתם שיהא> חטאתן כשגגתן מה שגגתן בכל המעשים אף חטאתם בכל המעשים.

ונסלח, אין לי אלא אנשים נשים מנין ת״ל ונסלח לכל עדת בני ישראל: ולגר הגר בתוכם, לפי שמעשה בישראל צריך להביא את הגרים <שבכל מקום שמעשה בישראל צריך להביא את הגרים> כי לכל העם בשגגה, להוציא את המשיח שהיה בדין הואיל וצבור מביא קרבן על כל המצות ומביא קרבן על ע״ז ומשיח מביא קרבן על כל המצות ומביא קרבן על ע״ז אם למדתי לצבור כשם שמביא קרבן על כל המצות <כך מביא קרבן על ע״ז> אף משיח הואיל ומביא קרבן על כל המצות יביא קרבן על ע״ז ועוד ק״ו ומה אם במקום שאין הצבור מביא פר משיח מביא פר כאן שהצבור מביא פר אינו דין שמשיח מביא פר, ת״ל כי לכל העם בשגגה להוציא את המשיח (סליק פיסקא)

(קיב) ואם נפש אחת תחטא בשגגה, ע״ז היתה בכלל כל המצות שהיחיד מביא עליהם כשבה או שעירה נשיא מביא שעיר משיח ובית דין מביאים פר הרי הכתוב מוציאה מכללה להחמיר עליה ולידון בקבועה שיהו יחיד ונשיא ומשיח מביאים עליה עז בת שנתה לחטאת לכך נאמרה פרשה זו. בע״ז הכתוב מדבר אתה אומר בעבודה זרה הכתוב מדבר או אינו אלא באחת מכל מצות האמורות בתורה אמרת במה הענין מדבר בע״ז. ר׳ יצחק אומר בע״ז הכתוב מדבר או אינו מדבר אלא באחת מכל מצות האמורות בתורה הרי אתה דן צבור היה בכלל והוציאו הכתוב מכללו ושינה את קרבנותיו ויחיד היה בכלל והוציאו הכתוב מכללו ושינה את קרבנותיו מה להלן בע״ז הכתוב מדבר אף כאן בע״ז הכתוב מדבר: ואם נפש אחת תחטא בשגגה, להוציא את המזידה: והקריבה עז בת שנתה לחטאת, זה בנה אב כל מקום שנאמר עז צריך שתהא בת שנתה: וכפר הכהן על הנפש השוגגת, חטאים שבידו הם גרמו לו שיבוא לבית החטאת: בחטאה בשגגה, להיציא את דקדוקי ע״ז שהיה בדין ומה אם מצות קלות הרי הוא חייב על דקדוקיהם ע״ז חמורה אינו דין שיהא חייב על דקדוקיה ת״ל בחטאה בשגגה להוציא את דקדוקי ע״ז: וכפר עליו, להוציא את הספק שהיה בדין ומה אם מצות קלות הרי הוא חייב על ספיקן ע״ז חמורה אינו דין שיהא חייב על ספיקה ת״ל וכפר עליו להוציא את הספק: ונסלח לו, סליחה נמורה ככל הסליחות שבתורה.

האזרח בבני ישראל למה נאמר לפי שהוא אומר כל האזרח בישראל ישבו בסוכות (ויקרא כג מב) שומע אני אף הנשים במשמע ת״ל כל האזרח בבני ישראל זה בנה אב בכל מקום שנאמר אזרח בזכרים הכתוב מדבר. ד״א האזרח בבני ישראל למה נאמר שהיה בדין ישראל נצטוו על ע״ז והגוים נצטוו על ע״ז אם למדתי לישראל שמביאין על שגגת ע״ז אף הגוים מביאים על שגגת ע״ז ת״ל האזרח בבני ישראל ישראל מביאין על שגגת ע״ז ואין הגוים מביאים על שגגת ע״ז: תורה אחת יהיה לכם ליחיד ולנשיא ולמשיח שהיה בדין הואיל וצבור מביא קרבן על כל המצות ומביא קרבן על ע״ז <ומשיח מביא קרבן על כל המצות ומביא קרבן על ע״ז> אם למדתי לצבור שכשם שמביא קרבן על כל המצות כך מביא קרבן על ע״ז ועוד ק״ו ומה אם במקום שאין הצבור מביא פר <משיח מביא פר כאן שהצבור מביא פר> אינו

ת״ל והלאה לדורותיכם (במדבר טו:כג). וגבי אברהם כתיב **המול ימול לכם כל זכר לדורותיכם** (בראשית יז:יב):

ומהיכן התחיל וכו׳ [...על האדם]. דאדם נמי בכלל אבות הוא דהא כתיב ביה **כי בצלם אלהים וגו׳** (בראשית ט:ו) וצריך לומר דגם נח הוי בכלל אבות דהא נצטווה על אבר מן החי:

ייחד הכתוב מצוה זו. מדכתיב **נעשתה** (במדבר טו:כד) לשון יחיד, דלא תימא כל המצות ממש:

ומה במקום שאין הציבור מביא פר לעולה [מביא פר לחטאת]. היינו בשאר כל המצות[89] [אינו מביא] אלא פר העלם לחטאת:

כסדר האמור. פי׳ בפרשת נסכים דכתיב **עולה או זבח** (במדבר טו:ה):

מביא שני שעירי עזים לחטאת. היינו יום הכפורים דכתיב **ומאת עדת בני ישראל יקח שני שעירי עזים לחטאת** (ויקרא יז:ה):

מנין אתה אומר שאם עכב אחד מן השבטים וכו׳. סתם ספרי ר׳ שמעון ושמעי׳ ליה בפרק קמא דהוריות (ה עמ׳ א) שאם הורו ב״ד ועשו שבעה שבטים על פיהם מביאין פר ושעיר לכל שבט ושבט ופר ושעיר לב״ד והיינו דקאמר הכא שאם עכב אחד מן השבטים ולא הביא שהוא מעכב את הכפרה:

ת״ל וכפר וגו׳. כשהכהן על כל עדת ישראל[90] ונסלח להם:

לעשות זדון הצבור כשגגה. לא לענין כפרה דאין מביאין קרבן על הזדון דבשגגה כתוב, אלא לענין כפרה שנוח לפני ה׳ למחול לצבור משום **הן אל כביר [ו]לא ימאס** (איוב לו:ה):

ר׳ יאשיה אומר וכו׳. בהא פליגי ר׳ יאשיה ור יונתן, דלר׳ יאשיה שבט שעשה בהוראת ב״ד שאר שבטים נמי חייבין, ולר׳ יונתן אין שאר שבטים מביאין על ידו אלא אם כן עשה בהוראת ב״ד הגדול, אבל לא איירו ר׳ יאשיה ור׳ יונתן אם ב״ד מביאין אם לאו, והשתא בהא פליגי ר׳ יהודה ור׳ שמעון דלר׳ יהודה צבור מביאין ולא ב״ד ולר׳ שמעון בן יוחאי צבור מביאין וב״ד מביאין:

בד״א בשאר מצות. כלומר שמביאין פר לחטאת:

רוב השבט ככל השבט. זה דברי הכל[91] הוא ונפקא לן בעלמא (חולין יא עמ׳ א) **מאחרי רבים להטות** (שמות כג:ב):

מה שגגתם בכל המעשים וכו׳. פי׳ (זבחים מא עמ׳ א) **חטאתם** (במדבר טו:כח) דהכא כמו **שגגתם** דשאר מצות הכתובה בויקרא וילפינן לשם (הוריות ב עמ׳ א) שאם ידע אחד מהם שטעו או תלמיד וראוי להוראה או חזרו בהם ואח״כ עשו[92] הרי הם כיחידים ואין מביאין אלא כל אחד כשבה או שעירה וקאמר הכא דחטאת זו דע״ז הויא בכל הדינין כשגגה האמורה בשאר מצות:

כשם שמביא קרבן על כל המצות. פי׳ קרבן מיוחד שאינו דומה לקרבן יחיד:

אם במקום שאין הצבור מביא פר וכו׳. היינו ביום הכפורים[93] דכתיב **בזאת יבא אהרן אל הקדש בפר בן בקר** (ויקרא טז:ג):

---

89. ולא ע״ז.
90. ברית אברהם: או ונסלח.
91. רובא ככולא.
92. דלא תלה ממש בב״ד וטעו בדין שאין לשמוע לדברי ב״ד אם לא תלו בפסקו.
93. ביה״כ הכהן המשיח מביא את הפר.

ת״ל לדורותיכם להביא את עיסת שביעית שתהא חייבת בחלה מיכן אמרו האוכל מעיסת שביעית עד שלא הורמה חלתה חייב מיתה (סליק פיסקא)

(קיא) וכי תשגו ולא תעשו ע״ז היתה בכלל כל המצות שהצבור מביא עליה פר והרי הכתוב מוציאה מכללה להחמיר עליה ולידון בקבועה שיהא צבור מביא עליה <פר ושעיר> פר לעולה ושעיר לחטאת לכך נאמרה פרשה זו: וכי תשגו ולא תעשו, בע״ז הכתוב מדבר אתה אומר בע״ז הכתוב מדבר או אינו אלא באחת מכל מצות האמורות בתורה ת״ל והיה אם מעיני העדה נעשתה לשגגה יחד הכתוב מצוה זו אמורה בפני עצמה ואיזו זו זו ע״ז אתה אומר זו ע״ז או אינו אלא אחת מכל מצות האמורות בתורה ת״ל וכי תשגו ולא תעשו באו כל המצות ללמד על מצוה אחת מה השבר על כל המצות פורק עול ומפר ברית ומגלה פנים בתורה אף העובר על מצוה אחת פורק עול ומפר ברית ומגלה פנים בתורה <ואיזו זו ע״ז> שנ׳ לעבור בריתו (דברים יז ב) ואין ברית אלא תורה שנ׳ אלה דברי הברית (שם כח סט). רבי אומר נאמר כאן כל ונאמר להלן כל מה כל האמור להלן בעבודה זרה הכתוב מדבר אף כל האמור כאן בעבודה זרה הכתוב מדבר: אשר דבר ה׳ אל משה, מנין אתה אומר שכל המודה בע״ז כופר בעשרת הדברות ת״ל אשר דבר ה׳ אל משה ולהלן הוא אומר וידבר אלהים את כל הדברים האלה לאמר (שמות כ א) אחת דבר אלהים וגו׳ (תהלים סב יב) הלא כה דברי כאש נאם ה׳ (ירמיה כג כט). מנין אף במה שנצטוה משה ת״ל את כל אשר צוה ה׳ אלהים ביד משה מנין אף במה שנצטוו נביאים ת״ל מן היום אשר צוה ה׳ ומנין אף במה שנצטוו אבות ת״ל והלאה לדורותיכם ומהיכן התחיל הקב״ה לצוות את <האבות> שנ׳ ויצו ה׳ אלהים על האדם (בראשית ב טו) מגיד הכתוב שכל המודה בע״ז כופר בעשרת הדברות ובמה שנצטוה משה ובמה שנצטוו הנביאים ובמה שנצטוו אבות וכל הכופר בע״ז מודה בכל התורה כולה.

והיה אם מעיני העדה נעשתה לשגגה, יחד הכתוב מצוה זו אמורה בפני עצמה ואיזו זו זו ע״ז: ועשו כל העדה פר בן בקר אחד לעולה למה נאמר שהיה בדין ומה אם במקום שאין הצבור מביא פר לעולה מביא פר לחטאת כאן שהצבור מביא פר לעולה אינו דין שיביא פר לחטאת ת״ל ועשו כל העדה פר וגו׳: ומנחתו ונסכו, לעולה או אף לחטאת ת״ל כמשפט כסדר האמור: ושעיר עזים אחד לחטאת למה נאמר שהיה בדין ומה אם במקום שאין הצבור מביא פר לעולה מביא שני שעירים לחטאת כאן שהצבור מביא פר לעולה אינו דין שיביא שני שעירים לחטאת ת״ל ושעיר עזים אחד לחטאת.

וכפר הכהן על כל עדת בני ישראל, מנין אתה אומר שאם עיכב אחד מן השבטים ולא הביא שהוא מעכב את הכפרה ת״ל וכפר הכהן על כל עדת בני ישראל ונסלח להם שומע אני בין שוגגין בין מזידין ת״ל כי שגגה היא. ר׳ אליעזר אומר בא הכתוב לעשות זדון הצבור כשגגה <שאפילו הן מזידין יהו לפניו כשגגה> לכך נאמר כי שגגה היא. רבי אומר מנין אתה אומר שאם היו מקצת צבור שוגגים ומקצתן מזידים שיהיו לפניו כשגגה ת״ל כי שגגה היא.

והם הביאו את קרבנם אשה לה׳, ר׳ יאשיה אומר שבט שעשה על הוראת בית דינו ועשו שאר שבטים מנין שיהו מביאים על ידיו ת״ל והם הביאו את קרבנם אשה לה׳. ר׳ יונתן אומר אין לי אלא אותו שבט שעשה על הוראת בית דינו שהוא מביא עשה על הוראת בית דין הגדול מנין ששאר שבטים מביאים על ידיו ת״ל והם הביאו את קרבנם אשה לה׳. ר׳ יהודה אומר שבט שעשה על הוריית בית דינו אותו שבט חייב ושאר כל השבטים פטורים עשה על הוריית בית דין הגדול אותו שבט מביא פר ושאר כל השבטים מביאים על ידיו ומה הן מביאים על ידיו שנים עשר פרים. ר׳ שמעון בן יוחי אומר <שלשה עשר שר׳ שמעון בן יוחי אומר> פר אחד לב״ד בד״א בשאר מצות אבל בע״ז מתחייב פר ומתחייב שעיר פר לעולה ושעיר

בכלל כל המצות. בפרשת ויקרא— **אם כל עדת ישראל ישגו ונעלם דבר** (ויקרא ד:יג), וכתיב (והביאו) [והקריבו] **הקהל פר בן בקר וגו'** (ויקרא ד:יד). והיינו פר העלם דבר של צבור:

ולידון בקבועה. פר העלם דבר נמי קבועה הוא אלא הכי פירושו לידון בקבועה שאינה בפר העלם אלא פר לעולה ושעיר לחטאת:

ועשתה (ויקרא ה:יז). משמע מצות יחידות דבפ' ויקרא **אחת מכל מצות** (ויקרא ד:יג) כתיב:

או אינו אלא באחת וכו'. תי' והיכי מצי למימר דבאחת מכל המצות [האמורות בתורה] מיירי הרי בפר' ויקרא כתיב **פר...לחטאת** (ויקרא ד:יד) בלחוד והכא כתיב **פר...לעולה ושעיר לחט(א)ת** (במדבר טו:כד), וי"ל דה"פ "או אינו אלא באחת מכל המצות"— והקרבן שבכאן מוסף על [ה]פר האמור בפר' ויקרא:

ת"ל וכי תשגו וכו' (במדבר טו:כב). והאי **כל המצות** (במדבר טו:כב) דכתיב בקרא לאו דוקא דהא כתיב **נעשתה** (במדבר טו:כד) לשון יחיד ולא בא **את כל המצות** אלא ללמד על מצוה אחת שהיא שקולה כדמפר' ואזיל:

לעבור בריתו (דברים יז:ב). כתיב בתריה **וילך ויעבוד וגו'** (שם יז:ג):

נאמר כאן כל. **את כל המצות** (במדבר טו:כב):

ונאמר להלן כל. **פסל תמונת כל** [סמל] (דברים ד:טז):

מנין אתה אומר שכל המודה בע"ז וכו'. ר' אמר לה לכולה, לבתר דיליף מג"ש דכל דבע"ז הכתוב מדבר, דריש קרא ויליף **מאשר דבר** [**ה' אל משה**] (במדבר טו:כב), וכתיב בהתם **וידבר אלהים** [**את כל הדברים לאמור**] (שמות כ:א)— דכופר בעשרת הדברות שנא' בהם דבור, אבל תי' למה לי תו **אחת דבר אלהים** (תהלים סב:יב), **הלא כה דברי** [**כאש נאם ה'**] (ירמיהו כג:כט), וי"ל דהכי קאמר— ואם תאמר היכי ילפת מהכא עשרת הדברות, דהא כתיב **ויאמרו אל משה דבר אתה עמנו ונשמעה** (שמות כ:טז), וכתיב **היטיבו כל אשר דברו** (דברים ה:כה) להכי מייתי **אחת דבר אלהים וגו'** (תהלים סב:יב), וא"ת אכתי ליכא עשרת הדברות ת"ש **הלא כה דברי באש וכפטיש יפוצץ סלע** (ירמיהו כג:כט)— כמו שהאש מוציא כמה שלהביות[85] בבת אחת וכפטיש שפוצץ כמה ניצוצות בבת אחת כך אמר הקב"ה יתי' דיבור אחד ונשמעו ממנו כל הדברות, ולא אמר להם משה אלא הפרט אבל הקב"ה אמרן כולן בכלל:

אף במה שנצטוה משה. היינו צוואות שבתורה:

את כל אשר (דבר) [**צוה**] **וגו'.** קרא דבתר **כי תשגו וגו'** (במדבר טו:כג):

במה שנצטוו נבאים. כגון הלכה למשה מסיני כדאמרינן (יומא עא עמ' ב)[86] דבר זה מדברי תורה לא למדנו ומדברי יחזקאל בן בוזי למדנו הרבה מהם:

מן היום אשר צוה ה' (במדבר טו:כג). וכתיב **אלה המצות** (ויקרא כז:לד) שאין נביא רשאי לחדש מהם מעתה:[87]

אף במה שנצטוו אבות. כמו מילת יליד בית ומקנת כסף שנאמר לאברהם אבינו, ואיסור גיד הנשה שנאמר ליעקב אבינו ולא נישנו בסיני:[88]

---

85. בברית אברהם: כולה שלהבת.
86. וע"ע מ"ק ה עמ' א, וזבחים יח עמ' ב וכב עמ' ב.
87. כן דרשינן שבת קד עמ' א.
88. ראה סנהדרין עט עמ' א–ב.

ראשית עריסותיכם (במדבר טו:כא) **להביא את שאר פירות.** שפטורין מן החלה אי הוה גרסי' להוציא אתי שפיר טפי, ולאו **מראשית** יליף אלא **מלחם**[81] יליף לה כדמפר' ואזיל:

עיסת תרומה. כהן שלש עיסה מקמח של תרומה או עיסת מעשר שני בירושלים:

את שמורם קדש. מתרימו תרומה (במדבר טו:כ) דריש, דמשמע על ידי הרמתכם תיעשה תרומה:

אבל אמרו עיסת מעשר שני וכו'. צ"ל דהאי "אבל אמרו" ר"ל דמדרבנן מיהא חייבת, אבל ליכא למימר דמדאוריתא קאמר וכר' יהודה דאמר מעשר ממון הדיוט הוא (קידושין נד עמ' ב), דאפילו לר' יהודה קדש (ויקרא כז:ל) איקרי ושפיר אימעיט מתרימו תרומה (במדבר טו:כ):

עד שיהא בה כדי מתנה. תי' דשיעור עיסה דמחייבה בחלה הוי מ"ג ביצים וחומש ביצה, וחלה הויא חלק א' ממ"ח, וחלק א' ממ"ח מאי "כדי מתנה" איכא? ויש לומר דמ"מ הוי ביצה פחות שומשום, והוי ככותבת הגסה כמוה וכגרעניתה כדמפרש בפרק בתרא דיומא (עט עמ' ב) הכותבת הוי פחות מכביצה והואיל ואית בה כדי ליתובי דעתה חשובה כדי מתנה:

והאשה עינה רע[ה]. ועיסת בעל הבית נעשית על ידי האשה:

וכשתפחות וכו'. דאי איפשר שתפחות טפי על פלגה:[82]

נאמר תתנו לה' תרומה (במדבר טו:כא). הוא כבר דרש לה לעיל, והכא הוי כעין ד"א ואשמעי' דאפילו למשתה דעושה דהוי כעין נחתום אפילו הכי מכ"ד ובא לתת טעם אחר דלעולם טעמא הוי משום דבעי' כדי נתינה ובעל הבית מפני שלש מעט אם נאמר אחד ממ"ח אין בו כדי נתינה אבל נחתום שהוא לש הרבה ביחד יש בו כדי נתינה ומ"מ בעל הבית שהוא עושה למשתה בנו נותן מכ"ד אע"ג שהוא לש הרבה ביחד כדי שלא תחלוק בבעל הבית וכן אשה שעושה למכור בשוק אע"ג דעינה רע[ה] אחד ממ"ח כדי שלא תחלוק בנחתום:

ניטמאת עיסתה. אעושה לבעל הבית קאי דדינה מכ"ד והכא דנטמאת ולא חזיא לאכילת כהן הקלו בה ודי באחד ממ"ח:

ר' שמעון בן יוחאי וכו'. נראה דילפי' נתינה מראשית הגז ואמרי בחולין (קלז עמ' ב) דראשית הגז בששים ובלבד שלא יתכוון דר' שמעון נמי אית ליה שיעורי דלעיל לכתחלה:

להביא עיסת שביעית. דמשמע דבר הנוהג לדורות, ומיירי (בפסחים) [(בכורות יב עמ' ב)] קודם זמן הביעור אבל לאחר זמן הביעור הויא לה מצוה הבאה בעבירה:

שמינה פטור. היינו כל הגדל בשביעית אבל לקט מה שגדל עמו דהיינו חלק בעל הבית חייב במעשרות:

חייב מיתה. משום טבל:

[פיסקא קיא]

פרשת ע"ז

ע"ז בכלל היתה. דהאי[83] פרשה בע"ז מיירי מדכתיב **את כל המצות** (במדבר טו:כב) איזו היא מצוה שהיא שקולה כנגד כל המצות הוי אומר זו ע"ז:[84]

---

81. רק מחמשת המינים.
82. אפילו נגד עצת חכמים בבעל הבית לא תפחות כמו הנחתום.
83. רק בברית אברהם: תימה דהאי.
84. כן דרשינן בהוריות כח עמ' א.

ראשית עריסתכם למה נאמר לפי שהוא אומר> והיה באכלכם מלחם הארץ שומע אני אף הקמחים במשמע ת״ל ראשית עריסתכם משתתערם מיכן אמרו אוכלים עראי מן העיסה עד שתתגלגל בחיטים ותיטמטם בשעורים גלגלה בחטים וטמטמה בשעורים האוכל ממנה חייב מיתה כיון שנותנת מים מגבהת חלתה ובלבד שיהא שם חמשת רבעים קמח ועוד כדי שיהא בהן כשיעור שאין מפרישים חלה מן הקמח איזו היא גמר מלאכתה קרימתה בתנור דברי ר׳ עקיבא ר׳ יוחנן בן נורי אומר משתגלגל בחיטים ותטמטם בשעורים הרי שלא הפריש חלה מן העיסה שומע אני שלא יפריש חלה מן הלחם ת״ל והיה באכלכם מלחם הארץ <מכל מקום או יפריש מן העיסה אחת ומן הלחם אחת ויפריש שתי חלות ת״ל> כתרומת גרן כן תרימו אותה מה תרומת גורן אחת אף תרומת חלה אחת מה תרומת גורן עולה באחד מאה אף חלה כיוצא בה ומה תרומת גורן אם נפלה לתוך מאה מדמעת וחייבת בחומש אף תרומת חלה כיוצא בה דברי ר׳ יאשיה גם לו ר׳ יונתן אתה מקישו לתרומת גורן סתומה אני אקישנו לתרומת מעשר המפורשת א״ל ותינטל אחד מעשרה א״ל תינטל א״ל הרי הוא אומר כתרומת גורן כן תרימו אותה לתרומת גורן הקשתיה ולא הקשתיה לתרומת מעשר: מראשית עריסותיכם למה נאמר לפי שהוא אומר ראשית עריסותיכם שומע אני את הראשונה שבעיסות ת״ל מראשית עריסותיכם מקצתה ולא כולה.

מראשית עריסותיכם, להביא לקט שכחה ופאה שחייבים בחלה שהיה בדין ומה שאר הפירות שחייבים במעשר פטורים מן החלה לקט שכחה ופאה שפטורים מן המעשר אינו דין שיהו פטורים מן החלה ת״ל מראשית עריסותיכם להביא לקט שכחה ופאה שחייבים בחלה.

מראשית עריסותיכם, להוציא שאר פירות שפטורים מן החלה שהיה בדין ומה לקט שכחה ופאה שפטורים מן המעשר חייבים בחלה שאר פירות שחייבים במעשר אינו דין שיהו חייבים בחלה ת״ל לחם <נאמר כאן לחם ונאמר להלן לחם> מה לחם האמור להלן מחמשת המינים אף לחם האמור כאן מחמשת המינים.

מראשית עריסותיכם, שומע אני אף עיסת תרומה ועיסת מעשר שני במשמע ת״ל חלה תרימו תרומה את שהמורם קודש והשאר חולין ולא שזה וזה קודש אבל אמרו עיסת מעשר שני בירושלם חייבת בחלה.

תתנו לה׳ תרומה למה נאמר לפי שהוא אומר חלה תרימו תרומה אבל לא שמענו שיעור חלה ת״ל תתנו לה׳ תרומה עד שיהא בה כדי מתנה לכהן מיכן אתה אומר שיעור חלה של בעל הבית אחד מעשרים וארבעה ושל נחתום אחד מארבעים ושמונה <אמר ר׳ יהודה מפני מה אמרו חלה של בעל הבית אחד מכ״ד ושל נחתום אחד מארבעים ושמונה> לפי שהאיש עינו יפה והאשה עינה רעה וכשתפחות לא תפחות מארבעים ושמונה לכך נאמר תתנו לה׳ תרומה עד שיהא בזה כדי מתנה לכהן ובזה כדי מתנה לכהן מיכן אמרו בעל הבית שעושה משתה לבנו אחד מעשרים וארבעה והאשה שהיא עושה ומוכרת בשוק אחד מארבעים ושמונה נטמאת עיסתה שוגגת או אנוסה אחד מארבעים ושמונה נטמאת מזידה נוטלת אחד מעשרים וארבעה כדי שלא יהיה חוטא נשכר ר׳ שמעון בן יוחי אומר אפילו לא עלה בידו אלא אחד מששים יצא ובלבד שלא יתכוין.

לדורותיכם, להביא את עיסת שביעית שהיא חייבת בחלה שהיה בדין מה שאר פירות שחייבים במעשר פטורים מן החלה עיסת שביעית שפטורה מן המעשר אינו דין שתהא פטורה מן החלה והרי לקט שכחה ופאה יוכיחו שפטורים מן המעשר וחייבים בחלה והן יוכיחו לעיסת שביעית שאע״פ שפטורה מן המעשר שתהיה חייבת בחלה לא אם אמרת בלקט שכחה ופאה שמינם חייבים במעשרות לפיכך חייבים בחלה תאמר בעיסת שביעית שמינה פטור מן המעשרות לפיכך תהיה פטורה מן החלה

לי ובלבד שלא יהא [שם חמשת רבעים קמח] ומשני דמתני' קודם שלמדו את הכוהנות,[65] פי' דכשהיו מפרישות (ת)חלה בתחלת הלישה[66] לימדו אותן שיאמרו "לכשתגמר הלישה תוקדש [העיסה שבידי לשם] (ה)חלה;[67] ואז[68] היו צריכין [לזהר] שלא יהיה בקמח[69] שלא נגע במים חמשת רבעים דא"כ לא הוה מיפטר בחלה דקודם; אבל לאחר שלמדו [אותן להתנות] (התנאות) (ו)אפילו יהיה בו חמשת רבעים במה שלא נגע במים[70] מיפטר בחלה[71] דקודם לכן, (מידי דהוה אפירות— [כדבעי בקידושין (סב עמ' א)] "ערוגה זו תלושין יהיו תרומה על פירות ערוגה זו מחוברין לכשיתלשו" ונתלשו [מהו? ומשני כל שבידו לאו כמחוסר מעשה דמי] דהויא תרומה)[72], ומדקא מסיים בה הכא ["כדי שיהיה כשיעור] שאין מפרישין חלה מן הקמח"[73] משמע דגריס "שיהיה שם [חמשת רבעים קמח]" ואפילו למאן דגריס "שלא יהיה" וקאי אמה שלא נגע[74] מ"מ צריך שיהיה שם חמשת רבעים במה שנגע,[75] א"כ תרוייהו איתנהו:

איזהו גמר מלאכתה. נ"ל דליאסר[76] דאכילת עראי קא בעי דר' עקיבא סבר קרימתה בתנור[77] יצתה מכלל עריסה; ומאי דתני לעיל "אוכלין עראי מן העיסה עד שתגלגל" אתיא דלא כר' עקיבא אי נמי התם אין אוכלין [ר"ל] מדרבנן אבל אינו חייב מיתה דמדאוריתא אוכלין לר' עקיבא עד קרימת פנים בתנור ומאי דתני בסיפא "האוכל ממנה חייב מיתה" ר"ל כעין מיתה מדרבנן וראשון עיקר:

הכי איתא בספרים— **שומע אני שלא יפרוש מן הלחם ת"ל** (כתבואת) [תרומת] **גורן** (במדבר טו:כ) **מה** (תבואת) **גורן**[78] **אחת אף חלה אחת.** ולפי גרס' זו קשה (דטמא) [דאימא] מה (תבואת) [תרומת] גורן מן החטים אף חלה מן החטים ותו מאי מייתי למפרישין מן הלחם! לכן נר' דגרסי' ת"ל **והיה באכלכם מלחם הארץ** (במדבר טו:יט), ומאי דקאמר **מה** (תבואות) [**תרומת**] **גורן וכו'** מילתא באפי נפשיה היא ור"ל אחת אפי' מכמה ככרות:

אמר לו תנטל אחד מעשרה.[79] פי' ואנן לא תנן [אלא] עין רעה אחד ממ"ח ויפה אחד מכ"ד:

להביא לקט. מעריסותיכם (במדבר טו:כ) דריש ליה:

שהיה בדין. לאו דין גמור קאמר דמדאוריתא אין שאר פירות חייבין במעשרות אלא דוקא דגן תירוש ויצהר:[80]

---

65. שלקחו חלה בתחילת מעשה ולא בסוף מעשה כשאר נשים.
66. כשיפרישו את החלה בתחילת הלישה כדי שלא תטמא החלה עדיין לא עלתה העיסה לגוש אחד להפטר מהחלה שהפרישו.
67. ותנאי זה יחל למפרע.
68. בזמן משנה זו מקודם שלימדו לכוהנות להתנות על העיסה.
69. שסוף סוף יתערבו עם העיסה הקודמת בתוך הלישה ויבא לחיוב חלה גם הוא.
70. ושיבא לכלל חיוב חלה בסוף הלישה בחיבורו לגוש העיסה.
71. ר"ל בעיסה שהפרישה מקודם שעכשיו באה להיות חלה על הכל בסוף מעשה.
72. אולי זאת הוספה ולא מעיקר הפירוש.
73. ולא תהא חייב מיתה אם אכלו.
74. ולא היתה בעיסה בתחילה.
75. לבא לידי חיובו כדעת רבי יוסי ועיין דברי התוס' עירובין פג עמ' ב.
76. שהגמר יקבעו לחיוב תרו"מ.
77. רק אז בקרימת פני הפת באה לידי חיוב חלה.
78. באקספורד ליתא מכאן עד מן החטים.
79. בסמינר: ככרות.
80. עיין רמב"ן פרשת ראה, וסברת רבינו כסברת התוס'.

ה:א), הלוקח מן הנחתום כיצד [הוא] מעשר נוטל כדי תרומת מעשר וחלה ואומר וכו׳ משמע שיכול להפריש מן הפת הלקוח מעם הארץ תרומת מעשר וחלה הכא נמי אשמועינן רבי יאשיהו דמתבואות ארץ ישראל מפריש מן הפת תרומה גדולה וחלה, אבל תימה דמאי שנא מתרומת מעשר? לכן נראה דהא דאמר בתרומה גדולה הכתוב מדבר לאו למימר דחייב בתרומה גדולה אלא בתרומה גדולה הכתוב מדבר לאקשוי לה חלה לומר מה תרומה גדולה אחת אף חלה אחת כדלקמן:

אף הקמחין במשמע. תקשי[58] מנא תיתי דהא [מ]**לחם** (במדבר טו:יט) כתיב, וי״ל דסד״א **באכלכם** (במדבר טו:יט) כתיב לרבות קמחין:

עד שנתגלגל[59] בחטים. למעוטי נתן מים על גבי קמח ולא גלגלו:

[גלגלה]. [גלגל] קרי בחטים, וטמטום בשעורים לפי שהעיסה של שעורים מתפרדת יותר ויותר ולא די לה בגלגול עד שיסתום הבקעים **דעריסה** (במדבר טו:כ) משמע דבר הנערס:

חייב מיתה. דתרומה קרייה רחמנא מה תרומה טובלת אף חלה טובלת והאוכל את הטבל חייב מיתה במס׳ סנהדרין (פג עמ׳ ב):

כיון שנותנת את המים מגבהת חלתה. פירש [ר״ש] ז״ל במס׳ חלה (ג:א)— טוב היה שתמתין עד לבסוף שתיגמר חלתה[60] ותעשה כל (הלישה) [העיסה] גוש אחד, ובעיסה טמאה עושין כן אלא תקנה דרבנן היא בעיסה טהורה שתמהר האשה להפריש חלתה בטהרה בתחילת הגלגול פן תארע טומאה בעיסה ותטמא חלתה כדאיתא בירושלמי פרק אלו עוברין (פסחים ג:ג) והא דקאמר[61] בירושלמי (חלה ג:א) דחלה כיון שנותנת[62] את המים זו היא **ראשית עריסותיכם** (במדבר טו:כא) אסמכתא בעלמא היא אי נמי אשמעי׳ דמנתינת מים קרינא ביה **עריסותיכם,** (במדבר טו:כא) עד כאן; והאי ״אי נמי״ הכי פי׳— שלא תאמר היאך תקון רבנן להפריש חלה מנתינת מים כיון דלא מחייבא אלא מגלגול וטמטום ואילך, אשמעי׳ דשפיר מקרי **עריסותיכם** (במדבר טו:כא) ויכולין לתקן ואפשר לפרש דלעולם דרשא גמורא היא **ומעריסותיכם** (במדבר טו:כא) נפקא דלא[63] הוי גמר מלאכה ליאסר באכילת עראי עד שיהא כעין עריסה דהוי גילגול וטימטום אבל יכול להפריש החלה משנתן את המים מדכתיב **ראשית עריסותיכם חלה** (במדבר טו:כ) משמע אפי׳ קודם שתהא עריסה שם חלה עליה, דמשנתן מים קרויה עיסה וראוי לחול שם חלה אם הפריש, מיהו אינו קרוי גמר מלאכה לגמרי ליאסר באכילת עראי עד שתגלגל, ודומה לזה יש בפרק [א] דמעשרות (משנה ה) טובא דתנן איזהו גורנן של מעשרות וכו׳ משמע דהתם דקודם הגורן אוכל עצמו עראי אבל קבע אינו יכול לאכול עד שיעשר; ואם עישר (קודם חל שם מעשר) קודם הגורן [חל שם מעשר] כיון שנתלשו:

ובלבד שיהא שם חמשת רבעים קמח. פי׳ בקמח שנתערב עם המים דזה השיעור חייב חלה, ופי׳ [ר״ש] (רש״י) ז״ל (חלה ג:א) דיש ספרים (דווקנים) [דייקנים] דגרסי ״ובלבד שלא יהא שם חמשת רבעים קמח״ וקאי אקמח שלא נגע במים[64] ובירושלמי (חלה ג:א) גורס כן דקאמר למה

58. בסמינר: וקשו.
59. בסמינר: שתגלגל. לפנינו הגירסא ״שתתגלגל״.
60. בכה״י: הלישה.
61. לפנינו בפירש הר״ש: והא דאמר רבא.
62. לפנינו: שהיא נותנת.
63. בסמינר: מן דלא.
64. אז מותר לאכול דרך עראי מן העיסה בשעת לישה.

(קח) וכי יגור אין לי אלא המתגייר שנתגייר מנין ת״ל או אשר בתוככם לדורותיכם: ועשה אשה מין דמים אתה אומר מין דמים או אינו אלא מין מנחה ת״ל ככם מה אתם מין דמים אף הגרים מין דמים אי מה ישראל בדם בהמה אף הגרים בדם בהמה ת״ל לכם לכם הקדשתים בדם בהמה ולא הקדשתים לגרים בדם בהמה רבי אומר מה ישראל שלא באו לברית אלא בשלשה דברים במילה ובטבילה ובהרציית קרבן אף הגרים כיוצא בהם אי מה ישראל בדם עולה וכזבחי שלמים אף הגרים בדם עולה ובזבחי שלמים ת״ל ועשה אשה ריח ניחוח לה׳ אמרת צא וראה איזה הוא מין דמים שכולו עולה לאשים ואין לך הימנו היתר אי אתה מוצא אלא בעולת העוף אמר להביא פרידה אחת אינו יכול שלא מצינו פרידה אחת קריבה בכל התורה כולה מיכן אמרו כל הקינין שבתורה חציין עולה חציין לחטאת חוץ משל גר מפני שכולו כליל לאשים: כאשר תעשו כן יעשה למה נאמר לפי שהיה בדין הואיל ומצינו שחלקה תורה את קרבנותיו כך תחלוק את נסכיו ת״ל כאשר תעשו כן יעשה מה אתם ששה לפר וארבעה לאיל ושלשה לכבש אף הגרים כיוצא בהם (סליק פיסקא)

(קט) הקהל אין לי אלא אנשים נשים מנין ת״ל הקהל חקה אחת לכם: ולגר הגר לפי שמעשה בישראל צריך להביא את הגרים <שבכל מקום שמעשה בישראל צריך להביא את הגרים:> חקת עולם לדורותיכם שינהוג הדבר לדורות: ככם כגר יהיה לפני ה׳ למה נאמר לפי שנאמר והיה על מצחו תמיד לרצון להם לפני ה׳ (שמות כח לח) אין לי אלא הציץ מרצה לישראל לגרים מנין ת״ל ככם כגר יהיה לפני ה׳: תורה אחת ומשפט אחד יהיה לכם ולגר הגר אתכם. בא הכתוב והשוה את הגר לאורח בכל מצות שבתורה (סליק פיסקא)

(קי) וידבר ה׳ אל משה לאמר דבר אל בני ישראל ואמרת אליהם בבאכם אל הארץ אשר אני מביא אתכם שמה. ר׳ ישמעאל אומר שינה הכתוב ביאה זו מכל ביאות שבתורה שבכל ביאות שבתורה הוא אומר והיה כי תבאו אל הארץ והיה כי יביאך ה׳ אלהיך וכאן הוא אומר בבואכם ללמדך שכיון שנכנסו ישראל לארץ מיד נתחייבו בחלה: אשר אני מביא אתכם שמה. מיכן אתה אומר פירות ח״ל שנכנסו בארץ חייבים בחלה יצאו מיכן לשם ר׳ אליעזר מחייב ור׳ עקיבא פוטר. ר׳ יהודה אומר פירות ח״ל שנכנסו לארץ ר׳ אליעזר פוטר שנא׳ והיה באכלכם מלחם הארץ <להוציא את של ח״ל ור״ע מחייב שנ׳ שמה בין של ארץ בין של ח״ל יצאו מיכן לשם ר״א מחייב שנ׳ והיה באכלכם מלחם הארץ בין בארץ ובין בח״ל ור״ע פוטר שנ׳ שמה שם אתה חייב חוץ לשם אתה פטור>

והיה באכלכם מלחם הארץ למה נאמר לפי שהוא אומ׳ ראשית עריסותיכם חלה תרימו תרומה שומע אני אף שאר פירות במשמע הרי אתה דן נאמר כאן לחם ונאמר להלן לחם מה לחם האמור להלן חמשת המינין אף לחם האמור כאן חמשת המינין ואלו הן חיטים ושעורים וכוסמין ושבולת שועל ושיפון יצאו אורז ודוחן והפרגים והשומשמים שאינן באים לידי מצה וחמץ אלא לידי סרחון.

תרימו תרומה לה׳, בתרומה גדולה הכתוב מדבר או אינו אלא בתרומת חלה כשהוא אומר חלה תרימו תרומה הרי תרומת חלה אמורה הא מה אני מקיים תרימו תרומה לה׳ בתרומה גדולה הכתוב מדבר דברי ר׳ יאשיה ר׳ יונתן אומר לפי שהוא אומר <ראשית דגנך תירשך ויצהרך (דברים יח ד) חובה אתה אומר חובה או אינו אלא רשות ת״ל תרימו תרומה לה׳ חובה ולא רשות.

שחלקה תורה את קרבנותיו. פירוש, משאר קינים דהתם חציין עולה וחציין חטאת והכא שניהם עולות:

[פיסקא קט]

נשים מניין ת״ל [הקהל] חקה אחת לכם (במדבר טו:טו). משמע לכולם בין נשים בין אנשים וצ״ל דלטבילה והרצאת דמים הוא דמייתי להו לנשים דהא לא שייכי במילה:

ולגר הגר להביא את הגרים. מלתא באפי נפשא היא:

שבכל מקום שמעשה בישראל. כל מצוה שנא׳ בה **דבר אל בני ישראל**[54] משמע בני ישראל ולא גרים א״כ צריך רבוי לדרוש גרים:

ת״ל ככם כגר יהיה וכו׳ לפני ה׳ (במדבר טו:טו). **לפני ה׳** דריש:

[פיסקא קי]

פרשת חלה

[והיה] כי תבואו (במדבר טו:ב). משמע לאחר שתבואו, והיינו לאחר ירושה וישיבה, וכן **והיה כי יביאך** (דברים יא:כט) אבל **בבואכם** (במדבר טו:יח) משמע מיד עם ביאתכם:

פירות חוצה לארץ שנכנסו לארץ [חייבים בחלה]. דריש **מביא אתכם** (במדבר טו:יח) מביא עמכם:

יצאו מכאן לשם. כלומר פירות ארץ ישראל שיצאו לחוצה לארץ:

ר׳ אליעזר מחייב. דדריש **באכלכם מלחם הארץ** (במדבר טו:יט) בין בארץ בין בחוצה לארץ, ור׳ עקיבא פוטר דדריש אשר אני מביא אתכם שמה— שמה אתם חייבין וחוצה לארץ אתם פטורין, ור׳ יהודה פליג בהדי ת״ק ומפרש פלוגתא דר׳ אליעזר ור׳ עקיבא בפירות חוצה לארץ בארץ, ור׳ עקיבא לחומרא אבל פירות הארץ בחו״ל דברי הכל פטורין; וא״ת הא לענין מעשרות פירות הארץ חייבין אפילו יצאו? י״ל דשאני לענין מעשרות דכיון דאידגון טבלי להו והוצאתן לא מפקעא מינייהו חיוב מעשרות אבל לענין חלה לישה הוא דמחייב להו בחלה ולישת[55] חוצה לארץ פטורה:

עריסותיכם (במדבר טו:כא). משמע עיסה מכל דבר:

אף שאר פירות. שאינן חמשת המינין.

ונאמר [להלן][56] **לחם.** גבי מצה **לחם עוני** (דברים טז:ג) והתם הוי חמשת המינין דכתיב **לא תאכל עליו חמץ וגו׳** (דברים טז:ג)— מדברים הבאים לידי חימוץ והיינו חמשת המינין:

פרגן. הן כעין רימון והוא כולו מלא זרע בתוכו:

בתרומה גדולה הכתוב מדבר. תימא מה ענין תרומה גדולה אצל חלה וליכא למימר דאשמעינן[57] דנתחייבו בתרומה גדולה מיד שבאו לארץ דהא תרומה **ראשית דגנך** (דברים יח:ד) כתיב ביה ואפשר לומר דאתיא כר׳ יהודה דדריש **דגנך** תרי זמ̇ני לרבות דיגון גוי הלכך מחייב בתרומה גדולה אבל קשה דא״כ במעשרות נמי ליחייב? ושמא כי ההיא דתנן במסכת דמאי (משנה

54. כמו במדבר טו:לח ויותר מעשרים מקומות איכא בספר שמות ספר ויקרא וספר במדבר.
55. בכ״י סמינר: ואי לישה.
56. כן בברית אברהם.
57. בברות אברהם: לאשמועינן.

ואין הגוי מביא נסכים. ר"ל אינו חייב, אי נמי אין קרבנו מעוכב מליקרב אבל אין הכי נמי שיכול להביא אם רצה כדמפרש ואזיל שאין מתגייר כגון גוי (אי נמי):

[פיסקא קח]

(א"ב) **[אין לי אלא שנתגייר[41] שאין מתגייר[42] מניין].** שאין מתגייר— כגון גוי שהיה דר בינינו ורצה להתגייר, ויותר נראה דגרס "[אין לי אלא גר] שמתגייר [שנתגייר] מניין" וה"פ אין לי שחייב להביא קרבן אלא המתגייר עכשו לאחר מתן תורה, שנתגייר כבר קודם מתן תורה מנין[43] ת"ל **או אשר בתוככם [לדורותיכם]** (במדבר טו:יד).

[ועשה אשה] (במדבר טו:יד). **אשה** משמע דבר הניתן על גבי האש ולהכי ממין מנחה שהקומץ ניתן על גבי האש:

מה ישראל בדם בהמה. דכתיב **וישלח את נערי בני ישראל** (שמות כד:ה):

לכם הקשתיו.[44] פי' שחייב להביא קרבן:

ר' אומ' וכו'. לאו לאיפלוגי אתא אלא לפרושי מילתיה דת"ק, דת"ק[45] נמי אית ליה טבילה ומילה, ובכרתות (ט:א) אינו מוזכר לשם ר'[46] והכי איתא התם אי מה אתם בדם בהמה אף הגרים בדם בהמה ת"ל **ככם** (במדבר טו:טו) כגר יהיה לכם הקשתיו[47] ולא הקשתיו לדם בהמה אי מה ישראל בעולה וזבחי שלמים אף הגרים בעולה וזבחי שלמים ת"ל **ככם כגר יהיה** (במדבר טו:טו), "ומאי"[48] **ככם** **כאבותיכם**, מה אבותיכם [לא באו לברית אלא] במילה וטבילה והרצאת דמים אף הגרים [לא יבאו לברית אלא] במילה וטבילה והרצאת דמים, מילה היתה במצרים דכתיב **כי מולים היו כל העם היוצאים** (יהושע ה:ה) וכתיב **ואעבור עליך ואראך מתבוססת בדמיך** (יחזקאל טז:ו) דם פסח ודם מילה,[49] דהא ערל אסור בפסח; וטבילה במתן תורה דכתיב **וכבסו שמלותם** (שמות יט:י) וכל שכן גופן,[50] והרצאת דמים דכתיב **ויקח [משה] חצי הדם** (שמות כד:ו),[51] ולמאי דגרסי' הכא[52] "ר' אומר" אפשר לפרש דאיכא ביניהו בדיעבד; דלת"ק לכתחלה צריך מין דמים, ולר' דאמר לא באו לברית משמע דאינו גר כלל; וא"ת א"כ (לו) [לר'] היאך מקבלין גרים בזמן הזה? וי"ל דשאני הכא דלא איפשר, אבל יותר נראה לפרש [כ]הא [ד]בהדיא אמרינן בכריתות (ח עמ' ב) דאין הקרבן אלא להכשיר בקדשים:[53]

שלא מצינו וכו'. ובכריתות (ח עמ' ב) פריך והרי יולדת דמתיא תור או בן יונה לחטאת, ומשני שאני יולדת דאיכא כבש בהדה:

---

41. שטבל ומל.
42. שעוד לא טבל ומל. ואין זו גירסת הספרי לפנינו.
43. וכן פירש רבינו הלל.
44. גירסת רבינו הלל.
45. חסר בסמינר.
46. אבל בגירסא שלנו איתא!
47. לשון הקש.
48. כן גרס במקום "רבי או'" ונראה דטעות נפל לגירסתו.
49. עיין פירוש רש"י כרתות ט עמ' א.
50. והגמרא לפי הנוסח שלנו לומד מקבלה דאין הזאה בלי טבילה.
51. וגירסת הגמרא שלנו מוסיפה דאין הזאה בלא טבילה בלי לימוד מפסוק.
52. כלומר הכא בספרי.
53. כלומר בקדשים של גר דגר לא אוכל מקדשים עד שיביא קינו אבל גר יבא בקהל בלי קרבן.

עלי עולה הרי עלי שלמים שומע אני יביא נסך אחד לשניהם ת״ל עולה או זבח מגיד הכתוב שמביא לזה בפני עצמו ולזה בפני עצמו או אפילו אמר הרי עלי חמשה שוורים לעולה חמשה שוורים לשלמים שומע אני יביא נסך אחד לכולם ת״ל עולה או זבח מגיד שמביא לכל אחד ואחד בפני עצמו אבא חנין אומר משום ר׳ אליעזר למה נאמר שהיה בדין ומה אם במקום ששוה מעשה כבש עולה למעשה שור עולה לא שוה לו בנסכים מקום שלא שוה מעשה שור עולה למעשה שור שלמים אינו דין שלא ישוה לו בנסכים ת״ל עולה או זבח מגיד הכתוב שאעפ״י שלא שוה מעשה שור עולה למעשה שור שלמים שוה לו בנסכים.

וכי תעשה בן בקר והקריב על בן הבקר ויין תקריב לנסך שמן לבילה ויין לניסוך: אשה ריח ניחוח לה׳, על גבי ספלים אתה אומר על גבי ספלים או אינו אלא על גבי האשים אם אמרת כן נמצאת מכבה את המדורה והתורה אמרה אש תמיד תוקד על המזבח לא תכבה (ויקרא ו ו) הא מה ת״ל אשה ריח ניחוח לה׳ <על גבי ספלים: אשה ריח ניחוח לה׳> נחת רוח לפני שאמרתי ונעשה רצוני.

ככה יעשה לשור האחד, מגיד הכתוב שלא חלקה תורה בין נסכי עגל לנסכי שור שהיה בדין בן הצאן טעון נסכים ובן הבקר טעון נסכים אם למדתי שחלקה תורה בין נסכי כבש לנסכי איל כך תחלוק בין נסכי עגל לנסכי שור ת״ל ככה יעשה לשור האחד מגיד שלא חלקה תורה בין נסכי עגל לנסכי שור אבא חנין א״מר משום רבי אליעזר למה נאמר שהיה בדין ומה אם במקום שמיעט בנסכים ריבה בין כבש לאיל מקום שריבה בנסכים אינו דין שירבה בין עגל לשור ת״ל ככה יעשה לשור האחד מגיד הכתוב שאע״פ שריבה בנסכים לא ריבה בין עגל לשור.

או לאיל האחד למה נאמר שהיה בדין הואיל ומצינו שחלקה תורה בין נסכי בני שנה לנסכי בני שתים כך תחלוק לנסכי בני שתים לנסכי בני שלש ת״ל או לאיל <האחד> מגיד הכתוב שאע״פ שחלקה תורה בין נסכי בני שנה לנסכי בני שתים לא תחלוק בין נסכי בני שתים לנסכי בני שלש: או לשה בכבשים למה נאמר שהיה בדין הואיל ומצינו שחלקה תורה בין נסכי כבש לנסכי איל כך תחלוק בין נסכי כבשה לנכסי רחל ת״ל או לשה בכבשים: או בעזים למה נאמר שהיה בדין הואיל ומצינו שחלקה תורה בין נסכי כבש לנסכי איל כך תחלוק בין נסכי גדי לנסכי תיש ת״ל או בעזים מקיש גדול שבעזים לקטן שבכשבים מה זה שלשה לוגין אף זה שלשה לוגין.

כמספר אשר תעשו, אין לי אלא אלו תמורותיהם מנין ת״ל כמספר אשר תעשו: כמספר אשר תעשו, שלא ימעיט או אם רצה לרבות ירבה ת״ל ככה תעשו לאחד כמספרם דברי ר׳ יאשיה ר׳ יונתן אומר אינו צריך שהרי כבר נאמר כל האזרח יעשה ככה את אלה שלא ימעיט או אם רצה לרבות ירבה ת״ל כמספר אשר תעשו או אם רצה לכפול יכפול ת״ל ככה תעשו לאחד כמספרם מיכן אמרו מערבים נסכי פרים בנסכי פרים נסכי אילים בנסכי אילים נסכי כבשים בנסכי כבשים של יחיד בשל צבור של יום בשל אמש אבל אין מערבין נסכי כבשים בנסכי פרים ואילים מיכן אמרו האומר הרי עלי יין לוג לא יביא שנים לא יביא שלשה יביא ארבעה יביא חמשה לא יביא ששה יביא מיכן ואילך יביא כשם שהצבור מביא חובה כך יחיד מתנדב נדבה ד״א ככה תעשו לאחד כמספרם להביא את אחד עשר שבמעשר.

כל האזרח יעשה ככה את אלה למה נאמר לפי שהוא אומר ומעוך וכתות ונתוק וכרות וגו׳ ומיד בן נכר לא תקריבו וגו׳ (ויקרא כב כה) אלה אי אתה מקבל מהם אבל אתה מקבל מהם תמימים אחר שלמדנו שהגוי מביא עולה וכיתי לדון כבתחלה ישראל מביא עולה והגוי מביא עולה אי מה ישראל מביא נסכים אף הגוי מביא נסכים ת״ל כל האזרח יעשה ככה את אלה ישראל מביא נסכים ואין הגוי מביא נסכים <יכול לא תהא עולתו טעונה נסכים ת״ל ככה> מיכן אמרו גוי ששלח עולתו ממדינת הים ולא שילח עמה נסכים יקרבו נסכים משל צבור (סליק פיסקא)

להביא את אחד עשר. דאמרי בבכורות (ס עמ' א) קרא לתשיעי עשירי, ולעשירי תשיעי, ולאחד עשר עשירי, שלשתן מקודשין, הראשון נאכל במומו, והשני קרב מעשר, ואחד עשר קרב שלמים, וקא מרבי ליה הכא שיטעון נסכים ובמנחות מסיים בו שלא מציני בכל התורה כולה שיהא טפל חמור מן העקר כלומר שהמעשר עצמו אינו טעון נסכים ואחד עשר הבא מכחן טעון נסכים:

בא הכתוב לחלוק בין נסכי כבש לנסכי איל. שלא תאמר דיקריב לכבש כמו לאיל:

ואבא חנ[י]ן אמר. (ד)אתא לאשמועינן דלא תימא שלא יקריב נסכים לאיל אלא כמו לכבש:

העומד וכו'. דכתיב ביה **ומנחתו שני עשרונים וכו' ונסכו יין רביעית ההין** (ויקרא כג:יג):

כך בכל נסכין. לאו דווקא אלא ר"ל ריבה הכתוב **שלשה עשרונים לפר...(ו)שני עשרונים לאיל...ועשרון לכבש** (במדבר כט:יד,טו) וגבי נסכים כתיב **ונסכיהם חצי ההין יהיה לפר ושלישית ההין לאיל ורביעית ההין לכבש יין** (במדבר כח:יד):

או [אפילו] אמר הרי עלי[38] חמשה שורים וכו'. אפילו אינו מיושב, וה"פ הרי אמרת **או** לחלק בין עולה לשלמים אבל לא נחלוק בעולה כשהם באים בנדר אחד ולא יביא אלא נסכי עולה אחת ת"ל עולה שמביא על כל עולה ועולה ואבא חנ[י]ן משום ר' אליעזר יליף מהיקישה דין עולה הוא כדין זבח:[39]

ה"ג על גבי ספלים או אינו אלא על גבי האישים אם אמרת כן נמצאת מכבה וכו'. בפרק החליל (סוכה מח עמ' ב) אמרי שני ספלים היו שם אחד של יין ואחד של מים והאי דקתני הכא על גבי ספלים לא אתיא כשמואל דאמר בפרק כל התדיר (זבחים צא עמ' ב) המתנדב יין מביאו ומזלפו על גבי (ה)מזבח האישים ופריך עליה תלמודא מדתני התם ייו כדברי ר' עקיבא לספלים ומהא דהכא ומוקי' לה כר' יהודה דאמר דבר שאין מתכוין אסור ואיהו דאמר כר' שמעון דאמר מותר ואי משום לא תכבה כיבוי דמצוה שאני אם כן אין זה כמו סתם ספרי דאדרבא פליג אדר' שמעון:

לשור האחד (במדבר טו:יא). משמע בין קטן בין גדול דהא אפילו בן יומו קרוי שור דכתיב **שור או כשב [או עז כי יולד] וגו'** (ויקרא כב:כז):

תמורתיהן מנין. כגון אם המיר באחת מן הקרבנות המחוייבין להביא עליהן נסכים מביא גם על התמורה נסכים הראויין לה:

מערבין נסכי פרים בנסכי פרים. מדכתיב **ככה תעשה[40] לאחד** (במדבר טו:יב) היינו מין אחד:

כמספרם (במדבר טו:יג). לשון [יחיד ולשון] רבים, נתמעטים נסכי פרים בנסכי אלים:

[הרי עלי] לוג לא יביא. דבעינן ראוי לקרבן אחד וכן שנים אבל שלש חזי לכבש וארבע חזי לאיל ששה חזי לפר שבעה חזי לכבש ולאיל שמנה לשני אילים תשעה לפר וכבש עשרה לפר ואיל וכן מכאן ואילך חזי:

ד"א ככה וכו' (במדבר טו:יב). צ"ל דהאי ד"א ר' יאשיה תאני לה דלר' יונתן הא נפקא ליה לעיל מלכבש **האחד** (במדבר טו:ה):

אתה מקבל מהם תמידים. לאו דוקא דהא כתיב **לא לכם ולנו** (עזרא ד:ג) אלא ר"ל דומיא דתמידין דהיינו עולה והיינו דקא מסיים אחר שלמדנו שהגוי מביא עולה וכו':

---

38. כ"י סמינר: הרי עלי עולה חמשה שוורים.
39. כ"י סמינר: דיו עולה דהא בדין זכה.
40. לפנינו תעשו.

שאינה וקוקה לבא שנים אינו דין שתכשר לבא מין אחד <לא אם אמרת בשני כבשי עצרת שמעט הכתוב על הבאתן לפיכך כשרו לבא מין אחד> תאמר בעולה שריבה הכתוב על הבאתה לפיכך לא תכשר לבא אלא מין שנים והרי שעירי יוהכ״פ ושעירי ר״ח יוכיחו <שריבה הכתוב על הבאתם וכשרו לבא מין אחד והן יוכיחו לעולה שאע״פ> שריבה הכתוב על הבאתה תכשר לבא מין אחד לא אם אמרת בשעירי יוהכ״פ שאע״פ שריבה הכתוב על הבאתן אינן באים בכל ימות השנה כולה לפיכך כשרו לבא מין אחד תאמר בעולה שריבה הכתוב על הבאתה ובאה בכל ימות השנה כולה <לפיכך לא תכשר לבא אלא מין שנים הרי חטאת תוכיח שריבה הכתוב על הבאתה וכשרה לבא בכל ימות השנה> וכשרה לבא מין אחד והיא תוכיח לעולה שאע״פ שריבה הכתוב על הבאתה ובאה בכל ימות השנה שתכשר לבא מין אחד לא אם אמרת בחטאת שמיעט הכתוב על הבאתה שאינה באה בנדר ובנדבה לפיכך כשרה לבא מין אחד תאמר בעולה שריבה הכתוב על הבאתה ובאה בנדר ובנדבה לפיכך לא תכשר לבא אלא מין שנים הא מה ת״ל מן הבקר או מן הצאן מזה בפני עצמו ומזה בפני עצמו.

והקריב, אין לי אלא איש אשה מנין ת״ל המקריב מכל מקום: והקריב המקריב, ר׳ נתן אומר זה בנה אב לכל המתנדב במנחה שלא יפחות מעשרון ולוג שמן: והקריב המקריב קרבנו לה׳ ויין לנסך רביעית ההין, שמן לבילה ויין לנסך.

תעשה על העולה או לזבח למה נאמר לפי שהוא אומר ועשיתם אשה לה׳ עולה או זבח שאם אמר הרי עלי עולה הרי עלי שלמים שומע אני יביא נסך אחד לשניהם ת״ל תעשה על העולה או לזבח מגיד שמביא לזה בפני עצמו ולזה בפני עצמו אבא חנין אומר משום ר״א למה נאמר לפי שהיה בדין ומה אם במקום ששוה מעשה שור עולה למעשה כבש עולה לא שוה לו בנסכים מקום שלא שוה מעשה כבש עולה למעשה כבש שלמים אינו דין שלא ישוה לו בנסכים ת״ל תעשה על העולה או לזבח מגיד הכתוב שאעפ״י שלא שוה מעשה כבש עולה למעשה כבש שלמים שישוה לו בנסכים. ר׳ נתן אומר תעשה על העולה זו עולת מצורע לזבח זו חטאתו או לזבח זו אשמו ר׳ יונתן אומר לכבש האחד להביא עולת יולדת שתטעון נסכים שלא שמענו לה בכל התורה כולה או אינו מדבר אלא באיל כשהוא אומר או לאיל תעשה מנחה הרי איל אמור הא מה ת״ל לכבש האחד להביא את עולת יולדת שתטעון נסכים שלא שמענו לה בכל התורה כולה ד״א לכבש האחד להביא את אחד עשר שבמעשר.

או לאיל תעשה מנחה, בא הכתוב לחלוק בין נסכי כבש לנסכי איל שהיה בדין בן בקר טעון נסכים ובן הצאן טעון נסכים אם למדתי לבן בקר שלא חלקה תורה בין נסכי עגל לנסכי שור כך לא תחלוק בין נסכי כבש לנסכי איל ת״ל או לאיל תעשה מנחה בא הכתוב לחלוק בין נסכי כבש לנסכי איל. אבא חנין אומר משום ר׳ אליעזר למה נאמר לפי שהיה בדין ומה אם במקום שריבה בנסכים לא ריבה בין עגל לשור מקום שמיעט בנסכים אינו דין שלא נרבה בין כבש לאיל ת״ל או לאיל תעשה מנחה מגיד הכתוב שאע״פ שמיעט בנסכים ריבה בין כבש לאיל ד״א או לאיל תעשה להביא איל עולה כו׳.

תעשה מנחה סולת שני עשרונים למה נאמר לפי שהיה בדין הואיל וכבש העומר טעון שני עשרונות ואיל העולה טעון שני עשרונות אם למדתי לכבש העומר שאף על פי שכפל עשרונותיו לא כפל נסכיו <אף איל העולה אף על פי שכפל עשרונותיו לא יכפיל נסכיו> ת״ל או לאיל תעשה מנחה <ויין לנסך שלישית ההין מגיד הכתוב שכשם שכפל עשרונותיו כך כפל נסכיו:> ויין לנסך שלישית ההין, שמן לבילה ויין לניסוך: תקריב ריח ניחוח לה׳, נחת רוח לפני שאמרתי ונעשה רצוני: וכי תעשה בן בקר, בן בקר היה בכלל יצא מוצא מן הכלל ללמד על הכלל מה בן בקר שהוא בא בנדר ובנדבה וטעון נסכים כך כל הבא בנדר ובנדבה יטעון נסכים יצאו חטאת ואשם שאינן באים בנדר ובנדבה שלא יטענו נסכים.

עולה או זבח למה נאמר לפי שהוא אומר ועשיתם אשה לה׳ שאם אמר הרי

אחד בפני עצמו?[31] ומשני סד״א הואיל וכתיב **ומן הצאן** (ויקרא א:ב) כמו דכתיב יחדו[32] דמי קמ״ל, ותו פריך ור׳ יאשיה נמי[33] ליבעי קרא? ומשני הא כתיב **אם עולה קרבנו מן הבקר** (ויקרא א:ג) **ואם מן הצאן** (ויקרא א:י)[34] ור׳ יונתן (ה״מ) [סד״א] במפרש[35] אבל בסתם אימא לא:[36]

או אינו אלא משניהם כאחד. תי׳ הא מנא ליה [ד]הא כתיב **או מן הצאן** (במדבר טו:ג) לחלק, וי״ל דה״ק ״או אינו אלא במפרש אבל בסתם יביא שניהם כאחת ת״ל **ואם מן הצאן** (ויקרא א:י) — ואם אינו ענין למפרש תניהו ענין לסתם:

פסח הקל וכו׳. אם כן כי כתיב **מן הכבשים ומן העזים** (שמות יב:ה) לעיכוב שלא יביא שניהם, וא״ת פשיטא דהא קיימא לן (פסחים פח עמ׳ ב) דאין אדם נמנה על שני פסחים, ושמא (היה) [היא] גופה קמ״ל:

שמיעט הכתוב את הבאתן. שאין שלמים קרבין לצבור אלא אלו בלבד:

אבל עולה ריבה בהבאתן. דכמה עולות קרבן כל השנה לצבור:

שעירי חטאות חדשים יוכיחו. דכמה חטאות קרבין לצבור בכל השנה כגון שעירי הרגלים אינן באין בכל השנה אלא בזמן ידוע כגון בראש חדש וברגל:

אבל עולה בכל יום. כגון בעולות תמיד:

חטאת תוכיח שריבה הכתוב את הבאתה וכו׳ [בכל ימות השנה]. בכל יום לאו דוקא דאינה קריבה בשבת גם אינה חובה בכל יום, מ״מ משכחת לה בכל יום חול שכל אדם יכול להביא חטאת ובכל יום טוב אע״ג דחטאת יחיד אינה דוחה יום טוב משכחת בכל יום טוב שעיר עזים אחד לחטאת אבל בשבת לא משכחת לה כלל:

אין לי אלא איש. דוהקריב (במדבר טו:ד) משמע לשון זכר:

ר׳ נתן אומר וכו׳. קסבר ר׳ נתן דכל התורה כולה בלשון זכר נאמרה ואפילו הכי נשים חייבות זולתי היכא דמיעטינהו קרא בהדיא וכתיב **איש** ולא איצטריך:

(**אלא**) [**בנה אב**] **למתנדב מנחה וכו׳.** דבציר מהכי לא איקרי קרבן:

זו עולת מצורע. וא״ת מאי שנא עולת מצורע דאיצטריך קרא טפי משאר עולות, וי״ל משום דאתיא עולת יחיד:

לזבח זו חטאתו או [לזבח] זו אשמו. במנחות (צא עמ׳ ב) פריך למה לי תרי קראי, ליפקו תרוייהו מחד קרא, ומשני משום דחטאת לכפר ואשם להכשיר, ושמא לת״ק אין צריך ללמוד מכאן [ד]בהדיא כתיב בפר׳ מצורע שלש בהמות ושלשה עשרונים ור׳ נתן סבר דאי מהתם הוה אמינא כולן קריבין בהדי עולה אי נמי בתרויהו גרסינן ר׳ נתן או ר׳ יונתן:

[**להביא עולת יולדת**]. ועולת יולדת דריש מלכבש (במדבר טו:ה) שהוא תשלום הפסוק:

שלא (**מצינו**) [**שמענו**] **לה.** דבשלמא גבי מצורע כתיב בדידיה נסכים כדכתיב [תעשה על העולה] (במדבר טו:ה):[37]

---

31. אין לו להביא מ״מ אלא אחד.
32. ה״א וא״ו מוסיף. עין תמורה כח עמ׳ ב וע״ע תוס׳ מנחות צא עמ׳ א דה״מ ״הואיל״.
33. דלומד וא״ו מוסיף ו״או א״כ מן הצאן בא להוציא עוף אבל מנין לו דמביא א׳ א׳ אם ירצה.
34. בשתי פרשיות כתיב ולכן יש לחלק.
35. פירש א׳ בשעת נדרו.
36. לפנינו במנחות: אבל בסתמא לייתי מתרוייהו קמ״ל.
37. עיין מנחות צא עמ׳ א.

אמר לו [רבי ישמעאל]. שבת מק״ו אתיא דנוהגת בכל מקום, והתם (קידושין לז עמ׳ ב) פריך ולימא ליה ר׳ ישמעאל אנא ביאה ומושב קאמינא[16] (ולמאי דסד״א) [דלא ס״ד] **דמושב** בלחוד,[17] [ומשני ה״ק[18] אנא ביאה[19] ומושב קאמינא[20] ועוד דקא אמרת הרי שבת שנאמר בו מושבות][21] שבת מק״ו קא אתיא; ואמרי׳ דפליגי [ב](ד)קירבו נסכים, דלר׳ עקיבא קרבן ליחיד כמו לציבור ולא הוצרך כאן אלא להטעין נסכים[22] בין ליחיד[23] בין לצבור בבמה גדולה בשעת התר הבמות;[24] ואע״ג דסבר ר׳ ישמעאל דבגלגל לא קרבו מודה הוא דבנוב וגבעון קירבו דכיון שהותרו בשילה[25] שוב לא פסקו:

משום ר׳ ישמעאל אמר תלמיד אחד[26] **וכו׳ אלא מביאתן לארץ.** על כרחך תרי תנאי אליבא דר׳ ישמעאל, דהאי תנא סבר אליבא דר׳ ישמעאל דמיד שבאו לארץ אפי׳ לא כבשו ולא חלקו, ולעיל קאמר לאחר ירושה וישיבה, ואיכא בינייהו י״ד שנה של גלגל:

ר׳ שמעון בן יוחאי. לפרוש מילתיה דר׳ עקיבא רביה לפי שהוא לא הזכיר נסכים כלל ואשמועינן דפליג עליה דר׳ ישמעאל וקסבר קרבו נסכים במדבר, ואצטריך לאשמועינן דלא תימא דווקא בזמן איסור במות אבל בזמן התר במות אימא לא, ואבא חנן נמי סבר דקרבו ולא איצטריך אלא לאשמועינן דאין צריך לרבות כדמפרש ואזיל:

אעפ״י שריבה כלי בית עולמים. דכתיב **ואת המנורות** (עשה) **וגו׳** (מלכים א ז:מט):

ת״ל זבח (במדבר טו:ג). וכתיב (ב)גבי שלמים **ואם זבח השלמים** (ויקרא ג:א):

ה״ג יכול שאני מרבה[27] **בכור ומעשר ופסח וחטאת ואשם ת״ל לפלא וכו׳** (במדבר טו:ג). והכי איתא במנחות פרק [שתי] מדות (צ עמ׳ ב) והני כיון דדרשת **זבח** [לגבי **נדר** ו]**נדבה** כל מין זביחה ולאפוקי מנחות ועופות:[28]

בן בקר (במדבר טו:ח) **בכלל היה.** בכלל "עוֹלה או זבח":[29]

מה זבח מין בהמה. לאפוקי עוף דאינו אלא במליקה; ה״ג במנחות (צ עמ׳ ב) לפי שהוא אומר **אדם כי יקריב וכו׳** (ויקרא א:ב) ול״ג **ועשיתם וכו׳** ופריך התם (מנחות צ עמ׳ ב וצא עמ׳ א) למה ליה לר׳ יונתן קרא[30] הא סבירא ליה [דלא] משמע שניהם כאחת [אלא] (ו)משמע אחד

---

16. במקום האי דקאמר "ולא רק שכל מקום שנאמר בו מושב" דמשמע לחוד בלא ביאה.
17. דרבי עקיבא דורש מושב לחוד בלא ביאה אבל עיקר דרשה דר״י תלוי בביאה ומושב בפסוק ולמה לא אמר בפירוש.
18. אין הכי נמי.
19. ומושב לאו דווקא אלא ר״ל אף ביאה. ולכן נסכים לא היו אלא בבמת ציבור בגלגל אבל לא ביחיד לפני הכיבוש והחלקה קודם שבאו לשילה.
20. וגבי שבת לא כתיב ביאה הרי נוהגת אפילו בח״ל.
21. ומנין לי דנוהגת בח״ל?
22. עין דברי רש״י לקידושין לז עמ׳ ב.
23. והוא חידוש של ביאה, דמושב אינו לשון ישוב ארץ דווקא כלומר אחר החלוקה.
24. בגלגל.
25. אחר החלוקה.
26. אין זו גירסתינו.
27. לעניין ניסוך.
28. מנחת קמח, ועופות בני מליקה נינהו ולא שחיטת זבח וכדברי׳ רבי יונתן.
29. עיין במדבר טו:ה.
30. "או לחלק"— מן הבקר או מן הצאן דמביא אחד אחד דבלי שום חילוק האי ומן הצאן לא משמע שנים מ״מ דלא כתיב יחדו בפירוש.

פרשת שלח לך אנשים.

[פיסקא קז]

שלא נתחייבו וכו׳. קסבר ר׳ ישמעאל[1] לא קרבו נסכים במדבר בקרבן יחיד אלא בקרבן צבור דווקא[2] דכתיב **עולת תמיד העשויה בהר סיני** (במדבר כח:ו) וכתיב ביה **ונסכו** (במדבר כח:ז) גם בפרשת מלואים כתיב **וזה אשר תעשה על המזבח** (שמות כט:לח) וכתיב שם נסכים[3] אלא ודאי ר״ל [נסכים] ליחיד ובאה פר׳ זו ללמדנו שכשיכנסו לארץ יקריבו נסכים בקרבן יחיד ודוקא לאחר ירושה וישיבה דהיינו לאחר י״ד שנה, שבע שכבשו ושבע שחלקו ובאו לשילה, אבל בגלגל[4] שאז הותרו הבמות לא קרבו נמי נסכים— ויליף לה[5] מדכתי׳ **אשר אני נותן לכם** (במדבר טו:ב) במה הנוהגת בכולכם היינו שילה[6] שאז אסור להקריב במקום אחר— ובגלגל אפי׳ [ב]במה גדולה[7] כיון שכל יחיד יכול להקריב עולה ושלמים בכל מקום[8] [ד]אפי׳ במה גדולה קרויה במת יחיד[9] כיון שאינה נוהגת ״בכולכם״ בציבור וביחיד:[10]

או אינו אומר[11] אלא בכניסתן לארץ מיד. פי׳ ואפי׳ בגלגל בבמה גדולה שמקריבין בה קרבנות צבור יתחייב היחיד נסכים:

ת״ל כי תבואו (במדבר טו:ב) **וכו׳.** פי׳ וילמוד סתום מן המפורש, אבל בפר׳ [קמא] דקידושין (לז עמ׳ א) משמע דלא יליף ליה ר׳ ישמעאל **מוירשתה וישבתה** [בה] (דברים יז:יד)[12] (**וישבת בה**) אלא מדכתיב הכא[13] **כי תבואו** (במדבר טו:ב) משמע לאחר ביאה, אם כן **מושבותיכם** (במדבר טו:ב) למה לי? אלא לומר לאחר שנתיישבו[14] דהיינו לאחר ירושה וישיבה והכי אמר לשם ״ללמדך שכל מקום שנאמר ביאה ומושב לאחר ירושה וישיבה משמע״ והכא לפי הלשון שבכאן יש תערובת שתי ברייתות[15] דמייתי התם; והיינו דקא מסיים ״ללמדך שבכל מקום שנאמר **מושבות** וכו׳״ היינו ברייתא ראשונה דהתם:

אמר לו ר׳ עקיבא וגו׳. כלומר מה שאתה לומד **ממושבותיכם** (במדבר טו:ב) הכתוב גבי נסכים תלמוד **ממושבותיכם** (ויקרא כג:ג) דכתיב גבי שבת שר״ל בכל מקום [שאתם] יושבים:

---

1. עין קדושין לז עמ׳ א.
2. עיין קידושין לז וזבחים קיא.
3. בשמות כט:מ כתיב ונסך רביעת ההין יין.
4. קודם ירושה.
5. עין זבחים קיא.
6. במה גדולה.
7. קורבן צבור.
8. אינו שעת איסור.
9. קרבן יחיד.
10. מכיון שהיתה שעת היתר ליחידים לא היו להם נסכים כלל.
11. לפנינו: מדבר.
12. שבספרי הוא עיקר הלימוד.
13. בפרשת כי תבא.
14. בכ״י סמינר: שתתיישבו.
15. והשני הוא הואיל ונאמרו ביאות בתורה סתם....

שלח

(קו) דבר אל בני ישראל כי תבאו אל ארץ מושבותיכם, ר׳ ישמעאל אומר בא הכתוב ללמדך שלא נתחייבו ישראל בנסכים אלא מביאתן לארץ ואילך אחר ירושה וישיבה הכתוב מדבר אתה אומר אחר ירושה וישיבה הכתוב מדבר או אינו מדבר אלא בכניסתם לארץ מיד ת״ל כי תבואו אל הארץ אשר ה׳ אלהיך נותן לך וירשתה וישבתה בה (דברים יז יד) הואיל ונאמרו ביאות בתורה סתם ופרט לך הכתוב באחת מהם שאינו אלא לאחר ירושה וישיבה <אף פורט אני לכל ביאות שבתורה שלא יהו אלא לאחר ירושה וישיבה> ללמדך שבכל מקום שנא׳ משבותיכם בארץ הכתוב מדבר. א״ל ר״ע לפי שהוא אומר שבת הוא לה׳ בכל מושבותיכם (ויקרא כג ג) שומע אני בין בארץ בין בח״ל א״ל ר׳ ישמעאל אין צריך מה אם מצות קלות נודגות בח״ל ובארץ שבת חמורה אינו דין שתהא נוהגת בארץ ובח״ל אמר אחד מתלמידי ר׳ ישמעאל בא הכתוב ללמדך שלא נתחייב היחיד בנסכים אלא מביאתן לארץ ר״ש בן יוחי אומר בא הכתוב ללמדך על הנסכים שיהו קרבים בבמה אבא חנין אומר משום ר״א למה נאמר לפי שהיה בדין הואיל ומצינו שריבה כלי בית עולמים מכלי אהל מועד כך נרבה נסכי בית עולמים מנסכי אהל מועד ת״ל ועשיתם אשה לה׳ עולה או זבח מגיד הכתוב שאעפ״י שריבה כלי בית עולמים מכלי אהל מועד לא ריבה בנסכים.

ועשיתם אשה לה׳, שומע אני שכל הקרב לאישים יטען נסכים ת״ל עולה אין לי אלא עולה מנין לרבות את השלמים ת״ל זבח <תודה מנין ת״ל או זבח> משמע מביא אלו ומביא חטאת ואשם ת״ל לפלא נדר או בנדבה לא אמרתי אלא קדשים הבאים בנדר ובנדבה משמע מוציא אני את אלו ומוציא את עולת חובה הבאה ברגלים כשהוא אומר במועדיכם להביא את עולת חובה הבאה ברגלים משמע מביא את שלת חובה הבאה ברגלים ומביא את חטאת חובה הבאה ברגלים ת״ל וכי תעשה בן בקר עולה או זבח בן בקר היה בכלל ויצא מוצא מן הכלל ללמד על הכלל מה בן בקר שהוא בא בנדר ובנדבה וטעין נסכים כך כל הבא בנדר ובנדבה יטען נסכים יצאו חטאת ואשם שאין באין בנדר ובנדבה שלא יטענו נסכים.

לעשות ריח ניחוח לה׳ מן הבקר או מן הצאן למה נאמר לפי שהוא אומר ועשיתם אשה לה׳ עולה או זבח שומע אני אף עולת העוף תטען נסכים ת״ל מן הבקר או מן הצאן יצאת עולת העוף שלא תטען נסכים דברי ר׳ יאשיה, ר׳ יונתן אומר אין צריך שהרי כבר נאמר או זבח מה זבח מין בהמה אף עולה מין בהמה ומה ת״ל לעשות ריח ניחוח לה׳ מן הבקר או מן הצאן לפי שהוא אומר ועשיתם אשה לה׳ שולה או זבח שאם אמר הרי עלי עולה ושלמים שומע אני יביא משניהם כאחת ת״ל מן הבקר או כן הצאן מגיד שמביא מזה בפני עצמו ומזה בפני עצמו <ומכאן אתה למד לפסח לפי שהוא אומר שה תמים זכר בן שנה יהיה לכם כן הכבשים ומן העזים תקחו (שמות יב ה) מזה בפני עצמו ומזה בפני עצמו> אתה אומר מזה בפני עצמו ומזה בפני עצמו או יביא משניהם כאחת ת״ל ואם מן הצאן קרבנו מן הכבשים או מן העזים (ויקרא א י) והרי דברים ק״ו ומה שולה חמורה כשרה לבא מין אחד פסח הקל דין הוא שיכשר לבא מין אחד הא מה ת״ל מן הכבשים ומן העזים תקחו מזה בפני עצמו ומזה בפני עצמו איסי בן עקביא אומר לעשות ריח ניחוח לה׳ מן הבקר ומן הצאן מזה בפני עצמו ומזה בפני עצמו אתה אומר מזה בפני עצמו ומזה בפני עצמו או יביא משניהם כאחד אמרת ק״ו ומה כבשי עצרת שהם זקוקים לבא שנים כשרו לבא מין אחד עולה

[נשלמה פר' בהעלותך בע"ש עכ"ל]315

---

315. הקטע בסוגריים מופיע רק בכ"י אקספורד.

ספרי פיסקא קה–קו בהעלתך

אל ה׳ לאמר, ומה ת״ל לאמר אלא שאמר לו השיבני אם מרפא אתה אותה אם לאו עד שהשיבו הקב״ה ויאמר ה׳ אל משה ואביה ירוק ירק בפניה רבי אלעזר בן עזריה אומר בארבעה מקומות ביקש משה מלפני הקב״ה והשיבו על שאלותיו כיוצא בו אתה אומר וידבר משה לפני ה׳ לאמר הן בני ישראל לא שמעו אלי (שמות ו יב) אין ת״ל לאמר אלא שאמר לו השיבני אם אתה גואלם אם לאו עד שהשיבו הקב״ה עתה תראה את אשר אעשה לפרעה (שם א) כיוצא בו אתה אומר וידבר משה אל ה׳ לאמר יפקוד ה׳ אלהי הרוחות לכל בשר (במדבר כז טו) שאין ת״ל לאמר אלא שאמר לו השיבני אם אתה ממנה פרנסים עליהן אם לאו עד שהשיבו המקום שנאמר ויאמר ה׳ אל משה קח לך את יהושע בן נון (שם) כיוצא בו אתה אומר ואתחנן אל ה׳ בעת ההיא לאמר (דברים ג כה) אין ת״ל לאמר אלא שאמר לו השיבני אם אכנס לארץ אם לאו עד שהשיבו המקום רב לך (שם כו) אף כאן אתה אומר אין ת״ל לאמר אלא אמר לו השיבני אם מרפא אתה אותה אם לאו עד שאמר לו הקב״ה ואביה ירוק ירק בפניה.

אל נא רפא נא לה, מפני מה לא האריך משה בתפלה שלא יהיו ישראל אומרים <מפני שהיא אחותו הוא עומד ומרבה בתפלה ד״א שלא יהו ישראל אומרין> אחותו נתונה בצרה והוא עומד ומרבה בתפלה ד״א לא והו משה שמתפלל והמקום שומע תפילתו כמה שנאמר ותגזר אומר ויקם לך (איוב כב כח) ואומר אז תקרא וה׳ יענה (ישעיה נח ט) שאלו תלמידיו את ר׳ אליעזר עד כמה יאריך אדם בתפלה א״ל אל יאריך יותר ממשה שנאמר ואתנפל לפני ה׳ כראשונה את ארבעים היום ואת ארבעים הלילה (דברים ט יח) ועד כמה יקצר בתפלה א״ל אל יקצר יותר ממשה שנאמר אל נא רפא נא לה יש שעה לקצר ויש שעה להאריך (סליק פיסקא)

(קו) ויאמר ה׳ אל משה ואביה ירוק ירק בפניה הלא תכלם שבעת ימים, ר׳ אחי בר׳ יאשיה אומר שתי נויפות נזפה אלו אביה ב״ז נזפה עד שתהא מוכלמת שבעה או מה אביה ב״ז שבעה מי שאמר והיה העולם א״בעה עשר דיו לבא מן הדין להיות כנדון מה אביה ב״ז שבעה אף מי שאמר והיה העולם שבעה.

תסגר, הקב״ה הסגירה והקב״ה טימאה והקב״ה טיהרה: שבעת ימים והעם לא נסע. ללמדך שבמדה שאדם מודד בה מודדים לו מרים המתינה למשה שעה אחת שנאמר ותתצב אחותו מרחוק (שמות ב ד) לפיכך עיכב לה המקום שכינה וארון כהנים ולוים וישראל ושבעה ענני כבוד שנאמר והעם לא נסע עד האסף מרים יוסף זכה בעצמות אביו ואין באחיו גדול הימנו שנאמר ויעל יוסף לקבור את אביו ויעל עמו גם רכב גם פרשים (בראשית נ ז–ט) מי לנו גדול מיוסף שלא נתעסק בו אלא משה עצמו <משה זכה בעצמות יוסף ואין בישראל גדול ממנו שנא׳ ויקח משה את עצמות יוסף וגו׳> מי לנו גדול ממשה שלא נתעסק בו אלא הקב״ה שנאמר ויקבור אותו בגיא בארץ נבו (דברים לד ו). ר׳ יהודה אומר אלמלא מקרא שכתוב אי אפשר לאמרו הרי הוא אומר עלה אל הר העברים הזה הר נבו (שם לב מט) זה נחלת בני ראובן שנאמ׳ ובני ראובן בנו את חשבון ואת אלעלה ואת קריתים ואת נבו (במדבר לב לז) ולא נקבר אלא בתוך נחלתו של גד שנא׳ ולגד אמר ברוך מרחיב גד וגו׳ וירא ראשית לו כי שם חלקת מחוקק ספון (דברים לג כא) אלא מלמד שהיה משה נתון על ידו של הקב״ה ארבעת מילין מחלקו של ראובן לחלקו של גד ומלאכי השרת מקלסים אותו ואומ׳ צדקת ה׳ עשה ומשפטיו עם ישראל (שם) ולא משה בלבד אלא כל הצדיקים הקב״ה אוספם שנאמר והלך לפניך צדקך וכבוד ה׳ יאספך (ישעיה נח ח).

ואחר נסעו העם מחצרות, וכי שתי חצרות היו שנסעו מזו וחנו בזו אלא כיון שנסעו ישראל לא הספיקו להלוך עד ששמעו שנצטרעה מרים וחזרו וחנו לאחורידם לכך נאמר ואחר נסעו העם מחצרות (סליק פיסקא)

ונפשו לא חיה (תהלים כב ל): ולא בחידות למה נאמר לפי שהוא אומר בן אדם חוד חידה ומשול משל (יחזקאל יז ב) או כשם שאני מדבר עם הנביאים בחידות ובמשלים כך אני מדבר עם משה <ת״ל ולא בחידות>

ותמונת ה׳ יביט, זה מראה אחוריים אתה אומר זה מראה אחוריים או אינו אלא זה מראה פנים ת״ל והסירותי את כפי וראית את אחורי (שמות לג כג)<זה מראה אחוריים ופני לא יראו (שם) אילו מראה פנים ואומר> ויפרוש אותה לפני והיא כתובה פנים ואחור (יחזקאל ב י) והלא אף קלי הדעת וההדיוטות עושים כן ומה ת״ל פנים ואחור פנים בעוה״ז ואחור לעוה״ב פנים שלוותם של רשעים ויסורים של צדיקים בעוה״ז ואחור מתן שכרן של צדיקים ופורענותם של רשעים לעוה״ב וכתוב אליה קינים והגה והי (שם) קינים של רשעים שנאמר קינה היא וקננה בנות וגו׳(שם לב טז) והגה של צדיקים שנאמר עלי עשור ועלי נבל עלי הגיון בכינור(תהלים צב ד)והי של רשעים שנאמר הוה על הוה תבוא (יחזקאל ז כו).

ומדוע לא יראתם לדבר בעבדי, אין ת״ל בעבדי במשה אלא שתחת שדברתם בי דברתם בעבדי משה משל למה הדבר דומה למלך בשר ודם שהיה לו אפוטרופוס במדינה והיו בני המדינה מדברים בפניו אמר להם המלך לא בעבדי דברתם אלא בי דברתם ואם תאמרו איני מכיר במעשיו זו קשה מן הראשונה

(סליק פיסקא)

(קד) ויחר אף ה׳ בם וילך, מאחר שהודיעם סרחונם אחר כך גזר עליהם נדוי והרי דברים ק״ו ומה אם מי שאמר והיה העולם לא כעס על בשר ודם עד שהודיעו סרחונו ק״ו לבשר ודם שלא יכעוס על חבירו עד שיודיעו סרחונו. רבי נתן אומר מפני מה הודיעם סרחונם ואח״כ גזר עליהם נדוי שלא יאמרו כדרך שאמר איוב הודיעני על מה תריבני (איוב י ב) (סליק פיסקא)

(קה) והענן סר מעל האהל, משל למלך בשר ודם שאמר לפדגוג רדה את בני אבל משאלך לי רדהו מפני שרחמי האב על הבן והרי דברים ק״ו אם חס המקום על הצדיקים בשעת כעס ק״ו בשעת רצון שנאמר כה אמר ה׳ בעת רצון עניתיך (ישעיה מט ח): והנה מרים מצורעת כשלג, מלמד שנצטרעה בעזה ללמדך שנקית בשר היתה וכן הוא אומר ויאמר ה׳ לו עוד הבא נא ידך בחיקך וגו׳ (שמות ד ט) ללמדך שנקיי בשר היו: ויפן אהרן, שנפנה מצרעתו רבי יהודה בן בתירה אומר עתיד ליתן את החשבון כל מי שאומר נתנגע אהרן אם מי שאמר והיה העולם כסה עליו ואתה מגלה עליו ועתיד ליתן את החשבון כל מי שאומר צלפחד מקושש היה אם מי שאמר והיה העולם כסה עליו ואתה מגלה עליו ועתיד ליתן את הדין כל מי שאומר עקביה בן מהללאל נתנדה: ויפן אהרן אל מרים והנה מצורעת, מגיד הכתוב שכל זמן שהיה רואה אותה היתה פורחת בה.

ויאמר אהרן אל משה בי אדני אל נא תשת עלינו חטאת, אמר לו אם שוגגים היינו מחול לנו כמוידים.

אל נא תהי כמת, מה המת מטמא באוהל אף מצורע מטמא בביאה אמר אהרן נמציתי מפסיד לאחותי שאיני יכול לא לסוגרה ולא לטמאה ולא לטהרה לפי דרכנו למדנו שהיה אהרן דורש אין אדם רואה בנגעי קרוביו: אשר בצאתו מרחם אמו, מרחם אמנו אלא שכינה הכתוב בדבר: ויאכל חצי בשרו, חצי בשרנו היה צריך לומר כענין שנאמ׳ כי אחינו בשרנו הוא (בראשית לז כז).

ויצעק משה אל ה׳ לאמר אל נא רפא נא לה, בא הכתוב ללמדך דרך ארץ שכל זמן שאדם רוצה לבקש שאלותיו צריך שיאמר שנים שלשה דברי תחנונים ואחר כך יבקש שאלותיו.

[פיסקא קג]

בקשו ליכנס לתוך דברי מקום. ולומר בזה טעינו שגם בנו דברת ולא צויתנו לפרוש ולכבודך נתכוונו לרבות פריה ורביה:[308]

אמר להם המתינו עד שאדרוש. נתלמדו ק"ו לדורות שלא יכנס אדם לתוך דברי חברו:[309]

\ה"ג **הרי הוא אומר לא תוכל** [**לראות את פני**] (**שמות לג:כ**). א"כ ר"ל מראה דיבור:

אף אינן יודעין. פי' מקום שכינה (ברוך בימי):\[310]

חוץ ממלאכי השרת. ת"ק דריש **הוא** (במדבר יב:ז) מיעוט, ור' נתן דריש הוא בנאמנותו לבדו ואין אחר אפי' ממלאכי השרת דומה לו:

מראה דיבור. שהיה רואה את הדיבור בשעה שהיה מדבר עמו דכתיב **פן תשכח את הדברים אשר ראו עיניך** (דברים ד:ט):

ולא בחידות (**במדבר יב:ח**). שחידה צריכה פירוש וביאור אבל [הדבור] הוא דבר מבואר ומפורש, כשהוא אומר **והסירותי** וכו' (שמות לג:כג) ואומר **ויפרוש אותה** (יחזקאל ב:י) לאו לאיתוי ראיה למראה אחוריים אלא למדרש קרא ולומר שהצדיקים [מקבלין] במיתתן מה שהן רואיין בחייהם ומדדריש "אחור מתן שכר".[311]

ואם תאמר אין מכיר. פי' ולא ידענו שהייתה יודע היינו זו קשה וכו':[312]

[פיסקא קה]

פידגג. קרי לענן[313] שסר לאחר שנסתלקה שכינה.

שנצטרעה בעזה. היינו בהרת דתנן (משנה נגעים א:א) בהרת עזה כשלג.

נקי[י] בשר. פי' נקי משחין, אי נמי יפה בשר וקרוב להצטרע:

ד"א לא זהו שמשה מתפלל. פי' ויהרהרו לומר שאין השם מקבל תפלתו:

[פיסקא קו]

שתי נזיפות. מירוק ירק דריש:

הקדש [ב"ה] הסגירה. (**הסגירה**) **ותסגר** (במדבר יב:טו) דריש מעצמה:

וכי שתי חצרות היו. דהוה ליה [למכתב] (ויחנו) [**נסעו העם חצרות ויהיו**] שם, למה לי למכתב (ויחנו) **ויהיו בחצרות** (במדבר יא:לה) אלא אין אחר; אלא שנסעו מחצרות ונודע להם שנסגרה מרים וחזרו לחצרות להמתינה בעבור שהמתינה היא למשה:[314]

---

308. דברי הסכמה.
309. שאי אפשר להקב"ה להתבלבל והדברים היו דברי תשובה וסליחה, ק"ו לבשר ודם שקרוב לודאי יתבלבל בדבריו. השוה מועד קטן כח:ב.
310. נראה שדברים אלו אינם דברי רבינו ושייך למטה.
311. שכר ועונש בעולם הבא.
312. קשה מן הראשונה שבראשונה אמרו שבחר רשע להיות מלכם ולכן גם הוא ית' כאילו הוא צוה אלו המעשים ואפילו אם תאמר שלא כוונו דברינו נגד משה שיהיה נגד ה' כי ה' לא הכיר מי הוא ומה הוא הרי טענה זו חמור יותר מלהאשים ה' שאין דבר נעלם ממנו.
313. כ"י סמינר: לענין.
314. לראות שלומו כשהיה ביד בת פרעה.

לוחות של משה היה שנאמר בעת ההיא אמר ה׳ אלי פסל לך שני לוחות אבנים כראשונים (דברים י א) <ובמקום אחר הוא אומר והלוחות מעשה אלהים המה (שמות לב טז) ואומר> ויראו את אלהי ישראל ותחת רגליו כמעשה לבנת הספיר (שם כד י) מקיש מעשה למעשה מה מעשה האמור להלן של ספיר אף מעשה האמור כאן של ספיר: מכל האדם אשר על פני האדמה ולא מאבות ר׳ יוסי אומר אף מאבות <א״כ מה ת״ל> מכל האדם ולא ממלאכי השרת (סליק פיסקא)

(קב) ויאמר ה׳ פתאם אל משה ואל אהרן ואל מרים, ר׳ שמעון בן מנסיא אומר פתאום נתירא משה בפתאום נדבר עמו.

צאו שלשתכם אל אהל מועד, מלמד ששלשתם נקראו בדבור אחד מה שאין הפה יכולה לדבר ומה שאי אפשר לאזן לשמוע וכן הוא אומר וידבר אלהים את כל הדברים האלה לאמר (שמות כ א) אחת דבר אלהים שתים זו שמעתי (תהלים סב יב) ואומר הלא כה דברי כאש נאום ה׳ וכפטיש יפוצץ סלע (ירמיה כג כט).

וירד ה׳ בעמוד ענן ויעמוד פתח האהל, שלא כמדת בשר ודם <מדת הקב״ה> מדת בשר ודם כשהוא יוצא למלחמה יוצא בבני אדם מרובים וכשהוא יוצא לשלום אינו יוצא אלא בבני אדם מועטים אבל מי שאמר והיה העולם אינו כן אלא כשהוא יוצא למלחמה אינו יוצא אלא יחידי שנאמר ה׳ איש מלחמה ה׳ שמו (שמות טו ג) וכשהוא בא בשלום באלפים ורבבות הוא בא שנאמר רכב אלהים רבותיים אלפי שנאן (תהלים סח יח).

ויקרא אהרן ומרים ויצאו שניהם, מפני מה לא יצא משה עמהם שלא יהיו ישראל אומרים אף משה היה עמהם בכלל הכעס ד״א בא הכתוב ללמדך דרך ארץ שכל זמן שאדם רוצה לדבר עם חבירו לא יאמר לו קרב אליך אלא מושכו במה שרוצה ומדבר עמו ד״א שלא ישמע גנותו של אהרן ד״א שאין אומרים שבחו של אדם בפניו ר׳ אלעזר בן עזריה אומר מצינו שאומרים מקצת שבחו של אדם בפניו שכן מצינו בנח שנא׳ כי אותך ראיתי צדיק לפני בדור הזה (בראשית ז א) ושלא בפניו הוא אומר אלה תולדות נח נח איש צדיק תמים היה בדורותיו (שם ו ט) ר׳ אליעזר בנו של ר׳ יוסי הגלילי אומר מצינו שאומרים מקצת שבחו של מי שאמר והיה העולם שנאמר אמרו לאלהים מה נורא מעשיך (תהלים סו ג) אם אומרים מקצת שבחו של מי שאמר והיה העולם קל וחומר לבשר ודם (סליק פיסקא)

(קג) ויאמר שמעו נא דברי, אין נא אלא לשון בקשה והרי דברים קל וחומר ומה אם מי שאמר והיה העולם דבר בתחנונים ק״ו לבשר ודם ר׳ שמעון בן יוחי אומר מה ת״ל שמעו נא דברי אלא שבקשו ליכנס לתוך דברי המקום אמר להם המקום המתינו לי עד שאחריש ק״ו שלא יהיה אדם נכנס לתוך דברי חבירו.

אם יהיה נביאכם ה׳ במראה אליו אתודע או כשם שאני <מדבר עם הנביאים> בחלום ובחזיון כך <אני> מדבר עם משה ת״ל לא כן עבדי משה.

בכל ביתי נאמן הוא חוץ ממלאכי השרת ר׳ יוסי אומר אף ממלאכי השרת: פה אל פה אדבר בו, פה אל פה אמרתי לו לפרוש מן האשה.

במראה, זה מראה דיבור אתה אומר זה מראה דיבור או אינו אלא מראה שכינה ת״ל ויאמר לא תוכל לראות את פני כי לא יראני האדם וחי (שמות לג כ) ר׳ עקיבא אומר האדם כשמועו וחי אלו מלאכי השרת אמר ר׳ שמעון התימני איני כמבטל דברי ר׳ עקיבא אלא כמוסיף על דבריו אדם כשמועו וחי אלו חיות הקודש ומלאכי השרת ר׳ אלעזר ברבי יוסי אומר לא שאינן רואים אלא אף שאינן <יודעין את מקומו שנאמר ברוך כבוד ה׳ ממקומו (יחזקאל ג יב)> ומה ת״ל כי לא יראני האדם וחי כשהוא חי אינו רואה אבל רואה הוא בשעת מיתה וכן הוא אומר לפניו יכרעו כל יורדי עפר

שמעו נא דברי (במדבר יב ו): ותדבר מרים ואהרן במשה, מלמד ששניהם דברו בו אלא שמרים פתחה בדבר שלא היתה מרים רגילה לדבר בפני אהרן אלא מפני צורך השעה כיוצא בו אתה אומר ובאת אתה וקראת במגילה אשר כתבת מפי (ירמיה לו ב) ולא שהיה ברוך רגיל לדבר בפני ירמיה אלא מפני צורך השעה.

ותדבר מרים ואהרן במשה, מנין היתה מרים יודעת שפירש משה מפריה ורביה אלא שראת את צפורה שאינה מתקשטת בתכשיטי נשים אמרה לה מה לך שאין את מתקשטת בתכשיטי נשים אמרה לה אין אחיך מקפיד בדבר לכך ידעה מרים ואמרה לאחיה ושניהם דברו בו <ר' נתן אומר מרים היתה בצד צפורה בשעה שנא' וירץ הנער כיון ששמעה צפורה אמרה אוי לנשותיהם של אלו בכך ידעה מרים ואמרה לאחיה ושניהם דברו בו> והרי דברים קו ומה מרים שלא נתכוונה לדבר באחיה לגניי אלא לשבח ולא למעט מפריה ורביה אלא לרבות ובינה לבין עצמה כך נענשה המתכוון לדבר בחבירו לגניי ולא לשבח ולמעט מפריה ורביה ולא לרבות ובינו לבין אחרים ולא בינו לבין עצמו עאכ״ו והרי דברים קו ומה עוזיה המלך שלא נתכוון ליטול לו גדולה בשביל כבוד עצמו אלא בשביל קונו כך נענש המהכוון ליטול לו גדולה בשביל כבוד עצמו ולא בשביל קונו עאכ״ו.

על אודות האשה הכושית, מגיד הכתוב שכל מי שהיה רואה אותה היה מודה בנייה וכן הוא אומ' אבי מלכה ואבי יסכה (בראשית יא כט) <שאין ת״ל יסכה> אלא שהכל סכין ביופיה שנא' ויראו אותה שרי פרעה ויהללו אותה אל פרעה (שם יב טו). ר' אליעזר בנו של רבי יוסי הגלילי אומר צפורה צפו וראו מה נאה: האשה הכושית, וכי כושית היתה והלא מדיינית היתה שנאמר ולכהן מדין שבע בנות (שמות ב טז) ומה ת״ל כושית אלא מה כושי משונה בעורו כך צפורה משונה בנויה יותר מכל הנשים כיוצא בו אתה אומר שגיון לדוד אשר שר לה' על דברי כוש בן ימיני (תהלים ז א) וכי כושי היה אלא מה כושי משונה בעורו אף שאול משונה במראיו שנאמר משכמו ומעלה גבוה מכל העם (שמואל א' ט ב) כיוצא בו אתה אומר הלא כבני כושיים אתם לי בני ישראל (עמוס ט ז) וכי כושים היו אלא מה כושי משונה בעורו אף ישראל משונים במצוות יותר מכל אומות העולם כיוצא בו אתה אומר וישמע עבד מלך הכושי איש סרים (ירמיה לח ז) וכי כושי היה אלא מה כושי משונה בעורו כך היה ברוך בן נריה משונה במעשיו יותר מכל בני פלטין של מלך.

כי אשה כושית לקח עוד למה נאמר <והלא כבר נאמר> על אודות האשה הכושית אלא מה ת״ל כי אשה כושית לקח יש לך אשה נאה ביופיה ולא במעשיה במעשיה ולא ביופיה כמה שנאמר נזם זהב באף חזיר אשה יפה וסרת טעם (משלי יא כב) זאת נאה בנויה ונאה במעשיה לכך נאמר כי אשה כושית לקח (סליק פיסקא)

(ק) ויאמרו הרק אך במשה, והלא אף עם האבות דבר הקב״ה ולא פירשו מפריה ורביה: הלא גם בנו דבר ולא פירשנו מפריה ורביה: וישמע ה', מלמד שלא היתה שם בריה אלא בינן לבין עצמן דברו בו שנא' וישמע ה'. ר' נתן אומר אף בפניו של משה דברו בו שנאמר וישמע ה' והאיש משה ענו מאד אלא שכבש משה על הדבר (סליק פיסקא)

(קא) והאיש משה עניו מאד, עניו בדעתו אתה אומר עניו בדעתו או עניו בגופו ת״ל ועשית לו כאשר עשית לסיחון מלך האמורי (במדבר כא לד) ירד על סיחון והרגו ירד על עוג והרגו ד״א עניו מאד עניו בדעתו אוֹתה אומר עניו בדעתו או עניו בממונו <ת״ל גם האיש משה גדול מאד וגו' (שמות יא ג) וכן> מצינו שהספיר של

של אחוריהם מהלך יום אחד היה מלא משלוים[300] וכן מהלך יום אחד למטה היינו כל הצדדין של (אחוריהם מהלך יום אחד היה מלא משלויים וכן מהלך) פניהם; והדר פי׳ כמה היה בגובה **כאמתים** (במדבר יא:לא) וכו׳:

[פיסקא צח]

מאה כור. תימא דחמר היינו כור **ועשרה חמרים** (במדבר יא:לב) כתיב, י״ל מדכתיב **עשרה חמרים** (שם שם) ולא כתיב עשר חמר דריש עשרה פעמים עשר חמר:[301]

מלמד שטעונין שחיטה. תי׳ מאי מייתי מכעפר[302] **שאר** (תהלים עח:כז), י״ל שכל בשר שצריך לכסותו בעפר אי נמי מדקרי ליה **שאר** אלמ׳ דבר שיש בו איסור אבר מן החי כמו שיש איסור בעריות דכתיב **איש איש אל כל שאר בשרו** (ויקרא יח:ו):

הרי זה היתה בשעה שנצטרעה מרים. לפי ששנינו בסדר עולם פ׳ שמיני— י״ט שנה **עשו ישראל בקדש, וי״ט מט[ו]רפין וחוזרין לאחוריהם,** פירוש, היו הולכים וחוזרים לקדש נמצא שהיו בחצרות שני פעמים על כן אמר שזו הפעם שהיו בחצרות היה הפעם הראשון כשנצטרעה מרים שאז שלחו המרגלים ואחר שנגזר עליהם חזרו לאחוריהם ובאו לקדש ואם כן באו פעם אחרת לחצרות:

[פיסקא צט]

לפי צורך השעה. לפי שהיא שמעה מצפורה כדלקמן:

ומה עוזיהו המלך שלא נתכון וכו׳. פי׳ כשנכנס להקטיר אלא שאמר נאה למלך לשמש לפני מלך מלכי המלכים הקב״ה:

צפו ראו מה נאה. נוטריקון צפורה:

[פיסקא ק]

וישמע ה׳ (במדבר יב:ב) **והאיש** (במדבר יב:ג). סמיכות דריש:

ענו (במדבר יב:ג). היא לשון שפלות וצניעות:[303]

[פיסקא קב]

פתאום נתירא. בסנה ולא שכתוב בו ״פתאום״ אלא כשאמר לו המקום[304] (אני ה׳) [אנכי] **אלהי אביך** (שמות ג:ו) מיד **ויסתר משה פניו כי ירא** (שם שם):[305]

קל וחומר לבשר ודם. הכי הוי הקל וחומר— אם להקב״ה שאי איפשר לספר[306] כל שבחו:[307]

---

300. מלמעלה.
301. בכ״י: חומר.
302. עיין יומא עה.
303. ולכן שתק ולא אמר דבר.
304. ברית אברהם: המקום, בכה״י: במקום.
305. סימן שהדבור בא פתאום עליו.
306. ברית אברהם: ״לספר״, כה״י: ״לסדר״.
307. אפילו אם יגיד הרבה לא יגיע לאחוז שבחו אפילו הכי לפניו צריך ליזהר ולומר רק מלה (ושלא בפניו יותר הגדול הגבור והנורא), ק״ו לבשר ודם דאפשר להגיד שבחו עאכו״כ צריך ליזהר.

אני יכול לעשות לך כיוצא בו אתה אומר ואת פדויי השלשה והשבעים והמאתים (במדבר ג מו) אמר משה מה אני אעשה עכשיו כל אחד ואחד אומר כבר פדאני לוי עשה משה תקנה נטל פיתקים וכתב עליה׳ לוי ונטל פיתקים וכתב עליהם כסף חמשת שקלים ובללם והטילם בקלפי אמ׳ להם באו וטלו פיתקיכם כל מי שנטל פיתקו וכתוב היה עליו בן לוי אומר לו כבר אתה פדוי ומי שנטל פיתקו וכתוב עליו כסף חמשת שקלים היה משה אומר לו צא ותן פדיונך ר׳ שמעון אימר במחנה נשתיירו לפי שראו את משה שמברר לו הזקנים אמרו אין אנו כדיי לגדולה זו הלכו והטמינו את עצמם אמר להם המקום אתם מעטתם את עצמכם אני אגדל אתכם יותר מכולם בשבעים זקנים אומר ויתנבאו ולא יספו נתנבאו לפי שעה <ופסקו> באלדד ומידד הוא אומר ויתנבאו במחנה שהיו מתנבאים עד יום מותן ומה היו אומרים משה מת ויהושע מכנים את ישראל לארץ (סליק פיסקא)

(צו) וירץ הנער ויגד למשה, יש אומרים זה יהושע כענין שנאמר ומשרתו יהושע בן נון נער (שמות לג יא) ר׳ שמעון אומר הרי הוא אומר ויען יהושע בן נון משרת משה מבחוריו ויאמר אדני משה כלאם הא לא היה ראשון יהושע.

אדני משה כלאם, אמר לו רבוני משה כלם מן העולם לבני אדם שבשרוני בשורה רעה זו ד״א אוסרם בזיקים ובקולרות כמה שנאמ׳ ונתתם אותו אל בית הכלא (ירמיה לז יח).

ויאמר לו משה המקנא אתה לי, אמר לו יהושע בך אני מקנא לואי אתה כיוצא בי ולואי כל ישראל כיוצא בך ומי יתן כל עם ה׳ נביאים.

ויאסף משה אל המחנה, מלמד שלא הביא עליהם המקום הפורענות עד שנכנסו כל הצדיקים במחנה (סליק פיסקא)

(צז) ורוח נסע מאת ה׳ ויגז שלוים, מלמד שהיתה פורחת כגיזים האלו של צמר: ויגז שלוים מן הים, י״א הרגה בירידתה יותר ממה שהרגה באכילתה: ויטוש על המחנה כדרך יום כה, כלפי צפון וכדרך יום כה כלפי דרום ר׳ שמעון אומר כדרך יום כה מלמעלן וכדרך יום כה מלמטן.

וכאמתים על פני הארץ, מלמד שהיתה פורחת ועולה על רום מן הארץ שתי אמות כדי שלא יהיו מצטערים עליה בשעת לקיטתה (סליק פיסקא)

(צח) ויקם העם כל היום ההוא וכל הלילה וכל יום המחרת ויאספו את השלו הממעיט, אל תהי קורא הממעיט אלא הממעט העצלים הקטעין והחיגרים שבהם כנסו להם מאה כור.

וישטחו להם שטוח, רבי יהודה אומר אל תהי קורא וישטחו אלא וישחטו מלמד שטעונים שחיטה רבי אומר אין צריך שהרי כבר נאמר וימטר עליהם כעפר שאר וכחול ימים עוף כנף (תהלים עח כז) מלמד שטעונין שחיטה ומה ת״ל וישטחו להם שטוח מלמד שהיתה עשויה משטיחים משטיחים סביבות המחנה. יכול כדרך שכנסו הימנו הרבה כך אכלו ממנו הרבה ת״ל הבשר עודנו בין שיניהם כיון שהיה נותנו לתוך פיו לא היה מתחיל לפוסקו עד שנשמתו יוצאה כענין שנאמר לא זרו מתאותם עוד אכלם בפיהם ואף אלהים עלה בהם ויהרוג במשמניהם (שם לא).

ואף ה׳ חרה בעם וגו׳, מלמד ששלח עליהם המקום מכה קשה שלא היה כיוצא בזו מיום שיצאו ממצרים.

ויקרא שם המקום ההוא קברות התאוה, יכול שהיה שמו מקודם תלמוד לומר כי שם קברו את העם המתאוים על מה שאירע נקרא ולא היה שמו מקודם.

מקברות התאוה נסעו העם חצירות, הרי זו היתה בשעה שנצטרעה מרים (סליק פיסקא)

(צט) ותדבר מרים ואהרן במשה, אין דיבר בכל מקום אלא לשון קשה וכן הוא אומר דבר האיש אדוני הארץ אתנו קשות (בראשית מב ל) וידבר העם באלהים ובמשה (במדבר כא ה) הא אין דיבר בכל מקום אלא לשון קשה ואין אמירה בכל מקום אלא תחנונים וכן הוא אומר ויאמר אל נא אחי תרעו (בראשית יט ז) ויאמר

(צג) וירדתי, זו אחת מעשר ירידות שכתובות בתורה: ודברתי עמך ולא עמהם: ואצלתי מן הרוח אשר עליך ושמתי עליהם, למה משה דומה באותה שעה לנר שמונח על גבי מנירה ודלקו ממנו נרות הרבה ולא חסר אורו כלום כך לא היתה חכמתו של משה חסרה כלום: ונשאו אתך במשא העם למה נאמר לפי שהוא אומר איכה אשא לבדי טרחכם ומשאכם ורבכם (דברים א יב) לכך נאמר ונשאו אתך במשא העם (סליק פיסקא)

(צד) ואל העם תאמר התקדשו למחר, אין התקדשו אלא התקינו עצמכם לפורענות כשם שהוא אומר התיקם כצאן לטבחה והקדישם ליום הרינה (ירמיה יב ג) ואומר קדשו צום קראו עצרה (יואל ב טו) ואומר וקדשתי עליך משחיתים איש וכליו (ירמיה כב ז).

כי בכיתם באזני ה׳ לאמר מי יאכילנו בשר לא יום אחד תאכלו עד חודש ימים. בכשרים הוא אומר עד חודש ימים כשמתמצים ומתמטים על מטותיהם ואח״כ היתה נשמתם יוצאה ברשעים הוא אומר הבשר עודנו בין שיניהם כיון שהיה נותנו לתוך פיו לא היה מגיע לפוסקו עד שנשמתו יוצאה: והיה לכם לזרא שתהו מרחיקים אותו יותר ממה שהייתם מקרבים אותו.

יען כי מאסתם את ה׳ אשר בקרבכם. אמר להם המקום לישראל מי גרם לכם שתיכנסו לדברים הללו שנתתי שכינתי ביניכם שאלו סלקתי שכינתי מביניכם לא נכנסתם לתוך דברים הללו לכך נאמר יען כי מאסתם את ה׳ אשר בקרבכם

(סליק פיסקא)

(צה) ויאמר משה שש מאות אלף רגלי, רשב״י אומר ר׳ עקיבא היה דורש בו דבר אחד ואני דורש בו שני דברים ודבריי נראים משל רבי הרי הוא אומר הצאן ובקר ישחט להם ומצא להם אפילו אתה מכנים להם כל צאן ובקר ספיקן הן להן ואני אומר וכי מפני שאין להם בשר לאכול הם מתרעמים והלא כבר נאמר ביציאתם ממצרים וגם ערב רב עלה אתם וצאן ובקר (שמות יב לח) יכול שאכלום במדבר ת״ל ומקנה רב היה לבני ראובן ולבני גד (במדבר לב א) אלא שמבקשים עלילה היאך לפרוש מאחרי המקום אם את כל דגי הים יאסף להם אפילו אתה מכנים להם דגים לאכול היו מתרעמים והלא הלכה עמהם באר במדבר והיתה מעלת להם דגים שמנים יותר מצרכם אלא שמבקשים עלילה היאך לפרוש מאחרי המקום ד״א לפי שהראהו המקום למשה סדר פורענות העתידה לבוא עליהן אמר משה לפני המקום אדוני כלום הגון להם שתתן להם ותהרגם אומרים לחמור טול כור של שעורים ונחתוך ראשך אומרים לאדם טול ככר <זהב> ורד לשאול אמר לו אם לאו מה אתה אומר אמר לו הריני הולך ומפייסם אמר לו עד שאתה כאן אני אומר לך שאין שומעים לך כיון שהלך משה אצלם אמר להם היד ה׳ תקצר הן הכה צור ויזובו מים ונחלים ישטופו הגם לחם יוכל תת אם יכין שאר לעמו (תהלים עח כ) אמרו פשרה היא זו אין בו כח לתת אלינו שאלתינו.

ויצא משה וידבר אל העם וירד ה׳ בענן וישארו שני אנשים במחנה, יש אומרים בקלפי נשתיירו לפי שאמר לו הקב״ה למשה לבור לו שבעים זקנים אמר משה מה אני עושה הרי הם נופלים ששה וששה לכל שבט ושבט וחמשה חמשה לשני שבטים איזה שבט מקבל עליו לבור ממנו חמשה עשה משה תקנה נטל שבעים פיתקים וכתב עליהם זקן ונטל שני פיתקים חלקים ובללן והטילם לתוך קלפי אמר להם באו וטלו פיתקיכם כל מי שנטל פיתק וכתוב עליו זקן היה אומר לו משה כבר קידשך המקום וכל מי שהיה נוטל פיתק שלא היה כתוב בתוכו זקן היה משה אומר לו מן השמים הוא מה

[פיסקא צג]
אחד מעשר ירידות. בפרקי ר׳ אליעזר (פרק יד) חשיב להו:
ואצלתי. לשון אצילות וריבוי:[290]

[פיסקא צד]
[**בכשרים...ברשעים**]. ה״רשעים״ קורא לאותן שהתחילו בדבר דכתיב **והאספסוף וגו׳** (במדבר יא:ד), ״כשרים״ קורא לאותם שכתיב בהם **וישובו ויבכו גם בני ישראל** (שם שם):
כשמתמצין.[291] כלומר מהבשר ואח״כ מטין על מטותיהן ומתים:

[פיסקא צה]
ר׳ עקיבא היה דורש וכו׳. נראה דלר׳ עקיבא היה אומר משה שלא יוכל[292] להספיק להם והיינו דאמר לו המקום ב״ה **היד ה׳ תקצר** (במדבר יא:כג), ור׳ שמעון דריש ליה בתמיה וכו׳ בעבור צאן ובקר הם מבקשים עלילה[293] היאך לפרוש,[294] ואמר לו המקום ב״ה **היד ה׳ תקצר** (במדבר:כג) אני אבטל עלילה שלהם:
דבר אחר לפי שהראהו וכו׳. והאי **ומצא להם** (במדבר יא:כב) לשון מיתה כמו (ו)**למות תוצאות** (תהילים סח:כא) ואמר לו המקום ב״ה יותר טוב שימותו ולא תקצר ידי[295] אי נמי משה אמר לאחר שהלך לפייס ולא קבלו כדמפרש ואזיל:
בקלפי. כמין ארגז:
ובללן. עירבן:
במחנה נשתיירו. פי׳ [הת״ק] שלא באו ליטול פתקיהם (כלם) [בשביל][296] **שמיעטו עצמן**, אלא שר׳ שמעון סבר שלא הוצרך לקלפי דמעיקרא הטמינו עצמן:
ה״ג בך אני מקנא[297] **ולואי אתה כיוצא בי.** ואי גרסינן ולואי אני כיוצא בך הוי לשון ענוה.[298]

[פיסקא צז]
[**כגיזים**]. נראה דגרסינן **שהיתה פורחת כגיזין האלו**— וכמו דבש הגיזין (שבת קו עמ׳ ב)[299] והם מיני דבורים שעושין דבש:
כדרך יום כה (במדבר יא:לב) **מלמעלה וכו׳.** היה לו לומר אורך ורוחב אלא כתב למעלה לומר של צד אחור המחנה קרי ״למעלה״ [וכל צד פנים המחנה קרי ״למטה״] ולומר שכל הצדדין

---

290. אולי הכוונה לשפע שנאצל מהקב״ה והרב דוד פרדו כתב בפירושו על ספרי במ׳ צג: והוא מלשון אצילות ממש דכשם שממלכות דאצילות יורד השפע והחיות לבריאה יצירה ועשיה ואין אורה חסר כלום כך יהיה בדידך נמי.
291. מצטערים.
292. שאפילו ה׳ לא יכול להשביעם.
293. טענה בעלמא.
294. ולברוח מה׳ ותורתו.
295. ולא יחשבו שאין בידי לענש אותם.
296. השוה פירוש הרב סולימן אוחנא שדחה פירוש זה.
297. כן בברית אברהם ובכה״י ״מתקנא״.
298. אבל אין הבדל במובנו.
299. עין פירש״י לבכורות ז עמ׳ ב.

עושה לי הרגני נא הרוג הא יפה לי להרגני תחילה ואל אראה בפורענות העתידה לבוא עליהם (סליק פיסקא)

(צב) ויאמר ה׳ אל משה אספה לי שבעים איש למה נאמר לפי שהוא אומר לא אוכל אנכי לבדי אמר לו המקום מה שבקשת נתתי לך.

אספה לי שתהא סנהדרין לשמי שבכל מקום שנאמר לי הרי זה קיים לעולם ולעולמי עולמים בכהנים הוא אומר וכהנו לי (שמות כח מא) בלוים הוא אומר והיו לי הלוים (במדבר ח יד) בישראל הוא אומר כי לי בני ישראל עבדים (ויקרא כה נה) <בארץ הוא אומר כי לי הארץ (שם כג)> בבכורות הוא אומר כי לי כל בכור בבני ישראל (במדבר ח יז) במקדש הוא אומר ועשו לי מקדש (שמות כה ח) במזבח הוא אומר מזבח אדמה תעשה לי (שם כ כד) בשמן המשחה הוא אומר שמן משחת קודש יהיה זה לי (שם ל לא) במלכות הוא אומר כי ראיתי בבניו לי מלך (שמואל א׳ טז א) בקרבנות הוא אומר להקריב לי במועדו (במדבר כח ב) הא בכל מקום שנאמר לי הרי זה קיים לעלם ולעולמי עולמים.

שבעים איש, שתהא סנהדרים של שבעים: שבעים איש, שיהו בעלי חכמה בעלי גבורה וותיקים ופסיפים.

מזקני ישראל, לא במקום אחד ולא בשנים המקום חולק כבוד לזקנים ובכל מקום שאתה מוצא זקנים המקום חולק כבוד לזקנים כיוצא בו אתה אומר לך ואספת את זקני ישראל (שמות ג טז) וילך משה ואהרן ויאספו את כל זקני בני ישראל (שם ד כט) ואל משה אמר עלה אל ה׳ אתה ואהרן נדב ואביהוא ושבעים מזקני ישראל (שם כד א) ואל הזקנים אמר שבו לנו בזה עד אשר נשוב אליכם (שם יד) ויהי ביום השמיני קרא משה לאהרן ולבניו ולזקני ישראל (ויקרא ט א) הא בכל מקום שאתה מוצא זקנים המקום חולק כבוד לזקנים רבי שמעון בן יוחי אומר מנין שאף לעתיד לבא כן המקום חולק כבוד לזקנים שנ׳ וחפרה הלבנה ובושה החמה כי מלך ה׳ צבאות בהר ציון ובירושלם ונגד זקניו כבוד (ישעיה כד כג) <נגד מלאכיו נגד נביאיו לא נאמר אלא ונגד זקניו כבוד> והרי דברים קו ומה אם מי שאמר והיה העולם עתיד לחלוק כבוד לזקנים קו בשר ודם <שחייב> לחלוק כבוד לזקנים וכן אתה מוצא שהמקום מצטער על זקן אחד כנגד כל ישראל שנאמר קצפתי על עמי חללתי נחלתי כביכול מחוללים על הכל אבל על זקן הכבדת עולך מאד (ישעיה מז ו).

אשר ידעת כי הם זקני העם, אתה צריך לידע אם ברורים הם לפני: כי הם זקני העם, מלמד שאין אדם יושב בישיבה של מטה אלא א״כ יושב בישיבה של מעלה עד שהבריות מרננות עליו ואומרות איש פלוני כשר וחסיד ונאה להיות חכם.

ושוטריו, כמה שנאמר ויראו שוטרי בני ישראל אותם ברע לאמר אמר המקום הואיל וראו עמהן בצער ההוא של מצרים יבואו ויראו ברווח עמהן.

ולקחת אותם אל אהל מועד, אמר לו קחם בדברים תחילה אמור להם דברי שבח אשריכם שנתמניתם וחזור ואמור להם דברי פגם היו יודעים שטורחנים וסורבנים הם על מנת כן תהו מקבלים עליכם שיהו מקללים אתכם וסוקלים אתכם באבנים מה שהתנתי עמך התנה עמהם.

והתיצבו שם עמך, הכניסם עמך אל אהל מועד ויהיו כל ישראל נוהגים בהם אימה ויראה וכבוד כמו שנוהגים בך ויהיו אומרים חביבים אלו שנכנסו עם משה לשמוע דבור מפי הקב״ה (סליק פיסקא)

[פיסקא צא]

היכן דבר לו. כלומר [**כי תאמר אלי**] **שאהו בחיקך**,[278] **ומשני לך נחה וגו׳** (שמות לב:לד), ופריך אכתי **דבר תלי בדלא תלי**— כלומר משום אין ראיה, דהא אמר לו **הנה מלאכי ילך לפניו** (שם שם):[279]

ספלקטור. תרגום ירושלמי **שר הטבחים** (בראשית מא:י) רב ספקלטוריא:

[פיסקא צב]

שתהא סנהדרין של שבעים. היינו סנהדרי גדולה שבלשכת הגזית ונשיא על גביהן דהכא נמי משה על גביהן, אבל ליכא למימר שבעים בהדי נשיא דאין עושין בית דין שקול:

שיהו בעלי חכמה. מאיש (במדבר י:טו) דריש, משמע שכל איש מהם יודע סברות של שבעים:

ותיקין. בנו״ן גרסינן:[280]

בסינס.[281] [כך] כתוב בספר, ונראה לי שהוא טעות ואי גרסינן ״בסינר״ יהיה פירוש מזורזין בצניעות, דסינר של אשה היא חוגרת בו לצניעות, אי נמי ״בסיני״:

רבי שמעון בן יוחי וכו׳. מכלל דסתמא דלעיל לאו רבי שמעון, ואם לא היה מביא אלא קרא **דוחפרה** (ישעיהו כד:כג) הייתי אומר דלא בא לחלוק אלא להוסיף[282] אלא מדמייתי כולהו קראי פליגי; ונראה לי דתנא קמא דאמר חולק כבוד[283] לזקנים היינו להקדימן[284] אבל אינו חולק להם מכבוד שכינה וקרא **דוחפרה** (שם שם) דמשמע כבוד שכינה הכי פירושו ״ונגד זקיניו״ מתגלה כבוד שכינה, לכל העולם,[285] כדי שידעו **שמלך ה׳ צבאות** (ישיעהו כד:כג) ואין בלעדיו, ור׳ שמעון מייתי ברישא ההוא **דוחפרה** משום דסבר שבכל מקום[286] חולק להם כבוד שכינה וה״פ **ונגד זקיניו** [**כבוד**] (ישעיהו כד:כג) [ונגד זקיניו] יהיה כבוד שכינה כדכתיב **יהי כבוד ה׳ לעולם** (תהילים קד:לא):

ה״ג **קצפתי על עצמי**[287] **וגו׳** (ישעיהו מז:ו) יכול מחל להן על הכל ת״ל **על זקן הכבדת עולך מאד** (ישעיהו מז:ו). ומדכתיב **נתתי את ידידות נפשי ביד אויביה** (ירמיהו יב:ז) משמע קצת דמחל להם לאומות, להכי [אמר] **על זקן** וגו׳ (ישעיהו מז:ז) דמשמע שמתרעם מהם על מה שהכבידו:[288]

יראו עמהם בריות. ל״ג שכן [כתוב **ולקחת** (במדבר יא:טז)]:[289]

---

278. משמע דבר אליו מקודם. ופריך היכן אמר לו.
279. ולא על משה לבדו להנהיגם ולטרוח עצמו עליהם.
280. ולא גרסינן ותיקים.
281. לפנינו בספרי: פסיפים\פסיפס.
282. גם בעולם הבא.
283. ולא הכבוד.
284. לפי סדר הפסוק מקדימין כבודם אהרון, בניו ,זקני ישראל וכו׳.
285. בשביל כל באי עולם.
286. גם בעולם הזה גם בעתיד לבא ודווקא (=בכל מקום) לזקנים.
287. כינוי לעם ישראל.
288. שהזיקו זקן יותר מן המדה ולכן יפרע מהן על זה ואולי ר״ל שיפרע מהן גם על מה שעשו לישראל אבל אם לא הזיקו לזקן לא היה מתרעם מהם כלל וצ״ע.
289. כך בכמה כתבי יד של הספרי.

מה דד זה [**שהוא מין**[263] **אחד ו**]**משתנה לכמה מינין.** לכל מינין שהאשה אוכלת:[264]

כך ישראל מצטערין בשעה שפרשו מן המן. מ[ו]**לא היה עוד לבני ישראל מן** (יהושע ה:יב) דריש:

אלו היה בידן [**של ישראל**] **מאותו קמיצה.** פירוש, משה רבינו נפטר בשבעה באדר ובאותו יום לקטו מן וקורא לו קמיצה על הממעיט לא החסיר; וממה שלקטו באותו יום אכלו עד לאחר שהקריבו העומר דהיינו מ' יום— כ"ג מאדר[265] וי"ז מניסן[266]— ויליף לה מדכתיב **ויאכלו מעבור הארץ ממחרת הפסח מצות וקלוי** (יהושע ה:יא) ורוצה לומר ממחרת שחיטת הפסח[267] אכלו מצה מן הישן[268] ולמחרתו שהיה י"ו בניסן הקריבו עומר[269] ואח"כ אכלו קלוי מן החדש,[270] וכתיב **וישבות המן ממחרת** (יהושע ה:יב)[271] שאכלו מעבור הארץ קלוי דהיינו בי"ז בטל לגמרי אבל עד השתא לא בטלה[272] (אע"פ)[273] [מה] שהיה יורד להם, אע"ג דאמר לעם יהושוע **הכינו לכם צדה כי בעוד שלשת ימים אתם עובדים את הירדן** (יהושע א:יא) שלא היו יודעים שיעשה להם נס:[274]

כמין סקוטלא. בגד עב שמציעין אותו על גבי קרקע לפרוס עליו פירות שלא יתלכלכו:

דלוסקמא. שק, כך גליד מלמטה וטל מלמעלה ומן שמור באמצע:[275]

[**פיסקא צ**]

[**הקב"ה ממיך**] **ומשה מגביה.** [קס"ד] את ישראל והכי פירושו, **ויחר אף ה' מאד ובעיני משה רע** (במדבר יא:י)—מה שחרה אפו של מקום כל כך אבל אי איפשר לפרש איפכא במעשה העגל אלא [צ"ל] **ממיך** את העבירה, ומשה מגביה, דגבי מקום לא כתיב "אף" אלא "חרון אף"[276] לפי שעה, ובעיני משה היה רע יותר מה שעשו **"אבל במעשה העגל"** כתיב **הרף ממני ואשמידם** (דברים ט:יד) ומשה אמר **למה ה' יחרה אפך בעמך** (שמות לב:יא):[277]

---

263. חלב.
264. שהתינוק יטעום כל המאכלים שהמינקת אכלה.
265. מיום פטירת משה עד סוף אדר היה כ"ג יום לפי שחדש אדר חסר. וכן התוספתא סוטה י"א סופר כ"ג יום. אבל בסדר עולם והמכילתא (בשלח) ויסע פ' ה' אדר היה מלא ולכן מונים כ"ד יום.
266. והמכילתא סופר טז כפי פשט הפסוק ביהושע (ה:יב) המן הפסיק בעצם היום שהקריבו העומר בט"ז ניסן. אבל רבינו נאלץ לפרש שלא הפסיק עד י"ז שיעלה לו מ' יום. ולפי תוספתא סוטה לא היה המן נשאר בכליהם אלא ל"ט יום. ורש"י בפירושו לבשלח טו אומר רק שהמן היה בכליהם מז' אדר עד ט"ז ניסן ולא פירט מספר הימים. והברייתא קידושין לח עמ' א סופרת מ' יום ורש"י פירש שאדר תמיד חסר ולכן מבו ביום של הז' עד כ"ט יש כ"ג יום. ורבינו רוצה לכוון מ' יום היות שאדר חסר ואם כן האריכו הימים עד י"ז ניסן ונראה שפיתרון זה הוא הפיתרון במדרש שכל טוב לשמות טו.
267. שחיטת פסח היא בי"ד.
268. מחרתו הוא טו.
269. כהלכתו בט"ז.
270. א"כ אכלו בט"ז ולמה לא בטל קמיצת המן בו ביום. ופירוש הפסוק הוא כפירוש רבינו תם לר' אברהם ן' עזרא (תוספות קדושין לז עמ' ב) ופיצל הפסוק לשנים כמו רבינו.
271. דהוא יום אחר ט"ו. וכן פירש בשכל טוב לשמות ט"ו.
272. רוצה לומר שכן בטל המן בט"ז ניסן אבל לא לגמרי שהיה נשאר להם טיפה עד י"ז. ופירש "ממחרת שאכלו" שהוא יום אחרי יום הקרבת העומר.
273. כך בכל בעדים של הפירוש ונ"ל כטעות סופר.
274. שיהיה להם מן בארץ עד אחר זמן הקרבת העומר.
275. ובמכילתא "כגליד" דעת רבי יהושע, ו"כטל" דעת רבי אלעזר המודעי.
276. עיין זבחים קב עמ' א.
277. נראה ש"אבל...בעמך" הוספה מן הגליון.

ספרי פיסקא פט בהעלתך

וגו׳ (יהושע ה יב) משל אומרים לאדם מפני מה אתה אוכל פת שעורים אמר להם מפני שאין לי פת חטים מפני מה אתה אוכל חרובים אמר להם מפני שאין לי דבילה כך אלו היתה בידן של ישראל מאותה קמיצה שקמצו ביום שמת בו משה שאכלו ממנו כל ארבעים יום לא רצו לאכול מתבואת ארץ כנען.

וברדת הטל על המחנה לילה ירד המן עליו, מלמד שהיה יורד על האיסקופים ועל המזוזות <או לפי שהיה יורד על האיסקופין ועל המזוזות> יכול יהיו אוכלים אותו מטונף ומלוכלך ת״ל והנה על פני המדבר דק מחוספס (שמות טז יד) כגליד היה יורד תחילה ונעשה לארץ כמין אסקוטלא והמן יורד עליו ומשם היו ישראל מלקטים ואוכלים הרי למטה אבל למעלה יכול יהיו השקצים והזבובים שוכבים עליו ת״ל ותעל שכבת הטל (שם) מלמד שהיה מונח כאלו מונח בתוך דלוסקמא והם קורים קריאת שמע ומתפללים ואדם יוצא לפתח ביתו ומלקט פרנסתו ופרנסת ביתו ואח״כ וחם השמש ונמס כיוצא בדבר ר׳ שמעון אומר מפני מה לא היה יורד מן לישראל פעם אחת בשנה כדי שיהפכו את לבן לאביהם שבשמים משל למה הדבר דומה למלך שגזר על בנו להיות מפרנסו פעם אחת בשנה ולא היה מקביל פני אביו אלא בשעת פרנסתו פעם אחת חזר וגזר עליו להיות מפרנסו בכל יום אמר הבן אפילו איני מקבל פני אביו אלא בשעת פרנסתי דיי לי כך ישראל היו בביתו של אדם חמש זכרים או חמש נקבות היה יושב ומצפה ואומר אוי לי שמא לא ירד המן למחר ונמצינו מתים ברעב יהי רצון מלפניך שירד ונמצאו הופכים את לבם לשמים כיוצא בדבר ר׳ דוסתאי בר׳ יוסי אומר מפני מה לא ברא המקום חמים בירושלים כחמי טבריה כדי שלא יאמר אדם לחבירו נלך ונעלה לירושלם הא אם אין אנו עולים אלא בשביל רחיצה אחת דיינו ונמצית עליה שלא לשמה (סליק פיסקא)

(צ) וישמע משה את העם בוכה למשפחותיו. היה רבי נהוראי אומר מלמד שהיו ישראל מצטערים בשעה שאמר להם משה לפרוש מן העריות ומלמד שהיה אדם נושא את אחותו ואחות אביו ואחות אמו ובשעה שאמר להם משה לפרוש מן העריות היו מצטערים.

בוכה למשפחותיו. לפי שנבה לכם בחט נזדווגו משפחות משפחות והיו אומרים את הדבר ברבים.

איש לפתח אהלו. מלמד שהיו ממתינים למשה עד שיוצא מפתח בית המדרש והם יושבים ומתרעמים.

ויחר אף ה׳ מאד ובעיני משה רע. כאן הקב״ה ממיך ומשה מגביה אבל במעשה העגל הקב״ה מגביה ומשה ממיך (סליק פיסקא)

(צא) ויאמר משה אל ה׳ למה הרעות לעבדך האנכי הריתי את כל העם הזה ואם אנכי ילדתיהו. והיכן דבר לו כן בשעה שאמר לו ועתה לך נחה את העם אל אשר דברתי לך (שמות לב לד) עדין דבר תלי בדלא תלי ת״ל וידבר ה׳ אל משה ואל אהרן ויצום אל בני ישראל (שם ו יג) אמר להם היו יודעים שסרבנין וטרחנין הם אלא על מנת שתקבלו עליכם שיהו מקללים אתכם וסוקלים אתכם באבנים: מאין לי בשר, וכי אחד הוא או שנים לסובלם.

לא אוכל אנכי לבדי וגו׳ ואם ככה את עושה לי הרגני נא הרוג. לפי שהראה הקב״ה למשה סדר פורענות העתידה לבוא עליהם היה ר׳ שמעון אומר משל למה הדבר דומה לאחד שיצא ליהרג הוא ובניו אמר לספקלטור הרגני עד שלא תהרוג את בניי לא כשם שנ׳ בצדקיהו וישחט מלך בבל את בני צדקיהו לעיניו ואחר כך ואת עיני צדקיהו עור (ירמיה נב יא) כך אמר משה לפני המקום אם ככה את

מן היה משתנה להם לכל דבר. ואם תאמר אם כן למה הזכירו קישואים (**במדבר יא:ה**) **וחביריו**, י״ל דאפילו על אלו שהם קשים היו מתרעמים שלא היו רואין אלא מן:

[פיסקא פח]

עתיד ליתפח. לשון יבשה (במדבר יא:ו) דריש:

אמרו לו לרבי שמעון. חביריו משום דסתם ספרי רבי שמעון:

אבירים (**תהלים עח:כה**). דורש לשון איברים:

הכי גרסינן אתה סבור מי שאמר זה אמר זה מי שאמר זה לא אמר זה (וקאמר) [ואמר יש׳] **בלתי אל המן עינינו** (**במדבר יא:ו**) **והמן כזרע גד הוא** (**במדבר יא:ז**):

כענין שנאמר וזהב הארץ וגו׳ (**בראשית ב:יב**). מדכתיב בסיפיה **שם הבדולח** (**בראשית ב:יב**) וגבי מן כתיב כעין הבדולח (במדבר יא:ז:

כיוצא בדבר. דמי שאמר זה לא אמר זה:

גם איש היה מתנבא (**ירמיהו כו:טז**). סמיך ליה המת המתהו (ירמיהו כו:יז):

חי ה׳ (**רות ג:יג**). אמר ליצרו:

שכבי עד הבקר (**רות ג:יג**). אמר אל רות:

[פיסקא פט]

לפתח ביתו. שטו (במדבר יא:ח) דורש פרישה— יפרוש זרועותיו חוץ לביתו [ו]מיד (ו)מלקט:[256] ת״ל [**או**] **במדוכה** (**במדבר יא:ח**).[257] ודרך תכשיטי נשים לדוכן במדוכה:

והלא לא ירד לקדרה. שא״כ יש לו טורח ולא ניתן להם המן אלא להיות מזונותיהן בלא טורח, אי נמי מדכתיב **ובני ישראל אכלו את המן** (שמות טז:לה) משמע כמות שהוא בלא שום תיקון:[258]

״לקטו״ ״ולקטו״. שטו העם ולקטו (במדבר יא:ח), ומצי למיכתב לקטו וכתוב וא״ו יתירא:[259]

הכי גרסינן והיה טעמו כטעם לשד השמן (**במדבר יא:ח**) **לשון טורקוס.** ופי׳ טעמים הרבה מעורבים,[260] פירוש אחר מלשון טורקנין[261] בפרק [כיצד] מברכין (ברכות לז עמ׳ ב) [ו] מכל מקום צריך לומר שמערבין בה תבלין ליתן טעם; ונוטריקון הוא לש״ד— **לש דברים הרבה:**[262] **שלש לשונות.** ל׳ ליש, ש׳ שמן, ד׳ דבש:

---

256. בלי עמל ובלי לצאת מן הבית.
257. עיין יומא עה ורש״י פירש הענין שהנשים היו דוכות במדוכה לרכות תכשיטיהן בבשמים ומתקשטות בהן להיות ריחן ערב לבעליהן.
258. ולשון מן ר״ל מן המוכן לשון וימן ה׳ דג (יונה ב:א).
259. לרבות שאר הנלקטין.
260. עיין שבת קי עמ׳ א והתם איתא לטרוקניהו ודרך זה יעלה הריח.
261. לפנינו טרוקנין ונראה שהן מין לביבות אפוי בתוך גומא וגם לפי פירוש זה צ״ל שלשון טרוק מורה על טעמים המעורבים בהן.
262. ונראה לפי מה שפירש רש״י בפסוק (במדבר יא:ח) שרש״י היה גורס כן בספרי אבל לרבינו אין זו הגירסה אלא פירוש הדבר.

ספרי פיסקא פח—פט בהעלתך

(שמואל א׳ ד ח) עד כאן אמרו צדיקים אבל רשעים אמרו אלה הם האלהים המכים את מצרים בכל מכה במדבר (שם) אמרו עשר מכות היו לו והביאם על המצריים שוב אין לו מכה מעתה אמר להם המקום אתם אומרים שאין לי מכה מעתה מכה אביא עליכם שלא נהייתה מעולם והיה אחד מהם יושב בטחור ועכבר יוצא מן התהום ושומט את בני מעיו וחוזר לתהום וכן הוא אומר ותכבד יד ה׳ על האשדודים (שם ה ו) כיוצא בו ויאמרו השרים וכל העם אל הכהנים ואל הנביאים אין לאיש הזה משפט מות כי בשם ה׳ אלהינו דבר אלינו מהו אומר ויקומו אנשים מזקני הארץ ויאמרו אל כל קהל העם לאמר מיכה המורשתי היה ניבא בימי חזקיה ההמת המיתוהו חזקיה מלך יהודה (ירמיה כו טז יז) עד כאן אמרו צדיקים אבל רשעים מהם אומרים גם איש היה מתנבא בשם ה׳ אוריהו בן שמעיהו וגו׳ וישמע המלך יהויקים וכל גבוריו וכל השרים את דבריו ויבקש המלך להרוג וישלח המלך יהויקים אנשים על מצרים ויוציאו את אוריהו ממצרים ויביאוהו אל המלך יהויקים ויכהו אמרו כשם שאוריה נהרג כך ירמיהו חייב ליהרג אך יד אחיקם בן שפן היתה את ירמיה לבלתי תת אותו ביד העם להמיתו (שם כ—כג) כיוצא בו חי ה׳ שכבי עד הבוקר (רות ג יג) לפי שהיה יצר הרע יושב ומצערו כל הלילה ואומר לו אתה פנוי ומבקש אשה והיא פנויה ומבקשת איש ואתה למד שהאשה נקנית בבעילה עמוד ובוא אליה ותהי לך לאשה נשבע ליצרו הרע ואמר לו חי ה׳ אם אגענה ולאשה אמר שכבי עד הבוקר אף כאן אתה אומר אין כל בלתי אל המן עינינו את סבור מי שאמר זה אמר זה לא מי שאמר זה אמר זה ישראל אומרים בלתי אל המן עינינו והמקום מפיים את כל באי העולם ואומר להם בואו וראו על מה אלו מתרעמים לפני והמן כזרע גד הוא ועינו כעין הבדלח כענין שנאמר וזהב הארץ ההיא טוב שם הבדולח (סליק פיסקא)

(פט) שטו העם ולקטו. יכול מפני שמצטערים עליו בשעת לקיטתו היו מתרעמים ת״ל שטו העם לפתח ביתו היה יוצא ומלקט פרנסתו ופרנסת ביתו ואחר כך וחם השמש ונמס: וטחנו בריחים. והלא לא ירד לריחים לעולם אלא מלמד שנשתנה להם לכל הנטחנים שבריחים.

או דכו במדוכה. והלא לא ירד למדוכה לעולם אלא מלמד שנשתנה להם לכל הנידוכין במדוכה יכול לא היה משתנה להם אלא לאלו בלבד מנין אתה אומר כל ארבעים שנה שהיו ישראל במדבר לא צרכה אשה למיני בשמים אלא מן המן היתה מתקשטת ת״ל דכו או דכו ואומר זה ארבעים שנה ה׳ אלהיך עמך לא חסרת דבר (דברים ב ז) <מלמד שלא היו חסרין דבר>

ובשלו בפרור. והלא לא ירד לקדירה לעולם אלא מלמד שנשתנה להם לכל המתבשלים בקדירה.

ועשו אותו עוגות. והלא לא ירד לתנור לעולם אלא מלמד שנשתנה להם לכל המתאפים בתנור יכול לא היה משתנה אלא לאלו בלבד מנין לשאר הנלקטין שבשדה ת״ל לקטו ולקטו משל לאדם שאמר רוצה אני שאוכל ענבים רוצה אני שאוכל תאנים: והיה טעמו כטעם לשד השמן. זהו לשון טורקום ד״א משמש שלש לשונות הל״ש והשמן והדבש כל״יש זה שערוך בשמן ומקוטף בדבש כך היתה ברייתו של מן וכך היו ישראל כשרים אוכלים אותו ד״א והיה טעמו כטעם לשד השמן מה הדד הזה עיקר לתינוק והכל טפילה לו כך היה המן עיקר לישראל והכל טפילה לו ד״א מה הדד הזה אפילו תינוק יונק הימנו כל היום כולו אינו מזיקו כך המן אפילו ישראל אוכלים ממנו כל היום כולו אינו מזיקן ד״א מה הדד הזה שהוא מין אחד ומשתנה למינים הרבה כך היה המן משתנה להם לישראל לכל דבר שהם רוצים משל אומר לאשה אל תאכלי שום ובצל מפני התינוק ד״א מה הדד הזה תינוק מצטער בשעה שפורש ממנו כך היו ישראל מצטערים בשעה שפירשו מן המן שנאמר וישבות המן ממחרת

כי בערה בם אש ה׳, על מה שאירע נקרא ולא כך היה שמו מקודם כיוצא בו ויקרא שם המקום מסה ומריבה (שמות יז ז) יכול כך היה שמו מקודם ת״ל על ריב בני ישראל (שם) על מה שאירע נקרא שמו כיוצא בו ויקרא שם המקום ההוא קברות התאוה (במדבר יא לד) יכול כך היה שמו מקודם ת״ל כי שם קברו את העם המתאוים (שם) על מה שאירע נקרא <ולא כן היה שמו מקודם> אבל עדיין אי אתה יודע מי היו אותם המרגילים את ישראל לדבר עבירה הרי הוא אומר והאספסוף אשר בקרבו התאוו תאוה אלו הגרים המאוספין מכל מקום רבי שמעון בן מנסיא אומר אלו הזקנים שנאמר אספה לי שבעים איש מזקני ישראל (שם טז) אם כך היו הזקנים ששן קיו לשאר בני אדם כיוצא בו ויראו בני האלהים את בנות האדם (בראשית ו ב) מה היו בני הדיינים עושים היו אוחזים נשים מן השוק ומענים אותם אם כך היו בני הדיינים עושים קיו לשאר הטרמין.

התאוו תאוה, יכול שהיו מתרעמים על דבר שלא טעמו אותו מימיהם ת״ל התאוו תאוה היו מתרעמין על המן שהיה יורד להם בכל יום ולא היו מתרעמים על דבר שלא טעמו אותו מימיהם.

וישובו ויבכו גם בני ישראל, מלמד שאף הראשונים היו בני ישראל: ויאמרו מי יאכילנו בשר, וכי מפני שלא היה להם בשר היו מתרעמים והלא כבר נאמר וגם ערב רב עלה אתם וצאן ובקר מקנה כבד מאד (שמות יב לח) יכול שאכלום במדבר והלא בכניסתן לארץ הוא אומ׳ ומקנה רב היה לבני ראובן ולבני גד (במדבר לב א) אלא שמבקשים עלילה היאך לפרוש מאחרי המקום (סליק פיסקא)

(פז) זכרנו את הדגה אשר נאכל במצרים חנם, וכי יש בענין שהיו המצריים נותנים להם דגים בחנם והלא כבר נאמר ועתה לכו עבדו ותבן לא ינתן לכם (שמות ה יח) אם תבן לא היו נותנים להם בחנם ודגים היו נותנים להם בחנם ומה אני אומר חנם, חנם מן המצוות.

את הקשואים, רבי שמעון אומר מפני מה המן משתנה להם לכל דבר שהיו רוצים חוץ מחמשת המינים הללו משל למלך בשר ודם שמסר בנו לפידגוג והיה יושב ומפקדו ואומר לו הגראה שלא יאכל מאכל רע ולא ישתה משקה רע ובכל כך היה הבן ההוא מתרעם על אביו לומר לא מפני שאוהבני אלא מפני שאי אפשר לו שאוכל וחכמים אומרים כן היה משתנה להם ליש״אל לכל דבר שרוצים אלא שלא היו רואים בעיניהם אלא מן שנאמר נפשינו יבשה אין כל בלתי אל המן עינינו. אמרו אין לנו אלא מן בשחר ומן בערב (סליק פיסקא)

(פח) ועתה נפשינו יבשה אין כל, אמרו עתיד המן ליתפח בתוך כריסנו להרגנו יש לך ילוד אשה שאין מוצא מה שאוכל אמרו לו לרבי שמעון ומה אתה מקיים ויתד תהיה לך על אזנך (דברים כג יד) אמר להם מה שתגרי אומות העולם מוכרים להם יוצא מהם אבל המן אין יוצא מהם לעולם שנאמר לחם אבירים אכל איש (תהלים עח כה) לחם המובלע באיברים.

אין כל בלתי אל המן עינינו, את סבור כי שאמר זה אמר זה לא מי שאמר זה אמר זה ישראל אומרים בלתי אל המן עינינו והמקום מפיים את כל באי העולם ואומר להם בואו וראו על מה אלו מתרעמים עלי והמן כזרע גד הוא ועינו כעין הבדולח כענין שנאמר וזהב הארץ ההוא טוב שם הבדולח (בראשית ב יב) כיוצא בו אתה אומר ויכר יהודה ויאמר צדקה ממני (שם לח כו) והמקום <הכתיב> על ידו ולא יסף עוד לדעתה (שם) כיון שידע שכלתו היא לא יסף עוד לדעתה כיוצא בו אתה אומר ואתה עיף ויגע (דברים כה יח) על ישראל הוא אומר ואתה עיף ויגע וצל עמלק הוא אומר ולא ירא אלהים (שם) כיוצא בו מדוע בושש רכבו לבוא (שופטים ה כח) אמרה אמו של סיסרא חכמות שרותיה תענינה אף היא תשיב אמריה לה (שם כט) אמרה אשתו הלא ימצאו יחלקו של״ל (שם ל) נתגלו דברים שאמרה אמו של סיסרא לדבורה ברוח הקודש אמרה לה אל תצפי לבנך סיסרא מעתה כן יאבדו כל אויביך ה׳ (שם לא) כיוצא בו אוי לנו מי יצילנו מיד האלהים האדירים האלה

אמו(במדבר יב:יב). כמו אמנו, ומשום כבוד יוכבד לא רצה לומר אמנו לפי שהזכיר **רחם** (במדבר יב:יב):

כן הוא אומר מה ברי (משלי לא:ב) **וכו'**. לא אחביבן כעין קאי אלא לישראל שיחיבבן כמו שהבן חביב לאמו דכתיב מה ברי וכו' וכתיב כי בן הייתי וכו' (משלי ד:ג) וכלפי ישראל לאביהם שבשמים קאמר וה"ה שהיה יכול להביא **מבני בכורי ישראל** (שמות ד:כב);

ורבי אלעזר ברבי יוסי. אכל הנוגע (זכריה ב:יב) קאי:

כמעשה לבנת (שמות כד:י). היינו כעין לבנים:

ויקח אדוני יוסף וגו' (בראשית לט:כ). מקרא דבתריה דריש **ויהי ה' את יוסף** (בראשית לט:כא):[253]

ע"ז עברה [בים]. מגוים ואלוהיו (שמואל ב ז:כג) דריש שאע"ג שהיה להם עבודה זרה פדאם, ופליג אתנא קמא ואדרבי עקיבא שהקשה בעיניו לומר פדיון בשם יתברך.

הנגלה נגלתי (שמואל א ב:כז). דורש כמו הלא נגלה נגליתי:

[פיסקא פה]

שהיו מלמדים [והיו מקולקלין] וכו'. פירוש [שהיו מלומדים ואעפ"כ היו מקולקלין וכן למטה **דאין כמתאוננים אלא כמתלהמים**] שהיו מקבלים תוכחה כמתלהמים כלומר אומ' דברי חלקות ואין אדם מרגיש בהם:

קופלת בהם. פירוש קופלת ומחתכת את קומתם:

הכי גרסינן, אבל כאן לא בין מתים לחיים ולא בין חיים למתים. פירוש התם מדכתיב **ויעמד בין המתים ובין החיים** (במדבר יז:יב) משמע שהיה מקום פנוי ממגפה באמצע אבל כאן מדכתיב **ותבער בם** (במדבר יא:א) משמע שלא היה מקום פנוי:

הכי גרסינן אבל אתה יודע וכו'.

[פיסקא פו]

אלו חזרה לה לשמים היו חוזרין וכו'. לשון **ותשקע** (במדבר יא:ב) דריש:

הכי גרסינן תבא אש פלוני. פי' תבא אש הרע:

מלמד שאף הראשונים היו בני ישראל. היינו כרבי שמעון בן מנסיא אבל לת"ק לא הוי האי **גם**[254] (במדבר יא:ד) ריבוייא כולי האי:

[פיסקא פז]

וכי יש בענין וכו'. כלומר וכי יעלה על דעתו:

חנם מן המצות. לא היו צריכין להפריש בין יש לו סימנים לאין לו, ודקאמר "את הקשואים" מלתא אחריתי היא:

פידגג. אומן תרגום ירושלמי[255] **כאשר ישא האומן** (במדבר יא:יב) **פדגוגא**:

---

253. נראה שרבינו לא גרס פסוק זה בספרו.
254. ויבכו גם בני ישראל.
255. בברית אברהם חסר "ירושלמי" ועיין ברכות ח עמ' ב שקרא התרגום בשם תרגום ירושלמי.

ספרי פיסקא פד–פה בהעלתך

וכשם שאין שכינה שורה למעלה אלא באלפים וברבבות כך אין שכינה שורה למטה אלא באלפים ורבבות <לכך נאמר ובנחה יאמר שובה ה׳ רבבות אלפי ישראל>

(סליק פיסקא)

(פה) ויהי העם כמתאוננים. אין ויהי אלא שהיה להם דבר מתחלה מלמד שהיו מקולקלים וחזרו לקלקולם הראשון.

ויהי העם, אין העם אלא הרשעים שנאמ׳ מה אעשה לעם הזה (שמות יז ד) עד אנה ינאצוני העם הזה (במדבר יד יא) העם הזה הרע המאנים לשמוע את דברי (ירמיה יג י) <כה אמר ה׳ לעם הזה כן אהבו לנוע (שם יד י)> וכשהוא קורא עמי אין עמי אלא כשרים שנאמר שלח עמי ויעבדני (שמות ז טז) עמי מה עשיתי לך ומה הלאתיך ענה בי (מיכה ו ג) עמי זכר נא מה יעץ (שם ה).

כמתאוננים, אין כמתאוננים אלא מתרעמים מבקשים עלילה היאך לפרוש מאחרי המקום שכן הוא אומר ביורם בן אחאב כי אך דעו נא וראו כי מתאנה הוא לי (מלכים ב׳ ה ז) וכן הוא אומר בשמשון כי תואנה הוא מבקש מפלשתים (שופטים יד ד) ר׳ אליעזר אומר אין כמתאוננים אלא כמתלהמים וכן הוא אומר דברי נרגן כמתלהמים (משלי כו כב) וכן הוא אומר ותרגנו באהליכם (דברים א כז) והם היו כמתלהמים אבל סכין ירדה מן השמים ובקעה את כריסם שנאמ׳ והם ירדו חדרי בטן (משלי כו כב) ר׳ יהודה אומר אין כמתאוננים אלא כמדוים את עצמם שנאמר לא אכלתי באוני ממנו (דברים כו יד). רבי אומר כמתאוננים רע אין רע אלא עבודה זרה שנאמר כי תעשו את הרע בעיני ה׳ להכעיסו במעשה ידיכם (שם לא כט).

באזני ה׳, מלמד שהיו ישראל מתכוונים להשמיע את המקום היה ר׳ שמעון אומר משל למה הדבר דומה לאחד שהיה מקלל את המלך היה המלך עובר אמרו לו שתוק שלא ישמע המלך אמר להם מי יאמר לכם שלא היתה כוונתי כי אם להשמיעו אף ישראל מתכוונים להשמיע למקום.

וישמע ה׳ ויחר אפו, שמע המקום ונתמלא עליהם חימה: ותבער בם אש ה׳, ירדה אש מן השמים והיתה קופלת בהם מתחתיה עד שלא עמדו לא בין החיים למתים ולא בין המתים לחיים <להלן הוא אומר ויעמוד בין המתים ובין החיים אבל כאן לא עמדו לא על בין המתים לחיים ולא על בין החיים למתים> אבל אי אתה יודע במי נגעה האש תחלה הרי הוא אומר ותאכל בקצה המחנה יש אומרים אלו הגרים הנתונים בקצה המחנה. ר׳ שמעון בן מנסיא אומר ותאכל בקצה המחנה במוקצים שבהם בגדולים שבהם וכה״א וישימו העם אותו עליהם לראש ולקצין (שופטים יא יא)

(סליק פיסקא)

(פו) ויצעק העם אל משה. וכי מה היה משה מועילם והלא אין ראוי לומר אלא ויצעק העם אל ה׳ ומה תלמוד לומר ויצעק העם אל משה היה ר׳ שמעון אומר משל למה הדבר דומה למלך בשר ודם שכעס על בנו והלך לו הבן ההוא אצל אוהבו של מלך אמר לו צא ובקש לי מאבא כך הלכו ישראל אל משה אמרו לו בקש עלינו מלפני המקום יכול שעיכב משה בידו ת״ל ויצעק משה אל ה׳ יכול שעיכב בידו המקום ת״ל ותשקע האש ששקעה האש במקומה אלו חזרה לה לשמים סופן היו חוזרים לקלקולם ואלו חזרה לה לאחת מכל הרוחות היתה קופלת את כל הרוח והולכת אלא ותשקע האש ששקעה האש במקומה.

ויקרא שם המקום ההוא תבערה, אין תבערה אלא כאדם שהוא אומר תבער אש פלוני במקומו כך אמר להם משה לישראל עשיתם תשובה ותשקע האש ואם לאו עדין היא במקומה.

חנותנו. דורש לשון **חן במדבר** (ירמיהו לא:א) [וב]מלתא אחריתא ״נסים דמדבר״[243] [כמו] ירידת המן ודכוותה:

דושנה. כלומר בקעה[244] לשון דשן ושמן (ישעיהו ל:כג):

[פיסקא פב]

שלשים וששה. נראה דדריש מדרך[245] **שלשת ימים** (במדבר י:לג) כלומר [ל״ו] מילין [ש]הן ט׳ פרסאות,[246] ומחנה ישראל היה ג׳ פרסאות[247] ולא היה מהלכם אלא ג׳ פרסאות מפני רוב העם:

ידיהם מתרשלות. כשרואין את אויביהם חונים כנגדם:

לאיטיקיסר. נראה לי שהיא מורכבת משתי תיבות כמו אטי קיסר; ו״אטי״ הוא אדנות ושררה, ״קיסר״ שם המלך; ושמעתי שה״מוליך דגל המלך״ קורין לו אטיקיסר והוא הולך לפניו תמיד, כך הענן היה הולך לפניהם:

בארץ ערבה ושוחה. היינו מדבר:

על התגרין וכו׳. מפני חוליים טעונים שיגין עליהם טפי:

כמין פנס. היינו מנורה, וי״מ עששית שנותנין בה הנר שלא תכבה:

[פיסקא פד]

נקוד עליו. לאו דווקא אלא נ׳ מנוזרת[248] מלמעלה ומלמטה:

מכאן אמרו. ר׳ קאמר לה:[249]

שנתלבטו. נתיגעו מחמת טורח הדרך שהיו נכשלין בהילוכן, לשון **ואויל שפתים ילבט** (משלי י:ח):

על פי משה יסעו [ועל פי ה׳ יסעו]. דכתיב **[ועל פי ה׳] יסעו** בראשונה [ומיד] **על פי ה׳ ביד משה** (במדבר ט:כ):

עלי למשא (איוב ז:כ). עליך רוצה לומר:

אל אפם (יחזקאל ח:יז). כמו אל אפי:

ולא נמות (חבקוק ח:יב). כמו ולא תמות:

כבודם (תהלים קו:כ). כמו כבודי:[250]

ברעתי (במדבר יא:טו). [כמו] ברעתם; וא״ת מאי כבוד שכינה[251] [הכתוב] שייך הכא, ויש לומר דאשמעינן אפילו לכבוד בשר ודם מכנה הכתוב (כמו שפירש רש״י ז״ל[252] דמשום הראהו הב״ה למשה פורענות שעתיד להביא עליהם תשש כחו [של משה כנקבה וכינה הכתוב בהקב״ה כאילו תשש כחו] כנקבה ולהכי אמ׳ [״את״] לשון נקבה):

---

243. ״שלא ראית נסים״.
244. ארץ שמינה.
245. דרך ג׳ ימים ביום אחד ודרך נס שהיה העם מרובה.
246. וזה דרך שלושת ימים.
247. וחנה האיש האחרון במחנה במקום שהיה האיש הראשון בהתחילת הנסיעה.
248. ענינו צריך עיון וראה פירוש זרע אברהם פיסקא פד. ובכ״י סמינר: מנוזרות לסימן.
249. ראה שבת קטז עמ׳ א.
250. ושינה הכתוב מפני כבוד של הקב״ה ובדרך כלל קוראים תיקונים אלה בשם לשון כבוד.
251. ר״ל ענין כינוי.
252. במדבר יא:טו, ונראה דאינו מעיקר הפירוש.

וימירו את כבודם בתבנית שור אוכל עשב (תהלים קו כ) אלא שכינה הכתוב כיוצא בו ואם ככה את עושה לי הרגני נא הרוג אם מצאתי חן בעיניך ואל אראה ברעתי (במדבר יא טו) אלא שכינה הכתוב <כיוצא בו ועמי המיר כבודו (ירמיה ב יא) אלא שכינה הכתוב> כיוצא בו אל נא תהי כמת אשר בצאתו מרחם אמו ויאכל חצי בשרו (במדבר יב יב) אלא שכינה הכתוב <אף כאן אתה אומר בבת עינו ר׳ יהודה אומר בבת העין לא נאמר אלא בבת עינו כביכול כלפי מעלה הכתוב מדבר> וכל מי שעוזר את ישראל כאלו עוזר את מי שאמר והיה העולם שנאמ׳ אורו מרוז אמר מלאך ה׳ אורו ארור יושביה כי לא באו לעזרת ה׳ לעזרת ה׳ בגבורים (שופטים ה כג) רבי שמעון בן אלעזר אומר אין לך חביב בכל הגוף כעין ומשל בה את ישראל משל אדם לוקה על ראשו אינו אומץ אלא עיניו הא אין לך חביב בכל הגוף כעין ומשל בה את ישראל וכן הוא אומר מה ברי ומה בר בטני ומה בר נדרי (משלי לא ב) ואומר כי בן הייתי לאבי רך ויחיד לפני אמי (שם ד ג) ר׳ יוסי בן אלעזר אומר כאדם שמושיט אצבעו לתוך עינו ומחטטה פרעה שנגע בכם מה עשיתי לו מרכבות פרעה וחילו ירה בים (שמות טו ד) סיסרא שנגע בכם מה עשיתי לו מן שמים נלחמו הכוכבים ממסילותם נלחמו עם סיסרא (שופטים ה כ) סנחריב שנגע בכם מה עשיתי לו ויצא מלאך ה׳ ויך במחנה אשור (מלכים ב׳ יט לה) נבוכדנצר שנגע בכם מה עשיתי לו ועשבא כתורין יאכל (דניאל ד ל) המן שנגע בכם מה עשיתי לו ואותו תלו על העץ (אסתר ח ז) וכן אתה מוצא כל זמן שישראל משועבדים כביכול שכינה משתעבדת עמהם שנאמר ויראו את אלהי ישראל ותחת רגליו כמעשה לבנת הספיר (שמות כד י) וכה״א בכל צרתם לו צר (ישעיה סג ט) אין לי אלא צרת צבור צרת יחיד מנין ת״ל יקראני ואענהו עמו אנכי בצרה (תהלים צא טו) וכן הוא אומר ויקח אדני יוסף אותו וגו׳ ויהי ה׳ את יוסף (בראשית לט כ—כא) וכן הוא אומר מפני עמך אשר פדית לך ממצרים גוי ואלהיו (שמואל ב׳ ז כג). ר׳ אליעזר אומר עבודה זרה עברה בים עם ישראל ואיזה זה פסלו של מיכה ר׳ עקיבא אומר אלמלא מקרא שכתוב אי אפשר לאומרו אמרו ישראל לפני המקום פדית את עצמך וכן את מוצא שכל מקום שגלו שכינה עמהם שנ׳ הנגלה נגליתי אל בית אביך בהיותם במצרים בבית פרעה (שמואל א׳ ב כז) גלו לבבל שכינה עמהם שנ׳ למענכם שולחתי בבלה (ישעיה מג יד) <גלו לעילם שכינה עמהם שנ׳ ושמתי כסאי בעילם (ירמיה מט לח)> גלו לאדום שכינה עמהם שנ׳ מי זה בא מאדום חמוץ בגדים מבצרה (ישעיה סג א) וכשהם חוזרים שכינה חוזרת עמהם שנאמר ושב ה׳ אלהיך את שבותך (דברים ל ג) והשיב לא נאמר אלא ושב ה׳ ואומר אתי מלבנון כלה אתי מלבנון תבואי (שה״ש ד ח). רבי אומר כאן אתה אומר קומה ה׳ וכאן אתה אומר שובה ה׳ כיצד יתקיימו שני כתובים הללו מגיד הכתוב כשהיו ישראל נוסעים היה עמוד הענן מקופל <ועומד ולא היה מהלך עד שמשה אמר לו קומה ה׳ וכשהם חונין היה עמוד ענן מקופל ועומד> ולא היה פורש עד שהיה אומר שובה ה׳ נמצית מקיים קומה ה׳ ונמצית מקיים שובה ה׳.

ובנחה יאמר שובה ה׳ רבבות אלפי ישראל. מגיד הכתוב כשהיו ישראל ניסעים אלפים וחונים רבבות כביכול אמר משה לפני המקום אינני מניח את השכינה <לשרות> עד שתעשה לישראל אלפים ורבבות שמתשובה שאמר אתה יודע מה אמר להם ה׳ אלהי אבותיכם יוסף עליכם ככם אלף פעמים (דברים א יא) אמרו לו משה רבינו הרי אנו מובטחים בברכות הרבה <שכך הבטיחנו ככוכבי השמים וכחול הים וכצמחי אדמה> ואתה נותן קצבה לברכותינו אמר להם אני בשר ודם יש קצבה לברכותי זו משלי אבל הוא יברך אתכם כאשר דבר לכם כחול ימים וכצמחי אדמה וכדגי הים וככוכבי השמים לרוב: ובנחה יאמר. מגיד הכתוב שאין שכינה שורה למעלה אלא באלפים ורבבות שנא׳ רכב אלהים רבותים אלפי שנאן (תהלים סח יח)

כך מאיר לאומות העולם ת״ל לעיני כל בית ישראל (שם) על ישראל הוא מאיר ואינו מאיר לאומות העולם ר׳ שמעון בן אלעזר אומר מנין אתה אומר כל אותם ארבעים שנה שהיו ישראל במדבר לא נצרכו לנר אלא אפילו נכנס אדם חדר לפנים מן החדר כמו פנס נכנס עמו עד שעה שחוזר ת״ל לעיני כל בית ישראל בכל מסעיהם (שם) הא אפילו אדם נכנס חדר לפנים מן החדר עמוד האש מאיר לפניו (סליק פיסקא)

(פד) ויהי בנסוע הארון נקוד עליו מלמעלה ומלמטה מפני שלא היה זה מקומו רבי אומר מפני שהוא ספר בעצמו מיכן אמרו ספר שנמחק ונשתייר בו שמונים וחמש אותיות כפרשת ויהי בנסוע הארון מטמא את הידים ר׳ שמעון אומר נקוד עליו מלמעלה ומלמטה מפני שלא היה זה מקומו ומה היה ראוי ליכתב תחתיו ויהי העם כמתאוננים משל למה הדבר דומה לבני אדם שאמרו למלך הגראה שתגיע עמו אצל מושל עכו הגיע לעכו הלך לו לצור הגיע לצור הלך לו לצידון הגיע לצידון <הלך לו לבירי הגיע לבירי> הלך לו לאנטוכיה הגיע לאנטוכיה התחילו בני אדם מתרעמים על המלך שנתלבטו על דרך זו והמלך צריך להתרעם עליהם שבשבילם נתלבט על דרך זו כך הלכה שכינה בו ביום שלשים וששה מיל כדי שיכנסו ישראל לארץ התחילו ישראל מתרעמים לפני המקום שנתלבטו על דרך זו והמקום צריך להתרעם עליהם שבשבילם הילכה שכינה בו ביום שלשים וששה מילין כדי שיכנסו ישראל לארץ.

ויאמר משה קומה ה׳ וכתוב אחד אומר על פי ה׳ יחנו ועל פי ה׳ יסעו (במדבר ט כג) כיצד יתקיימו שני כתובים הללו משל למלך בשר ודם שאמר לעבדו הגראה שתעמידני בשביל שאני הילך ליתן ירושה לבני ד״א למה הדבר דומה למלך בשר ודם שהיה מהלך בדרך ונהג אוהבו עמו כשהוא נוסע אומר איני נוסע עד שיבא אוהבי וכשהוא חונה אומר איני חונה עד שיבא אוהבי נמצאת מקיים על פי משה יחנו ונמצאת מקיים על פי ה׳ יחנו ועל פי משה יסעו ועל פי ה׳ יסעו.

קומה ה׳ ויפוצו אויביך, אלו המכונסים: וינוסו משנאיך, אלו הרודפים: מפניך, מפניך הם נסים ואין אנו כלום לפניהם אלא כשפניך אתנו אנו כלום לפניהם וכשאין פניך אתנו אין אנו כלום לפניהם וכן הוא אומר ויאמר אליו אם אין פניך הולכים אל תעלנו מזה (שמות לג טו) וכמה יודע איפוא ואומר ויהי בנוסם מפני ישראל הם במורד בית חורון וה׳ השליך עליהם אבנים גדולות (יהושע י יא) ואומר אלהי שיתימו כגלגל כקש לפני רוח כאש תבער יער וכלהבה תלהט הרים (תהלים פג יד—טו).

וינוסו משנאיך, וכי יש שונאים לפני מי שאמר והיה העולם אלא מגיד הכתוב שכל מי ששונא את ישראל כאלו שונא את מי שאמר והיה העולם כיוצא בו אתה אומר וברוב גאונך תהרום קמיך (שמות טו ז) וכי יש קמים לפני מי שאמר והיה העולם אלא מגיד הכתוב שכל מי שקם על ישראל כאלו קם על המקום וכן הוא אומר אל תשכח קול צורריך שאון קמיך עלה תמיד (תהלים עד כג) <כי הנה אויביך ה׳ (שם צב י) כי הנה רחקיך יאבדו (שם עג כז)> כי הנה אויביך יהמיון ומשנאיך נשאו ראש (שם פג ג) מפני מה על עמך יערימו סוד (שם ד) הלא משנאיך ה׳ אשנא ובתקוממיך אתקוטט תכלית שנאה שנאתים לאויבים היו לי (שם קלט כא—כב) וכן הוא אומר כי הנוגע בכם כנוגע בבבת עינו (זכריה ב יב) ר׳ יהודה אומר בבת עין לא נאמר אלא בבת עינו כביכול כלפי מעלה הכתוב מדבר אלא שכינה הכתוב כיוצא בו למה שמתני למפגע לך ואהיה עלי למשא (איוב ז כ) אלא שכינה הכתוב כיוצא בו והנם שולחים את הזמורה אל אפם (יחזקאל ח יז) אלא שכינה הכתוב כיוצא בו הלא אתה מקדם ה׳ אלהי קדושי ולא נמות (חבקוק א יב) אלא שכינה הכתוב כיוצא בו

שיוצאים למלחמה בשעה שהם יוצאים הם שמחים וכל זמן שהם מתייגעים ידיהם מתרשלות אבל ישראל אינו כן אלא כל זמן שהם מתייגעים הם שמחים ואומרים נלך ונירש את ארץ ישראל ד״א אמרו אבותינו חטאו נגזרה עליהם גזרה במדבר הזה יפלו פגריכם (במדבר יד כט) אבל אנו לא נחטא ונמות במדבר אלא נלך ונירש את ארץ ישראל.

וארון ברית ה׳ נוסע לפניהם ארון זה שיצא עמהם במחנה היו בו שברי לוחות שנאמר וארון ברית ה׳ ומשה לא משו מקרב המחנה (שם מד) ר׳ שמעון בן יוחי אומר ארון ברית ה׳ נוסע לפניהם לא נאמר אלא וארון ברית ה׳ משל לאנטיקיסר שהיה מקדים לפני חיילותיו מתקן להם מקום שישרו כך היתה השכינה מקדמת לישראל ומתקנת להם מקום שישרו.

לתור להם מנוחה מה ת״ל לפי שנא׳ וישמע הכנעני מלך ערד וגו׳(שם כא א) כיון ששמעו כנענים שמתו מרגלים אמרו מתו מרגלים שלהם נלך ונלחם בם ר״ש בן יוחי אומר כי בא ישראל דרך האתרים <דרך התרים לא נאמר אלא דרך האתרים> כיון שמת אהרן אמרו מת כהן גדול שלהם הלך התייר הגדול שלהם ועמוד הענן שהיה עושה להם מלחמה הרי שעה שנלך ונלחם בם. רבי שמעון בן יוחי אומר גנות גדולה היתה בידן של ישראל בשעה שאמרו נשלחה אנשים לפנינו (דברים א כב) אמר להם המקום אם כשהייתם בארץ ערבה ושוחה זנתי ופרנסתי אתכם כשאתם נכנסים בארץ טובה ורחבה בארץ זבת חלב ודבש עאכ״ו שאזון ואפרנס אתכם (סליק פיסקא)

(פג) וענן ה׳ עליהם יומם מיכן אמרו שבעה ענגים הם וענן ה׳ עליהם יומם ועננך עומד עליהם (במדבר יד יד) ובעמוד ענן אתה הולך לפניהם יומם (שם) ובהאריך הענן (שם ט יט) ובהעלות הענן (שמות מ לו) ואם לא יעלה הענן (שם) כי ענן ה׳ על המשכן (שם) הרי שבעה עננים היו, ארבעה מארבע רוחותם ואחד מלמעלה ואחד מלמטה ואחד מלפניהם הגבוה מנמיכו והנמוך מגביהו ומכה את הנחשים ואת העקרבים ומכבד ומרבץ לפניהם ור׳ יהודה אומר שלשה עשר היו שנים מכל רוח ורוח ושנים מלמעלה ושנים מלמטה ואחד מלפניהם ר׳ יאשיה אומר ארבעה רבי אומר שנים.

וענן ה׳ עליהם יומם על החיגרים ועל הסומים ועל הזבים ועל המצורעים:

וענן ה׳ עליהם יומם מנין אתה אומר שאם היה אחד מישראל נמשך מתחת כנפי הענן <עמוד הענן היה> נמשך עמו לאחוריו עד שעה שחוזר ת״ל וענן ה׳ עליהם <או כשם שמגין על ישראל כך מגין על אימות העולם ת״ל עליהם על ישראל הוא מגין ואין מגין על אומות העולם> או כשם שמגין עליהם ביום כך מגין עליהם בלילה ת״ל יומם ביום הוא מגין ואין מגין בלילה אמור מעתה עמוד ענן לא היה מגין עליהם בלילה <אבל עמוד האש היה מאיר להם בלילה או יכול שהיה מאיר להם ביום ת״ל> ואש תהיה לילה בו (שמות מ לח) בלילה הוא מאיר ואין מאיר ביום או כשם שמאיר לישראל

ספרי פיסקא עח–פ בהעלתך

לכה אתנו וחטבנו לך. וכי יש בן ביתו של בשר ודם שאין מטיבים לו והרי דברים קל וחומר אם לבן ביתו של בשר ודם מטיבים לו קל וחומר לבן ביתו של מי שאמר והיה השלם.

כי ה׳ דבר טוב על ישראל. וכי עד עכשיו אין ה׳ דבר טוב על ישראל והרי מעולם ה׳ דיבר טוב על ישראל אלא פיקד המקום לישראל להיטיב לגרים ולנהוג בהם ענוה (סליק פיסקא)

(עט) ויאמר אליו לא אלך. אמר לו אם מפני נכסים או מפני ארץ איני בא יש לך אדם שיש לו ארץ ואין לו נכסים יש לו נכסים ואין לו משפחה אבל אני יש לי ארץ ויש לי נכסים ויש לי משפחה ודיין הייתי בעירי אם איני הולך מפני ארצי אלך מפני נכסיי ואם איני הולך מפני נכסיי אלך מפני מולדתי (סליק פיסקא)

(פ) ויאמר אל נא תעזוב אותנו. אין נא אלא לשון בקשה אמר לו אם אין אתה מקבל עליך בקשה גוזר אני עליך גוירה עכשיו ישראל אומרים לא נתגייר יתרו מחיבה כסבור היה יתרו שיש לגרים חלק בארץ ישראל עכשיו שראה שאין להם חלק הניחם והלך לו <ד״א אם אין אתה מקבל עליך דושנה של יריחו גוזרני עליך גזרה עכשיו יהו ישראל אומרים לא נתגייר יתרו מחבה כסבור היה יתרו שמתנתו מרובה עכשיו שראה שמתנתו מועטת הניחן והלך לו> ד״א כסבור אתה שאתה מרבה כבוד המקום אין אתה אלא ממעט כמה גרים ועבדים אתה עתיד.להכנים תחת כנפי השכינה. והיית לנו לעינים, שלא תנעול דלת בפני הגרים הבאים לומר אם יתרו חותנו של מלך לא קיבל עליו קיו לשאר בני אדם.

כי על כן ידעת חנותינו במדבר. אמר לו אלו אחר שלא ראה נסים וגבורות במדבר והניח והלך לו כדיי הוא הדבר אתה שראית תניח ותלך לך אל נא תעזוב אותנו. ר׳ יהודה אומר אמר לו אתה הוא שראית חן שניתן לאבותינו במצרים שנאמר וה׳ נתן את חן העם בעיני מצרים (שמות יב לו) תניח אותנו ותלך לך אל נא תעזוב אותנו <ד״א והיית לנו לעינים אפילו אין דייך אלא שתהא יושב עמני בסנהדרין ותהא מורה בדברי תורה> ד״א והיית לנו לעינים אפילו אין דיינו אלא שכל דבר ודבר שנתעלם מעינינו תהיה מאיר עינינו בו כענין שנאמ׳ ואתה תחזה מכל העם (שם יח כא) והלא אף ביד משה היה מסיני שנאמר וצוך אלהים ויכלת עמוד (שם כג) ולמה נתעלם ממשה לתלות זכות בזכאי כדי שיתלה הדבר ביהרו. ד״א והיית לנו לעינים שתהא חביב עלינו כגלגל עינים שנאמר ואהבתם את הגר (דברים י יט) וגר לא תלחץ (שמות כג ט) וגר לא תונה ולא תלחצנו (שם כב כ) (סליק פיסקא)

(פא) והיה כי תלך עמנו והיה הטוב ההוא. וכי מה טובה הטיבו לו אמרו כשהיו ישראל מחלקים את הארץ הניחו דושנה של יריחו חמש מאות אמה על חמש מאות אמה אמרו כל מי שיבנה בית הבחירה בחלקו יטול דושנה של יריחו נתנוהו ליונדב בן רכב חלק בראש והיו אוכלים אותו ארבע מאות שנה וארבעים שנה שנאמר ויהי בשמונים שנה וארבע מאות שנה לצאת בני ישראל מארץ מצרים (מלכים א׳ ו א) צא מהם ארבעים שנה שהיו ישראל במדבר נמצאו אוכלים אותו ארבע מאות וארבעים שנה וכיון ששרת שכינה בחלקו של בנימין באו בני בנימין ליטול חלקם עמדו ופינו אותו מפניהם שנא׳ ובני קיני חותן משה עלו מעיר התמרים (שופטים א טז) (סליק פיסקא)

(פב) ויסעו מהר ה׳ דרך שלשת ימים אין צריך לומר שהרי כבר נאמר אחד עשר יום מחורב (דברים א ב) ומה ת״ל ויסעו מהר ה׳ מלמד שהילכה שכינה בו ביום שלשים וששה מיל כדי שיכנסו לארץ משלו משל למה הדבר דומה לבני אדם

שנאמר ויקרא יעבץ וגו׳. והרבית את גבולי (דה״י א ד:י) דריש במסכת תמורה (יז עמ׳ א) והרבית את גבולי בתלמידים, וערד בארץ ישראל היתה אלא שהיתה במדבר יהודה,[236] והיינו רבותי׳ דכדי ללמוד תורה הניחו הישוב והלכו למדבר שאין המזונות מצויות:

עומד לפני [**כל הימים**] (ירמיה לה:יט). משמע משמש בבית המקדש כדכתיב **העומד לשרת שם את ה׳ אלהיך** (דברים יז:יב) ולהכי פריך וכי גרים נכנסים וכו׳:[237]

בסנהדרין. שהיו יושבין בלשכת הגזית והיינו **לפני** (ירמיהו לה:יט),[238] **וא״ת וכי גרים יושבין** בסנהדרין והא אמרינן ביבמות (קב עמ׳ א) גר דן את חבירו— דוקא חברו אבל ישראל לא, ויש לומר דשאני הכא שהיתה אמם מישראל:

ישראל שעושין את התורה על אחת כמה וכמה. וא״ת מאי רבותיהו דישראל דאלו נמי עשו את התורה? ויש לומר דה״פ ישראל שהם בני אבות ויש להם זכות, על אחת כמה וכמה אם יעשו את התורה כמו אלו שיהיה זכותם מרובה:

זו רחב הזונה שהיתה עסוקה בכסנין. תימא מאי אמר ״זו רחב הזונה״ **פשיטא** [דזו] דהטמינה את המרגלים ונשבעו לה המרגלים היינו רחב ומאי קא מוסיף רבי אליעזר? **ונראה דרבי אליעזר** ארישיה דקרא קאי **משפחות בית עבודת הבוץ** (דה״י ד:כא) ודריש ליה שהעמידה משפחות שהיו עובדים בבגדי בוץ והיינו כהנים; וקאמר במה זכתה, שמתחילה היו עסקיה בכסנין היינו נילוש בשקדים ומיני מתיקה ותבלין שהם מרגילים את התאוה לפי שהיו גדולי מלכות מצויין אצלה, וכשקרבה עצמה למקום ונתגיירה זכתה להעמיד משפחות כהונה כדמפרש ואזיל:

והדברים עתיקים. מלשון **ויעתק משם ההרה** (בראשית יב:ח):[239]

במלאכתו [**ישבו**].[240] משום דאיכא מאן דאמר יבמות היו והיינו מלאכתה של רות שנתיבמה.

וא״ת בישראל לא היה כן. וא״ת מאי קשיא ליה דשפיר איכא למימרא על אחת כמה וכמה (דכפרה), וי״ל דהכי קאמר אדרבא זו היא מעם אחר ומתקרבת [ולכן] יש לה לזכות יותר,[241] להכי מייתי דאשכחא הכי בישראל [דשפרה ופועה]:[242]

נוסעים אנחנו מיד. דבסוף מ׳ שנה היה:

לכפרה. כגון אם טעו בהוראה ועשו הגרים על פי הוראת בית דין וכמאן דאמר (הוריות ה:ב) שכל שבט ושבט איקרי קהל וצבור מביא ולא בית דין.

ה״ג **כיון שאמר והטבנו לך** (במדבר י:כט) **מה תלמוד לומר כי ה׳ דבר טוב** (שם שם). ומשני יש לנו להטיב לך שהרי המקום צוה **ואהבתם את הגר** (דברים י:יט):

[פיסקא פ]

---

236. ועיין שופטים א:טז ״ובני קיני חתן משה עלו מעיר התמרים את בני יהודה מדבר יהודה אשר בנגב ערד וילך וישב את העם.
237. והלא כל ישראל לא נכנסו להיכל.
238. בן רחב עומד לפני ה׳.
239. ר״ל הדברים נזכרים כאן ברמז ופירושם במקום אחר בנ״ך.
240. בילקוט: במלכותו ישבו שם ושם כסא לאם המלך ״ותשב לימינו לאם המלך״ זו בת שבע ״ותשב לימינו״ זו רות המואביה.
241. דחביבם גרים יותר מישראל.
242. שהן נתקרבו לה׳ וה׳ נתן להן בתי כהונה ובתי מלכות.

עבודת הבוק שהטמינה את המרגלים בבוק לבית אשבע שנשבעו לה המרגלים ר׳ אליעזר אומר זו רחב הזונה שהיתה עסוקה באכסנאי׳ שמונה כהנים ושמונה נביאים עמדו מרחב הזונה ואלו הם ירמיהו חלקיהו ושריה ומחסיה וברוך ונריה וחנמאל ושלום רבי יהודה אומר אף חולדה הנביאה היתה מבני בניה של רחב הזונה שנאמ׳ וילך חלקיהו הכהן ואחיקם ועכבור ושפן ועשיה אל חלדה הנביאה אשת שלם בן תקוה (מלכים ב׳ כב יד) ואומר הנה אנחנו באים בארץ את תקות חוט השני הזה תקשרי (יהושע ב יח) והרי דברים קו ומה מי שהיתה מעם שנ׳ בי לא תחיה כל נשמה (דברים כ טז) על שקירבה עצמה כך קירבה המקום ישראל ששים את התורה עאכ״ו וכן אתה מוצא בגבעונים מהו אומר ויוקים ואנשי כוזיבא (דה״י א׳ ד כב) ויוקים שקיים להם יהושע ברית כוזיבא שכיזבו ליהושע ואמרו מארץ רחוקה מאד באו עבדיך ולא באו אלא מארץ ישראל והרי הדברים קו ומה אלו שהיו מעם שחייב כלייה על שקירבו עצמם קירבם המקום ישראל שעושים את התורה עאכ״ו וכן אתה מוצא ברות המואביה מה אמרה לחמותה עמך עמי ואלהיך אלהי באשר תמותי אמות (רות א טז—יז) אמר לה המקום לא הפסדת כלום הרי המלכות שלך בעולם הזה הרי המלכות שלך בעולם הבא ויואש ושרף אשר בעלו למואב יואש ושרף זה מחלן וכליון יואש שנתייאשו מן הגאולה, יואש שנתייאשו מדברי תורה, שרף ששרפו בניהם לעבודה זרה אשר בעלו למואב שנשאו נשים מואביות אשר בעלו למואב שהניחו ארץ ישראל ונהפכו בשדה מואב והדברים עתיקים כל אחד ואחד מפורש במקומו. ויושבי נטעים זה שלמה שהיה דומה לנטיעה במלכותו. וגדרה זו סנהדרין שהיתה יושבת וגודרת בדברי תורה עם המלך במלאכתו ישבו שם מנין אתה אומר שלא מתה רות המואביה עד שראתה שלמה בן בנה שהיה יושב ודן דינן של זונות שנא׳ עם המלך במלאכתו ישבו שם והרי דברים קו ומה אם מי שהיתה מן העם שנ׳ בו לא תבואו בהם והם לא יבואו בכם (מלכים א׳ יא ב) על שקירבה את עצמה כך קירבה המקום, ישראל שעושים את התורה עאכ״ו. ואם תאמר בישראל לא היה כן והרי כבר נאמר ויאמר מלך מצרים למילדות העבריות וגו׳ (שמות א טו) שפרה זו יוכבד פועה זו מרים, שפרה שפרה ורבה, שפרה שמשפרת את הוולד, שפרה שפרו ורבו ישראל בימיה, פועה שהיתה פועה ובוכה על אחיה שנ׳ ותתצב אחותו מרחוק לדעה מה יעשה לו (שם ב ד) ויאמר בילדכן את העבריות והראן המילדות את האלהים וגו׳. בתים אלו איני יודע מה הם כשהוא אומר מקצה עשרים שנה אשר בנה שלמה את שני הבתים (מלכים א׳ ט י) את בית ה׳ זו כהונה ואת בית המלך זו המלכות. זכתה יוכבד לכהונה ומרים למלכות שנ׳ וקוץ הוליד את ענוב ואת הצבבה ומשפחות אחרחל בן הרם (דה״י א׳ ד ח) אחרחל זו מרים שנאמר ותצאן כל הנשים אחריה (שמות טו כ) בן הרום זו יוכבד שנאמר כל חרם בישראל לך יהיה (במדבר יח יד) נשאת מרים לכלב שנאמר ותמת עזובה ויקח לו כלב את אפרת ותלד לו את חור (דה״י א׳ ב יט) ואלה היו בני כלב בן חור (שם) ואומר ודוד בן איש אפרתי הזה מבית לחם יהודה (שמואל א׳ יז יב) נמצא דוד מבני בניה של מרים הא כל המקרב עצמו מן השמים מקרבין אותו: חותן משה, זו יפה לו יותר מכולם שנקרא חותנו של מלך:

נוסעים אנחנו, נוסעים אנחנו מיד לארץ ישראל לא כשם שבראשונה נוסעים וחונים אלא מיד לארץ ישראל וחכמים אומרים מפני מה שיתף משה עצמו עמהם נתעלם מעיני משה וכסבור שנכנס עמהם לארץ ישראל ר׳ שמעון בן יוחאי אומר אינו צריך שהרי כבר נאמר כי אנכי מת בארץ הזאת (דברים ד כב) שאין תלמוד לומר אינני עובר את הירדן (שם) אלא שאף עצמותיו אינן עוברות את הירדן אלא מפני מה שיתף משה עצמו עמהם אמר עכשיו ישראל אומרים אם מי שהוציאנו ממצרים ועשה לנו נסים וגבורות אינו נכנס אף אנו אין נכנסים ד״א מפני מה שיתף משה עצמו עמהן מפני יתרו שלא יאמר משה אינו נכנס אף אני איני נכנס.

אל המקום אשר אמר ה׳ אותו אתן לכם ואין לגרים בו חלק ומה אני מקיים והיה השבט אשר גר הגר אתו שם תתנו נחלתו (יחזקאל מז כג) אלא אם אינו ענין לירושה תניהו ענין לכפרה שאם היה בשבט יהודה מתכפר לו בשבט יהודה בשבט בנימין מתכפר לו בשבט בנימין ד״א אם אינו ענין לירושה תניהו ענין לקבורה ניתן לגרים קבורה בארץ ישראל.

ספרי פיסקא עז–עח בהעלתך

כדי שתזכר לו ובמה בשופר של חירות ואין שופר אלא של חירות שנאמ׳ והיה ביום ההוא יתקע בשופר גדול. (ישעיה כז יג) אבל איני יודע מי תוקעו ת״ל וה׳ אלהים בשופר יתקע (זכריה ט יד) ועדין אין אנו יודעים מהיכן התקיעה יוצאה זה שנאמר קול שאון מעיר וקול מהיכל קול ה׳ משלם גמול לאויביו (ישעיה סו ו) (סליק פיסקא)

(עח) ויאמר משה לחובב בן רעואל, חובב היה שמו רעואל היה שמו שנאמר ותבואנה אל רעואל אביהן (שמות ב יח) כשהוא אומר וחבר הקיני נפרד מקין מבני חובב חותן משה (שופטים ד יא) חובב היה שמו ולא רעואל היה שמו ומה ת״ל ותבואנה אל רעואל אביהן מלכד שהתינוקות קורים לאבי אביהם אבא ר״ש בן מנסיא אומר רעואל היה שמו ר״ע של אל שנא׳ ויבוא אהרן וכל זקני ישראל לאכול לחם עם חותן משה לפני האלקים ר׳ דוסתאי אומר קיני היה שמו ולמה נקרא שמו קיני שפירש ממעשה קיני דבר שמקנאים בו למקום שנ׳ הם קנאוני בלא אל (דברים לב כא) ואומר אשר שם מושב סמל הקנאה המקנה (יחזקאל ח ה) ר׳ יוסי אומר קיני היה שמו ולמה נקרא שמו קיני שקנה את השמים ואת הארץ ואת התורה ר׳ ישמעאל בר׳ יוסי אומר רעואל היה שמו ולמה נקרא שמו רעואל שריעה לאל שנאמר ריעך וריע אביך אל תעזוב (משלי כז י) ר׳ שמעון בן יוחי אומר שני שמות היו לו חובב ויתרו יתרו על שם שיתר פרשה אחת בתורה שנאמ׳ ואתה תחזה מכל העם (שמות יח כא) והלא אף בידי משה היו מסיני שנאמר אם את הדבר הזה תעשה וצוך אלהים (שם) ולמה נתעלם מעיני משה לתלות זכות בזכאי כדי שיתלה הדבר ביתרו חובב על שם שחיבב את התורה שלא מצינו. בכל הגרים שחיבבו את התורה כיתרו וכשם שחיבב יתרו את התורה כך חיבבו בניו את התורה שנאמר הלוך אל בית הרכבים ודבר אליהם דברי ה׳ (ירמיה לה ב) הואיל ובית זה עתיד ליחרב רואים אותו כאלו הוא חרב עכשיו ובית לא תבנו וזרע לא תזרעו וגו׳ ונשמע בקול יונדב וגו׳ ונשב באהלים ונשמע ונעש ככל אשר צונו יונדב אבינו ועל ששמעו למצות יונדב אביהם העמיד מהם המקום סופרים שנאמר ומשפחת סופרים יושבי יעבץ תרעתים שמעתים סוכתים (דברי הימים א׳ ב נה) תרעתים על שם ששמעו תרועה מהר סיני, תרעתים על שם שהיו מתריעים ומתענים, תרעתים על שם שלא היו מגלחים, תרעתים על שם שהיו יושבים בפתח שערי ירושלם, שמעתים על שם ששמעו מצות אביהם, סוכתים על שם שלא סכו את השמן, סוכתים על שם שהיו יושבים בסוכות, יושבי יעבץ שהניחו את יריחו והלכו להם אצל יעבץ לעדר ללמוד הימנו תורה שנאמר ויקרא יעבץ לאלהי ישראל וגו׳ ויבא אלהים את אשר שאל (שם ד יא) הם חסרים ממי ילמדו והוא חסר למי ילמד באו חסרים ללמוד אצל חסר למי ילמד שנאמר ובני קיני חותן משה עלו מעיר התמרים וגו׳ (שופטים א טז) ומנין שבניו של יונדב בן רכב הן הן בניו של יתרו שנאמ׳ המה הקינים הבאים מחמת אבי בית רכב מה שכר נטלו על כך ולבית הרכבים אמר ירמיה כה אמר ה׳ צבאות אלהי ישראל יען אשר שמעתם אל מצות יהונדב אביכם לא יכרת איש ליונדב בן רכב עומד לפני כל הימים ר׳ יהושע אומר וכי גרים נכנסים להיכל והלא כל ישראל לא נכנסו להיכל אלא שהיו יושבים בסנהדרין ומורים בדברי תורה וי״א מבנותיהם נשואות לכהנים והיו מבני בניהם מקריבים על גבי מזבח והרי דברים ק״ו ומה אלו שקירבו את עצמם כך קירבם המקום ישראל שעושים את התורה עאכ״ו וכן אתה מוצא ברחב הזונה מהו אומר ומשפחות בית עבודת הבוץ לבית אשבע (דה״י א׳ ד כא)

אי מה עולות וכו׳. תימא מנא תיתי לן? ונראה דאי נאמר **עולות** קאמר ת״ל **עולותיכם** (במדבר י:י) אי נמי גרסינן **אי מה זבחי שלמים בין של יחיד בין של צבור**— פירוש דשלמים סתמא כתיב ת״ל **עולותיכם**; אי נמי גרסינן **אי מה עולותיכם לזכרון** (במדבר י:י) **נתנו**— פירוש חצוצרות לפי שהוא אומר (ו)[ב]סיפיה דקרא **זכרון תרועה** (ויקרא כג:כד):[232]

שופר ומלכות. כל היכא דאיכא תרועה יהיה עמו מלכות [ו]רבי נתן אומר אין צריך למוד מהתם אלא מהאי קרא דהכא דאיכא כולהו:

אם [כן מה] ראו וכו׳. פירוש, כיון דבקרא כתיב מלכות אחרון:

בשופר של חרות. שופר של ראש השנה הוא לכפרה והיינו חירות מן העבירות ושל יובל חירות עבדים ושופר דקרא חירות ממש, אי נמי של חירות ר״ל שופר של איל ומשום דאילו של יצחק השופר שלו הוא מזומן לתקוע בו בשעת הגאולה קורא [שופר] של איל שופר של חירות:

אבל איני יודע מאין היא תקיעה . הכי גרסינן **קול שאון מעיר** (ישעיהו סו:ו), פירוש, איני יודע על איזה דבר נענשין אומות העולם באותו הקול שנאמר **והלך בסערות תימן** (זכריה ט:יד), ומשני דבעבור שחרבו העיר ושרפו ההיכל באש משלם להם גמולה:

[פיסקא עח]

ה״ג או רעואל היה שמו:

ממעשה קינוי. ע״ז:[233]

שקנה את השמים ואת התורה. תימה מה ענין קנין שמים לכאן, ויש לומר היינו משום דכתיב **כי גדול מעל שמים חסדך** (תהילים קח:ה) וה״פ ״שקנה את השמים״ על שעסק בתורה דכתיב **יומם יצוה ה׳ חסדו** (תהילים מב:ח) משום ד[ו]**בלילה שירה עמי** (תהילים מב:ט):

וציוך אלהים (שמות יח:כג). כלומר כבר ציוך אלהים:

היו מסיני. כמאן דאמר יתרו אחר מתן תורה היה:[234]

וצוה עלינו לאמור לא תשתו יין וכו׳. וא״ת והא [אמרינן] בבא בתרא (ס עמ׳ ב) משחרב בית המקדש רבו פרושים וכו׳ עד אין גוזרים גזרה על הצבור וכו׳? ויש לומר דהתם היו פורשים מבשר ויין וא״כ אי איפשר אבל מיין לחודיה איפשר לעמוד בה, אי נמי לאחר חורבן מאי דהוה הוה אבל הכא קודם חרבן היה עינויים שמא ירחם המקום ב״ה ותתבטל הגזרה או תתאחר:

תרעתים (דה״י א ב:נא) **על שם ששמעו תרועה מסיני.** וא״ת והא אמרינן דאחר מתן תורה ויש לומר דהכי פרושו כששמעו בתורה כאלו קבלוה בסיני אי נמי שנתנה על ידי תרועה מסיני תדע דלא קאמר ששמעו תורה בסיני אלא מסיני:

על שם שהיו מגלחין.[235] דורש אותו לשון תער כאלו כתיב (תרעתים) [תערתים]; ושמעתי דאלה שצוה להם שלא ישתו יין היו כנזירים והיו מגלחין כשהיה מכביד עליהן שערם ומקריבין קרבנות נזירות ואין היו צריכים תער דוקא, וישר בעיני:

---

232. עיין ראש השנה לב עמ׳ א.
233. כלומר פירש מע״ז.
234. עיין זבחים קטז עמ׳ א.
235. גירסת מדרש חכמים, ור״ל שהיו נזירי עולם וגלחו פעם בי״ב חדש.

הכהנים, בין תמימים בין בעלי מומים דברי ר׳ טרפון, ר׳ עקיבא אומ׳ תמימים ולא בעלי מומים נאמר כאן כהנים ונאמר להלן כהנים מה כהנים האמורים להלן תמימים ולא בעלי מומין אף כהנים האמורים כאן תמימים ולא בעלי מומין א״ל רבי טרפון עד מתי מגבב ומביא עלינו עקיבא איני יכול לסבול אקפח את בניי אם לא ראיתי שמעון אחי אימא שהיה חגר ברגלו אחת שהיה עומד ומריע בחצוצרות אמר לו הין רבי שמא בהקהל ראית שבעלי מומין כשרין בהקהל וביום הכיפורים וביובל א״ל העבודה שלא בידיתה אשריך אברהם אבינו שיצא מחלציך עקיבא טרפון ראה ושכח עקיבא דורש מעצמו ומסכים להלכה הא כל הפורש ממך כפורש מחייו.

והיו לכם לחוקת עולם למה נאמר לפי שהוא אומר עשה לך שתי חצוצרות כסף שומע אני הואיל ועשה אותם יהיו ירושה לבניו ת״ל והיו לכם: לחקת עולם לדרתיכם <לחקה ניתנו לדורות ולא מתנה לדורות> מיכן אמרו כל הכלים שעשה משה במדבר כשרים היו לדורות חוץ מן החצוצרות (סליק פיסקא)

(עו) וכי תבאו מלחמה בארצכם במשמע בין שאתם יוצאים עליהם ובין שהם באים עליכם.

על הצר הצרר במלחמת גוג ומגוג הכתוב מדבר אתה אומר במלחמת גוג ומגוג הכתוב מדבר או אינו מדבר אלא בכל המלחמות שבתורה ת״ל ונשעתם מאויביכם אמרת צא וראה איזו היא מלחמה שישראל נושעים ממנה ואין אחריה שעבוד אין אתה מוצא אלא מלחמת גוג ומגוג וכן הוא אומר ויצא ה׳ ונלחם בגוים ההם (זכריה יד ג) מהו אומר והיה ה׳ למלך על כל הארץ ר׳ עקיבא אומר אין לי אלא מלחמה שדפון וירקון ואשה מקשה לילד וספינה המטרפת בים מנין ת״ל על הצר הצורר אתכם על כל צרה וצרה שלא תבוא על הצבור: והרעותם בחצוצרות וגו׳, ר׳ עקיבא אומר וכי חצוצרות מזכירות <והלא דמים מזכירים> אלא שאם יכולים להריע ולא הריעו מעלה אני עליהם כאלו לא הוזכרו לפני המקום: ונזכרתם ונושעתם, הא כל זמן שנזכרים ישראל אין נזכרים אלא לתשועות (סליק פיסקא)

(עז) וביום שמחתכם אלו שבתות ר׳ נתן אומר אלו תמידים: ובמועדיכם אלו שלש רגלים: ובראשי חדשיכם כמשמעו.

ותקעתם בחצוצרות בשל צביר הכתוב מדבר אתה אומר בשל צבור הכתוב מדבר או אחד ליחיד ואחד לצבור אמרת במה ענין מדבר בשל צבור שמעון בן עזאי בשל צבור הכתוב מדבר אי אחד ליחיד ואחד לצבור ת״ל על עולותיכם ועל זבחי שלמיכם מה עולות קדשי קדשים אף שלמים קדשי קדשים <או יכול עולות אחד של יחיד ואחד של צבור> ת״ל על עולותיכם ועל זבחי שלמיכם מה שלמים משל צבור אף עולות משל צבור.

והיו לכם לזכרון לפני ה׳ אלהיכם למה נאמר לפי שהוא אומר ותקעתם בחצוצרות על עולותיכם שומע אני קרבנות שתקעו עליהם יהיו כשרים ושלא תקעו עליהם לא יהיו כשרים ת״ל והיו לכם לזכרון לזכרון נתנו ולא נתנו להכשיר קרבן.

אני ה׳ אלהיכם למה נאמר לפי שהוא אומר דבר אל בני ישראל לאמר בחדש השביעי באחד לחדש יהיה לכם שבתון זכרון תרועה (ויקרא כג כד) אבל מלכות לא שמענו ת״ל ה׳ אלהיו עמו ותרועת מלך בו (במדבר כג כא) זה שופר ומלכות ר׳ נתן אומר אינו צריך שהרי כבר נאמר ותקעתם בחצוצרות הרי שופר והיו לכם לזכרון זה זכרון אני ה׳ אלהיכם זה מלכות אם כן מה ראו חכמים לומר מלכיות תחילה ואחר כך זכרונות ושופרות אלא המליכהו עליך תחילה ואחר כך בקש מלפניו רחמים

הכי גרסינן הן ר׳ שמא ביום (הבכורים) [**הכפורים**] **ביובל**. פירוש, דהתם לא כתיב כהנים אלא בית דין צריכין למנות שליח לתקוע[223] [א״כ][224] אפילו ישראל והוא הדין בעלי מומין אבל בהקהל דכתיב **כהנים** (במדבר י:ח) לא:

לחוקה ניתנו. תימא דלישנא דקרא דכתיב ביה **לדורותיכם** (במדבר י:ח) למה לי משמע דנוהגין לדורות?[225] ונראה דאין הכי נמי ״לדורות״ אם ירצה המלך לעשות חצוצרות כדי להקהיל הרשות בידו והכא **מלכם** (במדבר י:ח) (א״כ) דריש **לכם לחוקה** ולא לבאים **לחוקה**—וא״ת לשתוק קרא **מלדורותיכם** (במדבר י:ח), ויש לומר דאיצטריך דלא תימא דלדורות אסור להשתמש בחצוצרות קמ״ל דמותר ובלבד שלא ישתמשו באותן של משה, גם צריך לומר **דלדורות** איכא חובה בחצוצרות כגון על **הצר הצורר** (במדבר י:ט) כד[מ]פרש ואזיל:

[פיסקא עו]

במלחמת גוג ומגוג. מבארצכם (במדבר י:ט) דריש דכתיב **ביום בוא גוג על אדמת ישראל** (יחזקאל לח:יח):

ונושעתם (**במדבר י:ט**). משמע תשועת עולם:

אשה המקשה וכו׳. מדכתיב **על הצר** (במדבר י:ט) לשון יחיד דריש:

והלא דמים מזכירים. היינו דם הקורבנות שמכפרים ואע״ג דלא כתיב זכירה בקרבנות כתיב ריצוי (ויקרא א:ד) והיינו **זכירה** (במדבר י:י), וגבי קומץ מנחה שהקטרתו היא כנגד זריקת דם כתיב **אזכרתה** (ויקרא ו:ח):

מעלה עליהם כאילו לא הוזכרו.[226] לפי שהקדוש ב״ה מתאוה לתפילתן של ישראל[227] כדדריש במדרש (שה״ש רבה ב:לא, לב) **יונתי וגו׳ השמיעני את קולך** (שה״ש ב:יד):

[פיסקא עז]

הכי גרסינן[228] **רבי נתן אומר ובמועדיכם** (במדבר י:י) **אלו תמידין וביום שמחתכם** (**במדבר י:י**) **אלו שלש רגלים. במועדיכם** דריש תמידין דכתיב ביה **במועדו** (במדבר כח:ב), **ושמחתכם** [דריש] שלש רגלים דכתיב **ושמחת בחגך** (דברים טז:יד):[229]

בשל צבור. פירוש, כלומר שאין תוקעין בחצוצרות אלא על קרבנות[230] צבור והכי נמי ילפינן מינה בערכין (יא עמ׳ א) שאין הלוים אומרים שירה אלא על קרבנות של צבור:[231]

אף שלמים קדשי קדשים. היינו כבשי עצרת שקרויין זבחי שלמי צבור:

---

223. בשופר ולא בחצוצרות.
224. כן בכ״י סמינר.
225. אם באמת אינה לדורות?
226. כלומר שלא יסמכו על הזכירה אלא על התפילה.
227. עיין בבלי יבמות סד עמ׳ א. והש׳ מנחות צג עמ׳ ב: ת״ר ונרצה, והלא אין כפרה אלא בדם אלא לומר לך שאם עשאה לסמיכה שירי מצוה מעלה הכתוב כאילו לא כיפר.
228. בברית אברהם: הכי גרסינן בס״א.
229. הש׳ פסחים ע״ז עמ׳ א.
230. מכאן עד קרבנות של צבור חסר בכה״י ומלאתי מן הנוסח בברית אברהם.
231. לא מצאתי את הדברים ממש כדבריו אלא נראה שיש לפרש את הסוגיה שאין הלוים אומרים שירה אלא על נסכי חובה של קרבנות הצבור.

ספרי פיסקא סב—סג בהעלתך

לפי שהוא אומר בעת ההיא אמר ה׳ אלי פסל לך לא היו אלא משל צבור הא מה ת״ל קח לך עשה לך בשל צבור הכתוב מדבר.

חצוצרות, מיעוט חצוצרות שתים או אם רצה להוסיף מוסיף ת״ל שתי חצוצרות שלא להוסיף ושלא לגרוע: שתי חצוצרות, שיהו שוות במראה ובקומה ובנוי: מקשה, אין מקשה אלא מין קשה מעשה אומן ומעשה קורנס: והיו לך למקרא העדה, שתהא מזמן בהן את העדה ומסיע בהן את המחנות (סליק פיסקא)

(עג) ותקעו בהן ונועדו אליך כל העדה ואם באחת תקעו, אבל לא שמענו להיכן הרי אני דן נאמרה תקיעה בעדה ונאמרה תקיעה בנשיאים מה תקיעה האמורה בעדה בפתח אהל מועד אף תקיעה האמורה בנשיאים בפתח אהל מועד יכול כל הקודם במקרא קודם במעשה ת״ל וידבר משה אל ראשי המטות (במדבר ל׳ ב) הואיל ונאמרו דברות בתורה סתם ופרט באחת מהם שהנשיאים קודמים אף פורטני בכל דברות שבתורה שיהיו הנשיאים קודמים ר׳ יונתן אומר אין צריך שהרי כבר נאמר ויקרא אליהם משה וישובו אליו אהרן וכל הנשיאים בעדה וידבר משה אליהם ואחרי כן נגשו כל בני ישראל (שמות לד לא) הואיל ונאמרו דברות בתורה סתם ופרט באחת מהם שהנשיאים קודמים אף פורטני בכל דברות שבתורה שיהיו הנשיאים קודמים אלא מה ת״ל וידבר משה אל ראשי המטות בא הכתוב ללמדך שאין התרת נדרים אלא מפי מומחים.

ותקעתם תרועה, תקיעה בפני עצמה ותרועה בפני עצמה: אתה אומר תקיעה בפני עצמה ותרועה בפני עצמה או תקיעה ותרועה כאחת כשהוא אומר ובהקהיל את הקהל תתקעו ולא תריעו הרי תקיעה אמורה הא מה ת״ל ותקעתם תרועה תקיעה בפני עצמה ותרועה בפני עצמה או אין לי אלא תקיעה לפני תרועה תקיעה לאחר תרועה מנין ת״ל תרועה יתקעו למסעיהם נאמרה כאן תרועה ונאמרה להלן תרועה מה תרועה האמורה להלן תקיעה לאחר תרועה אף תרועה האמורה כאן תקיעה לאחר תרועה ומה כאן תקיעה לפני תרועה אף להלן תקיעה לפני תרועה הא למדנו שתוקע ומריע ותוקע ר׳ יוחנן בן ברוקה אומר הרי הוא אומר ותקעתם תרועה שאין ת״ל שנית אלא זה בנה אב לתקיעה שתהא שנייה לתרועה הא למדנו שתוקע ומריע ותוקע אין לי אלא במדבר בראש השנה מנין נאמרה כאן תרועה ונאמרה להלן תרועה מה תרועה האמורה כאן תוקע ומריע ותוקע אף תרועה האמורה להלן תוקע ומריע ותוקע. שלש תרועות נאמרו בראש השנה שבתון זכרון תרועה (ויקרא כג כד) והעברת שופר תרועה (שם כה ט) יום תרועה יהיה לכם (במדבר כט א) שתי תקיעות לכל אחת ואחת נמצינו למדים לראש השנה שלש תרועות ושש תקיעות שתים מדברי תורה ואחת מדברי סופרים שבתון זכרון תרועה והעברת שופר תרועה מן התורה יום תרועה יהיה לכם לתלמודו הוא בא ר׳ שמואל בר נחמני אומר אחת מדברי תורה ושתים מדברי סופרים שבתון זכרון תרועה מן התורה והעברת שופר תרועה ויום תרועה יהיה לכם לתלמודו הוא בא: ותקעתם תרועה ונסעו המחנות החונים קדמה ותקעתם תרועה שנית ונסעו המחנות החונים תימנה או כשם שתוקע למזרח ולדרום כך תוקע לצפון ולמערב ת״ל תרועה יתקעו למסעיהם תקיעה אחת לשתיהם וי״א שלש לכל רוח ורוח (סליק פיסקא)

(עד) ובהקהיל את הקהל למה נאמר לפי שהוא אומר והיו לך למקרא העדה ולמסע את המחנות מה מקרא העדה בשתים אף מסע המחנות בשתים או מה מסע המחנות תוקע ומריע תוקע אף הקהל את העדה תוקע ומריע ותוקע ת״ל ובהקהיל את הקהל תתקעו ולא תריעו (סליק פיסקא):

(עה) ובני אהרן הכהנים יתקעו בחצוצרות למה נאמר לפי שהוא אומר ואם באחת יתקעו שומעני אף ישראל במשמע ת״ל ובני אהרן הכהנים.

דאמר (תנחומא כי תשא כו) סנפרינון היו, ומנין היו לו למשה אלא ודאי של צבור היו, ותימא מנא ליה[211] דלמא הצבור לא היו מוצאין לקנות אבנים כל כך גדולות ובידי שמים[212] היו, לכן נראה דהכי גרסינן **פסל לך** (דברים י:א) לא היו אלא לצבור, כלומר לעולם משל שמים היו ומדקאמר **פסל לך** פירוש כי הפסולת שלך[213] מכלל דגוף הלוחות היו לצבור, כמו כן הכא שכר הקיחה ושכר העשיה שלך אבל אינהו גופייהו משל צבור:[214]

מעוט חצוצרות שתים. פירוש אם כן למה נכתב "שתי", ומפרש ואזיל דלא תימא אם רצה להוסיף מוסיף:

מין קשה. כלומר חתיכה אחת והיינו דמפרש מעשה אומן מעשה קורנס.

[פיסקא עג]

קודם במעשה. וא"כ יתקדמו עדה[215] לנשיאים:[216]

שלא הותרו נדרים אלא מפי מומחים. היינו דווקא ביחיד אי נמי במקום מומחין אין הדיוטות יכולין להתיר:

או תקיעה ותרועה כאחת. היינו שלא יפסיק אלא בסיום התקיעה יעשה התרועה:

הכי גרסינן **בנה אב לתרועה שתהא שניה לתקיעה.** ותקיעה אחרונה סמיך אג"ש ד"**תרועה יתקעו**" (במדבר י:ו), אי נמי גרסינן כמו שכתוב בספר[217] ובא ללמד מ"שניה" תקיעה אחרונה:

[**בראש השנה מניין**]. בראש השנה כתיב **יום תרועה יהיה לכם** (במדבר כ:א):

הכי גרסינן מה תרועה (במדבר י:ו) **האמורה כאן וכו'**. וכולה האי ברייתא מייתי בפ"ב דראש השנה (לד עמ' א):

ואחת מדברי סופרים. משום **דוהעברת** (ויקרא כה:ט) כתיב גבי יום (הבכורים) [הכפורים] של יובל והשנים כתיבי בראש השנה:

יום תרועה לתלמודו הוא בא. מה התם לדרוש ביום ולא בלילה:

למסעיהם (במדבר י:ו). משמע ליה מיעוט למסעיהם של אלו[218] ולא לצפון [ולא] למערב אלא הצפון נמשך אחר מזרח[219] הסמוך[220] והמערב אחר הדרום:

ויש אומרים וכו'. דסברי ילמדו סתומים מן המפורשים:[221]

[פיסקא עה]

תמימים לא בעלי מומין. דדריש **כהנים** (במדבר י:ח) בכיהונם:[222]

---

211. בברות אברהם: מנא לן.
212. בזרע אברהם בשם זית רענן: אלא מעשה שמים היו.
213. עין נדרים לח:א.
214. והקשה על פירוש זה טובא בברית אברהם.
215. דכתיב בראש "ונעדו אליך כל העדה."
216. ללמוד לנשיאים.
217. בנה אב לתקיעה שתהא שנייה לתרועה.
218. מיעוט של קדמה (אלו שחונים במזרח) ושל תימנה (אלו שחונים בדרום).
219. כלומר דתרועה לחונים במזרח אהני נמי לאלו שבצפון.
220. שהיו מתניהם סמוכים אלו לאלו.
221. ולכל רוח יתקעו תר"ת אפילו לאלו דלא כתיב בהדיא.
222. אולי רבינו הוסיף דרשה אחר לדרשת הג"ש הנמצא בכל הספרים מפני שבמנחות יג רבי עקיבא חלק על רבי טרפון והביא ג"ש זו להוכיח שקבלת הדם יהא בכהן כשר.

ידע כיוצא בו וישקהו (שם לג ד) נקוד עליו שלא נשקו בכל לבו ר״ש בן יוחי אומר הלכה בידוע שעשו שונא ליעקב אלא נהפכו רחמיו באותה שעה ונשקו בכל לבו כיוצא בו וילכו אחיו לרעות את צאן אביהם בשכם (שם לז יב) נקוד עליו שלא הלכו אלא לרעות את עצמם כיוצא בו כל פקודי הלוים אשר פקד משה ואהרן נקוד עליו שלא היה אהרן מן המנין כיוצא בו ונשים עד נופח אשר עד מידבא (במדבר כא ל) נקוד עליו שאף מלהלן היה כן כיוצא בו עשרון עשרון (שם כט טו) נקוד על עשרון שלא היה אלא עשרון אחד בלבד כיוצא בו הנסתרות לה׳ אלהינו והנגלות לנו ולבנינו עד עולם (דברים כט כח) נקוד עליו אמר להם עשיתם הגלוים אף אני אודיע לכם את הנסתרים אף כאן אתה אומר בדרך רחוקה נקוד עליו שאפילו היה בדרך קרובה והיה טמא לא היה עושה עמהם את הפסח: או לדרתיכם שינהוג הדבר לדורות.

בחדש השני בארבעה עשר יום, הוסיף בו הכתוב שתי מצות חוץ ממצוה האמורה בגופו ואיזו זו ועצם לא ישברו בו: ככל חקת הפסח, במצות שבגופו הכתוב מדבר אתה אומר במצות שבגופו הכתוב מדבר או אינו מדבר אלא במצות שעל גופו כשהוא אומר ככל חקותיו וככל משפטיו יעשו אותו הרי מצות שעל גופו אמורות הא מה ת״ל ככל חקת הפסח יעשו אתו במצות שבגופו הכתוב מדבר או אף לשבעה ולמצה ולביעור חמץ ת״ל ועצם לא ישברו בו עצם היה בכלל יצא מוצא מן הכלל ללמד על הכלל מה עצם מצוה שבגופו הכתוב מדבר אף כשהוא אומר ככל חקת הפסח יעשו אותו במצות שבגופו הכתוב מדבר איסי בן עקביא אומר חוקה האמורה בפסח אינה אלא בגופו (סליק פיסקא)

(ע) והאיש אשר הוא טהור, שומע אני אחד יחיד ואחד צבור עושה פסח שני ת״ל ויהי אנשים היחיד עושה פסח שני ואין הצבור עושה פסח שני ר׳ נתן אומר אין צריך שהרי כבר נאמר והאיש היחיד עושה פסח שני ואין הצבור עושים פסח שני: וחדל, אין וחדל אלא כל שיכול לעשות ולא עשה שיערו חכמים כל שהיה בשעת שחיטת הפסח מן המודיעים ולפנים וכן לכל מדתה: ונכרתה, אין ונכרתה אלא הפסקה: הנפש ההיא, מזידה דברי ר״ע: מעמיה, ועמה שלום.

כי קרבן ה׳ לא הקריב במעדו, על פסח ראשון הכתוב ענש כרת אתה אומר על פסח ראשון <או לא ענש אלא על פסח שני אמרת איזהו מועדו זה ראשון ד״א כי קרבן ה׳ לא הקריב במועדו בא הכתוב ולימד על פסח שני> שדוחה את השבת או ידחה את הטומאה אמרת כל עצמו אינו בא אלא מפני הטומאה.

חטאו ישא האיש ההוא, אין לי אלא איש אשה מנין ת״ל ונכרתה הנפש ההוא להביא את האשה <רשב״י אומר חטאו ישא האיש ההוא להוציא את האשה>
(סליק פיסקא)

(עא) וכי יגור אתך גר ועשה פסח, שומע אני כיון שנתגייר יעשה פסח מיד ת״ל כאזרח מה אזרח בארבעה עשר אף הגר בארבעה עשר ר׳ שמעון בן אלעזר אומר הרי שנתגייר בין שני פסחים שומע אני יעשה פסח שני ת״ל כאזרח מה אזרח שלא עשה את הראשון יעשה את השני כך כל שלא עשה את הראשון יעשה את השני.

כחוקת הפסח וכמשפטו כן יעשה, אין לי אלא הפסח שהשוה את הגר לאזרח בכל מצות שבתורה מנין ת״ל חוקה אחת יהיה לכם ולגר בא הכתוב והשוה את הגר לאזרח בכל מצות שבתורה (סליק פיסקא)

(עב) וידבר ה׳ אל משה לאמר עשה לך שתי חצוצרות כסף, למה נאמרה פרשה זו לפי שהוא אומר על פי ה׳ יחנו ועל פי ה׳ יסעו (במדבר ט כג) שומע אני הואיל ונוסעים על פי הדיבר וחונים על פי הדיבר לא יהיו צריכים חצוצרות ת״ל עשה לך שתי חצוצרות כסף מגיד הכתוב שאף על פי שנוסעים על פי ה׳ וחונים על פי ה׳ צריכים היו חצוצרות.

עשה לך, משלך ויקחו אליך משל צבור דברי ר׳ יאשיה ר׳ יונתן אומר אחד זה ואחד זה משל צבור הכתוב מדבר ומה ת״ל קח לך עשה לך <ויקחו אליך בזמן שישראל עושין רצון המקום ויקחו אליך וכשאין ישראל עושין רצונו של מקום קח לך עשה לך> בשלך אני רוצה יותר מבהם. אבא חנין אומר משום ר׳ אליעזר למה נאמרה פרשה זו

הראשון[198] ואינו תיקונו של ראשון שאם הזיד בראשון אפילו יעשה את השני אינו מועיל לתקן מה שעוות, ואיכא מאן דאמר[199] אפילו על הראשון אינו חייב אלא אם לא עשה את השני.[200] דסבירא ליה דשני תקונו של ראשון הוא:

אשה מנין. אהיכא דלא עשתה את הראשון קאי וסבירא ליה נשים בראשון חובה[201] ורבי שמעון בן יוחאי סבר נשים בראשון רשות:[202]

[פיסקא עא]

יעשה[203] **פסח מיד.** תימה, מנא תיתי? וי״ל משום **ועשה פסח** (במדבר ט:יד) והייתי אומר—גזרת הכתוב היא שיהיה פסח שני תשלומין לטמא **ודרך רחוקה** (במדבר ט:י) כמו כן זה,[204] שמא בשעה שעשו ישראל פסח כבר היה דעתו לשמים או אם[205] יאמר בפירוש שכבר היה דעתו לשמים ומפני שהיה ערל לא היה יכול לעשותו[206] ויעשה פסח[207] מיד; להכי איצטריך **כאזרח**[208] ורשב״א סבר דלהאי לא אצטריך דמה מועיל דעתו לשמים כיון שלא בא לכלל ישראל אלא כי איצטריך למי שנתגייר בין שני פסחים כדמפרש ואזיל:[209]

[פיסקא עב]

פרשת חצוצרות

למה נאמרה פרשה זו. תימה, הא אצטריך לגופה, ויש לומר דהכי פירושו, אי לאשמועינן שצריך סימן להקהיל או ליסע פשיטא שכן דרך המלכים שמצוין לתקוע בשופרות לסימן או מכריזין להודיע לכל, ומשה מלך היה כדכתיב **ויהי בישורון מלך** (דברים לג:ה) ומפרש ואזיל משום דכתיב **על פי ה׳** (במדבר ט:יח) וכו׳:

אף על פי שנוסעין על פי הדבור. פירוש, והכל באים לשמוע הדיבור מפי משה:

קח לך. דכתיב **ואתה קח לך בשמים ראש** (שמות ל:כג):

הכי גרסינן **רבי אליעזר אומר כשהוא אומר בעת ההיא** (דברים י:א) **וכו׳**. ולא גרסינן ״למה נאמרה פרשה זו״ דמזה לא מייתי כלום אלא מביא ראיה מדכתיב **פסל לך**[210] (שם שם) וכמאן

---

198. אם שגג או נאנס. וגר שנתגייר בין פ״ר ובפ״ש אינו מביא בשני לתשלומים שהרי לא היה יהודי בפ״ר; מה שאין כן למ״ד דרגל בפ״ע הוא שהרי עכשיו יהודי הוא שלא הביא קרבן פסח שנה זו וחייב לעשותו בשני ככל יהודי שלא הביא.
199. חנניא בן עקביה.
200. כלומר שהזיד גם בשני דאין גמר של הראשון אלא בשני ואם אין גמר לחטאו אז פטור דבשני ס״ל כרבי נתן דאין כרת שייך בו ולפי דעתו רק אם לא תקן חטא כרת דראשון אז חייב ולגבי קרבנותיו אם שגג או נאנס בראשון גם דין תשלומים איכא בשני וגר שנתגייר בין הפסחים חייב בשני.
201. לכן חייבות בשני ושיטת ר׳ יוסי היא פסחים צא עמ׳ ב.
202. עיין שם.
203. כן בברית אברהם אבל בכה״י ״יעשו״.
204. מיד אחרי הגירות בכל זמן יביא.
205. בברית אברהם: או יאמר.
206. לכן הייתי אומר שיביא את פסחו.
207. בברית אברהם: ויעשה מיד.
208. בברית אברהם ובכ״י סמינר ״האזרח״. ולשון במדבר ט:יד: לאזרח.
209. כדעת רבי.
210. בכה״י: פסול לך.

רבי נתן וכו'. תימה, רבי נתן מה היה דורש **מאיש איש** (שם שם)? ושמא איש למעוטי אשה[179] וכמאן[180] דאמר (פסחים עט עמ' ב)[181] נשים בראשון רשות[182] **איש איש** (במדבר ט:י) דברה תורה כלשון בני אדם (ברכות לא עמ' ב):[183]

שיערו חכמים וכו' [מן המודיעית] ולפנים. כלפי ירושלים,[184] האי סתמא אתיא כת"ק דרבי עקיבא דלעיל, ודברי רבי עקיבא אכולה מילתא קאי.

[אין נכרתה] אלא הפסקה. פירוש, שנכרתת ונפסקת ממקום הראוי להיות ניזונית מזיו שכינתו של מקום ברוך הוא,[185] וא"ת לרבנן דפליגי עליה מאי **ונכרתה** (ויקרא ט:יג)? וי"ל דלרבנן לא קאי **כריתה** אלא **אמעמיה** (במדבר ט:יב) דהיינו מיתה בידי שמים אבל אינה נענשת לעולם הבא, והיינו דאצטריך רבי עקיבא למדרש מעמיה (שם שם) [דאינה] אלא למדרש כיון דלדידיה הכריתה היא לעולם הבא למה לי מעמיה אלא למדרש:

ועמה שלום. משום שמצינו גבי מולך דכתיב **ושמתי אני את פני באיש ההוא ובמשפחתו** (ויקרא כ:ה), קמ"ל דהכא אין אחר נענש אלא הוא:[186]

על פסח ראשון. **מבמועדו** (במדבר ט:ב) יליף שידחה את השבת דדרשנן **במועדו** אפילו בשבת:[187]

כל עצמו וכו'. פירוש, לא נדחה ממקומו[188] אלא מפני טומאה והיאך יעשה עכשיו[189] בטומאה! ובפרק מי שהיה טמא (פסחים צג עמ' א) איכא שלוש מחלוקות, דאיכא מאן דאמר[190] על הראשון חייב כרת[191] וגם על השני[192] דשני רגל[193] בפני עצמו,[194] ואיכא מאן דאמר[195] על הראשון חייב[196] ועל השני פטור[197] דשני תשלומין דראשון הוא למי שאינו יכול לעשות את

---

179. למעט לגמרי דאפילו רשות ליכא. ונראה מדברי כה"י לפנינו דלא מריבויא דקרא דריש אלא מתיבת איש לבד מיעטן מלהביא פסח שני כמו דדרשינן בפסחים צג עמ' א.

180. דברי רבי שמעון פסחים צ עמ' ב דנשים אינן מביאות כל עיקר בשני. א"כ קרא דחטאו ישא האיש ההוא דמורה על כרת הוא לפי דרשת רבי נתן דהפסוק שייך לפסח ראשון בלבד וכמו בסוף הפיסקא רשב"י אומר להוציא את האשה ר"ל מאיסור כרת בראשון.

181. הש' פסחים צא עמ' ב, סז עמ' א.

182. ובשני אינן מביאות.

183. ועין דברי המזרחי תחילת פרשת לך לך. ולא מצאתי אף אחד שתפס בענין דר' שמעון דאינו דורש ריבוי אלא מתיבת איש לחוד להקשות מאי עביד ליה ומתרץ כלשון בני אדם. ואולי יש להגיה "[אי נמי ס"ל] **איש איש** דברה תורה כלשון בני אדם." וכן נוטה דעתי.

184. לפי פסחים צג עמ' ב ט"ו מיל איכא.

185. בעולם הבא.

186. ולא במשפחתו.

187. עין דברי התוס' יומא נא.

188. כלומר פסח ראשון לא נדחה לשני אלא מפני טומאה שלא באה בציבור.

189. פסח שני.

190. שיטת רבי.

191. אם הזיד בה.

192. אפילו שגג על הראשון חייב על השני אם הזיד. וא"א דקטלינן חד גברא פעמים.

193. רגל לאלו שעד כאן לא הביא.

194. ואיסור כרת בשני בא בג"ש מחטא דבירכת השם דכתיב בפסח שני חטאו ישא שלפי רבי הוא בירכת השם הוא מגדף ובמגדף נמצא עונש כרת וגבי ברכת השם שהוא מגדף השם ועונשו כרת כתיב ונשא חטאו. א"כ חטאו ישא האמור במי שלא הביא פסח שני חטא כרת.

195. רבי נתן.

196. אם הזיד בה ומפורש בפסוק כן.

197. אם הזיד בראשון חייב, ופטור על השני אפילו הזיד בה דאין חטא כרת בפסח שני ולא דרש ג"ש דסבר ברכת השם לחוד ומגדף לחוד. ואם שגג על הראשון והזיד בשני פטור לגמרי.

ספרי פיסקא סז–סח בהעלתך

ככל אשר צוה ה׳ את משה כן עשו בני ישראל, להודיע שבחן של ישראל שכשם שאמר להם משה כן עשו (סליק פיסקא)

(סח) ויהי אנשים אשר היו טמאים לנפש אדם, מי היו נושאי ארונו של יוסף היו דברי ר׳ ישמעאל ר׳ עקיבא אומר מישאל ואלצפן היו שנטמאו לנדב ואביהוא ר׳ יצחק אומר אין צריך אם נושאי ארונו של יוסף היו יכולים ליטהר ואם מישאל ואלצפן היו יכולים ליטהר <ומי> היו למת מצוה נטמאו שנאמר ולא יכלו לעשות הפסח ביום ההוא לא היו יכולים לעשות בו ביום אבל היו יכולים לעשות ביום שלאחריו נמצינו למדים שחל שביעי שלהם להיות ערב פסח.

ויקרבו לפני משה ולפני אהרן ביום ההוא, אם משה לא היה יודע אהרן היה יודע אלא סרס המקרא ודרשהו דברי ר׳ יאשיה אבא חנן אומר משום ר׳ אליעזר בבית המדרש היו יושבין ובאו ועמדו לפניהם.

ויאמרו האנשים ההמה אליו, מגיד שהיו בני אדם כשרים וצדיקים וחרדים על המצות רבי אומר אין צריך הרי הוא אומר ויאמרו האנשים ההמה אליו שאין ת״ל ההמה אלא מגיד שאין נשאלים אלא לבעל המעשה.

למה נגרע, אמר להם אין קדשים קרבים בטומאה אמרו לו אם לאו יורק הדם על הטמאים והבשר יאכל לטהורים והדין נותן ומה חטאת שהיא קדשי קדשים דמה נורק על הטמאים ובשרה נאכל לטהורים הפסח שהוא קדשים קלים דין הוא שיזרק הדם על הטמאים והבשר יאכל לטהורים אמר להם אין קדשים קרבים בטומאה אמרו לו אם קדשים שיש להם אחריות יהו קרבים קדשים שאין להם אחריות לא יהו קרבים אמר להם לא שמעתי.

עמדו ואשמעה, כאדם שאומר אשמע דבר מפי רבי אשרי ילוד אשה שכך היה מובטח שכ״ו שהיה רוצה היה מדבר עמו אמר ר׳ חידקא שמעון השקמוני היה לי חבר מתלמידי ר״ע ואמר יודע היה משה שאין טמא אוכל את הפסח על מה נחלקו אם יורק הדם עליהם אם לאו ראויה היתה פרשת טמאים שתאמר על ידי משה אלא שזכו אלו שתיאמר על ידיהם לכך שמגלגלים זכות על ידי זכאי וחובה על ידי חייב (סליק פיסקא)

(סט) וידבר ה׳ אל משה דבר אל בני ישראל לאמר איש איש כי יהיה טמא לנפש זה דבר ששאל או בדרך רחוקה זה דבר שלא שאל:

כי יהיה טמא לנפש, אין לי אלא טמא מת שאר טמאים מנין ת״ל או בדרך רחוקה הרי אתה דן בנין אב מבין שניהם לא ראי טמא מת כראי דרך רחוקה ולא ראי דרך רחוקה כראי טמא מת הצד השוה שבהם שלא עשה את הראשון יעשה את השני כך כל שלא עשה את הראשון יעשה את השני.

בדרך רחוקה, איני יודע איזו היא דרך רחוקה שיערו חכמים כל שהיה בשעת שחיטת הפסח מן המודיעים ולחוץ וכן לכל מדתה רבי עקיבא אומר נאמר טמא מת ונאמר דרך רחוקה מה טמא מת רצה לעשות ואין יכול אף דרך רחוקה רצה לעשות ואין יכול ר׳ אליעזר אומר נאמר ריחוק מקום במעשר ונאמר ריחוק מקום בפסח מה ריחוק מקום האמור במעשר חוץ למקום אכילתו אף ריחוק מקום האמור בפסח חוץ למקום אכילתו איזהו מקום אכילתו מפתח ירושלים ולפנים ר׳ יהודה אומר משמו נאמר ריחוק מקום במעשר ונאמר ריחוק מקום בפסח מה ריחוק מקום האמור במעשר חוץ למקום הכשירו אף ריחוק מקום האמור בפסח חוץ למקום הכשירו ואיזה מקום הכשירו מפתח העזרה ולפנים.

או בדרך רחוקה, נקוד על ה״א שאפילו בדרך קרובה והוא טמא לא היה עושה עמהם את הפסח כיוצא בו ישפוט ה׳ ביני ובינך (בראשית טז ה) נקוד עליו שלא אמרה לו אלא על הגר בלבד ויש אומרים על המטילים מריבה בינו לבינה כיוצא בו ויאמרו אליו איה שרה אשתך (שם יח ט) נקוד עליו שהיו יודעים היכן היא כיוצא בו ולא ידע בשכבה ובקומה (שם יט לג) נקוד על בשכבה לומר בשכבה לא ידע ובקומה

לדורתיכם (במדבר ט:י) **שינהג הדבר לדורות. ואיצטריך** משום דכתיב בקרא **לכם** (במדבר ט:י): **הוסיף הכתוב וכו׳.** אי לאו דכתיב ביה (כי) בהדיא לא הוה ידיענן להו **מככל חוקת הפסח יעשו אותו** (במדבר ט:יב) [ממה דאמר למעלה ככל חוקותיו] דהתם מיירי במצות שבגופו ממש אבל הכא לאו בגופו ממש נינהו, דעצם אינו נאכל וכן המותיר ממנו אינו עושה מעשה:[168]

במצות שבגופו הכתוב מדבר. אסיפיה דקרא קאי דכתיב **ככל חוקת הפסח יעשו אותו** (במדבר ט:יב):

במצות שבגופו. היינו **צלי** (שמות יב:ח) **ואל תאכלו נא ומבושל במים** (שמות יב:ט):[169]

מצות שעל גופו. היינו מצות ומרורים (במדבר ט:יב):

או אף לשבעה. פירוש, אף פסח שני יהיה טעון חגיגה כדי שיהא נאכל על השבע—

[ו]לא גרסינן ״ולמצה״ דודאי נאכל על מצות ומרורים דבהדיא כתיב ביה (במדבר ט:יב) אלא ה״ג **או אף לז׳ ולביעור חמץ.** פירוש,[170] מצות ״לא תשחט על חמץ״ (שמות לד:כה) והכי איתא פרק מי שהיה טמא (משנה פסחים ט:ג) פסח שני חמץ ומצה עמו בבית:

עצם היה בכלל. וא״ת הא איצטריך (**עצם לא תשברו בו** (שמות יב:מו)) [**עצם לא ישברו בו** (במדבר ט:יב)] להוסיף כדלעיל,[171] אם כן היאך הוי בכלל? ויש לומר דמכל מקום כיון דמרבי **מככל חוקותיו** (במדבר ט:ג)[172] דברים שעל גופו כל שכן הני,[173] אם כן לא נכתבו אלו אלא ללמד על הכלל וכו׳ [ככל חוקת הפסח יעשו אותו במצות שבגופו הכתוב מדבר]:[174]

[ה״ג לא תשברו בו פרט לטמא][175] דדרשינן בפסחים (פד עמ׳ א) **בו** (במדבר ט:יג, שמות יב:מו) בטהור ולא בטמא[176] לומר דאם נטמא אין בו משום שבירת עצם:[177]

אינה אלא בגופו. נראה שהוא דורש לישנא דחוקה שהוא לשון חקיקה, אי נמי יליף מחוקת עולם (ויקרא טז:כט) האמור גבי יום הכפורים ואמר דאינו מעכב אלא דברים הנעשים בבגדי לבן והיינו כמו דבר שבגופו:

[פיסקא ע]

ת״ל ויהי אנשים (במדבר ט:ז). אין זה עיקר דרשה אלא **איש איש** (במדבר ט:י):[178]

---

168. ועין כדבריו בפסחים צה עמ׳ א.
169. ריבה עשה ולאו בענין דגופו שהרי כתב בהדיא עשה דמצה ומרור ולאו דשבירת העצם.
170. נראה לי דמצות ז׳ שהוא בל יראה ובל ימצא הוא ביתר פירוט בעור חמץ ונשחב לחדא.
171. להוסיף על הכלל דחוקת הפסח שמיירי רק בגופו ואלו אינם ממש בגופו.
172. כלומר שהוסיף מצוות שלא בגופו.
173. ויש לחשוב דמצוה שעל גופו דלא נכללה בכללו ד״ככל חוקותיו״ היא כן נכללה ב״ככל חוקת״ דמצוה זו כתובה לגבי פ״ש והרי ככל משפטיו אינו כתוב בפ״ש; ממילא ס״ד דמצוה זו נכללה ב״חוקת״. א״כ עאכו״כ נותר ושבירת העצם שהם יותר קרובים למצות הגוף שהרי מצות ומרורים אינם כלל כמו ענין דגופו של פסח.
174. ומרבינן רק דברים שבגופו ולא נוהגים בשני בדבר שעל גופו אלא אם כן נכתב בפירוש אצל פ״ש.
175. אין דברים אלו המשך למה שאמר קודם. ואולי גרס כדברי הספרי זוטא אבל נראה דהלימוד של הש״ס הוא מספר שמות ולא מספר במדבר.
176. לשון הבבלי בכשר ולא בפסול.
177. ומדבריו משמע דסובר אפילו אינו בא בטומאה בציבור אם הבשר נטמא אין לוקין אם שבר עצמות ולא כמו הרמב״ם.
178. מריבויא דאיש קא דריש יחיד נדחה ואין צבור נדחה וכן מובא פסחים סו עמ׳ ב בשם רבי יוחנן.

וקמ״ל דאינו עושה [עמהם], דאי מ״טמא נפש״[157] הוה אמינא[158] הני מילי בששי שלו אבל בשביעי שלו לייתי קמ״ל:[159]

כיוצא בו ישפוט וכו׳ (בראשית טז:ה). על אותה[160] שנכנסה **ביני ובינך** (שם שם), כמו כן בכאן אצטריך **בדרך רחוקה** (במדבר ט:י) לגלות על טמא מת שאפילו בקרובה; ואיני יודע ליישבו דהתם עיקר התלונה היתה על הגר כדכתיב **אנכי נתתי שפחתי** (בראשית טז:ה), **וביני ובינך** (שם שם) אהא קאי,[161] אבל הכא **רחוקה** אצטריך לדרשא דלעיל,[162] ושמא גם התם על אברהם כמו כן היה לה תרעומת שהיתה סבורה שמדעתו עשתה[163] או שמא בעבור שלא היה מוחה:[164]

כיוצא בו ויאמר אליו [איה] וכו׳ (בראשית יח:ט). נראה דלא הוי דומיא [אל] וכיוצא בו דלעיל, אלא קאי אמאי דאמרינן לעיל ״לא שרחוקה ודאי וכו׳״ ואע״ג דלא הזכיר הניקוד שמא מניקוד א׳ י׳ ו׳ שב״אליו״ דורש שמשמע ששאלו בעבורו לשרה, והרי היו יודעים היכן היה כמו כן ב–איה[165] היו יודעים היכן היתה:

שלא נשקו בכל לבו. ואם תאמר אם כן למה בכה? יש במדרש (בראשית רבה עח:ט) שרצה לנושכו ונעשו שיניו כשעוה והיה בוכה על שיניו ויעקב על צוארו וא״כ[166] משום הכי איצטריך ניקוד דלא תימא כיון שבכה בכל לבו נשקו:

רבי שמעון [אומר]. דריש ויבכו (בראשית לג:ד) ממש משום דנכמרו רחמיו:

אלא [לרעות] את עצמן. פירוש דמרעה טוב היה להם ושלא הוצרכו ללכת לצורך הצאן, ואם תאמר מה צורך עצמן יהיה בשכם? ושמא לשלול שום שלל ולבוז בז ואף על פי דכתיב **ואת (כל) אשר בעיר ואת (כל) אשר בשדה (בזזו) [לקחו]** (בראשית לד:כח) שמא לראות אם נשאר שום דבר:

שלא היה אהרן מן המניין. פירוש מן המונים, שלא נצטוה למנות אלא משה ולא נכתב לשם אהרן אלא משום כבודו:

אף מלהלן. מנופח (במדבר כא:ל) ולהלן היה **שממון**:[167]

[אף] אני אודיע לכם הנסתרים. פירוש כדי שתמחו בידם כדכתיב **ובשוב צדיק מצדקתו ועשה עול ונתתי מכשול לפניו** (יחזקאל ג:כ) הוא ימות לפרסום, וה״פ **הנסתרות לה׳ אלהינו** (דברים כט:כח) שגילה אותם לנו:

דבר אחר או בדרך רחוקה (במדבר ט:י). שינהוג הדבר לדורות, תימא דהא כתיב **לדורותיכם** (שם שם) אם כן מאי דבר אחר? ונראה לי דלא גרסינן ליה אלא הכי גרסינן—

---

157. אי הוה כתיב טמא נפש ולא דרך רחוקה.
158. בברית אברהם: ה״א.
159. דמן הניקוד ילפינן דמי שאינו רחוק בטהרתו בששי שלו אבל קרוב בשביעי שלו אסור לאכול מפסחו אחרי טהרתו דהרי היה טמא בשעת שחיטתו. וחידוש הוא שיוצא מהניקוד על רחוקה דר״ל יש דרשה אחרת ומובן אחר לגבי ״דרך אחרת״. והשווה תרגום מיוחס ליונתן לבמדבר ט:י שסובר שבדרך רחוקה מובנו שיהיה טמא בערב.
160. על הגר.
161. הנקוד ל״ל.
162. לכל מר כדאית ליה והנקוד להוכיח דרשא דלאו דווקא של ר״א.
163. ולא מדעתה.
164. והנקוד להורות שלאו דווקא כנגד אברהם אמרה אלא כנגד הגר.
165. עין פירוש רש״י על התורה לבראשית יח:ט.
166. בברית אברהם: ואי נמי.
167. עין פירוש רש״י לבמדבר כא:ל דשים לשון שוממה כלומר השימונום עד נפח ולפי הענין בספרי אפילו השימונום יותר מזה.

שהיה טמא נפש, או בדרך רחוקה[138] שבא הכתוב לפוטרו[139] מן הכרת;[140] רבי עקיבא אומר נאמר **טמא** [ל]**נפש** (במדבר ט:י) ונאמר [ב]**דרך רחוקה** (שם) וכו׳ מה טמא נפש רצה לעשות אינו יכול אף דרך רחוקה רצה לעשות אינו יכול,[141] **רבי אליעזר אומר נאמר ריחוק מקום במעשר**[142] וכו׳ [רבי יהודה אומר חוץ למקום עשייתו] ונראה לי דת״ק היינו רבי אליעזר[143] דלא מדמי **דרך רחוקה לטמא נפש**[144] ומשום דשמעי׳ לרבי עקיבא דדריש **רחוקה** לדמות אותו **לטמא** [נפש][145] אמר איהו דלא מדמי **דרך רחוקה לטמא נפש**,[146] (ומשום...אמר איהו דלא מדמי ליה)[147] אלא ג״ש ילפינן:[148]

לפיכך נקוד על ה״א.[149] נראה לתת טעם אמאי לא מדמי להו[150] דנקוד הה״א לדרשא אתא,[151] אבל בפסחים איתא בענין אחר-- לא שרחוקה ודאי אלא מאסקופת העזרה ולחוץ ושמא תרוייהו איתנהו:[152]

שאפילו בדרך קרובה והוא טמא. האי אי אפשר להעמידו אלא למאן דאמר **דרך רחוקה** חוץ לחומת ירושלים, דאף על גב דטמא יכול ליכנס לירושלים אינו ״עושה עמהם״; אבל למאן דאמר חוץ (לחומת) העזרה טמא מת אינו יכול להיות בדרך קרובה;[153] **ואם תאמר פשיטא** דהא כתיב **טמא** [ל]**נפש** (במדבר ט:י) בהדיא, ויש לומר דלשאר טמאים דלא כתיבי בקרא איצטריך, [ו]עוד[154] יש לומר ד״בדרך קרובה״[155] רוצה לומר[156] שיכול לאכול פסחו לערב

---

138. ולא גרס ״אם כן למה נאמר טמא או בדרך רחוקה אלא״ ולכן אין לדמות ט״נ וד״ר אבל מן הגירסה השלמה בתוספתא כנראה דהת״ק אינו ר״א אלא ר״ע ור״ע בא לפרש ולא לחלוק.
139. הרב יחזקאל אברמסקי כתב בפירושו לתוספתא זו (חזון יחזקאל) כדעת ר״א: קתני לפטרו בלשון יחיד שעל מי שהיה בדרך רחוקה לבד קאי...ויכול לשלח את פסחו על ידי אחר אפ״ה פטריה רחמנא אבל טמא...אי בעי למיעבד לא שבקינו ליה. ע״כ.
140. מכאן התוספתא כמעט מילה במילה כמו הספרי.
141. ואין הבדל ביניהם דלא הורצים בשליח.
142. ״כי ירחק ממך המקום״ דברים יד:כג, ועין במדבר ט:י, והענין הכא אכילה בתוך החומות.
143. ״או בדרך רחוקה״ שבא הכתוב לפוטרו מן הכרת וכמסקנת הבבלי פסחים צד עמ׳ א ומג״ש ילפינן דינם ורק מי שבדרך רחוקה פטור מן הכרת אפילו היה יכול להגיע או לשלח שליח. והוא כפשטות הדברים כמו שהקשה המקשן בפסחים צה עמ׳ ב מערל שלא מל למה חייב כרת אליבא דר״א דלמה הוא לא כמו האיש בד״ר שאע״ דבידו לתקן ולבא פטור הוא אליבא לדבריו.
144. לא מהקש ד״ר לט״נ בא אלא מג״ש ממעשר ולומדים דהורצה מי שבדרך רחוקה אם יביא דרך שליח מה שאין כן בטמא נפש.
145. מה טמא אינו יכול לעשות שליח מפני טומאתו אף דרך רחוקה אינו יכול לעשות מפני ריחוק הדרך.
146. דטמא נפש לא הורצה ודרך רחוקה כן הורצה וחוזר התוספתא להסביר דעת ר״א בניגוד לדעת ר״ע וא״כ המהלך יש קיים גירסתו.
147. טעות סופר יש כאן ובברית אברהם ״דלא מדמי ליה אלא ג״ש ילפינן״ לנכון.
148. ממעשר ״ריחוק מקום״ ולהצדיק דברי הת״ק. ונראה לי שפירוש זה הוא פירוש העיקר.
149. עיין אבות רבי נתן לד, מס׳ סופרים ו׳.
150. והוא המשך סברת ר״א ולא קטע בפני עצמו ולכן גורס ״לפיכך״. ולפי זה אין יכול לדמות דרך רחוקה לטמא נפש שיש נקוד על ה״א של ״רחוקה״ להוציא אותו מלהדמות.
151. ור״ל מסומן דלא לדמות זה לזה אלא לעשות ג״ש ל״בדרך רחוקה״ כאילו כתוב רק ״רחוק״.
152. כלומר: לא מפני שהיא דרך רחוקה ממש אלא ר״ל מאסקופת העזרה ולחוץ, וילפינן זה מפני שהניקוד עליו מסמן דלאו דווקא רחוקה שאין לקרא את האות או המילה המנוקדת בכל תקפו. א״כ יש להוציא ״דרך רחוקה״, שאינו ריחוק ודאי, מן ההשוואה ל״טמא נפש״, שהוא טמא ודאי. והרי ״רחוק״ פנאי לדרשת ג״ש ממעשר.
153. אסור לו להכנס בעזרה. וכמו כן בפירוש ברית אברהם.
154. כן בזרע אברהם.
155. קרוב לטהרתו בשביעי.
156. [היינו שחל שביעי שלו בערב פסח] כן צריך להבין וכן הוא הנוסח בפירוש בזרע אברהם בשם ברית אברהם.

העזרה[121] לרבי יהודה;[122] או עד לפנים מחומת ירושלים[123] לתנא קמא [דר״י],[124] וקצת משמע כן בירושלמי (פסחים ט:ב) דקאמר על פלוגתיהו דרבי עקיבא ורבי אליעזר אתפלגון רבי חייא רבה ובר קפרא, חד אמר כדי שיבוא לאכול,[125] וחד אמר כדי שיבא ויזרוק;[126] ואפילו למאן דאמר[127] כדי שיבא ויאכל והוא שיבוא בתוך אלפים אמה קודם חשיכה,[128] משמע דרבי אליעזר בעי שיוכל לבא קודם חשיכה עד אסקופת העזרה בזמן שהיה ראוי לזרוק הדם,[129] ומיהו אפילו נאַמר דרבי אליעזר אזמן (שחיטתו) [אכילתו][130] קאי מכל מקום אית ליה לרבי אליעזר שליחות[131] שאם שלח פסחו לעזרה הורצה.[132];

[ואם נפרש דלא רק בלא יכול להגיע בזמן סבר ר״א דפטור אלא אפילו ביכול להגיע] ולא נאמר דרך רחוקה (במדבר ט:י) אלא שאם לא עשה את הראשון[133] והיה חוץ לעזרה לרבי יהודה[134] או חוץ לירושלים [לתנא קמא],[135] לרבי אליעזר כל יום י״ד יהיה פטור מהכרת אף על פי שהיה יכול לבא אם ירצה,[136] והכי איתא בתוספתא (פסחים ח:ב) ״אלו (ש)עושין את השני הזבים והזבות והנידות והיולדות והאנוסין והשוגגין[137] והמצורעין ובועלי נדות ומי

הם אומרים.

121. אם הגיע לעזרה קודם שקיעה שדווקא שמה יוכשר קרבנו בעשית שחיטה וזריקה שמה ואם לא הספיק להביאו אחרי שהיה לו זמן להגיע לעזרה דינו כדין אונס אם היה חולה או כדומה ואם אינו מביא בשני חייב כרת ואין זה מלימוד הג״ש ממעשר אלא כדברי הרמב״ם בפירוש למשנה בפסחים צג עמ׳ א.

122. ואמר ״מקום הכשירו״ (ר״ל בעזרה) בשם רבי אליעזר וכמו כן הוא במשנה פסחים ט:ב בשם ר״א.

123. ששמה מקום אכילתו בלילה.

124. הסובר דשעור החיוב הוא מפתח ירושלים ולפנים ואם היה שם ולא הביא מפני האונס חייב כרת אם לא יביא בשני דלא דרך רחוקה קרינן ביה, אבל אם לא הגיע לשם מפני האונס ולא הביא בשני פטור הוא מכרת וילפינן מן הכתוב. וחולק רבי יהודה על הת״ק בפירושי המקום לאן צריך שיכול להגיע להיות חייב והכל לפי ר״א.

125. וזמנו בתחילת לילה. רבינו יפרש שאכילתו ר״ל בכל מקום מתוך תחומי ירושלים לר״ע ונראה שיש סמך לדברי רבינו מזה דאפילו לא אוכלים בתחום את הפסח מ״מ הוא מקום אהליך בפסוק דלפנות בוקר בפרשת ראה ואפשר לגור שמה בשאר ימי החג ולכן ירושלים קרינן ביה שפיר עד תחומו אפילו חוץ לחומות.

126. דברי ר״א. מקום הזריקה הוא דווקא בעזרה ומיירי דסבר שצריך להיות קודם שקיעה. ואם כן חולקים במקומות ובזמנות.

127. . שלפי ר״ע מקום האכילה קובע פירוש מקום דרך רחוקה.

128. שהוא תחום העיר ואם יכול לבא לא אמרינן שהוא בגדר דרך רחוקה אם לא בא.

129. שהוא בשקיעה דהדם נפסל עם השקיעה. ונראה דתפס רבינו לשון קודם חשיכה שכוונתו גם שקיעה וגם תחילת לילה. לדעה זו משמע דאם לא היה יכול להגיע לעזרה בשקיעה אז הוא בגדר דרך רחוקה ופטור אע״פ שהגיע בתוך העיר קודם זמן אכילתו ועל זה חולק היה בר״ע.

130. שההבדל בינו לבין ר״ע הוא רק אלפיים אמה ושניהם מיירי עם חשיכה דווקא.

131. דמשמע בספרי שר״א פליג על ר״ע שאמר ד״ר לא מביא בשליח כמו שהטמא נפש לא מביא.

132. אפילו היה בדרך רחוקה ואחר שחט בשבילו והוא לא הגיע אלא עד סוף זמן אכילתו או אפילו לא הגיע כלל הוא פטור מפסח שני. וזהו עיקר המחלוקת בין ר״ע ור״א.

133. בשליח לא עשה.

134. דלא אנוס הוא אלא בגדר דרך רחוקה לפי ענין הכתוב דלא היה במקום הכשירו ואפילו היה יכול לבא בעצמו הכתוב פטריה.

135. מקום אכילתו.

136. פירוש זה הוא כמו פירוש התוספות לפסחים צד עמ׳ ב וכמו פירוש רש״י שם לברייתא שהוא דומה לספרין המובאה בסוגיה דערל שלא מל. והמחלוקת עם רבי עקיבא בעיקר אם ד״ר פטור מחמת שלא היה יכול להגיע מפני ארוכת הדרך (דעת ר״ע) או מפני גזירת הכתוב סתם. וביחס לזה חולקים גם אם שלח שליח אע״ג שהיה בדרך רחוקה אם הורצה או לא הורצה.

מן המודעית ולחוץ. (כבר) [כפר][107] היה רחוק מירושלים ט"ו מיל והיינו כדי מהלך אדם בינוני מחצות[108] עד שקיעת החמה נמצא שלא[109] היה יכול ליכנס בירושלים בזמן שחיטת הפסח דלאחר שקיעת החמה לא חזי לשחיטתו דלא י"ד (נינהו) [הוא], ובפרק מי שהיה טמא (פסחים צג עמ' ב) מסיים בה דברי רבי עקיבא אבל א"כ האי דקאמר הכא[110] אחר זה "רבי עקיבא וכו'" לאו לאיפלוגי אתא אלא לאשמועינן מלתא אחריתי דאם שלח פסחו לעזרה לא הורצה,[111] והיינו דקאמר רצה לעשות ואינו יכול:[112]

רבי אליעזר אומר (טמא) [נאמר ריחוק מקום (דברים יד:כג) במעשר ו]נאמר ריחוק מקום בפסח (במדבר ט:י) וכו'.

אם היינו מפרשים דרבי אליעזר אתחלת זמן אכילתו[113] או סוף זמן זריקה[114] קאי הוה ניחא דאשכחן שליחות לרבי אליעזר[115] ורוצה לומר[116] שאם הוא בשעת שחיטה במקום שאינו יכול לבא לעזרה [או לפנים מירושלים] בשעת אכילתו זהו דרך רחוקה;[117]

אבל קשה, דאם כן מאי ביניייהו?[118] ויש לומר דלרבי עקיבא כיון שיכול לבא קודם שקיעת החמה עד תחלת התחום די בזה,[119] ולרבי אליעזר[120] בעי שיוכל לבא עד אסקופת

---

107. בברית אברהם: היה רחוק.
108. לפי עולא פסחים צג עמ' ב אדם הולך ה' מיל כל שעתיים. ותחילת זמן שחיטת הפסח היא בחצות וסוף זמנו בשקיעת החמה. ומ"מ קיימינן דברי עולא כאן אע"ג שהגמרא הסיקה בתיובתא דעולא.
109. עיין פסחים צד עמ' א.
110. הכא בספרי.
111. פי' לא נתרצה קרבנו וחייב להביא בפסח שני דאפילו בעי שלוחי לא עביד. לפי סברת ר"ע התורה אסרה קרבנו של מי שבדרך רחוקה ולא היה יכול להגיע לירושלים בזמן ואפילו לעשות שליח אסרה. תקנתו תהיה בפסח שני ולכן אם עשה דרך שליח או סוס לא הורצה מפני גזרת הכתוב.
112. עיין פסחים סא עמ' א, צב עמ' ב, צד עמ' א; חגיגה כו עמ' א. ומצד הדין הענין כמו טמא למת דאפילו אי בעי אינו עביד.
113. "חוץ למקום אכילתו.
114. ענין העזרה ר"ל מקום שחיטה וזריקה. וסוף שעת זריקה הוא בשקיעת החמה ותחילת שעת אכילה הוא בצאת הכוכבים. ולפי הגמרא פסחים צד עמ' ב שני תנאים אליבא דר"א בדבר כמו בספרי. ורבינו תפס כמו פירוש הרמב"ם למשנת פסחים פרק ט שלר"א אם היה יכול להגיע אז אינו פטור מטעם ד"ר וכפירוש זה הרב ישראל מאיר (בספרו לקוטי הלכות על קודשים חלק א עמ' 50) הרגיש בדברי רש"י. לכל הפחות יש שני תנאים אליבא דר"א. חד אומר דממעשר רואים שהמקום שמגדיר אם בגדר דרך רחוקה הוא או לא תלוי במקום אכילה ואוכלין ק"פ בתוך החומות. לפי המ"ד הזה אם יכול להגיע בתוך החומות ברגע האחרון יהא חייב לשלח מקודם שליח לשחוט כדי שיאכול בלילה. ואידך אומר שמקום הזריקה יקבע חיובו שזורקים בעזרה ואם יכול היה להגיע בעזרה בשעת זריקה אז אמרינן יחל עליו חיובו דיכול לעשות שליח קודם לכן אם לא יהיה לו די זמן לעשות חיובו בעצמו. ורבינו יסביר פרוש אחר לפיסקא זו והוא כמו עיקר מפרשי הש"ס, ראשונים ואחרונים. לפי דברי התוספות פסחים צד עמ' ב, ונראה לי גם רש"י כוותיה ס"ל— הפטור של ד"ר אינו מדובר על מי שלא יכול להגיע בזמן אלא על מי שלא טרח כלל לבא אפילו עמד רק כמה פסיעות מחוץ העיר או מחוץ לאסקופה גה"כ היא דהוא פטור מן הכרת.
115. ואם עשה שליח הרי הורצה בראשון ולא יביא בשני. ורבי עקיבא רואה הקש לטמא נפש ואומר דאינו הורצה.
116. לפי דרך פירוש זאת.
117. מפני ריחוק הדרך ולא משום טומאה שאם טמא שרץ ויהיה חזי לאורתא אומרים לו לעשות דרך שליח.
118. שסוף סוף גם לרבי עקיבא במשנה פסחים פרק ט דפטור דד"ר חל על מי שלא יכול להגיע בזמן שחיטת הקרבן.
119. אם יגיע לתחום ירושלים אפילו לא בתוך החומות אינו עוד בגדר איש דרך רחוקה ואם לא הספיק להביא דרך שליח הרי עליו דין אונס ולא דרך רחוקה. ואין בו לימוד מאכילתו אלא סברא דד"ר תלוי בזמן שחיטת הקרבן.
120. פירוש רבא פסחים צד עמ' ב בברייתא שהוא כמו המאמרים בפיסקא הזו והת"ק ור' יהודה אליבא דר' אליעזר

להודיע שבחן. תימה מה שבח, אם לא היו עושין כמו שצוה לא קרינן בהו **ויעשו את הפסח** (במדבר ט:ה)? ויש לומר דהתם דקדקו בדבר כהלכותיו וכחוקותיו והיינו שבח, דהא ק״ל מצות אין צריכות כוונה:[100]

[פיסקא סח]

אם נושאי של יוסף היו יכולין וכו׳. פירוש, דהא כמה יש שחנו לפני סיני ומדלא קאמר [פרשת פרה] כבר לקבלת התורה אפילו בטמא מת מותר לקבל את התורה:

[ו]**אם מישאל וכו׳.** דהא בראש חדש ניסן ניטמאו לנדב ואביהוא:[101]

סרס. הפך— לפני אהרון ולא ידע ואמר לפני משה:

מגיד שהיו וכו׳. האנשים ההמה **אליו** דדריש, **דאליו** משמע דוגמתו, ורבי דריש מן **ההמה:**

אלא בעל מעשה. גרסינן, כלומר אדם גדול טורח הוא בעצמו ללכת לשאול כדי לדקדק בשאלתו:

[א״ל] אין קדשים קריבין בטומאה. כלומר קדשי יחיד:

חטאת אדם יכול לשלוח חטאתו. ואפילו הוא טמא **והבשר נאכל לכהנים טהרים:**

אמר להן אין קדשים [**קריבין בטומאה**]. תימה, הא קאמר להו חדא זימנא, ויש לומר דהשתא הכי קאמר להו אין קדשים שתלוין באכילת הבעלים [קריבין בטומאה][102] **דכתיב איש לפי אכלו** [**תכוסו**] (שמות יב:ד):[103]

נזרק דמן על הטמאים שיש להם אחריות. שאם תפסול [החטאת][104] היום יהיה חייב להקריב אחר למחרתו אבל פסח עבר יומו בטל קרבנו:

לא יהיו קריבין. בתמיה, כלומר יזרק הדם עלינו והבשר תעובר צורתו ויצא לבית השרפה מידי דהוה אנטמאו בעלים לאחר זריקה:

ראויה היתה [**פרשת טמאים שתאמר ע״י משה**]. דהא כמה הלכות יש בה:

[פיסקא סט]

זה דבר שלא שאל. דמקרא לא סליק אדעתיה דמשום דרך רחוקה ידחה כיון שהוא טהור גמור:

לא ראי טמא מת. לא דבר הגורם לטמא מת לידחות כראי דרך רחוקה דטמא מת אינו ראוי לאכול ודרך רחוקה אינו יכול ליכנס בשעת שחיטת הפסח:[105]

כך כל שלא עשה את הראשון. כגון זבין וזבות נדות ויולדות:[106]

---

100. ואפילו הכי עשו ככל כוונתיו.
101. עין פירוש רש״י ומקורותו בפסחים ו עמ׳ א.
102. בשאר קרבנות טמא מת משלח קרבונתיו להקריב אבל היו מסופקים בדין קרבן פסח וידעו לומר אנחנו טמאים, ועין רש״י לפסחים סב עמ׳ .
103. וזית רענן מצא דבריו בברית אברהם והסביר: בשלמא חטאת אכילתה תלויה בכהנים כדאיתא פסחים נט ואכלו אותם אשר כופר בהם מלמד שהכהנים אוכלים ובעלים מתכפרים שפיר יוכל לזרוק הדם על הבעלים הטמאים והכהנים הטהורים אוכלים בשר משא״כ פסח עיקר מצותו לאכילת בעלים כדכתיב ואכלו את הבשר וכו׳ ואיך יזרוק דם על הטמאים.
104. כן בזית רענן.
105. זה נכון לדברי ר״ע ולפירוש אחד בדברי ר״א אבל איכא פירוש יותר נראה דלר״א אפילו היה יכול להכנס בעזרה כל זמן שלא פסע על אסקופת העזרה פטריה רחמנא.
106. המפורטים במשנה פסחים פרק ט.

ספרי פיסקא סד–סה בהעלתך

מצרים בחודש הראשון לאמר, בנות ישראל הכתוב מדבר שהיה להם אחד עשר חודש שהיו חונים לפני הר סיני וללמדך שאין מוקדם ומאוחר בתורה שבתחלת הספר הוא אומר וידבר ה׳ אל משה במדבר סיני באהל מועד באחד לחדש השני וכאן הוא אומר בחודש הראשון ללמדך שאין מוקדם ומאוחר בתורה רבי אומר אין צריך שהרי כבר נאמר ובני ישראל אכלו את המן ארבעים שנה עד בואם אל ארץ נושבת ועדיין לא אכלו אלא ללמדך שאין מוקדם ומאוחר בתירה וללמדך שהיו מונים עם יציאתם ממצרים שנאמר בשנה השנית לצאתם מארץ מצרים באו לארץ התחילו מונים לביאהם שנאמר כי תבואו אל הארץ (ויקרא כג י) נבנה הבית התחילו מונים לבנייני שנאמר ויהי מקצה עשרים שנה אשר בנה שלמה את שני הבתים (מלכים א׳ ט י) חרב הבית התחילו מונים לחורבנו שנאמר אחרי אשר הוכתה העיר (יחזקאל מ א) תקף עליהם עול השיעבוד התחילו מונים לשיעבודם שנאמ׳ בשנת שתים לדריוש המלך (חגי א א) ואומר ובשנת שתים למלכות נבוכדנצר (דניאל ב א) וכשם שהיו מונין לשנים כך היו מונים לחדשים <שנאמ׳ בחדש השלישי לצאת בני ישראל מארץ מצרים> (סליק פיסקא)

(סה) ויעשו בני ישראל את הפסח במועדו למה נאמר לפי שהוא אומר ושחטו אותו כל קהל עדת ישראל (שמות יב ו) שומע אני בין בחול בין בשבת ומה אני מקיים מחלליה מות יומת בשאר כל המלאכות חוץ משחיטת הפסח או אף בשחיטת הפסח מה אני מקיים ושחטו אותו בשאר כל הימים חוץ מן השבת או אף בשבת ת״ל ויעשו בני ישראל את הפסח במועדו דברי רבי יאשיה. נם לו ר׳ יונתן ממשמע הזה עדיין לא שמענו. נם לו רבי יאשיה לפי שהוא אומר צו את בני ישראל ואמרת אליהם את קרבני לחמי לאשי (במדבר כח א) אם ללמד על התמיד שדוחה את השבת אינו צריך שהרי כבר נאמר וביום השבת שני כבשים בני שנה (שם ט) ומה תלמוד לומר במועדו אלא מופנה להקיש לדון ממנו גזירה שוה נאמר כאן במועדו ונאמר להלן במועדו מה מועדו האמור להלן דוחה את השבת אף מועדו האמור כאן דוחה את השבת.

בארבעה עשר יום בחדש הזה בין הערבים תעשו אותו במועדו למה נאמר והלא כבר נאמר ויעשו מה ת״ל במועדו אלא בא הכתוב ולימד על פסח ראשון שכשם שדוחה את השבת כך דוחה את הטומאה הא עד שלא יאמר יש לי בדין ומה פרה שאינה דוחה את השבת דוחה את הטומאה פסח ראשון שדוחה את השבת אינו דין שידחה את הטומאה הרי פסח שני יוכיח שדוחה את השבת ואינו דוחה את הטומאה והוא יוכיח לפסח ראשון שאף על פי שדוחה את השבת לא ידחה את הטומאה תלמוד לומר במועדו בא הכתוב ולימד על פסח ראשון שכשם שדוחה את השבת כך דוחה את הטומאה: ככל חקותיו, אלו מצוות שבגופו שה תמים זכר בן שנה: וככל משפטיו, אלו מצוות שעל גופו לשבעה למצה ולביעור חמץ (סליק פיסקא)

(סו) וידבר משה אל בני ישראל לעשות הפסח למה נאמר לפי שהוא אומר וידבר משה את מועדי ה׳ אל בני ישראל (ויקרא כג מד) ומה ת״ל וידבר משה אל בני ישראל לעשות הפסח אמר להם שמרו את הפסח בזמנו נמצאו מועדות בזמנם ד״א מלמד ששמע פרשת מועדות מסיני ואמרה לישראל וחזר ושנאה להם בשעת מעשה ד״א אמר להם הלכות פסח בפסח הלכות עצרת בעצרת הלכות החג בחג מיכן אמרו משה תקן להם לישראל להיות שואלים בענין ודורשים בענין

(סליק פיסקא)

(סז) ויעשו את הפסח בראשון בארבעה עשר יום לחודש, בגנות ישראל הכתוב מדבר שלא עשו אלא פסח זה בלבד וכן הוא אומר הזבחים ומנחה הגשתם לי במדבר וגו׳ (עמוס ה כה) ר׳ שמעון בן יוחי אומר ישראל לא היו מקריבים ומי היה מקריב שבטו של לוי שנאמר ישימו קטורה באפך וכליל על מזבחך (דברים לג י) ואומר ויעמד משה בשער המחנה ויאמר מי לה׳ אלי (שמות לב כו) ישראל עבדו עבודה זרה ושבטו של לוי לא עבדו עבודה זרה שנאמר כי שמרו אמרתך (דברים לג ט) ואומר כי מולים היו כל העם היוצאים ממצרים וגו׳ (יהושע ה ה) ישראל לא היו מולים ומי היה מל שבטו של לוי שנאמר ובריתך ינצורו (דברים לג ט).

[פיסקא סו]

שמרו את הפסח בזמנו. פירוש, בזמן אביב שנאמר בו **שמור את חדש האביב ועשית פסח** (דברים טז:א) הזהירו על עיבור השנה, שבזמן שעושים את הפסח בזמנו דהיינו בזמן אביב נמצאו המועדים בזמנן, שבועות בזמן קציר וסוכות בזמן אסיף, ולא כמו הישמעאלים שהאיד שלהם פעמים בקיץ פעמים בחורף,[95] ודריש **מלעשות** (במדבר ט:ד) שיהו עושין בזמנן וכן **דבר אחר מלמד** [...**בשעת מעשה**]:

[פיסקא סז]

בגנות ישראל הכתוב מדבר. לאו מקרא **דויעשו את הפסח** (במדבר ט:ה) יליף לה אלא האמת כן היה דבשנה השנית לצאתם ממצרים הקים את המשכן ועשו פסח זה ואחרי כן שלח מרגלים והיו נזופין ומשום כך לא עשו פסח, אי נמי משום הכי לא עשו פסח שלא נשבה להם רוח צפונית ולא יכלו לימול את בניהם כדאיתא ביבמות (ע עמ' ב) ומילת זכריו ועבדיו מעכבתו מלעשות פסח, וצריך לומר דמאי דאמר בפרק הערל (יבמות עב עמ' א) כל אותם ארבעים שנה שהיו ישראל [במדבר] לא נשבה להם רוח צפונית לאו דוקא ארבעים שנה כי בשנה שניה נשבה, אי נמי מדכתיב **במדבר סיני** (במדבר ט:ה) יליף— לומר ב"מדבר סיני" עשוהו, בשאר מקומות לא עשו:

רבי שמעון [**בן יוחי**] **אומר וכו'.** דסביר ליה דמקריבי בני לוי משלהם, ורבי שמעון לטעמיה דאמר בהוריות (ה עמ' ב) שבט א' אקרי קהל:

מי היה[96] **שבטו של לוי.** למאי דאמרינן פרק הערל (יבמות ע עמ' א), דהאי דלא נשבה רוח צפונית משום דנזופון היו, אתי שפיר דשבט לוי לא היו נזופין[97] ונשבה להם רוח צפונית; אבל למאי דאמרינן כי[98] דלא ליבדרן ענני כבוד צריך לומר דבני לוי סמכו על הנס ולא הניחו בעבור זה מלמול, גם צריך לומר שכל הצדיקים שהיו בכל שבט כמו כן היו מלין בניהם אבל כיון שלא היו לו[99] רוב שבט לא חשיב להו, אי נמי כיון שלמדו מבני לוי תלו להו בבני לוי וקרא דכתיב **וכל העם הילודים במדבר בדרך וגו'** (יהושע ה:ה) לישנא ד"עם" מיירי בשאינן צדיקים:

בגופו (דכולל בזה גם על גופו) של ראשון ולא על שאר מצות. לכן התורה כתבה גם מצות שלא על גופו בהדיא בשני שאם לא כתבן לא הוי ידעינן אותן. ואם כן הוי ידעינן הרי באות למעט מצות אחרות מפסח שני. ובהכרח כללו מצות שלא על גופו בתוך **ככל חוקותיו** הכתוב בפסח ראשון **לחוד** קודם **ויהי האנשים** להרות שיש בראשון מה שאין בשני אפילו יש מצות אחרות דעל גופו בכללו שקיימינן בשני. והן הן דברי רבינו כאן. ועוד צריך עיון אם המאמר של הספרי כאן עולה בעליל עם הסוגיה בפסחים צה עמ' א דיש מצות דממעטין בפ"ש מפריטי הכתובים בו: על מצות ומרורים יאכלהו, לא ישאירו ממנו עד בקר, ועצם לא ישברו וכל אחד בחשבונו.

95. מכאן רואים שרבינו הכיר מנהגי בני ישמעאל.

96. מי היו מולים?

97. שלא עבדו את העגל ואמרו שהקב"ה יצילם מכל פגע רע.

98. "כי" חסר בברית אברהם.

99. חסר בברית אברהם.

שמביאין חגיגה[80] שיהא טעם הפסח בפיו;[81] ו[ל]**ביעור חמץ**— ודוקא בראשון צריך לבער חמץ[82] קודם שחיטתו דכתיב **לא תשחט על חמץ** (שמות לד:כה) אבל בשני לא, דבפרק מי שהיה טמא (משנה פסחים ט:ג) תנן הראשון עובר[83] בבל יראה ובבל ימצא,[84] השני חמץ ומצה עמו בבית,[85] וגבי חגיגה אמרינן נמי התם פרק אלו דברים (משנה פסחים ו:ג) שב. מן שבא [בשבת][86] במרובה[87] [ובטומאה] אין מביאין עמו[88] חגיגה[89] וסתם פסח שני[90] אינו בא אלא במרובה דמעטים הם הטמאים;[91] [והיה לו לומר אף מצות לינה ועוד דברים דחוץ לגופו] אבל אכתי בפסח ראשון[92] קיימינן עד לאחר ויהי(ו) **אנשים וגו׳**[93] (במדבר ט:ו) ולכן נראה שפירש [**ככל משפטיו**] (במדבר ט:ג) לשבעה ולביעור חמץ:[94]

---

80. לאכול את הפסח על השובע של החגיגה בליל טו כשיש הרבה אוכלים ומעט פסח שיהיה טעמו של המעט האחרון בפיו ולא ירצה לאכול אחריו. אכילת קודשים דינה בפסח ראשון כמו שפירש רש״י פסחים פו עמ׳ א דרך ״משיחה״ היא דרך מלכים ומדאורייתא (חולין קלב עמ׳ ב) יש לאכול קדשים על השובע כמו שפירש רש״י ע עמ׳ א שיהנה מאכילתו האחרונה דהיא החשובה כלומר שטעמה תשאר בפיו וכן בכל הקרבנות וכן משמע מהמכילתא אבל מדברי הירושלמי ופירושן בתוספות פסחים ע עמ׳ א נראה שאפשר לומר דהאכילה על השובע מדרבנן היא.

81. ולכאורה דאפילו אין מצוה לאכול שלמים בפסח שני יש לאכול פסחו על השובע או בחולין או בבשר פסח עצמו דנראה דדין אכילת קודשים על השובע הוא מצות כהנים ולא בעלים אבל בפסח שעיקר הקרבן לאכילתו יש לימוד לבעלים לאכול אותו על השובע ואם יש בשר חגיגה מצוה מן המובחר לאכול אותו קודם אכילת הפסח.

82. נוסף למצות תשביתו שאינו תלוי דווקא בשחיטת הפסח דאפילו בתוך המועד יש לשרוף חמץ אם מצא בבית אבל נראה דרבינו סבר שהעיקר במשנה של פסח שני דחמץ ומצה עמו בבית הוא דאין מצוה בכלל לבער חמץ מפני ששוחטים על החמץ אם ירצו.

83. לפנינו ״אסור״ ובוודאי אין זה אלא מצוה מחוץ לגופו שהרי תנאי היא בשחיטת הפסח שאין לה קשר מה אם גופו של הפסח. ויש מפרשים שאומרים דמכיון דכתיב לא תשחט שפיר קרינן ביה על גופו ודעת רבינו אינו כן.

84. וקשה לי לפירוש רש״י ההולם פשטות הגמרא בל יראה והשבתת שאור מורה שלא בשעת שחיטה ולא תשחט בשעת שחיטה ומה שמביא מן המשנה לאו דווקא.

85. ק״ק דאין לה מוכיח על איסור חמץ בשעת שחיטת הקרבן.

86. המעתיק לא ראה תכלית לומר שחגיגה אינה בא בשבת ולא בטומאת הצבור אלא ענינו אך ורק שלא באה במרובה ולהכי קצר את לשון המשנה.

87. מכיון שהיתה חבורה מועטת לכן הבשר מרובה לאוכליו.

88. בי״ד ניסן.

89. די להם בבשר פסח לבדו. ועיין פירוש רש״י פסחים סט עמ׳ ב.

90. אפילו בלא זה מניין לו שאפילו בא במרובה יש חגיגה בשני והרי מפורש בתוספתא ובמדרשים ובירושלמי שאין מביאין בשני וכן פסק הרמב״ם ולית מאן דפליג. ואולי ר״ל לאכול פסח שני על שלמי תודה אלא מה שהביא מן המשנה להראות שממילא מעטינן הקרבת קרבן חגיגה בשני לאכול עמו מדין דמועטת מן הסתם ולא ממיעוטי דקראי אינו מיושב כ״כ ונראה דשבשותא ותקנתי על פי הנראה.

91. ולאו דווקא שהמשנה בא לממעטו מפסח שני שאפילו בלא זה אין מקום לרבותו דהרי לא מצוה בגופו של פסח היא.

92. מאד יתכן שהוא משיב לקושית הרשב״א בתוספות פסחים צה עמ׳ א למה לא ממעטינן לינה דרך המיעוט שגם זה מצוה שלא על גופו. ואמר בשפת אמת שרק המצות שלא על גופו האמורות קודם הפסוק של פסח שני ממעטינן בפרשת פסח שני אבל אלו שאחרי כן כמו לינה דבפרשת ראה צריכות עוד לימוד להוציא אותם. ולזה כוון רבינו דבאלו הכתובות בתורה בפרשות בשמות או ויקרא וכדומה שלפני פרשת פסח שני רק אלו בכלל ה״משפטיו״ דלא קיימינן בשני ולא אחרות בכללו. לכן תפס ענין שביעה וביעור חמץ דהן כתובות מקודם דכתיב ענין פ״ש בתורה.

93. כלומר מפורש בפסוקים דאיתא לקיים מצוות דבגופו ודעל גופו של פסח ראשון גם בפסח שני אבל יש בפ״ר שאינם שווים בפ״ש ולכן הספרין מפרש כמה מהם. ודע ש״משפט״ לא כתוב בפ״ש ורק ״חוק״ כתוב.

94. ופירושו כמו הדיון בפסח שני בברייתא בפסחים צה עמ׳ א: ״ת״ר **ככל חוקת הפסח יעשו אותו** (במדבר ט:יב) במצות שבגופו הכתוב מדבר (פי׳ בפסח שני) מצות שעל גופו מניין (פי׳ שמצותן בפסח שני וגם אלו חוקת שפיר קרינן ביה) ת״ל **על מצות ומרורים יאכלהו** (במדבר ט:יא); יכול אפילו מצוה שלא על גופו (פי׳ יהא בפסח שני וגם אלו בכלל חוקת) ת״ל (פי׳ באותו קרא של ככל חוקות) **ועצם לא ישברו בו** מה שבירת העצם מיוחד מצוה שבגופו אף כל מצוה שבגופו (פי׳ בכלל חוקת ולא מצות אחר)„ ע״כ. הסבר הדבר הוא שככל חוקותיו הכתוב בפסח ראשון מורה על מצות שבגופו של קרבן פסח שהרי כתוב גם בשני **ככל חוקת הפסח**. ואע״פ שיש לקיים מצות שעל גופו בשני דכתיב **על מצות** וכו׳ אין לחשוב שכל המצות של פסח ראשון חלות גם בשני שהרי **ככל משפטיו** לא כתיב בשני. ולכן נכללים בככל חוקותיו גם מצות שעל גופו דחלותן בשני (הנזכרות בקרא לפני ככל חוקת הפסח ואינן בכללו) ומצות שלא על גופו (שאינן נזכרות בפרשה בשום מקום), דבשני ״כ״כל חוקת הפסח ר״ל כמו כל מצות

דקל וחומר פריכא, ותו למה לי קרא[65] כיון דאתיא ליה מסברא[66] ומסיפיה דקרא דכתיב ביה **במועדו** (במדבר ט:ב) יליף, ומגזרה שוה כדמסיים ואזיל,[67] ורבי יונתן סבר דמויעשו (במדבר ט:ב) יליף מדנקט ברישא[68] **ויעשו בני ישראל את הפסח** (שם) נאמר[69] וסְתַם,[70] נמי צ״ל לפי האוקמתא דמשום **מועדו** (במדבר ט:ב) בעי:

פרה אינה דוחה את השבת. דהא לא קביעא לה זימנא וכל דבר שאין זמנו קבוע אינו דוחה את השבת אפילו קרבן צבור:

דחה את הטומאה. לא כל טומאה אלא טומאת טבול יום שקרוי טמא לתרומה וקדשים כדדרשינן ביומא (נא עמ׳ א) דבטבול יום היתה נעשית, אי נמי טומאה דגופה דכל העוסקים טמאים ואף על גב דניטמא בשריפתה דכתיב **והשורף אותה יכבס וגו׳** (במדבר יט:ח) חוזר ואוסף אפרה:[71]

פסח שני דחי שבת. דהא קביעא ליה זמן דכתיב **בחדש השני בארבעה עשר** (במדבר ט:יא):

ואינו דוחה את הטומאה. דמפני טומאה דחייתו, מיהו רבי יהודה (בן בתירא) פליג פרק מי שהיה טמא (פסחים צה עמ׳ ב) ואמר(ינן) דכי היכי דדחי שבת הכי נמי דחי טומאה:

הכי גרסינן ״ככל חוקותיו״ (במדבר ט:ג) **אלו מצות שבגופו [שה תמים זכר בן שנה** ״וככל משפטיו״ (שם שם) **אלו מצות שעל גופו כגון מצה ומורר; ומצות מחוץ לגופו כגון לשבעה**[72] **ולבעור חמץ].**[73]

[**שבגופו**]. דחוק משמע גזירת מלך חקוק בגופו של דבר:

שה תמים (שמות יב:ה).[74] פרוש קא מפרש מאי מצות שבגופו,[75] והוא הדין **אל תאכלו ממנו נא [ובשל מבושל במים] כי אם צלי אש** (שמות יב:ט)[76] כלומר דפסח שני נוהגין בו כל מצות האמורות בפסח ראשון בגופו של פסח[77] וכן נמי ״מצות שעל גופו״, פירוש, מצות אחרות[78] שנצטוינו לעשות עמו ״כגון **על מצות ומרורים יאכלוהו** (במדבר ט:יא);״[79] **לשבעה**[80]— היינו

---

65. דמועדו במדבר כח:ב.
66. אם היה לו סברא היה אומר יש זמן קבוע לתמיד בשחרית ובין הערבים שדוחה את השבת.
67. דכמו שהתמיד [דנאמר לגביה במועדו] דוחה את השבת אף קרבן פסח [דנאמר לגביה במועדו] דוחה את השבת.
68. מרנקט דברי ר׳ יאשיה.
69. חשב בטעות שלמד ר׳ יאשיה מן הרישא אבל מן ההמשך רואים שלא כוון דבריו אלא ללמוד מן הסיפא.
70. שלא פירש ר׳ יאשיה כוונתו בבירור.
71. עין פרה ד:ד.
72. עניינו שביעה (ולא שבעה ימים) ונראה המילים לשבעה ולבעור חמץ נכללות בככל משפטיו שאינו כתוב בפ״ש. אבל ק״ק דמצוה לאכול על שובע מצוה דרבנן היא ואם הכוונה לשלמי חגיגה דפ״ר היה נראה יותר.
73. כן נראה לי גירסתו וקרוב לדברי רש״י לבמדבר ט:ג דרבינו סוף סט טוען שהספרי קאמר כאן ד״ככל חוקותיו״ במובן אך ורק דברים השייכים לגופו של הקרבן. וס״ד מרבי בפסח שני מצות דעל גופו בכלל ככל חוקת הפסח האמור לגביה. (עיין פירוש רש״י פסחים צה עמ׳ א).
74. צירפתי כל ביאוריו כאילו מאמר אחד הם שהרי בא לפרש גירסתו בנגוד לנוסח הרמב״ן או כרומה ויפה פירש שדבריו יכולים לעלות קנה אחד עם דברי הגמרא.
75. מצוות השייכות בגופו של קרבן כגון שה תמים וכו׳ וגם, סדר עבודתיו, ואכילת צלי וכל מצוה הנוגעת בבשרו של הפסח.
76. מצוות גופו וכן שבירת העצם גם עשין וגם לאווין.
77. מג׳ הדוגמות במקרא מרבינן לשני מצות דגופו: צלי אש, לא תוציא, אל תאכלו ממנו נא, וממעטינן ג׳ שהם מחוץ גופו: השבתת שאור, בל יראה ובל ימצא, ולא תשחט על חמץ—עין פסחים צה עמ׳ א.
78. מצוה בדבר אחר שנעשה יחד עם גופו של הפסח.
79. שבאים חובה עם הפסח ועין פסחים צה עמ׳ א.
80. ואלו מצות שמחוץ לגופו: לשבעה ולבעור חמץ ובכלל דככל משפטיו הם. ולא מצאתי מפרש אחר באופן כזה וראה להלן סוף פיסקא סט.

אמרה תורה יעבוד. דכתיב יב[ו]**א לצבא צבא בעבודת אהל מועד** (במדבר ח:כד):

ואמרה תורה לא יעבוד. דכתיב **לא יעבוד עוד** (במדבר ח:כה):

אם למדתי שהעובד בעשרים. פירוש, מבן שלשים עד בן חמשים "עשרים", נמצא זמן עבודתו עשרים שנה:

כך לא יעבוד בעשרים. כלומר שיהיה פסול לעבודה מבן חמשים עד עשרים דהיינו עד שבעים[54] אבל משבעים ואילך יהיה מותר, תלמוד לומר **עוד** (במדבר ח:כה).[55]

מומין פוסלין.[56] דכהנים, דכתיב **איש מזרעך לדורתם אשר יהיה בו מום** (ויקרא כא:יז):

משהביאו שתי שערות. אבל מקמי הכי קטן הוא ואינו איש, והכי נמי לברכת כהנים, ואפילו הביא שתי שערות אינו עובד בקביעות אלא באקראי עד שיהא בן עשרים ויהיה לו זקן, הכי איתא (סוף פרק שני) [פרק ראשון] דחולין (כד עמ' כד עמ' ב):[57]

[פיקא סד]

שהרי יש להם י"א חדש שחנו לפני הר סיני. היינו מראש חדש סיון דכתיב **ביום הזה באו מדבר סיני** (שמות יט:א) וילפינן בשבת (פו עמ' ב) "זה" "זה" לגזרה שוה מ"החדש הזה", מה להלן ראש חדש אף כאן ראש חדש, וכתיב **בחדש השלישי** (שמות יט עמ' א) דהיינו סיון, ומסיון עד אייר יש אחד עשר חדש אבל "עד החדש הראשון" שאומר הכא ליכא אלא עשרה, והכי פריך והרי יש י"א חדש עד הפרשה שנאמרה בראש הספר דמיירי התם ב"חדש השני" ומיירי[58] הכא ב"חדש הראשון" שהוא ראשון קודם לשני:

אלא ללמדך וכו'. וה"ה דמצי אמר בלא אריכות והלא כבר כתיב **בחדש השני וכו'** (במדבר ט:יא):

רבי אומר אין צריך שהרי כבר נאמר וכו'. וא"ת ומאי קשיא ליה לרבי, ויש לומר דהכי קאמר אין צריך ללמוד מהכא[59] דא"כ ה"א[60] דהני מילי לאחר חומש הפקודים אבל קודם לכאן המוקדם מוקדם, להכי מייתי מפרשת המן:[61]

[פיסקא סה]

בשאר [כל] מלאכות חוץ משחיטת הפסח. אבל שחיטת הפסח דחייא מקל וחומר (פסחים סו עמ' א); תמיד שאינו ענוש כרת דוחה [את השבת], פסח שענוש כרת לא כל שכן:

או אף בשחיטת הפסח. משום דקל וחומר פריכא הוא דמה לתמיד שכן תדיר, שכן כליל:[62]

הכי גרסינן **ומה אני מקיים ושחטו אותו** (שמות יב:ו) **בשאר כל הימים חוץ מן השבת** ת"ל **ויעשו** (במדבר ט:ב) **דברי רבי יאשיה.** ולא גרסינן פעם אחרית[63] "או אף בשבת" דמנא תיתי[64] כיון

54. ומכאן ואילך יחזור לכשרותו.
55. מנ' ואילך פסול לעולם.
56. לפנינו: שפסל מומין.
57. בפירושו לספרי דברים מביא אותו מסכתא בשם "שחיטת חולין" ונראה דלא הוא רבינו של הפירוש הזה.
58. בברית אברהם: מיירי.
59. אלא יותר טוב ללמוד ממקום אחר.
60. בברית אברהם חסר א"כ ה"א.
61. בספר שמות.
62. עין פסחים סו עמ' א דכן תמיד חמיר מפסח.
63. פעם אחרת.
64. דק"פ דוחה את השבת.

ספרי פיסקא סא—סב בהעלתך

לו הקב״ה כאילו באצבע כיוצא בו אתה אומר החודש הזה לכם ראש חדשים (שמות יב ב) כיוצא בו אתה אומר וזה לכם הטמא (ויקרא יא כט): מקשה, אין מקשה אלא מין קשה מעשה אומן מעשה קורנס: עד ירכה עד פרחה, אין לי אלא ירכה ופרחה גביעיה כפתוריה ופרחיה מנין ת״ל ועשית מנורת זהב טהור וגו׳ (שמות כה לא) או יעשה איברים איברים ת״ל ממנה יהיו (שם): מקשה היא עוד למה נאמר והלא כבר נאמר מקשה זהב ומה ת״ל מקשה היא לפי שמצינו בכלי בית עולמים שאם אין להם מין קשה עושים מין גרוטי שומע אני אף במנורה כן ת״ל מקשה ה״א שנה עליו הכתוב לפסול מיכן אמרו אין של זהב עושים של כסף ושל ברזל ושל נחושת ושל בדיל ושל שופרת דברי רבי ר״י בר׳ יהודה אומר אף של עץ ושל חרס אבל אין להם מין קשה אל יעשו מין גרוטי מה שאין כן בחצוצרות שבחצוצרות אין של כסף לא יעשו של זהב אבל אין להם מין קשה עושים מין גרוטי נמצא כשר במנורה פסול בחצוצרות כשר בחצוצרות פסול במנורה. אין במנורה נרות גביעים כפתורים ופרחים אלא בזמן שהיא מן הככר מין זהב מין קשה: כמראה אשר הראה ה׳ את משה כן עשה, להודיע שבחו של משה שכשם שאמר לו המקום כן עשה. ר׳ נתן אומר אין צריך שהרי כבר נאמר וראה ועשה (שמות כה מ) מגיד הכתוב שהראהו הקב״ה למשה כלים עשוים ומנורה עשויה ונעשית כמה שנאמר כמראה אשר הראה ה׳ את משה כן עשה את המנורה (סליק פיסקא)

(סב) זאת אשר ללוים מבן חמש ועשרים שנה ומעלה, שנים פוסלים בלוים ואין המום פוסל בלוים שהיה בדין מה אם במקום שלא פסלו שנים פסלו מומין כאן שפסלו שנים אינו דין שיפסלו מומים ת״ל זאת אשר ללוים שנים פוסלים בלוים ואין מומים פוסלים בהם: ומבן חמשים שנה, ר׳ נתן אומר כתוב אחד אומר מבן חמש ועשרים שנה ומעלה וכתוב אחד אומר מבן שלשים שנה (במדבר ד כג) כיצד יתקיימו שני כתובים הללו מבן חמש ועשרים שנה לתלמוד ומבן שלשים לעבודה (סליק פיסקא)

(סג) ומבן חמשים שנה ישוב מצבא העבודה, שומע אני מכל עבודה במשמע ת״ל ולא יעבוד עוד ושרת את אחיו באהל מועד מלמד שחוזר לנעילת שערים ולעבודת בני גרשום ר׳ יהודה א״מר הו״איל ואמרה תורה יעבוד ואמרה לא יעבוד עוד אני למדתי שהעובד בשלשים אינו עובד בעשרים וחמשה כך הכהן לא יעבוד בעשרים וחמשה ת״ל ולא יעב״ד עוד.

ושרת את אחיו באהל מועד ועבודה לא יעבוד ככה תעשה ללוים שנים פוסלים בלוים ואין פוסלים בכהנים שהיה בדין ומה אם במקום שלא פסל מומים פסל שנים כאן שפסל מומים אינו דין שיפסול שנים ת״ל ושרת את אחיו שנים פוסלים בלוים ואין פוסלים בכהונה שעד שלא נכנסו לארץ היו הלוים כשרים מבן שלשים שנה ועד בן חמשים שנה והכהנים משיביאו שתי שערות עד עולם אבל משנכנסו לארץ אין הלוים נפסלים אלא בקול (סליק פיסקא)

(סד) וידבר ה׳ אל משה במדבר סיני בשנה השנית לצאתם מארץ

מין קשה. נראה שהמנורה היתה ממין זהב שקשה מן שאר מיני זהב לפי שיש זהב שרך והוא נכפל וביומא (מה עמ' א) מפרש דאיכא כמה מיני זהב, עוד נראה דמין קשה רוצה לומר כולה מחתיכה אחת כדאמרין לקמן **שאין להם מין קשה עושין מין גרוטי**[43] כלומר מין חתיכות:[44]

לפסול. דלא תימא לא כתיב **מקשה** (במדבר ח:ד)[45] אלא למצוה:

אף של עץ ושל חרס. במנחות (כח עמ' ב) מפרש דרבי דריש כללי ופרטי, (**וזה מעשה המנורה**) [**ועשית מנורת**] (שמות כה:לא) כלל,[46] **זהב טהור** (שם) פרט, **מקשה תיעשה** (שם) חזר וכלל וכו',[47] מה הפרט של מתכת אף כל של מתכת ורבי יוסי בר' יהודה דריש ריבוי ומיעוט ומרבה אפילו של עץ אבל לא גרסינן "של חרס" דהתם אמרינן ומאי מיעט [מיעט] של חרס אלא הכי גרסינן "ושל חרס לא יעשה":

כשר במנורה. זהב:

כשר בחצוצרות. גרוטי:

אלא בזמן שהיה[48] **מן הככר.** דכתיב **ככר זהב טהור** (ת)**עשה אותה** [ו]**את כל** (**הכלים האלה**) **כליה** (שמות לז:כד):

ונעשית. פירוש מעצמה.[49]

כן עשה (שמות כה:מ). קאי אהקדוש ברוך הוא ובעלמא (מנחות כח עמ' ב) ילפינן לה מדכתיב **תיעשה המנורה** (שמות כה:לא):

[פיסקא סב]

שנים פוסלים וכו'. דכתיב **ומבן חמשים שנה ישוב מצבא העבודה** (במדבר ח:כה). ואמרינן בחולין (כד עמ' א) דאין זה אלא בזמן שמשא בכתף אבל לשיר אינו נפסלין אלא בקול:[50] חמש [ועשרים][51] שנים לתלמוד.[52] אמרינן התם (חולין כד עמ' א) מכאן לתלמיד שלא ראה סימן יפה בתלמודו[53] בחמש שנים וכו':

[פיסקא סג]

שחוזר לנעילת שערים. **מלשמור משמרת** (במדבר ח:כו) דריש, ולא גרסינן "ולעבודת בני גרשון" ואי גרסינן "למשמרת בני גרשון" גרסינן— דכתיב **ומשמרת בני גרשון באהל מועד** (במדבר ג:כה) והכא נמי כתיב **באהל מועד לשמור משמרת** (במדבר ח:כו):

---

43. בשאר כלי הבית ולא במנורה.
44. ולא מחתיכה שלימה אלא מזהב שבור, ואם יש מין קשה עושים את הכלים לא מין חתיכות. אבל המנורה פסול אם עושים אותה מזהב שבור.
45. ר"ל מקשה דהוא מין קשה ולעיכובא ואינו כשר בדיעבד אם עשה לא מין קשה.
46. לפנינו הגירסה "ועשיתה מנורת כלל.
47. כלל ופרט וכלל אי אתה דן אלא כעין הפרט.
48. לפנינו בספרי: שהיא.
49. ועיין תנחומא שמיני ח: כלומר מה קשה לעשות אמר לו הקב"ה השלך את הזהב לאש והמנורה תעשה מאליה שנאמר מקשה תיעשה המנורה כתיב תיעשה מעצמה תעשה.
50. עין פירוש רש"י על התורה לבמדבר ח:כה.
51. דברי הרמב"ם משנה תורה כלי הקדש ג:ז— אין בן לוי נכנס לעזרה לעבודתו עד שילמדהו תחלה חמש שנים שנא' זאת אשר ללוים מבן כ"ה שנים וכתוב אחד אומר מבן ל' שנים הא כיצד חמש ללמוד וכו'.
52. כך גירסת הסיפרי בכ"י וטיקן.
53. לפנינו בחולין: במשנתו.

[שנאמר בו עבודה באהרן ובגדי זהב]. קטרת ומנורה תרוייהו בהיכל[26] **אבל עבודת יום הכפורים כתיב בזאת יבא וגו'** (ויקרא טז:ג) היינו לפני לפנים:

[שלא נאמר בו בגדי זהב באהרן]. וכתיב **כתנת בד קדש וגו'** (ויקרא טז:ד):[27]

פר העלם. כהן משיח[28] מביא פר בהוראה שהורה לעצמו כדיליף בהוריות (ט עמ' ב) ובת"כ[29] (חובה ג:ה)[30] וכתיב **ולקח הכהן המשיח מדם הפר וגו'** (ויקרא ד:ה) למעוטי הדיוט ואין דמו נכנס לפני לפנים אלא על הפרכת ועל מזבח הזהב[31] ומשום הכי הוי בבגדי זהב:[32]

אדון שלשה לשונות וכו'. וא"ת[33] למה לי להאריך כולי האי לימא נאמר כאן **תמיד** (ויקרא כד:ג)[34] ונאמר כאן **תמיד** (ויקרא ל:ז)[35] לגזירה שוה, ויש לומר דאין הגזירה שוה מופנה ואיכא למיפרך כדפרשית לעיל[36] **דתמיד** (שם שם) איצטריך למדרש— "אף בשבת אף בטומאה":[37]

[פיסקא סא]

משלשה דברים שקישה. כלומר שהיה קשה ולא היה מבין היאך יעשנה, בפרק הקומץ (מנחות כט עמ' א) מייתי להאי ברייתא בשם תנא דבי רבי ישמעאל; והתוספות[38] [הקשו] אמאי לא חשיב ההיא דאלו טרפות (חולין מב עמ' א) דאמרינן מלמד שתפש הקב"ה כל מין חיה ובהמה ואמר לו זה אכול וזה לא תאכל מדכתיב **זאת הבהמה וגו'** (דברים יד:יד) ותירצו[39] דאין הכי נמי אבל הכא לא מיירי אלא היכא דכתיב זה , והקשו ממחצית השקל דכתיב **זה יתנו** (שמות ל:יג) ואמרינן (משנה שקלים ג:א) מטבע של אש הראה לו הקב"ה למשה ותרצו דהתם אפילו בלא שיתקשה משה היה צריך להודיעו (כ)מה יתנו;[40] אבל הכא איכא לאקשויי: במנורה משום מקשה[41] גביעיה כפתוריה ופרחיה **ממנה יהיו** (שמות כה:לא, לז:יז). בשרצים (ויקרא יא:כט)[42]—, משום דאיכא צפרדע דדמי לצב; בלבנה— משום דקודם חידושה מעט ולאחר חידושה מעט פגימתה בענין אחד וצריך סימן והיינו בפגימה אי למזרח אי למערב:

26. כלומר עבודות פנים ועבודות בגדי זהב ונקראו "תמיד".
27. אינו אלא באהרן.
28. הוא הכהן הגדול.
29. רק בכ"י סמינר.
30. ורש"י גורס בת"כ כדהכא יומא ע"ג וכן הוא בתוספתא ב:ה.
31. דהוי עבודת פנים.
32. וכן מנורה וכן קטורת עבודות פנים בבגדי זהב.
33. הש' דברי התוספות פסחים כח עמ' א.
34. במנורה.
35. בקטורת.
36. עיין תורת כהנים פרשת אמור פרשא י"ג בסוף. ומכאן נראה שרבינו כתב פירוש גם לספרא.
37. עין תוספות פסחים כח עמ' א. ו אין לפנינו בכה"י רמז למה שאמר דבר פירש. והנה ראיה שרבינו כתב פירוש לספר ויקרא.
38. עין ש"מ לתוס' חולין מב עמ' א אות י"ד.
39. תירוץ אחר בתוספות שלפנינו.
40. לפנינו התוספות בחולין מב עמ' א: שמא לא חשיב אלא מידי דנתקשה אבל הני אע"פ שהראהו לא נתקשה בהן אלא שתמה על הדבר מה יוכל אדם ליתן כופר נפשו, הראהו הקב"ה להבחין היטב ולהודיע לישראל וכן הכא להראות לישראל איזו היא אסורה ואיזו היא מותרת.
41. ולא מן חתיכות.
42. הש' מכילתא בא א ובמדבר רבה טו:ד ותנחומא בהעלותך בובר ובתנחומא שמיני. והדרשה בנויה על המלה "זה" סימן שהראה לו כדוגמתו באצבע. המנורה... שנאמר וזה מעשה המנורה..\ הירח (לבנה) מניין שנאמר... החודש הזה\ השרצים מניין שנאמר וזה לכם הטמא\.

\[וא"ת] אמרינן הכא לעיל שלשה כלפי מזרח וכו' (ואם תאמר) אם כן אמאי קרי לה מערבי הרי (תם) ["מזרחיים"] נינהו, ויש לומר דהתם מסיים בה "מדשן[17] את המזרח[י][18] ומניח את המערבי[19] דולק":[20]\ ]

[פיסקא ס]

עשה לה מעלות. כדאמרינן במסכת (מידות) [מנחות כט עמ', תמיד (ג:ט)] אבן היתה שם לפני המנורה ובה שלש מעלות:

מול (במדבר ח:ב). היינו עורף, וזהו מיד שכנגד מקום הדליקה דמקום הדליקה היו פנים:

(יאירו. משמע לעולם:

מערב עד בקר [לפני ה' תמיד] שיהא נר מערבי מאיר תדיר. מתמיד דריש; ומעשה נס בעלמא כדאמרינן התם (מנחות פו עמ' ב ושבת כב עמ' ב) מחוץ לפרוכת העדות...עדות הוא לכל באי עולם שהשכינה שורה בישראל, ואמרינן מאי עדותה זו נר מערבי שנותן בה שמן כמדת חברותיה (ובה) [וממנה] היה מדליק [ובה היה מסיים], ופלוגתא היא במנחות (צח עמ' ב), איכא מאן דאמר צפון ודרום מונחים הקנים ולדידיה הוי נר מערבי האמצעי שכולם מצדין פניהם כלפי אמצעי והאמצעי כלפי מערבי,ואיכא מאן דאמר מזרח ומערב מונחים ולדידיה הוי מערבי השני [ב]נרות מזרחיות סמוכות לקנה האמצעי, וקרי להו מערבי כלפי הראשון, (וכולן מצדדין פניהם כלפי...מערבי), וכוותיה תנן במסכת תמיד נכנס ומצא שני מזרחיות דולקות (והפנימי),

\[וא"ת] אמרינן הכא לעיל שלשה כלפי מזרח וכו' (ואם תאמר) אם כן אמאי קרי לה מערבי הרי (תם) ["מזרחיים"] נינהו, ויש לומר דהתם מסיים בה "מדשן את המזרח[י] ומניח את המערבי דולק":\ )[21]

את הבנים כאב. דכתיב יערוך אותו אהרון ו(את) בניו (שמות כז:כא):[22]

נאמר [עבודה] באהרון [באהל מועד] בקטרת.[23] דכתיב והקטיר עליו אהרון וגו' (שמות ל:ז) פירוש וילמוד סתום שלא פירשו בו בניו, ילמוד מאותו דואתה תצוה שכתוב בו **בניו** (שמות כח:א) גבי נרות:

[אם למדתי למנורה שעשה בה את הבנים כאב אף הקטורת]...עבודת יום הכפורים [תוכיח]. בפרשת אחרי מות **ויאמר ה' אל משה דבר אל אהרן אחיך וגו'** (ויקרא טז:א)[24]**וכתיב והיתה זאת לכם לחקת עולם** (ויקרא טז:כט) וכל היכא דכתיב "חוקה" עיכובא:[25]

---

17. מדשן=מכבהו ומתקנו בפתילה אחרת ובשמן אחר כדי שיהיה מוכן.
18. הטיבו אפילו היה דלוק שהרי מצוותו עד הבוקר ותו לא. מכאן רואים שלפי נוסחו (שתי גירסאות נמצאות בספרי) לא גמרינן מ"יאירו" שיניחו שאר נרות הדולקים כל היום אם כן קורה פעם בלילי טבת.
19. לא היה מדשן עד הערב כשידליקו ממזבח העולה וממנו ידליקו את השאר.
20. כן הוא גירסת משנה תמיד ג:ט ודומה לזה נמצא בתוס' מנחות פו עמ' ב. ועיין פירוש רש"י למגילה כב עמ' ב. וקטע זה \...\ מיותר דכבר הסביר לשון מערבי ונראה כהוספה.
21. כאן מקומו בכה"י אבל לפי נוסח הספרי שלפנינו שייך למעלה.
22. כתוב בכתה"י "ואל בניו" ונ"ל לתקן על פי לשון שמות כח:א "ואת בניו".
23. גירסת כ"י סמינר "באהל ובקטורת" אבל גירסת רבינו הלל כמו באקספורד: "באהרון בקטרת".
24. נאמר בו עבודה.
25. באהרן לבד ולא בבניו. עיין בבלי זבחים יז עמ' ב, ויומא ס עמ' ב.

סדר בהעלותך

[פיסקא נט]

על פני כל הנרות. היינו ענין שלהבת[1] ולא במקום פתילה:

ת״ל אל מול (במדבר ח:ב). היינו דווקא במקום אחד כמו **ממול ערפו** (ויקרא ה:ח):[2]

פני המנורה (במדבר ח:ב). מילתא באפי נפשה ודריש מיניה **שיהו הנרות מקבלין את הנרות** כלומר ששלשה נרות שמצד זה יהיו מאירות לנגד שלשה שמצד השני, נמצא אלו מקבילות לאלו, ואלו לאלו, ושניהם למנורה; היינו (לעשות) [לעששית] שהוא באמצעו; והאמצעי הפתילה באמצעו[3] כדי שתהא מקבלת לאלו ולאלו:

[**יאירו** (במדבר ח:ב). משמע לעולם:

מערב עד בקר [**לפני ה׳ תמיד**] (ויקרא כד:ג) **שיהא נר מערבי מאיר תדיר**.[4] **מתמיד** (שם שם) דריש; ומעשה נס בעלמא כדאמרינן התם (מנחות פו עמ׳ ב ושבת כב עמ׳ ב) **מחוץ לפרוכת העדות** (שמות כז:כא)...עדות הוא לכל באי עולם שהשכינה שורה בישראל, ואמרינן מאי עדותה זו נר מערבי שנותן בה שמן כמדת חברותיה[5] (ובה) [וממנה] היה מדליק[6] [ובה היה מסיים], ופלוגתא היא במנחות (צח עמ׳ ב), איכא מאן דאמר צפון ודרום מונחים הקנים ולדידיה הוי נר מערבי האמצעי[7] שכולם מצדדין פניהם כלפי אמצעי[8] והאמצעי כלפי מערבי,[9] ואיכא מאן דאמר מזרח ומערב מונחים ולדידיה הוי מערבי השני [ב]נרות מזרחיות סמוכות[10] לקנה האמצעי,[11] וקרי להו מערבי כלפי הראשון, (וכולן מצדדין פניהם כלפי...מערבי),[12] וכוותיה[13] תנן במסכת תמיד (משנה ו:א, ג:ט)[14] נכנס[15] ומצא שני מזרחיות דולקות (והפנימי),[16]

---

1. נ״ל שכוונתו רק ס״ד שתהיה שלהבת בנר אבל לא צריך מקום מיוחד לפתילה. שהרי עיקר הנר הוא השמן והפתיל וס״ד דפני נר ר״ל השלהבת על גבי הפתיל העולה מאליה (ועיין יומא כד עמ׳ ב וקושית התוס׳ ישנים ותשובתו בפירוש הריטב״א ליומא שם). ובכ״י אקספורד: של הפתי׳.
2. עיין חולין יט עמ׳ ב.
3. כלומר שהפתילה עומדת ישר.
4. בכ״י סמינר: תדיר (וכן בכ״י וטיקן). ובאקספורד: תמיד (וכן בפירוש הרמב״ן על התורה).
5. חצי לוג ודרך נס נר המערבי היה נשאר דלוק עד בין הערבים.
6. בערבית לשאר נרות שהאריכה שלהבתו עד הערב וזה היה יותר מן האחרות ואח״כ היה מכבהו ומדשנו ונמצא שבה סיימה כל ההדלקה כדאיתא בפירוש הראב״ד למשנה תמיד פרק ו׳.
7. בכ״י א: באמצע.
8. עיין מגילה כא עמ׳ ״כלפי נר מערבי״ וראה את הגירסות בספר תקון סופרים.
9. לכיוון מערבי.
10. ר״ל בסדר הסמוכות.
11. אצלינו בתוס׳ מנחות צח עמ׳ ב: נר שני של שתי נרות המזרחיות הסמוך למערב יותר מן הראשון. עוד עיין רש״י מגילה כא.
12. אפשר שפה נפל טעות— או שחוזר הסופר על האמור לעיל או שר״ל כל הפתילות היו מצדדות לצד המערבי ולא לנר האמצעי או שצ״ל ״האמצעי״ במקום ״המערבי״.
13. כמו המ״ד שמזרח ומערב היו מונחים הקנים.
14. ועי׳ תוס׳ מנחות פו עמ׳ ב, פח עמ׳ ב.
15. בבוקר.
16. אינו במשנה, ושלש אפשריות יש בדבר: א) שבוש במקום ״כוותיה״, ב) ר״ל שיש עוד נר אחריו בצד המזרח קרוב לקנה האמצעי, ג) גליון משובש במקום ״לפני מות שמעון הצדיק״, והשווה ספרא פרשת אמור פרשא י״ג.

בְּהעלתך

(נט) וידבר ה׳ אל משה דבר אל אהרן ואמרת אליו בהעלתך את הנרות למה נאמרה פרשה זו לפי שהוא אומר והעלה את נרותיה והאיר על עבר פניה (שמות כה לז) שומע אני יהיו כל הנרות דולקים על פני כל המנורה ת״ל אל מול פני המנורה יאירו שיהיו נרות מקבילים את המנורה ומנורה את הנרות הא כיצד שלשה כלפי מורח ושלשה כלפי מערב ואחד באמצע נמצאו כולם מקבילים את את האמצעי מיכן היה ר׳ נתן אומר האמצעי מכובד: דבר אל אהרן, לפי שכל מעשה הפרשה באהרן הביא את אהרן לכלל דבור: ואמרת אליו, הרי זו אזהרה לאהרן: בהעלתך את הנרות, עשה לה מעלות: אל מול פני המנורה, עשה לה מול ופנים: יאירו שבעת הנרות, שומע אני שיהו דולקים לעולם ת״ל מערב עד בוקר (ויקרא כד ג) אי מערב עד בוקר <יכול יכבם ת״ל לפני ה׳ תמיד הא כיצד יאירו שבעת הנרות מערב עד בוקר> לפני ה׳ תמיד שיהיה נר מערבי תדיר שממנו כדליק את המנורה בין הערבים (סליק פיסקא)

(ס) ויעש כן אהרן, להודיע שבחו של אהרן שכשם שאמר לו משה כן עשה: אל מול פני המנורה, עשה לה מול ופנים: העלה נרותיה, עשה לה מעלות מיכן אמרו אבן היתה לפני המנורה ובה שלש מעלות שעליה הכהן עומד ומטיב את הנרות הניח את הכוז על מעלה שניה ויצא.

כאשר צוה ה׳ את משה, חצי לוג לכל נר ונר אין לי אלא מנורה שעשה בה את הבנים כאב הקטורת מנין הרי אתה דן נאמרה עבודה באהל מועד במנורה ונאמרה עבודה באהל מועד בקטורת אם למדתי למנורה שעשה בה את הבנים כאב אף הקטורת נעשה בה את הבנים כאב הרי עבודת יום הכיפורים תוכיח שאע״פ שנאמר בה עבודה באהל מועד לא עשה בה את הבנים כאב היא תוכיח לקטורת שאע״פ שנא׳ בה עבודה באהל מועד לא נעשה בה הבנים כאב לא אם אמרת בעבודת יוהכ״פ שלא נאמר בה בגדי זהב באהרן נילף דבר שנאמר בו עבודה באהרן ובגדי זהב מדבר שנאמר בו עבודה באהרן ובגדי זהב אם למדתי למנורה שעשה בה את הבנים כאב אף הקטורת נעשה בה את הבנים כאב והרי פר העלם דבר של משיח יוכיח שנאמר בו עבודה באהרן ובבגדי זהב ולא עשה בה את הבנים כאב היא תוכיח לקטורת שאף על פי שנאמר בה עבודה באהרן ובבגדי זהב לא נעשה בה את הבנים כאב אמרת הפרש אדון שלשה לשונות כאחת נאמרה עבודה באהל במנורה ובבגדי זהב ונאמר בה תמיד ונאמרה עבודה באהל מועד בקטורת ובבגדי זהב ונאמר בה תמיד ואל תבא עבודת יום הכיפורים ותוכיח שנא׳ בה עבודה באהל מועד אבל אינה בבגדי זהב ולא עבודת פר העלם דבר של משיח שאע״פ שנא׳ בה עבודה באהל מועד ובבגדי זהב אבל לא נאמר בה תמיד אלמוד דבר מדבר ואדון דבר מדבר אלמוד דבר ששוה בשלשה דרכים מדבר ששוה בשלשה דרכים ואל אלמוד דבר ששוה בשלשה דרכים מדבר שאינו שוה בשלשה דרכים אלא בדרך אחד או בשנים אם למדתי למנורה שעשה בה את הבנים כאב אף הקטורת נעשה בה את הבנים כאב (סליק פיסקא)

(סא) וזה מעשה המנורה מקשה זהב עד ירכה עד פרחה מקשה היא כמראה וגו׳, רבי עקיבא אומר זה אחד משלשה דברים שהקשה בהם משה והראה

[פיסקא נח]

יתקיימו במקומן. ונאמר פעמים מאהל מועד (ויקרא א:א) **פעמים מעל הכפרת** (שמות כה:כב):

עד שיבא כתוב וכו׳. [דכתיב **ובבא משה אל אהל מועד...וישמע את הקול מדבר אליו מעל הכפרת...מבין שני הכרובים וידבר אליו**] (במדבר ז:פט):[725]

אחת במצרים. טובא כתי׳ (בסוף)[726] **ואל משה אמר** [...**אתה ואהרן**] וגו׳ (שמות כד:א):

באהל מועד. ויקרא אל משה (ויקרא א:א)[727]

---

725. הרי אהל מועד וכפרת וכרובים.

726. נמצא בכתב יד סמינר בלבד ונראה להגיה: בסיני.

727. שייך למעלה לפני "אחת במצרים".

ספרי פיסקא נד—נח נשא

(נד) שלשים ומאה הקערה האחת כסף למה נאמר לפי שהוא אומר קרבנו קערת כסף אחת וגו׳ אין לי אלא מורק שנתפרש בו בשקל הקודש קערה מנין ת״ל כל כסף הכלים אלפים וארבע מאות בשקל הקודש ללמדך שלא ככלי הדיוט כלי בית עולמים כלי הדיוט שקלן אחד אחד וחזר ושקלם כאחד או ריבה או מיעט אבל כלי בית השולמים שקלן אחד אחד וחזר ושקלן כאחד לא ריבה ולא מיעט ר׳ נתן אומ׳ כלי בית עולמים שקלם כלים חזר ועשאן סימון חזר ועשאן כלים לא ריבה ולא מיעט

(סליק פיסקא)

(נה) כפות זהב שתים עשרה למה נאמר לפי שהוא אומר כף אחת עשרה זהב היא של זהב ומשקלה של כסף אתה אומר היא של זהב ומשקלה של כסף או היא של כסף ומשקלה של זהב ת״ל כל זהב הכפות עשרים ומאה הא אין עליך לומר כלשון אחרון אלא כלשון ראשון היא של זהב ומשקלה של כסף מעלים על כל אחד ואחד שהקריב י״ב כפות זהב הן הן שנתנדבו ולא אירע בהן פסול (סליק פיסקא)

(נו) כל הבקר לעולה שנים עשר פרים למה נאמר לפי שהוא אומר פר אחד בן בקר מלמד שכולם כשרו לעולה או כבש שנתפרש בו כשר לעולה ושאר כולם לא כשרו לעולה ת״ל כל הבקר לעולה מגיד שכולם כשרו לעולה מעלים על כל אחד ואחד שהקריב שנים עשר פרים אילים שנים עשר כבשים בני שנה שנים עשר הם הם שנתנדבו ולא אירע בהם פסול (סליק פיסקא)

(נז) וכל בקר זבח השלמים עשרים וארבעה פרים למה נאמר לפי שהוא אומר ולזבח השלמים בקר שנים מלמד שכולם כשרו לזבח השלמים או בקר שנתפרש בו כשר לזבח השלמים ושאר כולן לא הוכשרו לזבח השלמים ת״ל וכל בקר זבח השלמים מגיד שכולם כשרו לזבח השלמים מעלין על כל אחד אחד שהקריב עשרים וארבעה פרים אילים ששים הן הן שהתנדבו ולא אירע בהם פסול: זאת חנוכת המזבח אחרי המשח אותו לענין שאמרני (סליק פיסקא)

(נח) ובבוא משה אל אהל מועד לדבר אתו למה נאמר לפי שהוא אומר וידבר ה׳ אליו מאהל מועד לאמר (ויקרא א א) שומע אני מאהל מועד ממש תלמוד לומר ונועדתי לך שם ודברתי אתך מעל הכפירת (שמות כה כב) אי אפשר לומר מאהל מועד שכבר נאמר מעל הכפורת ואי אפשר לומר מעל הכפורת שכבר נאמר מאהל מועד כיצד יתקיימו שני כתובים הללו זו מדה בתורה שני כתובים זה כנגד זה והרי הם סותרים זה על ידי זה יתקיימו במקומם עד שיבא כתוב אחר ויכריע ביניהם מה ת״ל ובבוא משה אל אהל מועד לדבר אתו מגיד הכתוב שהיה משה נכנס ועומד באהל מועד והקול יורד משמי שמים לבין שני הכרובים והוא שומע את הקול מדבר אליו מבפנים ר׳ יהודה בן בתירה אומר הרי שלשה עשר מיעוטים מיעט אהרן מכל דברות שבתורה ואלו הן ובבוא משה אל אהל מועד לדבר אתו וישמע את הקול מדבר אליו, וידבר אליו ונועדתי לך שם ודברתי אתך (שמות כה כב) אשר אועד <לך> שמה (שם ל ו) לדבר אליך שם (שם כט מב) ביום צוותו (ויקרא ז לח) את אשר יצוה (שמות לד לד) את כל אשר אצוה אותך (שם כה כב) ואחת במצרים ואחת בסיני ואחת באהל מועד הרי שלשה עשר מיעוטים מיעט אהרן מכולם.

וישמע את הקול, שומע אני קול נמוך ת״ל את הדברים האלה דבר ה׳ אל כל קהלכם וגו׳ (דברים ה יט) כתוב אחד אומר ויהי ביום השלישי בהיות הבוקר ויהי קולות וברקים (שמות יט טז) וכתוב אחד אומר קול דממה דקה (מלכים א׳ יט יב) כיצד יתקיימו שני כתובים הללו כשהקב״ה מדבר הכל שותקים שנאמר דומו יושבי א׳ סוחר ציון שבר ים מלאוך (ישעיה כג ב) ואומר וידום אהרן (ויקרא י ג) דברי רבי יאשיה ר׳ יונתן אומר כתוב אחד אומר קול גדול ולא יסף (דברים ה יט) וכתוב אחד אומר ואחר האש קול דממה דקה (מלכים א׳ יט יב) כיצד יתקיימו שני כתובים הללו כשהקב״ה מדבר בקול גדול מלאכי השרת מדברים בקול נמוך שנאמר על הומותיך הפקדתי שומרים כל היום וכל הלילה תמיד לא יחשו המזכירים את ה׳ אל דומי לכם ואל תתנו דומי לו עד יכונן ועד ישים את ירושלם תהלה בארץ (ישעיה סב ו—ז)

(סליק פיסקא)

ספרי פיסקא מט–נב נשא

הכלים אלפים וארבע מאות בשקל הקדש ומה ת״ל שניהם מלאים לפי שהוא אומר שלשים ומאה משקלה שומע אני הואיל ולא שוה לו במשקל לא תשוה לו במדה ת״ל שניהם מלאים ומה הפרש בין קערה למזרק קערה גילדה עבה מזרק גילדו דק.

שניהם מלאים סולת זו מן הנדבה: כף אחת עשרה מה שבתוכה אחת: עשרה זהב היא של זהב ומשקלה של כסף או היא של כסף ומשקלה של זהב ת״ל כל זהב הכפות עשרים ומאה הא אין עליך לומר כלשון האחרון אלא כלשון הראשון היא של זהב ומשקלה של כסף: מלאה קטורת, זו קטורת נדבה (סליק פיסקא)

(נ) פר אחד בן בקר, שלא היה בעדרו כמוהו: איל אחד, שלא היה בעדרו כמוהו: כבש אחד בן שנתו לעולה, מגיד שכולם כשרו לעולה או כבש שנתפרש בו כשר לעולה ושאר כולם לא הוכשרו לעולה ת״ל פר אחד איל אחד כבש אחד מגיד שכולם כשרו לעולה (סליק פיסקא)

(נא) שעיר עזים אחד לחטאת, לכפר על קבר התהום: ולזבח השלמים בקר שנים אילים חמשה עתודים חמשה כבשים בני שנה חמשה מגיד שכולם כשרו לזבח השלמים או בקר שנתפרש בו כשר לזבח השלמים ושאר כולם לא הוכשרו לזבח השלמים ת״ל ולזבח השלמים מגיד שכולן כשרו לזבח השלמים.

זה קרבן נחשון בן עמינדב, משלו הביא ולא שגבה משבטו והביא: זה קרבן, זה מביא קטורת נדבה ואין היחיד מביא קטורת נדבה: זה קרבן נחשון, זה מביא חטאת שלא על חטא ואין היחיד מביא חטאת שלא על חטא.

זה קרבן נחשון, זה דוחה את השבת ואת הטומאה ואין קרבן יחיד דוחה את השבת ואת הטומאה (סליק פיסקא)

(נב) ביום השני הקריב נתנאל בן צוער נשיא יששכר הקריב את קרבנו כה ת״ל לפי שבא ראובן ועירער אמר דיי שקדמני יהודה למסעות אקריב אני לתולדות נוף בו משה ואמר לו מפי הקודש נאמר לי להקריב למסעות שנאמר הקריב אין הקריב אלא שנאמ׳ לו מפי הקודש הקרב למסעות: נשיא יששכר לפי שזכה נתנאל בעצת נשיאים העלה עליו הכתוב כאלו הוא הקריב תחילה אבא חנין אומר משום רבי אליעזר לפי שזכה נתנאל בעצה וזכה שניתן בינה בשבטו שנאמר ומבני יששכר יודעי בינה לעתים (ד״ה א׳ יב לג) ואומר ושרי בישכר עם דבורה ויששכר כן ברק בעמק (שופטים ה טו) וכן הכתוב משבחו בבתי דינים במצרים שנאמר לישוב משפחת הישובי (במדבר כו כד) ואין ישוב אלא בתי דינין שנאמר ויבואו אליך כמבוא עם וישבו לפניך עמי (יחזקאל לג לא) ואומר ויעקב איש תם יושב אהלים (בראשית כה כז) ואומר ולזבולון אמר שמח זבולון בצאתך ויששכר באהל׳יך (דברים לג יח) (סליק פיסקא)

(נג) זאת חנוכת המזבח ביום המשח אותו, ביום שנמשח בו ביום הקריב אתה אומר ביום שנמשח בו ביום הקריב <או לא בא ללמד אלא שביום נמשח> כשהוא אומ׳ אשר צוה ה׳ לתת להם ביום משחו אותם (ויקרא ז לו) הא למדנו <שביום נמשח> הא מה ת״ל ביום המשח אותו ביום שנמשח בו ביום הקריב: מאת נשיאי ישראל, מגיד הכתוב שכשם ששוו כולם בעצה אחת כך שוו כולם בזכות: קערות כסף שתים עשרה, הן הן שנתנדבו ולא אירע בהם פסול (סליק פיסקא)

[פיסקא מו]

לפי שהם ששה עשר לאלעזר וגו'. פי' בני מררי ובני גרשון בתרייהו כתיב **ביד איתמר** (במדבר ד:לג, שם ד:כח) אלא "לפי שהן ששה עשר" טעמא למילתא קאמ' למה לא נתן לבני גרשון כמו לבני מררי לפי שעבודת בני מררי מרובה שכן מצינו בדברי הימים במחלוקת המשמרות שכת' **וימצאו בני אלעזר רבים** (דה"י א כד:ג) לפיכך נתנו להם שש עשרה משמרות:

ה"ג פסוק זה נתעלם מעיני דוד וכו'.

[פיסקא מז]

על השל. תרגום שגגה (במדבר טו:כה) שלו[תא]:

עד שנאמר לו מפי הקדש יקריבו. אע"ג דכבר אמר לו **קח מאתם** (במדבר ז:ח) גבי חנוכת המשכן סבר דילמא שאני חנוכת המזבח[720] שהם קרבנות:

[פיסקא מט]

[**גמדה**] **במדה.** עובי דופנה:

שעושה כל מה שבכף אחת. היינו דתנן פרק חומר הקדש (חגיגה כג עמ' ב) שהכלי מצטרף כל מה שבתוכו לקדש:

ומשקלה של כסף. כלו' שהוא נשקל בשקלים[721] אלא[722] זהב נשקל בדינרי זהב:

[פיסקא נא]

לכפר על קבר התהום. על ספק טומאת מקדש דומיה דשעירי הרגלים שאין באין על חטא אלא מכפרין על טומאת מקדש:

ה"ג זה מביא חטאת שלא חטא. ר"ל דהוראת שעה היתה:

"**זה" דוחה את השבת.** שהרי המקריב ביום השביעי דחה שבת שי"ב יום של חנוכת המזבח רצופים היו כדאמרי' במועד קטן (ט עמ' א) מדכתיב **ביום שנים עשר יום**[723](במדבר ז:עח) **מה יום כלו רצוף אף י"ב כולם רצופים**; ו"זה"[724] לאו דווקא אלא ר"ל קרבן נשיאים:

[פיסקא נג]

ולא אירע בהם פיסול. ר"ל טומאה אי נמי לא נשתמשו בהן חולין:

[פיסקא נד]

חזר ועשאן סימן. כמו אסימון כלו' חתיכה:

---

720. עין במדבר ז:י.

721. בכסף.

722. ר"ל אבל זהב.

723. יום יתירא כתיב.

724. מה שאמר זה לא איירי דוקא על קרבנו.

ספרי פיסקא מה–מו נשא

לפני המשכן ולא קיבל משה מהן עד שנאמר לו מפי הקדש קח מאתם הא הסכימה דעתן לדעת העליונה ר׳ נתן אומר וכי מה ראו נשיאים להתנדב לכתחילה כאן ובמלאכת המשכן לא נתנדבו בתחילה אלא כך אמרו נשיאים יתנדבו ציבור מה שמתנדבים ומה שמחסרים הן אנו משלימים כיון שראו נשיאים שהשלימו ציבור את הכל שנאמר והמלאכה היתה דים (שמות לו ד) אמרו הנשיאים מה עלינו לעשות והנשיאם הביאו את אבני השוהם לכך התנדבו כאן תחילה (סליק פיסקא)

(מו) ויקח משה את העגלות ואת הבקר, הרי משה נוטלם ומחלקן לפי דעתו: את שתי העגלות ואת ארבעת הבקר נתן לבני גרשם ואת ארבע העגלות ואת שמונת הבקר נתן לבני מררי, לפי שהם ששה עשר לאלעזר ושמונה לאיתמר שנאמר וימצאו בני אלעזר רבים לראשי הגברים מבני איתמר ויחלקום מבני אלעזר ראשים לבית אבות ששה עשר ולבני איתמר לבית אבותם שמונה ויחלקום בגורלות אלה עם אלה ויכתבם שמעיה בן נתנאל הסופר מן הלוי לפני המלך והשרים וצדוק הכהן ואחימלך בן אביתר (דה״י א׳ כד ו).

ולבני קהת לא נתן כי עבודת הקדש עליהם בכתף ישאו, רבי נתן אומר מיכן שנתעלם מעיני דוד שלא נשאו לוים את הארון אלא בעגלה שנאמר וירכיבו את ארון האלהים אל עגלה חדשה וגו׳ (שמואל ב׳ ו ג) ויחר אף ה׳ בעוזא ויכהו שם האלהים על השל וימת שם עם ארון האלהים (שם ו ז) ויחר לדוד על אשר פרץ ה׳ פרץ בעוזא (שם ו ח) אמר לו אחיתיפל לדוד לא היה לך ללמוד ממשה רבך שלא נשאו הלוים את הארון אלא בכתף שנאמר ולבני קהת לא נתן כי עבודת הקדש עליהם בכתף ישאו הרי דוד משלחו ומעלו בכתף שנאמר ויקרא דוד לצדוק ולאביתר הכהנים וללוים לאוריאל עשיה ויואל שמעיה ואליאל ואבינדב ויאמר להם אתם ראשי האבות לכהנים וללוים התקדשו אתם ואחיכם והעליתם את ארון אלהי ישראל כי למבראשונה לא אותם פרץ ה׳ ויתקדשו הכהנים והלוים ויעלו את ארון אלהי ישראל אשר צוה משה עבד ה׳ בכתף ובמוטות עליהם (דה״י א׳ טו–יא וכו׳) ואלה פקודתם לעבודתם לבוא לבית ה׳ כמשפטם ביד אהרן אביהם כאשר צוהו ה׳ אלהי ישראל (שם כד יט) והיכן צוהו ולבני קהת לא נהן הא לא חידשו הלוים כלום אלא הכל מפי משה ומשה כפי הגבורה (סליק פיסקא)

(מז) ויקריבו הנשיאים את חנוכת המזבח, מגיד הכתוב שכשם שנתנדבו הנשיאים למלאכת המשכן כך נתנדבו לחנוכת המזבח: ויקריבו הנשיאים את קרבנם לפני המזבח, באו ועמדו לפני המזבח ולא קיבל משה מהם עד שנאמר לו מפי הקדש יקריבו את קרבנם לחנוכת המזבח ועדין לא היה יודע משה כיצד יקריבו אם למסעות אם לתולדות עד שנאמר לו מפי הקב״ה יקריבו למסעות <שנאמר ויהי אין ויהי אלא שנאמר לו מפי הקדש יקריבו למסעות> ועדיין לא היה יודע משה כיצד יקריבו נשיאים אם כולן כאחד או כל אחד ואחד יומו עד שנאמר לו מפי הקדש יקריבו כל אחד ואחד יומו שנאמר נשיא אחד ליום נשיא אחד ליום <נשיאים מתנדבים ואין הדיוטות מתנדבין ומה ת״ל נשיא אחד ליום נשיא אחד ליום> לפי שהיה נחשון מלך והוא הקריב תחילה לא יאמר הואיל והקרבתי תחילה אקריב עם כל אחד ואחד יומו לכך נאמר נשיא אחד ליום (סליק פיסקא)

(מח) ויהי המקריב ביום הראשון, שאין ת״ל ראשון אלא ראשון לכל ימות השנה: נחשון בן עמינדב למטה יהודה, יחסו הכתוב על שם שבטו או שגבה משבטו והביא ת״ל זה קרבן נחשון בן עמינדב משלו הוא הביא ולא שגבה משבטו והביא הא כה ת״ל נחשון בן עמינדב למטה יהודה יחסו הכתוב על שם שבטו (סליק פיסקא)

(מט) וקרבנו קערת כסף אחת, מגיד שלא נעשו מתחילה אלא על שם קרבנות: מזרק אחד כסף שבעים שקל בשקל הקדש, אין לי אלא מזרק שנתפרש בו בשקל הקדש קערה מנין ת״ל שניהם מלאים מה זה בשקל הקדש אף זה בשקל הקדש ר׳ חנניה בן אחי ר׳ יהושע אומר אין צריך שהרי כבר נאמר כל כסף

[**ונפלו] בעזרה**. עזרת נשים, דעזרת ישראל **לפני ה׳** (ויקרא י:ב) כתיב בה:705 **גררום בחכי ברזל**.706 משום דאי אפשר ללוים ליכנס לפנים707 ואפי׳ כהן שנכנס שם ביאה ריקנית708 בלא עבודה בידו חייב מיתה בידי שמים במס׳ (זבחים) [מנחות כז עמ׳ ב]:

[**מבפנים ומבחוץ]**.709 מאן דאמר דמדות הלח710 נמשחו מבפנים ומבחוץ711 לפי [שסבר] שהלח פעמים שיוצא לחוץ ונוגע בכלי ומאן דאמר712 מבפנים דווקא [לפי שסבר] כהנים זריזים הם713 ומאן דאמר714 מדות היבש715 לא נתקדשו לפי שסבר שלא יהיו מקדשין את הנותן לתוכן קדושת הגוף כדיליף משתי הלחם וצריך לפרש לפי דסבירא ליה תנור מקדש:716

הוקדשו כל הכלים לעתיד לבא. דריש **אותם** (במדבר ז:א) מיעוטא, אותם במשיחה ולא מכאן ואילך והכי פי׳ דקרא **וימשחם ויקדש אותם** (שם שם) [דווקא אותם אבל לא] לכל האחרים דאם לא כן ליכתוב וימשחם ויקדשם אבל מ״מ בעי עבודה שיעבוד בכלי ובזה יתקדש והכי דריש ליה התם בשבועות (טו עמ׳ א) **אותם** במשיחה ולדורות בעבודה:

[פיסקא מה]

מטוקסים. לשון נופל על דבר שלם,717 ובערוך משמע שהם לשון כותלים:718

במנסקי.719 (פיסקאות) תרגום **בפתותי לחם** (יחזקאל יג:יט) מנוסק[ין] דלחם:

[**פיסקאות**]. תרגום **ותחת חגורה** (ישעיהו ג:כד) פסיקיא:

ולא קבל מהם משה. שמא היה סבור דחנוכת המשכן לא אתייא אלא משל ציבור:

[פיסקא מו]

ומחלקן כפי דעתו. לאו דווקא שהרי נאמר לו מפי הקדש **ונתתה אותם אל הלוים איש כפי עבודתו** (במדבר ז:ה):

---

705. ושמה מתו והביאו אותם לעזרה מפני קודשת המקום.
706. לפי רבינו הלל חכי היינו חנית שצדין דגים גדולים בה.
707. דאפשר להוציא משם טומאה ע״י חנית לכן אסר כדברי הרמב״ן ויקרא י:ד.
708. עין יומא נג עמ׳ א.
709. השוה מנחות נז עמ׳ ב.
710. חלקי ההין לנסכים.
711. רבי יאשיה.
712. רבי יונתן.
713. ואינו נשפך. וכל אלו הטעמים אינם לפי הסוגיות בבלי אבל סברא דכהנים בדומה לזה איכא בפירוש רש״י דף צ עמ׳ א.
714. הרי החכמים במשנה מנחות צ עמ׳ א דמדות היבש נתקדשו. אבל רבי יונתן לא סבר ככה.
715. עישרון וחצי עישרון למנחות.
716. בגמר עבודת האפייה בתנור דהוא משקרמו פניה.
717. כך משערים.
718. ערך מטכסא ״קיר וחומת העיר״.
719. בכה״י של הפירוש ״במגסקי״.

ואני אברכם, למה נאמר לפי שהוא אומר כה תברכו את בני ישראל אין לי אלא ברכה לישראל ברכה לגרים לנשים ולעבדים מנין ת״ל ואני אברכם ברכה לכהנים מנין ת״ל ואני אברכם: ואני אברכם, שלא יהיו ישראל אומרים ברכותינו תלויות בכהנים ת״ל ואני אברכם, שלא יהיו הכהנים אומרים אנו נברך את ישראל ת״ל ואני אברכם אני אברך את עמי ישראל וכן הוא אומר כי ה׳ אלהיך ברכך בכל מעשה ידיך (דברים ב ז) <כי ה׳ אלהיך ברכך> כאשר דבר לך (שם טו ו) ואומר ברוך תהיה מכל העמים (שם ז יד) ואומר יפתח ה׳ לך את אוצרו הטוב מן השמים (שם כח יב) ואומר במרעה טוב ארעה אותם (יחזקאל לד יד) ואומר אני ארעה צאני (שם כח טו) (סליק פיסקא) מן רישא ועד כאן צ״ח ברייתא

(מד) ויהי ביום כלות משה להקים את המשכן, מגיד הכתוב שכל שבעת ימי המילואים היה משה מעמיד את המשכן ובכל בוקר ובוקר מושחו ומפרקו ואותו היום העמידו משחו ולא פרקו רבי יוסי בר׳ יהודה אף בשמיני העמידו ופרקו שנאמר ויהי בחדש הראשון בשנה השנית באחד לחדש הוקם המשכן (שמות מ יז) נמצינו למדים שבעשרים ושלשה באדר התחילו אהרן ובניו המשכן וכל הכלים לימשח בראש חודש הוקם המשכן בשני נשרפה פרה בשלישי הזה ממנו תחת הזאה שנייה גילחו הלוים בו ביום שרת שכינה בבית שנאמר ולא יכול משה לבא אל אהל מועד וגו׳ (שם מ לד) בו ביום הקריבו נשיאים את קרבנם שנאמר ויהי המקריב ביום הראשון שאין ת״ל ראשון אלא ראשון לכל ימות השנה בו ביום ירדה אש מן השמים ואכלה את הקרבנות שנאמר ותצא אש מלפני ה׳ ותאכל על המזבח את העלה ואת השלמים (ויקרא ט כד) בו ביום הקריבו בני אהרן אש זרה שנאמר ויקחו בני אהרן נדב ואביהו וגו׳ (שם י א) וימותו לפני ה׳ מיתתם לפני ה׳ ונפילתן בחוץ כיצד יצאו היה רבי יוסי אומר המלאך מדדן מתים עד שיצאו ונפלו להן בעזרה שנאמר ויאמר אליהם קרבו שאו את אחיכם מאת פני הקדש (שם י ד) מאת פני ה׳ לא נאמר אלא מאת פני הקדש רבי ישמעאל אומר דבר למד מענינו שנאמר וימותו לפני ה׳ מיתתם לפנים ונפילתם לפנים כיצד יצאו גררום בחכי ברזל.

וימשח אותו ויקדש אותו ואת כל כליו, שומע אני ראשון שנמשח היה קדוש ת״ל וימשחם ויקדש אותם מגיד שלא קידש אחד מהם עד שנמשחו כולם וימשחם, משיחה מבפנים ומבחוץ ר׳ יאשיה אומ׳ מדות הלח נמשחו מבפנים ונמשחו מבחוץ ומדות היבש נמשחו מבפנים ולא נמשחו מבחוץ ר׳ יונתן אומ׳ מדות הלח נמשחו מבפנים ולא נמשחו מבחוץ ומדות היבש לא נמשחו לא מבפנים ולא מבחוץ תדע לך שאין מקדשות שנאמר ממושבותיכם תביאו לחם תנופה שתים שני עשרונים (ויקרא כג יז) הא אימתי הן לה׳ לאחר שנאפו. רבי אומר וימשחם ויקדש אותם למה נאמר והלא כבר נאמר וימשח אותו ויקדש אותו ומה ת״ל וימשחם ויקדש אותם מגיד שבמשיחתן של אלו הוקדשו כל הכלים לעתיד לבוא (סליק פיסקא)

(מה) ויקריבו נשיאי ישראל, שומע אני שהיו הדיוטות ונתמנו ת״ל ראשי בית אבותם ולא ראשי בית אבותם בלבד אלא אף נשיאי שבטים נשיאים בני נשיאים: הם נשיאי המטות, הן הן שהיו ממונים עליהם במצרים שנאמר ויכו שוטרי בני ישראל (שמות ה יד).

שש עגלות צב, אין צב אלא מטוקסין שלא היו מחוסרים כלום רבי אומ׳ אין צב אלא מחופים וכמנסקי פסקאות היו מחופים ואעפ״י שאין ראיה לדבר זכר לדבר והביאו את כל אחיכם מכל הגוים מנחה לה׳ בסוסים ברכב ובצבים ובפרדים ובכרכרות (ישעיה סו כ): שש עגלות צב, שומע אני עגלה על כל אחד ואחד ת״ל עגלה על שני הנשיאים שומע אני שור על שני הנשיאים ת״ל ושור לאחד. באו ועמדו

ר' נתן או' זו מלכות בית דוד. היינו שלום מלכות כדאמרי' (משנה אבות ג:ב) הוי מתפלל בשלומו של מלכות; נרא' דגר' לעיל ר' יונתן והכא ר' נתן אי נמי גר' "ד"א" קודם ר' חנינה דהא ר' איירי לעיל נמי ואיירי הכא:

ששינה מעשה שרה. דהיא אמרה **ואדוני זקן** (בראשית יח:יב) והקב"ה אמר שלא אמרה אלא **ואני זקנתי** (בראשית יח:יג) והיינו "ששינה קדש":

ששינה מלאך. היינו גבי יוסף דכתיב **ויצוו אל יוסף לאמר אביך צוה** (בראשית ו:טז) והיינו על ידי מלאך[702] ויעקב אבינו ע"ה לא צוה לעולם כי לא היה חשדו, עי"ל ששינה קדש היינו דיוסף, ושינה מלאך היינו דמנוח דכתיב **הנה נא את עקרה** (שופטים יג:ג) ואילו לבעלה לא אמ' המלאך שהיתה עקרה:[703]

ששם הקדש [נמחה על מים]. היינו גבי סוטה:

שלא נטעו הנביאים. שנביאים מזהירים את הבריות לחזור בתשובה כדי שיהיה להם שלום:

לרחוק שנעשה קרוב. על יד התשובה:

מקום המזבח בחמשים. ואע"ג דבקרא דחמישים כתיב **ויקן דוד את הגורן** (שמואל ב כד:כד) דכתיב באידך קרא **במקום** (דברי הימים א כא:כה) מכלל דגורן אינו אלא מקום המזבח בלבד אי נמי קרי גורן למקום הקרבנות דפתוח נמי לגורן:

אלפים בתי כל. בים שעשה שלמה משתעי:

כן הוא או' בושי צידון (ישעיהו כג:ד). כי אמים אק"ו דלעיל קא מהדר והלא דברים ק"ו ומה במקום שאין איבה ושנאה ובעל דבבן וכו' ומסיים השתא דכן מצינו שהים מתירא:

[פיסקא מג]

יפתח ה' לך (ירמיה כח:יב).ופי' לעיל **יברכך** (במדבר ו:כד) בנכסים:

[פיסקא מד]

אותו היום העמידו ומשחו ולא פרקו. ביום כלות (במדבר ז:א) דריש, ור' יוסי דריש **הוקם** (שמות מ:יז) דמשמע מעצמו, אם כן גם אותו היום העמידו ופרקו, וא"כ הוקם מעצמו ומשחו:

בשני נשרפה הפרה. משום דבאותו היום נאמרה פרשת "שלוח טמאים" והיו צריכים טמאי מתים טהרה לסוף שבעה גם בעבור הזיית לויים כדמפרש:

בשלישי הזה ממנו על הלויים. כמו כן היו צריכין למלאת ידם וכנגד שתי הזאות שהזה על אהרן ועל בגדיו אחת מדם איל השני ואחת משמן המשחה הוצרכו הלוים הזיית מי חטאת, ותגלחת במקום הזיית שני:

מדדן מתים. כמו (שבת פח עמ' ב) **מלאכי צבאות ידודון ידודון** (תהלים סח:יג) [אל תקרי ידודון אלא ידדון][704] וכמו האשה מדדה את בנה (משנה שבת יח:ב):

---

702. היינו שליח שנשתלח מן אחי יוסף ליוסף, ואולי סובר דע"י מלאך שלחו לו.

703. ושני הפירושים מובא בפירוש רבי אליעזר נחום על הספרי וז"ל: ובין כך ובין כך איך שיהיה פירוש של דבר קשה...ועוד לקרא כיון שה' ית' בכבודו ובעצמו שינה מפני השלום כדיליף משרה ותו למה לי למילף משליח יוסף או ממלאך מנוח עכ"ל.

704. מסייעין חלשים להתקרב מעט מעט.

גדול השלום שאפילו מתים צריכים שלום שנא' ואתה תבוא אל אבותיך בשלום (בראשית טו טו) ואומר בשלום תמות ובמשרפות אבותיך (ירמיה לד ה) גדול השלום שניתן לעושי תשובה שנא' בורא ניב שפתים שלום שלום לרחוק ולקרוב (ישעיה נז יט) גדול השלום שניתן בחלקם של צדיקים שנא' יבא שלום ינוחו על משכבותם (שם ב) גדול השלום שלא ניתן בחלקם של רשעים שנ' אין שלום אמר ה' לרשעים (שם כא) גדול השלום שניתן לאוהבי התורה שנא' שלום רב לאוהבי תורתיך (תהלים קיט קסה) גדול השלום שניתן ללומדי תורה שנא' וכל בניך למודי ה' ורב שלום בניך (ישעיה נד יג) גדול השלום שניתן לענוים שנא' וענוים ירשו ארץ והתענגו על רוב שלום (תהלים לז יא) גדול השלום שניתן לעושי צדקה שנ' והיה מעשה הצדקה שלום (ישעיה לב יז) גדול השלום ששמו של הקב"ה קרוי שלום שנא' ויקרא לו ה' שלום (שופטים ו כד) ר' חנניה סגן הכהנים אומר גדול השלום ששקול כנגד כל מעשה בראשית שנא'<יוצר אור ובורא חשך עושה שלום> (ישעיה מה ז) גדול השלום <שדרי> עליונים צריכים שלום שנא' המשל ופחד עמו עושה שלום במרומיו (איוב כה ב) והרי דברים קו ומה אם במקום שאין איבה ותחרות ושנאה ובעלי דבבא צריכים שלום קו למקום שיש בו כל המדות הללו כתוב אחד אומר עושה שלום במרומיו וכתוב אחד אומר היש מספר לגדודיו (שם ג) וכתוב אחד אומר אלף אלפין ישמשוניה ורבוא רבבן קדמוהי (דניאל ז י) כיצד יתקיימו הפסוקים הללו עד שלא גלו מארצם היש מספר לגדודיו משגלו מארצם אלף אלפין ישמשוניה כביכול נתמעטה פמליא של מעלה. רבי אומר משום אבא יוסי בן דוסתאי כתוב אחד אומר היש מספר לגדודיו וכתוב אחד אומר אלף אלפין ישמשוניה כיצד יתקיימו שני כתובים הללו אלף אלפין ישמשוניה זה גדוד אחד וכמה הן גדודיו היש מספר לגדודיו כתוב אחד אומר מונה מספר לכוכבים לכלם שמות (תהלים קמז ד) וכתוב אחד אומר שאו מרום עיניכם וראו מי ברא אלה המוציא במספר צבאם לכלם בשם יקרא (ישעיה מ כו) כשהקב"ה קורא הכל עונים מה שאי אפשר לו לבשר ודם לקרוא שתי שמות כאחת וכן הוא אומר וידבר אלהים את כל הדברים האלה לאמר (שמות כ יא) ואומר אחת דבר אלהים שתים זו שמעתי (תהלים סב יב) ואומר הלא כה דברי כאש

נאום ה' וכפטיש יפוצץ סלע (ירמיה כג כט). רבי אומר משום אבא יוסי בן דוסתאי כתוב אחד אומר המוציא במספר צבאם וכתוב אחד אומר מונה מספר לכוכבים כיצד יתקיימו שני כתובים הללו מגיד שאין שם שם שנוי לא השם שנקרא עכשיו נקרא הוא לאחר זמן וכן הוא אומר ויאמר אליו מלאך ה' למה זה תשאל לשמי והוא פליא (שופטים יג יח) איני יודע לאיזה שם אני מתחלף כתוב אחד אומ' ויקן דוד את חלקת הגורן בכסף שקלים חמשים (שמואל ב' כד כד) וכתוב אחד אומר ויתן דוד לארנן במקום שקלי זהב משקל שש מאות (ד"ה א' כא כה) כיצד יתקיימו שני מקראות הללו מקום הגורן בשש מאות ומקום המזבח בחמשים. רבי אומר משום אבא יוסף בן דוסתאי כתוב אחד אומר ויקן דוד את הגורן וכתוב אחד אומר ויתן דוד לארנן במקום שקלי זהב משקל שש מאות כיצד יתקיימו שני כתובים הללו הן שנים עשר שבטים היו ולקח מכל אחד ונטל חמשים שקל מכל שבט ושבט נמצא שש מאות שקלים מכל השבטים ר' אלעזר בן שמוע אומר ויקן דוד את הגרן ואת הבקר כמפורש בענין ומהו מפורש בענין ויתן דוד לארנון אבל הבקר לעולה והמורגים וכלי הבקר לעצים בחמשים שקלים. כתוב אחד אומר ויהי לשלמה ארבעים אלף אורוות סוסים (מלכים א' ה ו) וכתוב אחד אומר ארבעת אלפים אורוות סוסים (ד"ה ב' ט כה) כיצד יתקיימו שני כתובים הללו ארבעה אלפים סטבלאות של ארבעים אלף סוסים כתוב אחד אומר מחזיק בתים שלשת אלפים יכיל (שם ד ה) וכתוב אחד אומר אלפים בת יכיל (מלכים א' ז כו) כיצד יתקיימו שני כתובים הללו אלפים בלח שהן שלשת אלפים ביבש מיכן אמרו חכמים ארבעים סאה בלח שהם כוריים ביבש. וכן הוא אומר בושי צידון כי אמר ים מעוז הים לאמר לא חלתי ולא ילדתי ולא גדלתי בחורים רוממתי בתולות (ישעיה כג ד) אמר הים ומה אני שאיני מתירא שמא אוחיל ושמא אוליד בנים ובנות ושמא אקבור חתנים וכלות מה אמר כי האותי לא תיראו נאום ה' אם מפני לא תחילו אשר שמתי חול גבול לים חוק עולם לא יעברנהו (ירמיה ה כב) אמר הים ומה אני שאין בי אחת מן כל המדות הללו הריני עושה רצון קוני על אחת כמה וכמה בושי צידון (סליק פיסקא)

(מג) ושמו את שמי על בני ישראל ואני אברכם, למה נאמר לפי שהוא אומר כה תברכו את בני ישראל בשם המפורש אתה אומר בשם המפורש או אינו אלא בכינוי ת"ל ושמו את שמי במקדש בשם המפורש במדינה בכינוי.

ספרי פיסקא מא—מב נשא

לגרנרותך (שם א ט) ד״א ויחונך יחנך במתנת חנם וכן הוא אומר הנה כעיני עבדים אל יד אדוניהם וכעיני שפחה אל יד גבירתה כן עינינו אל ה׳ אלהינו עד שיחוננו (תהלים קכג ב) ואומר חננו ה׳ חננו כי רב שבענו בוז (שם ג) ואומר ה׳ חננו לך קוינו (ישעיה לג ב) (סליק פיסקא)

(מב) ישא ה׳ פניו אליך, בשעה שאתה עומד ומתפלל שנאמר ויאמר אליו הנה נשאתי פניך (בראשית יט כא) והרי דברים קו ומה אם ללוט נשאתי פנים בשביל אברהם אוהבי לך לא אשא פנים מפניך ומפני אבותיך <וזה הוא שאמר הכתוב ישא ה׳ פניו אליך> כתוב אחד אומר ישא ה׳ פניו אליך וכתוב אחד אומר אשר לא ישא פנים (דברים י יז) כיצד יתקיימו שני כתובים הללו כשישראל עושים רצונו של מקום ישא ה׳ פניו אליך וכשאין ישראל עושים רצונו של מקום אשר לא ישא פנים ד״א עד שלא נחתם גזר דין ישא ה׳ פניו אליך ומשנחתם גזר דין אשר לא ישא פנים כתוב אחד אומר שומע תפילה עדיך כל בשר יביאו (תהלים סה ג) וכתוב אחד אומר סכותה בענן לך מעבור תפלה (איכה ג מד) כיצד יתקיימו שני מקראות הללו עד שלא נחתם גזר דין שומע תפלה משנחתם גזר דין סכותה בענן לך. כתוב אחד אומר קרוב ה׳ לכל קוראיו לכל אשר יקראוהו באמת (תהלים קמה יח) וכתוב אחד אומר למה ה׳ תעמוד ברחוק (שם י א) כיצד יתקיימו שני כתובים הללו עד שלא נחתם גזר דין קרוב ה׳ לכל קוראיו משנחתם גזר דין למה ה׳ תעמוד ברחוק. כתוב אחד אומר מפי עליון לא תצא הרעות והטוב (איכה ג לח) וכתוב אחד אומר וישקוד ה׳ על הרעה (דניאל ט יד) כתוב אחד אומר כבסי מרעה לבך ירושלם למען תושעי (ירמיה ד יד) וכתוב א׳ אומר כי אם תכבסי בנתר ותרבי לך בורית נכתם עונך לפני (שם ב כב׳ כתוב אחד אומר שובו בנים שובבים (שם ג כב) וכתיב אחד אומר אם ישוב ולא ישוב (שם ח ד) כיצד יתקיימו שני מקראות הללו עד שלא נחתם גזר דין שובו בנים שובבים משנתחתם גזר דין אם ישוב ולא ישוב. כתוב אחד אומר דרשו ה׳ בהמצאו (ישעיה נה ו) וכתוב אחד אומר חי אני אם אדרש לכם (יחזקאל כ ב) כיצד יתקיימו שני כתובים הללו עד שלא נחתם גזר דין דרשו ה׳ בהמצאו משנחתם גזר דין חי אני אם אדרש לכם. כתוב אחד אומר כי לא אחפ׳ץ במות המת (שם יח לב) וכתוב אחד אומר כי חפץ ה׳ להמיתם (שמואל א׳ ב כה) כתוב אחד אומר ישא ה׳ פניו אליך וכתיב אחד אומר אשר

לא ישא פנים כיצד יתקיימו שני מקראית הללו ישא ה׳ פניו אליך בעוה״ז אשר לא ישא פנים לעולם הבא ד״א ישא ה׳ פניו יעביר כעסו ממך.

וישם לך שלום, בכניסתך שלום וביציאתך שלום שלום עם כל אדם ר׳ חנניה סגן הכהנים אומר וישם לך שלום בביתך ר׳ נתן אומר זה שלום מלכות בית דוד שנ׳ למרבה המשרה ולשלום אין קץ (ישעיה ט ו) ד״א זה שלום תורה שנאמר ה׳ עוז לעמו יתן ה׳ יברך את עמו בשלום (תהלים כט יא) גדול השלום ששינה מעשה שרה שנאמר ואני זקנתי (בראשית יח יג) גדול השלום ששינה קדוש מפני שלום גדול השלום ששינה מלאך מפני שלום גדול השלום ששם שנכתב בקדושה נמחה על המים מפני שלום בשביל להטיל שלום בין איש לאשתו ר׳ אלעזר אומר גדול השלום שלא נטעו הנביאים בפי כל הבריות אלא שלום ר׳ שמעון בן חלפתא אומר גדול השלום שאין כלי מקבל ברכה אלא שלום שנאמר ה׳ עוז לעמו יתן ה׳ יברך את עמו בשלום (תהלים שם) ר׳ אלעזר הקפר אומר גדול השלום שאין חותם כל הברכות אלא שלום שנאמר יברכך ה׳ וישמרך יאר ה׳ פניו אליך ויחונך ישא ה׳ פניו אליך וישם לך שלום ר׳ אלעזר בנו של ר׳ אלעזר הקפר אומר גדול השלום שאפילו ישראל עובדין עבודה זרה ושלום ביניהם כביכול אמר המקום אין השטן נוגע בהם שנאמר חבור עצבים אפרים הנח לו (הושע ד יז) אבל משנחלקו מה נאמר בהם חלק לבם עתה יאשמו (שם) הא גדול השלום ושנואה מחלוקת גדול השלום שאפילו בשעת מלחמה צריכים שלום שנאמר כי תקרב אל עיר להלחם עליה וקראת אליה לשלום (דברים כ י) ואשלח מלאכים ממדבר קדמות אל סיחון מלך חשבון דברי שלום ואמת (שם ב כו) וישלח יפתח מלאכים אל מלך בני עמון לאמור מה לי ולך כי באת אלי להלחם בארצי ויאמר מלך בני עמון אל מלאכי יפתח וגו׳ מהו אומר ועתה השיבה אתהן בשלום (שופטים יא יב)

שלא ישלוט וכו'. דכשהקב"ה שומר ישראל היינו כתיב בהו **והיית רק למעלה** (דברים כח:יג):
ישמור לך ברית אבותיך. היינו בגלות:
את הקץ. כשיגיע הקץ מיד יגאלנו בין לא יזכו בין יזכו:
בשעת מיתה. כדאמרינן בברכות דכמה מיני מיתה איכא:[693]
וישמור נפשך. מן הקשים; מיהו ממאי דמייתי מקרא משמע דהכי פי' ישמור נפשך בשעת מיתה שתהיה מופקדת אצלו וצרורה בצרור החיים:
חשך. היינו גיהנם:
לעולם הבא שנא' וקויי (ישעיהו מ:לא). מסמיכות ה' לוישמרך (במדבר ו:כד) יליף דבקרא דמייתי ליכא שמירה:

[פיסקא מא]
[**יתן לך] מאור פנים.**[694] הידור פנים, שישאו לו הבריות פנים ויהדרוהו:
מאור שכינה. קירון פנים מזיו שכינה:
מאור תורה. שיזכה לתורה ויהיו הוראותיו ושמועותיו מאירות לחשוכות:[695]
[ויחונך] בדעת. משום הכי מברכין חונן הדעת:
[ב]מתנת חנם. אפי' לא יזכה:

[פיסקא מב]
הנה נשאתי (בראשית יט:כא). בתפילת[ו] (אברהם)[696] שהיה מתפלל על הסדומיים:
משנחתם דינם. בראש השנה (יז עמ' ב) מוקי לה ביחיד דווקא אבל של ציבור אפילו נחתם:[697]
מפי עליון לא תצא הרעות (איכה ג:לח). דווקא אלא לפי מעשיו של אדם:
וישקוד ה' על הרעה [ויביאה עלינו כי צדיק ה' אלו' על כל מעשיו] (דניאל ט:יד). **ויביאה** (שם) דריש, דאילו **וישקוד** מדריש (גיטין פח עמ' א) בהדי **כי צדיק ה'** — צדקה עשה הקב"ה עמנו [שהקדים] החרבן שתי שנים **לונושנתם** (דברים ד:כה):[698]
בעולם הזה. היינו שמאריך אפו ואינו גובה מיד אלא ממתין שיעשה תשובה:
יעביר כעסו. דורש פניו (במדבר ו:כה) פנים של זעם:
רבי חנניה סגן הכהנים וכו'. סבירא ליה דגדול שלום בית מ[שלום] עם כל אדם[699] מפני שהוא תדיר יומם ולילה ואינו בכלל עם כל אדם;[700] ורבי נתן[701] סבר דעם כל אדם אנשי ביתו בכלל:

---

693. בבלי ברכות ח עמ' א מונים תשע מאות ושלשה מיני מיתה.
694. ולא גרס מאור עינים והגירסה מובא במהדורת ספרי של חיים שאול הארוויטץ.
695. כן גירסת ברית אברהם ובכה"י "לא חשובות" ואולי היינו הך בלשון נקיה.
696. תמוה דהרי תפילת לוט היתה ואולי יש להגיה כמו כן.
697. תשובה מועלת.
698. בגמטריא ונושנתם = תתנ"ב. והחורבן היה תת"ן= 40 (במדבר) -[480 (מיציאת מצרים עד בנין בה"מ)+410 (מבנין בה"מ עד החורבן)] ועיין סנהדרין לח— שלא יתקיים ונושנתם וממילא לא יתקיים **אבד תאבדון**.
699. שהוא דעת הת"ק.
700. שהוא יותר ביום ולא בלילה.
701. נראה דרבינו גורס בדברי הת"ק שהם דברי רבי נתן.

להלן ראש חודש וקרבן צבור וכהן גדול אף כאן ראש חודש וקרבן צבור וכהן גדול ת״ל כי בו בחר ה׳ אלהיך מכל שבטיך וגו׳ (דברים יח ה) מקיש בניו לו מה הוא בנשיאות כפים אף בניו בנשיאות כפים.

כה תברכו את בני ישראל, בשם המפורש אתה אומר בשם המפורש או אינו אלא בכינוי ת״ל ושמו את שמי על בני ישראל במקדש בשם המפורש ובמדינה בכינוי דברי ר׳ יאשיה ר׳ יונתן אומר הרי הוא אומר בכל המקום אשר אזכיר את שמי (שמות כ כ) זה מקרא מסורס בכל מקום שאני נגלה עליך שם תהא מזכיר את שמי והיכן אני נגלה עליך בבית הבחירה אף אתה לא תהא מזכיר את שמי אלא בבית הבחירה מיכן אמרו שם המפורש אסור לאומרו בגבולים.

כה תברכו את בני ישראל, אין לי אלא ברכה לישראל ברכה לגרים לנשים ולעבדים מנין ת״ל ואני אברכם ברכה לכהנים מנין ת״ל ואני אברכם.

כה תברכו את בני ישראל, פנים כנגד פנים אתה אומר פנים כנגד פנים או מול כנגד פנים ת״ל אמור להם פנים כנגד פנים.

כה תברכו את בני ישראל, שיהא כל הקהל שומע או בינן לבין עצמן ת״ל אמור להם שיהא כל הקהל כולו שומע ומנין שחזן צריך לומר להם אמורו ת״ל אמור להם (סליק פיסקא)

(מ) יברכך ה׳, בברכה המפורשת בתורה וכן הוא אומר ברוך אתה בעיר וברוך אתה בשדה וגו׳ ברוך טנאך ומשארתך ברוך אתה בבואך וברוך אתה בצאתך

ובאו עליך כל הברכות האלה והשיגוך אימתי כי תשמע בקול ה׳ אלהיך (דברים כח ג): יברכך ה׳, בנכסים וישמרך בנכסים ר׳ נתן אומר יברכך בנכסים וישמרך בגוף ר׳ יצחק אומר וישמרך מיצר הרע וכן הוא אומר כי ה׳ יהיה בכסלך ושמר רגליך מלכד (משלי ג כו) דבר אחר וישמרך שלא ישלטו אחרים עליך וכן הוא אומר יומם השמש לא יככה וירח בלילה ואומר הנה לא ינום ולא יישן שומר ישראל ואומר ה׳ שומרך ה׳ צילך על יד ימינך ואומר ה׳ ישמרך מכל רע ואומר ה׳ ישמור צאתך ובואך (תהלים קכא) ד״א וישמרך מן המזיקים וכן הוא אומר כי מלאכיו יצוה לך לשמרך בכל דרכיך (שם צא יא) ד״א וישמרך ישמור לך ברית אבותיך וכן הוא אומר ושמר ה׳ אלהיך לך את הברית ואת החסד אשר נשבע לאבותיך (דברים ל יב) ד״א וישמרך ישמר לך את הקץ וכן הוא אומר משא דומה אלי קורא משעיר שומר מה מלילה שומר מה מליל אמר שומר אתא בוקר וגם לילה (ישעיה כא יא) ד״א וישמרך ישמר את נפשך בשעת המיתה וכן הוא אומר והיתה נפש אדוני צרורה בצרור החיים (שמואל א׳ כה כט) שומע אני בין הצדיקים בין הרשעים ת״ל ואת נפש אויביך יקלענה בתוך כף הקלע (שם) ד״א וישמרך ישמור רגלך מגיהנם וכן הוא אומר רגלי חסידיו ישמור ורשעים בחשך ידמו (שם ב ט) דבר אחר וישמרך ישמרך בעולם הבא וכן הוא אומר וקווי ה׳ יחליפו כח יעלו אבר כנשרים (ישעיה מ לא) (סליק פיסקא)

(מא) יאר ה׳ פניו אליך, יתן לך מאור פנים ר׳ נתן אומר זה מאור השכינה שנא׳ קומי אורי כי בא אורך וגו׳ כי הנה החושך יכסה ארץ וערפל לאומים (ישעיה ס א–ב) אלהים יחננו ויברכנו יאר פניו אתנו סלה (תהלים סז ב) ואומר אל ה׳ ויאר לנו (שם קיח כז) ד״א יאר זה מאור תורה שנאמר כי נר מצוה ותורה אור (משלי ו כג).

ויחונך, יחונך במשאלותיך וכן הוא אומר וחנותי את אשר אחון ורחמתי את אשר ארחם (שמות לג יט) ד״א יתן חנך בעיני הבריות וכן הוא אומר ויהי ה׳ את יוסף ויט אליו חסד ויתן חנו בעיני שר בית הסוהר (בראשית לט כא) ואומר ותהי אסתר נושאת חן בעיני כל רואיה (אסתר ב טו) ואומר ויתן האלהים את דניאל לחן ולחסד ולרחמים (דניאל א ט) ואומר ומצא חן ושכל טוב בעיני אלהים ואדם (משלי ג ד) ד״א ויחונך בדעת ובבינה ובהשכל ובמוסר ובחכמה ד״א ויחונך יחנך בתלמוד תורה וכן הוא אומר תתן לראשך לוית חן (משלי ד ט) ואומר כי לוית חן הם לראשך וענקים

שם) ר״ל ״אני״ נגלה עליך ור״ל ״תזכיר אתה״ את שמי המיוחד[682] והאי מסורס ר״ל מחותך וחסר ואינו ר״ל מהופך כמו סרס את המקרא ודרש בו (בבא בתרא קיט עמ׳ ב):

אסור לאמרו בגבולין. מכאן שאסור להזכיר את השבעות שמשביעין לפעולות אלו לשאילת חלום אם יש בהן שם של ארבע אותיות או דומה לו:

ברכה לכהנים מנין. היינו כר׳ ישמעאל במסכת חולין (מט עמ׳ א) אבל ר׳ עקיבא דריש **ואני אברכם** (במדבר ו:כז) לישראל ויליף[683] ברכה לכהנים מדכתיב **ואברכה מברכיך** (בראשית יב:ג):

פנים כנגד פנים. יליף מלהם (במדבר ו:כג):

שחזן[684] צריך שיאמר להם ״אמורו״. כלו׳ שיאמר להם תיבה אחר תיבה;[685] וי״מ[686] שאינו אלא כדי שלא יטעו ומפ׳ דהא דהכא ר״ל שיקרא אותם ויאמר ״כהנים״[687] ושבוש הוא בידם[688] דהכא דרשא גמורא היא[689] ולשון ברייתא,[690] וההיא דקריאת ״כהנים״ אמרה[691] אביי בסוטה (לח עמ׳ א) בלשון אמורא, אמר אביי לשנים קורא כהנים לאחד אינו קורא, ומיהו אפשר לומ׳ דאביי לא אתא אלא לאשמועי׳ דלאחד אינו קורא:[692]

[פיסקא מ]

[יברכך (במדבר ו:כד) **בנכסים וישמרך** (שם שם) **בנכסים] ר׳ נתן אומ׳ [יברכך בנכסים וישמרך בגוף] וכו׳.** נראה דבהא פליגי דרבי נתן סבר אם נותן לו נכסים ואינו שומרם אין זו ברכה, ות״ק סבר דברכה היא קרויה בכל ענין, ורבי יצחק יליף **שמירה** משמירה **ושמר רגלך** (משלי ג:כג) שלא תלכד ברשותו של יצר הרע:

---

682. ר״ל שני דברים האל״ף מחותך ומורה על ״אני״ (שהרי כתוב ״אבא אליך״) וגם אל״ף במקום ה״א מורה כלשון צווי ״תזכיר אתה״. ואיני יודע למה אמר שני פירושים למלה אחת ולא רק פירוש השני והסירוס בהיפוך דברים כמו משמעות פשט הספרי וכמו שאר לשונות של סירוס מקרא.

683. מאמר דרב נחמן בר יצחק. ועוד עיין סוטה לח עמ׳ ב מאמר בשם רבי יהושע בן לוי.

684. לפי דעת הרא״ש הוא השמש ולפי רבינו הוא הש״ץ.

685. כתב הב״י א״ח קכא בשם הסמ״ק: שהרי מה שש״ץ מקרא להם מאמור להם נפקא. וכן בפירוש דברי סמ״ג עשין כ׳.

686. עין דברי הפרישה א״ח קכח: ולפי דעת הר״ן שכתבו דלא נזכר בגמרא ענין הקראה לפניהם מלה במלה אין ראיה מספרי זה שהם מפרשים (ר״ל אמור להם שבספרי) ״לקרות להם כהנים״.

687. היא דעת הרא״ש מגילה פרק ג סי׳ כא וכן פירש רבינו הלל.

688. ועין רברי הט״ז בש״ע קכח סק״ג שהסיק ששני הדרשות אמת גם קריית כהנים קודם הברכה גם שיקרא כל תיבה בפני עצמו.

689. כלומר דין דאוריתא. ראיתי שהפר״ח כתב ״לדעת הרמב״ם דאסמכתא היא ומדרבנן שלא יטעו״ והפשתי ולא מצאתי בדברי הרבמ״ם.

690. בריתא הספרי שדברי תנאים היא.

691. ולא דרשה גמורה.

692. ורק הדיוק דאם יש כהן אחד אין לקרא ״כהנים״ הוא החידוש של אביי ולא הדרשה מ״להם״ שיזמין לכהנים לברך דאפשר לומר שידע כבר דרשת הספרי במובן שיאמר ״כהנים״ ובא לפרשו ובתרגום כד יימרון דהיינו קריאת כהנים ועיין דברי בעל התורה תמימה.

עניה ואמירה. ר״ל ׳או׳;[664] נפקא בסוטה (לג עמ׳ א) מדכתיב **וענו הלוים ואמרו וגו׳** (דברים כז:יד) [מה להלן בלה״ק אף כאן] וילפי׳ [לויים גופייהו[665] דאתיא] קול קול ממשה דכתיב **ואלהים יעננו בקול** (שמות יט:יט);[666] ובסוטה (לג עמ׳ ב) איכא [מ״ד][667] דנפקא מכה דכל מקום ״כה או ככה״ אינו אלא עיכובא:[668]

[מה] **שירות בעמידה.** דכתיב **ושרת בשם ה׳ אלהיו ככל אחיו הלוים העומדים שם** (דברים יח:ז):

ר׳ יונתן אומ׳ (אינו צריך הרי הוא אומר)[669] **מה**[670] **להלן ראש חדש [...וכהן גדול].**[671] בסוטה (לח עמ׳ א) (ד)ליתיה [כמו הכא][672] אלא הכי איתיה התם ר׳ יונתן[673] אומ׳ אינו צריך הרי הוא אומ׳ **כי בו בחר [..לעמוד לשרת בשם ה׳ הוא ובניו כל הימים]**[674] (דברים יח:ה) והאי [ד]אמר ״להלן ראש חדש וכו׳״ בלשון קושיא איתיה[675] התם[676] ובלשון אמירה[677] [הכא]; ומיהו יש לישבו[678] בלשון הבריתא ״אי מה להלן וכו׳״:

[ר״ח וקרבן צבור]. במילאוים כתיב **וישא אהרן** (ויקרא ט:כב) והיה ראש חדש ניסן וקרבנות ציבור דכתי׳ **קחו שעיר עזים לחטאת וגו׳** (ויקרא ט:ג):[679]

שמי. משמע במיוחד לי:

ובגבולין בכינוי. סמך אהקישא **דלעמוד לשרת [בשם ה׳ הוא ובניו כל הימים]** (דברים יח:ה) במקום שירות בעי שמי המיוחד:

[ר׳ יאשיה[680] **אומר הרי].** ר׳ יאשיה דריש ליה **מבכל המקום וגו׳** (שמות כ:כד) וחשיב מקרא מסורס דהזכרה[681] כתיב ביה ומשמע שהשם ית׳ מזכיר שמו ואינו כן אלא האל״ף **דאזכיר** (שם

---

664. או זה או זה ורק א׳ מיניהו בעי ולא כל ב׳.
665. דאמירת לויים היתה בלה״ק.
666. דהתורה ניתנה בלה״ק.
667. רבי יהודה.
668. ודווקא בלשון הקודש דהא משמעותא ״בלשון הזה״ וכן לשון אמירה ועניה.
669. נראה שמילים אלו טעות סופר ונפלו בכה״י ממה שאמר אחרי כן בגירסת התלמוד.
670. ולא גרס אי מה.
671. רק באלו התנאים ולפי גירסתו של רבינו ר״י עשה הקש ל״ובו בחר״.
672. שתי לשונות שונות.
673. לפנינו בסוטה ״רבי נתן״ ולא ״רבי יונתן״.
674. ולא ידע שגם הוא נוסח ספרי.
675. ולא לימוד להקש.
676. אי מה להלן ופירכא. וגם הוא נוסח הספרי כמו דברי התוספות סוטה לח עמ׳ א וכן תקן בעל זרע אברהם בנוסחו וכן דעת רבינו בסוף דבריו.
677. בנחותא.
678. לישב לשון הספרי כברייתא בתלמוד שהוא הגירסה הנכונה ולכן יש ליגרוס כמוהו בספרי.
679. אבל לא לדורות ואין לעשות הקש ממנו.
680. כן הוא גירסת הברייתא בבלי לח עמ׳ א ומקומות אחרים וגם שיטתו להשלים מקראות וכן נראה לגרוס אע״פ שאין כתבי היד בידינו גורסים אלא ר׳ יונתן.
681. פירש בדוחק ותמוה.

יד:י)]! ומשני ״זה לפני ביאת מים״ היינו מצורע דכתיב ביה אחר גילוח **ורחץ במים** (ויקרא יד:ח) אבל נזיר טמא אינו כתיב בו רחיצה אחר גילוח;[645] ובספרי[ם] היה כתוב בהפך[646] גבי נזיר טמא לאחר זריקת דמים[647] וגבי טהור היה כתוב זה לפני ביאת מים[648] ונזיר לאחר ביאת מים[649] ושבוש הוא:[650]

אמרו לו נתקן הדבר וכו׳. ל״ג ליה ושיבוש הוא ובנזיר פר׳ שני נזירים (נזיר ס עמ׳ ב) ליתיה[651] ואי אפשר לומר דעולה בטמא[652] דכבר אמר דזה לפני ביאת מים וזה לאחר ביאת מים ואי גרסינן ליה הוא ד״א והוא כמו לשון אחר[653] למעלה במקום ״אמרו לו אף אנו אומרים [לא עולה לו בטהור עולה לו בטמא״ אמר] ״לא עולה בימי גמרו וכו׳״:[654]

[פיסקא לט]

פרשת ברכת כהנים

לפי שכל מעשה הפרשה באהרון [...הביא בניו לכלל דבור] . פיר׳, במלואים מעשה האמור בפרשה באהרן דווקא[655] דכתיב **וישא אהרן את ידיו אל העם ויברכם** (ויקרא ט:כב) וסד״א דווקא אהרן אבל בניו לא, להכי הביא בניו לכלל דיבור דכתיב **דבר אל אהרן ואל בניו לאמור** (במדבר ו:כג) לומר שנוהגת בכל כהן; אי נמי הכי פי׳ לפי שמצוה זו נוהגת באהרן[656] ולא בישראל להכי אמר[657] **דבר אל אהרן ואל בניו** (במדבר ו:כג) אבל שאר מצות שנוהגות בישראל אע״פ שנוהגות בכהנים כמו כן לא אמר ״לאהרן״[658] אלא ״דבר אל בני ישראל״ והכל בכלל:

דבר ״בישראל״ מעשה בישראל.[659] פי׳ ולא בגרים כגון גבי חליצה:[660]

דבר ״[ל]ישראל״[661] **מעשה בכל אדם.**[662] ואפי׳ גרים[663] היינו דאיכא ריבוי:

---

645. ואם כן הגילוח האחד אינו עולה לשני ובעי שני מעשי גילוח.
646. החליפו הסופרים ביאת מים וזריקת דמים בטעות וצריך לגרוס להפך.
647. ובקרא בהדיא דהקרבן בשמיני והטבילה בשביעי.
648. וקשה דאם טהור למה צריך ביאת מים?
649. ואינו כתוב בשום מקום.
650. וכן דברי התוספות נזיר ס עמ׳ ב.
651. עין דברי הר״ן נזיר ס עמ׳ ב.
652. בטמא ומצורע. וכמו גירסת כל כה״י של הספרי אבל לא הדפוס.
653. כן בברית אברהם.
654. ודברי שאלה הם ולא מסקנות.
655. כן בכה״י.
656. מעשה הפרשה באהרון ר״ל ״מעשה בכהנים״ כשהציווי לאהרון.
657. אמר אהרן ורק בני אהרון לכלל דבור.
658. היינו קיצור של ״דבר אל אהרן״.
659. כלומר יש דבור לישראל והמעשה אינו נוהג לאחרים חוץ מישראל.
660. דברים כה:י ״בישראל״.
661. בכל עדי הפירוש נמצא בישראל אבל מתוך דבריו רואים שהכוונה ל״אל בני ישראל״. ויש גירסת ספרי כמוהו ונראה שככה גרס.
662. כלומר יש דבור לישראל והמעשה נוהג גם לאחרים.
663. גוי השומר מצות.

שהוא אומר כי את חזה התנופה ואת שוק התרומה לקחתי (ויקרא ז לד) אף שלמי נזיר במשמע הרי הכתוב מוציאם מכללם <שיטענו> הפרשת זרוע אין לי אלא הפרשת הזרוע הפרשת חזה ושוק מנין ודין הוא ומה אם שלמי יחיד שאין טעונין הפרשת הזרוע טעונין הפרשת חזה ושוק שלמי נזיר שטעונים הפרשת הזרוע אינו דין שיטענו הפרשת חזה ושוק אם זכיתי מן הדין מה ת״ל קודש הוא לכהן על חזה התנופה אלא כל דבר שהיה בכלל ויצא לידון בדבר החדש אי אתה יכול להחזירו לכללו עד שיחזירנו הכתוב לכללו דברי ר׳ אליעזר (סליק פיסקא)

(לח) זאת תורת, אין לי אלא לשעה לדורות מנין ת״ל זאת תורת דברי רבי יאשיה ר׳ יונתן אומר כחותם הדברים.

קרבנו לה׳ על נזרו, ולא נזרו על קרבנו: קרבנו לה׳ על נזרו, ולא קרבן אחרים על נזרו.

מלבד אשר תשיג ידו, מנין אתה אומר שאם אמר הריני נזיר על מנת לגלח על מאה עולות ועל מאה שלמים קורא אני עליו כפי נדרו אשר ידור ת״ל כן יעשה על תורת נזרו או אפילו אמר הריני נזיר על מנת לגלח על מאה חטאות ועל מאה אשמות קורא אני עליו כפי נדרו אשר ידור ת״ל מלבד אשר תשיג ידו לא אמרתי אלא קדשים הבאים בנדר ובנדבה או אפילו אמר הריני נזיר על מנת שאהיה שותה יין ומטמא למתים קורא אני עליו כפי נדרו אשר ידור ת״ל כן יעשה על תורת נזרו או אפילו אמר הרי עלי חמש נזיריות על מנת שאגלח תגלחת אחת ותעלה לכולם קורא אני עליו כפי נדרו ת״ל כן יעשה על תורת נזרו. שאלו ר׳ אלעזר בן שמוע ור׳ יוחנן הסנדלר את ר׳ שמעון בן יוחי הרי שהיה נזיר ומצורע מהו שיגלח תגלחת אחת ותעלה לו לנזירותו ולצרעתו אמר להם וכי היאך אפשר אלו זה מגלח לגדל שער וזה מגלח לגדל שער יפה אתם אומרים אלא שהמצורע מגלח לגדל שער ונזיר מגלח להעביר שער היאך אפשר לו לגלח תגלחת אחת ותעלה לו לנזירותו ולצרעתו <אמרו לו אף אנו אומרים לא עולה לו בימי גמרו עולה לו בימי ספרו אמר להם וכי היאך אפשר אלו זה מגלח לפני זריקת דמים וזה מגלח לפני זריקת דמים יפה אתם אומרים אלא שמצורע מגלח לפני זריקת דמים ונזיר מגלח לאחר זריקת דמים היאך אפשר לו ליגלח הגלחת אחת ותעלה לו לנזירותו ולצרעתו> אמרו לו אף אנו אומרים לא עולה לו בטהור עולה לו בטמא אמר להם וכי היאך אפשר אלו זה מגלח לפני ביאת מים וזה מגלח לפני ביאת מים יפה אתם אומרים אלא שמצורע מגלח לפני ביאת מים ונזיר מגלח לאחר ביאת מים היאך אפשר שיגלח תגלחת אחת ותעלה לו לנזירותו ולצרעתו אמרו לו הקן הדבר לא עולה בימי גמרו עולה בימי ספרו לא עולה בטהור לא עולה בטמא (סליק פיסקא)

(לט) וידבר ה׳ אל משה לאמר, דבר אל אהרן ואל בניו לאמר כה תברכו לפי שכל מעשה הפרשה באהרן ובניו הביא את אהרן והביא את בניו לכלל דיבור שזה כלל שכל זמן שדיבר לכהנים מעשה בבדנים דיבר לישראל כולו מעשה בישראל דיבר לישראל ומעשה בכל אדם צריך להביא מן הגרים.

כה תברכו את בני ישראל, בלשון הקודש שכל מקום שנאמר עניה ואמירה כה ככה בלשון הקודש.

כה תברכו את בני ישראל, בעמידה אתה אומר בעמידה או אינו אלא בעמידה ושלא בעמידה ת״ל ואלה יעמדו לברך את העם (דברים כז מב) נאמר כאן ברכה ונאמר להלן ברכה מה ברכה האמורה להלן בעמידה אף ברכה האמורה כאן בעמידה ר׳ נתן אומר אינו צריך שכבר נאמר ונגשו הכהנים בני לוי כי בם בחר ה׳ לשרתו ולברך בשם ה׳ (דברים כא ה) מקיש ברכה לשירות מה שירות בעמידה אף ברכה בעמידה.

כה תברכו את בני ישראל, בנשיאות כפים אתה אומר בנשיאות כפים או אינו אלא בנשיאות כפים ושלא בנשיאות כפים ת״ל וישא אהרן את ידיו אל העם ויברכם (ויקרא ט כב) מה אהרן בנשיאות כפים אף בניו בנשיאות כפים ר׳ יונתן אומר אי מה

ה״ג מנין אתה אומ׳ שאם אמר הריני נזיר על מנת לגלח על מאה עולות ועל מאה שלמים קורא אני עליו ״כפי נדרו אשר ידור״ (במדבר ו:כא) **ת״ל כפי נדרו אשר ידור כן יעשה** (שם שם):

או אפי׳ אמ׳ וכו׳...ת״ל כן יעשה מלבד אשר תשיג (במדבר ו:כא). דהיינו דבר שבא בהשגת יד כדתנן בערכין (ד:א) השיג יד בנודר;[635] אבל חטאות ואשמות[636] אינו יכול לרבות:

(**ואם**)[**ואפי׳**] **אמר על מנת לשתות יין.** ממעטי׳ **מעל תורת נזרו** (במדבר ו:כא) שחייב לעשות כתורת הנזירות:

הרי שהיה נזיר ומצורע. כגון שנצטרע בתוך נזירותו ונתרפא ביום מלאת וטעון תגלחת דכתיב **וכבס המטהר את בגדיו וגילח את כל שערו** (ויקרא יד:ח):

ה״ג אלא שהמצורע לגדל שער ונזיר להעברת שער. והכי איתא פ׳ שני נזירים (נזיר ס עמ׳ ב) מצורע לגדל דהא[637] בעי תגלחת שניה לסוף שבעה[638] דכתי׳ (ו)**ביום השביעי יגלח את כל שערו** (ויקרא יד:ט):

עולה לו בימי ספורו. כלו׳ אם אירע תשלום נזירותו ביום תגלחת ראשונה פשיטא דאותה לא עלתה לנזירות כדקאמרת וגם צריך לעמוד שלשים כדי גידול שער ותגלחת שניה יכול לעכבה כמה שירצה ובסוף שלשים לתגלחת ראשונה כשיבא לגלח לנזירות ולתגלחת שניה דהא תרוויהו להעביר:

שהמצורע מגולח לפני זריקת דמים. דכתיב (ו)**ביום השביעי יגלח את כל שערו וגו׳** (ויקרא יד:ט) **ורחץ** [**את בשרו**] **במים וגו׳** (שם שם) **וביום השמיני** (**יביא קרבנו**) [**יקח שני כבשים וכו׳**] (שם י) אבל נזיר טהור אינו מגלח אלא עד שיזרק עליו דם קרבנותיו דכתי׳ **וגלח הנזיר פתח אהל מועד** (במדבר ו:יח) על דבר שנאמ׳ בו **ושחטו פתח אהל מועד** (ויקרא ג:ב) ונזיר טהור אינו טעון טבילה דטהור ועומד הוא למה יטבול הלכך לא שייך ביה זה:

לפני ביאת מים וכו׳. אלא דווקא בנזיר טמא שמגלח בשביעי ביום טהרתו:

לא עולה בטהור עולה בטמא. כלו׳ אם היה נזיר טמא:

ומצורע יגלח. [ובנזיר (נזיר ס עמ׳ ב) על מה ששאלו התלמדים נזיר טמא[639] ומצורע[640] מהו שיגלח][641] תגלחת אחת ותעלה לו לכאן ולכאן [פי׳] לתגלחת נזירות טומאה ולתגלחת צרעת [פי׳ ששניהם לגדל][642] דהא נזיר טמא [מגלח] לפני זריקת דמים דכתי׳ ביה [**וגלח ראשו...**] **ביום השביעי יגלחנו** (במדבר ו:ט) [**וביום השמיני יבא**[643] (שם ו:י) וכן מצורע מגלח לפני זריקת דמים דכתיב ביה **וגלח את כל שערו** (ויקרא יד:ח) וכתיב בתריה **וביום השמיני יקח**[644] (ויקרא

---

635. לפי השגת יד של הנודר.
636. דאינו באים בנדר ונדבה.
637. בברית אברהם ״דקא״.
638. אבל הנזיר מותר לגלח כל יום אם ירצה.
639. שיש לו עוד גילוח בסוף נזירתו.
640. מצורע מטהר שיש לו עוד גילוח.
641. חסר בכל נוסחי הפירוש ונראה להגיה כן.
642. שלשניהם תהיה עוד תגלחת.
643. וזריקה לשון קרבן שהיא עיקר הכפרה.
644. דהזריקה עבודה היא.

ספרי פיסקא לב–לה נשא

(ויקרא כב טז) וכי אחרים משיאים אותם והלא הם משיאים את עצמם כיוצא בו אתה אומר ויקבור אותו בגיא (דברים לד ו) וכי אחרים קברו אותו והלא הוא קבר את עצמו אף כאן אתה אומר יביא אותו הוא יביא את עצמו ואין אחרים מביאים אותו (סליק פיסקא)

(לג) והקריב את קרבנו לה׳ כבש בן שנתו תמים, להוציא את בעל מום: וכבשה אחת בת שנתה תמימה, להוציא את בעלת מום: ואיל אחד תמים לשלמים, לימד בנזיר שיטען בשלש בהמות (סליק פיסקא)

(לד) וסל מצות, כלל סולת חלות בלולות בשמן ורקיקי מצות פרט כלל ופרט אין בכלל אלא מה שבפרט שהיה בדין הואיל ותודה טעונה לחם ואיל נזיר טעון לחם אם למדתי לתודה שטעונה ארבעת מינים אף איל נזיר יטען ארבעת מינים ת״ל וסל מצות כלל סולת חלות בלולות בשמן פרט כלל ופרט אין בכלל אלא מה שבפרט.

ומנחתם ונסכיהם, לעולה ולשלמים או אף לחטאת ולאשם והדין נותן הואיל ומצורע מגלח ומביא קרבן <ונזיר מגלח ומביא קרבן אם למדתי למצורע שחטאתו ואשמו טעונים נסכים> אף הנזיר יהיה חטאתו ואשמו טעונים נסכים ת״ל ואת האיל יעשה זבח שלמים לה׳ על סל המצות <ועשה הכהן את מנחתו ואת נסכו> איל היה בכלל יצא מוצא מן הכלל ולימד על הכלל מה איל מיוחד שהוא בא בנדר ונדבה טעון נסכים כך כל הבא בנדר ונדבה טעון נסכים יצאו חטאת ואשם שאינם באים בנדר ונדבה שלא יטענו נסכים. <ועשה הכהן את מנחתו ואת נסכו> מפני שהיה בכלל יצא לדון בלחם החזירו הכתוב לכללו (סליק פיסקא)

(לה) וגלח הנזיר פתח אהל מועד, בשלמים הכתוב מדבר שנאמר ושחטו פתח אוהל מועד (ויקרא ג ז) אתה אומר בשלמים הכתוב מדבר או פתח אוהל מועד כמשמעו אם אמרת כן הרי זו דרך בזיון הא מה ת״ל וגלח הנזיר פתח אוהל מועד בשלמים הכתוב מדבר אתה אומר בשלמים הכתוב מדבר או פתח אהל מועד כמשמעו אמרת אמרה תורה לא תעלה במעלות על מזבחי (שמות כ כו) ק״ו שלא יגלח הא

מה ת״ל וגלח הנזיר פתח אהל מועד בשלמים הכתוב מדבר רבי יצחק אומר בשלמים הכתוב מדבר אתה אומר בשלמים הכתוב מדבר או אינו אלא פתח אהל מועד כמשמעו ת״ל ולקח את שער ראש נזרו מקום שהיה מבשל שם היה מגלח אבא חנין אומר משום ר׳ אליעזר וגלח הנזיר פתח אהל מועד הא אם אין שם פתח פתוח לא היה מגלח. ולקח את שער ראש נזרו ונתן על האש אשר תחת זבח השלמים, אין לי אלא תחת זבח השלמים תחת חטאת תחת אשם מנין ת״ל תחת זבח מכל מקום אין לי אלא במקדש בגבולים מנין ת״ל ונתן על האש מכל מקום (סליק פיסקא)

(לו) ולקח הכהן את הזרוע בשלה, אין בשלה אלא שלימה ר׳ שמעון בן יוחי אומר אין בשלה אלא שנתבשלה עם האיל: וחלת מצה אחת מן הסל, שאם נפרסה או חסרה פסולה: ורקיק מצה אחת, שאם נפרם או חסר פסול: ונתן על כפי הנזיר אחר התגלחו את נזרו, אלו אחר התגלחו את נזרו ואין הבאת קרבנותיו אחר התגלחו את נזרו (סליק פיסקא)

(לז) והניף אותם הכהן תנופה לפני ה׳, מוליך ומביא מעלה ומוריד מנין שנאמר אשר הונף ואשר הורם (שמות כט כז) מקיש הרמה לתנופה מה תנופה מוליך ומביא אף הרמה מוליך ומביא ומה הרמה מעלה ומוריד אף הנופה מעלה ומוריד מיכן אמרו מצות תנופה מוליך ומביא מעלה ומוריד זו היא מצות תנופה: לפני ה׳, במזרח שבכל מקום שנאמר לפני ה׳ הוי אומר במזרח עד שיפרוט לך הכתוב.

קודש הוא לכהן על חזה התנופה ועל שוק התרומה למה נאמר לפי

ה״ג במדינה מנין. ד[תגלחת של] נזירות לא נהגו בגבולין[623] להכי לא גרסי׳ ״בגבולין מנין״ וקאי אתגלחת[624] והכי פי׳ אין לי שמשלח[625] תחת הדוד אלא שגילח במקדש גילח (בגבולין) [במדינה][626] מנין שמשתלח תחת הדוד:

[פיסקא לז]

אלא שלימה. פר׳ גיד הנשה מפר׳ (חולין צח עמ׳ א) פלוגתייהו ללישנא חדא דכולי עלמ׳ עם האיל מבשל לה לת״ק לא מחתך לה אלא מיכף כייף לה ומבשל לה בהדי איל ומר[627] סבר מחתך חתיך לה ויליף מיניה לכל איסורין שבתורה בששים, מכאן משמע דלאו כל סתמי ר׳ שמעון דאיהו פליג הכא אסתמא דספרי או שמא דיש תשלום[628] דברי אבא חנן משום רבי אליעזר:

[תנופה] (במדבר ו:כ). לשון תנופה משמע מוליך ומביא ולשון הרמה משמע מעלה ומוריד ומדכתי׳ **אשר הונף ואשר הורם** (שמות כט:כז) וא״ו דואשר ערבנו לומ׳ כל היכא דכתי׳ חד מנייהו[629] נעביד כולהו:

לפני ה׳ (במדבר ו:כ) [הוי אומר] **במזרח עד שיפרט לך וכו׳.** כמו שכתוב גבי מנחה **הקרב אתה בני אהרון** ״**לפני ה׳**״ ״**אל פני המזבח**״ (ויקרא ו:ז) בכאן פרט דלפני ה׳ [ו**דאל פני המזבח**] היינו קרן דרומית מערבית דהוי ״לפני ה׳״[630] ו״[אל] פני המזבח[631]״:[632]

אלא כל דבר שהיה בכלל ויצא לידון [ב]חדש. היינו זרוע שאינו נוהג בשאר קרבנות, פי׳ והוצרך הכתוב בו ״חזה ושוק״ כדי להחזיר[ו] לכללו:

[פיסקא לח]

אלא לשעה. במשכן:

כחותם הדברים. דלדורות לא בעי קרא דמהיכי תיתי שלא תנהוג דאיצטריך לאשמועינן שנוהג אלא כמי שחותם דבריו:[633]

ולא קרבן אחרים. אפילו קרבן שהפריש אביו ממעטינן במסכת נזיר (כז עמ׳ ב)[634] שאין בנו מגלח עליו אע״פ שמגלח על מעות שהפריש אביו לנזירותו והם סתומים:

---

623. חוץ מירושלים. עיין תוספות נזיר מה עמ׳ ב.
624. כלומר שהתגלחת במדינה של ירושלים. ובכ״י סמינר איתא: להכי לא גרסינן בגבולין מנין שמשתלח תחת הדוד: דהוא סוף המאמר והשאר חסר.
625. דאין לשלוח שער נזיר מלחוץ המקדש אלא צריך לגלח בתוך המקדש.
626. כדברי ר׳ מאיר או כדברי ר׳ מאיר נזיר מה עמ׳ ב.
627. בכה״י שיבשתא והנכון בברית אברהם.
628. כלומר המשך מאמר אבא חנן.
629. אחד מהם או הונף או הורם.
630. שהוא קיר המערבי של המזבח שהוא כנגד פתח ההיכל והיכל במערב.
631. שהכבש בדרום.
632. השוה מנחות יט עמ׳ ב.
633. ומקצר בסיכום.
634. עיין דברי המפרשים שם.

פירוש לספרי פ' נשא

[פיסקא לג]

להוציא את בעל מום. מתמים (במדבר ו:יד) דריש אבל קשה כיון דכתי' **כבש בן שנתו תמים** (שם שם) איני יודע שהוא אחד ומה ת"ל **אחד** (שם שם)? וי"ל כדדרשינן בעלמא (מגילה כח עמ' א)[612] המיוחד[613] שבעדרו:

[פיסקא לד]

וסל מצות (במדבר ו:טו) **כלל. משמע** כל מין מצות חלות ורקיקי ורבוכין:[614]

או אף לחטאת ולאשם. כלו' בעי מנחת נסכים ואין בכל התורה חטאת ואשם שיטעון נסכים אלא של מצורע דכתי' ביה בהדיא (ויקרא יד:י) שלש בהמות[615] ושלשה עשרונים:[616]

ת"ל ואת האיל (במדבר ו:יז). מסיפיה יליף דהכי כתיב **ואת האיל יעשה זבח שלמים לה' על סל המצות [ועשה הכהן] את מנחתו ואת נסכו** (שם שם):

איל היה בכלל. כלו' בכלל כל השלמים שטעונים נסכים:

יצא מוצא מן הכלל. אין זה כמו דבר שיצא מן הכלל ללמד על הכלל כולו אלא יצא ללמד על הכלל של קרבנות:

שכל הבא בנדר ובנדבה טעון נסכים. אבל הני נסכים לגופיה ולא לחטאת ואשם, וא"ת למה הוצרך הרי כתיב גבי שלמים בעלמ' נסכים (ויקרא יד:י)? היינו דקאמ' דאיצטריך מפני שיצא[617] לידון בלחם דכתיב **על סל המצות** (במדבר ו:יז) וסתם שלמים לא בעי לחם והיינו כמו דבר חדש על כן כתב בו נסכים להחזירו לכללו:[618]

[פיסקא לה]

בשלמים הכתוב מדבר. כלו' אינו ר"ל שיגלח בעזרה אלא שיגלח על דבר שנא' בו[619] **פתח אהל מועד** (במדבר ו:יח) אבל לעולם אינו מגלח אלא בלשכת הנזירים שהיתה בעזרת נשים כדתנן בהדיא במס' מדות (ב:ה):

ר' יצחק או' בשלמים וכו'. כלו' אפילו לא יהיה דרך בזיון[620] אי איפשר דהא בעי וגלח (במדבר ו:יח) **ונתן** (שם)[621] ובלשכת נזירים היה מבשל השלמים, ואבא חנין משום ר' אליעזר סבר דמתגלח על אחד מכל הקרבנות ויליף מזבח (במדבר ו:יח):[622]

---

612. בקשר במדבר כח:ד.
613. כלומר הטוב שבעדרו.
614. עיין ויקרא ז:יב.
615. שני כבשים לאשם וכבשה אחת לחטאת.
616. לנסכי הבהמות שחטאתו ואשמו של מצורע טעונין נסכים וכן אמרינן בסוטה יז.
617. כלומר דיצא מכלל שלמים רגילים.
618. לדרוש על עצמו.
619. לפי ענינו.
620. בפתח ממש.
621. דמשמע קרוב למזבח.
622. זבח מכל מקום.

XX ספרי במדבר XX
ספרי פיסקא לא נשא

בדין הואיל ואסור בטומאה ואסור בתגלחת אם למדתי לטומאה שסותרת את הכל אף התגלחת תסתור את הכל ועוד ק״ו אם טומאה שלא עשה בה המטמא כמיטמא הרי היא סותרת את הכל תגלחת שעשה בה המגלח כמתגלח אינו דין שתסתור את הכל ת״ל כי טמא נזרו הטומאה סותרת את הכל ואין התגלחת סותרת את הכל אין לי אלא ימי טומאתו שאין עולים לו מן המנין ימי חליטה מנין ודין הוא הואיל וימי טומאתו טעון תגלחת ומביא קרבן וימי חלוטו טעון תגלחת ומביא קרבן את למדתי לימי טומאתו שאין עולים לו מן המנין אף ימי חלוטו לא יעלו לו מן המנין לא אם אמרת בימי טומאתו שמבטל בהם את הקודמים לפיכך אין עולים לו מן המנין תאמר בימי חלוטו שאין מבטל בהם את הקודמים לפיכך יעלו לו מן המנין אמרת ק״ו הוא אם מי שנזור בקבר ושערו ראוי לתגלחת נזירות אין עולים לו מן המנין ימי חלוטו שאין שערו ראוי לתגלחת נזירות אינו דין שלא יעלו לו מן המנין הוא הדין לימי ספרו או כשם שאין ימי חלוטו עולים לו מן המנין כך ימי הסגירו לא יעלו לו מן המנין והדין נותן הואיל וימי חלוטו מטמא משכב ומושב וימי הסגירו מטמא משכב ומושב אם למדתי לימי חלוטו שאין עולים לו מן המנין אף ימי הסגירו לא יעלו לו מן המנין לא אם אמרת בימי חלוטו שטעון הוא תגלחת ומביא קרבן לפיכך אין עולים לו מן המנין תאמר בימי הסגירו שאין טעון תגלחת ומביא קרבן לפיכך יעלו לו מן המנין מכאן אמרו ימי חלוטו של מצורע וימי ספרו כיוצא בהם אבל ימי הזב והזבה וימי הסגירו של מצורע הרי אלו עולים לו מן המנין.

והזיר לה׳ את ימי נזרו. לעשות ימים שלאחר נזירות כימים שבתוך נזירות עד הבאת קרבן או שלא יהא חייב עד שישלים את נזירותו הרי אתה דן הואיל ואסור ביין ואסור בטומאה אם למדתי ליין שעשה בו ימים שלאחר נזירותו כימים שבתוך נזירותו עד הבאת קרבן אף טומאה נעשה בו ימים שלאחר נזירותו כימים שבתוך נזירותו עד הבאת קרבן ועוד ק״ו ומה היין שאינו סותר עשה בו ימים שלאחר נזירות כימים שבתוך נזירות עד הבאת קרבן טומאה שסותרת את הכל דין הוא שנעשה בו ימים של אחר נזירות כימים שבתוך נזירות עד הבאת קרבן לא אם אמרת ביין שלא הותר מכללו לפיכך עשה בו ימים שלאחר נזירות כימים שבתוך נזירות עד הבאת קרבן תאמר בטומאה שהותרה מכללה לפיכך לא נעשה בו ימים שלאחר נזירות כימים שבתוך נזירות עד הבאת קרבן הרי תגלחת תוכיח שהותרה מכללה ועשה בה ימים שלאחר נזירות כימים שבתוך נזירות עד הבאת קרבן היא תוכיח לטומאה שאעפ״י שהותרה מכללה נעשה בה ימים שלאחר נזירות כימים שבתוך נזירות עד הבאת קרבן ועוד ק״ו ומה תגלחת שאינה סותרת את הכל עשה בה ימים של אחר נזירות כימים שבתוך נזירות עד הבאת קרבן טומאה שסותרת את הכל דין הוא שנעשה בה ימים שלאחר נזירות כימים שבתוך נזירות עד הבאת קרבן לא אם אמרת בתגלחת שעשה בה המגלח כמתגלח לפיכך עשה בה ימים שלאחר נזירות כימים שבתוך נזירות עד הבאת קרבן תאמר בטומאה שלא עשה בה המטמא כמיטמא לפיכך לא עשה בה ימים שלאחר נזירות כימים שבתוך נזירות עד הבאת קרבן והרי היין יוכיח שלא עשה בו את המשקה כשותה ועשה בו ימים שלאחר נזירות כימים שבתוך נזירות עד הבאת קרבן והוא יוכיח לטומאה שאעפ״י שלא עשה בה המטמא כמיטמא נעשה בה ימים שלאחר נזירות כימים שבתוך נזירות עד הבאת קרבן ועוד ק״ו ומה היין שאינו סותר עשה בו ימים שלאחר נזירות כימים שבתוך נזירות עד הבאת קרבן טומאה שסותרת אינו דין שנעשה בה ימים שלאחר נזירות כימים שבתוך נזירות עד הבאת קרבן לא אם אמרת ביין שלא הותר מכללו לפיכך עשה בו ימים שלאחר נזירות כימים שבתוך נזירות עד הבאת קרבן תאמר בטומאה שהותרה מכללה לפיכך לא נעשה בה ימים שלאחר נזירות כימים שבתוך נזירות עד הבאת קרבן הואיל וחזר הדין חלילה ת״ל ואחר ישתה הנזיר יין וכי נזיר שותה יין אלא מופנה להקיש ולדון גזירה שוה נאמר כאן נזיר ונאמר להלן נזיר מה נזיר האמור להלן עשה בו ימים שלאחר נזירות כימים שבתוך נזירות עד הבאת קרבן אף נזיר האמור כאן נעשה בו ימים שלאחר נזירות כימים שבתוך נזירות עד הבאת קרבן (סליק פיסקא)

(לב) זאת תורת הנזיר. אחד נזיר ימים ואחד נזיר עולם: זאת. לקרבן טהרה או אף לקרבן טומאה ת״ל ביום מלאות ימי נזרו לא אמרתי אלא במי שיש פסק לנזרו. יביא אותו. וכי אחרים מביאים אותו והלא הוא מביא את עצמו זו אחת משלש אתים שהיה ר׳ ישמעאל דורש בתורה כיוצא בו אתה אומר והשיאו אותם עון אשמה

ה"ג או לא יהא חייב אלא עד שישלים נזירותו. כלומר לא יהא חייב על הטומאה[602] אלא עד שישלים נזירותו אבל לאחר שהשלים אפילו לא הביא קרבנו לא יהא חייב,[603] וכולה פרשתיו למעלה:

וכי נזיר שותה יין. בעודו נזיר אסור לשתות יין:

נאמ' כאן "נזיר". והזיר לה' את ימי נזרו (במדבר ו:יב) ואע"ג דלאו "נזיר" ממש כדאמרי' (נזיר ה עמ' ב) [**ושב הכהן** (ויקרא יד:לט) **ובא הכהן** (ויקרא יד:מד)] (ובא הכהן ושב הכהן):[604]

[**ונאמר להלן נזיר. ואחר ישתה הנזיר יין** (במדבר ו:כ)]

אחד נזיר ימים. סתם נזיר:

ואחד נזיר עולם. כמו אבשלום.

שוין הן בקרבן טהרה. כדתנן (משנה נזיר א:ב) הכביד שערו מקל בתער ומביא שלש בהמות:

זאת לקרבן טהרה. לכאורה משמע שאינו שוה נזיר עולם לסתם נזיר בקרבן טומאה וקשיא דהא תנן בפ' קמא דנזיר (שם) ניטמא[605] מביא קרבן טומאה; ונראה דהכי פירושו דמיעוטא **דזאת** (במדבר ו:יג) לא קאי אלא אקרבן טהרה, ור"ל[606] **זאת...ביום מלאת [ימי נזרו]** (במדבר ו:יג) כלו' סתם נזיר מביא קרבן ביום מלאת, אבל מי שאין הפסק לנזירתו אין תלוי קרבן טהרה שלו בימים אלא הכביד שערו מקל בתער ומביא ג' בהמות אבל קרבן טומאה אפילו[607] לנזיר עולם תלוי בימים שאינו מביא אלא ביום השמיני לאחר שנטהר[608] מטומאת המת בשביעי יגלח:

יביא אותו (במדבר ו:יג). הוה ליה למיכתב יביא אל אוהל מועד:

זה אחד משלשה אתים וכו'. נראה שהיה דורש אותם מלשון "אות ומופת" שהנזיר מביא עצמו לעזרה להתראות[609] שהוא מגלח את ראש נזרו ומשלח תחת הדוד[610] להיות לאות שלא יתגאה:

והשיאו אותם (ויקרא כב:טז) **וכו'.** שהקב"ה עושה אות לרעה[611] בכהנים כשאוכלין קדשים בטומאה:

ויקבור אותו (דברים לד:ו). אות היא לבאי עולם שאין אדם יכול להשיג יחודו של בורא עולם ב"ה וסודותיו ותעלומותיו שהרי נקבר לעיני הכל ונתן כמה סימנין בקבורתו **ולא ידע איש את קבורתו** (שם שם):

---

602. חיוב קרבן על שהיטמא למתים.

603. שהרי לאחר נזירות כמו בתוך נזירות.

604. שם בשם תנא דבי רבי ישמעאל כלומר זו שיבה זו ביאה דאע"ג ששתי מלים שונות הן אנו רואים שצורת הפסוקים מקבילים ואכן עושים הקש שם וכן כאן.

605. כן בברית אברהם ובכה"י כי יטמא.

606. בכה"י "כל" וברית אברהם רוצה לומר..

607. בפירוש ספרי של רבינו אלעזר נחום (יצא לאור ע"י מנחם כהנא ירושלים תשנ"ג) הוא הביא דברי רבינו שהוא מצא כתוב ואם בכ"י או בפירוש ברית אברהם אי אפשר לדעת. במקום "אפי'" נמצא "אף" ויש שבושים חמורים במספרים (ב' בהמות; ביום הז') וחבל שלא עשה הוגה ספר זה כל צורכו.

608. בברית אברהם יטהר.

609. כן בברית אברהם ובכה"י להיות אות.

610. כלומר דוד של שלמים ועין נדה מה עמ' ב.

611. בברית אברהם ליד' בכהנים.

ספרי פיסקא כח—כט נשא

חייב בהעברת שער ובהבאת קרבן ת״ל וטמא ראש נזרו במי שהיה טהור ונטמא הכתוב מדבר הרי זה חייב בהעברת שער ובהבאת קרבן ולפטור את שניזור בקבר.

וגלח ראשו, ראשו הוא מגלח ואין מגלח כל שערו שהיה בדין הואיל ומצורע מגלח ומביא קרבן ונזיר מגלח ומביא קרבן אם למדתי למצורע שמגלח כל שערו אף נזיר יגלח כל שערו לא אם אמרת במצורע שמגלח תגלחת שנייה לפיכך יגלח כל שערו תאמר בנזיר שאין מגלח תגלחת שנייה לפיכך לא יגלח כל שערו הרי לוים יוכיחו שאין מגלחין תגלחת שנייה ומגלחים כל שערן והם יוכיחו לנזיר שאע״פ שאין מגלח תגלחת שנייה יגלח את כל שערו ת״ל וגלח ראשו ראשו הוא מגלח ואין מגלח כל שערו.

ביום טהרתו, ביום הויתו בשביעי אתה אומר ביום הויתו בשביעי או בשמיני ת״ל בשביעי אי בשביעי ואע״פ שלא הוזה ת״ל ביום טהרתו ביום הויתו.

השביעי, אין לי אלא שביעי שמיני תשיעי ועשירי מנין ת״ל יגלחנו.

יגלחנו, אין לי אלא ביום בלילה מנין ת״ל יגלחנו אין לי אלא תגלחת טומאה תגלחת טהרה מנין ת״ל יגלחנו מיכן אמרו תגלחת טומאה כיצד מגלח ואח״כ מביא ואם הביא ואח״כ גלח לא יצא (סליק פיסקא)

(כט) וביום השמיני, להוציא את השביעי אתה אומר להוציא את השביעי או אינו אלא להוציא את התשיעי אמ־ת ק״ו הוא אם הסמוך לאסור מותר הסמוך למותר אינו דין שיהיה מותר והרי זמן אכילת פסח יוכיח שהסמוך לאסור מותר והסמוך למותר אסור אף אתה אל תתמה על זה שאף על פי שהסמוך לאסור מותר והסמוך למותר יהיה אסור לא זכיתי אדוננו מן הקריבים קבע זמן לקריבים וקבע זמן למקריבים מה זמן שנאמר בקריבים הכשיר בו שמיני ומשמיני והלאה (ויקרא כב כז) אף זמן שנאמר במקריבים נכשיר בו שמיני ומשמיני והלאה ועוד ק״ו ומה זמן שנאמר בקריבים שריבה הכתוב את הפסולים הכשיר בו שמיני ומשמיני והלאה זמן שנאמר במקריבים שמיעט הכתוב את הפסולין אינו דין שנכשיר בו שמיני ומשמיני והלאה לא אם אמרת בזמן שנאמר בקריבים שנוהג בכל הקריבין לפיכך הכשיר בו שמיני ומשמיני והלאה תאמר בזמן שנאמר במקריבים שאין נוהג בכל המקריבין לפיכך לא נכשיר בו שמיני ומשמיני והלאה לא זכיתי מן הדין ת״ל שמיני נאמר כאן שמיני ונאמר להלן שמיני מה שמיני האמור להלן הכשיר בו שמיני ומשמיני והלאה אף שמיני האמור כאן נכשיר בו שמיני ומשמיני והלאה.

שתי תורים או שני בני יונה, מיכן אמרו אין מביאים תורים כנגד בני יונה ולא בני יונה כנגד תורים.

אל הכהן אל פתח אהל מועד, מלמד שהוא חייב בטיפול הבאתם עד שיביאם אל פתח אהל מועד (סליק פיסקא)

(ל) ועשה הכהן אחד לחטאת ואחד לעולה, שיפרישם הכהן אחד לחטאת ואחד לעולה אין לי אלא הפרשה בכהן הפרשה בבעלים מנין אמרת ק״ו הוא אם מי שאינו רשאי בהקדשתו רשאי בהפרשתו מי שרשאי בהקדשתו [אינו דין שיהא רשאי בהפרשתו וכן הוא אומר ביולדת ולקחה שתי תורים או שני בני יונה (ויקרא יב ח) נמצינו למדים הפרשה בכהן והפרשה בבעלים נמצינו למדים קן סתומה וקן מפורשה.

וכפר עליו מאשר חטא על הנפש, <ר׳ אלעזר הקפר אומר> וכי על איזו נפש חטא זה שצריך כפרה על שציער נפשו מן היין והלא דברים ק״ו ומה אם המצער נפשו מן היין צריך כפרה ק״ו למצער נפשו על כל דבר ר׳ ישמעאל אומר בנזיר טמא הכתוב מדבר שנאמר וכפר עליו מאשר חטא על הנפש שנטמא למתים.

וקדש את ראשו ביום ההוא והזיר לה׳ את ימי נזרו, נמצינו למדים שמתחיל למנות מיום שגילח (סליק פיסקא)

(לא) והזיר לה׳ את ימי נזרו, כל אשמות שבתורה מעכבים את הכפרה חוץ מזה ר׳ ישמעאל אומר אף זה מעכב שנאמר והזיר לה׳ אימתי והזיר בזמן שהביא כבש בן שנתו לאשם.

והימים הראשונים יפלו, מי שיש לו אחרונים סותר מניין אם אמר הריני נזיר מאה ימים נטמא יום מאה חסר אחד סותר את הכל ת״ל והימים הראשונים יפלו מי שיש לו אחרונים סותר או אפילו נטמא ביום מאה סותר את הכל ת״ל והימים הראשונים יפלו מי שיש לו אחרונים סותר או אפילו נטמא בתחילת מאה סותר, את הכל ת״ל והימים הראשונים יפלו מי שיש לו ראשונים סותר.

כי טמא נזרו, הטומאה סותרת את הכל ואין תגלחת סותרת את הכל שהיה

מי שיש לו אחרונים סותר. כדמפ׳ ואזיל שאם נטמא ביום אחרון של נזירותיו אינו סותר הואיל ולא נשארו לו ימים:[590]

או אפילו ניטמא בתחלת מאה סותר. ול״ג את הכל דליכא אלא יום אחד[591] ולאחר שיביא קרבנותיו מונה נזירתיו על אותו היום, ודוקא בנזירות מרובה אבל בנזירות מועטת אפי׳ יום ראשון סותר משום דבעינן גידול שער:

לא עשה את המטמא כמיטמא. שהמיטמא חייב קרבן או לוקה[592] אבל המטמאו לא:

[**המגלח כמתגלח**]. [ור״ל] מגלח ומתגלח תרוייהו לקי משום **תער לא יעב**(ו)**ר**[593] (במדבר ו:ה) דקרי ביה ״לא יעבור״ ו״לא יעביר״ וטעמא איכא דאי אפשר מתגלח בלא מגלח אבל [אפשר] מיטמא בלא מטמאו:

ימי חלוטו מנין.[594] **אם נצטרע:**

ימי חלוטו טעון תגלחת. דכתיב גבי מצורע **וביום השביעי יגלח את כל שערו** (ויקרא יד:ט):

ימי חלוטו [ש]**אין מבטל את הקודמין.** בניזרות מרובה[595] דאכתי איכא גידול שער:

מי שניזור בקבר. אין נזירות חלה עליו[596] עד שיטהר[597] ואין צריך לגלח,[598] נמצא שערו ראוי[599] לנזירות טהרה:[600]

ימי חלוטו. אי[ן] שערו ראוי להתגלח טהרה דקא בעי לגלח תגלחת ראשונה ושניה של צרעת:

ימי ספירו. היינו שבעת ימי ספירו לאחר רפואתו דכתי׳ **וישב מחוץ לאהלו שבעת ימים** (ויקרא יד:ח) דהנהו נמי בעי תגלחת וקרבן:

וימי ספירו כיוצא בהן. כלומ׳ שאין עולין:

אבל ימי הזב. כגון נזיר שהיה זב וצריך ספירת שבעה אע״פ שהוא טמא כיון שאין טעון תגלחת ראוי שערו לתגלחת טהרה ועולין לו מן המנין מיהו[601] אינו יכול להביא קרבנותיו עד שיטהר מן הזיבות:

---

590. מרכתיב ראשונים מכלל דצריכא אחרונים וכהאי גוונא ליכא.
591. שהרי עומד בתחילתו.
592. עיין במבר ט:ו.
593. נראה שהדרשה מבוססת על הכתיב שהוא חסר. עיין נזיר מד עמ׳ א וע״ע תנא דבי אליהו פרק א וילקוט כי תשא: אל תקרא ויעבר (שמות לד:ו) אלא על יעביר מלמד שהעביר כל רעתם מנגד פניו.
594. מנין שאינו מן המנין.
595. מי שהוא גם נזיר וגם מצורע לגבי נזירות מרובה והש׳ דברי רש״י נזיר יז עמ׳ ב.
596. אפילו אחר שעזב בית הקבורות.
597. ר״ל שלישי ושביעי.
598. שהרי לא חל עליו נזירות מקודם ואינו מגלח תגלחת טומאה אלא דינו שיגלח לסוף יום ל׳ כשיהיה ראוי לתגלחת טהרה כשאר נזירים טהורים.
599. שהשער עומד לתגלחת כשישלים נזירות דטהרה.
600. שהרי לסוף ז׳ ראוי שהרי טהור ועין נזיר טז עמ׳ ב.
601. בכ״י אקספורד: ״מי הוא״.

למקריבין. נזיר טמא:

שריבה הכתוב את הפוסלין. פי׳ בקרבן ריבה הכתוב אתנן ומחיר ורובע ונרבע ויוצא דופן ומום ומוקצה ונעבד כל אלו פוסלין הקרבן כמו שפוסלו חסרון זמן ואפילו הכי הכשיר בו:[586]

ומשמיני והלאה. כשר המקריב שאין שום אחד מכל אלו פוסלו [א״כ] שנכשיר משמיני והלאה:

שנוהג בכל הקריבין. אין לך קרבן כשר קודם שמיני:[587]

שמיני (במדבר ו:י). האמור בנזיר טמא:

נהוג [נוהג] **בכל הקריבין.** דהא חייבי חטאות ואשמות לא בעי שמיני:

ה״ג **ת״ל שמיני** (במדבר ו:י):

אין מביאין תורים וכו׳. מדכתי׳ **או** (במדבר ו:י) יליף שאם הביא חטאתו תור לא יביא עולתו בן יונה ובמס׳ קינין פרק שני (משנה ה) פליגי תנאי איכא מאן דאמר הכל הולך אחר חטאת[588] ואיכא מאן דאמר הכל הולך אחר הראשון.[589]

[פיסקא ל]

אין לי אלא הפרשה בכהן. כלומר שבשעת עשיית כהן מתפרשת איזו לחטאת ואיזו לעולה:

[ב]בעלים מניין. בשעת לקיחה:

קן סתומה. אם לקחו הבעלים [ו]סתמו [דלא] פרשו בשעת לקיחה איזו לחטאת איזו לעולה הרי זה קן סתמה:

קן מפורשת. אם פרשו הבעלים בשעת לקיחה, ונפקא מינה לענין פריחה שאם פרח אחד מהן מן הסתומים לאויר יקח זוג לשני ואם פרח מן המפורשות אין לו תקנה לשני אם אינו יודע איזו מהן פרח ולענין אם נתערב אחד באחרי׳ כדמפר׳ במס׳ קינים:

ר׳ אלעזר הקפר אומ׳ וכו׳. סבירא ליה דנזיר חוטא הוא והאי דכתי׳ קרא בנזיר טמא משום ששינה בחטאתו אבל הוא הדין לנזיר טהור ור׳ ישמעאל סבר דדוקא כתי׳ [חוטא בנזיר טמא] [בנזי׳ חוטא]:

שמתחיל למנות מיום שגלח. מדסמיך **ביום ההוא** (במדבר ו:יא) **והזיר** (במדבר ו:יב) דריש:

[פיסקא לא]

כל אשמות שבתורה מעכבין וכו׳. אשם מצורע ואשם שפחה חרופה:

חוץ מזה. מדכתיב **והביא** (במדבר ו:יב) דייק ור׳ ישמעאל מדכתיב **והביא** (שם שם) והדר **יפלו** (שם שם) ואיכא ביניהו דלת״ק מונה מיום שביעי אחר גילוח ולר׳ ישמעאל מיום שמיני אחר הבאת קרבנותיו:

---

586. מכשירים אלו לקרבן נזיר.

587. עין ויקרא כב:כז.

588. שאם יולדת הביאה עולתה תור ואח״כ חטאתה בן יונה צריכה להביא עוד בן יונה לעולה שמין החטאת קובע מין העולה.

589. בן עזאי אומר בקשר יולדת דאם בתחילה הביא עולתה תור אז תביא חטאתה תור שהכל ממין אחד וכמין הראשון ואם הביאה בן יונה תכפול ותביא עוד תור לחטאת. והעיקר לפירוש רבינו הוא ששניהם מודים שב׳ הקרבנות צריכים להיות ממין א׳.

הואיל וכ"ג בל יטמא לקרובים ונזיר בל יטמא לקרובים אם למדתי לכ"ג שמטמא למת מצוה אף נזיר מטמא למת מצוה ועוד ק"ו ומה כהן גדול שקדושתו קדושת עולם הרי הוא מטמא למת מצוה נזיר שקדושתו קדושת שעה אינו דין שיטמא למת מצוה לא אם אמרת בכ"ג שאינו מביא קרבן על טומאתו לפיכך מטמא למת מצוה תאמר בנזיר שמביא קרבן על טומאתו לפיכך לא יטמא למת מצוה ת"ל לאביו ולאמו לא יטמא לאביו ולאמו לא יטמא אבל מטמא הוא למת מצוה או לאביו ולאמו לא יטמא אבל מטמא הוא לשאר מתים אמרת ק"ו ומה כהן הדיוט שמטמא הוא לקרובים אין מטמא לשאר מתים נזיר שאין מטמא לקרובים אינו דין שלא יטמא לשאר מתים הא מה ת"ל לאביו ולאמו לא יטמא לאביו ולאמו אינו מטמא אבל מטמא הוא למת מצוה הא עד שלא יאמר יש לי בדין נאמר כלל בכ"ג ונאמר כלל בנזיר מה כלל האמור בכ"ג בל יטמא לקרובים אף כלל האמור בנזיר בל יטמא לקרובים אתה דן מכ"ג ואני אדון מכהן הדיוט נאמר כלל בכהן הדיוט ונאמר כלל בנזיר מה כלל האמור בכהן הדיוט הרי הוא מטמא לקרובים אף כלל האמור בנזיר הרי הוא מטמא לקרובים אתה דן מכהן גדול ואני אדון מכהן הדיוט ת"ל לאביו ולאמו לאחיו ולאחותו לא יטמא להם במותם <ר' עקיבה אומר אינו צריך שהרי ככר נאמר לאביו ולאמו לאחיו ולאחותו לא וגו'> אם היה כ"ג לאביו ולאמו אין מטמא אבל מטמא הוא למת מצוה<אם היה נזיר לאביו ולאמו אין מטמא אבל מטמא למת מצוה>אם הלך לשחוט את פסחו לאחיו אין מטמא אבל מטמא הוא למת מצוה אם היה כהן הדיוט ולאחותו אין מטמא אבל מטמא הוא למת מצוה אבל לבנו ולבתו לא נאמר <שאף> הקטנים ניזורים.

לא יטמא להם במותם, במותם אינו מטמא אבל מטמא הוא בנינעם ובזיבתם אין לי אלא בנזיר בכ"ג מנין ת"ל לאמו בכ"ג שלא הייתי צריך שכבר ק"ו הוא ומה אם במקום שכהן הדיוט מטמא לאחיו מאביו אין כ"ג מטמא לאביו מקום שאין כהן הדיוט מטמא לאחיו מאמו דין הוא שלא יהא כ"ג מטמא לאמו אם זכיתי מן הדין מה ת"ל לאמו

בכ"ג מופנה להקיש ולדון ג"ש נאמר כאן אמו ונאמר להלן אמו מה אמו האמור להלן מטמא בנינעם ובזיבתם אף אמו האמור כאן מטמא בנינעם ובזיבתם: לא יטמא להם במותם, במותם אין מטמא אבל עומד הוא בהספד ובשורה: כי נזר אלהיו על ראשו, בין שיש לו שער ובין שאין לו שער דברי רבי נתן (סליק פיסקא)

(כז) כל ימי נזרו קדוש הוא לה' למה נאמר לפי שהוא אומר עד מלאות הימים אשר יזיר לה' אין לי אלא מי שיש לו פסק לנזירותו נזיר עולם מנין ת"ל כל ימי נזרו להביא נזיר עולם.

קדוש הוא לה', זו קדושת הגוף אתה אומר זו קדושת הגוף או אינו אלא קדושת שער כשהוא אומר קדוש יהיה הרי קדושת שער אמור הא מה ת"ל קדוש הוא לה' זו קדושת הגוף (סליק פיסקא)

(כח) וכי ימות מת עליו, להוציא את הספק שהיה בדין ומה אם במקום שלא עשה אונס כרצון עשה ספק כוודאי כאן שעשה אונס כרצון אינו דין שנעשה ספק כוודאי ת"ל וכי ימות מת עליו להוציא את הספק.

בפתע, להביא את האונס שהיה בדין ומה אם במקום שעשה ספק כוודאי לא עשה אונס כרצון כאן שלא עשה ספק כוודאי אינו דין שלא נעשה אונס כרצון ת"ל בפתע להביא את האונס, פתאום להביא את השוגג והדין נותן ומה אם במקום שלא חייב את המזיד חייב את השוגג כאן שחייב את המזיד אינו דין שנחייב את השוגג ומנין שחייב את המזיד אמרת ק"ו ומה שבועת הפקדון שלא חייב את השוגג חייב את המזיד כאן שחייב את השוגג אינו דין שנחייב את המזיד לא אם אמרת בשבועת הפקדון שאינו לוקה תאמר כאן שלוקה הואיל ולוקה לא יביא קרבן ת"ל וכפר עליו מאשר חטא על הנפש דברי ר' יאשיה ר' יונתן אומר בפתע זה שוגג פתאום זה אונס.

וטמא ראש נזרו, במי שהיה טהור ונטמא הכתוב מדבר הרי זה חייב בהעברת שער ובהבאת קרבן ולפטור את שנזר בבית הקברות שהיה בדין מי שהיה טהור ונטמא הרי זה חייב בהעברת שער ובהבאת קרבן מי שהיה טמא מתחילתו אינו דין שיהיה

עשה ספק כודאי. וכיון דנסתרה אחר קינוי אע"ג דספק נבעלה נאסרה לבעל ולבועל ולתרומה כאלו ודאי נבעלה:

אם במקום שלא חייב את המזיד. גבי חטאת קבועה דכתיב **נפש כי תחטא בשגגה** (ויקרא ד:ב): **בשבועת העדות**[578] **לא חייב**[579] **את השוגג.** דלא כתיב ביה **ונעלם**[580].

בשבועת העדות שאינו לוקה. אפי' התרו בו משום דהויא לה התראת ספק שאין אנו יודעין בשעת ההתראה[581] אם הם מזידין אם לאו ואע"ג שהם מודים עכשיו שיודעים לו עדות בשעת התראה שכחו העדות ואחרי כך נזכרו:

ת"ל וכפר עליו מאשר חטא על הנפש (במדבר ו:יא). משמע ליה באיזה ענין שחטא בין בשוגג בין במזיד בין באונס בין ברצון ור' (יוחנן) [יונתן][582] נפקי לה כולהו מקראי במי שהיה טהור ונטמא היינו במזיד:[583]

ולפטור את שניזור בקבר. היינו מקרבן טומ' משום דלא חיילא עליה נזירות עד שיטהר אבל אם התרו בו שלא יזור חייב מלקות ד"**וטמא**" (במדבר ו:ט) משמע להבא:

[**וגלח**]... **ראש נזרו** (במדבר ו:ח). מיעוטא הוא דהוה ליה למימר וגלח נזרו:

תגלחת שניה. שתי תגלחות כתובות במצורע אחד לאחר טהרת צפורים מיד דכתי' (בתריה) **וישב מחוץ לאהלו שבעת ימים** (ויקרא יד:ח) וכתיב בתריה (**וביום**) [**והיה ביום**] **השביעי יגלח את כל שערו** (ויקרא יד:ט):

(ו)**תגלחת טהרה מניין.** אינו ר"ל שמגלח תגלחת טהרה בלילה דהא צריך ליתן תחת הדוד אשר תחת זבח השלמים אלא הכי פיר'[584] תגלחת טהרה מנין— [מנין] שמגלח ואח"כ מביא קרבן[585] מיהו ליכא למימר הכי דהא תנן בפרק שלשה מינין שוחט את השלמים ומגלח עליהם לכן נראה דקאי אשמיני תשיעי ועשירי מנין אי נמי אלילה דהא שלמים נאכלים כל הלילה:

[פיסקא כט]

אם הסמוך לאיסור. היינו שמיני שסמוך לשביעי:

הסמוך למותר. היינו תשיעי שסמוך לשמיני:

זמן אכילת פסחים. בליל ט"ו שהוא סמוך לי"ד שהוא אסור, ויום ט"ו שהוא סמוך למותר לליל ט"ו— אסור:

מן הקרבין. הבהמות של קרבן דכתיב **שבעת ימים יהיה עם אמו** (שמות כב:כט):

---

578. לפנינו "שבועת הפקדון" אבל בפירוש רבינו הלל הגירסא שבועת העדות. ועוד עיין בבלי שבועות לז עמ' א ודברי התספות שם.

579. אין נותנים מלקות.

580. כמו שכתוב לגבי סוטה במדבר ה:יג.

581. שאומרים בתחילה בשעת התראתם שאינם יודעים שום עדות על הדבר ואחרי כן מודים שיודעים.

582. עיין כריתות ט עמ' א.

583. ודורש בפתע פתאום ללמוד בין בשוגג בין באונס.

584. פירוש פשטותי אבל לא סופי.

585. וזה הפירוש נראה לפי רצוף הענין אלא מצוה ליישב הדברים עם המשנה ולכן אפשר לפרש בענין אחר.

כתי׳ לבנו ולבתו היינו צריכין לפרש דאתו לרבות מת מצוה כי הני והיינו אומ׳ הרי שהיה כהן גדול ונזיר והולך וכו׳ לבנו אינו מטמא אבל מטמא למת מצוה [אבל עכשיו] לא מצי למימר הכי דכיון שאין הקטנים ניזורין[574] היכי דרשי׳ מניהו ריבוייא לנזיר:

אבל מטמא הוא בניגען ובזיבתן וכו׳. תי׳ למה לי קרא דאפילו אחד שאינו אביו ואמו מטמא בנגעו ובזיבתו דלא הוזהרו כהנים אלא בטומאת מת בלבד? וי״ל דנגען איצטריך ליה [לאשמועינן] דסד״א כיון דמנוגע איתקש למת[575] לא ליטמי׳ לנגען קמ״ל, וזיבתן אגב נגען נקטיה:

ה״ג מה אם במקום שכהן הדיוט מ[י]טמא לאחיו מאביו אין כהן גדול מ[י]טמא לאביו מקום שאין כהן הדיוט מ[י]טמא לאחיו מאמו אינו דין שלא יהא כהן גדול מ[י]טמא לאמו.

[פיסקא כז]

[כל ימי נזרו קדוש הוא לה׳ למה נאמר]. ופשוט הוא שיש לו ימים ידועים:

שיש לו פסק...(ד)**עד מלאת הימים** (במדבר ו:ה). משמע מי שיש לו ימים ידועים שיש להם קצבה [[576] דכתיב עד מלאת הימים (שם שם) הא במלאת יעבור, והכי פירושו אין לי שמותר לגלח לאחר מלאת אלא בסתם נזירות דביה איירי קרא:

נזיר עולם מנין. כגון אם הכביד שערו כדתנן בריש נזיר (ד עמ׳ א משנה) נזיר עולם הכביד שערו מיקל בתער ומביא ג׳ בהמות:

ת״ל כל ימי נזרו קדוש (במדבר ו:ח). הא כששלמו ימי נזרו יכול לגלח ואם אינו ענין למילוי [תנהו ענין לנזיר עולם]:

קדושת הגוף. כדאמרינן גבי איסור קדושה (יבמות כ עמ׳ א) ״קדש עצמך במותר לך״ אי נמי קדושת הגוף דאסור להטמא למתים:

קדושת שער. שאסור לגלח:

[פיסקא כח]

להוציא את הספק. אמרי בפסחים (פא עמ׳ א) מאי משמע **עליו** (במדבר ו:ט) במחוורת עליו והאי ספק אינו רוצה לומר ספק טומאה בה דההיא לא בעי קרא וגם ספק טומאה ברשות היחיד ודאי מגלח[577] אלא טומאת התהום כגון שנטמא ולא נודע לשום אדם [עד] לאחר גילוח ודריש **מעליו** (שם שם); מיהו בסוף נזיר (סג עמ׳ א) מוקי דטומאת התהום גמרא גמירי לה א״כ צריך לומר דקרא אסמכתא בעלמא, ומסיק התם שאם הכיר בה אחד אפילו בסוף העולם אין זה טומאת התהום שאם נודע לו קודם גילוח סותר:

ומה אם במקום שלא עשה בה אונס כרצון. היינו גבי סוטה דכתיב **והיא לא נתפשה** (במדבר ה:יג)— אסורה; הא נתפשה מותרת:

---

574. ר״ל לעצמן ואינם בכלל ריבוים לנזיר שכן ניזור מעם דבריו.

575. הענין הוא טומאת מצורע. עיין תוס׳ נזיר מח עמ׳ א דה״מ הכי גרסינן והש׳ יבמות קג עמ׳ ב ועוד עיין דברי התוס׳ שם דה׳מ כלומר והש׳ נדרים סד עמ׳ ב.

576. הנה גליון ששייך פה אלא שנפל בכה״י למעלה ולא מעיקר פירוש רבינו.

577. דספיקו טמא להלכה.

[...אבל מטמא הוא לשאר מתים][563] אמרת ק"ו ומה כהן הדיוט וכו'. הוי כמו דאמרינן (נזיר מח עמ' א) כהן הדיוט אין מ[י]טמא לשאר מתים דכתיב לנפש לא יטמא בעמיו (ויקרא כא:א)[564] ומ[י]טמא לקרובים דכתיב כי אם לשארו (ויקרא כא:ב):

נזיר [ש]אין מטמא לשאר מתים. דכתיב על נפש מת לא יבא (במדבר ו:ו):

הא מה [ת"ל] לאביו ולאמו (במדבר ו:ז). תי' איצטריך לאשמועי' דלא מטמא לקרובים, וי"ל דלהכי דריש למה לי למיכתב על נפש מת ליכתוב לאביו ולאמו ואנא ידענא שאינן קרובים[565] מק"ו דקרובים אלא ודאי לנפש[566] היינו קרובים, מת היינו רחוקים,[567] לאביו ולאמו (במדבר ו:ז) לדרשא כדמפרש ואזיל:

נאמר כלל בכהן גדול. דכתי' על כל נפשות מת לא יבא (ויקרא כא:יא):

ונאמר כלל בנזיר. על נפש מת לא יבא (במדבר ו:ו):

כלל [האמור] בכהן הדיוט. לנפש לא יטמא (ויקרא כא:א):

ר' עקיבא אומר אין צריך שהרי כבר נאמר.[568] כלומר דכתיב נפש מת (במדבר ו:ו) דדרשי' מנייהו קרובים ורחוקים כדלעיל:

[אם היה כהן גדול] לאביו ולאמו (במדבר ו:ז) וכו'. תחלתו דרשא הוא; נראה שהגרסא משובשת וה"ג אם היה נזיר "לאביו" (ולאמו) אינו מטמא אבל מטמא למת מצוה, אם היה נזיר וכהן "לאמו" (שם שם) אינו מטמא אבל מטמא למת מצוה, אם היה כהן גדול ונזיר "לאחיו" (שם שם) אינו מטמא אבל מטמא למת מצוה, אם היה הולך לשחוט את פסחו ולמול את בנו "לאחותו" (שם שם) אינו מטמא אבל מטמא למת מצוה. ובברכות (יט עמ' ב רש"י) ובמגילה (ג עמ' ב)[569] ובזבחים (ק עמ' א)[570] מביא ברייתא זו והכל בקיאין בפי':

נראה דה"ג אבל לבנו ולבתו לא נאמר (שהקטנים) [שאין קטנים ל]ניזירין. וה"פ— לכך לא נאמר גבי [נזיר] לא יטמא לבנו ולבתו לפי שהנזירים אין להם [בנים], שאין צריך לידור כנזיר אלא לנדור עצמו מן העבירה[571] ומי שיש לו אשה ובנים אין צריך נזירות; ובספרים כתי' "שאין הקטנים ניזורין" ואי אפשר להעמידה, מיהו (גם לפי' ק דכי לא) משכחת לה שיזור בעבור צער כדאשכחן בהילני המלכה (נזיר יט עמ' ב) שנדרה [נזירות] בעבור [בנה] שהיה במלחמה[572] [ו]כדי שיצילנו השם ית' לכך נר' גר' הספר[ים שאין הקטנים ניזורין] וה"פ— הקטנים אינם ניזורין ובקרא דטומאה כתי' כל ימי הזירו לה' על נפש מת לא יבא (במדבר ו:ו) למה לי למיכתב "הזירו" אלא משמע (אפילו) [אף] במי שראוי להזיר[573] לא יבא, ודוחק; עי"ל דה"פ אם

563. כאן אתי שפיר דגרסינן לשאר מתים.
564. כן פירש במיוחס לרש"י ז"ל בנזיר מח עמ' ב.
565. אינן קרובים היינו רחוקים.
566. =על נפש.
567. כן הוא בהדיא בזבחים ק עמ' א ובנזיר מח עמ' א הגירסא להפך.
568. נראה שרבינו לא גרס כאן שום פסוק.
569. עיין דברי רש"י למגילה ג' עמ' א.
570. ועיין נזיר מח עמ' ב.
571. ר"ל עבירת התשמיש.
572. ונדרה: אם יבא בני מן המלחמה בשלום אהא נזירה.
573. להוציא את הבנים מכלל אלו יטמא להם שהרי האב יכול להזיר את בנו הקטן.

שלשים ואחד יצא ת"ל עד מלאות הימים ועדיין לא מלאו ימי נזירותו אין לי אלא מי שיש לו הפסק לנזירותו נזיר עולם מנין ת"ל כל ימי נזרו קדוש הוא להביא את נזיר עולם.

קדוש יהיה, זו קדושת שער אתה אומר זו קדושת שער או אינו אלא קדושת הגוף כשהוא אומר קדוש הוא לה׳ הרי קדושת הגוף אמור הא מה ת"ל קדוש יהיה זו קדושת שער.

קדוש יהיה, למה נאמר לפי שהוא אומר וגלח הנזיר פתח אהל מועד אין לי אלא המגלח כמצוותו ששערו אסור ואוסר גלחוהו ליסטים מנין ת"ל קדוש יהיה מכל מקום.

קדוש יהיה, למה נאמר לפי שהוא אומר גדל פרע שער ראשו אין לי אלא מי שיש לו שער שתגהוג בו קדושת שער מי שאין לו שער מנין ת"ל קדוש יהיה מ"מ דברי ר׳ יאשיה ר׳ יונתן אומר אינו צריך שהרי כבר נאמר כי נזר אלהיו על ראשו בין שיש לו שער בין שאין לו שער הא מה ת"ל קדוש יהיה לענין שאמרנו.

גדל פרע שער ראשו, למה נאמר לפי שהוא אומר והיה ביום השביעי יגלח את כל שערו את ראשו ואת זקנו ואת גבות עיניו (ויקרא יד ט) אף הנזיר במשמע ומה אני מקיים גדל פרע שער ראשו בשאר כל הנזירים חוץ מן המנוגע או אינו מנוגע ומה אני מקיים יגלח את כל שערו בשאר כל המנוגעים חוץ מן הנזיר או אף הנזיר ת"ל יגלח אפילו נזיר.

גדל פרע שער ראשו, למה נאמר לפי שהוא אומר והצרוע אשר בו הנגע בגדיו יהיו פרומים וראשו יהיה פרוע (ויקרא יג מה) פרוע יגדל פרע אתה אומר פרוע יגדל פרע או אינו אלא פרוע כמשמעו הרי אתה דן נאמר כאן פרוע ונאמר להלן פרוע מה פרוע האמור להלן גידול שער אף פרוע האמור כאן גידול שער.

כל ימי נזרו, לעשות ימים שלאחר נזירותו כימים שבתוך נזירותו עד הבאת קרבן או לא יהיה חייב אלא עד שישלים נזירותו הרי אתה דן הואיל ואסור ביין ובשכר ואסור בתגלחת אם למדתי על היין שעשה ימים שלאחר נזירות כימים שבתוך נזירות עד הבאת קרבן אף תגלחת נעשה בה ימים שלאחר נזירות כימים שבתוך נזירותו עד הבאת קרבן ועוד קל מה היין שאינו סותר עשה בו ימים שלאחר נזירות כימים שבתוך נזירות עד הבאת קרבן תגלחת שהיא סותרת אינו דין שנעשה בה ימים שלאחר נזירות כימים שבתוך נזירות עד הבאת קרבן לא אם אמרת ביין שלא הותר מכללו לפיכך עשה בו ימים שלאחר נזירות כימים שבתוך נזירות עד הבאת קרבן תאמר בתגלחת שהותרה מכללה לפיכך לא נעשה בה ימים שלאחר נזירות כימים שבתוך נזירות עד הבאת קרבן הרי טומאה תוכיח שהותרה מכללה ועשה בה ימים שלאחר נזירות כימים שבתוך נזירות עד הבאת קרבן והיא תוכיח לתגלחת שאע"פ שהותרה מכללה נעשה בה ימים שלאחר נזירות כימים שבתוך נזירות עד הבאת קרבן לא אם אמרת בטומאה שהיא סותרת את הכל לפיכך עשה בה ימים שלאחר נזירותו כימים שבתוך נזירות עד הבאת קרבן תאמר בתגלחת שאינה סותרת את הכל לפיכך לא נעשה בה ימים של אחר הנזירות כימים שבתוך הנזירות עד הבאת קרבן לא זכיתי מן הדין ת"ל ואחר ישתה הנזיר יין וכי הנזיר שותה יין אלא מופנה לדין להקיש גזירה שוה נאמר כאן נזיר ונאמר להלן נזיר מה נזיר האמור להלן עשה בו ימים שלאחר נזירות כימים שבתוך נזירות עד הבאת קרבן אף נזיר האמור כאן נעשה בו ימים שלאחר נזירות כימים שבתוך נזירות עד הבאת קרבן.

גדל פרע שער ראשו, למה נאמר לפי שהוא אומר עד מלאות הימים שאם אמר הריני נזיר סתם קורא אני עליו עד מלאות הימים שומע אני מיעוט ימים שנים ת"ל גדל פרע שער ראשו כמה הוא גדול פרע אין פחות משלשים יום אבל מחודש ולמעלה או חודש ויום אחד או חודש ושני ימים (סליק פיסקא)

(כו) כל ימי הזירו לה׳ על נפש מת לא יבוא, הרי הכתוב משיאו מכלל תגלחת ובא לו ללמד על הטומאה.

על נפש מת לא יבוא, שומע אני נפשות בהמה במשמע ת"ל לאביו ולאמו במה ענין מדבר בנפשות אדם ר׳ ישמעאל אומר אינו צריך שכבר נאמר לא יבא בנפשות המטמאות בביאה הכ׳ מדבר אלו הם אלו נפשות אדם ומה ת"ל לאביו ולאמו לא יטמא לאביו ולאמו אינו מטמא אבל מטמא הוא למת מצוה הא עד שלא יאמר יש לי בדין

עד הבאת קרבן. מכל (במדבר ו:ה) קא דריש:

או לא יהא חייב אלא עד שישלים. והאי כל (במדבר ו:ה) ר״ל הימים שנזר דהיינו בין נזירות מרובה בין נזירות מועטת:

אם אמרת ליין שעשה בו וכו׳.[556] דכתיב **ואחר ישתה הנזיר יין** (במדבר ו:כ) שלא הותר מכללו שאפי׳ יין מצוה אסור אבל תגלחת הותרה במצורע:

[**טומאה הותרה מכללה**]. טומאה הותרה אכל מת מצוה:

ונעשה בה ימים שלאחר נזירותו כימים שבתוך נזירותו עד הבאת קרבן. [דכתיב] **והזיר לה׳ את ימי נזרו והביא** (במדבר ו:יב), ומיניה דרשינן לקמן לעשות ימים וכו׳[557]:

[558]([**אין לי אלא**]. דכתיב **עד מלאת הימים** הא במלאת יעבור, והכי פירושו אין לי שמותר לגלח לאחר מלאת אלא בסתם נזירות דביה איירי קרא:

נזיר עולם מנין. כגון אם הכביד שערו כדתנן בריש נזיר נזיר עולם הכביד שערו מקל בתער ומביא ג׳ בהמות:

ת״ל כל ימי נזרו קדוש. הא כששלמו ימי נזרו יכול לגלח ואם אינו ענין למילוי [תנהו...])

ת״ל ואחר ישתה הנזיר וכו׳ (במדבר ו:כ). כיון שהותר ביין אמאי קרי ליה ״נזיר״:

ונאמר להלן נזיר. דכתי׳ **וגלח הנזיר** (במדבר ו:יח):

כמה הוא גדול שער. אין פחות מל׳ יום (כדי לפרש) [כדמפרש] מיהיה (במדבר ו:ה)[559];[560]

ה״ג **מחדש ומעלה.** ולא גרסי׳ ״או חדש ויום אחד או חדש ושני ימים״ דחדש הוי כ״ט יום וחצי וגידול פרע הוי שלושים יום דהיינו ״מחדש ולמעלה״:

[פיסקא כו]

משיאו. כמו מסיעו:[561]

נפשות בהמה שהיא נטמאה במגע ובמשא. וכתי׳ [ו]**מכה נפש בהמה ישלמנה** (ויקרא כד:יח):

לא יבא (במדבר ו:ו) **בנפשות ה[מ]טמאות בביאה.** דכתיב **כל הבא אל האהל** (במדבר יט:יד):

מה ת״ל לאביו ולאמו (במדבר ו:ז). הוי דבכלל **על נפש מת לא יבא** (במדבר ו:ו):[562]

ה״ג **לאביו [ולאמו] לא יטמא אבל מטמא למת מצוה.** ול״ג לשאר מתים:

---

556. הגירסה של הספרי לפנינו שונה מזו.

557. עין פיסקא לא. וקטע זה היה נמצא בכה״י אחרי ״למילוי״ ובלבול סופרים הוא.

558. גליון השייך למטה פיסקא כז ואינו מעיקר הפירוש.

559. עיין נזיר מ עמ׳ א.

560. בגמטריא=ל.

561. ר״ל מוליך.

562. א״כ מה בא למעט?

ו]**עדיין לא מלאו ימי נזירותו.**[549] ארישא קאי דקאמר שמגלח יום שלושים ואחד דכיון דסתם נזירות שלושים יום[550] כל זמן שלא שלמו שלושים בנזירות אכתי **לא מלאו**[551] קרינן ביה,[552] ומאי דקאמר [ברישא] ואם גילח ביום שלושים[553] **יצא** לא מקרא יליף אלא מסברא משום דאמרי׳ (נזיר ו עמ׳ א) מקצת היום ככולו:

ה״ג אין לי אלא סתם נזירות נזיר עולם מנין. וקאי אמקרא דכתיב **ולא יעבור על ראשו** (במדבר ו:ה). [אם עינו ענין] לסתם נזיר שכבר כתי׳ **עד מלאת הימים** תנהו ענין לנזיר עולם ואם אינו ענין למילוי ימים דהא נזיר עולם הוא תנהו ענין להכביד שערו:

קדוש יהיה (במדבר ו:ה) **זו קדושת שיער.** פי׳ ששערו אסור בהנאה ואוסר את תערובתו כדמפרש ואזיל:

או אינו אלא קדושת הגוף. כלומר דילמא לא מיירי קרא באיסור הנאה אלא אשמעינן דמתקדש גופן על ידי הנזירות:

קדוש יהיה (במדבר ו:ה) **למה נאמר.** פי׳ אמאי אצטריך לאיסור הנאה כיון דכתיב **וגלח הנזיר וכו׳ ונתן על האש** (במדבר ו:יח) אנא ידענא באסור בהנאה, ומשני דאצטריך לגלחוהו לסטים כדמפרש ואזיל שגילחוהו ביום הקרבת קרבנותיו ולאחר זריקת דמים ששערו אסור בהנאה ואוסר תערובתו כדמפרש בסוף ע״ז (עד עמ׳ א):[554]

גילחוהו לסטים מנין. פי׳ ואחר גילוח לסטים [י]נהג נזירות כדי גידול שער:

קדוש יהיה (במדבר ו:ה) **למה נאמר.** מיהיה קא בעי ותרויהו סבירא להו דהעברת שער אינו מעכב אלא מעביר תער על מקום שער ודיו לענין שאמרנו היינו דמפרש ואזיל:

גדל פרע (במדבר ו:ה) **למה נאמר.** כיון דכתיב **תער לא יעבור** (במדבר ו:ה) פשיטא שצריך לגדלו:

יגלח את כל שערו (ויקרא יד:ט). **במצורע כתי׳:**

אף הנזיר במשמע. **אם היה מצורע:**

חוץ מן המנוגע. אבל מנוגע מגלח דאתי עשה דגילוח מצורע (דאיכא שלום ודאי)[555] [ודוחה] לא תעשה **דלא יעבור** (במדבר ו:ה):

או אפי׳ מנוגע. לא יגלח משום דנזיר הוי עשה **דגדל פרע** (במדבר ו:ה) ולא תעשה **דתער לא יעבור** (במדבר ו:ה):

ת״ל יגלח וכו׳ (ויקרא יד:ט). דמשמע יגלח מ״מ:

גדל פרע שער ראשו (במדבר ו:ה) **למה נאמר.** מפרע בעי דמצי למכתב גדל שער ראשו אלא ללמד על פרוע במצורע דהוי גידול שערו [ו]לא הוי גילוי הראש כההוא דסוטה דכתיב **ופרע את ראש האשה** (במדבר ה:יח):

---

549. עין נזיר טז עמ׳ א.
550. לכאורה שלושים שלימים וכרב מתנה נזיר ה-ו.
551. עדיין לא מלאו ימי נזירותו והרי כתיב לא יעבור...עד מלאת הימים (במדבר ו:ה).
552. כמו רב מתנה נזיר ה עמ׳ ב.
553. כגון שנדר שני נזירות ויום ל׳ עולה לכאן ולכאן.
554. ואפילו בתערובתו לא בטל באלף.
555. אולי צ״ל: ודחי.

שהטומאה והתגלחת סותרין והיוצא מן הגפן אינו סותר ושמא משום הכי כתביה רחמנא האי **כל ימי נדר נזרו** (במדבר ו:ה) גבי תגלחת ולא גבי יין וגבי טומאה בהדיא כתיב **והימים הראשונים יפלו** (במדבר ו:יב), מיהו התם נשמע דאין סתירתם שוה דאילו טומאה סותרת את הכל ותגלחת בנזירות מרובה אינו סותר אלא שלושים יום כדי גידול שער:

תער לא יעבור אין לי אלא תער. בספר[י׳] אחד[׳] מצאתי תער לא יעבור לעשות המגלח כמתגלח ולא מצאתיו בכל הספרים מיהו בפ׳ שלשה מינין [נזיר מד עמ׳ א] איתא תגלחת עשה בה מגלח כמתגלח, קרי ביה לא יעבור הוא ולא יעביר לאחר, בתוספת׳ (נזיר ד:ד) דנזיר נמי איתא:

[אין לי אלא תער תלש ספסף]. ה״ג בנזיר (לט עמ׳ ב) ״אין לי אלא תער תלש ספסף מירט מנין וכו׳״, ו[התם] ל״ג סיפר, והכא אית ״סיפר״[535] במקום ״מירט״, ופי׳ תלש— שתלש השיער בידו[536] מעיקרו, ספסף— שחתכו[537] קרוב לעיקרו[538] דליכא למימר באמצעו יד;[539] בנזיר (מ עמ׳ ב) אמר רב חסדא ללקות באחת[540] לעכב בשתים[541] לסתור אינו סותר אלא ברוב ראשו[542] [ובתער, ומפרש התם] וכעין תער,[543] מירט על ידי סם כגון (נזיר מ עמ׳ א) סך נשא[544] ונמרט השער מעקרו:[545]

ת״ל קדוש יהיה (במדבר ו:ה). **מגדל פרע** (שם שם) יליף דמשמע יגדלנו ולא ישירנו בשום דבר תי׳ דהיאך לוקה, הוה ליה לאו הבא מכלל עשה? ושמא **גדל פרע** אינו אלא לגלויי על **לא יעבור** (במדבר ו:ה) דהכי קאמר לא יעבירנו בשום ענין כדי שיגדלנו:[546]

ר׳ יונתן אומר בתער הכתוב מדבר. ובנזיר (לט עמ׳ ב) פריך והא כתי׳ **קדוש יהיה גדל פרע** (במדבר ו:ה), ומשני למימרא דאי מעביר ליה בתער עובר עליו בעשה ולא תעשה:[547]

עד מלאת הימים— מנין אתה אומר [שאם אמר הריני נזיר סתם מגלח ל״א יום ואם גילח יום ל׳ יצא ת״ל עד מלאות הימים] וכו׳ [ק׳ ימים אם גילח ביום ל״א יצא[548] **ת״ל] עד [מלאות הימים**

---

535. לשון מספרים.
536. שיטת הרא״ש נזיר לט עמ׳ ב.
537. כלי שמחתך שער על הבשר.
538. שאינו משחית שרשו אלא השער קרוב לשרשו.
539. ואין לומר דלאו דתער לא יעבור (=כעין תער) קאי דווקא אתלישת יד שכן נישחתו השרשים אלא קאי אכל דבר כעין תער דמחתך שערו על הבשר אפילו לא נישחתו השרשים.
540. לשער אחת.
541. בסוף ימי נזירתו כשיגלח כל ראשו אפילו לא נשארו לו אלא שתי שערות בלבד התגלחת לא עולה לו וכאילו לא עשה כלום דשתים לעיכוב.
542. באמצע ימי נזירתו.
543. בבלי שם: ״ובתער״... אלא אימא כעין תער. פירוש הדבר אפילו ביד, אפילו בסם.
544. נשא שם צמח ופירש״י ז״ל בבא קמא פו עמ׳ א: סם המשיר את השער.
545. ועין דברי הרמב״ם נזירות ה:יב ומה שהקשה עליו הלחם משנה ופשוט דלפי הרמב״ם מירט אינו לסוך סם.
546. לפי רבינו לוקין על כל דבר ולא כמו שאמר הרמב״ם נזירות ט:יא דאיכא העברת שער דלא לקי עליה וכמאמר הבא בשם רבי יונתן.
547. לשון הגמרא אינו מדויקת.
548. כלומר יכול דיצא.

(כד) כל ימי נזרו מכל אשר יעשה מגפן היין, בא הכתוב ללמדך שאם אכל כזית מכולם שהוא לוקה את הארבעים ומיכן אתה דן לכל איסורים שבתירה ומה אם היוצא מן הגפן שאין איסוריו איסור עולם ואין איסוריו איסור הנאה ויש היתר לאחר איסורו הרי הם מצטרפין זה עם זה בכזית שאר איסורים שבתורה שאיסורם איסור עולם ואיסורם איסור הנאה ואין להם היתר לאחר איסורם דין הוא שיצטרפו זה עם זה בכזית.

מכל אשר יעשה מגפן היין, שומעני מן העלים והלולבים במשמע ת״ל מחרצנים ועד זג מה הפרט מפורש פרי ופסולת פרי אף אין לי אלא פרי ופסולת פרי ולהוציא את העלין ואת הלולבין שאינן פרי ופסולת פרי ר׳ אליעזר אומר כל ימי נזרו מכל אשר יעשה מגפן היין אף העלים והלולבים במשמע.

מחרצנים ועד זג לא יאכל, מיעוט חרצנים שנים וזג אחד דברי ר׳ אלעזר בן עזריה אלו הם החרצנים ואלו הם הזגין החרצנים אלו החיצונים והזגים אלו הפנימים דברי ר׳ יהודה, ר׳ יוסי אומר שלא תטעה בזוגים של בהמה החיצון זג והפנימי ענבל.

מחרצנים ועד זג לא יאכל, מגיד שלא פטר בו אכילת צער שהיה בדין ומה אם יום הכפורים חמור פטר בו אכילת צער נזיר הקל אינו דין שיפטור בו אכילת צער ת״ל מחרצנים ועד זג לא יאכל מגיד שלא פטר בו אכילת צער.

מחרצנים ועד זג, למה נאמר לפי שהוא אומר מכל אשר יעשה כגפן היין כלל מיין ושכר יזיר חומץ יין וחומץ שכר פרט כלל ופרט אין בכלל אלא מה שבפרט מה הפרט מפורש פרי ופסולת פרי אף אין לי אלא פרי ופסולת פרי להביא את החרצנים ואת הזגים שהם פרי ופסולת פרי או מה הפרט מפורש פרי גמור אף אין לי אלא פרי גמור אמרת וכי איזהו פרי גמור שלא אמרו הא אין עליך לדון כלשון האחרון אלא כלשון הראשון מה הפרט מפורש פרי ופסולת פרי אף אין לי אלא פרי ופסולת פרי להביא את החרצנים ואת הזגים שהם פרי ופסולת פרי אם זכיתי מן הדין מה ת״ל מחרצנים ועד זג לא יאכל אלא ללמדך כלל שאתה מוסיף על הפרט אי אתה יכול לדונו כעין הפרט להוציאו מן הכלל עד שיפרוט לך הכתוב כדרך שפרט לך בנזיר.

כל ימי נזרו, לעשות ימים שלאחר נזירותו כימים שבתוך נזירותו עד הבאת קרבן שיכול לא יהיה חייב <אלא> עד שישלים את נזירותו ת״ל ואחר ישתה הנזיר יין אחר כל המעשים דברי ר׳ אליעזר (סליק פיסקא)

(כה) כל ימי נדר נזרו, הרי הכתוב משיאו מכלל היין ובא לו ללמד על התגלחת: כל ימי נדר נזרו, נדרו תלוי בנזירותו ולא נזירותו תלויה בנדרו: תער לא יעבור על ראשו, לעשות המגלח כמתגלח: תער לא יעבור על ראשו, אין לי אלא תער תלש סיפסף וסיפר מנין שהוא לוקה את הארבעים ת״ל קדוש יהיה מכל מקום דברי ר׳ יאשיה ר׳ יונתן אומר בתער הכתוב מדבר הא אם תלש וסיפסף וסיפר אינו לוקה את הארבעים.

עד מלאות הימים אשר יזיר לה׳, מנין אתה אומר שאם אמר הריני נזיר סתם מגלח יום שלשים ואחד ואם גילח יום שלשים יצא ת״ל עד מלאות הימים אשר יזיר לה׳ וכבר מלאו ימי נזירותו או אפילו אמר הריני נזיר מאה ימים אם גילח ביום

אם זכית מן הדין וכו׳. ה״ג ״אלא ללמדך שכל מקום שאתה מוציא כלל ופרט אי אתה יכול לדון כעין הפרט עד שיפרט לך הכתוב כדרך שפרט בנזיר״,[523] וה״פ כיון דחרצנים וזג אתו מן דינא[524] ומצינו שכתבן בא ללמדנו למקום אחר[525] שלא נדון כי האי דינא דדיניה מעיקרא משום דכלל ופרט אין בכלל אלא מה שבפרט[526] ולא ידעי חרצנים וזג גופיהו כל שכן בוסר וענבי דכרי[ן] אבל השתא דכתיב **מחרצנים ועד זג** איכא תרי פרטי[527] ואין מיעוט אחר מיעוט אלא לרבות כעין הפרט דהיינו ״אף כל פרי ופסולת פרי״ ובפ׳ ג׳ מינין (לד עמ׳ ב) דריש להו בפרט וכלל ופרט ומרבי כעין הפרט[528] והכא אתי שפיר טפי **דמכל אשר יעשה** (במדבר ו:ד) דהוי כלל לאחר דמיין ושכר וכו׳ כתיב; ותי׳ א״כ דדריש לה בפרט וכלל ופרט ומרבי כעין הפרט מאי איכא בין ״כלל ופרט וכלל״, ל״פרט וכלל ופרט״? וי״ל דלמאן דאמר[529] כללא קמא דוקא ליכא בינייהו ולא מידי דפרטא קמא נמי דוקא ופרטא בתרא לא מרבי אלא מידי דדמי לפרט בכל צדי, אבל למאן דאמר כללא בתרא דוקא א״כ מרבי מידי דלא דמי לפרטא אלא בחד צד ובפרטא לא שייך לומר דוקא אלא בפרטא קמא דאותו הוא מיעוט גמור אבל פרט אחר אינו מרבה אלא מטעם מיעוט אחר מיעוט לרבות, וכלל נמי לרבות— הוו נמי שני ריבויין! ומשום הכי פרטא בתרא לעולם לא מרבי אלא מידי דדמי לפרט בכל צד:

לעשות ימים וכו׳. כלומר אם נתעכב מלהביא קרבנותיו[530] ומכל דריש ליה:

אחר כל המעשים כולם. ורבנן פליגי עליה פ׳ ג׳ מינין (נזיר מו עמ׳ ב) ואמרי אחר מעשה יחידי שאפי׳ לא נזרק עליו אלא אחד מהדמים הותר לשתות יין:

[פיסקא כה]

משיאו. [531] כמו מסיעו,[532] ודכוותיה (סנהדרין לג:ב) משיאין את העדים וכו׳:

נדרו תלוי בנזירותו. פירוש, אם יפרוש מן היין ומן התגלחת ומן הטומאה[533] דהיינו לשון נזירות בזה תלוי השלמת נדרו אבל אין הנזירות נשלם בהשלמת ימי הנדר אלא בהבאת קרבנותיו; ואשמועינן דאם גילח בתוך ימי נזירותו סותר[534] והכי נמי אמרי בפ׳ ג׳ מינין (נזיר מד עמ׳ א)

523. ע״פ נזיר לד עמ׳ ב.
524. והייתי יודע אותן בלי קרא מפורש.
525. כלל גדול בכל התורה כולה.
526. אין זה סתם כלל.
527. מיין ושכר וכו׳, מחרצן ועד זג.
528. מיוחס לרש״י שם: שלא תהא מרבה אלא כעין הפרט [עד שיפרוט לך הכתוב] כדרך שפרט לך בנזיר שלאחר שכתב את הכלל (דהיינו מכל אשר יעשה מגפן) בא וכתב לך פרט מחרצנים ועד זג.
529. עיין נזיר לה.
530. לפני גמר כל העבודות עדיין שם נזיר עליו בכל דקדוקיה.
531. כן בכמה כה״י של הספרי.
532. הפעיל של נסע.
533. מכיון שהמקרא יקפץ מענין יין לענין טומאה לענין תגלחת צריך תמיד לחזר כל פעם לומר כללו של דבר ״כל ימי נזרו״ ולכמה ימים חלה עליו פרט מה של נזירותו כהקדמה לכל ענין חדש.
534. וצריך להתחיל לספור מחדש.

[ו]להוציא את העלין.[507] האי דלא כאיסי דהא נפקא ליה **מלחים ויבשים** (במדבר ו:ג), **ומחרצנים ועד זג** (במדבר ו:ד) דריש ליה איסי[508] להביא דבין הבינים:[509]

פרי ״ענבים״[510] **ופסולת פרי.** ״חרצן״ ו״זג״ דריש [והכי מפרש בנזיר פרי עינבי פסולת פרי מאי היא חומץ] אף כל פרי [מאי היא] גוהרקי— דהיינו בוסרו— ופסולת פרי [מאי היא] לאיתויי ענבי דכרי[ן]— והם ענבים רעים שאינם כלום [אי] נמי [גרסי׳] ענבי דקדים— והם שדופות הקדים, והכי מפר׳ לה פ׳ שלשה מינים (לד עמ׳ ב):

כפורים חמור. שהוא בכרת דכתי׳ **כי כל הנפש אשר לא תענה ונכרתה** (ויקרא כג:כט):

[שלא] פטר בו אכילת צער. **[לא יאכל** (במדבר ו:ג) מיותר דריש ולשון **צער**] לאו דוקא אלא ר״ל מסתכן,[511] [וא״ת] מאי שנא מכל התורה כולה וי״ל דגבי נזיר בטלה דעתו אצל כל אדם שאין לך אדם שימות אם לא ישתה יין כיון שהוא מותר בשאר בדברים[512] אבל קשה[513] דמשכחת לה כגון שאינו מוצא דברים המותרים לו ושמא שאני נזיר שיכול לישאל על נזרו והוה ליה כמו דבר שיש לו מתירין:[514]

מחרצנים ועד זג למה נאמר. תי׳ הא אמר לאיסור אכילת צער! וי״ל דההוא **מלא יאכל**[515] מיותר נפקא דלמה לי למיכתב תרי זמני לא יאכל חדא גבי ענבים וחדא גבי חרצנים ועד זג[516] לערבינהו וליכתוב **לא יאכל** (במדבר ו:ד) אכולהו אלא לאיסור אכילת צער כדפי׳,[517] גם פשי׳ דאיצטרך **מחצרנים ועד זג** (במדבר ו:ד) לאסור פסולת הפרי; אלא בעי— למה נאמר פרט בפני עצמו:

ואע״ג דאמר מה הפרט מפורש פרי ופסולת וכו׳. לא דמי חרצן וזג לחומץ דחשיב הכא פסולת אלא לרווחא דמילתא נקט הכי, אי נמי מאי דאמר לעיל דחרצנים וזג היינו פסולת פרי היינו לפי האוקימתא דהכא, וה״פ למה נאמר כלל דלאו פסולת מפרטא נפקא, אי נמי הכי קאמר הכא ואם איתא דכלל ופרט דרשי׳ כעין הפרט ונאמ׳ דבא הפרט[518] למעט את הכלל[519] ולומר דלא מרבי כל מלי[520] אבל לעולם לא בא למעט את עצמו[521] ונדרוש כעין הפרט,[522] אם כן למה נאמר **מחרצנים ועד זג** והאי פי׳ עיקר ממה דמסיים ״אלא ללמדך וכו׳״:

---

507. להוציא את העלין אינו בספרי לפנינו.
508. כמו בנזיר לח עמ׳ ב— ומי התנא של ביני הביניים? איסי בן עקביא מסברא.
509. מה דיש בין החרצן והזג.
510. אינו לפנינו בספרי.
511. שמא יסתכן במחלה או במיתה.
512. אם כן מיירי דאינו מסתכן למיתה שיש לו מה לאכול אע״פ שהוא רואה את עצמו כאילו ימות בלי יין.
513. בטח מיירי במקום סכנה ממש דאם לאו כן אין בו חידוש כלל.
514. ואפילו לפיקוח נפש צריך לשאול אם אפשר.
515. בסיפא דקרא.
516. אבל למעלה אמר דמתרי זמני דכתב ר״ש למד שעור כזית בצירוף איסורים לנזיר.
517. שאסור למסתכן לשתות.
518. מיין ושכר יזיר וחומץ שכר.
519. מכל אשר יעשה מגפו היין.
520. מיוחס לרש״י נזיר לד עמ׳ ב: בכל התורה שיהא שם פרט וכלל בלבד אי אתה רשאי למושכו ולדונו כעין הפרט אלא שבלל נעשה מוסף על הפרט ואיתרבו להו כל מילי.
521. פרי. הרי חרצן.
522. פסולת פרי. הרי זג.

שאר איסורין. כגון כלאי הכרם שאסורים לעולם וגם בהנאה כדכתי׳ **פן תקדש** (דברים כב:ט)— פן תוקד אש, והוא הדין לערלה בשתי הצדדין שאיסורו איסור עולם[496] ואיסור הנאה[497] אותו הפרי שנאסר משום ערלה אבל יש התר לאיסורו בשנה הרביעית על ידי פדיון,[498] וחמץ בפסח בחד צד איסורו איסור הנאה:[499]

אם חייב על היוצא מן הפרי. היינו היין:

להביא את הבוסר. כדאמרי׳ בגיטין (משנה גיטין ג:ח) בשעת הבאת מים לבוסר:[500]

ה״ג או לחים (במדבר ו:ג) **להוציא את היבשים.** דהכי משמע בענבים לחים אתה אוסר אבל לא ביבשים:

שהיה בדין. שלא יתחייב בבוסר:[501]

הרי כל יבשים במשמע.[502] תי׳ מאי ניהו כל יבש שהוא במשמע, וי״ל דה״פ כל יבש משמע והוא שיהיה מין גפן[503] אפי׳ עלין ואפי׳ לולבין אתא ענבים לחים ויבשים למעטינהו[504] ובפ׳ ג׳ מינין (נזיר לד עמ׳ ב) פליגי תנאי אי דרשינן קרא בכלל ובפרט או בריבוי ומיעוט ואיכא בינייהו עלין ולולבין.

[פיסקא כד]

שאם אכל [כזית] **מכולן. מכל אשר יעשה** (במדבר ו:) משמע דכולם מצטרפין, וא״ת הא סתם ספרי ר׳ שמעון ואמרי׳ במסכת מכות (יז עמ׳ ב, נזיר ד עמ׳ א) [ר׳ שמעון אומר] כל שהוא למכות ואמאי בעי צירוף, קי״ל[505] שאני גבי נזיר דכתיב **לא יאכל** (במדבר ו:ג) **לא יאכל** (במדבר ו:ד) תרי זמני דהיינו שיעור אכילה:[506]

שאר איסורין שבתורה. תי׳ האיך יצטרפו חצי זית חלב וחצי זית דם, וי״ל דלא קאמר אלא חצי זית חלב הכליות וחצי זית חלב המכסה את הקרב דשם חלב על שתיהן וכן שני מיני דמים, אי נמי משתי בהמות וגבי ערלה משכחת לה חצי זית אגוז וחצי זית רמון בשניהם איקרו ערלה ודם וחלב לא אתי אלא בחד צד שאין היתר לאיסורן:

---

496. נ״א: איסור הנאה.
497. נ״א: עולם.
498. שיטת תוס׳ נזיר לז עמ׳ א ולא כרש״י ז״ל.
499. ובכולם אמרינן שנעשה טעם כעיקר.
500. פי׳ הבוסר הוא ענב קטן שעוד לא מתבשל וכשיש בתוכו מספיק להעצור ממנו כל שהוא הזיבה נקרא מים ולא יין ואעפ״כ אסור לנזיר מריבוי הפסוק.
501. דאינו פרי גמור ולהכי צריך ריבוי מקרא.
502. אם לא אמר לחים אלא רק יבשים.
503. אפילו לא פרי.
504. עין למעלה ליליף דין זה מפסוק דמחרצנים ועד זג.
505. איני יודע מקומו. ועין דברי התוס׳ לע״ז סח עמ׳ ב ומעילה יח עמ׳ א שהוקשו קושיא דרבינו אבל השיבו באופן אחרת.
506. בצירוף.

ספרי פיסקא כג נשא

רשות קו ומה אם אונן שעשה בו אכילת מצוה כיין מצוה לא עשה בו יין מצוה כיין רשות נזיר שלא עשה בו אכילת מצוה כיין מצוה אינו דין שלא נעשה בו יין מצוה כיין רשות הרי העובד יוכיח שלא עשה בו אכילת מצוה כיין מצוה ועשה בו יין מצוה כיין רשות והוא יוכיח לנזיר שאף על פי שלא עשה בו אכילת מצוה כיין מצוה נעשה בו יין מצוה כיין רשות ועוד קו מה אם עובד שלא עשה בו פסולת האוכל כאוכל אכילה כשתייה ואכילת ענבים כשתיית יין עשה בו יין מצוה כיין רשות נזיר שעשה בו פסולת האוכל באוכל אכילה כשתייה ואכילת ענבים כשתיית יין אינו דין שנעשה בו יין מצוה כיין רשות לא אם אמרת בעובד שענש בו מיתה לפיכך עשה בו יין מצוה כיין רשות תאמר בנזיר שלא ענש בו מיתה <הואיל ולא ענש בו מיתה> לפיכך לא נעשה בו יין מצוה כיין רשות ת״ל מיין ושכר יזיר לעשות יין מצוה כיין רשות רבי יוסי הגלילי אומר מיין ושכר יזיר למה נאמר לפי שהוא אומר ואכלת לפני ה׳ אלהיך במקום אשר יבחר לשכן שמו שם מעשר דגנך תירשך ויצהרך (דברים יד כג) אף הנזיר במשמע ומה אני מקיים <מיין ושכר יזיר> בשאר כל היינות חוץ מיין מצוה או אף ביין מצוה ומה אני מקיים ואכלת לפני ה׳ אלהיך בשאר כל אדם חוץ מן הנזיר או אף בנזיר ת״ל מיין ושכר יזיר לעשות יין מצוה כיין רשות אבא חנין אומר משום רבי אליעזר למה נאמר מיין ושכר יזיר שהיה בדין הואיל ואסור בטומאה ואסור ביין אם למדתי לטומאה שלא עשה בה מת מצוה כמת רשות אף היין לא נעשה בו יין מצוה כיין רשות <ת״ל מיין ושכר יזיר לעשות יין מצוה כיין רשות>

מיין ושכר יזיר, והרי יין הוא שכר ושכר הוא יין אלא שדברה תורה שתי לשונות כיוצא בו אתה אומר שחיטה היא זביחה וזביחה היא שחיטה קמיצה היא הרמה הרמה היא קמיצה עמוקה היא שפלה שפלה היא עמוקה אות הוא מופת מופת הוא אות אלא שדברה תורה שתי לשונות אף כאן אתה אומר מיין ושכר יזיר והרי יין הוא שכר ושכר הוא יין אלא שתי לשונות דברה תורה ר׳ אלעזר הקפר אומר יין זה מזוג שכר זה חי אתה אומר יין זה מזוג שכר זה חי או אינו אלא יין זה חי ושכר זה מזוג ת״ל ונסכו רביעית ההין לכבש האחד בקודש הסך נסך שכר לה׳ (במדבר כח ז) חי אתה מנסך ואי אתה מנסך מזוג הא אין עליך לומר כלשון האחרון אלא כלשון הראשון יין זה מזוג שכר זה חי.

יזיר, אין נזירה בכל מקום אלא פרישה וכן הוא אומר וינזרו מקדשי בני ישראל (ויקרא כב ב) ואומר את ספיח קצירך לא תקצור ואת ענבי נזירך לא תבצור (שם כה ה) ואומר המה באו בעל פעור וינזרו לבושת (הושע ט י) ואומר האבכה בחודש החמישי הנזר (זכריה ז ג) הא אין נזירה בכל מקום אלא פרישה: יזיר, שומע אני מסחורתו ומרפואתו <ת״ל לא ישתה> מותר הוא בסחורתו וברפואתו.

חומץ יין וחומץ שכר לא ישתה, מגיד שעשה בו חומץ כיין שהיה בדין הואיל ועובד אסור בשתיית יין ונזיר אסור בשתיית יין אם למדתי לעובד שלא עשה בו חומץ כיין אף נזיר לא נעשה בו חומץ כיין ועוד קו ומה אם עובד שענש בו מיתה לא עשה בו חומץ כיין נזיר שלא ענש בו מיתה אינו דין שלא נעשה בו חומץ כיין ת״ל חומץ יין וחומץ שכר לא ישתה מגיד שעשה בו חומץ כיין וכשם שעשה בו יין מצוה כיין רשות כך נעשה בו חומץ מצוה כחומץ רשות.

וכל משרת ענבים לא ישתה, וכי מה הניח הכתוב שלא אמרו והרי כבר נאמר מיין ושכר יזיר חומץ יין וחומץ שכר לא ישתה ומה ת״ל וכל משרת ענבים לא ישתה מגיד שאם שרה ענבים במים שהם בנותן טעם ומיכן אתה דן לכל איסורים שבתורה ומה אם היוצא מן הגפן שאין איסורו איסור עולם ואין איסורו איסור הנאה ויש לו היתר לאחר איסור עשה בו טעם כעיקר שאר איסורים שבתורה שאיסורם איסור עולם ואיסורם איסור הנאה ואין להם היתר אחר איסורם אינו דין שנעשה בו טעם כעיקר.

וענבים, למה נאמר יש לי בדין עד שלא יאמר אם חייב על היוצא מן הפרי לא נחייב על פרי עצמו אלא אם אמרת כן ענשת מן הדין ת״ל וענבים ללמדך שאין עונשין מן הדין.

לחים, להביא את הבוסר אתה אומר לחים להביא את הבוסר או לחים להוציא את היבשים כשהוא אומר ויבשים הרי יבשים אמורים הא מה ת״ל לחים להביא את הבוסר שהיה בדין הואיל וחייב ביין וחייב בענבים מה יין פרי גמור אף ענבים פרי גמור ת״ל לחים להביא את הבוסר איסי בן עקביא אומר אלו נאמר יבשים הרי כל יבשים במשמע כשהוא אומר לחים ויבשים במה ענין מדבר ביוצא מן הגפן (סליק פיסקא)

לא עשה בו מת מצוה. דמותר להטמא למת מצוה כדרשי' (נזיר מז עמ' ב) מריבויא **דלאביו** (במדבר ו:ז), לאביו הוא דאינו מטמא אבל מטמא הוא למת מצוה:[493]

הוא שכר. דמתרגמי' [מיין ושכר] (במדבר ו:ג) [מ]חמר חדת ועתיק:

זביחה. וזבחת פסח (דברים טז:ב):

שחיטה. ושחטו אותו (שמות יב:ו):

קמיצה. וקמץ משם (ויקרא ב:ב):

הרמה. והרים ממנו בקומצו (ויקרא ו:ח):

עמוקה [**היא**] **שפלה.** לגבי נגעים [כתיב] **והנה מראהו עמוק מן העור** (ויקרא יג:ל) וכתי' **ושפלה איננה** [**מן העור**] (ויקרא יג:כא) ור"ל לבנה יותר מדאי כדאמרינן (חולין סג עמ' א) כמראה חמה עמוקה מן הצל:

אות. ונתן אליך אות או מופת (דברים יג:ב), ור"ל שהכל הוא שינוי שמשתנה הדבר מטבעו או המטה לנחש או המים לדם:

אלא שדברה תורה שתי לשונות. שלא תאמר יין אסרה תורה שהוא ישן אבל חדש אינו קרוי יין:

ר' אלעזר הקפר וכו'. קסבר דאצטריך לאסור בין חי בין מזוג:

ת"ל ונסכו. מסוף הפסוק יליף דכתי' **הסך נסך שכר** (במדבר כח:ז) דמשמע נסכהו ומזגהו לשכר משמע ששכר[494] הוא בלא מזוג ונראה דת"ק סבר דאי משום האי לא איצטרך דכיון דאסר ממשרת (במדבר ו:ג) כל טעם יין כדלקמן פשיטא במזוג אסור:

אלא פרישה. שיפרוש מן היין:

וינזרו מקדשי (ויקרא כב:ב). יתפרשו מן הקדשים בטומאה:

את ענבי נזירך (ויקרא כה:ה). כתרגומו ית ענבי שבקך, תי' מאי כל הני ואומ' וי"ל דהכי קאמר **וינזרו מקדשי** (הושע ט:י) וכי תימא קדשים שאני ת"ש **את ענבי נזיריך** וכי תימא מתנות עניים שאני ת"ש **וינזרו לבושת** (הושע ט:י) [פי'] נתפרשו מן הקדושה ונדבקו לבושת, וכי תימא ע"ז חמירא ת"ש **האבכה** (וכו') [**בחודש החמישי**] **הנזר** (זכריה ז:יב) היינו להתענות ולהתפרש ממאכל ומשקה והיינו חולין:

מסחורתו או מרפואתו. כלומר שיהיה נזיר אסור לעשות סחורה או רפואה [ביין]:

ת"ל מיין. משמע מגופו של יין:[495]

עובד. לא מצינו שנאסר אלא ביין ובשכר:

וכל משרת ענבים וכו' (במדבר ו:ג). הכא דריש לעשות טעם כעיקר ובנזיר (לה עמ' ב) ובפסחים (מד עמ ב') דריש ליה ר' עקיבא להתר מצטרף להשלים שיעור האיסור:

שאין איסורו איסור עולם. אלא שלושים יום:

ואין איסורו איסור הנאה. דקיימא לן (משנה עירובין ג:א) מערבין לנזיר ביין:

ויש היתר לאיסורו. על ידי שאלת חכם, אי נמי יש לנו התר אחר איסורו— היינו לאחר הקרבת קרבנותיו:

---

493. א"כ יש לדחות נזירותו מלפני כל מצות במה מצינו ולהכי בא הקרא מיין ושכר לאפוקי דין יין שיהא אסור למצוה.

494. ששכר הוא חי בו וצריך למזוגו לניסוכים.

495. שלא ישתה.

פסולת האוכל כאוכל. פסולת היינו חומץ יין דלאו עובד מותר בו אלא משום נזיר נקט האי לישנא וה"פ לא עשה בו חרצנים כיין דיין קורא אוכל (במדבר ו:ד):

אכילה כשתיה. דעובד מותר בענבים:

אכילת ענבים כשתיית יין. פי' אכילה כשתיה ולשון מיותר הוא:

עובד ענש בו מיתה. [דכתיב] **יין ושכר אל תשת** [**בבואכם אל אהל מועד**] **ולא תמותו** (ויקרא י:ט) הא תשתו תמותו:[483]

נזיר לא ענש בו מיתה. אלא מלקות:[484]

ר' יוסי הגלילי אומר וכו'. ונראה דר' יוסי הגלילי לא אתא לאפלוגי[485] אלא אתא לאורויי דאיכא יין מצוה בלא נשבע[486] כגון אכילת מעשר שני בירושלים:

אף הנזיר במשמע. דלכל ישראל קאמר:

ומה אני מקיים מיין ושכר יזיר וכו' (במדבר ו:ג) **בשאר כל היינין.** אבל יין מעשר לא מיתסר דמושבע מהר סיני הוא ולא אתי דבוריה ומבטל מצות המקום:[487]

או אף ביין מצוה. פי' דליכא למימר כדקאמרי [חוץ מיין מצוה] דהא כתי' **לא יחל דברו** (במדבר ל:ג):[488]

או אף בנזיר [**ת"ל מיין ושכר יזיר**]. ד[ל]דברו אינו מיחל אבל לדברי המקום מיחל:

אבא חנן אומר וכו'. נראה דהכא פליגי דת"ק סבר דאיצטריך יזיר לאסור יין מצוה לאפוקי מדינא דאונן (ועובד ב"ה) כדלעיל ומיירי ביין מצוה שנשבע עליו, ואתא ר' יוסי הגלילי למימר משום דינא דאונן לא איצטרך דאיכא למיפרך כדאמרי' לעיל דאם נשבע לשתותו ונשבע שלא לשתות מוטב שלא ישתה אותו משום שב ואל תעשה,[489] אלא אכילת מעשר איצטריך[490] ואתא אבא חנן למימר כיון שאכילת מעשר תלייה רחמנא בדידיה דכתיב **בכל אשר תשאלך נפשך** (דברים יד:כו) א"כ אין זה מושבע לשתות יין דוקא, אם כן לא איצטריך[491] אלא משום יין שנשבע לשתותו,[492] ואם תאמר שב ואל תעשה שאני ואכתי אמאי איצטריך? משום דהוה אמינא נילף יין מטומאה במה מצינו כדמפרש ואזיל:

שעכשיו אין להשיב עליו ולהכי צריך הקרא דיין ושכר לאיסורו. הלשון בכ"י נראה מגומגמת ותקנתי לפי ראות עיני.

483. הש' כריתות יג.

484. ומפני הפרכא יש להתיר יין מצוה אלא אם כן גזרה עליו הפסוק.

485. פירש למטה: נראה דהכא פליגי דת"ק סבר...ואתא ר' יוסי הגלילי למימר משום דינא דאונן לא איצטרך... מוטב שלא ישתה אותו משום שב ואל תעשה.ע"כ. ואם פירוש דלהלן בא מעט הפרש דברים אלו צ"ל דר"ל דלא אתא לאפלוגי בדין אבל בסברא אתא לאפלוגי.

486. שהייתי אומר דמותר לשתותו אלא אם כן כתב הקרא "מיין ושכר יזיר".

487. דאפשר לחשוב דאין נזירות כסתם נדר דחל על הגברא אלא כאילו אמר קונם שלא אשתה שהיין אסור לו מכח דבריו אבל יין של מעשר אולי חיוב לו מפי הגבורה קודם דנזר א"כ לא חיילא נזירות דידיה על חיובו דמדאורייתא מחייב ליה.

488. וגם זה מדאורייתא ואסור לו לשתות אע"פ דיש חיוב לאחרים דאינם נזירים.

489. ולהכי לא צריך הפסוק דיין ושכר דפשיטא. ו איני יודע היכן אמר והנחתי כדברים הללו למעלה בסוגריים. ואולי כל המאמר כולו אינו מעקר פירוש רבינו אבל הוספת סופר מפירוש אחר.

490. לאסור מקרא.

כיין מצוה. היינו שתיית יין בשבת:

נזיר שלא עשה בו וכו'. שהוא מותר באכילת בשר בשבת ואסר בו יין מצוה[471] בשבת כיין רשות:

אינו דין (**אלא שנעשה**) [**שלא נעשה**] **בו יין מצוה.** היינו שנשבע עליו קודם שידור בנזיר ונאמר שאע"פ שיין רשות אסור יין מצוה מותר[472] ובהכי ניחא דמעיקרא פשיט' ליה דאסור ביין מצוה[473] ולבסוף[474] ר"ל שהוא מותר ביין מצוה[475] אלא בתרי גווני יין מצות איירי כדפרי' ואין זה דין גמור דאיכא למפרך מה לי לא עשה בנזיר אכילת מצוה כיין מצוה שכן לא עשה בו אכילת רשות כיין רשות דאכילת בשר רשות מותרת ושתיית יין רשות אסור אבל נעשה בו יין מצוה[476] כיין רשות[477] שכן עשה בו אכילת מצוה כאכילת רשות;[478](**העובד יוכיח לק"ו פרי'**) ולדין ראשון [הוה] מצי למימר מה לאונן לא עשה בו יין מצוה כיין רשות שכן לא עשה בו אכילת מצוה כאכילת רשות תאמר בנזיר (וכו') [שכן עשה בו אכילת מצוה כאכילת רשות] [ותו ה"ל למיפרך דאם נשבע לשתותו ונשבע שלא לשתות מוטב שלא ישתה אותו משום שב ואל תעשה ונעשה בנזיר יין מצוה כיין רשות]:[479]

העובד יוכיח— כהן העובד עבודה שאסור ביין דכתיב **יין ושכר אל תשת בבואכם וכו'** (ויקרא י:ט) שלא עשה אכילת מצוה כיין מצוה שאם עבד בשבת מותר לאכול בשר ואסור לשתות יין:

ועשה בו יין מצוה וכו'. שאם עבד בשבת אסור לשתות יין ואע"ג דאיכא מצות עונג:

ועוד ק"ו. "לדין אחר"[480] דאמר ק"ו[481] [פריך דאף נזיר נעשה בו יין מצוה כיין רשות ולקיים דבריו] אמר העובד יוכיח דאיכא ק"ו [כדמפרש ואזיל] (איפרך):[482]

---

471. יין מצוה לאו דווקא מטעם עונג אלא אפילו לקידוש והבדלה גם אסור (אע"פ שלאונן מותר) ונראה שרבינו סבר כמו ר"ת בבבלי נזיר ד עמ' א וכמו הרמב"ם הלכות נזירות ט:יא דיין קידוש והבדלה אינו מהר סיני אלא מדברי סופרים ואסור לנזיר בכל אופן ולא כמו שיטת המיוחס לרש"י בבבלי שם חייב בהם שיין דמצות אלו מדאורייתא.

472. שהייתי עושה ק"ו מאונן להתיר יין של שבועה ואכן בא הפסוק לומר דנזיר אסור ביין של מצוה.

473. אסור ביין של עונג שבת וקידוש והבדלה.

474. דיו מן הק"ו.

475. יין שנשבע לשתותו.

476. יין שנשבע עליו לישתות.

477. דאסור בכל גוונא.

478. דאכילה מותרת בכל אופן דאפשר לומר דמה שמותר מותר לגמרי ולכן מה דאסור יהיה אסור לגמרי ולכן שאני נזיר בכל ענין מדין אונן דאסור לו לאכול בשר רשות ומותר לאכול בשר מצוה ואין ללמוד דא מן דא ולקמן יליף דין דמה דאסור יהיה אסור לגמרי מק"ו דכהן עובד ובכן נראה דכתב גליון לברר זה "העובד יוכיח לק"ו פרי'" נפל בגוף כה"י.

479. זה סברא ישרה בכל ספיקות מטיב זה וא"כ אין בכלל צורך לפסוק "מיין ושכר יזיר" דאפילו בלא הפסוק יש לאוסרו מסברא. ואמרתי שצריך להגיה כאן דנמצא למטה "כדאמרי' לעיל" ונראה דהכא מקומו וצע"ג. ועוד נראה לי שנפל בטעות כמה פירושים מחוץ לתוך דברי רבינו ודחפו דברים אחרים מן עיקר הפירוש ואיני יכול להפריד העיקר מן הטפל.

480. לק"ו שני של אונן.

481. "מה אונן וכו'".

482. הכל פירכא אחד כולל הק"ו וגם לק"ו זה יש פרכא ולכן יש מקום להתיר יין של נשבע מן ה"דין אחר"

כגון שאמר הריני נזיר ושמע חבירו ואמר אני כמוהו והיינו דקאמר ״להזיר אף אחרים״, מאי [להזיר] אף אלא בכי האי גונא, וגם הוי דומיא דכינויים וידות,[456] ולרבנן היינו ידות ממש:[457]
לא אכלתי אשם נזיר טמא. דחייש דמתוך שמרבים עליו[458] ימי נזירות מתחרט והוה ליה קרוב להיות חולין בעזרה שעושה נדרו בטעות[459] שאם היה יודע שיטמא לא היה נודר:[460]
מן הנעימים.[461] מעיינות, ור״ל מים יפים[462] ובנזיר (ד עמ׳ ב) גרסי׳ מעיינות:[463]
[לנדור נדר נזיר] **להזיר לה׳** (במדבר ו:ב). לשם ה׳[464] לעשות נדר לכוף את יצרו:[465]

[פיסקא כג]
לעשות יין מצוה כיין רשות. בפ׳ ראשון דנזיר (ד עמ׳ א) מפרש כגון שנשבע שישתה נמצאת מצוה לקיים שבועתו, חזר ואמר הריני נזיר, אתיא נזירות חלה עליה ואסור לשתותו, מיזיר (במדבר ו:ב) דריש דמשמע יזיר מ״מ:
אונן אסור בשתיית יין. היינו שמתו מוטל לפניו כדתנן בריש מי שמתו (ברכות יז עמ׳ ב, יח עמ׳ א):
שלא עשה בו יין מצוה [כיין רשות]. היינו דתנן (שמחות י, ברכות יח עמ׳ א) ובשבת מיסב ואוכל ואוכל בשר ושותה יין, ונראה לי דאין זה דין גמור אלא דמיון בעלמא דאונן אינו[466] אסור אלא מדבריהם כדי שלא יסיח דעתו מלהתעסק בצרכי המת; והיינו טעמא ד״בשבת אוכל בשר ושותה יין״ לפי שאי אפשר לו להתעסק בצרכי המת ומצוה דהכא אינו אלא מטעם עונג.[467]
ה״ג **אף נזיר לא נעשה בו יין מצוה כיין רשות**[468] **[דין אחר**[469] ק״ו ומה אם אונן שעשה בו...לא נעשה בו יין מצוה כיין רשות] **העובד יוכיח,** ול״ג ומה אונן וכו׳, ואי גרסי׳ ליה גרסי׳ **דין אחר**[470]— **ומה אונן שעשה בו אכילת מצוה.** היינו אכילת בשר בשבת:

---

456. ולא יליף מהקש לנדרים ממש דלא אמר אף להזיר אחרים אלא במה מצינו דכינוים וידות.
457. דלא פירש לשון נזירות אלא כמוהו לבד. ואין לבאר שר״ל ממש שיעשה אחרים נזירים דאין אדם אוסר דבר שאינו שלו.
458. שהתחיל למנות ל׳ יום ואחר זמן טימא וטהר והתחיל למנות עוד ל׳ וכזה אפשר פעם ופעם אחרת.
459. אבל מכיון דלא שעל לחכם עדיין עומד בנזירתו.
460. ולכן כעין חולין מביא לשער העזרה דלאו נזיר הוא לש״ש ואשמו קרוב לחולין לפי רוח עניני נזירות.
461. בכ״י רומי של הספרי: ״מן הנעיב״ ונראה להגיה ״מן הנעים״ דהיינו ע״פ קריאה דומה לזו.
462. באקספורד: פנים יפות.
463. עיין נוסח הבבלי לפנינו שם.
464. שהיה בידוע שאותו רועה היה נזיר לש״ש כמו דרישת הפסוק.
465. ולכן אכל שמעון הצדיק מאותו אשם שבודאי היה בשר אשם מעליא כחומרת מדרשו.
466. נוסח ברית אברהם לנכון.
467. באקספורד: עינוי. ועונג אינו אלא מדברי סופרים ואעפ״כ חייב בו.
468. עד כאן דין ראשון.
469. כן נראה שהוא גרס או אפשר שהוא גרס ק״ו כמו לפנינו דלקמן אמר בפירוש דאמרינן ק״ו אבל גם שמה כתב ״דין אחר״.
470. נראה שהוא בעצמו גרס מאמר זה דהרי פירש אותו במפורט. א״כ לפי רבינו יש שני לימודים מאונן ולא רק אחד של הקדמה וק״ו מבוסס על ההקדמה כדין אחד. ולכן לימוד השני קורא ״דין אחר״ לאפוקיה מדין ראשון.

ספרי פיסקא כא—כב נשא

פורענות לכך נאמר ונקה האיש מעון <והאשה ההיא תשא את עונה> ר' עקיבא אומר בא הכתוב ללמדך שסוף זו למות וצבתה בטנה ונפלה ירכה למה נאמר ונקה האיש מעון כשהאיש מנוקה מעון האשה ההיא תשא את עונה ולא כענין שנאמר לא אפקד על בנותיכם כי תזנינה ועל כלותיכם כי תנאפנה כי הם עם הזונות יפרדו ועם הקדשות יזבחו ועם לא יבין ילבט (הושע ד יד) אמר להם הואיל ואתם רודפים אחר הזנות אף המים לא יבדקו את נשיכם לכך נאמר ונקה האיש מעון את עון ההוא

(סליק פיסקא)

(כב) וידבר ה' אל משה לאמר דבר אל בני ישראל ואמרת אליהם איש או אשה כי יפליא לנדור נדר נזיר להזיר לה'. למה נאמרה פרשה זו לפי שהוא אומר איש כי ידור נדר לה' או השבע שבועה לאסור אסר על נפשו (במדבר ל ג) שאם נדר יום אחד אסור יום אחד שנים אסור שנים מאותו המין שנדר מאותו המין אסור שומעני אף בנזירות כן ת"ל דבר אל בני ישראל שאם נזר יום אחד או שעה אחת אסור שלשים יום ואסור לשתות יין וליטמא למתים ואסור בתגלחת לכך נאמרה פרשה זו.

איש או אשה. לעשות נשים כאנשים שהיה בדין מה אם במקום שעשה קטנים כגדולים לא עשה נשים כאנשים כאן שלא עשה קטנים כגדולים אינו דין שלא נעשה נשים כאנשים ת"ל איש או אשה לעשות נשים כאנשים.

איש או אשה. להוציא את הקטנים שהיה בדין ומה אם במקום שלא עשה נשים כאנשים עשה קטנים כגדולים כאן שעשה נשים כאנשים אינו דין שנעשה קטנים כגדולים ת"ל איש או אשה להוציא את הקטנים אם כן למה נאמר כי יפליא להביא את מי שיודע להפלות מיכן אמרו <בן שתים עשרה שנה ויום אחד נדריו נבדקין>.

כי יפליא. לרצונו ולא אנוס או אפילו אנוס הרי אתה דן נאמר כאן הפלאה ונאמר להלן הפלאה מה הפלאה האמורה להלן בנדר ובנדבה אף הפלאה האמורה כאן בנדר ובנדבה מכאן אמרו <מרצונו ולא אנוס>.

כי יפליא לנדור נדר. או אפי' נדר בקרבן יהיה נזיר ת"ל נזיר עד שידור בנדרו של נזיר: להזיר. יכול אפילו יזיר את אחרים ת"ל נזיר את עצמו הוא מזיר ואין מזיר את אחרים אם כן למה נאמר נדר נזיר להזיר לעשות כינוי נזירות כנזירות אף בנדרים כיוצא בהם <מה בנדרים עובר על בל יחל ועל בל תאחר אף בנזירות כיוצא בהם> מה בנדרים האב מפר נדרי בתו והאיש מיפר נדרי אשתו אף בנזירות כיוצא בהם ר' יהושע בן קרחה אומר להזיר אף את אחרים.

להזיר לה'. המצוה להגזר לשם אמר שמעון הצדיק לא אכלתי אשם נזירות משלם אלא אחד כשבא אחד מן הדרום יפה עינים וטוב רואי וקווצותיו תלתלים נמתי לו מה ראית להשחית שער נאה ונם לי רועה הייתי בעידי והלכתי למלאות מים מן המעין ונסתכלתי בבואה שלי פחז לבי עלי בקש להעבירני מן העולם נמתי לו רשע הרי אתה מתגאה בשאינו שלך של עפר ושל רמה ושל תולעת הוא הרני מגלחך לשמים מיד <מכתי> את ראשי ונשקתיו על ראשו נמתי לו כמותך ירבו בישראל עושים רצון המקום יעליך נתקיים איש או אשה כי יפליא לנדור נדר נזיר להזיר לה' (סליק פיסקא)

(כג) מיין ושכר יזיר חומץ יין וחומץ שכר לא ישתה וגו'. לעשות יין מצוה כיין רשות שהיה בדין הואיל ואונן אסור בשתיית יין ונזיר אסור בשתיית יין אם למדתי לאונן שלא עשה בו יין מצוה כיין רשות אף נזיר לא נעשה בו יין מצוה כיין

והכא מצאתי בספר שלי "ברייתא זו משובשת" וכתבתי אותה כדאיתא בריש נדרים (ג עמ' א) והתם מפרש [**נזיר להזיר** (במדבר ו:ב) לעשות כינוי נזירות כנזירות וידות נזירות כנזירות אין לי אלא בנזירות בנדרים מניין ת"ל **איש כי יפליא לנדור נדר נזיר להזיר לה'** (במדבר ו:ב) מקיש נזירות לנדרים ונדרים לנזירות מה נזירות עשה בו ידות נזירות כנזירות אף נדרים עשה בהם ידות נדרים כנדרים וכו',[443] טעמא] "כנוי נדרים"— קונם קונח קונס,[444] "[כנוי] נזירות"— נזיק נזיח פזיח, "ידות נדרים"— מודר אני ממך מופרש אני ממך[445] ו"ידות נזירות"— באומר אהא;[446] והתם (נדרים ג עמ' א) פריך מאי שנא [גבי] נזירות דכתי' **נזיר להזיר** (במדבר ו:ב) נדרים נמי [הא] כתי' **לנדור נדר**[447] (במדבר ו:ב), ומשני אי כתב נדר לנדור [כדכתב נזיר להזיר] כדקאמרת:[448]

מה נדרים עובר בבל יחל ובבל תאחר. התם מפרש (נדרים ד עמ' א) היכי דמי "בל תאחר (דברים כג:כח) דנזירות" ומוקי לה בשנזר והוא בבית הקברות דלא חיילא עליה נזירות לאלתר עד שיצא ויטהר הילכך אם מאחר מליטהר עובר בבל תאחר;[449] "ובבל יחל (במדבר ל:ג) דנזירות" מפ' התם נמי דלא איצטריך אלא לעבור עליו בשתים דכיון דנזר אם אכל ענבים קם ליה בבל יאכל אם שתה קם ליה בבל ישתה אלא לעבור עליו ב"בבל יאכל" ו"בבל יחל":[450]

האב מפר נדרי בתו. קודם בגרות דוקא דכתיב **בנעוריה בית אביה** (במדבר ל:יז):

והאיש מפר נדר אשתו. דוקא דברים של עינוי או שבינו לבינה,[451] וקשיא לי תיפוק ליה[452] דנזירה אוסרת עצמה ביין והוי דבר של עינוי נפש גם אם תצטרך לגלח תתגנה על בעלה והויא מדברים שבינו לבינה?[453] וי"ל דסד"א כיון דבדיבור אחד נאסרת בכולהון ביין ובתגלחת ובטומאה ואיסור טומאה אינו על עינוי נפש ולא דברים שבינו לבינה, וכיוון דלא מצי מפר משום טומאה[454] גם משום שארה לא ליפר, להכי איצטריך לאקושיה לנדרים:

להזיר אף לאחרים. תי' היכי אמר ר' יהושע בן קרחה דמצי מזיר לאחרים כל כמיניה וליכא למימר שכן הוא מדיר את בנו דבנזיר אמרינן דהלכה היא בנזיר,[455] וי"ל שגורם לאחרים נזירות

---

443. לפי הפירוש מיוחס לרש"י יש לראות כאן לימוד על כינוים וידות.
444. נדרים משנה א:א–ב.
445. עד כאן ביאור המשנה ועין בבלי ג עמ' א ומשנה ופירושים דף י עמ' א.
446. עין משנה נזיר א:א ונדרים ג עמ' ב.
447. ואין צריך להקש דדריש מן הכפל. והפירוש מיוחס לרש"י רואה כאן פריכא על לימוד כינוי נדרים אבל לפי הרוב כינוי נדרים לא צריך לימוד דאינם אלא לשון עמים או חכמים לסמן קרבן ונראה לי שרבינו רואה את הברייתא באור הבנתו של הספרי וההקש לימד על כינוי נדרים כמו על הידות אפילו דכדי נסבה.
448. עין פירושים שם בבלי.
449. עין לשון התוספות על אתר.
450. אם אכל ועין פירוש מיוחס לרש"י.
451. עיין פירוש הר"נ לנדרים ג עמ' א ושם אמר כדאיתא בספרי.
452. כלומר תיפוק דין הפרה במה מצינו דנדרים בלי הקש בגלל נזורות כולל דברים של עינוי ושבינו לבינה ומה לשון "אף בנזירות" ולא "וכן בנזירות".
453. ולמה צריך הקש במקום מה מצינו בעלמא? ודברי הספרי בקיצור "אף נזירות" ובבריתא בנדרים ג עמ' א: ומה נדרים האב מיפר נדרי בתו ובעל מיפר נדרי אשתו אף נזירות האב מיפר נדרי בתו ובעל מיפר נדרי אשתו.
454. לכאורה הייתי אומר לא ליפר כלל.
455. האב מזיר את בנו עיין נזיר כח עמ' ב.

כל תיבה ותיבה ואורחיה[434] דקרא כיון דבעי למכתב **איש** (במדבר ו:ב) למעט קטן איצטריך למכתב **אשה** (במדבר ו:ב) כדי שלא תאמר איש ולא אשה:

את שיודע להפלאות. לפרש לשם מי נדר והוא שיהא סמוך לאיש היינו כל שנת י״ג:

מכאן אמרו בן י״ג שנה וכו׳. כלומר נדריו קיימין אע״ג שאין יודע להפלאות ובלא בדיקה דהא גדול גמור הוא אבל בן י״ב שנה ויום אחד נדרו נבדקין וקודם י״ב אפילו יודע להפלות לא דבעי׳ סמוך לאיש:[435]

ונאמר להלן הפלאה. דכתי׳ **כי יפליא לנדור נדר בערכך נפשות וכו׳** (ויקרא כז:ב) ואע״ג דהתם לא כתי׳ נדבה קרא אחרינא **ואם נדר או נדבה זבח קרבנו** (ויקרא ז:טז):[436]

ה״ג מה הפלאה אמורה להלן לרצונו אף כאן: גבי נדר כתיב [הפלאה וקרבן נדבה כדפירשתי וכתיב כקרבנות] לרצונו לפני ה׳ (ויקרא א:ג):

מכאן אמרו וכו׳. לא גרסי׳ ליה הכא אלא לעיל:

כי יפליא לנדור נדר (במדבר ו:ב) **או אפי׳ נדר בקרבן** [**יהא נזיר**] **ת״ל** [**נדר**] **נזיר** (במדבר ו:ב) [**א״כ עד שידור בנדרו של נזיר**]; **להזיר** (במדבר ו:ב) **או עד שיזיר את אחרים** [**ת״ל נזיר להזיר** (במדבר ו:ב) **את עצמו הוא מזיר ואינו מזיר את אחרים**]; **או עד שידור בנזיר ת״ל** [**נדר נזיר להזיר לעשות כינוי נזירות כנזירות וידות נזירות כנזירות**]. והכי פי׳ אי כתי׳ **לנדור נדר** ותו לא הוה אמינא כל נדר שידור יהיה נזיר על כן איצטריך **נזיר** [**עד**] **שידור בנדרו של נזיר**:

[437]{[ופריך דלהזיר משמע שיזיר אחרים ומשני ת״ל נזיר][438] ותו פריך כיון דדרשת [נדר] נזיר א״כ עד שידור בנדרו של נזיר [כלומר שיזיר לשון נזירות] פי׳ אבל לא יהיה לו די בכינוי[439] נזירות או בידות— ת״ל להזיר דמיניה נפקא כינוים וידות:[440]

והדר פריך **אי להזיר וכו׳** פי׳ שאפי׳ הזכיר ״נזירות״ לא יהא[441] נזיר אם לא יהיו אחרים מתפיסין בו, **להזיר— אם עד שיזיר את אחרים** דהכי משמע לישנא דלזהיר! **ת״ל נזיר— דלהזיר** קאי אנזיר דכתי׳ לעיל מיניה דמשמע ״להזיר עצמו״:

אם כן למה נאמר נדר נזיר להזיר (במדבר ו:ב). **להזיר** קא קשיא, דכיון דנזיר ר״ל שיזיר את עצמו דוקא אם כן **להזיר** למה לי, ומרבי׳[442] מיניה כינוים וידות;

---

434. לפי פשטות דרכי המקרא.

435. הש׳ נדה מו עמ׳ ב.

436. תימה דהיה לו ליליף מבמדבר טו:ג לפלא נדר או בנדבה.

437. כאן רואים משבוש הלשון ומבלבול הסדר שהערת תלמיד נפל מן הגליון בתוך גוף הפירוש ותקנתי לפי הנראה. ולמטה פירוש רבינו כל ענין הספרי ואם מאמר זה שלו הוא למה חזר לפרש אותו מחדש אלא הוספה בעלמא נפלה מיד סופר ולאו אדעתיה.

438. בכה״י סמינר יש הקטע ״כלומר שיזיר לשון נזירות״ כאן במקום מה שהשערתי בתוך [....] ובכ״י אקספורד יש ״פי׳ אבל לא יהיה לו די בכינוי נזרות״ (שבכ״י סמינר לנכון) והצטרפתי את הקטעים ושמתי אותם במקום שנראה לנכון ויש לראות הקדמת ״עד שידור בנדרו של נזיר״ בשני המקומות כסיבה של הטעות. ולדעתי כל זה נעתק מפירוש אחר ביד תלמיד ולא מעיקר הפירוש של רבינו בכלל.

439. בברית אברהם: דין כינוי.

440. בברית אברהם: כינוי נזירות.

441. ס״ד לא יהא.

442. ר״ל ומשני דמרבינן.

[פיסקא כא]

חובה ולא רשות. היינו כר' ישמעאל[423] דאמר בתחלת רשות[424] אבל לאחר שקנא לה ונסתרה אין יכול למחול על קנויו[425] אבל לר' עקיבא דאמר בתחלה נמי חובה לא איצטריך קרא אלא משום **ועשה לה הכהן וכו'** (במדבר ה:ל) דבא הכתוב לבשרנו (ו)שהמים יבדקו אותה [כשהאיש מנוקה מעון] כדמסיים בסיפא:

ה"ג בטהורה הכתוב מדבר הואיל והביאה וכו'. פי' גם ד"א[426] כיון שנמצאת טהורה ס"ד דיענש על ידה לפי שביישה כל כך ולהכי איצטריך **ונקה וכו'** (במדבר ה:לא):

ר' עקיבא אומר בא הכתו'. **ו**ע**שה לה הכהן** (במדבר ה:ל) קא מהדר ר' עקיבא ברישא[427] והדר דריש **ונקה האיש** (במדבר ה:לא):[428]

[פיסקא כב]

פרשת נזיר

למה נאמרה פרשה זו. וא"ת מאי בעי "למה נאמרה" איצטריך לגופיה! וי"ל דהכי בעי מדכתיב **מוצא שפתיך תשמור** (דברים כג:כד) ידעינן שצריך להשלים נדרו[429] וכן **מלא יחל** (במדבר ל:ג) ואשמוע' הכא דסתם נזירות שלשים יום ואיסור תגלחת (במדבר ו:ה) וטומאת מת (במדבר ו:ו) כדמפרש[430] להו ואזיל:

לעשות נשים כאנשים. שאם נדרו נשים נזירות חייבות בכל האמור בענין:

שהיה בדין. שיהיו פטורות:

אם במקום שעשה קטנים כגדולים. היינו גבי מילה דכתי' **וערל זכר** (בראשית יז:יד) הרי גדולים, **ובן שמונת ימים** (בראשית יז:יב) הרי קטנים ונשים פטורות, וקשיא לי היאך דנין איפשר משאי-אפשר, וליכא למימר עשה קטנים כגדולים גבי ראיה דאמרי' (חגיגה ד עמ' א) **כל** [**זכורך**] (דברים טז:ו) לרבות את הקטנים, דהתם אמרי' דקטן מדרבנן וקרא אסמכתא בעלמא? ונראה דהאי "שהיה בדין" לאו דין גמור הוא[431] אלא דרך ספרי[432] שרוצה לדרוש[433]

---

423. עיין לעיל סוף פיסקא ז.
424. שאם תאמר חובה למה אמר ונקה האיש מעון דלא היה לו ברירה אלא להשקותה.
425. כן הוא בבבלי סוטה כה עמ' א.
426. גם ד"א נמצא רק בכת"י סמינר ור"ל שגם מאמר זה דרשה שלא קשורה לזו שלמעלה ממנה.
427. שהכהן יתן לה המים לבדוק בפסוק ל ומיד אחרי כן שהאיש צריך להיות נקי.
428. ובדרשה זו היה חולק על ר' ישמעאל.
429. להשלים דבורו לפי מה שאמר בפירוש ולא יותר.
430. אע"ג שלא אמר אלא לשון נזירות.
431. אלא לרווחא דמילתא.
432. הכוונה למדרש ספרי.
433. לפי כללי הדרש.

ספרי פיסקא יח–יט נשא

והיתה האשה לאלה, שיהו אלין בה יארעיך כשם שארעה לפלונית לשבועה שיהו נשבעין בה שיארעך כשם שאירע לפלונית וכן הוא אומר והנחתם שמכם לשבועה לבחירי (ישעיה סה טו) נמצינו למידים שהרשעים שבועה לצדיקים ומנין שהצדיקים ברכה לרשעים שנאמר והתברכו בו גוים ובו יתהללו (ירמיה ד ב) ואומר ונברכו בך כל משפחות האדמה ובזרעך (בראשית יב ג) ואומר ויברכם ביום ההוא לאמר בך יברך ישראל (שם מח כ) (סליק פיסקא)

(יט) ואם לא נטמאה האשה וטהורה היא, ר׳ ישמעאל אומר וכי מי טמאה שהכתוב מטהרה ומה תלמוד לומר ואם לא נטמאה האשה וטהורה היא אלא מגיד הכתוב כיון שיצא עליה שם רע אסורה לבע״ה רשב״י אומר לא תעלה על דעתך שהזכות תולה במים המרים אלא אם לא נטמאה האשה וטהורה היא למה נאמר לפי שהוא אומר ואיש אשר ינאף את אשת איש (ויקרא כ י) לא שמענו אלא בזמן שיש לה עדים והתרו בה שהיא במיתה יש לה עדים ולא התרו בה פטורה מן המיתה הואיל ופטורה מן המיתה תהיה מיתרת לבעלה אמרת ספק נבעלה ספק לא נבעלה אסורה לבעלה קל לשנבעלה ודאי אלא הרי היא בכלל שנאמר כי יקח איש אשה ובעלה (דברים כד א).

ואם לא נטמאה האשה וטהורה היא. טהורה לבעל וטהורה לבועל וטהורה לתרומה: ונקתה. אף מן האלות ואף מן השבועה.

ונזרעה זרע. שאם היתה עקרה נפקדת דברי ר׳ עקיבא אמר לו ר׳ ישמעאל אם כן ילכו כל העקרות ויקלקלו בשביל שיפקדו וזו שישבה לה הפסידה אלא מה תלמוד לומר ונקתה ונזרעה זרע שאם היתה יולדת בצער יולדת בריוח נקבות יולדת זכרים אחד יולדת שנים שחורים יולדת לבנים קצרים יולדת ארוכים ד״א ונקתה ונזרעה זרע להוציא את איילונית ושאינה ראויה לילד ד״א ונקתה ונזרעה זרע מפני שהיתה בכלל ויצתה לידון בדבר החדש החזירה הכתוב לכללה (סליק פיסקא)

(כ) זאת תורת הקנאות, אין לי אלא לשעה לדורות מניין ת״ל זאת תורת דברי ר׳ יאשיה ר׳ יונתן אומר כחותם הדברים.

אשר תשטה אשה תחת אישה, להביא אשת חרש ואשת שיעמום שבית דין מקנים להם לפוסלם מכתובתם או אף להשקותם ת״ל והביא האיש את אשתו אל הכהן האיש משקה ואין ב״ד משקים.

תחת אישה, להוציא את הארוסה משמע מוציא את הארוסה ומוציא את היבמה ת״ל איש איש כי תשטה אשתו להביא את היבמה דברי ר׳ יאשיה ר׳ יונתן אומר איש איש כי תשטה אשתו להוציא את היבמה משמע מוציא את היבמה ומביא את הארוסה ת״ל תחת אישה להוציא את הארוסה (סליק פיסקא)

(כא) או איש אשר תעבור עליו רוח קנאה וקנא את אשתו, למה נאמר לפי שהוא אומר ועבר עליו רוח קנאה וקנא או כשם שעד שלא קינא לה רשות אף כך משקינא לה רשות ת״ל או איש אשר תעבור עליו רוח קנאה וקנא את אשתו חובה ולא רשות.

והעמיד את האשה לפני ה׳ וגו׳ ונקה האיש מעון, אם עשה לה וניקה ואם לא עשה לה לא נקה.

ונקה האיש מעון, שלא יאמר אוי לי שהרגתי בת ישראל אוי לי שנולתי בת ישראל אוי לי שהייתי משמש עם הטמאה לכך נאמר ונקה: שמעון בן עזאי אומר בטהורה הכתוב מדבר הואיל והביאה עצמה לידי דברים הללו אף היא לא תצא מידי

לא תעלה על דעתך וכו׳. פי׳ להכי הוצרך [ו]אם לא נטמאה האשה (במדבר ה:כח) לומר דוקא אם ״ניקתה״ (שם שם)[411] אבל לא תנקה בעבור הזכות:

ה״ג א״א[412] **ואם לא נטמאה האשה** (במדבר ה:כח) **למה נאמר וכו׳. דעד השתא דריש מיניה** דאין הזכות תולה והשתא דריש מיניה לגלוי על נואפת שיש לה עדים ולא התרו בה שאע״פ שפטורה מן המיתה אסורה לבעלה כדמסיים ק״ו[413] **(לשכב עלה) [לשנבעלה] בודאי [אלא] הרי היא בכלל כי יקח איש וכו׳** (דברים כד:א) — דהאי **כי מצא בה ערות דבר** (דברים כד:א) היינו על ידי עדים בלא התראה:[414]

אם כן ילכו כל העקרות ויקלקלו. קלקול קורא כשהיא מתנהגת בפריצות ומרבה בשחוק כדי שיקנא לה בעלה ותזהר מהזכות וההיא דרשא דברכות (לא עמ׳ ב) דחנה **דאם ראה תראה** (שמואל א א:יא)[415] היינו כר׳ עקיבא:

לפי שהיתה בכלל. כלומר שהיתה בכלל שאר נשים שהן מותרות לבעליהן:

ויצתה לידון בדבר החדש. ליאסר לבעלה עד שתשתה:

[פיסקא כ]

כחותם הדברים. כמי שחותם דבריו דאילו לדורות לא צריך קרא דמילתא (בנפשיה) [פשיטא] היא דהא כתי׳ **כי תשטה** (במדבר ה:יב), כשתשטה, דהיינו בכל זמן, ואי משום דכתי׳ **משכן** (במדבר ה:יז)[416] הא רבוי׳ שילה ובית עולמי׳ מריבוייא **דקרקע** (במדבר ה:יז):[417]

לפוסלן מכתובתן. גרסי׳ ולא גרסי׳ אף לפוסלן:[418]

להביא את היבמה דברי ר׳ יאשיה. בפרק ארוסה ושומרת יבם מפ׳ (סוטה כד עמ׳ א) פלוגתיהו דמר[419] אלימא ליה ארוסה דקדושין דידיה וסוקלין על (ידה) [ידו][420], ומר[421]אלימא ליה יבמה דלא מחסרא מסירה לחופה:[422]

---

411. לא תבא קללה אם טהורה היא אבל אם נטמאת ויש לה זכות תבא הקללה.

412. איני יודע פירוש של א״א ואולי צריך להגיה ד״א או פ״א.

413. ספק דנבעלה ספק דלא נבעלה אסורה לבעלה ק״ו לודאי נבעלה בעדים (ראין דבר יותר וודאי מב׳ עדים).

414. דילפינן מן הק״ו דסוטה על כל אשת איש בעדים בלא התראה ולא ילפינן בלי הקו״ח מדבר דבר דממון דחייב ממון בלא התראה מפני שאינה חייבת עונש בית דין כמו דין ממנות בעדים.

415. לפי הבבלי ברכות לא עמ׳ ב: ״אם ראה מוטב ואם לאו תראה אלך ואסתתר בפני אלקנה בעלי וכיון דמסתתרנא משקו לי מי סוטה...שנאמר ונקתה ונזרעה זרע״ ולפי הגירסה של הבבלי לפנינו היא כדעת רבי ישמעאל בברייתא ״שאם היתה עקרה נפקדת״ ורבי עקיבא לא אמר ככה אלא אמר דברה תורה כלשון בני אדם. ובספרי איפכא גרסינן וכן נראה לי לנכון ד״דברה תורה כלשון בני אדם״ הוא כדעת ר׳ ישמעאל ונראה דרבינו קבל את גירסת הספרי כעיקר וכן הוא בסוטה כו עמ״ א.

416. ובכן הייתי חושב ולא לדורות

417. עיין לעיל פיסקא י.

418. כן הוא גירסת הדפוס.

419. רבי יונתן.

420. שהוא בעצמו סידר את הקידושין ובגללו סולקין אותה אם תזנה.

421. ר׳ יאשיה.

422. דאין צריך שום מעשה ואם היבם רוצה אז יושבים ביחד כאיש ואשה ללא מעשים אחרים.

ה:ל) כתיב עשיה דידה היינו מחיקה, הילכך אע״ג דכתיב לשם רחל מחיק לה לשם לאה והיא כשרה:

שאם פרשה נדה. האשה (במדבר ה:כה) דריש ראויה לאישות אי נמי כדאמרי׳ בפרק היה נוטל (סוטה יט עמ׳ ב) שאם חזרה בה[399] מחמת ר(ת)יתותא משקין אותה בעל כרחה, אבל אם לא חזרה בה[400] ואית לה ר(ת)יתותא כגון פרשה נדה[401] אינה שותה; ואינו נראה:[402]**כל מקום שנאמר לפני ה׳ במזרח.** היינו דוקא היכא דקאי בחוץ כי הכא דקאי בעזרת נשים, אבל היכא דקאי בפנים קרי לפני ה׳ למערב:[403]

טעונה תנופה והגשה. הגשה היינו בקרן דרומית מערבית כנגד חודה של קרן משום דכתיב בה **לפני ה׳** (במדבר ה:כה) דהיינו במערב אל פני המזבח היינו בדרום:[404]

ואחר ישקה (במדבר ה:כו) **לענין שאמרנו.** כלומר לר׳ עקיבא כדאית ליה ולרבנן כדאית להו:

[פיסקא יח]

ובאו בה (במדבר ה:כז). משמע בכל איבריה, והיינו דקאמר אקרא אני ובאו בה וכו׳ כלומר ולא איצטריך **וצבתה** (במדבר ה:כז)[405] אלא לאשמועינן **אבר שהתחיל וכו׳** [ד]בפרק [קמא] דסוטה תנן (ח עמ׳ ב) הירך התחיל בעבירה תחלה לפיכך תלקה תחלה, ופריך (ט עמ׳ ב) מאי טעמא[406] אילימא משום דכתי׳ **בתת ה׳ את ירכך נופלת וכו׳** (במדבר ה:כא), הא כתי׳ **וצבתה בטנה** (במדבר ה:כז) ומסיק כי לייט לה כהן,[407] אירך לייט לה תחלה, ו[כד]בדקי לה [מיא אבטן בדקי לה] תחלה[408] והכא נמי צריך לפ[רש] דלא יליף לה **מוצבתה בטנה** (במדבר ה:כז) אלא מבתת (במדבר ה:כא) (ו)כי התם.

שיהו אלין בה. [אלין] לשון אלה, כלומר מקללין:

[פיסקא יט]

מי טומאה. משמע שעד עכשיו היתה טמאה[409] אע״ג דעכשיו נמצאת טהורה:[410]

---

399. ואמרה טמאה אני יש לתלות חזרתה על הפחד של המים דיגרמו לה נזק אע״ף שהיא טהורה ולכן ר׳ עקיבא דלא רוצה להשקות בעל כרחה יסכים דישקותה בעל כרחה.
400. ועומדת בדעתה שהיא טהורה אבל לא תשתה מעצמה לפי ר׳ עקיבא אין להשקותה בעל כרחה ולקבל סירובה כאילו הודאה על זנותה.
401. אבל לא מפחד המים דהרי היא לא חזרה ואין רגלים לחשש דמרתתת על שתית המים אפילו היא טהורה דלר׳ עקיבא אין להכריח לה בכלל ולמה תרתת.
402. הפירוש השני רחוק.
403. ובמנחות סא פריך הא אמרת לפני ה׳ במערב כלומר שסתם לפני ה׳ מיירי במערב עד שיפרוט לך מקום אחר וקאי אבפנים כדברי רבינו.
404. עיין סוטה יד עמ׳ ב.
405. לפי סוף דבריו נראה שוצבתה לאו דווקא אלא נראה לפרש המאמר של פורענות על **בתת ה׳ את ירכך נופלת וכו׳**.
406. לפנינו מנא ה״מ.
407. זה רק בקללה של האלה.
408. אבל כשהוא מודע לה על מה יקרה לה הוא מיחד הבטן קודם לירך שלא להוציא לעז על המים.
409. ואיך יתכן שהיתה ממש טמאה ועכשיו טהורה.
410. אבל לא כן היתה אלא אסורה לבעלה משום החשד.

ספרי פיסקא טו–יז נשא

הכהן, למה נאמר שהיה בדין נאמר כאן וכתב ונאמר להלן וכתב ומה וכתב האמור להלן כשר בכל אדם אף וכתב האמור כאן כשר בכל אדם ת״ל הכהן.

בספר ומחה, בדבר הנמחה <מכאן אמרו אין כותבים לא על על הלוח ולא על הנייר ולא על הדיפתרא אלא במגילה שנ׳ בספר ואינו כותב לא בקומוס ולא בקנקנתום אלא בדיו שנ׳ ומחה אל מי המרים כתב שיכול לימחות> והלא דברים ק״ו ומה אם להטיל שלום בין איש לאשתו אמר המקום ספר שנכתב בקדושה ימחה על המים ספרי מינים שמטילים איבה ושנאה וקנאה ובעלי דבבות עאכ״ו שימחו מן העולם ר׳ ישמעאל אומר ספרי מינים כיצד הוא עושה קודר את האזכרות ושורף את השאר ר׳ עקיבא אומר שורף את כולו מפני שלא נכתב בקדושה: ומחה אל מי המרים מגיד שהכתב עושה את המים מרים (סליק פיסקא)

(יז) והשקה את האשה, למה נאמר והרי כבר נאמר ואחר ישקה את האשה מה ת״ל והשקה את האשה שאם נמחקה המגילה ואמרה איני שותה מערערים אותה ומשקים אותה בעל כורחה דברי ר׳ עקיבא וחכמים אומרים ואחר ישקה את האשה למה נאמר והלא כבר נאמר והשקה את האשה ומה ת״ל ואחר ישקה את האשה שלשה דברים מעכבים בסוטה עד שלא נמחקה המגילה ועד שלא קרב הקומץ ועד שלא קיבלה עליה את השבועה נמחקה המגילה ואמרה טמאה אני המים נשפכים והמנחה מתפזרת אבית הדשן ואין מגילתה כשרה להשקות בה סוטה אחרת ר׳ אחי בר׳ יאשיה אומר משקים בה סוטה אחרת: ולקח הכהן מיד האשה, ולא מיד שלישה: מיד האשה, שאם פירסה נדה לא היתה שותה.

והניף את המנחה, מוליך ומביא מעלה ומוריד מניין שנאמר אשר הונף ואשר הורם (שמות כט כז) מקיש הרמה לתנופה מה תנופה מוליך ומביא אף הרמה כן ומה הרמה מעלה ומוריד אף תנופה מעלה ומוריד מיכן אמרו מצות תנופה מוליך ומביא מעלה ומוריד זה היא מצות תנופה.

לפני ה׳, במזרח שבכל מקום שנאמר לפני ה׳ הרי הוא במזרח עד שיפרוט לך הכתוב.

והניף את המנחה לפני ה׳ והקריב אותה אל המזבח, למד על מנחת סוטה שטעונה תנופה והגשה.

וקמץ הכהן מן המנחה את אזכרתה והקטיר המזבחה, זו הקטרת הקומץ שקרוי אזכרה.

ואחר ישקה את האשה, לענין שאמרנו (סליק פיסקא)

(יח) והשקה את המים וגו׳ וצבתה בטנה ונפלה ירכה, אין לי אלא בטנה וירכה שאר איבריה מנין ת״ל ובאו בה אני אקרא ובאו בה מה תלמוד לומר וצבתה בטנה ונפלה ירכה אבר שהתחיל בעבירה ממנו יתחיל הפורענות כיוצא בו אתה אומר וימח את כל היקום אשר על פני האדמה מאדם ועד בהמה (בראשית ז כג) מי שהתחיל בעבירה ממנו התחיל הפורענות כיוצא בו אתה אומר ואת האנשים אשר פתח הבית הכו בסנורים (שם יט יא) מי שהתחיל בעבירה ממנו היתה מתחיל הפורענות כיוצא בו אתה אומר ואכבדה בפרעה ובכל חילו (שמות יד ד) פרעה התחיל בעבירה ממנו התחיל הפורענות כיוצא בדבר אתה אומר הכה תכה את יושבי העיר ההיא לפי חרב (דברים יג טז) מי שהתחיל בעבירה ממנו התחיל הפורענות אף כאן וצבתה בטנה ונפלה יריכה אבר שהתחיל בעבירה ממנו הוא מתחיל הפורענות והלא דברים קל וחומר אם מדת פורענות ממועטת אבר שהתחיל בעבירה ממנו התחילה הפורענות קל וחומר למדת הטוב מרובה.

ואם כן לשתוק מוהשקה (במדבר ה:כד) קמא[382] אלא [בא] לאשמועי׳ **שאם נמחקה המגלה וכו׳** אע״פ שלא קרב הקומץ דסביר ליה דמשקה ואחר כך מקריב מנחתה:

ואחר ישקה (במדבר ה:כו). דריש לה ר׳ עקיבא התם (סוטה יט עמ׳ ב) שלא יהיו [רישומן] האותיות (רישומן) ניכר [ודריש] **והשקה** (במדבר ה:כז) בתרא— שמערערין עליה ומשקין אותה בעל כרחה,[383] ואע״ג דהכא סמיך ליה הא דמערערין[384] **אוהשקה** (במדבר ה:כד) קמא אדרשא דכל השקאות סמיך;[385] ורבנן סברי **ואחר ישקה** (במדבר ה:כו) לגופיה[386] שמקריב מנחתה ואחר משקה, **והשקה** (במדבר ה:כד) קמא דבדיעבד אם השקה ואחר כך הקריב מנחתה[387] כשרה **והשקה** (במדבר ה:כז) בתרא[388] שאם נמחקה המגלה ואמרה איני שותה מערערין אותה ומשקין אותה בעל כרחה והתם (משנה סוטה ב:א) משמע דרבנן דהכא היינו ר׳ שמעון [דהתם], ורבנן דמתני׳ דהתם (סוטה יט עמ׳ ב) סבירא לה כר׳ עקיבא [דהכא] וסברי דבדיעבד לא פתח קרא,[389] והתם איכא תנא אחרינא אליבא דר׳ עקיבא[390]דסבר דמקריבין מנחתה ואח״כ משקה:[391]

ועד שלא נמחקה המגילה. התם (סוטה יט עמ׳ ב) פריך עד שלא נמחקה המגלה מאי משקה ומוקי׳ לה בשרישומן ניכר כלומר אע״פ שנמחקה מגלה אם עדיין רישומן של אותיות ניכר אין מערערין:[392]

ועד שלא [קרב] הקומץ. פי׳ אבל נמחקה המגלה דעבוד כהנים שלא כדין ומחקוה קודם הקרבת הקומץ היינו דקא מסיים **נמחקה המגלה ואמרה טמאה וכו׳**— כלומר שנמחקה שלא כדין אבל אם נמחקה כדין מערערין עליה ומכניסין לה [כלבוס][393] של ברזל לתוך פיה ומשקין אותה בעל כרחה.

עד שלא קבלה עליה. התם (סוטה יט עמ׳ ב) פריך [מישתא הוא דלא שתיא] הא ממחק מחקי[394] ואמר רבא מגלת סוטה שנמחקה עד שלא תקבל עליה [שבועה] פסולה ומשני כדי נסבה:[395]

ואין מגלתה כשרה וכו׳. משום דדרשינן[396] **ועשה לה** (במדבר ה:ל) לשמה,[397] ורב אחא סבר דגבי גט[398] דכתיב **וכתב לה** (דברים כד:א) בעינן כתיבה לשמה אבל הכא **ועשה לה** (במדבר

---

382. ואנא ידענא דלעיכובא.
383. דמיותר היא.
384. פותחין פיה ושופכין את המים לתוך גרונה.
385. דכולם בעל כרחה.
386. כך היא הסדר לכתחילה.
387. שלא כדין.
388. דהוא קרא שלישי.
389. אלא הוא דינו לכתחילה דאין דרך הקרא לומר בתחילת דבריו שלא כדינו אבל בסוף מרבה מקראות לדרוש.
390. עיין סוטה כ עמ׳ א וראה דברי התוס׳ בפי׳ ר״ח סוטה יט עמ׳ ב.
391. כלומר שני תנאים אליבא דר״ע.
392. ואינו משקה אלא יחזור למחוק עד דאינו ניכר כלל.
393. בכה״י בלבוש, בלבוד ותקנתי לפי בבלי סוטה יט עמ׳ ב ופירש״י דשני שינים יש לו ונותן לתוך פיה זקוף.
394. לפנינו הא מיכתב כתבי לה והאמר רבא מגילת סוטה שכתבה קודם...
395. כלומר הברייתא אמרה שלא לצורך דה״ה בכתיבה ומחיקה.
396. עיין סוטה כ עמ׳ ב.
397. ולא לאחרת.
398. לפנינו בספרי ר׳ אחי אבל בתוס׳ שאנץ ר׳ אחא כרהכא.

זה הכלל וכו׳. משמע מכאן דשומרת יבם שזינתה אסורה ליבמה ובפרק היה מביא (סוטה יח עמ׳ ב) דייק הכי ומוקי לה להא כר׳ עקיבא דאמר אין קידושין תופסין בחייבי לאוין[370] והויא לה כערוה[371] ומתסרה בזנות והיינו סתם ספרי ר׳ (ישמעאל) [שמעון] אליבא דר׳ עקיבא[372] אבל לרבנן לא מיתסרא:[373]

ומה סוטה שלא נתבעה מקודם. נראה דהכי פירושו בתחלת תביעתו אינו תובעה על מה שעבר[374] אבל גזלות הוא תובעו על מה שגזל כבר:

[פיסקא טז]

האלה (במדבר ה:כג). הוי מיעוט:[375]

ונאמר להלן וכו׳. וכתב לה ספר כריתות (דברים כד:א).

והוא כשר בכל אדם. [ולא רק בכהן]:

בדבר הנמחה. למעוטי סם וסקרא וכל דבר שהוא רושם:

קודד. גרסינן בשני דלתין, ור״ל ״נוקב״ ודומה לו [בעירובין] (משנה ה:ד, בבלי נח עמ׳ א) שמעתי שמקדדין בהרים:

[פיסקא יז]

והשקה את האשה (במדבר ה:כד) **למה נאמר.** בפרק היה נוטל (סוטה יט עמ׳ ב) גרסי׳ ברוב הספרים ״והשקה״ [כלומר והשקה בתרא] ״למה נאמר״, ורש״י ז״ל מחקו מכל הספרים משום דאינו [לישנא בריתא ד]לישנא ד״תלמוד לומר״ בבריתא [בא לדרוש] בתרא ולא קמא,[376] ועוד [דלפי גירסת הספרים] דהכא דריש מ״והשקה קמא״[377] והכי כתיבי קראי [ד]מעיקרא כתי׳ **ומחה אל מי המרים** (במדבר ה:כג) וסמיך ליה **והשקה את האשה את מי המרים** (במדבר ה:כד); והדר כתי׳ סדר הקרבת מנחתה ואחר [כך] כתי׳ **ואחר ישקה את האשה את המים** (במדבר ה:כו) והדר כתי׳ **והשקה את המים והיתה אם נטמאה וכו׳** (במדבר ה:כז) והשתא אי גרסי׳ ״והשקה״ (במדבר ה:כז) בתרא[378] אתי שפיר והלא כבר נאמר **ואחר ישקה** (במדבר ה:כו) דהא קדים ליה אבל אי אפשר לומר כן דסדר הפסוקים הולך ודורש אם כן צריך לפרש[ם] כך:[379]

והשקה (במדבר ה:כד) **למה נאמר.** פי׳ למה נכתב קודם הקרבת מנחתה[380] ואם איתא[381] דהכי הוא דהקרבת מנחתה מעכב הא כבר כתיב **ואחר ישקה לאחר הקרבת מנחתה** (במדבר ה:כו)

370. עיין דברי רש״י ליבמות נח עמ׳ א ולצב עמ׳ ב.
371. כלומר חייבי כריתות.
372. עיין סנהדרין פו.
373. דשומרת יבום אניה חייבת לא מיתה ולא כרת.
374. אם זינתה תחת בעל זה בעבר.
375. יכתוב רק אלו בפרשה זו ולא קללות אחרות.
376. דכבר נאמר משמע מתחילה ומה חידוש איכא בבתרא ולכן ת״ל חידושו.
377. דהוא שני בסדר דקראי דהראשון הוא לצורך הענין ולא לצורך הסדר.
378. כלומר שלישית.
379. כגירסת רש״י.
380. דכתב והשקה מיד.
381. ואם איתא דצריך להקריב את מנחתה קודם השקתה ולא מקודם אז היה לשתוק מן הראשון.

ספרי פיסקא יג–יד נשא

(יג) ואת כי שטית, אין לי אלא כדרכה שלא כדרכה מנין ת״ל וכי נטמאת: ויתן איש בך את שכבתו, להביא את הסרים: מבלעדי אישך, להביא את אשת הסרים על הכל היה מתנה עמה (סליק פיסקא)

(יד) והשביע הכהן את האשה בשבועת האלה, מיכן אתה דן לכל השבועות שבתורה הואיל ונאמרו שבועות בתורה סתם ופרט באחת מהן שאינה אלא באלה ובשבועה אף פורטני בכל השבועות שבתורה שלא יהו אלא באלה ובשבועה. הואיל ונאמרו שבועות בתורה סתם ופרט באחת מהן שאינה אלא ביו״ד ה״א אף פורטני בכל השבועות שבתורה שאינן אלא ביו״ד ה״א.

יתן ה׳ אותך לאלה ולשבועה בתוך עמך, למה נאמר לפי שהוא אומר נפש כי תחטא ושמעה קול אלה (ויקרא ה א) אין לי אלא אלה מנין לעשות שבועה כאלה הרי אתה דן נאמר כאן אלה ונאמר להלן אלה מה אלה האמורה כאן עשה שבועה כאלה אף אלה האמורה להלן עשה שבועה כאלה ומה אלה ביו״ד ה״א אף שבועה ביו״ד ה״א הואיל ונאמרו שבועות בתורה סתם ופרט לך הכתוב באחת מהם שאינה אלא ביו״ד ה״א; אף פורטני בכל שבועות שבתורה שלא יהו אלא ביו״ד ה״א: בתוך עמך, ועמך שלום: בתוך עמך, ולא בזמן הזה: בתוך עמך, הפרש בין אדם המתנוול במקום שמכירין אותו לאדם המתנוול במקום שאין מכירין אותו (סליק פיסקא)

(טו) בתת ה׳ את יריכך נופלת וגו׳ ובאו המים המאררים האלה במעיך לצבות בטן ולנפיל ירך, ר׳ יוסי הגלילי אומר זה בטנו ויריכו של בועל אתה אומר זה בטנו ויריכו של בועל או אינו אלא בטנה ויריכה של נבעלת כשהוא אומר וצבתה בטנה ונפלה יריכה הרי בטנה ויריכה של נבעלת אמור הא מה ת״ל לצבות בטן ולנפיל ירך זה בטנו ויריכו של בועל מגיד הכתוב כשם שהפורענות פוקדתה כך הפורענות פוקדתו והלא דברים ק״ו אם מדת פורענות ממועטת המביא תקלה לחבירו הרי הוא כיוצא בו ק״ו למדת הטוב מרובה.

ואמרה האשה אמן אמן, אמן שלא נטמיתי אמן שלא אטמא דברי ר׳ מאיר ואין חכמים מודים בדבר אלא אמן שלא נטמאתי ואם נטמאתי יבאו לה אמן עם איש זה אמן עם איש אחר אמן אם ארוסה אמן אם נשואה אמן אם שומרת יבם אמן אם משנתיבמתי זה הכלל כל שתיבעל ותהא אסורה לו על אותה השעה הוא מתנה עמה הואיל ונאמרו שבועות בתורה סתם ופרט באחת מהם שאינה אלא באלה ובשבועה כך פורטני בכל שבועות שבתורה שלא יהיו אלא באלה ובשבועה הואיל ופרט באחת מהם שאינה אלא ביו״ד ה״א אף פורטני בכל שבועות שבתורה שאינן אלא ביו״ד ה״א והואיל ונאמרו שבועות בתורה סתם ופרט באחת מהם שאינה אלא באמן אף פורטני בכל שבועות שבתורה שאינן אלא באמן אבא חנן אומר משום ר׳ אליעזר להביא את שבועת הדיינים שתהא באמן שאם אין שונה אתה אחריו אמן אתה עושה שבועת שוא הואיל ונאמרו שבועות בתורה סתם ופרט באחת מהם שמגלגלים עליה את הישן אף פורטני בכל שבועות שבתורה שיגלגלו עליה את הישן והלא דברים ק״ו ומה סוטה שלא נתבעה מקודם מגלגלים עליה את הישן גזילות שנתבעו מקודם אינו דין שיגלגלו עליה את הישן (סליק פיסקא)

(טז) וכתב את האלות הכהן, שומע אני כל אלות שבתורה ת״ל האלה.

לאלה הכתובה אצל שבועת העדות[363] דלא תימא דוקא אם השביעו בלשון אלה כגון יכך ה׳[364] אם אתה יודע לי עדות שתבא ותעידיני אבל אם אמר לו משביעך אני[365] שתבוא ותעידיני ס״ד שלא יתחייב להכי כתי׳ הכא שבועה:

אף אלה האמורה להלן וכו׳. ה״מ לא הוי ממש כי הכא דקרא בעי תרויהו, והתם די לנו באחת מהם מדכתי׳ התם **ושמעה קול אלה** (ויקרא ה:א) ודרשי׳ ושמעה קול ושמעה אלה:

מה אלה ביו״ד ה״א. לכאורה איפכא גרסי׳ גבי שבועת שומרים כתיב יו״ד ה״א **שבועת ה׳ תהיה בין שניהם** (שמות כ:ב) אלא גרסי׳ ״מה שבועה ביו״ד ה״א אף אלה ביו״ד ה״א הואיל ונאמרו שבועות וכו׳,״ ואם תאמר הא כבר דרש הכי לעיל בקרא **דוהשביע** וכו׳ (במדבר ה:יט), וי״ל דכיון דהוצרך לדרוש מהאי קרא משום דברים שנתחדשו לה דרוש הא נמי דהא יש בסיפא נמי חידוש **בתוך עמך** (במדבר ה:כא)— ועמך שלום,[366] ובתרישיה לעשות שבועה כאלה גבי [שבועת] עדות תדעו דלקמן נמי דריש האי דרשא פעם שלישית ואינו מוסיף בה אלא [שאינה אלא] באמן דקתני הואיל ונאמרו שבועות בתורה סתם ופרט באחת מהן שאינה אלא באמן [פורטני] וכו׳:

ועמך שלום. דהכי משמע **והיתה האשה** היא לבדה תהיה **לאלה בתוך עמה** (במדבר ה:כז) אבל עמה שלום:

ולא בזמן הזה. כמו דבר אחר הוא **דבתוך עמך** (במדבר ה:כא) כמשמע שכולם במקום אחד:[367] **בתוך עמך** (במדבר ה:כא) **הפרש וכו׳.** גם זה כמו דבר אחר:

המתנוול במקום שמכירין אותו. [פי׳] בושתו וצערו מרובה [ו]לא דמי למאי דאמר לעיל ״חוץ מעבדיה ושפחותיה שלבה גס בהן״, דהתם מתוך דגס בהן גם הם מצערים בצערה אבל הכא מכירין אותו ויודע שאין מצערין בצערו ולכך בושתו מרובה:

[פיסקא טו]

המביא תקלה לחברו. פי׳ דגם היא הביאה לו תקלה והכשילתו, ונראה לי דאע״ג דכל חייבי מיתות מיתתן מכפרת עליהן זו המיתה של סוטה שמתה על ידי המים אינה מכפרת עליה, והשתא היא הכשילתו בעולם הבא בלבד, והוא הכשילה אף בעולם הזה שקנא לה בעלה ומשקה והכי מייתי הק״ו:

הרי הוא כיוצא בו. שהרי הפורענות פוקדו כדאמר,[368] שגם הוא באותה מיתה ואין מיתתו מכפרת:

ק״ו למדת הטוב. שהגורם זכות לחברו שהוא כיוצא בו:

אמן שלא אטמא. סבר דמתנה עמה על העתיד, ורבנן סברי דאינן מתנה אלא על מה שעבר:[369]

363. דגם לשבועה לחוד יש ענין קללה אפילו לא פירשו.
364. עיין שבועות לו עמ׳ א שלשון אלה כלשון הזה.
365. עיין שבועות מט עמ׳ א דכן הוא לשון שבועה.
366. דרק הבועל והסוטה יקבלו עונשם ושאר העם יהיה נקי מכל עונש.
367. כלומר שלא יהיו בגלות.
368. לעיל מיניה.
369. הש׳ סוטה יח עמ׳ ב בשם רבי מאיר.

ואומר לה הרבה יין עושה. אין זה מפתיחת זכות אלא איום הוא דקא מסיים בה הרבה קדמוך ונשטפו ר"ל הרגיל בזנות נשטף מן העולם:

אל תגרמי. [בעבירה] דיליך כעבירה אח[ר]ת:

אשר חכמים יגידו. כגון יהודה הודה ולא בוש:

ר' ישמעאל [אומר בתחילה] מודיעה וכו'. נראה דר' ישמעאל סבר דאין לדמות אותה לצדיקים לומר לה יהודה הודה ולא בוש אלא מודיעה כחן של מים ותפרוש:

[פיסקא יג]

שלא כדרכה קרי טומאה.[351] דהא כתיב **משכבי אשה** (ויקרא יח:כב):[352]

שכבתו (במדבר ה:כ). משמע שכבתו שלו דלא תימא שכבת זרע דוקא בעי' כדאמרי' בפרק הבא על יבמתו (יבמות נה עמ' ב) **דשכבת זרע** (במדבר ה:ג)[353] דכתיב בסוטה לא איצטריך אלא למעוטי דרך אברים:[354]

מבלעדי אישך (במדבר ה:כ). משמע נמי אישך כל דהוא:[355]

על הכל היה מתנה עמה . נראה דלא גרסי' ליה דגבי אמן הוא [לקמן][356], ודרשי' [בסוטה] (משנה סוטה ב, בבלי יח עמ' א) אמן שלא סטיתי ארוסה וכו':[357]

[פיסקא יד]

ופרט באחד מהם [שאינו אלא באלה ובשבועה]. היינו גבי סוטה:

[שלא יהיו] אלא באלה ובשבועה. [ובשבועה] ר"ל או [בשבועה] דבשאר שבועות לא בעינא תרויהו, דבשבועת העדות (שבועות לה עמ' ב, לו עמ' א)[358] אמרי' מנין לעשות שבועה שאין עמה אלה כשבועה שיש עמה אלה ת"ל **ושמעה קול [אלה]** (ויקרא ה:א), ושמעה אלה[359] ושמעה קול[360]:

אלא ביו"ד ה"א. דכתיב גבי שבועת שומרים **שבועת ה' תהיה בין שניהם** (שמות כ:ב):

יתן ה' אותך לאלה ולשבועה (במדבר ה:כא) **למה נאמר ושבועה [בתוך עמך]** (במדבר ה:כא). קשיא ליה דהוה ליה למכתב יתן ה' אותך לאלה[361]בתוך עמך,[362] ומשני דאצטריך לאלופי

---

351. וכי נטמאת מרבה שלא כדרכה דבפסוק במ' ה:כ הרי לא נזכר שכבת זרע אלא רק שכיבה דכל אופן שהיא.
352. עיין סנהדרין נד עמ' א דתרי משכבות נזכרים כדרכה ושלא כדרכה.
353. של הבועל אלא של הבעל לא צריך להיות כדרכה להיות לו שם בעל ואפילו סריס נקרא בעל לגבי סוטה.
354. עיין הגירסא בסוטה כו עמ' ב.
355. אפילו הוא סריס.
356. פיסקא טו.
357. דמגלגלין גלגול שבועות עליה.
358. ועיין סוטה יח עמ' א היכי דמי שבועה שיש עמה אלה שבועה שלא נטמאת ואם נטמאת יבאו בך. כלומר שבועה עם קללה.
359. ובכן אלה לחודה סגי.
360. מיותר לרבות קול שבועה אפילו בלא אלה.
361. ומה שייך לשון "לאלה ולשבועה".
362. שהוא לשון קללה ואם כן בני אדם יעשו לשמה קללה אחרי דיריכה נופלת.

ספרי פיסקא יא–יב נשא

ופרע את ראש האשה, כהן נפנה לאחוריה ופורעה כדי לקיים בה מצות פריעה דברי ר׳ ישמעאל ד״א לימד על בנות ישראל שהן מכסות ראשיהן ואע״פ שאין ראיה לדבר זכר לדבר ותקח תמר אפר על ראשה (שמואל ב׳ יג יט) ר׳ יהודה אומר אם היה בית חליצתה נאה לא היה מגלהו ואם היה שערה נאה לא היה סותרו היתה מכוסה לבנים מכסה שחורים היו שחורים נא׳ם לה בפשתן ומלבישים אותה כשורים היו עליה כלי זהב קטלאות ונזמים וטבעות מסלקם הימנה כדי לנוולה ר׳ יוחנן בן ברוקה אומר אין מנוולים בנות ישראל יותר ממה שכתוב בתורה אלא לפני ה׳ ופרע את ראש האשה סדין של בוץ היה פורס בינו לבין העם כהן פונה לאחוריה ופורעה כדי לקיים בה מצות פריעה אמרו לו כשם שלא חסת על כבוד המקום כך אין חסין על כבודה אלא כל הניוול הזה מנוולה כל הרוצה לראות בא ורואה חוץ מעבדיה ושפחותיה מפני שלבה גס בהן אחד האנשים ואחד הנשים אחד קרובים ואחד רחוקים מותרים לראותה שנאמר ונוסרו כל הנשים ולא תעשינה כזימתכנה (יחזקאל כג מח).

ונתן על כפיה, אבא חנין אומר משום ר׳ אליעזר כדי לייגעה כדי שתחזור בה והלא דברים קל וחומר אם כך חס המקום על עוברי רצונו על אחת כמה וכמה יחוס על עושי רצונו.

וביד הכהן יהיו מי המרים המאררים, מגיד הכתוב שאין המים נהפכים להיות מרים אלא ביד הכהן ד״א נקראו מרים על שם סופן שממררין את הגוף ומערערין את השן (סליק פיסקא)

(יב) והשביע אותה הכהן, הכהן משביעה ואין נשבעת מאליה שהיה בדין

נאמר כאן שבועה ונאמר להלן שבועה מה שבועה האמורה להלן היא נשבעת מאליה אף שבועה האמורה כאן היא נשבעת מאליה ת״ל והשביע אותה הכהן הכהן משביע ואינה נשבעת מאליה.

ואמר אל האשה, בכל לשון שהיא שומעת דברי ר׳ יאשיה שהיה בדין ומה אם יבמה קלה לא עשה בה כל הלשונות כלשון הקודש סוטה חמורה אינו דין שלא נעשה בה כל הלשונות כלשון קודש ת״ל ואמר אל האשה בכל לשון שהיא שומעת דברי ר׳ יאשיה ר׳ ישמעאל אומר אינו צריך, שהרי כבר נאמר ואמרה האשה אמן אמן אם אינה שומעת כיצד אמרה אמן אמן או אינה אומרת <אלא על אלה> כשהוא אומר יתן ה׳ אותך לאלה ולשבועה בתוך עמך הרי שבועה אמורה הא מה ת״ל ואמר הכהן לאשה לימדה כהן סדר שבועה.

אם לא שכב איש אותך, מלמד שפותח לה בזכות אומר לה הרבה יין עושה הרבה שחוק עושה הרבה ילדות עושה הרבה קידמוך ונשטפו אל תגרמי לשם הגדול הנכתב בקדושה שימחה על המים אומר לפניה דברי הגדה מעשים שאירעו בכתובים הראשונים כגון אשר חכמים יגידו ולא כחדו מאבותם (איוב טו יח) ואומר לפניה דברים שאינן כדיי לשומען היא וכל משפחות בית אביה כדיי בהם רבי ישמעאל אומר בתחילה מודיעה כוחן של מים המרים אומר לה בתי אומר לך המים המרים האלו למה הם דומים לסם יבש הניתן על גבי בשר חי ואין מזיקו כשהוא מוצא מכה מתחיל לחלחל אף את אם טהורה את שתי ואל תמנעי ואם ט:אה את הנקי ממי המרים המאררים האלה (סליק פיסקא)

פירוש לספרי פ' נשא

אמרו לו [כשם שלא חששת]. היינו [ל]ת"ק.

מותר[ים] לראותה. התם (סוטה ח עמ' ב) מפ'[340] דנשים חייבות לראותה משום דכתי' ויוסרו כל הנשים יהיו (יחזקאל כג:מח). משמע גזרה:[341]

ממרין את הגוף. כלומר משביעין את הגוף מרירות ומנפחין אותו כמו "אין ממרין את העגלים" (שבת קנה עמ' ב):[342]

ומרעידין את העין. והיינו [דתנן] ועיניה בולטות (משנה סוטה ג:ד):

[פיסקא יב]

מה שבועה האמורה להלן. גבי שבועת ביטוי דכתי' כי תשבע (ויקרא ה:ד) דהיינו מעצמו:[343]

בכל לשון שהיא שומעת.[344] מבינה, ויליף לה מאל האשה (במדבר ה:יט):[345]

שהיה בדין. שתצטרך לשון הקדש:

יבמה קלה. דאינה אלא בלאו דלא תהיה אשת המת (דברים כה:ה) וכתיב בה ככה לעיכובא:[346]

סוטה חמורה. שהיא במיתה:

אם אינה שומעת כיצד אומרת אמן. דאמן הוי קבלת דברים כדאמרי' בשבועות (לו עמ' ב) ה"ג או אינה אומרת אמן אלא על אלה. משום דסמיך אמן (במדבר ה:כב) לקרא כגון ול[נ]פיל ירך (שם שם) והיינו אלה (במדבר ה:כא), ואימא[347] אלה אין הכי נמי שנאמרת בכל לשון הואיל שאומרת עליה אמן אבל שבועה לא:

כשהוא אומר יתן ה' אותך [לאלה ולשבועה] וכו' (במדבר ה:כא). פי' ועלייהו קאי אמן [אמן] (במדבר ה:כא):[348]

ה"ג מת"ל ואמר אל האשה (במדבר ה:יט) לימדה סדר שבועות וכו'. נר"ל דהיינו מאי דקאמר בפר' כשם [שהמים] (סוטה כח עמ' א) [ההוא דמודע לה כהן] דבטן ברישא והדר ירך שלא להוציא לעז על המים [המרים] והיינו ואמר אל האשה (שם שם) שהוא צריך להסבירה טעמו של דבר משום דכתיב בתת ה' את ירכך נופלת ואת בטנך צבה (במדבר ה:כא)[349] ונראה לי דלר' יאשיה נפקא ליה האי דרשא מדר' עקיבא דדריש לה סתם[350] מובאו (במדבר ה:כב) ובאו (במדבר ה:כד):

שפותח לה בזכות. היינו אם לא שכב איש אותך [ואם לא שטית טמאה תחת אישך] הנקי [וכו'] (במדבר ה:יט):

---

340. בשם רבא.
341. ר"ל תורת חיוב.
342. לפנינו בגמרא: מאמירין.
343. הש' שבועות מט עמ' ב.
344. הש' סוטה לג עמ' א.
345. דמיותר לדרשה דהיא צריכה להבין.
346. עין יבמות צב עמ' ב.
347. זה פירוש על הספרי "או אינה...".
348. עין סוטה יח עמ' א.
349. שהמים דרך כניסתן יבדקוה.
350. עיין סוטה כח עמ' א בפירוש רש"י ור"ע במשנה סוטה ה:א אמרו ור' יאשיה סתם.

<אם אומר את כן לא נמצאת מדת הדין מקופדת> שהיה בדין לבעל הדין לחלוק וכי איזה מדה מרובה מדת טובה או מדת פורענות הוי אומר מדת הטוב אם מדת פורענות ממועטת הרי היא מזכרת עון מדה טובה מרובה דין הוא שתהא מזכרת זכות זאת היא מדה בתורה כל כלל ופרט שדרך הדין לוקה בו נתקיימו זה וזה אל תלקה דרך הדין כיצד נתקיימו זה וזה אל תלקה דרך הדין אם היתה טמאה פורענות פוקדתה מיד ואם יש לה זכות זכות תולה לה <שלשה חדשים כדי הכרת העובר> דברי אבא יוסי בן חנן ר׳ אליעזר בן יצחק איש הדרום אומר תשעה חדשים שנאמר ונקתה ונזרעה זרע מה זרע בן תשעה חדשים אף זכות תשעה חדשים ר׳ ישמעאל אומר שנים עשר חודש ואע״פ שאין ראיה לדבר זכר לדבר להן מלכא מלכי ישפך עלך וגו׳ כולא מטא על נבוכדנצר מלכא לקצת ירחין תרי עשר (דניאל ד׳ כד, כה, כו) ר׳ שמעון בן יוחי אומר אין זכות תילה במים המרים אם אומר אתה שהזכות תולה במים המרים המאררים מדהה אתה את המים בפני כל הנשים השותות ומוציא אתה שם רע על הטהורות ששתו ויאמרו טמאות היו אלא שתלתה להם זכות רבי אומר אני אכריע אם היתה טהורה סופה למות כדרך בני אדם ואם היתה טמאה סופה למות וצבתה בטנה ונפלה ירכה רבי שמעון בן יוחי אומר וכי מי מודיע לכל העומדים שסוף זו למית וצבתה בטנה ונפלה ירכה אלא כיון שהיתה שותה פניה מוריקות ועיניה בולטות וכמין שרביטין היו מורקין בה והן אומרים מהרו והוציאוה שלא תטמא העזרה (סליק פיסקא)

(ט) והקריב אותה הכהן, מיכן אמרו אין משקים שתי סוטות כאחת.

והעמידה, שלא יעמיד עמה לא עבדיה ולא שפחותיה מפני שלבה סמוך עליהם.

לפני ה׳, בשערי נקנור מיכן אמרו ראש המעמד היה מעמיד את הטמאים בשערי נקנור <ששם משקין את השוטות> (סליק פיסקא)

(י) ולקח הכהן מים קדושים, אין קדושים אלא שקידשו בכלי ואלו הם אלו מי כיור.

בכלי חרש, מגיד שלא עשה בה כל הכלים ככלי חרש שהיה בדין הואיל ועפר ומים מקדשים בפרה ועפר ומים מקדשים בסוטה אם למדתי לפרה שעשה בה כל הכלים ככלי חרש אף סוטה אינו דין שנעשה בה כל הכלים ככלי חרש ת״ל בכלי חרש מגיד שלא עשה בה כל הכלים ככלי חרש: <בכלי חרש, כלי חרש חדש דברי ר׳ ישמעאל>

ומן העפר אשר יהיה בקרקע המשכן, מגיד הכתוב שאם לא היה שם עפר מביא עפר ממקום אחר ונותנו למקום מפני שהמקום מקדשו איסי בן עקביה אומר להביא את קרקע בית שלמים איסי בן מנחם אומר אם המטמאו טומאה קלה עשה בה בית המקדש כמשכן סוטה חמורה דין הוא שנעשה בה בית המקדש כמשכן ומה ת״ל ומן העפר אשר יהיה בקרקע המשכן יקח.

לפי שהוא אומר ולקחו לטמא מעפר שרפת החטאת וגו׳ (במדבר יט יז) נאמר כאן עפר ונאמר להלן עפר מה עפר האמור כאן עפר על פני המים אף להלן עפר על פני המים מה להלן אם הקדים עפר למים יצא אף כאן אם הקדים עפר למים יצא.

יקח הכהן ונתן אל המים, כדי שיראה שלשה דברים בתורה כדי שייראו אפר פרה ועפר סוטה ורוק יבמה ר׳ ישמעאל אומר אף דם הצפור (סליק פיסקא)

(יא) והעמיד הכהן את האשה לפני ה׳, מקום שמעמידה בתחלה שם מעמידה בסוף.

להוציא הדם לחוץ כדי שלא יפסול בלינה,[330] וביאה במקצת לא שמה ביאה,[331] וקורא לשער מזרח שער ניקנור על שם האיש שהביאן מאלכסנדריה של מצרים כדאמרי׳ ביומא (לח עמ׳ א) ניקנור נעשו נסים לדלתותיו:[332]

[פיסקא י׳]

שקדשן בכלי. פי׳ בכלי שרת והיינו כיור.

[**לפרה שעשה בה כל הכלים**] **ככלי חרס** . דכתיב **מים חיים אל כלי** (במדבר יט:יז) סתמא היינו כל הכלים.[333]

[**ומן העפר אשר יהיה בקרקע המשכן** (במדבר ה:יז)]. [הוה] מצי למימר אשר במשכן וכתיב **בקרקע** (שם שם) לאיתויי מקרקע בית עולמים:

שילה ובית עולמים. גרסי׳, דלא תימא במשכן דוקא, **מאשר יהיה** (במדבר ה:יז) דרשי׳ אפי׳ שהובא ממקום אחר ולא בעינן שינחנו בקרקע אלא כיון שראה אויר ההיכל נתקדש ואפילו מן קופתו ומקרקע יליף שילה ובית עולמים,[334] ואיסי בן מנחם פליג דבעי שיניחנו בקרקע ואחר כך יתננו (וה״פ) [והכי אמר בברייתא בסוטה (טז עמ׳ ב) א״כ מה ת״ל **בקרקע המשכן** (במדבר ה:יז)] שלא יביא מתוך קופתו ויתן[335] והדר גרסינן [״ומה ת״ל **ומן העפר אשר יהיה בקרקע המשכן**] **יקח הכהן ונתן אל המים**[336] (במדבר ה:יז) לפי שהוא אומ׳ וכו׳״.

עפר על פני המים. דכתי׳ **מים חיים אל כלי** (במדבר יט:יז) דמשמע דמים קדים כתי׳ **ונתן עליו** (שם שם) דמשמע דעפר קדים כדי שיראו, ובסוטה (טז עמ׳ ב) קאמר ויש אומ׳ [משום רבי ישמעאל] אף דם צפור והיינו ר׳ ישמעאל דהכא:

[פיסקא יא]

והעמיד הכהן את האשה לפני ה׳ מקום שהעמידה בתחלה וכו׳. דלעיל כתיב **והעמידה לפני ה׳** ואע״ג דליכא בין **והעמידה** (במדבר ה:טז) **והעמיד** (במדבר ה:יח) אלא פסוק אחד כדאמר התם בסוטה (ח עמ׳ א)[337] דמסיעין היו אותה ממקום למקום כדי שתודה:

בית חליצתה. מקום החזה; ומפני שנועלין אותו:[338]

סדין של בוץ. ר׳ יוחנן בן ברוקא קאמר לה:[339]

---

330. עין נגעים יד:ט.
331. עיין חולין י עמ׳ ב.
332. אחרי שהטיל אחת מהן להקל את ספינתו בסערה החליט לא להטיל את השני ודרך נס הים שכך והדלת המטולה חזרה לו.
333. ומה אם חשבתי שהכוונה לכלי חרס— לכן כתב בסוטה כלי חרס וממילא פרה כשר בכל כלי ולא רק של חרס.
334. עיין תוס׳ סוטה טז עמ׳ א דיש לגרוס איסי בן יהודה אומר להביא קרקע בית עולמים ונכונים דבריהם שאין צורך לרבות שילה דהוא משכן גופיה.
335. כלומר ואם אין שם יביא ויניח שם ואחר כך יטלנו ולפי רש״י סוטה טז עמ׳ א הוא מדרש שני דאינו בספרי ותני בפנים אחרות.
336. דזהו עיקר סיבת הדרשה ויש לגרוס אותו.
337. לשון הגמרא: דסלקינן לה ומחתינן לה כדי לייגעה.
338. כנראה דרצה לומר שלשון בית חליצתה מרמז למקום הדדים שהיא נועלת ברחוב וחולצת בצנעה.
339. המשך דבריו.

לר׳ ישמעאל זכות כלל ואפי׳ לתליה, ולהכי קאמר מהדר ליה זו מדה בתורה [ב]כל מקום שאם יתקיים הפסוק כפשוטו ילקה[315] מדת הדין, היינו ״מדת הטוב המרובה[316] דין הוא שמזכרת זכות״:

יתקימו זה וזה. כלומר יש לנו לראות אם נוכל שיתקיימו שניהם כדי שלא ילקה מדת הדין[317] והכא נמי הרי אתה יכול לקיים שניהם:[318]

שלשה חדשים. מפ׳ בסוטה (כ עמ׳ ב) כדי הכרת העובר:

ר׳ ישמעאל אומר. השתא דאיירי בזכות דתליה גם ר׳ ישמעאל מודה:

אע״פ שאין ראיה וכו׳. וא״ת ראיה גמורה איכא! וי״ל דטעמא דשלא [מ]וציא לעז על הכשרות[319] לא שייך התם.

פניה מוריקות. כדאמ׳ (שבת לג עמ׳ א) סימן לעבירה הדרוקן:

שלא תטמא את העזרה. בפרק היה נוטל (סוטה כ עמ׳ ב) דאעזרת נשים[320] קאי דפריך אימא משום מיתה[321] למימרא דטמא[322] מת אסור במחנה לויה וכו׳ [ולא טמא מת בלבד אמרו אלא אפילו מת עצמו..ומשני] אלא שמא תפרוס נידה:[323]

[פיסקא ט]

אותה (במדבר ה:טז). משמע לבדה:[324]

והעמידה (במדבר ה:טז). נמי משמע לבדה:[325]

לפני ה׳ (במדבר ה:טז) **זה שער ניקנור.** מזרח[326] של עזרת ישראל (וקיי״ל) [וחלל][327] אותו פתח לא נתקדש בקדושת עזרת ישראל כדי שיעמדו שם (ישראל) [מצורעים][328] ויכניסו ידיהם לפנים להזות[329] על בוהנותיהם מדם האשם לפי שמחוסר כפורים אסור ליכנס וגם אי אפשר

---

315. וכבוש ויכסה.
316. ולעולם לא יבא חובה.
317. פי׳ לעולם.
318. דרך תליה.
319. אם כשרות שותות יחשבו אותן לנואפות עם זכות.
320. דהיינו מחנה לויה.
321. בגמרא ״מ״ט דילמא״ במקום ״אימא משום״.
322. בגמרא לפנינו חסר ואינו אמר אלא מת בלבד.
323. פירש״י ז״ל: אגב ביעתותה דמים המרים והנדה והזבה והזב ובעל קרי אסורים במחנה לויה.
324. ולא עם חבירתה ועין סוטה ח עמ׳ א.
325. ולא עם עבדיה ושפחותיה.
326. השוה לשון רש״י למשנה סוטה ז עמ׳ א. ״1)...שער נקנור הוא שער העליון שבחומה שבין עזרת ישראל לעזרת נשים. 2)...מפני שלא נתקדש בקדושת עזרה עובי חלל אותו שער מפני המצורעין שמכניסין ידיהן לבהנות...וביאת מקצת שרא רחמנא. 3)...נקנור אדם גדול היה והביא דלתות נחושת...ונעשו בו נסים כדתנן בסדר יומא ונקראו על שמו.״ ומרצף הדברים וסדרם בפירוש לספרי ניכר בברור שמקורם מפירושים למשנה במס׳ סוטה ז עמ׳ א, וצירף רבינו אותם כאן למאמר אחד.
327. באקספורד: וקלל! ומקום השער הוא עובי החלל ומחוסר כפורים שנכנס לעזרת ישראל חייב כרת.
328. שכבר טהרו מצרעתם.
329. ר״ל שהכהנים יתנו בהם.

קרבן עשיר וכן כל קרבן שהיא חייבת וכו׳[301] ובמציעא נמי פ׳ המקבל (קד עמ׳ א) ר׳ יהודה היה דורש לשון הדיוט[302] ומהכא שמעי׳ דלא שנא בזו ולא שנא באחרת[303] פליגי רבנן עליה:[304]

אחד מעשרה באפה. תי׳ פשי׳ מאי קאמ׳? ונראה דהכי פי׳ אי כתי׳ עשירית איפה בלא הי״א [הוה משמע עשרה באיפה אבל מדכתיב] הי״א משמע אחד מעשרה באיפה:

כמין חומר. גרסי׳, ור״ל תכשיט שקושרין בו בית הצואר ושמו חומרתא:[305]

כשם שקנאה לבעל. נראה הכי פי׳ כשם שנאסרת לבעל כך נאסרת לבועל,[306] ומיהו עיקר דרשא אינו אלא **מנטמא ונטמא** כדלעיל,[307] ״ושתי קנאות״[308] כדמסיים ואזיל, כשם שקנאה למטה[309] כך קנאה למעלה:[310]

אין לי אלא מזכרת עון וכו׳. ר׳ עקיבא קא מסיים לה ואזיל, והכי פי׳ אין לי שמזכרת אם היא טמאה אלא עון:[311]

זכות מנין.[312] דאלו **ונקתה** (במדבר ה:כח) דמשמע דמזכרת זכות מיירי בטהורה ובהא לא פליג ר׳ ישמעאל אלא פלוגתיהו בשהיא טמאה גם יש לה זכיות אחרות, ומיהו מודה ר׳ ישמעאל לענין תליה שהזכות תולה לה אלא לסוף שהיא מתה באותה מיתה, כדמשמע בסיפא:[313]

זו מדה בתורה [כל כלל ופרט] שדרך הדין לוקה וכו׳. נראה דאין זה מדברי ר׳ ישמעאל אלא באנפי נפשה דהא איהו קאמר אין בכלל אלא מה שבפרט, ואבא יוסי [בן חנן] סבר[314] דלית ליה

---

301. שהחיוב לא בא מתורת נדרו אלא מתנאי ב״ד כאילו היה כתוב ״אחריות דאית לך עלי מן קדמת דנא״ במפורש בכתובתה ולכן אם הוא עשיר יביא קרבן עשיר אפילו היא היתה עניה דכן הוא דינו אם נדון אותו כתנאי כתובה וחיובו על קרבנותיה לאו חיוב מן התורה אלא חיוב שכל חתן מקבל עליו כאילו נכתב בכתובה.

302. ולא רבנן דורשים דאך ורק רבי יהודה דורש ״אחריות״ להביא כל קרבנותיה כתנאי בית דין אבל הרבנן לא דרשו מנהג קדום זה שעכשיו אף אחד לא כותב בכתובה או במקום אחר ולא עשו חכמים מנהג הדיוט כתנאי ב״ד.

303. דלרבי יהודה כאילו עומד חיוב קרבנות כתנאי כתובה כל זמן שהם נשואים דהרי פעם כתבו שטר הדיוטות כזה ולרבנן אין שום תנאי כתובה ולא עשה נדר ולא כלום ואין לו חיוב כלל אלא חיב הוא רק על מה שהוא גרם לה ולא מתורת כתובתה ואין המחלוקת תלויה אם כתבה לו שובר או לאו וחולקים רבנן ור״י על איזה קרבנות הבעל חייב בהם והמחלוקת חלה על כל קרבן אפילו אלו דאחרי הנשואין אם הוא חייב או לאו שאין שום חיוב עליו מדאורייתא. ופירוש זה הוא כפירוש הראשון של הראב״ד בשיטה מקובצת הנ״ל.

304. בקצור: בראש חשב רבינו שנכתב התנאי במפורש ור״י פירש הדברים כנדר וחכמים כפרט כתובתה ובסוף הסיק שלא נכתב התנאי ואעפ״כ ר״י דרשם כפרט כתובתה ורבנן לא דרשם בכלל. ללישנא א׳ הרי קרבנותיה עליו מן התורה אחרי הנשואין אפילו לרבנן וללישנא ב׳ אינן מן התורה אפילו לר׳ יהודה, ושני הלשנות כשני הלשונות של הראב״ד: כנלע״ד וצע״ג.

305. עין רש״י סוטה טו עמ׳ א.

306. ולא מן דרשה דקינות ברבים שהוא רק רמז ואסמכתא.

307. והיא נטמאה (במדבר ה:יג); אשר תשטה אשה תחת אישה ונטמאה (במדבר ה:כט).

308. וזה עיקר הדרשה.

309. בארץ בין אדם לחבירו.

310. בשמים בין אדם למקום.

311. דהזכות תולה.

312. הש׳ סוטה כ עמ׳ ב.

313. דהיינו רבי ישמעאל אומר י״ב חדש.

314. וטעה בזה.

מה ת״ל והיא נטמאה והיא לא נטמאה אם היא טמאה למה אינו משקה ואם טהורה היא למה הוא משקה אלא בא הכתוב ללמדך שלעולם אין משקים אלא על הספק ומיכן אתה דן לשרץ ומה אם במקום שלא עשה אונס כרצון עשה ספק כוודאי כאן שעשה אונס כרצון דין הוא שנעשה ספק כוודאי ומה כאן רשות היחיד אף להלן רשות היחיד מה כאן דבר שיש בו דעת לישאל אף להלן דבר שיש בו דעת לישאל מיכן אמרו ספק טומאה ברשות היחיד ספקו טמא ספק טומאה ברשות הרבים ספיקו טהור את שיש בו דעת לישאל ספיקו טמא ואת שאין בו דעת לישאל ספיקו טהור (סליק פיסקא)

(ה) והביא האיש את אשתו אל הכהן, מן התורה האיש מביא את אשתו אל הכהן אלא אמרו מוסרים לו שני תלמידי חכמים בדרך שלא יבא עליה ורבי אומר בעלה נאמן עליה מקל וחומר ומה נדה שחייבים על ביאתה כרת בעלה נאמן עליה סוטה שאין חייבים על ביאתה כרת אינו דין שיהא בעלה נאמן עליה אמרו לו כל שכן הואיל ואין חייבים על ביאתה כרת לא יהא בעלה נאמן עליה ד״א לא אם אמרת בנדה שיש לה היתר אחר איסורה תאמר בסוטה שאין לה היתר אחר איסורה ד״א נחשדו ישראל על הסוטות ולא נחשדו על הנדות.

והביא את קרבנה עליה, כל קרבן שעליה דברי ר״י וחכ״א קרבן שמכשירה לו כגון זבה ויולדת הרי זה מביא משלו ואין מקיץ מכתובתה וקרבן שאין מכשירה לו כגון שקיפחה נזירות בראשה או שחיללה את השבת הרי זה מביא משלו ומקיץ מכתובתה.

עשירית האיפה, אחד מעשרה באיפה.

קמח, למה נאמר שהיה בדין הואיל ומנחת חוטא באה על חטא וזו באה על חטא אם למדתי למנחת חוטא שאינה באה אלא סולת אף זו לא תבוא אלא סולת ת״ל קמח.

שעורים, למה נאמר שהיה בדין הואיל ומנחת חוטא באה על החטא וזו באה על החטא אם למדתי למנחת חוטא שאינה באה אלא חטים אף זו לא תבוא אלא חטים ת״ל שעורים אמר רבן גמליאל הניחו לי סופרים ואומרה כמין חומר אבל נראה הוא כשם שמעשיה מעשה בהמה כך קרבנה מאכל בהמה.

לא ישים עליה שמן, מגיד שאם נתן עליה שמן עובר בלא תעשה כשם שעובר על שמנו כך עובר על לבונתו אמרת על השמן יהא עובר שאין יכול לחזור וללקטו על הלבונה לא יהא עובר שיכול לחזור וללקטה ת״ל לא ישים עליה שמן ולא יתן עליה לבונה מגיד שאם נתן עליה שמן ולבונה עובר בלא תעשה ומפני מה טעמו של דבר מגיד כי מנחת קנאות הוא.

מנחת קנאות, שתי קנאות כשם שקנאה לבעל כך קנאה לבועל כשם שקנאה למטה כך קנאה למעלה:

מנחת זכרון, שומע אני זכות וחובה ת״ל מזכרת עון כל הזכרונות שבתורה לטובה וזו לפורענות דברי ר׳ טרפון ר״ע אומר אף זו לטובה שנאמר ואם לא נטמאה האשה אין לי אלא מזכרת עון מזכרת זכות מנין ת״ל מנחת זכרון מכל מקום ר׳ ישמעאל אומר מנחת זכרון כלל מזכרת עון פרט כלל ופרט אין בכלל אלא מה שבפרט

אבל שרצים עשה אונס כרצון.[291] דכתי׳ **וכל אשר יפול עליו מהם במותם וכו׳** (ויקרא יא:לב).

מה כאן רשות היחיד. דכתיב ונסתרה (במדבר ה:יג):

דבר שיש בו דעת לישאל.[292] שתבא לישאל בב״ד מה דינה, אי נמי יש בה דעת לישאל שישאלו אותה בב״ד היאך אירע לך דבר זה:[293]

[פיסקא ח]

בעלה נאמן. [מיירי] שלא בא עליה בדרך [ו]מק״ו מנדה:

ה״ג [דבר] אחר לא אם אמרת בנדה וכו׳. פי׳ והויה כפת בסלו:

ד״א נחשדו ישראל על הסוטות. נראה לי דהיינו דקאמר בפרק [קמא] דסוטה (ז עמ׳ א) ״ואו׳ **מים גנובים ימתקו** (משלי ט:יז)״ ובנדה לא שייך מים גנובים כיון דלמחר מותרת:

כל קרבן שעליה. כלומר [שהוא חייב להביא כל קרבן] שהיא חייבת בין חטאת קבועה ונזירות ומעליה[294] (במדבר ה:טו) דריש לה:

שקפחה. כמו קצצה על עצמה נזירות,[295] ולכאורה[296] בזו שעומדת לצאת[297] פליגי רבנן עליה דר׳ יהודה אבל באשה אחרת שאינה עומדת לצאת לא, כדאמרי בכתובות (תוספתא כתובות ד:יא) אחריות דאית לך עלי מקדמת דנא,[298] ואמרי עלה (בירושלמי כתובות) דאפי׳ חיללה שבת,[299] מיהו ר׳ יהודה הוא[300] דאמר לה נמי בכתובות ר׳ יהודה אומר מביא אדם על אשתו

291. וטמא, א״כ ספק נגע ספק לא נגע ק״ו שדין טומאה בדבר.

292. דא״א לשאל לרבים. אבל שרץ א״א לשאול והוא לא יודע אם נגע או לא נגע.

293. ואם יש לה דעת לא אמרינן דיש ספק ברה״ר לטהר.

294. דמיותר לדרשה.

295. על חשבונה.

296. איני יודע לפרש דברי רבינו בקלות לפי הניסוח שלו ונראה לי שר״ל דלכאורה פליגי באשה שהבטיח לה בעלה לשלם אחריותיה מקודם הנשואין אבל לאלו דאחרי הנשואין לא היה צריך לקבל עליו לשלם בעדה דהרי חיובו מן התורה. וכשעומדת לצאת ושוברת לו את כתובתה חוקים אם אלו דקודם בכלל השובר או לאו בכללה. לפי ר״י יש לפרש דנדר עשה עליהם והם לא בתורת מחילה והרבנן סוברים דכן מחילתה בכלל השובר ולכאורה המחלוקת רק אם אמר הבעל במפורש שמקבל עליו— ומצוה לצמצם את המחלוקת.

297. וכתבה שובר לבעלה על כתובתה. והראב״ד בשיטה מקובצת לבבא מציע קד עמ׳ א פירש את הסוגיה באופן כזו כפירוש שני.

298. שהוא היה כותב לה דאם היא חייבת להביא קרבן עד שלא ניסת לו הרי הבעל מביא קרבן עשיר על אשתו משלו ועדין לא ברור על איזה קרבנות מדובר. וכמו לשון התוספות בבבא מציע קד עמ׳ א דלא גרס בתוספתא על איזה סוג קרבנות מדובר והביאו ראיה מן ירושלמי כתובות ו:א דאפילו אכלה חלב או חיללה את השבת ולכאורה אין בזה מחלוקת אלא על אלו שהיו מקודם הנשואין.

299. ולכן יש מחלוקת על מי שעומדת לקבל גט אי אמרינן אמירתו הראשונה תביא עליו חיוב מטעם הכתובה והיא תוכל לפטור אותו בשוברה; או אי אמרינן דתורת נדר היא דאם כתבה לו שובר על הכתובה הרי מן אלו דקודם הנשואין לא פטרה אותו. ולכוארה ר״י סובר דנדר הוא ולא נכלל בשובר כתובתה ולכן חייב הבעל על הכל אפילו כתבה שובר ורבנן סברי דנכלל הכל בכתובה ואם שברה כתובתה הוא פטור מן הכל חוץ מו הדברים שיכשירנה לו כגון קרבנות דיאפשירו לה לבשל קודשים לו וכו׳. ורק על הקרבנות שהיו עליה לפני הנשואין פליגי ובכן במשמע דלאחר הנשואין הבעל מחויב מכל מקום על כל קרבנותיה חוץ מאלו שיבאו בנדבה או בנדר ודברי הכל דין זה מדאורייתא שעל אלו דאחר הנשואין אם כתבה לו שובר הוא לא יהיה פטור מהם.

300. ומכאן רבינו מביא ראיה דדברים אלו באים לפי רבי יהודה לחוד וגם חיוב הבעל אחר הנשואין בא אליו מכח מנהג הדיוט זה וחולקים רבנן ור״י במצב דלא כתב שום דבר כלל וכלל דהדיוטות פעם כתבו דברים כאלו, ודורש ר״י אותם אפילו עכשיו כאלו נכתבו עדיין ולפי הרבנן לא כלום כתוב ולא כלום דורשים ומן התורה אין שום התחייבות.

כל מקום שנא׳ עד הרי שנים עד שיפרט לך הכתוב אחד. כדכתיב **לא יקום עד [אחד] באיש** (דברים יט:טו) ואשמעי׳ דאי איכא עד א׳ בטומאה נאמן להפסידה כתובתה ולאוסרה על בעל ובועל ולתרומה:[275]

אם המטמאה טומאה קלה. היינו פנויה שנבעלה לגוי ועבד וליכא אלא לאו **דלא תתחתן** (דברים ז:ג) או **דלא תהיה קדשה** (דברים כג:יח) ונפסלה בביאתו מן הכהונה[276] כדילפי׳ ביבמות פרק אלמנה (יבמות סט עמ׳ א) מ[**ובת כהן**] **כי תהיה לאיש זר** (ויקרא כב:יב) דדרשי ליה ״כי ת[י]בעל״:[277]

סוטה חמורה. שהיא אשת איש:[278]

[**ועבר עליו**[279] (במדבר ה:יד)] **רשות דברי ר׳ ישמעאל.** בפר׳ [קמא] דסוטה (ג עמ׳ א) מפרש דקרא [דוקנא][280] אתא לאשמועי׳ דלא עבר [על] (מ)**לא תשנא את אחיך בלבבך** (ויקרא יט:יז) דאי לאו **וקנא את אשתו** (במדבר ה:יד) הוה אמינא דעבר,[281] ור׳ עקיבא דאומר חובה תרי **וקנא את אשתו** (שם שם) כתיבי:[282]

ר׳ ישמעאל או׳ אינו צריך ומה גרושה וכו׳. בפרק כשם [שהמים] (סוטה כח עמ׳ ב) פריך ור׳ ישמעאל? אמר ר׳ עקיבא תרומה[283] ומהדר ליה [איהו] כהונה![284] ותו[285] לר׳ עקיבא כהונה מנא ליה[286] כלומר **מת הבעל קודם שתשתה והרי היא אלמנה מנין שאסורה לכהן?** ומשני דלר׳ עקיבא תלתא ״נטמאה״ וחד ״ונטמאה״ כתיבי ר׳ עקיבא דריש וא״ו [ו]הוו להו חמישה חד לבעל וחד לבועל וחד לתרומה וחד לכהונה וחד מגיד לך הכתוב שהספק אוסרה[287] ור׳ ישמעאל לא דריש וא״ו [ה]ארבעה כדאמרן וכהונה אתא בקל וחומר:[288]**שלא עשה אונס כרצון.** היינו סוטה דכתי׳ **והיא לא נתפשה** (במדבר ה:יג) [הא נתפשה][289] מותרת:[290]

---

275. עיין סוטה ב (משנה א:א) ופירוש רש״י שם.
276. ואינה חייבת כרת או מיתה אלא לאו קל בעלמא והבועל פוסלת לה מן הכהונה.
277. שיטת רבי עקיבא היא. ואיירי בכל אשה דבת כהן לאו דווקא אלא ר״ל דאפילו בת כהן ובעלה כהן נפסלה מן הכהונה אם מת בעלה קודם ששתה. ורש״י מפרש: ולר״ע...האי ״כי תהיה״ אם בא ללמד על ביאת פסולין אינו אלא לשון ״בעילה״ וכל הזרים אצלה במשמע שתהא ביאתם פוסלת אפילו עובד כוכבים ועבד.
278. וחייבת מיתה ואם נתאלמנה הרי ק״ו אסורה לכהונה.
279. מאי עבר ברוח קינא שלו?
280. אם רצה לקנא הרשות בידו.
281. ר״ל ״וקנא״ נותן רשות לשנוא אותה.
282. בפסוק אחד לחיוב גמור.
283. ר״ע אמר לר״י דיש לאסרה מלאכול תרומת בעלה מחד קרא.
284. רבי ישמעאל השיב לו מאיסור כהונה ואינו מובן למה דלכאורה אין קשר בין הקושיה והתירוץ. ולבסוף נראה שכוונתו היתה לומר שיש ללמוד גם איסור כהונה מאיסור תרומה בק״ו ואם לא יליף ק״ו מנא ליה דין כהונה.
285. וזהו הסבר דבריו כלומר שרבי ישמעאל תמה א״כ מניין לו דין כהונה.
286. ד׳ פסוקים איכא והיא נטמאה (במדבר ה:יג), והיתה אם נטמאה (במדבר ה:כז), אשר תשטה אשה תחת אישה ונטמאה (במדבר ה:כט), ועוד והיא נטמאה (במדבר ה:יד) ור״ע אמר לר״י דחד מהם לתרומה ולא יעשה ק״ו לכהונה. ור״ע דרש ווין לרבות, ור״י דרש ק״ו א״כ תמה ר״י מנא ליה כהונה דלשיטת ר״י קרא אחד חסר לר״ע שהרי לא יליף מק״ו ומכיון דדרש חד לתרומה מניין לו דין כהונה.
287. כלומר חד לגופיה.
288. ודורש ג׳ דרשות חוץ מגופיה ולא דרש תרומה. והש״ס לא מנה חד לגופיה ואמר דר״ע דרש ד׳ ור״י דרש ג׳ ורבינו דק יותר לפרש.
289. כלומר אנוסה היתה.
290. ואעפ״כ נעשה ספק כוודאי וכל זמו שלא שתה אסורה לבעלה.

כי תשטה אשתו. בראויה לאישות הכתוב מדבר להוציא אלמנה לכהן גדול גרושה וחלוצה לכהן הדיוט וכדברי עקביא בן מהללאל אף המשוחררת ואשת גר אמרו לו והרי כרכמית שפחה משוחררת היתה בירושלים והשקוה שמעיה ואבטליון כלשון הזה אמר להם דוגמה השקוה ונידוהו ומת בנדויו וסקלו בית דין את ארונו.

ומעלה בו מעל, מצילה על דבר ערוה או מצילה על דבר ממון כשהוא אומר ושכב איש אותה שכבת זרע הרי מצילה על דבר ערוה ולא מעילה על דבר ממון.

ומעלה בו מעל, אין מעילה בכל מקום אלא שיקור וכן הוא אומר וימעלו באלהי אבותיהם (ד"ה א' ה כה) ואומר וימעלו בני ישראל מעל בחרם (יהושע ז א) ואומר וימת שאול במעלו אשר מעל (ד"ה א' י יג) וכן הוא אומר בעוזיה מלך יהודה צא מן המקדש כי מעלת (שם ב' כו יח) ואומר ומעלה בו מעל הא אין מעילה בכל מקום אלא שיקור: ושכב איש, להוציא את הקטן שאינו איש.

אותה, ולא את אחותה שהיה בדין אם כשבא איסור הקל על איסור הקלה אסר את אוסרו כשבא איסור חמור על איסור חמורה אינו דין שהוא אוסר את אוסרו ת"ל אותה ולא את אחותה אבא חנן אומר משום ר' אליעזר אותה ולא את חמותו אותה ולא את הערוה שהיה בדין ומה אם במקום שאין האוסר איסר כל ימיו כשבא איסור הקל על איסור הקלה אסר את אוסריו מקום שהאוסר אוסר כל ימיו כשבא איסור חמור על איסור חמורה אינו דין שהוא אוסר את אוסריו ת"ל אותה ולא את חמוהו אותה ולא הערוה.

ונעלם מעיני אישה, להוציא את הסומא.

ונעלם מעיני אישה, ולא שיהא בעל רואה ומעמעם הא אם ידע בה בעלה אין רשאי להערים עליה ולהשקותה.

ונסתרה והיא נטמאה. אין עדים לטומאה אבל יש עדים לסתירה או אין עדים לטומאה ולא לסתירה אם אמרת כן אף היא מותרת לבעלה הא אין עליך לומר כלשון האחרון אלא כלשון הראשון ונסתרה אין עדים לטומאה אבל יש עדים לסתירה.

ונסתרה. אבל לא שמענו שיעור סתירה כמה ת"ל ונסתרה והיא נטמאה סתירה כדי טומאה כדי להקיף הקל דברי ר' ישמעאל ר' אליעזר אומר כדי מזיגת הכוס ר' יהושע אומר כדי לשתותו בן עזאי אומר כדי לצלות ביצה ר' עקיבא אומר כדי לגמותה ר' יהודה בן בתירה אומר כדי לגמות שלש ביצים זו אחר זו.

ועד אין בה, בשני עדים הכתוב מדבר או אינו מדבר אלא בעד אחד ת"ל לא יקום עד אחד באיש לכל עון ולכל חטאת (דברים יט טו) שאין ת"ל אחד אלא זה בנה אב כל מקום שנאמר עד הרי הוא בכלל שנים עד שיפרוט לך הכתוב אחד.

והיא לא נתפשה, להוציא את האנוסה או בין בישראל ובין בכהונה אמרת אם המטמאה טומאה קלה עשה בה אונס כרצון בכהונה סוטה חמורה דין הוא שנעשה אונס כרצון בכהונה.

ועבר עליו רוח קנאה וקנא את אשתו, רשות דברי ר' ישמעאל ר' אליעזר אומר חובה.

או עבר עליו רוח קנאה וקנא את אשתו והיא לא נטמאה, ר' עקיבא אומר מה ת"ל נטמאה נטמאה שלש פעמים אלא טמאה לבעל וטמאה לבועל וטמאה לתרומה ר' ישמעאל אומר אינו צריך ומה אם גרושה קלה שמותרת לחזור למגרשה בישראל פסולה מן הכהונה סוטה חמורה דין הוא שתהא פסולה מן הכהונה

(ויקרא יח:יח),[259] ואע״ג דאשת איש בחנק ואחות אשתו בכרת— ותו[260] לא קורא לזה קלה ולזו חמורה כדפירש׳;[261] ונר׳ דהכא פליג אבא חנן[262] דסבר דלאחות אשתו לא איצטריך קרא דאיכא למיפרך מה לאשת איש שכן מיתת בית דין [תאמר באחות אשתו שהיא בכרת]:[263]

שאין האוסר אוסר כל ימיו. היינו אשת איש שיכול להתירה בחייו בגט כדפי׳:

אוסר את אוסריו. אוסר הבועל את אשתו על בעלה [כמו] שהיה אוסר אותה עליו:

מקום שהאוסרה [אוסרת] כל ימיו. היינו אשתו שאוסרת על בעלה את אִמהּ דהיינו חמותו והשתא הוי איסור חמור בכל ענין בין לענין איסור בין לענין מיתה דחמותו בשריפה ואשת איש בחנק:[264]

אותה (במדבר ה:יג) **ולא את הערוה.** תי׳ איזו ערוה אי חמותו בה[265] קיימא אי אחות אשתו הא לא בעיא קרא לרב חנן[266]! וי״ל דהיינו בת אשתו ובת בנה ובת בתה דאינהו (אינהו) נמי בשריפה כחמותו וחמירי מחמותו[267] דחמותו לאחר מיתת אשתו איכא פלוגתא בסנהדרין (עו עמ׳ ב), איכא מאן דאמר איסורא בעלמא[268] ואילו בת אשתו שאפי׳ לאחר מיתת אשתו בשריפה:[269]

[**מעמעם.** פי׳] מצמצם עיניו כמי שאינו רואה וטעמא דכתי׳ **לא אפקד על בנותיכם כי תזננה ועל נשותיכם [כלותיכם]**[270] **כי תנאפנה** (הושע ד:ד):

הא אם ידע בה בעלה וכו׳. מילתא אחריתי היא שאם הבעל יודע שודאי נטמאת אינו יכול להשקותה לפי שאין משקין אלא לברר את הספק ואע״פ שאין יכול להפסידה כתובתה על עצמו מוטב יתחייב בכתובתה ואל יוצא לעז על המים:

אף היא מותרת לבעלה.[271] משום דאין דבר שבערוה פחות משני עדים אבל כשיש עדים בקינוי ובסתירה הרי רגלים לדבר:[272]

כדי טומאה. פ׳ ביאה והתם (סוטה ד עמ׳ א) מפרש דהיינו כדי העראה[273] והתם (שם עמ׳ ב) מפרש דכל אחד מהני [שיעורים] בעצמו [שיער]:[274]

ועד אין בה וכו׳ (במדבר ה:יג). פי׳ עדות שלם אין בה אלא אחד:

---

259. תמיד אסורה לו. עיין יבמות צז עמ׳ א.
260. אין הלשון לפי העונש.
261. וס״ד דתשתה מק״ו לכן צריך למעטה.
262. למעט חמותו בא.
263. וממילא לא יליף דחייב.
264. ואין לו פירכה.
265. כבר אמרוה.
266. דאין שום סברא לרבות אותה.
267. וילפינן ממנה.
268. רבי עקיבא.
269. וחמור מחמותו וילפינן מחמותה בק״ו.
270. וצריך לגרשנה ולתת לה כתובתה.
271. בלי שני עדים על הקינוי והסתירה.
272. לאוסרה לבעלה ולהשקותה ואם יש עד אחד שנטמאה אחרי שב׳ העידו על הקינוי והסתירה מהמינן לו.
273. מפרש רש״י: ומהו כדי טומאה כדי ביאה ומהו כדי ביאה כדי העראה דהייהו נשיקת אבר באותו מקום.
274. בכה״י: שידע. ופירש רש״י שם:בעצמו שיער כמה שהיה שוהה בביאתו ובדף א׳ אמר בהערתו.

[**דוגמא השקוה**. יש מפרש מפני שהיו דוגמתה כלומר כמותה[242] ופרק מי שמתו יש ספרים דגורסים] **דיכמא**;[243] [ו]יש מפרש[244] מי צבע בעלמא ויש מפרש עשו דוגמא [ודמיון, והראו לה] כאלו היו רוצים להשקותה,[245] וא״ת אם כן למה נידוהו?[246] וי״ל מפני שנחלק עם רבים![247] ולא נהירא דבפרק מי שמתו (ברכות יט עמ׳ א) חשיב ליה מספר אחר מיטתן של תלמידי חכמי׳ לכן נר׳ ״דוגמא״ [דאמר צ״ל היו] דוגמתא[248] והיינו מספר אחר מיטתן של תלמידי חכמים;[249] מיהו לר׳ יהודה דמסיים בה בעדיות (ה:ו) ״חס ושלום שעקביא נתנדה וכו׳״ צ״ל דעקביא [כשאמר] דוגמא קאמר מי צבע ליראה ולבהלה כדי שתודה[250] וליכא הכא מספר אחר מטתן של תלמידי חכמים:[251]

או על דבר ממון. דכתי׳ **ומעלה מעל בה׳ וכחש בעמיתו** (ויקרא ה:כ) דהיינו ממון:[252]

אלא שיקור. כלומר מחליף האמת בעבור השקר, וא״ת מאי ואומר?[253] וי״ל דכי תימא ע״ז שאני דחמירא ת״ש **וימעלו [בני ישראל מעל] בחרם**[254] (יהושע ז:א), וא״ת חרם שאני דמובלע ברמ״ח איברים ת״ש משאול,[255] וכי תימא שאני התם דהמרה על פי נביא ת״ש מעוזיה,[256] וכי תימא קדשים שאני אבל חולין לא ת״ש **ומעלה בו** (במדבר ה:יב) ואשה לבעלה חולין חשיבה:

ה״ג **ושכב איש** (במדבר ה:יג) **להוציא את הקטן**. אע״ג דאיש משמע יותר מבן י״ג שנה ויום אחד ופחות מכאן קטן מיקרי, הכא ליכא למימר הכי אלא למעוטי פחות מבן ט׳ דאין ביאתו ביאה אבל בן ט׳ שנים ויום אחד אין הכי נמי דמקנין על ידו:[257]

אותה (במדבר ה:יג) **ולא אחותה**. פי׳ שכיבתה באיסור אוסרה על בעלה ולא שכיבת אחותה באיסור שאם שכב בעלה את אחותה אין אשתו נאסרת עליו בכך:

איסור [**הקלה**]. היינו אשת איש לפי שיכול להתירה בחייו בגט;[258] **ואיסור חמור** קרי אחות אשתו לפי שהיא אסורה לו והוא לה כל ימי אשתו [בחיים] אפי׳ יגרשנה דכתי׳ **עליה בחייה**

242. או שהיו רשעים (!) כמוה ועשו שלא כהלכה (כן מצאתי בספר תוספות אנגליה) או שהיו גרים (כמו פירש״י ברכות יט עמ׳ א) ולפיכך ״השקוה״ כנגד הדין ודברי זלזול המה.
243. השוה ספר הערוך ע׳ דגם.
244. רב האי גאון.
245. שתודה על הזנות. ומלאתי הנוסח הלקוי של הפירוש על פי דברי הר״ע מברטנורה על עדיות ה:ו.
246. איזה גנאי אמר עקביא שנידוהו?
247. שהרבים אמרו דהשקוה ממש.
248. או ר״ל שהיו רשעים (!) או ר״ל כמו ששמעיה ואבטליון היו מזרע גרים כך רצו להראות על חשיבות עצמן מדוגמתה של הגיורת שהיא חשובה כישראלית והשקוה מי סוטה ממש שלא כהלכה וכדברי רש״י ברכות יט עמ׳ א.
249. שאמר שעשו שלא כדין לטובתן לחוד וזלזל בכבודן אמר.
250. כפירוש הראשון.
251. נראה שרבינו לא גורס שר׳ אליעזר אמר אותו.
252. וס״ד דצריך להשקותה על דבר ממון.
253. דיש כמה.
254. ר״ל כאן אוכל.
255. וימת שאול... דה״י א י:יג.
256. צא מן המקדש... דה״י ב כו:יח.
257. דשפיר איש מיקרי.
258. ויהיה מותר לבועל.

וקשה דאם התרו (בו) [בה] בחנק הוא[226] ונראה דגרסינן **ולא התרו** (**בו**) [**בה**] **דהשתא ליכא מיתה מ״מ איכא עדים**;

ואי גרסינן והתרו (**בו**) [**בה**]— ופי׳ דלאו התראה ממש אלא לומר שידעו שהיא מזנה כגון שהיה רודף הבועל אחריה ורצו להצילה בנפש של בועל ואמרה להם הניחו לי׳ שברצונה הוא ולאפוקי אנוסה דשריא ליה:

אבל ספק [**נבעלה**]. כי הכא דמיירי דאיכא עידי סתירה וליכא עידי טומאה:

לעשות אשה כאיש.[227] נראה דהיינו דרשא דפרק ארוסה ושומרת יבם (סוטה כז עמ׳ א) אלא דדריש ליה התם[228] **מאשר תשטה אשה תחת אישה** (במדבר ה:כט) להקיש אשה לאיש ואיש לאשה[229] ומפרש התם [כשם שאם הוא היה סומא אינו משקה כך אם היתה היא סומא אינה שותה דבעינן **ונעלם מעיני אישה** (במדבר ה:יג) ונמי מפרש התם] כשם שאם היתה חגרת [וגידמת] אינה שותה כך אם היה הוא (גידם או חגר) [חגר או גדם] אינו משקה דבעי׳ **והעמיד הכהן את האשה וכו׳ ונתן על כפיה** (במדבר ה:יח) וממעטי׳ אילמת[230] **מואמרה האשה אמן אמן** (במדבר ה:) והכא דריש לה **מאיש איש** (במדבר ה:יב) [אבל] **ואשת חרש ושוטה ושעמום** שבית דין מקנין להם[231] דריש התם (סוטה כז עמ׳ א) **מאיש איש** (במדבר ה:יב)[232] והכא[233] דריש לה[234] **מאשר תשטה אשה** (במדבר ה:כט) אם כן ליכא בינייהו אלא משמעות דורשים והיינו דקאמר הכא דברי ר׳ עקיבא כלומר דתנא דהתם דדריש איפכא[235] לאו ר׳ עקיבא:

בראויה לו לאישות. משמעות אשתו (במדבר ה:יב) דריש,[236] וצריך לומר דלא ממעט לה אלא משתיה אבל צריכא התראה[237] לאוסרה לבועל ולבעל[238] [אי] נמי משום זנות ולהפסידה כתובה[239] כך משמע בפרק ארוסה ושומרת יבם (סוטה כה עמ׳ א):

וכדברי (**ר׳ עקיבא**) [**ר׳ עקביא**] **וכו׳**. נראה[240] **דמדבר אל בני ישראל** (במדבר ה:יב) ולא גרים דריש ורבנן דאמרי שותות מרבו לה **מואמר**(ו)**ת** [**א**]**להם**[241] (במדבר ה:יב) לרבות את הגרים:

---

226. ולמה תצא בגט.
227. כך בברית אברהם אבל בכה״י של הפירוש הנוסח ״לאיש״.
228. בברייתא.
229. לפנינו: איש לאשה ואשה לאיש ורבינו כאן מביא דרשות רב אשי המפרש היקשא דאשה לאיש ונראה לי שהסופרים דלגו דרשת רב ששת.
230. דאינה מדברת.
231. לפוסלן מכתובתן.
232. לרבות אחרים.
233. הכא בספרי.
234. אשת חרש וכו׳ עין לקמן פיסקא כ׳
235. בחילוף פסוקים. אבל אין ללמוד מכאן ״דברי רבי עקיבא״ שיש חולקים בדין רק חולקים במשמעות הדרשות.
236. אשתו לשון אישות דריש.
237. כלומר קינוי עין סוטה ג עמ׳ א.
238. דעת רב יהודה מדיסקרתא ומסקנת הגמרא סוטה כה עמ׳ א כמוהו ונראה דאפילו בלי התראה תפסיד כתובתה..
239. עיין סוטה כה עמ׳ א ודעת רבא היא שצריך קינוי להפסידה כתובתה.
240. כן הוא בסוטה כו עמ׳ א אבל אומר נראה על פי קושית התוס׳ שם שבדף כד עמ׳ א ואמרת לרבות ארוסה ושומרת יבם לקינוי ועיין רש״י לברכות יט עמ׳ א.

(ו) ואיש את קדשיו לו יהיו. כל הקדשים היו בכלל שנאמר ואיש את קדשיו לו יהיו משך הכתוב כל הקדשים ונתנן לכהנים ולא שייר מהם אלא תודה ושלמים והפסח ומעשר בהמה ומעשר שני ונטע רבעי שיהיו לבעלים.

ואיש את קדשיו לו יהיו. מיכן אתה אומר כהן שהקריב את הזבח אפילו במשמר אחר הרי הוא שלו ועבודתו שלו.

ואיש את קדשיו לו יהיו. למה נאמר לפי שהוא אומר ובשנה הרביעית יהיה כל פריו קדש הלולים לה׳ (ויקרא יט כד) קודש לבעלים או קודש לכהנים ת״ל ואיש את קדשיו לו יהיו בנטע רבעי הכתוב מדבר שיהא לבעלים דברי ר׳ מאיר ר׳ ישמעאל אומר קודש לבעלים אתה אומר קודש לבעלים או קודש לכהנים הרי אתה דן מעשר שני קרוי קודש ונטע רבעי קרוי קודש אם למדתי למעשר שני שאינו אלא של בעלים אף נטע רבעי לא יהא אלא של בעלים והרי תרומה תוכיח שקרויה קודש ואינה אלא של כהנים והיא תוכיח לנטע רבעי שאעפ״י שקרוי קודש לא יהא אלא של כהנים אמרת הפרש מעשר שני טעון הבאת מקום ונטע רבעי טעון הבאת מקום אם למדתי למעשר שני שאינו אלא של בעלים אף נטע רבעי לא יהיה אלא של בעלים הרי בכורים יוכיחו שטעונים הבאת מקום ואינן אלא של כהנים והם יוכיחו לנטע רבעי שאעפ״י שטעון הבאת מקום לא יהיה אלא של כהנים אמרת הפרש מעשר שני קרוי קודש וטעון הבאת מקום ופדיון ונטע רבעי קרוי קדש וטעון הבאת מקום ופדיון ואל תבוא תרומה ותוכיח שאעפ״י שקרויה קדש אינה טעונה הבאת מקום ולא ביכורים שאעפ״י שטעונים הבאת מקום אינן קרוין קדש <הרי בכור שקרוי קדש וטעון הבאת מקום ואינו אלא של כהנים והוא יוכיח לנטע רבעי שאעפ״י שקרוי קדש וטעון הבאת מקום> לא יהו אלא של כהנים אמרת הפרש אדון בשלשה לשונות כאחד מעשר שני קרוי קדש וטעון הבאת מקום ופדיון ונטע רבעי קרוי קדש וטעון הבאת מקום ופדיון ואל תוכיח תרומה שאעפ״י שקרויה קדש אינה טעונה הבאת מקום ולא בכורים שאעפ״י שטעונים הבאת מקום <אינן קרוין קדש ולא בכור שאעפ״י שקרוי קדש וטעון הבאת מקום> אבל אין להם פדיון אלמוד דבר מדבר ואדון דבר מדבר אלמוד דבר ששוה בשלשה דרכים מדבר ששוה בשלשה דרכים ואל אלמוד דבר השוה בשלשה דרכים מדבר שלא שוה בשלשה דרכים אלא בדרך אחד או בשנים אם למדתי למעשר שני שאינו אלא של בעלים אף נטע רבעי לא יהא אלא של בעלים ר׳ יהושע אומר קדש של בעלים אתה אומר קדש של בעלים או קדש לכהנים ת״ל ובשנה החמישית תאכלו את פריו להוסיף לכם תבואתו (שם) למי מוסיפים למי שככר נתנו לו.

ואיש את קדשיו לו יהיו למה נאמר לפי שהוא אומר כל תרומת הקדשים אשר יקדישו בני ישראל (במדבר יח יט) שומע אני יטלום בזרוע ת״ל ואיש את קדשיו לו יהיו מגיד שטובת הנאת קדשים לבעליהם.

ואיש את קדשיו לו יהיו הרי שמדד להם בארץ וניתוספו אחרים עליהם יכול קורא אני עליו ואיש את קדשיו לו יהיו ת״ל ואיש אשר יתן לכהן לו יהיה או אפילו מדד בקופה ונתוספו אחרים עליהם קורני עליו ואיש את קדשיו לו יהיה ת״ל ואיש אשר יתן לכהן לו יהיה ר׳ יוסי אומר הרי שפדה את בנו בתוך שלשים יום ומת יכול קורא אני עליו איש אשר יתן לכהן לו יהיה ת״ל ואיש את קדשיו לא יהיו לאחר שלשים יום אין מוציאים מיד כהן וקורא אני עליו איש אשר יתן לכהן לו יהיה (סליק פיסקא)

(ז) דבר אל בני ישראל ואמרת אליהם איש איש כי תשטה אשתו. למה נאמרה פרשה זו לפי שהוא אומר כי יקח איש אשה ובעלה וגו׳ לא שמענו אלא בזמן שיש לו עדים והתרו בה שיוצאה ממנו בגט אבל ספק נבעלה ספק לא נבעלה לא שמענו מה יעשה לה ת״ל דבר אל בני ישראל ואמרת אליהם איש איש כי תשטה אשתו הרי הכתוב זוקקה שתהא שותה המים המרים לכך נאמרה הפרשה.

איש איש, לעשות אשה כאיש דברי ר׳ עקיבא.

שטובת הנאה. יכול הבעל ליתן תרומה לכל כהן שירצה ואפי׳ ליטול שכר שרי כדאמרי׳ (בכורות כז עמ׳ א) דיכול ישראל לומר לחבירו הא לך דינר[211] זה על מנת שתתן תרומותיך לבן בתי כהן:

ה״ג הרי שמדד להם בארץ ונתוספו [עליהם אחרים] יכול קורא אני עליו אשר יתן לכהן לו יהיה (במדבר ה:י) **ת״ל ואיש את קדשיו** (במדבר ה:י) **יכול אפי׳ מדד לו בקופה ת״ל איש אשר יתן לכהן לו יהיה** (במדבר ה:י). ובסיפא איתא איפכא ואי אפשר להעמידה; והכי פי׳ הרי שמדד בגורן בארץ תרומה לכהן או מעשר ללוי, ״ונתוספו עליהם אחרים״ פי׳ שבאים לוים אחרים או כהנים אחרים ליטול ורוצה בעל הבית לחלקן לכולם אבל היכא שמדד לתוך קופתו קודם שנתוספו זכה בה וקני בה:

אשר יתן לכהן (במדבר ה:י). וא״ת שמעת מינה כליו של לוקח ברשות מוכר קנה לוקח, ובפר׳ המוכר פירות (בבא בתרא פח עמ׳ ב) לא איפשיטא?[212] וי״ל דגורן דבעל הבית כסימטא[213] דמי לגבי כהנים ולויים כיון שאינו חוזר בו לזכות בו לעצמו[214] כמודד לתוך הקופה:

בתוך שלשים. הוי כמדד בארץ,[215] לאחר ל׳ כמודד לתוך קופה,[216] ואמיתה קאי דאם מת[217] לאחר שלושים אפילו נתן לו תוך ל׳ אין מוציאין מיד כהן,[218] ואם לא נתן כמו כן ומת לאחר שלושים חייב ליתן אלא דהוי ממון שאין לו תובעין דיכול לומר לכהן אחר אני רוצה ליתן:[219]

[פיסקא ז]

פרשת סוטה

למה נאמרה פרשה זו. פי׳ דמבעיא להבדק[220] [ר״ל] משמע שנאסרת עליו בזנות[221] והא כבר[222] ידעי׳ לה מקרא ד[ו]**כי מצא בה ערות דבר** (דברים כד:א);

ומשני **לפי שהוא אומר וכו׳** כלומר משום דהתם כתי׳ **[כי מצא בה ערות] דבר** (דברים כד:א), וי״ל פירוש[223] מדכתיב **על פי שנים עדים...יקום דבר** (דברים יט:טז)[224] דאי מהתם[225] **לא שמענו אלא בזמן שיש עדים והתרו (בו) [בה];**

---

211. הלשון לפנינו ״סלע״.
212. מוכר שמדד בתוך כלי של לוקח מה דינו, כלי בטל לרשות המוכר אמרינן או נתן בתוך רשותו של לוקח אמרינן וקונה.
213. דהוה רשות שניהם ואם מדד והניח לתוך כלי של לוקח קני ליה כליו דברור שאין הכלי בטל לרשותו של הבעלים דסימטא גם רשות הכהנים. ועין פירוש הרשב״ם לבא בתרא פח עמ׳ ב.
214. אם כן כאילו הניחו בתוך כלי של כהן.
215. ואינו קונה.
216. וקנה.
217. אם התינוק מת.
218. הרי חייב לו ושלם.
219. אפילו אמר לכהן אחד שיתן לו. ועין לשון רש״י חולין קל עמ׳ ב שיכול לומר לכהן שהוא רוצה ליתן לאחר ״ולא לך״.
220. ע״פ המים המרים.
221. בספק זנות וזה ענין הפרשה.
222. ברית אברהם: דבר.
223. פירוש לחידוש פרשה זו א״א ללמוד מן הפסוק של כי מצא וכו׳ ורבינו מפרש רצף הספרי.
224. הייתו חושב דבר דבר לג״ש.
225. הפסוק דכי מצא בה ערות דבר.

משך הכתוב וכו׳.[195] דכתיב במנחה והנותרת מן המנחה **לאהרן ולבניו** (ויקרא ב:ג), גבי חטאת **כל זכר בכהנים יאכל אותה** (ויקרא ו:כב), גבי אשם **כל זכר בכהנים יאכלנו** (ויקרא ז:ו):

ולא שייר מהם וכו׳. ושמא משום כך לא כתי׳ [ואיש את] כל קדשיו:

כהן שהקריב את הזבח.[196] ליכא למפרך[197] הא אפקתיה דתרוייהו[198] שמעינן מינה מדלא כתי׳ וכהן את קדשיו וכו׳ ולכאורה משמע דמיירי בזבח של ישראל והקריבו הכהן במשמר שאינו שלו מדנקט ליש[נא] דהקריב[199] דמשמע בדיעבד, אבל **ואיש את קדשיו** (במדבר ה:י) משמע ״דדוקא שלו״;[200] וגם היכי מצי למימר ועבודתה שלו דמשמע על כרחם שלבני משמרה היא [ו]מצו לעכוב עליה! לכן נראה דמיירי בקדשים שלו[201] והשתא אתי שפיר דלא מצו לעכובי עליה, ואם תאמר והא נפקא לן מדכתי׳ **ובא בכל אות נפשו וכו׳**[202] (דברים יח:ו), וי״ל דאי מהתם הוה אמינא דווקא נדרים ונדבות אבל חטאת ואשם לא קמ״ל הכא:[203]

ואיש את קדשיו (במדבר ה:י) **למה נאמר.** וא״ת מאי בעי הא אמר לעיל משך הכתוב כל הקדשים וכו׳ ונטע רבעי?[204] וי״ל דהיינו דקאמר לפי שהוא אומר וכו׳ כלומר דמשום נטע רבעי הוא דאיצטריך דלא תיסק אדעתין דהוי לכהנים, אבל בתודה ושלמים לא הוה ס״ד;[205] ור׳ ישמעאל יליף **קדש** (ויקרא יט:כד) **קדש** (ויקרא כז:ל) ממעשר שני דהוי של בעלים דכתיב ביה **ונתת[ה] הכסף וכו׳** (דברים יד:כו):

ונטע רבעי טעון הבאת מקום. תי׳ דהא גופא מנא לן דכל כמיניה דלא ילפי׳ לה ממעשר ושמא יליף לה מדכתי׳ ביה **הלולים** (ויקרא יט:כד) ודרשים חלולים[206] ומדבעי פדיון היינו משום דבעי הבאת מקום:[207]

בכורים יוכיחו וכו׳. דכתיב ביה **והלכת אל המקום** (דברים כו:ב)[208] ור׳ יהשוע יליף מלישנא דתוספת:[209]

יכול יטלום בזרוע. כלומר ולא יהיה בו טובת הנאה[210] לבעלים דהא כתי׳ ביה **נתתי לך** (במדבר יח:ח):

---

195. כל אחד מבואר במקומו.
196. הש׳ בבא קמא קט עמ׳ ב ותוספתא מנחות יג:יז ואין הלשונות שוות לכאן.
197. אל תקשה!.
198. תרוייהו היינו ״הרי היא שלו״ עניין קרבן, ו״עבודתו שלו״ עניין עור וכו׳.
199. בתוספתא מנחות יג:יז כמו הברייתא בבא קמא קט עמ׳ ב— ״מקריב״.
200. ואיני יודע אם מיירי בקרבן של כהן או של ישראל ובדיעבד.
201. ולא של ישראל.
202. ובאמת כן הוא בבריתא בבא קמא קט עמ׳ ב.
203. דהם קדשי מזבח.
204. ואין חידוש בזה ומה אתא לאשמעינן?
205. דאין ספק בתודה ושלמים שמפורש כתוב דכהנים אוכלים חזה ושוק והשאר לבעלים.
206. עין רש״י ברכות לה:א.
207. לאכול בירושלים.
208. והכהנים יאכלוהו בירושלים.
209. עיין ויקרא יט:כה.
210. עין קידושון נח עמ׳ ב.

(ד) ואם אין לאיש גואל, ר׳ ישמעאל אומר וכי יש לך אדם בישראל שאין לו גואל ומה ת״ל ואם אין לאיש גואל בא הכתוב ולימד על הגוזל את הגר ונשבע לו ומת שישלם קרן וחומש לכהנים ואשם למזבח ר׳ נתן אומר ואם אין לאיש גואל אין לי אלא איש אשה מנין ת״ל להשיב האשם אליו אבא חנין אומר משום ר׳ אליעזר בנגזל הכתוב מדבר אתה אומר בנגזל הכתוב מדבר או אינו מדבר אלא בגוזל ת״ל להשיב האשם אליו הא בנגזל הכתוב מדבר.

האשם המושב לה׳ לכהן, בכסף הכתוב מדבר אתה אומר בכסף הכתוב מדבר או אינו מדבר אלא באשם כשהוא אומר מלבד איל הכפורים אשר יכפר בו עליו הרי אשם אמור הא מה ת״ל האשם המושב לה׳ לכהן בכסף הכתוב מדבר.

לה׳ לכהן, קנאו השם ונתנו לכהנים.

לכהן, באנשי משמר הכתוב מדבר אתה אומר באנשי משמר הכתוב מדבר או אינו מדבר אלא בכל כהן שירצה ת״ל מלבד איל הכפורים אשר יכפר בו עליו את שמכפרים בו עליו אלו הן אלו אנשי משמר הרי שגזל כהן יזכה בו והדין נותן אם זכה בשל אחרים לא יזכה בשל עצמו היה ר׳ נתן אומר בלשון אחרת אם דבר שלא זכיתי בו עד שלא בא לתוך ידי משבא לתוך ידי <אין אחר מוציאו מידי דבר שזכיתי בו עד שלא בא לידי משבא לידי> דין הוא שלא יהא אחר זוכה ומוציאו מתחת ידי אמרו לו לא אם אמרת בזה שאין לאחרים בו חלק תאמר בזה שיש בו לאחרים חלק הואיל ויש בו לאחרים חלק דין הוא שיצא מתחת ידו ויתחלק לאנשי משמר.

מלבד איל הכפורים אשר יכפר בו עליו, מנין אתה אומר בגוזל את הגר ונשבע לו והלך להביא את הכסף ואת האשם ולא הספיק להביא עד שמת שהיורשים פטורים ת״ל מלבד איל הכפורים אשר יכפר בו עליו כך היה ר׳ עקיבא שונה עד שלא בא לופרונה אבל משבא מזופרין אמר אפילו אם נתן הכסף לאנשי משמר ומת היורשין פטורין אין מוציאים מיד כהן וקורא אני עליו איש אשר יתן לכהן לו יהיה והכהן אומר לו הבא אשם והקרב והוא אומר האשם המושב לה׳ לכהן וגו׳ את שצריך כפרה יצא מת שכיפרה לו נפשו.

מלבד איל הכפורים. וגו׳ מכאן אתה אומר נתן הכסף ליהויריב ואשם לידעיה יצא וקורא אני עליו איש אשר יתן לכהן לו יהיה או אפילו נתן את האשם ליהויריב וכסף לידעיה יצא וקורא אני עליו איש אשר יתן לו לכהן לו יהיה ת״ל מלבד איל הכפורים <יחזור הכסף אחר האשם ר׳ יהודה אומר> יחזור ויביא אשם אחר ויתננו לידעיה ויזכה יהויריב בשלו: (סליק פיסקא)

(ה) וכל תרומה לכל קדשי בני ישראל, ר׳ ישמעאל אומר בא הכתוב ללמדך על בקדיש ערימתו עד שלא מירח שהוא פטור מן התרומה ומן המעשרות או אף משמירח ת״ל ראשית דגנך תירושך ויצהריך (דברים יח ד) ר׳ עקיבא אומר בא הכתוב ללמדך שאם בא לעשות כל גורנו תרומה רשאי ובלבד שישייר מקצת.

וכל תרומה לכל קדשי בני ישראל בא הכתוב ולימד על התרומה שתהא נוהגת בכל איסי בן עקיבא אומר אם מעשר הקל הרי הוא נוהג בכל תרומה חמורה אינו דין שתהא נוהגת בכל ד״א אם מעשר הקל שאינו נוהג בראשית הגז הרי הוא נוהג בכל תרומה חמורה אינו דין שנוהגת בכל איסי בן מנחם אומר אם מעשר שני שאינו בא אלא משום תלמוד ויראה הרי הוא נוהג בכל תרומה חמורה דין הוא שתהא נוהגת בכל.

אשר יקריבו לכהן לו יהיה, ר׳ ישמעאל אומר וכי תרומה מקריבים לכהן מה ת״ל אשר יקריבו לכהן לפי שהוא אומר ראשית בכורי אדמתך תביא בית ה׳ אלהיך (שמות כג יט) אבל לא שמענו מה יעשה בהם ת״ל אשר יקריבו לכהן לו יהיה בא הכתוב ולימד על הבכורים שיהו נתונים לכהנים (סליק פיסקא)

ברישא״ פליגי ומוקי׳ לה בבבא קמא (קיא עמ׳ א) ביהיב ליה [אשם ליהויריב במשמרת יהויריב וכסף ל]ידעיה במשמרת יהויריב, [והכי פירושו][183] רבנן סברי שלא כדין עבדי בני ידעיה דקבילי כסף דהא כתי׳ **מלבד** וכו׳ (במדבר ה:ח) משמע דמי שזכה **באשם** יזכה **בכסף**, ור׳ יהודה[184] סבר שלא כדין עשו בני יהויריב דקבילי אשם מקמי כסף ומכל מקום כיון שעומדים במשמרה שלהם אין מוציאין את האשם מידם אלא הבעלים מביאין אשם אחר,[185] ומשמע התם (בבא קמא קיא עמ׳ א) שאם עבר[186] משמרת של יהויריב וקיים אשם יתנוהו לבני ידעיה[187] והתם (בבא קמא שם) איתא לפלוגתא דר׳ יהודה ורבנן איפכא:

[פיסקא ה]

על מקדש ערימתו. במירחן גזבר קודם פדיון מיירי ויליף לה מדכתי׳ **לכל קדשי בני ישראל** (במדבר ה:ט) דווקא קדשי בני ישראל פי׳ שבשעת חיוב תרומה היו לבני ישראל דהיינו חולין, והא איקדשי קודם חיוב תרומה[188] פטורין, ור׳ עקיבא לא פליג אלא דורש נמי **מוכל [תרומה]** (שם שם) ״שיכול לעשות כל גורנו תרומה, ובלבד שישייר וכו׳״[189] משום דכתי׳ **ראשית** (ויקרא יח:ד) ששיריה ניכרין,[190] גם דורש ״שנוהגות בכל המינין״ דכך משמע **וכל תרומה** (שם שם) בכל נוהג תרומה, ואיסי בן עקיבא יליף לה מק״ו ממעשר דכתיב ביה **וכל מעשר הארץ** וכו׳ (ויקרא כז:ל) וכל הני אינן אלא אסמכתא בעלמא ומדרבנן[191] דמדאורייתא כגון תירוש ויצהר וכו׳:[192]

שאינו בא אלא משום ״תלמוד״.[193] דכתי׳ ביה **למען תלמד ליראה** (דברים יד:כג) לפי שאין אוכלין אותו אלא בירושלים ואין מספיקין לאוכלו בזמן הרגלים ומשלחין בניהם לירושלים[194] ולומדים תורה שם ואוכלין אותו:

ר׳ ישמעאל או׳ וכו׳. לאו לאפלוגי אתא אלא לאודויי בדרשא **דאשר יקריבו** (במדבר ה:ט) דמשמע לשון קרבן בעלמא [ו]בתרומה לא כתי׳ אלא **נתינה** (במדבר יח:יב):

ולימד על הביכורים. ובבכורים שייך לשון קרבן דהא בעי הבאה לבית הבחירה ותנופה:

[פיסקא ו]

---

183. פירוש הספרי.
184. בבריתא
185. ונותנים לידעיה במשמרת שלהם.
186. בבבא קמא קיא עמ׳ א׳ ״כגון דנפק משמרתו דיהוריב״.
187. הבאים מיד אחריהם.
188. כלומר קודם מירוח.
189. עיין משנה תרומות ד:ה.
190. הש׳ חולין קלו עמ׳ ב.
191. עיין פירושו לספרי דברים פרשת ראה פיסקא קה: **לרבות שאר פירות**— אסמכתא בעלמא (עיין תוס׳ לבכורות נג עמ׳ ב) דמדאוריתא לא מחייב אלא דגן תירוש ויצהר. וצינתי ״ברכות״ בטעות בהערותי לפירוש ספרי פרשת ראה פיסקא קה.
192. שיטת המחבר הוא שיטת הראב״ד פרק ג דתרומות ושיטת התוספות בכורות נג.
193. עיין תוס׳ בבא בתרא כא עמ׳ א המביא מן הספרי: מגיד גדול מעשר שני שמביא לידי תלמוד.
194. לאוכלם.

מקום מחייב קרן כשהניח לו אחריות נכסים[166] וכשעמד בדין[167] כי היכי דלא להוי מלוה על פה, ופריך אי הכי ממון גמור הוא וכנשבע הבן אמאי אינו משלם חומש אשבועת עצמו שהרי כפר בו בממון? ומשני לפי שאין משלמין חומש על כפירת שעבודי קרקעות,[168] ואיכא [מ"ד] דמוקי לה (בבא קמא קה עמ' א) בשגזילה קיימת[169] והיינו טעם דבנו פטור מן החומש אע"ג דעמד בדין[170]— כגון שהייתה דוסיקיא[171] של אביו מופקדת אצל אחרים דכי קא משתבע קושטא קא משתבע:[172]

אין מוציאין מיד כהן. תי' דפשיט' דאין מוציאין מיד כהן![173] ונר' דהכא מיירי בשלא עמד בדין[174] וגם כשלא היתה גזלה קיימת[175] ולא הניח להם אביהם אחריות נכסים[176] וס"ד דלהוי כי[177] [כסף] פקדון גביה[178] ויזכו בו יורשין[179] קמ"ל "דקורא אני עליו [**איש אשר יתן לכהן** (במדבר ה:י)] וכו'":[180]

הבא אשם וכו'. כלומר "שכבר נתן אביך הקרן הבא אתה אשם וחומש":

והוא אומר האשם (במדבר ה:ח) **וכו'.** כדפרשי':

נתן את הכסף ליהויריב וכו'. האי [דנתן כסף ב]רישא[181] דברי הכל הוא דכיון שהקדים גזילו לאשמו יצא ואפילו נתן [ברישא כסף] לידעיה במשמרת יהויריב,[182] אבל "אם נתן אשם

---

166. והיורשים חייבים להחזיר הקרן מן הקרקעות האלו מפני כבוד אביהם שיחד קרקע לזה כדמפרש ואזיל שאביו עמד בדין ופסקו שחייב לשלם ומת קודם ששילם ומפני שכפר יצא פסק נגדו לא היה הפקדון עוד בכלל תורת מלוה על פה (שאם כן היה בכללו לדברי הכל אין גובין ממון מן היורשין בפקדון על פה והם יזכו). ועכשיו שהודה אביהם דינו כדין מפקיד בשטר ואם כן הניח אחריות נכסים. ומיירי דמיד מת ואחר כך באו היורשים וכפרו ונשבעו לשקר.

167. פירוש הדבר איך יצא אחריות נכסים בפקדון.

168. בשבועות מב עמ' ב איתא דאין נשבעין על הקרקעות וכאן שמו עליו שבועה אבל היתה אחריות נכסים מאביו שלא ב"ד ידע על אביו עד דהודו היורשים זמן הרבה אחר שנבעו לשקר. מכיון דמדינא לא היה להם להשבע על קרקעות לכן אינן חייבים קרבן על שקרם או חומש שא"א לדרוש דין כפירת שבועה באלו שאינם בכלל תורת שבועה וכאילו לא נשבעו כלל. וענין שבעוד קרקע רק במצב שהגזילה אינו עוד קיימא.

169. ודין השבה איכא ושבעוד קרקעות ליכא.

170. נראה לי שרוצה לומר ס"ד שהבן עמד בדין וכפר בפקדון שהיה אצלו ונשבע לשקר ובכן ממש כפר בפקדון ומה לי אביו ומה לי הוא.

171. הפקדון בעין עם שאר דברים שמסר אביו ביד אחר.

172. בב"ק קה עמ' א: רבא אמר הכא במאי עסקינן כגון שהיתה דוסקייא של אביו מופקדת ביד אחרים קרן משלם דהא איתיה, חומש לא משלם דכי אישתבע בקושתא אישתבע דהא לא הוה ידע.

173. כשפירש במאמר לעיל מזה.

174. ר"ל יורשי הגזלן שגזל את הגר ולא נשבעו ולא כלום.

175. ואין תורת השבה עליו.

176. אביהם לא עמד בדין וכמלוה על פה דמי דבפקדון אין גובין מן הירשים.

177. ר"ל ס"ד שרואים את הכסף כאילו היה נשאר ברשות אביהם דא"כ היה בא לידי היורשים.

178. כאילו מה שהכהן קבל מאביהן לא קבל בדין דיוצא למפרע שאם לא נתן לכהן היו זוכים בה היורשים.

179. דאין גובין מלוה על פה בענין פקדון מן היורשים.

180. עיין משנה בבא קמא ט:יב ומפרשים שם.

181. אם נתן אשם לידעיה במשמרתו אחר שנתן הכסף במשמרת יהויריב יצא לכל הדעות.

182. ועוד לא הגיע משמרת דידעיה ולא אמרינן כיון דלא משמרתו הוא יחזיר הכסף אצל האשם. ובבבא קמא קי עמ' ב מסיקין בכאי גוונא בתיקו דהרי לאו משמרת ידעיה ויש צד לומר דלא כלום עשה וצ"ע. כלומר לפי דעת רבינו לת"ק בספרי אם נותן לחוץ ממשרתו מהני דרק סדר הנתינות מעכב ולא סדר המשמרות מעכב.

אבא חנן אמ׳ וכו׳. תימה מאי קאמר ובמאי פליגי? ונראה דלאו לאפלוגי אתא אלא הכי קאמר [אפילו מיוחס דגזל את מי ד]לית ליה גואל משלם קרן וחומש לכהנים דלא תימא איתקש גזלן לנגזל דכתיב וכחש [ב]**עמיתו** (ויקרא ה:כא).[160]

לכהן (במדבר ה:ח). משמע ליה הכהן[161] הידוע המשמש באותו שבוע:

הרי שגזל כהן. פי׳ כהן גזל את הגר וממתין מלהתודות עד משמרתו:

אם זכה בשל אחרים. במה שגזלו אחרים:

אם דבר שלא זכיתי. כגון קרבן של אחר כל זמן שלא הגיע זמן משמרתו אין לו בו זכות דאם ירצה הבעל ישהא קרבנו עד משמר הבא:

משבא לרשותו. היינו שהקריבו במשמרתו והוא הדין לגזל הגר שאם הביאו במשמרתו זכה בו ואין אחר יכול להוציאו מידו:

דבר שזכיתי בו עד שלא בא לידי. היינו מה שגזל את הגר ומת הגר קודם שיגיע זמן משמרתו שאם ירצה להודות ולהקריב אשמו במשמר שאינו שלו אין בני משמר יכולין להוציא מידו כדאמ׳ לקמן **ואיש את קדושיו לו יהיו** (במדבר ה:י) ״מכאן לכהן שמקריב את הזבח אפי׳ במשמר שאינו שלו״ ובעלמא (בבא קמא קט עמ׳ ב) נפקא לן מן **ובא בכל אות נפשו** (דברים יח:ו):

משבא לתוך ידי. היינו שהגיע משמרתו:

שלא יהא אחד. מבני משמר:

אמרו לו לא אם אמרת בזה שאין בו לאחרים. שאינן בני משמרתו:

תאמר בזה. פי׳ בזה שמודה בזמן משמרתו שכבר זכו בני משמר בכל זכות שיבא במשמרתן, ור״ל אינו דומה ״אין אחר יכול להוציאו מידך״ [דלעיל][162] דההוא ״אחר״ ר״ל שאינו מבני משמרתך, אבל (ספרא) [הפרש] דאמרת ״דין הוא שלא יהא אחר״ ר״ל מבני משמרתך[163] ואין לדמותם,— ופרק הגוזל קמא (בבא קמא קט עמ׳ ב) איתא בלשון אחר וצריך לישבו כי הכא ונראה דדוקא בממון הוא שצריך להתחלק לאנשי משמר,— גם (אני) אם הודה במשמר שאינו שלו הקרן ניתן לאנשי משמר אבל אשמו אפשר שעבודתה[164] ועורה שלו דאיתרבי **מואיש את קדושיו** (במדבר ה:י):

שהיורשין פטורין. ר״ל מהחומש והיינו דקא מסיים ואזיל:

אבל משבא מזופרין. דמעיקרא סבר דדוקא לא הספיק להביא את הכסף אבל אם נתן את הכסף נתחייב בחומש ואם מת ישלם בנו חומש וכשבא מזופרין [סבר] דאפילו נתן אביו הקרן לאנשי משמר אין היורשין משלמין חומש, ונפקא ליה מדכתיב **מלבד איל הכפורים אשר יכפר בו עליו** (במדבר ה:ח) דכיון דכתי׳ **אשר יכפר בו** משמע מי שצריך כפרה מביא אשם, למה לי **עליו** אלא למעוטי חומש, ומוקי׳ לה [בבא קמא (קד עמ׳ ב)] בשאין גזילה קיימת[165] ומכל

---

160. ואינו מדבר דווקא בגר שגזל מגר.
161. לַכהן משמע הכהן המיוחד בה״א הידיעה.
162. שאין להם חלק בו.
163. ויש להם חלק בו.
164. בדפוס בבא קמא קט עמ׳ ב הביטוי בשרה ועורה.
165. ואין מה להשיב לו וטענת המפקיד אינו מספיק להוציא ממון מן יורשים אא״כ הגזילה קיימת.

והיו שוגגין בשבועה[141] שהיו סבורים שאין חייבין ליה קרבן,[142] והאי ״נזכר״ רוצה לומר נזכר דאיכא קרבן[143] דכהאי גוונא אבוה מחייב[144] ויורשין אמעיטו[145] מיהו קרבן הוא דלא מחייבן[146] אבל איסורא איכא[147] דלא גרע משבועת שוא:[148]

אלא עיקר. כלומר אם הגזלה עצמה קיימת דאותו משמע עיקר:

דמים [מניין]. שאם אכלה[149] ישלם דמים, ודריש **והשיב** (במדבר ה:ז) משמע כל מיני השבות:[150]

חומשא של סלע. חומשא של סלע— מלגו, וחומשא— מלבר; איכא בינייהו דלתנא קמא חומשא מלבר דהוי רביע מלגו[151] ולר׳ יאשיה חומשא מלגו שהוא שתות מלשון מלבר:[152]

ה״ג **אין לי אלא לו מנין לרבות וכו׳** ול״ג ״אלא לו ולשלוחו״— דפרק הגוזל (בבא קמא ט:ה) תנן ״ולא יתננו לא לבנו ולא לשלוחו״:

מנין לרבות שליח ב״ד וכו׳. ב״ד לא בעו ליה אלא לבעלה[153] **ולאשר אשם לו** (במדבר ה:ז) קרי ביה:

והיורש. משום דאימעיט יורש לענין כפירת שבועה[154] איצטריך רבוי[155] לענין השבה:

הרי שהיה חייב לחבירו וכו׳. היינו דרשא דרבי נתן כל מקום:[156]

[פיסקא ד]

ר׳ ישמעאל אומ׳ וכו׳. ראש דבור הוא ואינו חולק:[157]

וכי יש לך אדם וכו׳. דהא לא כליא שבטא:[158]

ר׳ נתן וכו׳. לאו לאיפלוגי אתא אלא לרבות הגוזל את הגיורת[159] נמי דלא תימא איש דווקא:

---

141. ושקרו ביודעין שמשקרים ולפי המשנה אביהם חייב קרבן אשם במצב כזה אפילו לא נזכר.
142. אבל העונש לא ידעו.
143. כלומר למד לאחר מכן שיש קרבן אשם לשבועת ששקר ורבינו אומר כן להראות כח החידוש דפטור תלוי בענין הווידוי ואם אין הווידוי אינו שלם בכל פרט אפשר שלא פטור מלהביא קרבן אבל עכשיו שמתודים בשלימות הרי הפסוק פוטר אותם מלהביא קרבן.
144. אפילו לא נזכר. ואם נזכר הפסוק מחייב אותו גרידא ו לא הבן.
145. מקרא דוהתודו את חטאתם— מיעוט להוציא יורשים.
146. מגזירת הכתוב.
147. דאמרו שאביהן לא קבל פקדון וידעו שהוא כן קבל.
148. אפילו מה שעשה לא גרע משבועת שוא לכל הפחות שבועת שוא בוודאי איכא.
149. כלומר אין הגזילה בעין.
150. ולא רק הגזילה עצמה דלא כתיב ויתן.
151. חומשא מלבר ר״ל כולל אותו חומשא, 1 לכל 4 של הסכום הראשון או 1 לכל 5 של הסכום השני. (1+1+1+1)+(1). אם הסכום 5 אז החומשא 1.
152. (1+1+1+1+1)+(1*), 1 לכל 5 בתחילה (מלגו=חוץ מהתוספת) עולה ל1 לכל 6 בסוף (כולל התוספת).
153. נוסח אחרינא ״לבעלים״.
154. נראה דאימעיט מאשר אשם לו כדלעיל.
155. דאחר והשיב אמר ונתן והוא בענין השבה.
156. עין פסחים לא עמ׳ א, גיטין לז עמ׳ א, כתובות יט עמ׳ א, פב עמ׳ א קדושין טו עמ׳ ב, בבא קמא מ עמ׳ ב.
157. לרוב ר״י אומר ראש דבור, ואר״י מחלוקת.
158. כל אחד בשבט יכול להיות גואל.
159. עיין רש״י בבא קמא ק״ט עמ׳ ב: שגזל אותה ונשבע והורה לאחר מיתה.

ספרי פיסקא ב נשא

פרשה שנאמרה במקום אחד וחיסר בה דבר אחד וחזר ושנאה במקום אחר לא שנאה אלא על שחיסר בה דבר אחד ר' עקיבא אומר כל מקום שנ' בה לאמר צריך לידרש.

ר' יאשיה אומר· איש או אשה למה נאמר לפי שהוא אומר וכי יפתח איש בור או כי יכרה איש בור (שמות כא לג) אין לי אלא איש אשה מנין ת"ל איש או אשה להשוות אשה לאיש לכל חטאות ונזקים שבתורה ר' יונתן אומר אינו צריך שכבר נאמר בעל הבור ישלם ואומר שלם ישלם המבעיר את הבעירה (שם) מה ת"ל איש או אשה לתלמודו הוא בא.

כי יעשו מכל חטאות האדם. למה נאמר לפי שהוא אומר נפש כי תחטא ומעלה מעל בה' וגו' או מצא אבידה וגו' (ויקרא שם) אין לי אלא במשכר באלו כמשקר במקום בשאר כל דבר מנין ת"ל כי יעשו מכל חטאות האדם.

למעול מעל. אין מעילה בכל מקום אלא שיקור וכן הוא אומר וימעלו באלהי אבותיהם (ד"ה א' ה כה) ואומר וימעלו בני ישראל מעל בחרם (יהושע ז א) ואומר וימת שאול במעלו אשר מעל בה' (ד"ה א' י יג) ואומר בעוזיה צא מן המקדש כי מעלת (שם ב' כו יח) ואומר ומעלה בו מעל (במדבר ה יב) הא אין מעילה בכל מקום אלא שיקור.

ואשמה הנפש ההיא. למה נאמר לפי שהוא אומר איש או אשה אין לי אלא איש או אשה טומטום ואנדרוגינס מנין ת"ל ואשמה הנפש ההוא.

הנפש ההיא. הכל במשמע האנשים והנשים והגרים במשמע משמע מביא את אלו ומביא את הקטן אמרת מה אם ע"ז חמורה פטר בה את הקטן ק"ו לכל מצות שבתורה.

ואשמה הנפש ההיא. למה נאמר מנין אתה אומר בגזל את הגר ונשבע לו והלך להביא את הכסף ואת האשם ולא הספיק להביא עד שמת שהזורשים פטורים ת"ל ואשמה הנפש ההיא או כשם שפטורים מן האשם כך יהיו פטורים מן הקרן ת"ל ונתן לאשר אשם לו.

ואשמה הנפש ההיא. למה נאמר מנין אזה אומר המדליק גדישו של חבירו ביוהכ"פ שאעפ"י שאין ב"ד נפרעים ממנו שהוא נידון בנפשו ת"ל ואשמה הנפש ההיא.

והתודו. למה נאמר לפי שהוא אומר והתודה אשר חטא עליה (ויקרא ה ה) אין לי אלא חטאת שטעונה וידוי אשם מנין ת"ל ואשמה הנפש ההיא והתודו ר' נתן אומר זה בנה אב לכל המתים שטעונים וידוי (סל"ק פיסקא)

(ג) והתודו את חטאתם אשר עשו. ולא על מה שעשה אביו שאם אמר לו תן לי פקדון שהפקדתי אצל אביך והוא אומר לא הפקדת משביעך אני ואמר אמן לאחר מיכן נזכר שומע אני שהוא חייב ת"ל והתודו את חטאתם אשר עשו ולא על מה שעשה אביו.

והשיב את אשמו בראשו. למה נאמר לפי שהוא אומר ושילם אותו בראשו (ויקרא ה כד) אין לי אלא עיקר דמים חומש מנין ת"ל והשיב את אשמו בראשו.

וחמישיתו יוסיף עליו. עד שיהיה הוא וחומשו חמשה משום ר' יאשיה אמרו <חומשו של סלע>

ונתן לאשר אשם לו. למה נאמר לפי שהוא אומר לאשר הוא לו יתננו ביום אשמתו (שם) אין לי אלא לו ושלוחו מנין לרבות שליח בית דין והיורש ת"ל ונתן לאשר אשם לו <ר' נתן אומר> הרי שהיה חייב לחבירו מנה ובא בב"ד ולא הספיק לתננו עד שבא בעל חוב של נגזל מנין שמוציאים מיד הגזלן ונותנים לבעל חוב של נגזל ת"ל ונתן לאשר אשם לו מכל מקום (סל"ק פיסקא)

פטור[126] וכמאן דאמר פרק אלו נערות (לב עמ' א) כל היכא דאיכא ממון ומלקות[127] מילקא לקי ממונא לא משלם:]

[128][**חטאת שטעונה וידוי. דכתיב והתודה אשר חטא עליה** (ויקרא ה:ה) ור' נתן דריש סמוכים **הנפש ההיא** (במדבר ה:ו) **והתודו** (במדבר ה:ז) **בשעת נטילת נפש בעי וידוי:**]**

**רבי נתן אומר זה בנה אב וכו'. מדכוליה קרא[129] כתיב בלשון יחיד ואשמה [הנפש] (במדבר ה:ו), והשיב את אשמו (במדבר ה:ז) ו[ה]הוא כתי' והתודו (שם שם) לשון רבים? דריש לומר "הנפש והתודו"— בשעת הוצאת נפש יתודו:*[130]*

[131](ולא יורשין, ומיירי כשהודה קודם שמת הילכך נתחייב בקרן ולהכי חייבין בקרן דאיתרבו מן ונתן מכל מקום, אבל חומש ואשם דאינון כפרה כיון שמת אין כפרה למתים על ידי קרבן אלא מיתתו מכפרת:)

(מנין למדליק גדישו וכו'. אפילו איכא עדים אין ב"ד נפרעין ממנו משום דקים ליה בדרבה מיניה דהא מחיב כרת ואתא כר' נחוניא בן הקנה שהיה עושה יום הכפורים כשבת לתשלומין מה שבת מחייב בנפשו ופטור מן התשלומין אף יום הכפורים מתחיב בנפשו ופטור מן התשלומין ודוחק הוא דהא סתם ספרי ר' שמעון אליבא דר' עקיבא! לכן נראה דהכא מיירי כגון שהתרו בו למלקות משום יום הכפורים דאינו לוקה ומשלם וכהאי גוונא אמרי' בפרק מרובה גנב וטבח ביום הכפורים חייב בארבעה וחמשה, ופריך נהי דמיתא ליכא, מלקות מיהא איכא? ומשני בטורה על ידי אחרים הא על ידי עצמו פטור, וכמאן דאמר פרק אלו נערות כל היכא דאיכא ממון ומלקות מילקא לקי ממונא לא משלם:)

(חטאת שטעונה וידוי. דכתיב והתודה אשר חטא עליה ור' נתן דריש סמוכים הנפש ההיא והתודו בשעת נטילת נפש בעי וידוי:)

[פיסקא ג]

לא על מה שעשה אביו. אשר עשו (במדבר ה:ז) דריש:[132] **לאחר מכאן נזכר.** וקשיא לי דמשמע דאביו[133] כהאי גוונא הוה מחייב[134] והא תנן בשבועות (משנה ה:א, דף לו עמ' ב) פרק שבועת הפקדון "וחייבין[135] על זדון השבועה[136]ועל שגגתה עם זדון הפקדון[137] ואין חייבין על שגגתה,[138] וי"ל דהכא נמי[139] מיירי בשהיו יודעין מהפקדון[140]

126. משום דקים ליה בדרבה מיניה דחייב מלקות ופטור מתשלומין כרב אשי. ובבבא קמא אמרינן דחכמים דפטרינן היינו רבי שמעון ועיין דברי התוספות בסוף בבא קמא עא עמ' א.
127. דשניהם עונשי אדם.
128. כתוב למטה בכה"י והנחתי כאן.
129. נפש להתודו.
130. למה חוזר על ענין שכבר סיים ונראה שיש כאן או במאמר הקודם הוספה שאינה מן הפירוש.
131. הנחתי אלו למעלה ונראה קצת מן הסיגנון שאלו מעיקר הפירוש.
132. דמיותר לדרשה.
133. והחידוש בספרי הוא למעט את הבן.
134. והרי אם לא זכר את הפקדון גם האב פטור כדתנן במשנה.
135. חייבין איל אשם.
136. יודע שחייב קרבן על שנשבע לשקר ויודע שקבל פקדון.
137. יודע שקבל פקדון ויודע שנשבע לשקר אבל אינו יודע שחייב קרבן על שבועת הפקדון.
138. אינו זוכר שקבל פקדון ואם כן פטור דמה לי ענין שבועה הרי נשבע אליבא דמה שידע אמת.
139. יש הבדל בין האב ובין הבן וזהו חידוש הפסוק.
140. ידעו וזכרו שלאביהן היה פקדון.

פטר בה את הקטן. דכתיב איש או אשה[110] **אשר יעש[ה] את הרע:**[111]

[ש]היורשים פטורים. ממעיוטא דההיא (במדבר ה:ו), וריבויא דטומטום מדכתיב הנפש (במדבר ה:ו) ולא כתיב האיש:

[112][[**ואשמה הנפש ההיא** (במדבר ה:ו). פי׳] ולא יורשין, ומיירי כשהודה קודם שמת הילכך נתחייב בקרן ולהכי חייבין [היורשין] בקרן דאיתרבו מן **ונתן** (במדבר ה:ז) מכל מקום, אבל חומש ואשם דאינון כפרה כיון שמת אין כפרה למתים על ידי קרבן אלא מיתתו מכפרת:]*[113]*

[ת״ל] ונתן (במדבר ה:ז). משמע אפילו היורש ודווקא בגזילא קיימת[114] אי נמי בהודה קודם שמת והניח אחריות נכסים:*[115]*

[116][**מנין למדליק גדישו וכו׳.** [י״מ] אפילו איכא עדים אין ב״ד נפרעין ממנו משום דקים ליה בדרבה מיניה דהא מחיב כרת[117] ואתא (הש׳ ברייתא, פסחים כט עמ׳ א; כתובות ל עמ׳ א) ״כר׳ נחוניא בן הקנה שהיה עושה יום הכפורים כשבת לתשלומין מה שבת מתחיב בנפשו[118] ופטור מן התשלומין אף יום הכפורים מתחיב בנפשו ופטור מן התשלומין״, ודוחק[119] הוא דהא סתם ספרי ר׳ שמעון אליבא דר׳ עקיבא (סנהדרין פו עמ׳ א)![120] לכן נראה דהכא מיירי כגון שהתרו בו למלקות משום יום הכפורים[121] דאינו לוקה ומשלם,[122] וכהאי גוונא אמרי׳ בפרק מרובה (בבא קמא עא עמ׳ א) ״גנב וטבח ביום הכפורים.... חייב[123] בארבעה וחמשה״ ופריך ״נהי דמיתא[124] ליכא מלקות מיהא איכא?״[125] ומשני ״בטובח על ידי אחר״ הא על ידי עצמו

---

110. כן הוא דברי הפסוק במדבר ה:ו ואולי תלמיד טועה הוסיף ההמשך מדברים יז:ב.
111. ולאו דווקא ״נפש״.
112. היה כתוב למטה בכה״י.
113. אינו עולה יפה במה שכתוב מקודם דחוזר על מה כתוב שם וחד מהני הוספה מן הגליון.
114. עין למטה מניין לרבות שליח בית דין והיורש תלמוד לומר ונתן.... והש׳ פירוש זה עם בבא קמא קד עמ׳ ב וקה עמ׳ א.
115. אינו עולה יפה במה שכתוב מקודם וחד מהני הוספה מן הגליון.
116. היה כתוב למטה בכה״י.
117. והלימוד תלוי במצב של ממון וכרת דרק רנב״ה סובר דאפילו במקום כרת אמרינן קים ליה בדרבה מיניה. וחכמים אומרים דאמרינן קים ליה רק בעונשי ב״ד ולא בעונשי שמים.
118. פירוש זה של כרת עולה יפה בלשון הספרי ״שהוא נידון בנפשו״ יותר מלומר שהמדובר כאן מלקות אבל האוקימתא דמלקות עולה יותר מכיון דאמרינן סתם ספרי רבי שמעון. והיינו לשון ״דוחק״ ו״נראה״ שעדין יש מקום לקבל את הפירוש הראשון אליבא דאמת.
119. ולא אמר ״אי אפשר״ כלמעלה במאמרו לגבי ״בו ביום״ שהיה יום שעשה את העגל.
120. דלר״ש יש ממון במקום כרת ולא אמרינן קים ליה וכו׳.
121. ולא אמרו כרת אלא עונש ב״ד בלבד ועין פירש״י לב״ק עא עמ׳ ב שלדעת רבי שמעון ביום הכפורים אינו לוקה ומשלם.
122. ודברי הכל.
123. לשון המשנה לפנינו: משלם תשלומי ד׳ וה׳.
124. לפנינו: קטלא.
125. משום לאו.

זו מדה בתורה (וכו' פי') [כל] **פרשה שנאמרה** [**במקום אחד**] **וכו'**. היינו פרשת גזילות שנאמר בפרשת ויקרא **וכחש בעמיתו** וכו' (ויקרא ה:כ):

וחסר בה דבר אחד. היינו גזלת הגר; ונראה דתנא קמא אתא לאשמועינן **דאיש או אשה** (במדבר ה:ו) לאו לדרשה אלא משום דבר שנתחדש בה, ואתא ר' עקיבא למימר דכיון דכתיב **לאמר** (שם שם) לדרשא אתא, ור' יאשיה אתא לפרושי מילתא דר' עקיבא מאי דרשא איכא למידרש,[98] ור' יונתן סבר דאין צריך ללמוד מכאן דהא כתיב **בעל הבור ישלם** (שמות כא:לג) דמשמע בין איש בין אשה, אי נמי פליגי תרוייהו בפי' מילתיה דר' עקיבא— דר' יאשיה סבר היינו דרשא ללמד [מהכא] גבי [בעל ה]בור דבין איש בין אשה, ור' יונתן סבר לתלמודו הוא בא, פי' להשוות אשה לאיש לכל חטאות שבתורה וכדאמרי[99]בקידושין (משנה א:ז) "כל מצות לא תעשה בין שהזמן גרמא בין שלא הזמן גרמה אחד אנשים ואחד נשים חייבין":[100]

אין לי אלא משקר באלו [ו]**במקום.** כך מצאתי בספר[ים] [אחדים], פי' **באלו**-- שהן ממון,[101] **ובמקום**[102]-- (שנשמע דברי ושיקראו)[103] [שנ' **מעל בה'** בפרשת ויקרא (ה:כ) וי"מ] **במקום**-- בממון[104] אבל לי נראה [דגורס בו] (דגרו' בו) "בממון":

[ה"ג] **בשאר כל דבר** (**מנין**). פי' שאינו ממון:[105]

מנין. פי' מנין שנקרא חוטא ומועיל[106] אבל אינו ר"ל שחייב אשם מעילות דבהדיא כתי' בשמיעת הקול[107] עולה ויורד (עין ויקרא ה:ו);

וללשון הכתוב בספר[ים] **הפרשה בשאר כל דבר מנין**— פי' בשאר כל עבירות דאינן [ב]כל[ל] נהנה מן המקדש, דהתם אפי' בלא שבועה חייב אשם מעילות דפרשת מעילה באפי נפשה כתיב, וגם אין לאיש לומר שבע"ז יתחייב אשם דהא (קבועה) [**מקדשי ה'**] (ויקרא ה:טו) כתי' בה, אלא שקרוי מ[ו]על[108] מי שעובד ע"ז וכן בשאר עבירות נמי[109] דיליף ואזיל:

אין מעילה אלא שיקור. שמניח האמת ונמשך אחר השקר:

הכל במשמע. מן הנפש (במדבר ה:ו) דריש דמשמע כל שיש לו נפש:

והגרים. אגב דאיצטריך משום טומטום ואנדרוגינוס דריש נמי גר:

---

98. להשוות אשה לאיש לכל חטאת ונזקים שבתורה.

99. בפירוש לספרי דברים לשון המחבר תמיד "כדתנן" כשמביא דבר משנה ואולי אין זו מאותו החכם או אולי הוספה בעלמא מקולמוס אחר.

100. דברים תמוהים אמר דהרי אם כמו דהא בקידושין הרי היה לו ללמוד כל לאו ולא כל חטאת. אבל דרך תפסת מרובה לא תפסת למד רק חטאת ונזק והמשנה בקידושין אולי הוספה בעלמא מתלמיד טועה.

101. דהיינו וכחש.

102. נראה דלא גרס כמו אצלינו "כאילו משקר בַמקום" כמו הקב"ה אלא קרא בְבַכאילו אמר סתם במקום ור"ל שבועה במקום לשלם או להחזיר את הממון.

103. בכ"י אקספורד: ובמקום שנשמע דברי ושיקר ובמקום ממון אבל לי נראה דגרו בו בממון.

104. כלומר בכפירת ממון.

105. עבירות לגבי עדות או שבועות חוץ מכפירת ממון כגון להרע או להיטיב.

106. ויקרא ה:טו לגבי אשם מעילות.

107. ויקרא ה:א.

108. שם מועל קא קרי אבל עונשו אינו דומה.

109. נקרא מועל.

ספרי פיסקא א נשא

אתה אומר אחד גדולים ואחד קטנים במשמע או אינו אלא כענין שענש מה מצינו במטמא מקדש שלא ענש אלא גדולים שנ׳ ואיש אשר יטמא ולא יתחטא ונכרתה הנפש (במדבר יט כ) אף כאן לא נזהיר אלא גדולים ת״ל מזכר ועד נקבה תשלחו אחד גדולים ואחד קטנים במשמע רבי יונתן אומר מזכר ועד נקבה תשלחו למה נאמר לפי שהוא אומר וישלחו מן המחנה כל צרוע וכל זב וכל טמא לנפש אין לי אלא אלו שאר טמאים מנין אמרת קל וחומר הוא אם נדחו טמאים ממחנה ארון הקל קל וחומר ממחנה שכינה חמור אלא אם אמרת כן ענשת מן הדין! לכך נאמר מזכר ועד נקבה ללמדך שאין עונשים מן הדין.

מזכר ועד נקבה תשלחו. אין לי אלא זכר ונקבה טומטום ואנדרוגינוס מנין ת״ל אל מחוץ למחנה תשלחום אין לי אלא שיכול להשתלח שאין יכול להשתלח מנין ת״ל אל מחוץ למחנה תשלחום אין לי אלא אדם כלים מנין ת״ל אל מחוץ למחנה תשלחום. ר׳ עקיבא אומר מזכר ועד נקבה תשלחו אחד אדם ואחד כלים במשמע ר׳ ישמעאל אומר הרי אתה דן הואיל ואדם מטמא בנגעים ובגדים מטמאים בנגעים מה אדם טעון שילוח אף כלים טעונים שילוח לא אם אמרת באדם שמטמא על גבי משכב ומושב לפיכך טעון שילוח תאמר בכלים שאין מטמאין על גבי משכב ומושב לפיכך לא יטענו שילוח הרי אבן המנוגעת תוכיח שאינה מטמאה על גבי משכב ומושב וטעונה שילוח ואל תתמה בכלים שאע״פ שאין מטמאים על גבי משכב ומושב לפיכך יטענו שילוח ר׳ יוסי הגלילי אומר מזכר ועד נקבה תשלחו מה זכר ונקבה מיוחדים שהם ראויים לעשות אב הטומאה וטעונין שילוח אף כל שראוי ליעשות אב הטומאה <טעון שילוח יצא פחות משלש על שלש שאין ראוי לעשות אב הטומאה> בכל התורה רבי יצחק אומר הרי הוא אומר ואם לא יכבס ובשרו לא ירחץ (ויקרא יז טז) על רחיצת גופו ענש הכתוב כרת אתה אומר על רחיצת גופו ענש הכתוב כרת או לא ענש אלא על כיבוס בגדים אמרת מה טמא מת חמור לא ענש בו על כיבוס בגדים האוכל מנבילה קלה דין הוא שלא יענש בו על כיבוס בגדים.

אל מחוץ למחנה תשלחום. למה נאמר לפי שהוא אומר וישלחו מן המחנה שומעני לא יגעו לא בארון ולא בנושאין אבל יקצו להם מקום בפני עצמם ת״ל אל מחוץ למחנה תשלחום.

ולא יטמאו את מחניהם. מכאן אמרו ג׳ מחנות הן מחנה ישראל ומחנה לויה ומחנה שכינה מפתח ירושלים ועד הר הבית מחנה ישראל מפתח הר הבית עד העזרה מחנה לויה מפתח העזרה ולפנים מחנה שכינה.

אשר אני שוכן בתוכם. חביבים הם ישראל שאע״פ שהם טמאים שכינה ביניהם וכן הוא אומר השוכן אתם בתוך טומאתם (ויקרא טז טז) <ואומר בטמאם את משכני אשר בתוכם> (שם טו לא) ואומר ולא יטמאו את מחניהם אשר אני שוכן בתוכם ואומר ולא תטמאו את הארץ אשר אתם יושבים בה אשר אני שוכן בתוכה (במדבר לה לד) ר׳ יוסי הגלילי אומר בוא וראה מה כח עבירה קשה שעד שלא פשטו ידיהם בעבירה לא היה בהם זבים ומצורעים ומשפשטו ידיהם בעבירה היו בהם זבים ומצורעים לפי דרכנו למדנו ששלשה דברים אילו אירעו בו ביום ר׳ שמעון בן יוחי אומר בוא וראה מה כח עבירה קשה שעד שלא פשטו ידיהם בעבירה מה נאמר בהם ומראה כבוד ה׳ כאש אוכלת (שמות כד יז) לא יריאים ולא מזדעזעים משפשטו ידיהם בעבירה מה נאמר בהם וירא אהרן וכל בני ישראל את משה והנה קרן עור פניו ויראו מגשת אליו (שם לד ל).

ויעשו כן בני ישראל. להודיע שבחן של ישראל שכשם שאמר להם משה כן עשו מה ת״ל כאשר דבר ה׳ אל משה כן עשו בני ישראל מלמד שאף הטמאים לא עכבו (סליק פיסקא)

(ב) וידבר ה׳ אל משה לאמר דבר אל בני ישראל איש או אשה כי יעשו מכל חטאות האדם. למה נאמרה פרשה זאת לפי שהוא אומר נפש כי תחטא ומעלה מעל בה׳ וגו׳ (ויקרא ה כ) או מצא אבידה וכיחש בה ונשבע על שקר אבל בגזול הגר לא שמענו בכל התורה תלמוד לומר דבר אל בני ישראל איש או אשה כי יעשו מכל חטאות האדם למעול מעל בה׳ בא הכתוב ולימד על גזול הגר ונשבע לו ומת שישלם קרן וחומש לכהנים ואשם למזבח זו מדה בתורה כל

נראה דאיצטריך תלתא קראי[86] דאי מחד הוה אמינא דווקא אם יטמאו מחנה ישראל אין שכינה מסתלקת אבל אם יטמאו מחנה [שכינה או מחנה] לויה לא ישכון בתוכם, להכי איצטריכו תלתא דאפילו שלשה מ״מ ישכון בתוכם:

מה כח עבירה. היינו מעשה העגל:[87]

שלשה דברים. אלו מצורע, זב, וטמא מת:[88]

בו ביום. [י״מ] יום שעשו את העגל ואי אפשר לומר כן לפי שבמעשה העגל [בו ביום לא נענש ו]לא הוצרכו לשילוח מחנה אלא כשהוקם המשכן[89] וכדאמר בסדר עולם עשר פרשיות נאמרו בו ביום כשהוקם המשכן[90] וחדא מנייהו שילוח טמאים ושמא בשביל שהיו אומרים לשון הרע ״הרי המשכן עשוי ועדין לא שרתה שכינה״[91] ונגעים באים על לשון הרע וניחא לישנא דבו ביום;[92] ור׳ יוסי הגלילי ור׳ שמעון בן יוחאי לא פליגי,[93] אלא ר׳ יוסי הגלילי דריש ״מה כח עבירה קשה״ (קשה) משמיני דמלואים ורבי שמעון דריש [לה] ממעשה העגל[94] והתם לא היה עונש דזבות וצרעות [בו ביום] אלא [היו יריאים דכתיב] **וייראו מגשת אליו** (שמות לד:ל):

להודיע שבחן של ישראל. אע״ג דכל אחד מצטער כשפרש מקרוביו:[95]

[פיסקא ב]

איש או אשה כי יעשו (במדבר ה:ו) **וכו׳ למה נאמרה.** כלומר (הכי) [הרי] ידעינן לה מההיא דוכחש (ויקרא ה:כ) ומשני לפי שהוא [**אומר נפש כי תחטא**] (ויקרא ה:כ) **וכו׳** כלומר משום דהתם כתיב **בעמיתו**— דמשמע עם שאתך[96] בתורה ובייחוס ולמעוטי גר; **ומלמעול מעל** [**בה׳**] (במדבר ה:ו) יליף דמיירי במי שמועל בשבועת הפקדון, וגזל הגר יליף מדכתיב **ואם אין לאיש גואל** (במדבר ה:ו):

שישלם קרן וחומש לכהנים.[97] דכתיב **האשם המושב לה׳ לכהן** (במדבר ה:ח) ואמרי׳ בפרק הגוזל קמא (בבא קמא קט עמ׳ א), **דאשם** היינו קרן **ומושב** היינו חומש:

ואשם למזבח. דכתיב **מלבד איל הכפורים אשר יכפר בו עליו** (במדבר ה:ח):

---

86. אשר אני השוכן וכו׳ היינו מחנה שכינה, השוכן אתם וכו׳ היינו מחנה לויה, בטמאם את משכני וכו׳ היינו מחנה ישראל. ואיכא קראי טובא אלא בתלתא אינון סגי ונראה לי דגורס בספרו רק ג׳ הפסוקים הללו.

87. וזה דעת רבי שמעון דסתם ספרי רבי שמעון ור׳ יוסי מפרש לה מעשה לשון הרע ביום שמיני כשהוקם המשכן.

88. בל אלו באים כעונש ולא מן הסתם שהרי בסיני כולם היו בריאים כדאיתא במכילתא פרשה ט.

89. שלא היו מחנות מקודם לכן.

90. הש׳ גיטין ס סוף עמ׳ א בשם רבי לוי ולא מצאתי בסדר עולם פרק ז. ונראה שכן גרס בסדר עולם כמו רש״י במדבר ז:א, ז:יב בשם סדר עולם אבל גם נראה שהיתה לפניו הוספה כעין המאמר בגיטין ס אבל לכל הפחות חשוב שגם לשון בו ביום נאמר בסדר עולם בקשר יום השמיני.

91. ולהנם טרחנו כדאיתא במדרש.

92. האמור כאן בספרי מפני שבמעשה העגל לא קבלו שום עונש בו ביום.

93. שנגעים אלו באים בעונש דברי הכל היא.

94. אבל בויקרא רבה נאמר בשם רשב״י דעשו מחנות ביום השמיני ובדיוק אז התחילו הנגעים.

95. וכן קרוב ללשון זית רענן ונראה שידע פירוש רבינו ממקורו או מכלי שני.

96. נוטוריקון.

97. אם מעל בשבועתו שלא גזל את הגר ומת הגר.

יצא פחות משלוש[74] **על שלוש וכו'.** תי' מאי אתא לאשמועי' דפחות משלוש פטור (מכלים) [בכלים]?, ואפשר דגרסי' יוצא פחות משלושה[75] דהשתא משכחת ביה טומאה אבל אינו נעשה אב הטומאה דלא חזי למושב,[76] אבל יותר נראה דגרסי' כדאיתא (בפר' המפלת)[77] [ערובין קד עמ' ב] **יצא כלי חרש** שאין ראוי ליעשות אב הטומאה בכל התורה כולה,[78] ואע"ג דלשם אין הגירסא ממש כמו בכאן דהכי איתא התם **מזכר ועד נקבה תשלחו** (במדבר ה:ג)— מה זכר ונקבה שיש להם טהרה במקוה אף כל שיש לו טהרה במקוה [יצא כלי חרס] דברי ר' יוסי הגלילי,[79] מ"מ היינו הא דהכא דכל שנעשה אב הטומאה יש לו טהרה במקוה,[80] והשתא נפקא ליה שלוח כלים **מתשלחום**[81] (במדבר ה:ג); ולר' עקיבא נפק ליה **מזכר ועד נקבה** ולר' ישמעאל נפקא ליה במה מצינו ואף כלים דאין נעשין אב הטומאה,[82] ור' יוסי הגלילי— דווקא ראויין ליעשות אב הטומאה:[83]

ר' יצחק אומ' הרי הוא וכו'. ר' יצחק לא אתא לאיפלוגי אלא לאשמועי' דעל שילוח בגדים לא מחייב כרת, או שמא אתא לאיפלוגי דלכל הני תנאי בין מאן דנפקא ליה **מעד** בין מאן דנפקא ליה **מתשלחום** או ממה מצינו, מ"מ ליכא אזהרה, ואתא ר' יצחק למימר **דולא יטמאו** (במדבר ה:ג) אכולהו קאי א"כ איכא הזהרה ואם איכא למעוטינהו מעונש הוא דאיכא למעוטינהו:

טמא מת חמור לא ענש וכו'. דכתיב ואיש אשר יטמא ולא יתחטא ונכרתה (ויקרא יט:כ):

האוכל מנבלה קלה וכו'. היינו מנבלת עוף טהור דמטמא בגדים אבית הבליעה ומרבי' ליה בריש שבועות (ז עמ' ב) מדכתיב **לכל טומאתו אשר יטמא בה**[84] (ויקרא ה:ג) משמע באכילתה והיינו נבלת עוף טהור ומרבי' ליה לאיחויבי עליה בטומאת מקדש והיינו קולא דילה שאין טומאה אלא טומאת ערב:

אל מחוץ למחנה תשלחום (במדבר ה:ג) **למה נאמר.** היינו לר' ישמעאל דנפקא ליה בגדים ממה מצינו וכן לר' עקיבא נמי דנפקא ליה **מעד** (שם שם):

מכאן אמרו.[85] **ולא יטמאו את מחניהם** (במדבר ה:ג) סמיך:

[ולא יטמאו את מחניהם] אשר אני שוכן (במדבר ה:ג) **[חביבים הם...וכן הוא אומר] השוכן אתם [בתוך טומאתם]** (ויקרא טז:טו) **[ואומר] בטמאם את משכני [אשר בתוכם]** (ויקרא טו:לא).

---

74. שלש אצבעות.
75. טפחים שהוא שיעור יותר.
76. לכן אינו מטמא אדם וכלים אלא רק אוכלין ומשקין.
77. לפנינו עיקר הסוגיא נמצא בערובין ולא בנדה כח עמ' ב כפי שציין רבינו.
78. זה כמו לשון הספרי כאן אבל בערובין: שאינו נעשה אב הטומאה. ורש"י בעירובין מבטא דבריו בלשון שאין ראוי לישעות אב הטומאה.
79. בנדה אינו אלא בקיצור ובעירובין רק חלק הנוסח של רבינו: במי שיש לו טהרה במקוה פרט לכלי חרס דברי רבי יוסי הגלילי.
80. וכלי חרס אין לו טהרה במקוה.
81. המ"מ מסמן דברים אחרים שלאו בפירוש כתובים.
82. כמו מאדם ומאבן מנוגעת.
83. ושאר דברים לא.
84. דאין מעוט אחר מעוט אלא לרבות נבלת עוף טהור.
85. עיין כלים א:יב וזבחים קטז עמ' א.

מזכר ועד נקבה (במדבר ה:ג)-- משמע כל טומאה דשייכא מזכר ועד נקבה;[67](וא״כ [ותשלחו]— לא היה צריך ליכתוב [אלא] גבי מחנה שכינה]:[68]

בכל אדם. היינו כהנים לוים וישראלים:

או אינו אלא בלוים. משום דכתיב **אשר אני שוכן בתוכם** (במדבר ה:ג) וכתיב **והלוים יחנו סביב למשכן העדות** (במדבר א:נג) אי נמי (מ)דנקט **נושאי ארון** משום דכתי׳ **ונסעו הקהתים**[69] **נושאי המקדש** (במדבר י:כא):

ת״ל מזכר ועד נקבה (במדבר ה:ג). עיקר דרשא מדכתיב **ועד נקבה** (במדבר ה:ג) משמע כל מה שביניהם:[70]

[ש]**לא ענש אלא גדולים.** דקטנים לאו בני עונשין הם:

ת״ל מזכר ועד נקבה (**שם שם**). מדלא כתיב מאיש ועד אשה, וא״ת הא קימא לן (שבת קכא עמ׳ א) קטן אוכל נבלות אין בית דין מצווין להפרישו, וי״ל שאני הכא משום שמא יטמא את אחרים דקטן שהוא זב או מצורע כל דיני טומאה עליו:

תשלחו למה נאמר. כלו׳ היה לו לומר מזכר ועד נקבה ולשתוק מ**תשלחו** (במדבר ה:ג) ואנא ידענא דקאי או**ישלחו** (במדבר ה:ב) דלעיל, ונראה דהאי דרשא [דעד נקבה] לא איצטריך לר׳ יאשיהו דהא דרשא דר׳ יאשיהו **מכל** (שם שם) אלא סתם ספרי היא [רבי שמעון] ולא דרוש **כל** לרבויא:

אם נדחו שאר טמאים ממחנה ארון. מדכתיב **מזכר ועד נקבה** (במדבר ה:ג) כדפרשי׳:[71]

לכך נאמר תשלחו (במדבר ה:ג). הוסיף שילוח אחר דהיינו בעל קרי וטמא שרץ ואם אינו ענין למחנה ארון דהא כתיב **מזכר ועד נקבה** תנהו ענין למחנה שכינה:

אין לי אלא שיכול להשתלח. כלומר גדולים:

ת״ל תשלחום (במדבר ה:ג). משמע הכל בין אדם בין כלים ור׳ עקיבא נפקא ליה כלים מהריבוייא דעד דאין זכר ונקבה אלא בגדולים:

לא אם אמרת שמטמא על גבי משכב וכו׳. כדאמרי׳ בעלמ׳ (תורת כהנים לויקרא טו:ה) דזב עושה מושב[72] ואין מושב מטמא מושב:

הרי אבן המנוגעת.[73] דכתיב את אבניו ואת עציו (ויקרא יד:מה):

יוצא אל מחוץ וכו׳. ולא שייך בה מושב דכתיב **אשר ישב עליו הזב** (ויקרא טו:ד) ולא אבן המנוגעת:

---

67. שאר טמאים ולרבי יאשיהו אין למדים כלל על שאר טמאים אלא מריבויין דכל.

68. הוסיף שילוח אחר לגבי ״וישלחו מן המחנה דהיינו מחנה לויה א״כ ״תשלחו״ מרבה עוד מחנה דהיינו מחנה שכינה דתפסת מרובה לא תפסת.

69. כן הגירסה בברית אברהם ובכ״י שבוש: הכהנים.

70. כלומר טומטום ואנדרוגינוס.

71. אמר לעיל דהא משמע כל טומאה דשייכא מזכר ועד נקבה.

72. כלומר שהזב מטמא מו״מ ואין מו״מ מטמא מו״מ וע׳ לשון הראב״ד בהטו״מ י״ג:י״ג ולשון המל״מ שם. וקשה לי שאמר כדאמרינן בעלמא וא״כ לא ידענא היכן.

73. אבן הבאה מבית המנוגע בצרעת.

לקורבנות[49] כדקתני [ב]סיפא ״עזרת ישראל מקודשת ממנה שאין מחוסר כפרים נכנס לשם וחייבין עליה קרבן״:[50]

וישלחו מן המחנה וכו׳ (במדבר ה:ב)...**למה נאמר.** תימ׳ מאי בעי ״למה נאמר״ הא לפי[51] דאצטריך,[52] וי״ל דלא בעי אלא מריבויי **דכל** (שם שם) דמרבי׳ מנייהו בעל קרי וטמא שרץ:[53]

[54](וגרסי׳ בסיומא ת״ל **וישלחו מן המחנה וכו׳** (במדבר ה:ג) והיינו דקא׳ ״אין לי אלא אלו״ כלומר צרוע וזב וטמא מת):

שאר טמאין מניין. פי׳ בעל קרי וטמא שרץ:[55]

אם נדחו טמאים ממחנה ארון הקל. סמיך אדרשא [דלעיל] (דלקמן **מזכר ועד נקבה תשלחו וכו׳**) דכתיב ביה [ה]**מחנה** (במדבר ה:ב) ומקמי׳ ליה ל״מחנה לויה״:[56] [וגרסי׳ בסיומא[57] ת״ל **וישלחו מן המחנה וכו׳** (במדבר ה:ג);[58] והיינו דקא׳ [כאן] ״אין לי אלא אלו״ כלומר צרוע וזב וטמא מת][59] (ומזכר ועד נקבה משמע כל טומאה דשייכא מזכר ועד נקבה וא״כ לא היה צריך ליכתוב גבי מחנה שכינה):[60]

אלא אם אמרת כן[61] וכו׳. וא״ת הכא לא כתיב אלא אזהרה והיה לו לומר ״אם אמרת כן מן הדין״[62], וי״ל דעונש כתי׳ בפר׳ ויקרא דכתיב **או נפש אשר תגע בכל דבר טמא וכו׳** (ויקרא ה:ב) אלא משום דקימא לן דלא ענש אלא אם כן הזהיר ומקרא נפקא לן אזהרה לההוא עונש, משום כך נקט עונש;[63]

[**מזכר ועד נקבה תשלחו** (במדבר ה:ג)].[64] סמיך אדרשא[65] דלקמן (**מזכר ועד[66] נקבה תשלחו כו׳**)

---

49. בכ״י קצת משובש וצ״ל לקורבנות ר״ל לנתינת דם על הבוהן וכו׳. וגם צריך לציין שקורבנות=קָרבנות.
50. לפנינו ״חטאת״, והמשך המשנה שישראלים נכנסים לעזרת כהנים בשעת הצורך.
51. לענין גופא דמחיצות דשלשתן.
52. אולי צ״ל הא לגופיה איצטריך.
53. עתה דמרבינן שאר טמאים מאי דינם לגבי שלש המחנות.
54. נראה שנפלו הרבה שבושים במאמר זה וחלקתי וסרסתי וסדרתי את החלקים למיטב משפטי.
55. מניין שחייבין אם לא יוצאין.
56. ת״ל אל מחוץ למחנה תשלחום...לכך נאמר וישלחו מן המחנה— כלומר פסוק וישלחו מסמן גם אל מחוץ למחנה תשלחום וזהו לשון לכך נאמר— כלומר שניהם. ולומר רק על שלשתן אבל על טבול יום ובעל קרי לא שמעינן עדיין מיניה דיש לשלוח אותם מחוץ למחנה שכינה.
57. כלומר בסיומא המאמר דלעיל להוכיח דשלשתן צריכין לצאת ממחנה השכינה.
58. וכולל גם ״מזכר ועד נקבה תשלחו״; נראה שרוצה לחבר דרשה זו לדרשה דלהלן. כלומר: **לכך נאמר תשלחו.** הוסיף שילוח אחר דהיינו בעל קרי וטמא שרץ ואם אינו ענין למחנה ארון דהא כתיב **מזכר ועד נקבה** תנהו ענין למחנה שכינה:
59. לשלוח ממחנה שכינה.
60. נראה לי שרבינו יחס את שאילת המדרש לקטע הקודם ותשובתו מקטע הבא ולכן יש לשער לגרס כפי קטע הבא גם כן וההבדל בין קטע הבא וכאן אינו אלא שכאן בעל המדרש לומד שאר טמאים מריבוי דכל ולקמן מלשון מזכר ועד נקבה וחוץ מזה היינו הך.
61. דרך ק״ו ללמוד על שאר טמאים.
62. ולא לשון עונש.
63. ר״ל לשון עונש.
64. נראה דרבינו גורס ככה או בפירוש או בהבלעה בענין ״וכו׳״.
65. אסוף דרשה ולא לראש דרשה.
66. כן הוא הגרסה לפי עדות כמה כ״י של הספרי וגם עדות כ״י סמינר, וברית אברהם, אבל בכ״י אקספורד נראה תיקון סופרים כמו לפנינו בספר תורה— ״מזכר עד נקבה״ אבל נראה שכלשון זו היתה לפני בעל הספרי וצ״ע.

דמפסיק בינייהו כגון דף או נייר, ומיירי בלא הסט וכי האי גוונא מת לא מטמא זולת אם מסיט או מאהיל כדתנן התם (משנה זבים ה:ג) "כל הנושא ונישא על גבי המת טהור חוץ מן המאהיל ואדם בזמן שהוא מסיט";

והאי דקאמר **חמור הזב** דווקא קאמר דחמיר מ[טמא] **מת** לענין זה, אבל ממצורע לא חמור בהאי, דמצורע נמי מטמא באבן מסמא כדתנן בסוף נדה (משנה י:ד) "הזב והזבה הנדה והיולדת והמצורע שמתו מטמאין "במשא"[34] עד שימוק הבשר" ומוקמי' לה בגמ' (נדה סט עמ' ב) דמאי "[ב]משא" [ב]אבן מסמא [(ומשום) (וממשמע] הכי נקט אבן (משום) [משומא] לישנא דקרא [דכתיב] והיתית אבן חדא [ו"שומת" על פום גובא] (דניאל ו:יח)[35][36] ונראה לי דטעמ' דמצורע מטמא תחת אבן מסמא משום דאיתרבי מדכתיב **והזב את זובו לזכר ולנקבה** (ויקרא טו:לג), ואמרי' בנדה (לד עמ' ב, לה עמ' א) לזכר לרבות מצורע למעיינותיו[37] והוא הדין לאבן מסמא ומ"מ לא איתרבי מהאי קרא לטמא משכב [ומושב] לטמא אדם וכלים אלא לטמא (אדם וכלים) [אוכלין ומשקין][38] ואפילו טבול יום[39] דזב [ו]גם טבול יום [דמצורע] אינו מטמא אפילו מעשר[40] כדתנן (משנה נגעים יד:ג) (אכל) [כבס בגדיו] וטבל...אוכל במעשר:

((ה"ג חמור הזב שהוא מטמא תחת אבן מסמא] ובספרי' כת' "שהוא מטמא את האבן" ואי גרסי' ליה צ"ל כדתנן בסוף כלאים (משנה ח:ה) אבני[41] השדה מין חיה ור"ל חולין לפי שחיה אי אפשר להיות קרשים:)[42]

טבול יום פוסל את התרומה. דכתי' **ובא השמש וטהר ואחר יאכל מן הקדשים** (ויקרא כב:ז) ומוקמי' לה בפרק הערל (יבמות עד עמ' ב) בתרומה; וקש' טבול יום ומחוסר כפרים מאן דכר שמיה[43] דאי משום ריבוייא **דכל** כדפר' לא היה צריך דבכללן הם לענין מחיצות, והא כבר פי' חילוק מחיצות?[44] וי"ל דמשום מעלות דרבנן מייתי להו הכא כדתנן בפ"ק דכלים (משנה א:ח) "החיל[45] מקודש [ממנו][46] שאין גוים וטמאי מתים נכנסין לשם"[47] פי' אבל טבול יום נכנס; "עזרת נשים מקודשת ממנו שאין טבול יום נכנס לשם ואין חייבין עליה חטאת"[48] [פי'] אבל מחוסר כפרים נכנס לשם דלא גזרו עליו משום דאי אפשר שהרי צריך להכניס ידיו

34. גזרו רבנן דשמא מתעלפה ואינו מת ומכאן ראיה דמן התורה דמצורע חי מטמא במשא כמו זב.
35. לפי נדה סט עמ' ב, שימוש האבן להפסיק בין דבר לדבר כמו שכתוב "על פום גובא".
36. ראה למעלה ונראה שכאן מקומו.
37. לזכר ריבויי ומרבינן מצורע להיות כמו זב בענין רוקו, כיחו, וניעו ורבינו מוסיף גם בענין אבן משמא.
38. עיין תוספות הרא"ש לנדה סט עמ' ב והוא סברת רבינו תם.
39. שלא העריב שמשו ולכן פוסל קודשים במגעו.
40. סובר טבול יום דזב אינו כזב ורבותיה למעשר שני דאפילו טמא אוכל מעשר ראשון.
41. בדפוס הגירסה ארני ובכ"י ליידן אבני.
42. נראה לי שיש כאן הוספה שנפל מן הגליון בטעות ואינו מדברי רבינו.
43. הרי איתם בפרשה נשא כלל.
44. מצורע, זב, טמא לנפש.
45. מקום של י' אמות לפני העזרה.
46. מן הר הבית.
47. כמו שנכנסין להר הבית.
48. בשוגג.

וכל טמא לנפש (במדבר ה:ג) לרבות טמא שרץ[14] וכו'[15] קאמר חמור הזב מריבויא דכל טמא **לנפש** (שם שם) קאמ', והשתא הוי כל דווקא, וא"ת כיון דכל אתי לרבוייא **כל** (שם שם) דמצורע מאי מרבי, וי"ל דהתם מפרש[16] דאיידי דכתי' **כל** באחריני כתיב נמי גבי **צרוע** (שם שם) (והייתי יכול לפרש דהכי פי' שכל "שם טומאה" שזב מטמא מצורע מטמא, והשתא לא איירי אלא בשם טומאה בעלמא[17] לא בחומרי טומאה;[18] גם גבי "כל שטמא מת מטמא זב מטמא" ר"ל כל "שם טומאה" ותו ליכא למיפרך מידי:)[19] אבל לקמן[20] משמע דאיירי בריבוי ד"כל"[21] ש[מ]טמא בביאה[22] דכתיב [**כל ימי אשר הנגע בו יטמא טמא הוא בדד ישב**] **מחוץ למחנה מושבו** (ויקרא יג:מו)— מושבו טמא[23] וכתי' **והבא אל הבית כל ימי הסגיר אותו וכו'** (ויקרא יד:מו)[24] ואיתקוש נגעי אדם לנגעי בתים דכתיב **זאת התורה לכל נגע הצרעת** [**ולנתק ולצרעת הבגד**] **ולבית וכו'**[25] (ויקרא יד:נד) מיהו האי דביאה אינו דומיא דמת, דמת מטמא באהל ומצורע אינו מטמא באהל אלא בביאה ותנן במסכת נגעים (משנה יג:יב) דאם עשו לו מחיצה עשרה[26] בבית הכנסת נכנס ראשון ויצא אחרון ואע"ג שכל הכותל למעלה מעשרה פרוץ עד הגג כיון דאיכא מחיצה מפסקת ביניהם די, ואלו גבי מת (משנה אהלות י:א) אפי' ארובה שאין בה אלא פותח טפח מביאה את הטומאה:[27]

[**חמור הזב**] **שהוא מטמא תחת אבן מסמא.** היינו דתנן במסכת זבין (משנה ה:ב) "אצבעו של זב תחת הנדבך[28] והטהור מלמעלה[29] מטמא שנים[30] ופוסל אחד[31]" וכן אם הטמא מלמעלה והטהור מלמטה[32] (ומשום הכי נקט אבן משום לישנא דקרא והיתית אבן חדא)[33] והוא הדין לכל מילי

---

14. עי' פסחים סז עמ' א.
15. עיין רש"י פסחים סח עמ' א: דהנך לפי חומר טומאתן חומר שלוחן, יצא בעל קרי [כמו זב] שאע"פ שטמא מת חמור ממנו שהוא טומאת שבעה וזה טומאת ערב אפילו הכי לענין מחנות בעל קרי חמור דעל כרחיך דכתיב וכל זב לרבויי בעל קרי אתא דכל חד וחד למאי דדמי ליה מדמינן ליה ובעל קרי דומה לזב שהטומאה יוצאה עליו מגופו.
16. עי' שם ס:ז: והשו' יבמות נ"ד:
17. כגון טומאת מגע, טומאת היסט, טומאת משכב ומושב; וכל שם טומאה דאיכא בזב איכא במצורע וכל שם טומאה דאיכא בטמא מת איכא בזב.
18. כגון אם עושה אב או ראשון או אם טעון הזאה שלישי ושביעי וכו' שהם חומרות בדיניהם ולא שמות טומאה.
19. אולי כל מה שבסוגריים הוספה מן הגליון ולא מעיקר הפירוש.
20. כלומר במדרש ספרי דלעיל.
21. כל צרוע.
22. וכאן רוצה לומר דכל אתא להרבות הבית וכל מי שבתוך מקום ביאת המצורע.
23. לשון תורת כהנים על אתר ועיין משנה נגעים יג:ז— דמשמע שגוף המקום שעליו יושב המצורע וכל שסביב לו טמא ולכן כל טהור אשר ישב שם יטמא אבל יתר פרטים דרשינן מפסוקים אחרים כדמפרש ואזיל.
24. דין בית המנוגע שכל מי שיבא בתוכו יטמא עד הערב מגלה דין של מקום מושב המצורע.
25. והני נתרבה בכל צרוע.
26. י' טפחים.
27. ולא צריך ביאת גופו כמו לגבי מצורע.
28. שורת אבנים.
29. כאילו נישא על גב הזב שהרי משאו מכביד עליו.
30. הטהור נטמא לאב והוא יעשה אדם אחר ראשון שיעשה שני.
31. והשני פוסל שלישי בתרומה.
32. דינו כאילו שהזב נישא עליו.
33. שייך למטה או יתכן שהוספה היא מן הגליון ולא מעיקר הפירוש.

פרשת נשא

[פיסקא א]

ר׳ יהודה בן בתירא אומר וכו׳. נראה דר׳ יהודה לא בא לחלוק אלא להוסיף דהוי[1] נמי זירוז:
שאין מחזקין אלא וכו׳. כלומר מי שהוא מוחזק משעת ברייתו:[2]
ר׳ שמעון וכו׳. בא להוסיף דהוי נמי חסרון כיס, ובהכי ניחא דסתמ׳ דלעיל ס׳ א׳[3] ר׳ שמעון כדקיימא לן סתם [ספרי] ר׳ שמעון אלא דלעיל לא איירי בדרשא דצווי תדע[4] דר׳ שמעון נמי דריש תזרזם לענין חילוק הארץ:
ר׳ אומר אין צווי בכל מקום וכו׳. רבי נמי לישנא דצו (במדבר ה:ב) [דריש][5] ומשום שאר צוואות איצטריך ליה דאלו **צו** דשילוח כתיב ביה בהדייא **ולא יטמאו** (במדבר ה:ג),[6] אי נמי לעבור על שילוח בשני לאוין, אי נמי חד לטומא׳ שבחוץ וחד לטומאה שבפנים:
שנא׳ ויצו ה׳ אלהים וכו׳ (**בראשית ב:טז**). וא״ת התם היינו טעמ׳ דאיכא אזהרה מפורשת **לא תאכל** וכו׳ (בראשית ב:יז), וי״ל דמיירי משום דאמרי׳ בסנהדרין (נו עמ׳ ב) **ויצו**— זו ע״ז, **ה׳**— זו ברכת השם, **אלוהים**— אלו הדיינים, **על האדם**— זו שפיכת דמים, **לאמור**— זו גילוי עריות, **מכל עץ הגן**— ולא מן הגזל, ואמרי (סנהדרין נז עמ׳ א) אזהרתן של בני נח זו היא מיתתן, והאי דמייתי **ומעץ הדעת** וגו׳ (בראשית ב:יז) לגלויי אכלהו דאיכא אזהרה[7] כיון דאשכחן בחד הכללות; וכן צריך לפרש[8] בסיפא דקאמ׳— **כל**[9] **שטמא מת מטמא, זב מטמא, חמור ממנו זב וכו׳**— והרי טמא מת חמור שטעון הזאה שלישי ושביעי![10] אלא ״כל״ לאו דווקא, וא״ת מ״מ חמור שטעון הזאה קשיא [ד]היכי קאמר חמור ממנו מצורע, לכן נראה דסמיך אדרשא דפרק אלו דברים (פסחים סז עמ׳ ב) בפסוק דדריש מדכתיב **וכל זב** (במדבר ה:ב) לרבות בעל קרי[11] שמשתלח ממקום שזב משתלח והשתא אמרי׳ דמצורע חמור מזב [ר״ל] בכל מילי [דמרבינן מיניה][12] אבל זב [עצמו] אין הכי נמי דחמור ממוצרע לענין משכב ומושב;[13] ומאי דקאמר ״חמור מצורע״— מריבוייא ד[**כל**] **זב** (במדבר ה:ב) ר״ל, וכמו כן אמר

---

1. ר״ל לשון צו הוי לשון זירוז.
2. כלומר שהיה ראוי לכך משעת לידתו ולכך נוצר.
3. בכה״י ״ ס״א ״ או ״סא׳ ״ ולא ברור לי מובנו ואולי צריך לומר מ[שנה] א׳ והכוונה לדברי התנא בראש— אזהרה לטמאים שלא יכנסו למקדש בטומאה.
4. ובפירוש כאן שמודה בדרשה דזריזות.
5. בכה״י ״חייש״ ואולי לא צריך תקון. והכוונה לאזהרה.
6. אזהרה בפירוש.
7. ר״ל אזהרה שלא לעשות.
8. לפרש סדר חומרות כמו שהמצורע חמור מזב כן הזב חמור מטמא נפש. עיין פסחים סז עמ׳ ב.
9. כל ר״ל בכל אופן ובכל פרט דינו חמור.
10. עי׳ פסחים סז עמ׳ א.
11. דטמא עד הערב וטומאתו טומאה קלה.
12. כגון בעל קרי.
13. מזב יהיה אב ליטמא לאדם ובגדים אבל ממצורע אינו אלא ראשון ליטמא מאכל ומשתה.

נ ש א

פיסקא א

וידבר ה׳ אל משה לאמר צו את בני ישראל וישלחו מן המחנה כל צרוע וכל זב וכל טמא לנפש, למה נאמרה פרשה זו לפי שהוא אומר ואיש אשר יטמא ולא יתחטא ונכרתה הנפש ההיא מתוך הקהל עונש שמענו אזהרה לא שמענו ת״ל צו את בני ישראל וישלחו מן המחנה הרי זה אזהרה לטמאים שלא יכנסו למקדש בטומאה.

צו, הציווי מיד בשעת מעשה ולדורות אתה אומר הציווי מיד בשעת מעשה ולדורות או אינו אלא לאחר זמן ת״ל צו את בני ישראל וישלחו וגו׳ מזכר ועד נקבה תשלחו וגו׳ ויעשו כן בני ישראל וישלחו אותם אל מחוץ למחנה הא למדנו שהציווי מיד בשעת מעשה ולדורות מנין ת״ל צו את בני ישראל ויקחו אליך שמן זית זך וגו׳ (ויקרא כד ב) מחוץ לפרוכת העדות וגו׳ הא למדנו שהציווי מיד בשעת מעשה ולדורות מציווי הזה מנין לכל הצוואות שבתורה היה ר׳ ישמעאל אומר הואיל ונאמרו צוואות בתורה סתם ופרט לך הכתוב באחת מהן שאינה אלא מיד בשעת מעשה ולדורות אף פורטני בכל הציוואות שבתורה שלא יהו אלא מיד בשעת מעשה ולדורות רבי יהודה בן בתירה אומר אין הציווי בכל מקום אלא זירוז שנ׳ וצו את יהושע וחזקהו ואמצהו (דברים ג כג) לפי דרכנו למדנו שאין מחזקין אלא המוחזקין ואין מזרזין אלא למזורזין רבי שמעון בן יוחי אומר אין ציווי בכל מקום אלא חסרון כיס שנ׳ צו את בני ישראל ויקחו אליך שמן זית זך (ויקרא שם) צו את בני ישראל וישלחו מן המחנה צו את בני ישראל ונתנו ללוים מנחלת אחוזתם (במדבר לה ב) צו את בני ישראל ואמרת אליהם את קרבני לחמי לאשי (שם כח ב) הא אין ציווי בכל מקום אלא חסרון כיס חוץ מאחד ואיזה זה זה צו את בני ישראל ואמרת אליהם כי אתם באים אל הארץ כנען (שם לד ב) תורום לענין חילוק הארץ ורבי אומר אין ציווי בכל מקום אלא אזהרה שנ׳ ויצו ה׳ אלהים על האדם לאמר ומעץ הדעת טוב ורע לא תאכל ממנו.

וישלחו מן המחנה, ממחנה שכינה או שומע אני ממחנה לויה ת״ל אל מחוץ למחנה תשלחום הא עד שלא יאמר יש לי בדין אם נדחו טמאים ממחנה הארון הקל ק״ו ממחנה שכינה חמור אלא אם אמרת כן ענשת מן הדין לכך נאמר וישלחו מן המחנה ללמדך שאין עונשין מן הדין ר׳ אומר אין צריך ק״ו הוא אם נדחו טמאים ממחנה הארון הקל ק״ו ממחנה שכינה חמור א״כ למה נאמר וישלחו מן המחנה כל צרוע וכל זב אלא בא הכתוב ליתן להם את המחיצות.

וישלחו מן המחנה כל צרוע וכל זב וכל טמא לנפש, שומעני שלשתן במקום אחד ת״ל במצורע בדד ישב מחוץ למחנה מושבו (ויקרא יג מו) מצורע היה בכלל יצא מוצא מן הכלל ולמד על הכלל מה מצורע שהוחמרה טומאתו וחמור שילוחו משילוח חבירו אף כל שהוחמרה טומאתו חמור שילוחו משילוח חבירו מכאן מנו חכמים למחיצות כל שהזב מטמא מצורע מטמא חמור מצורע שמטמא בביאה כל שהמת מטמא הזב מטמא חמור הזב שהוא מטמא תחת אבן מסמא כל שטבול יום מטמא טמא מת מטמא חמור טמא מת שהוא מטמא את האדם כל שמחוסר כיפורים פוסל טבול יום פוסל חמור טבול יום שהוא פוסל את התרומה.

וישלחו מן המחנה כל צרוע וכל זב וכל טמא לנפש, למה נאמר אין לי אלא אלו שאר טמאים מנין היה רבי יאשיה אומר אמרת ק״ו אם נדחו טמאים ממחנה ארון הקל ק״ו ממחנה שכינה חמור אלא אם אמרת כן ענשת מן הדין לכך נאמר וישלחו מן המחנה ללמדך שאין עונשין מן הדין.

בכל אדם, הכתוב מדבר או אינו מדבר אלא בלוים נושאי ארון ת״ל מזכר ועד נקבה תשלחו בכל אדם הכתוב מדבר אחד גדולים ואחד קטנים במשמע

קיצורים

[]=הוספות של העורך
א) לתקן שבושים
ב) להקל את הקריאה
ג) למלא את החסר
()=שבושים הנראים בכתבי היד

אקס.\אקספורד=כ״י 425 (Mich. 376) בספריה באדליאן באקספורד.
סמינר=כ״י בוסקי #5, (reel 56) בספריה של הסמינר לרבנים בניו־יורק (מקודם כ״י ששון 598/2).
ברית אברהם=פירוש אברהם גדליה על ילקוט שמעוני, ליוורנו, ת״י.
הרא״ס= הגהות ובאורים להרב סולימן ן׳ אוחנא על הסיפרי, והוא ״פירוש לחכם ספרדי״ שבסוף הסיפרי הנדפס בוורשא, תרכ״ו.
הארוויטץ=ספרי על ספר במדבר נערך ע״י חיים שאול הארוויטץ נדפס ראשונה לייפציג תרע״ו.
ח׳=חסר
הרדצ״ה= הרב דוד צבי האפפמאנן (עורך של מדרש תנאים לספר דברים, ברלין תרס״ח).
ת־א= יהודה תיאדור וחנוך אלבק (עורכים של מדרש בראשית רבא (הדפסה שניה ירושלים תשכ״ה).
מדרש אליעזר=רבינו נחום אליעזר פירוש ספרי י״ל ע״י מנחם כהנא ירושלים תשנ״ג.

הקדמת העורך

מודה אני לצורי בוראי אשר תקן רפואת תורתו לנשברי לב ולנדכאי רוח. תעלה נשמת רעיתי הטהורה והקדושה, עדינה מרים בת ר׳ שמואל הלוי ע״ה, מן קדמיה יתברך לבקש רחמים על בניה ובנותיה וזרעם לדור דורים ועלינו ועל כל ישראל לטובה ולשלום. אמת שהוצאת ספר זה לאור שלה היא ובזכותה נברך על המוגמר. בגן עדן תהא מנוחתה עם שאר צדיקים וצידקניות. אכי״ר.

מיוחס לראב"ד:

פירוש לסיפרי במדבר

נערך ע"פ כתבי יד ע"י צבי בסר

WITHDRAWN